दृष्टिकोण

(ब्लॉग पर बातें)

लालकृष्ण आडवाणी

प्रभात प्रकाशन, दिल्ली
ISO 9001:2008 प्रकाशक

प्रकाशक • **प्रभात प्रकाशन**
4/19 आसफ अली रोड,
नई दिल्ली-110002

संस्करण • प्रथम, 2012
मूल्य • सात सौ रुपए
मुद्रक • भानु प्रिंटर्स, दिल्ली

DRISHTIKON *by* Lal Krishna Advani Rs. 700.00
Published by Prabhat Prakashan, 4/19 Asaf Ali Road, New Delhi-2
e-mail: prabhatbooks@gmail.com ISBN 978-93-5048-142-4

दृष्टिकोण

(ब्लॉग पर बातें)

दो शब्द

सन् 2008 में मेरी जीवन-यात्रा का वृत्तांत 'मेरा देश मेरा जीवन' शीर्षक से प्रकाशित हुआ। फरवरी में पूर्व राष्ट्रपति डॉ. ए.पी.जे. अब्दुल कलाम द्वारा अंग्रेजी संस्करण नई दिल्ली में प्रसारित हुआ और उसी वर्ष के जून मास में आत्मकथा के हिंदी संस्करण का लोकार्पण पूज्य श्रीश्री रविशंकरजी व पूज्य बाबा रामदेवजी के सान्निध्य में भोपाल नगर में मुख्यमंत्री श्री शिवराज सिंहजी चौहान की अध्यक्षता में आयोजित एक भव्य समारोह में हुआ।

सन् 2009 के आरंभ में मैंने इंटरनेट पर हर सप्ताह या पखवाड़े में एक छोटा सा ब्लॉग लिखना आरंभ किया। ब्लॉग के माध्यम से कभी किसी सामयिक विषय पर टिप्पणी करता, कभी किसी प्रवास के मनोरंजक अनुभव पाठकों से बाँटता या कभी किसी नव प्रकाशित पुस्तक के आश्चर्य कारक पहलू साथियों के सामने रखता।

जनवरी 2009 और अगस्त 2011 के बीच ऐसे जो अस्सी से अधिक ब्लॉग लिखे, इनकी एक संकलित पुस्तक रूपा प्रकाशन ने प्रसारित की जिसमें भारत के दो प्रमुख पत्रकारों—श्री एम.जे. अकबर व श्री एम.वी. कामथ ने अपनी भूमिका में पुस्तक के बारे में दो विचार-प्रवर्तक लेख लिखे।

मैं बहुत आभारी हूँ कि 'दृष्टिकोण' नामक मेरे ब्लॉग्स की इस हिंदी पुस्तक की सारगर्भित प्रस्तावना लेफ्टिनेंट जनरल एस.के. सिन्हा (पूर्व राज्यपाल असम, जम्मू-कश्मीर) ने लिखी है।

इस पुस्तक के संपादन-संशोधन के लिए वरिष्ठ पत्रकार डॉ. सूर्यकांत बाली के प्रति मैं आभार व्यक्त करता हूँ। मेरी आत्मकथा 'मेरा देश मेरा जीवन' और उससे पूर्व 'नज़रबंद लोकतंत्र' को सुरुचिपूर्ण ढंग से देश के अग्रणी प्रकाशक प्रभात प्रकाशन ने पाठकों के सम्मुख प्रस्तुत किया है, 'संपूर्ण प्रभात परिवार' को मेरा साधुवाद।

अगस्त 2011 के बाद मैं भ्रष्टाचार, महँगाई व काले धन के सिलसिले में पार्टी द्वारा आयोजित एक राष्ट्रव्यापी यात्रा में व्यस्त रहा। उसके बाद जब ब्लॉग लिखना पुनरारंभ किया, उनमें से भी कुछ ब्लॉग इसमें सम्मिलित हो पाए हैं और हिंदी पुस्तक में एक सौ से अधिक ब्लॉग समाविष्ट हो गए हैं।

(लालकृष्ण आडवाणी)

6 जून, 2012
नई दिल्ली

प्रस्तावना

आडवाणीजी और मैं एक ही पीढ़ी के हैं। मैं उनसे दो साल से कुछ कम ही बड़ा हूँ। उनकी पढ़ाई कराची में क्रिश्चियन कॉलेज में और मेरी पटना में हुई। उनकी मातृभाषा सिंधी है और हिंदी तो उन्होंने 1947 में विभाजन के बाद भारत आने पर सीखी। वे बहुत ही उत्कृष्ट हिंदी बोलते-लिखते हैं और उनकी यह दक्षता देखकर मुझे ईर्ष्या होती है। हिंदी मेरी मातृभाषा है। मैं धाराप्रवाह हिंदी बोल सकता हूँ, लेकिन मेरा शब्दभंडार और भाषा उसी तरह की है, जैसे कि हिंदी की औपचारिक पढ़ाई न करनेवाले की हो सकती है। मैं सैनिकों के बैरकों में बोली जानेवाली भाषा ही बोल सकता हूँ। हालाँकि हम दोनों में देशभक्ति की भावना बचपन में ही पैदा हो गई थी, जबकि हम दोनों ही अलग-अलग परिवेश में बड़े हुए हैं। उन्होंने राष्ट्रीय स्वयंसेवक संघ में शामिल होने का निर्णय लिया और विभाजन के बाद राजस्थान में ग्रामीण जीवन की कठिनाइयों को झेलते हुए उन्होंने बेहद अनुशासित जीवन जिया। बाद में वे पत्रकारिता और फिर राजनीति में दाखिल हो गए। मैं सेना में भरती हो गया और 18 साल की उम्र में मुझे कमीशन मिल गया। द्वितीय विश्वयुद्ध के पहले और बाद में अधिकारियों को कमीशन देने की न्यूनतम उम्र युद्ध के दौरान घटा दी गई थी। जब वे राजस्थान के दूरदराज के गाँवों में संघ के प्रचारक के रूप में काम कर रहे थे, तब मैं उत्तरी कश्मीर में राजदान दर्रे के पास पर्वत पर तैनात था, जो कि सर्दियों में बर्फ गिरने की वजह से बाकी दुनिया से कट जाता था। संपर्क के लिए हमारे पास टेलीफोन भी नहीं होता था। ट्रांजिस्टर, मोबाइल फोन, कंप्यूटर या हेलीकॉप्टर के बारे में तो किसी ने सुना तक नहीं था। मेरी साथी सिर्फ मेरी पुस्तकें थीं। मुझे विश्वास है कि यही स्थिति आडवाणीजी के साथ भी रही होगी।

मैंने समाचार-पत्रों में भारतीय जनता पार्टी के नेता के रूप में आडवाणीजी का नाम पढ़ा था, लेकिन उनसे मिलने का सौभाग्य नहीं मिल सका था। हालाँकि आपातकाल के

समय, सेना की खुफिया शाखा के प्रमुख के तौर पर मेरा ध्यान उनकी ओर गया था। लोकनायक जयप्रकाश नारायण के साथ उनके राजनैतिक संपर्क थे और मेरे जे.पी.से निकट पारिवारिक संबंध थे। आपातकाल के समय हम दोनों विरोधी पक्षों में थे, लेकिन तब भी अधिकतर मुद्‍दों पर मेरे निजी विचार उनसे मिलते थे। आपातकाल के समय उन्हें जेल जाना पड़ा और उसके बाद मैंने सेना प्रमुख बनने का अवसर गँवा दिया। तत्कालीन सेना प्रमुख के रिटायर होने के तीन महीने पहले मुझे उपसेना प्रमुख के तौर पर दिल्ली लाया गया। मुझे आधिकारिक तौर पर बताया गया कि मैं उनके कामकाज को समझूँ, क्योंकि मुझे ही उनकी जगह लेनी थी। इंदिरा गांधी ने तभी मुझे किनारे करने का फैसला अचानक ले लिया। मैंने तुरंत अपना त्यागपत्र दिया और सेना छोड़ दी तथा दिल्ली से वापस अपने गृहनगर पटना चला गया। यह जानकर आश्चर्य हुआ कि मुझे अनुचित तरीके से किनारे करने पर चिंता जताते हुए छह विपक्षी दलों के नेताओं ने संयुक्त बयान जारी किया। इनमें पूर्व प्रधानमंत्री चौधरी चरण सिंह, पूर्व रक्षामंत्री जगजीवन राम और पूर्व सूचना एवं प्रसारण मंत्री लालकृष्ण आडवाणी शामिल थे। इस मुद्‍दे पर संसद् में भी बहस हुई और कई सप्ताह तक समाचारपत्र–पत्रिकाओं में यह विवाद छाया रहा।

सन् 1975 में मैं सेना की खुफिया शाखा का निदेशक था। सेना मुख्यालय का यह बहुत महत्त्वपूर्ण पद होता है और इस पद पर काम करनेवाला सीधे सेना प्रमुख के साथ काम करता है। उसे पूरा विश्वास प्राप्त होता है। पहले इंडोनेशिया में रह चुके मेजर रैना अब चार सितारों वाले जनरल थे और 1 जून, 1975 को उन्होंने सेना प्रमुख का पद सँभाला। ऐसी अफवाह थी कि उन्हें राजनैतिक कारणों से सेना प्रमुख बनाया गया है और तीन सप्ताह बाद ही आपातकाल की घोषणा कर दी गई। जे.पी. का आंदोलन शुरू हो चुका था और उनके तथा इंदिरा गांधी के बीच संबंध बहुत कटु हो चुके थे। मुझे याद है कि जून 1975 के मध्य में मैंने विमान से कलकत्ता से पटना होते हुए दिल्ली तक की यात्रा की थी। मुझे यह देखकर सुखद आश्चर्य हुआ कि जे.पी. भी पटना से उसी विमान में चढ़े थे और उनकी सीट मेरे बगल में थी। उन्होंने कहा कि मुझे जनरल की वरदी में देखना उन्हें काफी अच्छा लगा और इस तरह उन्होंने बातचीत शुरू कर दी। उन्होंने मेरे काम के बारे में जानना चाहा। मैंने उन्हें बताया कि मैं सेना की खुफिया शाखा का निदेशक हूँ। उन्होंने मजाक करते हुए कहा कि फिर तो उन्हें मुझसे सावधान रहना चाहिए। मैं जे.पी. को बचपन के दिनों से जानता था। वे मेरे चाचा जैसे थे। मेरे पिता और वे पटना कॉलेज में साथ–साथ पढ़े थे।

बिहार में भीषण सूखे के दौरान पीड़ितों की मदद के लिए उन्होंने एक अराजनैतिक

एन.जी.ओ. बनाया था। वे एन.जी.ओ. के अध्यक्ष थे और मेरे पिता उसके अवैतनिक उपाध्यक्ष थे। उनकी मृत्यु के बाद मेरे पिता ने वह काम सँभाल लिया। उड़ान के दौरान हमने सिर्फ निजी मामलों पर चर्चा की और राजनीति के बारे में कोई भी कुछ नहीं बोला। अधिकतर समय जे.पी. अपने साथ लाए कागजात पढ़ते रहे। दिल्ली में उतरने पर मैंने उनके मना करने पर भी उनका ब्रीफकेस उठा लिया और टर्मिनल की इमारत तक उनके साथ चल दिया। हवाई अड्डे पर बहुत बड़ी भीड़ उनके स्वागत के लिए जमा थी और नारे लगा रही थी। मैंने उनके बताए व्यक्ति को ब्रीफकेस सौंप दिया। वरदी में होने के कारण मैंने उन्हें सैल्यूट किया और चल दिया। अगले दिन सुबह, जब मैं मेजर रैना के दफ्तर गया तो उन्होंने मुसकराते हुए कहा कि तुम जे.पी. के काफी करीबी लगते हो। रैना मेरे मित्र थे और कुछेक साल मुझसे वरिष्ठ थे। मैंने जवाब दिया कि जरूर इंटेलीजेंस ब्यूरो के जासूसों ने ही मेरे जे.पी. के साथ कल हवाईअड्डे से निकलने की खबर दी होगी। मैंने रैना से जे.पी. के साथ अपने करीबी रिश्तों के बारे में बताया। रैना ने जवाब दिया, चिंता मत करो। पूर्व में मेरे लंबे समय तक साथ को देखते हुए उन्हें मुझ पर पूरा भरोसा था। मैं आपातकाल समाप्त होने के कुछ माह पहले तक अपने पद पर बना रहा।

कुछ दिनों बाद जे.पी. ने दिल्ली में कहा कि सेना को गैरकानूनी आदेशों का पालन नहीं करना चाहिए। रैना को एक उच्च स्तरीय बैठक में जाना था और वे जे.पी. के बयान के बारे में मेरे विचार जानना चाह रहे थे। मैंने उनसे कहा कि जे.पी. ने जो भी कहा, वह कानूनी तौर पर सही है। सैन्य कानून के अनुसार आदेश की अवहेलना गंभीर अपराध होता है और शत्रु के सामने युद्ध के मैदान में आदेश न मानने पर तो मौत की सजा तक दी जा सकती है। हालाँकि गैरकानूनी आदेश का पालन करना दंडनीय नहीं होता। किसी कानूनी आदेश के तीन तत्त्व होते हैं—प्रथम, आदेश किसी मान्यताप्राप्त वरिष्ठ अधिकारी ने दिया हो। द्वितीय, आदेश ऐसा हो जिस पर अमल कर सकना किसी अधीनस्थ के बस का न हो। उदाहरण के लिए, किसी सैनिक को अपने बल पर चंद्रमा पर जाने का आदेश दिया जाए और वह उसका पालन न करे, तो वह दंडनीय नहीं होगा। तृतीय, आदेश राज्य के कानून का उल्लंघन करनेवाला नहीं होना चाहिए। किसी सैनिक को किसी की हत्या करने या किसी औरत के साथ बलात्कार करने का आदेश न मानने पर उसे दंड नहीं दिया जा सकता। द्वितीय विश्वयुद्ध के बाद युद्ध अपराधों के मुकदमों की सुनवाई में जर्मनी और जापानी सैनिकों ने सफाई दी थी कि वे तो सिर्फ वरिष्ठों के आदेशों का पालन कर रहे थे, लेकिन उनकी यह सफाई मानी नहीं गई थी। निर्दोष नागरिकों की हत्या मानवीय कानूनों के विरुद्ध

थी। उन्हें दंड दिया गया और कुछ को तो मौत की सजा तक दी गई। इस कानूनी स्पष्टीकरण के साथ मैंने कहा कि जे.पी. निस्संदेह कानूनी तौर पर सही हैं, लेकिन इसके दुर्भाग्यपूर्ण परिणाम हो सकते हैं, क्योंकि इससे सेना में अनुशासनहीनता बढ़ेगी, जिससे गंभीर परिणाम हो सकते हैं। रैना मुझसे सहमत थे, लेकिन उन्हें यह पता नहीं था कि राजनैतिक नेतृत्व इस मामले को किस रूप में देखेगा। हमें पता चला कि इंदिरा गांधी ने जे.पी. के इस बयान को तुरुप की चाल के रूप में इस्तेमाल किया। उन्होंने कहा कि जे.पी. ने सेना से विद्रोह करने का आह्वान किया है। इससे देश में अराजकता फैल सकती है और देश को बचाने के लिए उन्होंने आपातकाल लगा दिया। जे.पी. गिरफ्तार कर लिए गये और आडवाणी समेत कई शीर्ष विपक्षी नेता जेल में डाल दिए गए। आपातकाल के दौरान इन लोगों को बिना मुकदमे के जेल में रखा गया। देश भर में एक लाख लोग जेल में बंद कर दिए गए और पुलिस अत्याचार की खबरें आने लगीं। प्रेस की स्वतंत्रता भी खत्म कर दी गई और लोकतंत्र का गला दबा दिया गया। पूरे देश में आतंक फैल गया। सेना की खुफिया शाखा के प्रमुख के तौर पर मुझे सैन्य कर्मचारियों के बीच आपातकाल की प्रतिक्रिया पर कड़ी निगाह रखनी थी। 15 अगस्त, 1975 को बांग्लादेश में ढाका में शेख मुजीब-उर-रहमान की हत्या के बाद इसकी आवश्यकता और बढ़ गई थी।

आपातकाल के दौरान मेरे कर्मचारियों ने मुझे एक परचा लाकर दिया, जिसमें किसी अज्ञात लेखक ने दो आपातकालों की कहानी बताई थी। इसमें इंदिरा गांधी द्वारा भारत में लगाए गए आपातकाल की तुलना जर्मनी में हिटलर द्वारा लगाए गए आपातकाल से की गई थी। इतिहास की गहन जानकारी से भरे इस परचे में दिए तथ्यों से मैं काफी प्रभावित हुआ। हिटलर को रोकने में उनके साथियों की असफलता से उदार वेमर संविधान नष्ट हो गया, जिससे मानव जाति के इतिहास की भयंकर त्रासदी (द्वितीय विश्वयुद्ध) घटित हुई, जिसमें लाखों लोग मारे गए और जर्मनी तबाह हो गया। जर्मन जनरल और उनके अधिकारी सेना के अनुशासन का कड़ाई से पालन करते रहे और पूरी तरह से राजनैतिक विचारों से अलग-थलग रहे तथा हिटलर के आदेशों का पालन करते रहे। उन्हें बहुत चतुराई के साथ ब्लैकमेल भी किया गया और इस बात के लिए राजी किया गया कि सेना के अन्य अधिकारियों को भी सहमत करें। इस सबका स्पष्ट निष्कर्ष यह था कि भारतीय सेना भी आपातकाल के समय चुपचाप बनी रही और जर्मन सेना ने जो किया था, वही भारतीय सेना कर रही थी। मैं जानना चाहता था कि यह दस्तावेज मेरे पास कैसे आया और यह किसने तैयार किया था। मुझे पता चला कि आडवाणीजी ने जेल में ही यह परचा तैयार किया था और चोरी-

छिपे इसे बाहर बाँटने के लिए भिजवाया गया था। हालाँकि मैं लेखक की विद्वत्ता और उनके विश्वसनीय तर्कों से प्रभावित हुआ था, लेकिन मैंने इसके गंभीर परिणाम भी महसूस किए। मैंने रैना के साथ इस मामले पर चर्चा की। उन्होंने निर्देश दिया कि इस तरह के परचे सेना के बीच बाँटे जाने से रोकने के कड़े इंतजाम किए जाएँ। किसी भी यूनिट में इस तरह का परचा पाए जाने पर जब्त कर लिया जाए और उचित काररवाई की जाए। हमने असैनिक खुफिया एजेंसियों को भी इस बारे में सूचना दे दी। मैंने तय किया कि जब भी मौका मिलेगा, मैं इस परचे के लेखक से जरूर मिलूँगा।

आपातकाल के समय की एक और घटना का जिक्र मैं करना चाहता हूँ, जो मेरे साथ घटी। सेना की खुफिया शाखा के प्रमुख के रूप में मुझे तीनों सेनाओं के प्रमुखों को हर पखवाड़े में, और कई बार तो हर सप्ताह राष्ट्रीय सुरक्षा को प्रभावित करनेवाली बाहरी और आंतरिक जानकारियाँ देनी पड़ती थीं। एक बार मैंने उन्हें जे.पी. की सेहत के बारे में जानकारी दी और उन्हें चंडीगढ़ से बंबई के जसलोक अस्पताल में शिफ्ट किया गया। वायुसेना प्रमुख ने मुझसे पूछा, 'क्या बुड्ढा अब तक मरा नहीं?' मैं उनके द्वारा इस्तेमाल की गई भाषा से नाराज हुआ और अपने पर काबू रख पाना मुझे मुश्किल लगा, हालाँकि सेना के अनुशासन का पालन करते हुए मैंने दृढ़ता से जवाब दिया, 'भगवान् का शुक्र है सर, भारत का महानतम व्यक्ति अभी जीवित है और उनकी सेहत में सुधार हो रहा है।' वायुसेना प्रमुख को मेरा जवाब पसंद नहीं आया, लेकिन उन्होंने भी कुछ कहा नहीं। थलसेना प्रमुख रैना सिर्फ मुसकराए, पर उन्होंने भी कहा कुछ नहीं। उन्होंने बाद में भी मुझसे इस बारे में कभी चर्चा नहीं की। चुनाव पास आ रहे थे और ऐसी अफवाहें उड़ने लगी थीं कि मैंने वायुसेना प्रमुख से अभद्रता की थी, इसलिए मुझे जल्द ही हटा दिया जाएगा। साउथ ब्लॉक का वातावरण काफी दमघोंटू हो चला था। चापलूसी का दौर चल रहा था। शब्दों में माहिर आडवाणी ने छद्म धर्मनिरपेक्षता का मुहावरा गढ़ा था और आपातकाल के बाद एक अलग संदर्भ में उन्होंने कहा था कि लोगों से झुकने के लिए कहा गया था, लेकिन वे रेंगने लगे थे। इसके कुछ ही दिनों बाद रैना ने मुझे बुलवाया और कहा कि मैं जल्द ही प्रमोट करके लेफ्टिनेंट जनरल बना दिया जाऊँगा। मैंने असम में डिवीजनल कमांडर का अपना कार्यकाल पूरा नहीं किया था कि तभी उनके पूर्ववर्ती ने मुझे सेना की खुफिया शाखा का निदेशक का पद सँभालने के लिए दिल्ली बुलवा लिया था। मुझे लगा कि मेरे हित में होगा कि प्रमोशन के पहले मैं वापस जाकर डिवीजनल कमांडर का अपना कार्यकाल पूरा करूँ। मुझे रैना की ईमानदारी पर कोई संदेह नहीं था और वास्तव में मैं अपने प्रति उनकी चिंता की बहुत

सराहना करता था। मुझे कश्मीर में एक डिवीजन की कमान सौंप दी गई। हालाँकि वास्तव में मेरी चुनाव से पूर्व महत्त्वपूर्ण समय पर तैनाती की गई थी और मेरी जगह मेजर जनरल हृदय कौल ने ली थी, जिससे एक आम धारणा बनी कि मुझे राजनैतिक कारणों से पोस्टिंग दी गई थी। वरिष्ठ और सम्माननीय पत्रकार कुलदीप नैयर ने आपातकाल के बाद लिखी अपनी पुस्तक में इस बात का जिक्र भी किया था। कुछ सालों बाद जब इंदिरा गांधी ने मुझे किनारे करने का फैसला किया, जबकि मैं जल्द ही सेना प्रमुख बननेवाला था। इसके पीछे कारण जे.पी. से मेरे पारिवारिक संबंध और आपातकाल के दौरान का मेरा रिकॉर्ड ही रहा होगा। कर्जन-किचनर विवाद के बाद करीब सौ सालों के इतिहास में यह पहला और एकमात्र मौका था, जब शीर्ष सैन्य पद के लिए वरिष्ठ सेना कमांडर को प्रमोट न करने की सुस्थापित परंपरा का पालन नहीं किया गया था।

मैंने आपातकाल का बहुत ज्यादा जिक्र किया है, क्योंकि बीसवीं शताब्दी में हमारे लोकतंत्र के सामने सबसे बड़ी चुनौती वही थी। जैसा कि मैंने पहले कहा है, आडवाणी और मैं उस दौरान विरोधी पक्षों में थे। अपने ब्लॉग्स की इस पुस्तक में आडवाणी ने आपातकाल के विभिन्न विवरण दिए हैं। आपातकाल के समय के मेरे अनुभव आनेवाली पीढ़ी के लिए दिलचस्प हो सकते हैं। आपातकाल के कुछ सालों बाद, मैं आडवाणी से पहली बार मिला। मैं उनके विचारों से काफी सहमत था और उनका काफी सम्मान करता था।

वर्ष 1984 के चुनाव आने वाले थे। कांग्रेस पार्टी प्रचार कर रही थी कि पाकिस्तान के साथ युद्ध हो सकता है। ऐसा शायद इंदिरा गांधी की कमजोर स्थिति को सँभालने के लिए किया गया था। 1971 में पाकिस्तान के साथ युद्ध में मिली भारी विजय से वे अपने को विलक्षण युद्ध नेता के रूप में साबित कर चुकी थीं। आडवाणी ने मुझसे उस समय राष्ट्रीय सुरक्षा के खतरे के बारे में अपनी पेशेवर राय माँगी। किसी तरह के आडंबर से मुक्त होकर मुझे लगा कि अब लोकतंत्र के स्वतंत्र नागरिक के रूप में ठीक राय देना मेरा कर्तव्य है। मैंने दिल्ली में मावलंकर हॉल में विपक्षी सांसदों की एक बैठक को संबोधित किया, जिसकी अध्यक्षता चौधरी चरण सिंह और अटल बिहारी वाजपेयी ने मिलकर की थी। मेरा युद्ध के बारे में निष्कर्ष था कि पाकिस्तान लड़ाई पर उतारू तो हमेशा रहता है, लेकिन इस समय सुरक्षा के लिहाज से देखें तो युद्ध के कोई आसार नहीं हैं। कुछ समय बाद आडवाणी ने मुझे भाजपा के राष्ट्रीय सुरक्षा तथा दलगत राजनीति के बारे में पुणे में होनेवाले सम्मेलन को संबोधित करने को कहा। मुझे संकोच हुआ, क्योंकि मैं उनकी पार्टी का सदस्य नहीं

था और पार्टी सम्मेलन में भाषण देना मेरे लिए उचित नहीं था। आडवाणी ने बताया कि इसके लिए पार्टी सदस्य होना आवश्यक नहीं है। सुप्रसिद्ध जज एम.सी. छागला भी पार्टी के सदस्य नहीं थे, लेकिन वे न्यायपालिका की स्वतंत्रता के बारे में भाजपा के सम्मेलन को संबोधित कर चुके थे। इसी हैसियत से मुझे भी आमंत्रित किया जा रहा था। मैंने आमंत्रण स्वीकार कर लिया। हालाँकि मैं कभी भाजपा में शामिल नहीं हुआ। मेरे काफी विचार उससे मिलते हैं, लेकिन सारे मामलों पर नहीं। दिन में जिस तरह धूप बढ़ती जाती है, उसी तरह से मेरा आडवाणी के प्रति सम्मान पिछले करीब तीन दशकों से बढ़ता ही गया है। उनकी विद्वत्ता, मूल्यों के प्रति समर्पण, साठ साल के राजनैतिक जीवन का दुर्लभ बेदाग इतिहास और उनकी न थकनेवाली शारीरिक ऊर्जा वास्तव में उनकी महान् शक्ति है, जो सराहनीय है। वंशवादी राजनीति के दौर में ज्यादातर राजनैतिक दल इसके शिकार हो गए हैं, लेकिन उन्होंने अपने परिवार के किसी सदस्य को राजनीति में नहीं आने दिया। मैं उन्हें वर्तमान राजनीति में सबसे बड़े कद का नेता मानता हूँ।

सरकारी पद पर रहते हुए आडवाणी के साथ सेवा करने का मुझे सौभाग्य मिला है। मुझे गुजराल सरकार ने असम का राज्यपाल नियुक्त किया था। एनडीए के सत्ता में आने पर मैंने गृहमंत्री और बाद में उपप्रधानमंत्री बने आडवाणी के साथ काम किया। उनके पूरे सहयोग और मार्गदर्शन में हम एकीकृत कमान, आर्थिक विकास और मनोवैज्ञानिक योजनाओं की त्रिआयामी रणनीति से असम में स्थिति को परिवर्तित करने में सफल हुए। हमने सैन्य रूप से उल्फा का सफाया करने में सफलता पाई, असम को चावल की कमी वाले राज्य से उबारकर अतिरिक्त उत्पादन वाले राज्य में बदला, जिसके लिए एक लाख नलकूप लगवाए और उच्च भावनाओं से भरपूर तथा कल्पनाशीलता से भरी मनोवैज्ञानिक योजनाएँ चलाकर लोगों का दिल जीता। असम के लोगों को राष्ट्र की मुख्यधारा में लाए। उपद्रव से लेकर आतंकवाद तक असम में, उग्रवाद और आतंकवाद लगभग समाप्त हो चला था, जिसका कोई विशेष जनसमर्थन नहीं बचा था। बिना विशेष जन सहयोग के जो कुछ छिटपुट घटनाएँ कभी-कभी देश के अन्य भागों में हो जाती हैं, वैसी ही यहीं सीमित हो गईं। अमेरिका की शोधार्थी डॉ. एमा साइमंड ने अमेरिकी वार एकेडेमी में अध्ययन के लिए एक मोनोग्राफ लिखा। उन्होंने बीसवीं शताब्दी के कुछ सफल अभियानों के रूप में असम में अशांति से निपटने के उपायों के बारे में लिखा है। असम में छह साल रहने के बाद आडवाणी की पहल पर मुझे कश्मीर में पाँच साल राज्यपाल रहने का मौका मिला। मुझे विश्वास था कि आडवाणी सत्ता में रहते तो कश्मीर में हालात आज से बहुत बेहतर होते।

मुझे प्रसन्नता है कि आडवाणी ने अपने ब्लॉग में कश्मीर के मुद्दे पर लिखा है। कश्मीर समस्या पर उन्होंने मेरे विचारों का हवाला दिया है।

वर्ष 2009 से आडवाणी नियमित रूप से ब्लॉग लिख रहे हैं। उनका ब्लॉग जिन लोगों को नियमित रूप से भेजा जाता है, उनमें उन्होंने मेरा नाम भी सम्मिलित किया है। मैंने उनके ब्लॉग्स को विवेकपूर्ण और दिलचस्प पाया है, जो विभिन्न विषयों पर होते हैं। वे उदारतापूर्वक अपने ज्ञान तथा कई दशकों के अनोखे अनुभवों को अपने पाठकों के बीच बाँटते आ रहे हैं। हर दिन सुबह आनेवाले अखबारों की तरह मैं उनके ब्लॉग का हर दिन इंतजार करता हूँ। मैंने उत्सुकतापूर्वक उनके ब्लॉग्स के संग्रह वाली इस किताब को फिर से पढ़ा है। मुझे हेरोल्ड लैंब की लिखी चंगेज खान की जीवनी याद आती है, जिसमें लिखा है कि किस तरह से मंगोलिया के लोग गाँवों में आग के चारों ओर बैठकर बड़े विस्मय और प्रशंसा के भाव से सुना करते थे और चंगेज खान के सैनिक उन्हें मंगोलिया से बाहर की दुनिया के बारे में बताते थे और चंगेज खान के नेतृत्व में लड़े युद्धों के अनुभव उन्हें सुनाया करते थे। ब्लॉग्स की यह पुस्तक पाठकों को सहज ही बाँध लेगी। इस दौर के शोधार्थियों और सार्वजनिक विषयों के छात्रों को यह पुस्तक पढ़ने की जोरदार सिफारिश करता हूँ। हार्वर्ड के केनेडी स्कूल ऑफ पॉलिटिक्स की तर्ज पर हमारे देश के कुछ शैक्षणिक संस्थानों ने राजनीति में आने के इच्छुक छात्रों के लिए डिग्री कोर्स शुरू किए हैं। ऐसे छात्रों के लिए भी यह पुस्तक बहुमूल्य साबित होगी।

18 जनवरी, 2012

(लेफ्टिनेंट जनरल एस.के. सिन्हा)

पी.वी.एस.एम. (रिटायर्ड)

सी-4/4089, वसंत कुंज
नई दिल्ली-110070

अनुक्रमणिका

कैसे ब्रिटेन ने भारत में अफीम को प्रोत्साहन दिया

मेरे एक घनिष्ठ मित्र और छत्तीसगढ़ के पूर्व राज्यपाल जनरल के.एम. सेठ ने गत रविवार 15 जुलाई के मेरे ब्लॉग, जो विल डुरंट की पुस्तक 'ए केस फॉर इंडिया' पर आधारित हैं, पर एक संक्षिप्त टिप्पणी की है—

सेठ लिखते हैं—

ब्लॉग आँखें खोल देनेवाला है। मुझे पूरा विश्वास है कि हमारी वर्तमान पीढ़ी इन तथ्यों से पूर्णतया अनभिज्ञ है। ज्यादा-से-ज्यादा वे जानते हैं कि कभी भारत सोने की चिड़िया हुआ करता था। यहाँ तक कि स्कूलों में हमारी पाठ्य-पुस्तकों में कभी भी इन तथ्यों को सामने नहीं लाया गया।

इतने महत्त्वपूर्ण विषय को साधारण ढंग से रखने के लिए महान् प्रयास।

—जनरल सेठ

मेरे ब्लॉग में एक महान् इतिहासकार द्वारा किए गए दु:साध्य कार्य की झलक है। पुस्तक तथ्यों से परिपूर्ण है, जो डुरंट के इस निर्णय की प्रभावकारी तरीके से पुष्टि करते हैं कि ब्रिटिश साम्राज्यवादियों द्वारा भारत के साथ किया गया व्यवहार इतिहास का सबसे बड़ा अपराध है। जो मेरे ब्लॉग के पाठक हैं, मैं उन्हें इस समूची पुस्तक को पढ़ने को कहूँगा, साथ ही अपने नियमित पाठकों के लिए मैं इस अद्‍भुत पुस्तक की अन्य झलक को भी साझा कर रहा हूँ।

वर्तमान में, सर्वमान्य रूप से किसी देश की परिस्थितियों को मापने हेतु दो मुख्य कसौटियाँ हैं—शिक्षा और स्वास्थ्य के क्षेत्र में उसका परफॉरमेंस। इन दो कसौटियों पर कसकर दुनिया सदैव उन सरकारों की आलोचना करती है, जो इसे उपेक्षित करते हैं। लेकिन

विल डुरंट दरशाते हैं कि कैसे ब्रिटिश शासकों ने भारत में, जो भी इस तरह की ठीक व्यवस्थाएँ थीं, उन्हें जानबूझकर और सुनियोजित ढंग से नष्ट किया। 'ए केस फॉर इंडिया' पुस्तक में एक अध्याय है—सोशल डिस्ट्रक्शन (सामाजिक विनाश), जिसमें विल डुरंट लिखते हैं—

जब ब्रिटिश यहाँ आए तब समूचे भारत में ग्रामीण समुदायों द्वारा संचालित सामुदायिक स्कूलों की व्यवस्था थी। ईस्ट इंडिया कंपनी के एजेंटों ने इन ग्रामीण समुदायों को नष्ट कर दिया। आज (100 वर्ष पश्चात्) भारत में 7,30,000 गाँव हैं और सिर्फ 1,62,015 प्राथमिक स्कूल हैं। मात्र 7 प्रतिशत लड़के और 1.5 प्रतिशत लड़कियाँ स्कूलों में हैं, यानी समूचे का 4 प्रतिशत।

सन् 1911 में एक हिंदू प्रतिनिधि, गोखले ने भारत में सार्वत्रिक अनिवार्य शिक्षा हेतु विधेयक प्रस्तुत किया। अंग्रेजों ने इसे पारित नहीं होने दिया और सरकार ने सदस्यों को नियुक्त किया। सन् 1916 में पटेल ने ऐसा ही विधेयक रखा, जिसे अंग्रेजों ने पारित नहीं होने दिया और सरकार ने सदस्यों को नियुक्त किया।

डुरंट कहते हैं कि इससे ज्यादा और शर्मनाक यह है कि सरकार ने शिक्षा को प्रोत्साहन देने के बजाय शराब को प्रोत्साहन दिया। जब अंग्रेज आए तब भारत एक संयमी राष्ट्र था। वारेन हेस्टिंग कहते हैं, लोगों का संयम उनके सादा खान-पान और स्प्रिटवाली शराबों तथा नशे की अन्य वस्तुओं से पूर्णतया परहेज में देखा जा सकता था।

अंग्रेजों द्वारा जब पहली व्यापारिक चौकी स्थापित की गई, तब रम की बिक्री के लिए सैलून खोले गए और इस व्यवसाय से ईस्ट इंडिया कंपनी ने अच्छा-खासा मुनाफा कमाया। जब क्राउन ने भारत पर अपना आधिपत्य किया तो यह अपने राजस्व के बहुत बड़े भाग के लिए सैलूनों पर आश्रित था; लाइसेंस प्रणाली इस ढंग से प्रबंधन की गई कि शराब पीने-पिलाने को प्रोत्साहन मिले और बिक्री बढ़े।

ऐसे लाइसेंसों से पिछले चालीस वर्षों में सरकारी राजस्व में सात गुना वृद्धि हुई; सन् 1922 में यह 60,000,000 डॉलर वार्षिक थी—स्कूलों और विश्वविद्यालयों को मिलनेवाली राशि से तीन गुना ज्यादा।

कैथरीन मायो की भारत विरोधी दूषित पुस्तक 'मदर इंडिया' का संदर्भ देते हुए विल डुरंट लिखते हैं—

मिस मायो हमें बताती हैं कि हिंदू माताएँ अपने बच्चों को अफीम खिलाती हैं; और वह निष्कर्ष निकालती हैं कि भारत होम रूल के लायक नहीं है।

जो वह कहती हैं वह सच है; जो उसने नहीं कहा वह उसके कहे को और ज्यादा भ्रमित करनेवाला है।

वह हमें नहीं बतातीं (यद्यपि वह जानती है) कि महिलाएँ अपने बच्चों को इसलिए नशा कराती हैं, क्योंकि माताओं को हर दिन फैक्टरी में काम पर जाने के लिए बच्चों को छोड़कर जाना होता है।

वह हमें यह नहीं बतातीं कि अफीम सिर्फ सरकार उगाती है, और सरकार द्वारा ही बेची जाती है; और यह कि इसकी बिक्री राष्ट्रवादी कांग्रेस, औद्योगिक और सामाजिक कॉन्फ्रेंसों, प्रोविंशियल कॉन्फ्रेंसों, ब्रह्म समाज, आर्य समाज, मोहम्मडंस और क्रिश्चियनों के विरोध के बावजूद सैलूनों के माध्यम से होती है; और यह कि ब्रिटिश सरकार द्वारा भारत के प्रत्येक शहर के सर्वाधिक संदेहास्पद स्थानों पर संचालित सात हजार अफीम की दुकानों पर यह बिकती है सन् 1921 में सेंट्रल लेजिस्लेचर ने भारत में अफीम की वृद्धि और बिक्री पर प्रतिबंध लगाने हेतु विधेयक पारित किया, लेकिन सरकार ने इस पर काररवाई करने से मना कर दिया; और दो से चार सौ हजार एकड़ भारत की भूमि, जो खाद्य उपजाने हेतु जरूरी थी, को अफीम उपजाने हेतु दे दिया; और मादक द्रव्यों की बिक्री से सरकार को प्रत्येक वर्ष उसके कुल राजस्व का नौवाँ हिस्सा प्राप्त हुआ।

इस अध्याय के अंतिम पैराग्राफ में लॉर्ड मैकाले द्वारा 10 जुलाई, 1833 (अर्थात् इस पुस्तक के लिखे जाने से कम-से-कम सौ वर्ष पूर्व) को हाउस ऑफ कॉमन्स में दिए गए भाषण का एक अंश दिया गया है।

लॉर्ड मैकाले को उद्धृत करते हुए डुरंट लिखते हैं—

निरंकुश शासकों की तकलीफ देने की शिकायत हमने भारत में तब पाई जब उनके कुछ विशिष्ट नागरिकों की क्षमता और भावना से वह डरते हुए दिखे और तब भी वे उनकी हत्या करने का साहस नहीं कर सके, लेकिन उनको पोशता (जो अफीम से बनी होती है) की खुराक प्रतिदिन देने लगे, जो इसका सेवन करनेवाले निरीहों की सभी शारीरिक और मानसिक शक्तियों को कुछ ही महीनों में नष्ट करके उसे असहाय बना देती है। यह घृणास्पद तरीका हत्या की तुलना में ज्यादा भयावह है पर इसको अपनानेवालों को यही सबसे उचित लगा! यह ब्रिटिश राष्ट्र के लिए आदर्श नहीं है। हम समूचे समुदाय को पोशता देकर महान् लोगों को मूर्च्छितावस्था और लकवाग्रस्त बनाने की स्वीकृति नहीं दे सकते।

18 जुलाई, 2012

□

उत्कृष्ट अमेरिकी इतिहासकार ने इतिहास में भारत पर ब्रिटिश शासन को सबसे बड़ा अपराध बताया

'मदर इंडिया' शीर्षक वाली घिनौनी भारत विरोधी पुस्तक लिखने वाली कुख्यात लेखिका कैथरीन मायो का नाम मैंने पहली बार तब सुना जब मैं कराची में विद्यार्थी था। महात्मा गांधी ने इस पुस्तक की निंदा 'गटर इंस्पेक्टर की रिपोर्ट' के रूप में की।

मायो एक अमेरिकी पत्रकार थी, जिसने सन् 1927 में भारत में ब्रिटिश राज के पक्ष में यह पुस्तक लिखी। उसने हिंदू समाज, धर्म और संस्कृति पर तीखे हमले किए।

लगभग इसी समय मैंने दो अन्य अमेरिकी लेखकों के बारे में सुना था, जिन्होंने खुले दिल से भारत के पक्ष में और ब्रिटिशों के विरुद्ध लिखा था। इनमें से पहले विल डुरंट थे, जो विश्वप्रसिद्ध महान् इतिहासकार और दार्शनिक माने जाते हैं, दूसरे थे एक चर्च नेता रेवेंड जाबेज थॉमस सुंडरलैंड।

विल डुरंट के जीवन की सबसे बड़ी उपलब्धि उनके द्वारा लिखित ग्यारह खंडोंवाली 'दि स्टोरी ऑफ सिविलाइजेशन' शृंखला है, जो उन्होंने अपनी पत्नी एरियल के साथ मिलकर लिखी है। विल और एरियल को सन् 1968 में जनरल नॉन-फिक्शन के लिए पुलित्जर पुरस्कार मिला।

विल डुरंट की दूसरी लोकप्रिय रचना 'दि स्टोरी ऑफ फिलोसॉफी' सामान्य व्यक्ति तक दर्शन को पहुँचाती है।

सन् 1896 में अपनी पहली भारतयात्रा के दौरान सुंडरलैंड न्यायमूर्ति महादेव गोविंद रानडे और राष्ट्रवादी नेता सुरेंद्रनाथ बनर्जी से मिले। वह पहले अमेरिकी थे, जिन्होंने भारतीय राष्ट्रीय कांग्रेस के वार्षिक अधिवेशन में भाग लिया।

मुझे स्मरण आता है कि लगभग सन् 1945 में मैंने उनकी एक सशक्त पुस्तक 'इंडिया इन बॉण्डेज' पढ़ी थी। गांधीजी और रवींद्रनाथ टैगोर ने उन्हें कृतज्ञता भरे पत्र लिखे थे। ब्रिटिश सरकार ने इस पुस्तक को भारत में प्रतिबंधित कर दिया था।

अनेकों को संभवतया यह पता नहीं होगा कि अठारहवीं शताब्दी में जब अंग्रेज भारत आए तब देश राजनीतिक दृष्टि से कमजोर था, लेकिन आर्थिक दृष्टि से खूब समृद्ध था।

सुंडरलैंड ने अपनी उपरोक्त पुस्तक में इस संपदा के बारे में लिखा, जोकि हिंदुओं ने अपने व्यापार-कौशल के बल पर विभिन्न उद्योगों से सृजित की थी।

'भारत यूरोप या एशिया के किसी अन्य देश की तुलना में एक महानतम औद्योगिक और उत्पादक राष्ट्र था। इसके टेक्सटाइल सामान—इसके लूम से उत्पादित बेहतर उत्पादन, कॉटन, वूलन, लिनन और सिल्क—पूरे विश्व में प्रसिद्ध थे। इसी प्रकार इसकी आकर्षक ज्वैलरी और विभिन्न आकार के बहुमूल्य नग; उसी प्रकार पॉटरी, पोरसेलिंस, सिरेमिक्स—सभी प्रकार की गुणवत्ता, रंग और सुंदर आकार में विश्वप्रसिद्ध थे। उसी प्रकार विभिन्न धातुओं—लौह, स्टील, चाँदी आदि की वस्तुओं की विश्व भर में खूब माँग थी। इसके पास महान् इंजीनियर, व्यापारी, व्यवसायी, बैंकर और फाइनेंसर्स थे। यह न केवल पानी के जहाज बनानेवाला महान् राष्ट्र था अपितु सभी ज्ञात सभ्य देशों के साथ इसका विशाल व्यावसायिक और व्यापारिक संबंध था। ऐसा भारत अंग्रेजों ने अपने आगमन पर पाया।'

हालाँकि, बाद में मुझे विलियम डुरंट द्वारा सन् 1930 में लिखित पुस्तक 'दि केस फॉर इंडिया' देखने को मिली, लेकिन कई दशकों तक यह उपलब्ध नहीं थी। मुंबई के स्ट्रैंड बुक स्टॉल और इसके संस्थापक टी.एन. शानबाग ने इन्फोसिस के मोहनदास पई से डुरंट की इस पुस्तक की फोटोकॉपी लेकर सन् 2007 में इसे पुन: प्रकाशित कर इतिहास की उत्कृष्ट सेवा की है।

दि केस फॉर इंडिया की प्रस्तावना में डुरंट लिखते हैं—

''मैं एक ऐसे राष्ट्र को समझने के लिए भारत गया, जिसके सांस्कृतिक इतिहास का अध्ययन कर रहा था, ताकि मैं अपनी पुस्तक 'दि स्टोरी ऑफ सिविलाइजेशन' लिख सकूँ; लेकिन मैंने भारत में ऐसी चीजें देखीं कि मुझे महसूस हुआ कि मानवता के पाँचवें हिस्सेवाले लोगों, जो गरीबी और दमन से इस कदर कुचले हुए थे जैसे कि धरती पर कहीं और नहीं हैं, के बारे में अध्ययन और लिखना बेमानी है। मैं डरा हुआ था। मैंने कभी नहीं सोचा था कि किसी सरकार के लिए अपने नागरिकों को ऐसे कष्टसहने के लिए छोड़ना भी संभव होगा।

''मैं वर्तमान भारत और उसके समृद्ध अतीत का अध्ययन करने के संकल्प के साथ आया : भारी कष्ट और पीड़ाओं के साथ लड़ी गई इसकी अद्वितीय क्रांति के बारे में और सीखने के : आज के गांधी और बहुत पहले के बुद्ध के बारे में पढ़ने के लिए। और जितना ज्यादा पढ़ता गया, मैं विस्मय और घृणा के साथ-साथ क्रोध से भी भरता गया यह जानकर कि डेढ़ सौ साल में इंग्लैंड द्वारा भारत को जान-बूझकर लहूलुहान किया गया है। मैंने यह महसूस करना शुरू किया कि मैं इतिहास के सर्वाधिक बड़े अपराध को देख रहा हूँ।''

डुरंट ने विस्तार से सुंडरलैंड का संदर्भ दिया है और कहा है कि जिन्होंने हिंदुओं की अकल्पनीय गरीबी और मनोवैज्ञानिक कमजोरी को देखा, आज मुश्किल से विश्वास करेगा कि यह अठारहवीं शताब्दी के भारत की संपदा थी, जिसने इंग्लैंड और फ्रांस के पेशेवर समुद्री लुटेरों को इसकी तरफ आकर्षित किया था।

डुरंट कहते हैं कि यही वह दौलत थी, जिसे ईस्ट इंडिया कंपनी हथियाने को आतुर थी। सन् 1686 में पहले ही ईस्ट इंडिया कंपनी के निदेशकों ने अपने इरादे जाहिर कर दिए थे—सदा-सर्वदा के लिए भारत में एक विशाल, सुव्यवस्थित अंग्रेज आधिपत्य स्थापित करने हेतु।

सन् 1757 में रॉबर्ट क्लाइव ने प्लासी में बंगाल के राजा को हराया और अपनी कंपनी को भारत के इस अमीर प्रांत का स्वामी घोषित किया। डुरंट आगे लिखते हैं: क्लाइव ने धोखाधड़ी और संधियों का उल्लंघन कर, एक राजकुमार को दूसरे से लड़ाकर, और खुले हाथों से घूस देकर तथा लेकर—अपने प्रभाव-क्षेत्र को और बढ़ाया। कलकत्ता से एक पानी के जहाज के माध्यम से चालीस लाख डॉलर भेजे गए। उसने हिंदू शासकों, जो उसकी कृपादृष्टि और उसकी बंदूकों पर आश्रित थे, 11,70,000 डॉलर तोहफे के रूप में स्वीकार किए, इसके अलावा 1,40,000 डॉलर का वार्षिक नजराना था : उसने अफीम खानी शुरू कर दी, जिसकी जाँच हुई, संसद् ने उसे माफ कर दिया, और उसने अपने को खत्म कर लिया। वह कहते हैं, ''जब मैं उस देश के अद्‌भुत वैभव के बारे में सोचता हूँ और तुलनात्मक रूप से एक छोटा सा हिस्सा जो मैंने लिया तो मैं अपने संयम पर अचंभित रह जाता हूँ।'' यह निष्कर्ष था उस व्यक्ति का, जो भारत में सभ्यता लाने का विचार रखता था।

भारत-विश्लेषक अकसर भारत की जाति-व्यवस्था के बारे में काफी अपमानजनक ढंग से बात करते हैं। हालाँकि विल डुरंट भारत पर ब्रिटिश आधिपत्य को इतिहास के सर्वाधिक बड़े अपराध के रूप में निंदित करते हुए जातिवादी उपमा का भी सहारा लेते हैं।

'दि कास्ट सिस्टम इन इंडिया' उपशीर्षक के तहत डुरंट लिखते हैं—

'भारत में वर्तमान वर्ण-व्यवस्था चार वर्गों से बनी है: असली ब्राह्मण है ब्रिटिश नौकरशाही; असली क्षत्रिय है ब्रिटिश सेना, असली वैश्य है ब्रिटिश व्यापारी और असली शूद्र तथा अस्पृश्य हैं हिंदू लोग।'

पहली तीन जातियों का वर्णन करने के बाद लेखक लिखते हैं—

'भारत में असली वर्ण व्यवस्था का अंतिम तत्त्व अंग्रेजों द्वारा हिंदुओं के साथ सामाजिक व्यवहार है। अंग्रेज जब आए थे तब वे मिलनसार और सही ढंग से व्यवहार करनेवाले भद्रपुरुष थे; लेकिन अपने नेताओं के अहंकारी आचरण तथा गैर-जिम्मेदार शक्ति के जहर से वे शीघ्र ही इस धरती पर सर्वाधिक घमंडी तथा मनमानी करनेवाली नौकरशाही में परिवर्तित हो गए। सन् 1830 में संसद् को प्रस्तुत एक रिपोर्ट कहती है कि 'इससे ज्यादा कुछ आश्यर्चजनक नहीं हो सकता कि जो लोग परोपकारी उद्देश्यों से सक्रिय थे, वे भी व्यवहारतया तिरस्कार के लक्ष्य बन रहे थे।' सुंडरलैंड रिपोर्ट करते हैं कि ब्रिटिश हिंदुओं को भारत में अजनबी और विदेशियों के रूप में इस ढंग से मान कर व्यवहार करते थे जैसे प्राचीन काल में जार्जिया और लुसियाना में अमेरिकी दासों के साथ असहानुभूतिपूर्वक कठोर और प्रताड़ित ढंग से किया जाता था।

डुरंट ने गांधीजी को उद्धृत करते हुए कहा कि जिस विदेशी व्यवस्था के तहत भारत पर शासन चलाया जा रहा था, उसने भारतीयों को कंगाल और निर्बल बना दिया।

डुरंट टिप्पणी करते हैं—सन् 1783 की शुरुआत में एडमंड बर्क ने भविष्यवाणी की थी कि बगैर बराबर की वापसी के इंग्लैंड को भारतीय संसाधनों की वार्षिक निकासी अंतत: भारत को नष्ट कर देगी। प्लासी से वाटरलू के सत्तावन वर्षों में भारत से इंग्लैंड को भेजी गई संपत्ति का आकलन ब्रुक एडम ने ढाई से पाँच बिलियन डॉलर किया था। इससे काफी पहले मैकाले ने सुझाया था कि भारत से चुराकर इंग्लैंड भेजी गई यही दौलत मशीनी आविष्कारों के विकास हेतु मुख्य पूँजी के रूप में उपयोग हुई और इसी के चलते औद्योगिक क्रांति संभव हो सकी।

विल डुरंट ने अपनी पुस्तक 'दि केस फॉर इंडिया' सन् 1930 में लिखी। जब कुछ समय बाद यह रवींद्रनाथ टैगोर के ध्यान में आई तो उन्होंने मार्च 1931 के 'मॉडर्न रिव्यू' में एक लेख लिखकर विल डुरंट को गरमजोशी भरी बधाई दी और लिखा—'जब मैंने विल डुरंट की पुस्तक में उन लोगों के दर्द और पीड़ा के बारे में मर्मस्पर्शी नोट देखा, जो उनके सगे-संबंधी नहीं थे, तो मैं आश्चर्यचकित रह गया। मैं जानता हूँ कि लेखक को अपने पाठकों से लोकप्रियता पाने का कम ही अवसर मिलेगा और उनकी पुस्तक को हमारे लिए

निषिद्ध करने का जोखिम भी बना रहेगा, क्योंकि उन्होंने पहले से ही प्रताड़ित और शोषित लोगों के हितों की चर्चा की है, लेकिन मैं निश्‍चित हूँ कि उनको पश्‍चिम में स्वतंत्रता और निष्पक्षता की पैरोकारी की बेहतरीन व्यवस्था का परचम उठाए रखने के रूप में अनुपम पारितोषिक मिलेगा।'

टेलपीस

विलियम डुरंट और एरियल डुरंट

विलियम डुरंट और एरियल डुरंट विद्वत्ता के साथ-साथ प्रेम कहानी में भी सहभागी थे। अक्तूबर 1981 में विलियम बीमार पड़े और उन्हें अस्पताल ले जाया गया। उनके अस्पताल में भरती होने के बाद से एरियल ने खाना त्याग दिया। 25 अक्तूबर को उनकी मृत्यु हो गई। जब विलियम को एरियल की मृत्यु के बारे में ज्ञात हुआ तो 7 नवंबर को वह भी चल बसे।

15 जुलाई, 2012

□

यदि सऊदी अबू जिंदाल को सौंप सकते हैं, तो पाक दाऊद इब्राहिम को क्यों नहीं सौंप देता?

पिछले सप्ताह पाकिस्तान के विदेश सचिव जलील अब्बास जिलानी नई दिल्ली की यात्रा पर आए थे। पूर्व में वह नई दिल्ली स्थित पाकिस्तानी उच्चायोग में मिशन उप-प्रमुख के रूप में काम कर चुके हैं। श्री जिलानी भारत में नव नियुक्त पाकिस्तानी उच्चायुक्त सलमान बशीर सहित अनेक अन्य पाकिस्तानी अधिकारियों के साथ मेरे आवास पर मिलने आए। पाक अधिकारीगण लगभग एक घंटे तक वहाँ रहे और भारत-पाक संबंधों से जुड़े अनेक मुद्दों पर खुलेपन और स्पष्टता से बातचीत हुई।

पाकिस्तानी विदेश सचिव ने भारत और पाकिस्तान के बीच सद्भावना और संबंधों को सामान्य बनाने में एन.डी.ए. सरकार द्वारा किए गए गंभीर प्रयासों की भरपूर प्रशंसा की। मैंने उनसे कहा कि हमें सबसे ज्यादा खेद इसको लेकर है कि इसलामाबाद में सार्क सम्मेलन के बाद जनरल मुशर्रफ और श्री अटल बिहारी वाजपेयी द्वारा जारी संयुक्त वक्तव्य, जिसमें कहा गया था कि पाकिस्तान अपने देश के किसी हिस्से या अपने नियंत्रण वाले किसी क्षेत्र को भारत के विरुद्ध आतंकवादी गतिविधियों के लिए उपयोग नहीं होने देगा, का ईमानदारी से पालन नहीं हो रहा।

मैंने उन्हें बताया कि आज पाकिस्तान में अनेक आतंकवादी संगठन सक्रिय हैं। इसमें कोई संदेह नहीं कि आतंकवादियों के हाथों पाकिस्तान में मरनेवाले लोगों की संख्या भारत में मरनेवाले लोगों की संख्या से ज्यादा है। इसलिए भारत सरकार और यहाँ के लोग इसके प्रति सचेत हैं कि आज इसलामाबाद अपनी ही सीमाओं में आतंकवाद से खूब सक्रियता से लड़ रहा है, लेकिन हमारे यहाँ यह मत है कि यद्यपि पाकिस्तान तहरीफ-ए-तालिबान-ए-पाकिस्तान जैसे आतंकवादी संगठनों से जूझ रहा है, जिन्होंने पाकिस्तान को अपना निशाना बनाया हुआ है, लेकिन साथ ही उसने लश्करे-तैयबा और हिजबुल मुजाहिदीन जैसे संगठनों,

जिनका निशाना भारत बना हुआ है, को सहायता देना जारी रखा हुआ है। और इससे भी ज्यादा तकलीफदेह यह है कि आतंकवाद के मुद्दे पर हमारे बीच जारी तनाव इस तथ्य को लेकर भी है कि पाकिस्तान ने दाऊद इब्राहिम और टाइगर मेनन जैसे घोषित आतंकवादियों को आज भी पाकिस्तान में संरक्षण दिया हुआ है। यदि सऊदी अरब का अनुसरण कर पाकिस्तान दाऊद इब्राहिम को भारत को सौंप सके तो इससे पाकिस्तान के प्रति भारतीय जनमत का नजरिया रातोरात बदल सकता है।

11 जनवरी, 2011 को नई दिल्ली में एम.जे. अकबर की पाकिस्तान पर पुस्तक 'टिंडरबॉक्स' लोकार्पित हुई थी। वर्तमान में यह लेखक अमेरिका की यात्रा पर है, जहाँ संयोग से 'टिंडरबॉक्स' के अमेरिकी संस्करण का लोकार्पण होना है।

मुझे याद है कि गत वर्ष भारत में जिस दिन यह पुस्तक लोकार्पित हो रही थी, उसी दिन पाकिस्तान में एक जघन्य हत्या हुई। पाकिस्तान के सर्वाधिक आबादी वाले राज्य पंजाब के गवर्नर सलमान तासीर की उनके ही सुरक्षा गार्ड मलिक मुमताज कादरी ने हत्या कर दी। तासीर को अपनी जान की कीमत एक ईसाई महिला आयशा बीबी, जो वर्तमान में ईशनिंदा के आरोपों में मृत्युदंड की सजा काट रही है, के मुखर समर्थन में बोलने के कारण चुकानी पड़ी। तासीर ईशनिंदा कानून बदलने की निडरतापूर्वक वकालत कर रहे थे।

पुस्तक के आमुख में अकबर ने लिखा है—

> ब्रिटिश भारत के मुसलिमों ने एक 'सर्वधर्म समभाव' भारत की संभावनाओं को नष्ट करते हुए, जिसमें हिंदू और मुसलिम सह-अस्तित्व में रह सकते थे, को छोड़ 1947 में पृथक् होमलैंड चुना, क्योंकि वे मानते थे कि एक नए राष्ट्र पाकिस्तान में उनकी जान-माल सुरक्षित रहेगी और उनका मजहब भी सुरक्षित रहेगा। इसके बजाय छह दशकों के भीतर ही पाकिस्तान इस धरती पर सर्वाधिक हिंसक राष्ट्रों में एक बन गया है, इसलिए नहीं कि हिंदू मुसलिमों की हत्या कर रहे हैं, अपितु इसलिए कि मुसलिम मुसलिमों को मार रहे हैं।

अपने अत्यंत संक्षिप्त भाषण में एम.जे. अकबर ने उसी दिन लाहौर में घटी इस भयंकर त्रासदी का संदर्भ देते हुए कहा, 'यदि सलमान तासीर भारत में होते तो उन्हें मरना नहीं पड़ता।'

गत सप्ताह समाचार-पत्रों में कुछ चुनिंदा समाचार प्रकाशित हुए, जो पूर्व राष्ट्रपति डॉ. कलाम द्वारा लिखित उनके संस्मरणों पर आधारित पुस्तक 'टर्निंग प्वॉइंट्स' से लिए गए हैं। कथित रूप से पुस्तक पर आधारित गुजरात संबंधी समाचार रिपोर्टों को देखकर मैं आश्चर्यचकित

रह गया, जिसमें वाजपेयीजी को नरेंद्र मोदी सरकार को बचाने के प्रयासों का दोषी बताया गया है! अपनी पुस्तक के नवें अध्याय में, जिसका शीर्षक है : 'माई विजिट टू गुजरात' में डॉ. कलाम कहते हैं कि राष्ट्रपति का पदभार सँभालने के बाद अगस्त 2002 में उनकी गुजरात यात्रा पहला महत्त्वपूर्ण काम था। वह कहते हैं—

> किसी भी राष्ट्रपति ने अभी तक ऐसी परिस्थितियों में इन क्षेत्रों का दौरा नहीं किया होगा, अनेक ने इस मौके पर राज्य में, मेरे दौरे की आवश्यकता पर प्रश्नचिह्न भी लगाए। मंत्रालय और नौकरशाही के स्तर पर यह सुझाया गया कि उस मौके पर मुझे गुजरात जाने का जोखिम नहीं उठाना चाहिए। एक प्रमुख कारण राजनीतिक था। हालाँकि मैंने जाने के लिए अपना मन बना लिया था और राष्ट्रपति भवन राष्ट्रपति के रूप में मेरी इस यात्रा को सफल बनाने में पूरी तरह जुटा हुआ था। प्रधानमंत्री वाजपेयीजी ने मुझसे सिर्फ एक प्रश्न पूछा, 'क्या आपको इस समय गुजरात जाना आवश्यक लगता है ?' मैंने प्रधानमंत्री को बताया, 'मैं इसे महत्त्वपूर्ण कार्य मानता हूँ, ताकि पीड़ा मिटाने और राहत गतिविधियों को तेज करने तथा दिलों की एकता लाने में कुछ काम आ सकूँ, जोकि मेरा मिशन है, जैसाकि अपने शपथ ग्रहण समारोह के संबोधन में मैंने जोर भी दिया है।'

मैं अकसर महसूस करता हूँ कि भारत के राजनीतिक इतिहास में जितना सुनियोजित और घृणापूर्वक तरीके से गुजरात के मुख्यमंत्री नरेंद्रभाई मोदी को बदनाम किया गया है, उतना किसी और को नहीं। क्या इससे यह रहस्योद्घाटित नहीं होता कि प्रधानमंत्री द्वारा आकस्मिक पूछताछ कि क्या इस समय गुजरात जाना आपको आवश्यक लगता है, को लेकर नरेंद्रभाई और गुजरात के बारे में जान-बूझकर एक निंदा प्रयास किया गया कि मानो प्रधानमंत्री राष्ट्रपति को गुजरात जाने से रोकना चाहते थे। डॉ. कलाम ने उन आशंकाओं का भी संदर्भ दिया है, जो उन्होंने सुनी थीं कि उनकी यात्रा का बहिष्कार हो सकता है। डॉ. कलाम का अनुभव इसके उलट था। मोदी और उनकी सरकार ने उत्साहपूर्वक डॉ. कलाम के साथ सहयोग किया। तब भी किसी पत्रकार ने इस प्रशंसा को प्रकाशित करना जरूरी नहीं समझा!

8 जुलाई, 2012

□

पूर्ववर्ती राष्ट्रपति चुनावों के कुछ संस्मरण

मेरा पिछला ब्लॉग (25.6.2012) चौदहवें राष्ट्रपति चुनाव के विषय में था। इस चुनाव में दो प्रमुख प्रतिद्वंद्वियों, सरकारी पक्ष के प्रणव मुखर्जी और विपक्ष के प्रत्याशी पूर्णो संगमा ने गत सप्ताह अपने नामांकन पत्र भर दिए हैं।

पूर्ववर्ती चुनावों का संक्षिप्त इतिहास बताते हुए मैंने इंगित किया था कि पूर्व के तेरह चुनावों में सन् 1977 ही एकमात्र ऐसा अवसर था, जब राष्ट्रपति निर्विरोध चुना गया।

मैं इस ब्लॉग में सन् 1977 की कुछ यादें ताजा कर रहा हूँ, जो 19 महीने के आपातकाल के बाद की हैं; इस आपातकाल के दौरान राष्ट्र को नागरिक स्वतंत्रताओं का निर्दयी दमन देखना पड़ा, जैसाकि ब्रिटिश शासन में भी देखने को नहीं मिला था।

स्वतंत्रता के बाद से यह पहला अवसर था, जब कांग्रेस पार्टी नई दिल्ली की सत्ता गँवा चुकी थी। सन् 1977 के लोकसभा चुनावों में कांग्रेस की पराजय पूर्णतया अप्रत्याशित थी। आपातकाल में हुई ज्यादतियों से मतदाता इतने गुस्से में थे कि उत्तरी भारत के बहुत बड़े हिस्से में कांग्रेस का सफाया हो गया था।

पंजाब (13), हरियाणा (9), हिमाचल (4), दिल्ली (7), चंडीगढ़ (1), उत्तर प्रदेश (85) और बिहार (54) की कुल 173 लोकसभा सीटों में से कांग्रेस को एक भी सीट नहीं मिली! मध्य प्रदेश (38) और राजस्थान (25) की कुल 63 सीटों में से कांग्रेस को मात्र 2 सीटें (दोनों प्रदेशों में से एक-एक) प्राप्त हो सकीं।

वह पहला अवसर था, जब हम जनसंघ के सदस्य केंद्रीय सरकार में मंत्री बने। सरकार का नेतृत्व श्री मोरारजी देसाई कर रहे थे।

26 जून, 1975 को, जिस दिन आपातकाल थोपा गया, उस दिन मैं और अटलजी दल-बदल विरोधी कानून के बारे में संसदीय समिति की बैठक में भाग लेने हेतु बंगलौर गए हुए थे।

जब 25/26 जून की रात्रि को हजारों की संख्या में गिरफ्तारियाँ हो रही थीं (इनमें लोकनायक जयप्रकाश नारायण, श्री मोरारजी देसाई और श्री चंद्रशेखर शामिल थे), तब अटलजी, मधु दंडवतेजी, श्याम नंदन मिश्राजी और मैं, जो बंगलौर में संसदीय समिति की बैठक हेतु आए थे, को 26 जून की सुबह बंगलौर में ही गिरफ्तार कर लिया गया।

आपातकाल के प्रारंभिक ढाई महीने हमें रोहतक जेल में रखा गया, सिवाय इसके हमारा अधिकांश बंदीकाल बंगलौर सेंट्रल जेल में बीता।

बंगलौर में बंदी के रूप में हमारी वकालत श्री रामा जॉयस और श्री संतोष हेगड़े ने की (बाद में दोनों ही उच्च न्यायालयों के मुख्य न्यायाधीश बने)। जब हमारी औपचारिक नजरबंदी याचिका कर्नाटक उच्च न्यायालय में विचारार्थ आई तब हमारी ओर से श्री एम.सी. छागला, श्री शांति भूषण और श्री वेणु गोपाल जैसी प्रमुख विधिक हस्तियों ने केस लड़ा।

'ऑर्गेनाइजर' में पत्रकार के रूप में काम करते हुए श्री मोरारजीभाई, चंद्रशेखरजी और डॉ. लोहिया जैसे वरिष्ठ राजनीतिक नेताओं से मेरा संबंध सन् 1970 में संसद् में आने से पहले ही बन चुका था। अत: जब श्री देसाई ने मुझे अपने मंत्रिमंडल में सूचना एवं प्रसारण मंत्री बनाया तो अकसर वह मुझसे मेरे मंत्रालयों से इतर विषयों पर भी अनौपचारिक रूप से विचार-विमर्श कर लेते थे।

मुझे स्मरण आता है कि उनकी सरकार के शुरुआती दिनों में ही एक बार उन्होंने मुझसे पूछा, 'तुम्हें क्या लगता है कि देश का नया राष्ट्रपति कौन होना चाहिए?'

जब मोरारजीभाई ने देश के राष्ट्रपति के बारे में मेरा मत पूछा तो बंगलौर से मेरा इतना लगाव हो गया था कि प्रधानमंत्री को मेरा स्वाभाविक जवाब था, 'क्यों नहीं, न्यायाधीश श्री के.एस. हेगड़े, जिनकी वरिष्ठता को पीछे कर श्रीमती गांधी ने एक कनिष्ठ न्यायाधीश श्री ए.एन. रे को पदोन्नत कर दिया था, को बनाया जाए।' जब श्री रे मुख्य न्यायाधीश थे, तभी सर्वोच्च न्यायालय ने अनेक उच्च न्यायालयों द्वारा मीसा बंदियों के पक्ष में दिए गए फैसलों को रद्द कर दिया था। न्यायाधीश श्री एच.आर. खन्ना सर्वोच्च न्यायालय की पीठ में एकमात्र न्यायाधीश थे, जिन्होंने इस फैसले के विरुद्ध अपनी असहमति दर्ज कराई थी।

मुझे अच्छी तरह स्मरण है कि मोरारजीभाई मेरे मत से सहमत थे, लेकिन उन्होंने कहा कि संजीव रेड्डी यह मानते हैं कि सन् 1969 में कांग्रेस संसदीय बोर्ड द्वारा उन्हें राष्ट्रपति पद का अधिकृत प्रत्याशी चुना गया था, परंतु कांग्रेस की नेता और प्रधानमंत्री द्वारा उन्हें इस पद से वंचित कर एक स्वतंत्र प्रत्याशी श्री वी.वी. गिरी को समर्थन देने में कोई गुरेज नहीं किया। मोरारजीभाई के निर्णय की न्यायसंगतता को मैं समझ सकता हूँ। अत: श्री

रेड्डी तब राष्ट्रपति बने और न्यायाधीश हेगड़े लोकसभा के स्पीकर!

पूर्ववर्ती अधिकांश राष्ट्रपति चुनाव संसद् सत्र के चलते संपन्न हुए।

मुझे याद है कि सन् 1974 में छठे राष्ट्रपति के चुनाव के दौरान सभी विपक्षी दलों के प्रतिनिधियों की बैठक बुलाई गई, ताकि विचार और निर्णय हो सके कि कांग्रेस के प्रत्याशी श्री फखरुद्दीन अली अहमद के विरोध में एक सर्वमान्य विपक्ष का प्रत्याशी कौन हो। मैं इस बैठक में जनसंघ की तरफ से शामिल था। संक्षिप्त विचार-विमर्श के पश्चात् रेवोल्यूशनरी सोशलिस्ट पार्टी (आर.एस.पी.) के श्री त्रिदीब चौधरी के नाम पर सहमति हुई।

त्रिदीबजी के साथ मुझे राजस्थान, मध्य प्रदेश और उत्तर प्रदेश, जहाँ जनसंघ के अधिकाधिक विधायक थे, जाने का स्मरण हो रहा है। इन राज्यों में रेलयात्रा के दौरान त्रिदीबजी ने मुझे कहा कि उनके अन्य वामपंथी साथी साधारणतया आर.एस.एस. (राष्ट्रीय स्वयंसेवक संघ) और जनसंघ के प्रति पूर्वग्रह रखते हैं, लेकिन वह सदैव संघ को आदर से देखते हैं। एक स्कूली छात्र होने के नाते उन्होंने डॉक्टर हेडगेवार को अकसर कलकत्ता में अनुशीलन समिति की बैठकों में भाग लेते देखा, जो अंग्रेजों के विरुद्ध एक भूमिगत क्रांतिकारी संस्था थी। इस प्रकार की बातचीत हमारे पार्टी सहयोगियों को शिक्षित करने में काफी उपयोगी सिद्ध हुई कि देशभक्ति विभिन्न वैचारिक तत्त्वों को भी एक डोर में बाँधने का शक्तिशाली बंधन हो सकती है।

सन् 1977 में आपातकाल के तुरंत बाद होनेवाले सातवें राष्ट्रपति के चुनाव में कांग्रेस इतनी हतोत्साहित थी कि वह कोई प्रत्याशी तक खड़ा नहीं कर पाई, अतः संजीव रेड्डी निर्विरोध चुने गए।

सन् 1974 में विपक्ष के एक सर्वमान्य प्रत्याशी के संबंध में जनसंघ द्वारा अपनाया गया दृष्टिकोण सन् 1982 में भी दोहराया गया।

विपक्षी दलों के प्रतिनिधियों की प्राथमिक बैठक में यह सुझाया गया कि कांग्रेस पार्टी के ज्ञानी जैल सिंह के मुकाबले किसी वरिष्ठ सांसद के नाम पर विचार किया जाए।

जब किसी ने श्री हीरेन मुखर्जी का नाम लिया तो मैं सबसे पहला व्यक्ति था, जिसने इस पर तुरंत सहमति दी।

संसद् की प्रेस दीर्घा में अकसर जानेवाले पत्रकार के रूप में सदैव मेरा मानना रहा कि पहली लोकसभा (1952-57) में जो दो सर्वाधिक श्रेष्ठ वक्ता थे, वे दो मुखर्जी ही थे— श्यामा प्रसाद और हीरेन। मैं जानता हूँ कि दोनों एक-दूसरे का काफी सम्मान करते थे।

अतः इस बैठक में श्री हीरेन मुखर्जी का नाम सर्वसम्मति से तय हुआ।

दो दिन बाद, सी.पी.आई. के प्रतिनिधि ने बताया कि हीरेन दा का नाम किसी प्रकार मतदाता सूची में दर्ज नहीं है, अत: एक नए नाम पर विचार करने के लिए विपक्ष की बैठक बुलानी पड़ेगी।

उक्त बैठक विधिवत् संपन्न हुई। इस दूसरी बैठक में मैंने न्यायाधीश एच.आर. खन्ना का नाम सुझाया। इस नाम पर तुरंत सभी की सहमति बनी।

टेलपीस

न्यायमूर्ति खन्ना का 95 वर्ष की आयु में 25 फरवरी, 2008 को निधन हो गया। उनके युगांतरकारी निर्णय के बाद 'द न्यूयॉर्क टाइम्स' ने अपने संपादकीय में लिखा था—'यदि भारत कभी पीछे मुड़कर अपनी स्वतंत्रता और लोकतंत्र को देखेगा, जिसने एक स्वतंत्र राष्ट्र के रूप में पहले अठारह वर्षों में जो गौरवशाली उपलब्धियाँ प्राप्त की हैं, तो निश्चित रूप से न्यायाधीश न्यायमूर्ति एच.आर. खन्ना का स्मारक कोई सर्वोच्च न्यायालय में अवश्य बनवाएगा।'

2 जुलाई, 2012

□

चौदहवें राष्ट्रपति का चुनाव

अगले महीने देश की वर्तमान राष्ट्रपति श्रीमती प्रतिभा देवीसिंह पाटिल का कार्यकाल पूरा होगा और एक नए राष्ट्रपति शपथ ग्रहण करेंगे। निर्वाचन आयोग द्वारा घोषित चुनाव कार्यक्रम के मुताबिक इस सर्वोच्च पद के लिए बृहस्पतिवार, 19 जुलाई को मतदान होगा। यह स्वतंत्र भारत का चौदहवाँ राष्ट्रपति चुनाव है।

संविधान सभा ने सन् 1950 में संविधान को औपचारिक रूप से अंगीकृत किया था। संसद् और राज्य विधानसभाओं का पहला आम चुनाव सन् 1952 में संपन्न हुआ था। पहला राष्ट्रपति चुनाव भी उसी वर्ष हुआ।

उसके बाद के बारह चुनाव— सन् 1957, सन् 1962, सन् 1967, सन् 1969, सन् 1974, सन् 1977, सन् 1982, सन् 1987, सन् 1992, सन् 1997, सन् 2002 और सन् 2007 में संपन्न हुए।

आजकल राजनीतिक क्षेत्रों में यह प्रश्न पूछना फैशन सा हो गया है कि क्या इस उच्च संवैधानिक पद के लिए सरकार और विपक्ष के बीच सहमति के आधार पर सर्वसम्मति से चुनाव नहीं हो सकता था? यह प्रश्न भाजपा से ज्यादा पूछा जाता है, जैसे दो प्रमुख मुख्यमंत्रियों द्वारा समर्थित श्री संगमा के समर्थन का निर्णय करके हमने कुछ अनुचित सा कर दिया है। मैं मानता हूँ कि इस प्रश्न का उत्तर पूरी तरह से सत्तारूढ़ दल के व्यवहार पर निर्भर है।

सोनियाजी द्वारा श्री प्रणव मुखर्जी के नाम की घोषणा करने के कुछ ही मिनटों में प्रधानमंत्री ने मुझे फोन कर बताया कि यू.पी.ए. के प्रत्याशी प्रणव होंगे और उन्होंने उनके लिए समर्थन माँगा। मेरी टिप्पणी थी—अब आप हमें सूचित कर रहे हैं। क्या यह अच्छा नहीं होता कि घोषणा करने से पहले आपने विपक्ष से भी सलाह-मशविरा कर लिया होता? उनका उत्तर था—'ठीक है, पर अभी भी इतनी देर नहीं हुई है।'

इसके कुछ ही देर में मुझे एक और फोन आया, यह प्रणव दा का था। उन्होंने मुझे बताया कि उनको प्रत्याशी बनाया गया है; लेकिन उन्होंने समर्थन नहीं माँगा। उन्होंने केवल स्मरण दिलाया कि कैसे 1970 से हम दोनों संसद् में हैं और हम दोनों के बीच परस्पर आदर और स्नेह के संबंध बने हुए हैं। उन्होंने कहा, आप शायद भूल गए होंगे, लेकिन मुझे अच्छी तरह याद है कि एक दिन जब मैं राज्यसभा से निकला तो आपने आग्रह किया कि हम दोनों सेंट्रल हॉल में इकट्ठे दोपहर का भोजन करेंगे। मुझे अच्छी तरह याद है कि न केवल उस दिन हमारा संवाद गर्मजोशी और स्नेह से भरा था, अपितु इन वर्षों में भी रहा है।

सभी की जानकारी के लिए यह तथ्य बताना जरूरी है कि अब तक हुए 13 चुनावों में से एकमात्र सन् 1977 ही ऐसा था, जो आपातकाल के दर्दनाक अनुभवों के बाद हुआ था, जिसमें जनता पार्टी (सत्तारूढ) दल के प्रत्याशी श्री नीलम संजीव रेड्डी निर्विरोध निर्वाचित हुए थे! अन्य सभी मौकों पर चुनाव हुए—उस समय भी, जब सत्तारूढ़ दल के प्रत्याशी डॉ. राजेंद्र प्रसाद, डॉ. राधाकृष्णन या डॉ. जाकिर हुसैन जैसे कद्दावर और प्रमुख हस्तियाँ मैदान में थीं।

भारत के संविधान के अनुसार राष्ट्रपति का चुनाव संसद् के दोनों सदनों के सदस्यों और राज्य विधानसभाओं के निर्वाचित सदस्यों (दिल्ली और पुंडुचेरी जैसी संघ शासित विधानसभाओं सहित) के निर्वाचक मंडल द्वारा किया जाता है।

विभिन्न राज्यों के प्रतिनिधित्व में समानता लाने और उसे व्यावहारिक बनाए रखने के लिए संविधान में एक विशेष प्रक्रिया बनाई गई है। इस प्रक्रिया के परिणामानुसार एक सांसद के वोट की कीमत 708, जबकि विधायकों के वोट की कीमत राज्यानुसार अलग-अलग, यानी सिक्किम जैसे प्रदेश में 7 और उत्तर प्रदेश में 208 होती है।

स्वतंत्रता के बाद के अनेक दशकों से इस निर्वाचक मंडल में कांग्रेस पार्टी का वोट शेयर इतना ज्यादा रहा है कि मैं मानता हूँ कि उन्होंने कभी विपक्ष से सलाह-मशविरा करने की नहीं सोची।

इसकी तुलना में सन् 2002 में जब एन.डी.ए ने डॉ. ए.पी.जे. अब्दुल कलाम को राष्ट्रपति पद का प्रत्याशी बनाने का विचार किया तब श्री वाजपेयी ने सोनियाजी और श्री मुलायम सिंह से बात कर उन्हें एन.डी.ए प्रत्याशी के समर्थन हेतु तैयार किया। हालाँकि उस समय वाममोर्चे ने हमारे प्रत्याशी के विरुद्ध श्रीमती लक्ष्मी सहगल को खड़ा किया। श्रीमती सहगल को डॉ. कलाम को मिले नौ लाख से ज्यादा मतों के मुकाबले लगभग एक

लाख मत प्राप्त हुए।

अब तक के हुए तेरह राष्ट्रपति चुनावों में से मैं सन् 1969 के चुनावों को सर्वथा अलग मानता हूँ।

सन् 1969 में कांग्रेस पार्टी के संसदीय बोर्ड ने निर्णय किया कि पार्टी की तरफ से राष्ट्रपति श्री नीलम संजीव रेड्डी प्रत्याशी होंगे, लेकिन मैं इसे इतिहास का सबसे विषम चुनाव मानता हूँ, क्योंकि कांग्रेस अध्यक्ष और प्रधानमंत्री श्रीमती इंदिरा गांधी ने अंतरात्मा की आवाज पर वोट देने का आह्वान कर कांग्रेस के प्रत्याशी श्री रेड्डी के विरुद्ध एक स्वतंत्र प्रत्याशी श्री वी.वी. गिरी को खड़ा कर दिया था।

यही वह चुनाव था, जिसको समाजवादी पार्टी के प्रवक्ता श्री रामगोपाल यादव ने उस समय याद दिलाया, जब ममताजी के साथ मिलकर उनकी पार्टी के नेता श्री मुलायम सिंह ने देश के राष्ट्रपति के लिए डॉ. मनमोहन सिंह का नाम सुझाया तो उन पर अनैतिक व्यवहार का आरोप लगाया गया था। यू.पी.ए. सरकार के एक कैबिनेट मंत्री ने इस बारे में मुलायम सिंह पर सवाल उठाते हुए इस प्रस्ताव को अनैतिक ठहराया। इस पर रामगोपाल ने गुस्से भरी प्रतिक्रिया देते हुए कहा कि जिस पार्टी ने सन् 1969 में अपने अधिकृत प्रत्याशी को हराने का काम किया हो, उसे हमें नैतिकता का पाठ पढ़ाने का कोई अधिकार नहीं है।

टेलपीस

जब श्रीमती गांधी ने अंतरात्मा की आवाज पर वोट देने का आह्वान किया था, तब मैंने ब्रिटिश संसदीय इतिहास, जहाँ अंतरात्मा की आवाज पर वोट विधायी प्रक्रिया का एक स्वीकृत अंग है, से शब्दावली लेकर जो टिप्पणी की थी, उसका मुझे स्मरण आता है। मैंने कहा था कि एकवचन में अंतरात्मा की आवाज पर वोट सद्गुण है, लेकिन बहुवचन में यह एक षड्यंत्र है!

25 जून, 2012

□

एक महान् शहीद को नमन!

आज 23 जून है। यह वह तिथि है, जिसे राष्ट्र को कभी नहीं भूलना चाहिए। ठीक 59 वर्ष पूर्व, यानी 1953 में इसी दिन डॉ. श्यामाप्रसाद मुकर्जी श्रीनगर में रहस्यमय परिस्थितियों में मृत पाए गए थे।

डॉ. श्यामाप्रसाद मुकर्जी

अक्तूबर 1951 में डॉ. मुकर्जी ने भारतीय जनसंघ की स्थापना की। वे इसके पहले राष्ट्रीय अध्यक्ष निर्वाचित हुए। सन् 1952 में निर्वाचन आयोग ने लोकसभा और राज्य विधानसभाओं के पहले आम चुनाव संपन्न कराए। डॉ. मुकर्जी कलकत्ता (अब कोलकाता) के क्षेत्र से पहली लोकसभा के संसदीय लिए चुने गए।

दिसंबर 1952 में जनसंघ का पहला अखिल भारतीय अधिवेशन कानपुर में संपन्न हुआ। इसी अधिवेशन में डॉ. मुकर्जी ने पूरे देश को जम्मू एवं कश्मीर राज्य के भारत संघ में पूर्ण एकीकरण के संदेश का आह्वान किया। यह आह्वान एक प्रभावी नारे में यूँ शब्दबद्ध किया गया था—

एक देश में दो विधान
दो प्रधान
दो निशान
नहीं चलेंगे!
नहीं चलेंगे!!

कानपुर अधिवेशन इस एक संकल्प के साथ संपन्न हुआ। जम्मू व कश्मीर के भारत में पूर्ण एकीकरण के लिए देशव्यापी आंदोलन शुरू किया जाए। आंदोलन से पूर्व जम्मू एवं

कश्मीर के पूर्ण एकीकरण के मुद्दे पर डॉ. मुकर्जी और प्रधानमंत्री के बीच पत्राचार भी हुआ था।

इससे पूर्व डॉ. मुकर्जी इस मुद्दे पर देशव्यापी दौरा कर चुके थे। उनके इस दौरे में श्री अटल बिहारी वाजपेयी उनके साथ थे।

उन दिनों मैं राजस्थान के कोटा में था। जब ये दोनों रेलगाड़ी से कोटा जंक्शन से गुजरे, उस समय कोटा रेलवे स्टेशन पर दोनों महारथियों से हुई भेंट को मैं कभी नहीं भुला सकता।

जम्मू एवं कश्मीर सरकार ने यह आदेश जारी कर दिया था कि राज्य में आनेवाले किसी भी व्यक्ति को तभी प्रवेश की अनुमति दी जाएगी, जब उसने राज्य सरकार से परमिट लिया हो। डॉ. मुकर्जी ने राज्य सरकार के इस आदेश को भारतीय संविधान की अवज्ञा के रूप में माना। इसलिए उन्होंने तय किया कि जिस आंदोलन का आह्वान उन्होंने किया है, वे स्वयं आगे रहकर प्रवेश-परमिट आदेश की अवज्ञा कर उसका नेतृत्व करेंगे।

अपने गंतव्य कश्मीर पहुँचने के लिए डॉ. मुकर्जी ने 8 मई, 1953 को अपने साथियों के साथ एक पैसेंजर रेलगाड़ी से पंजाब की ओर कूच किया। समूचे पंजाब में उन्हें देखने के लिए मानव समुद्र उमड़ पड़ा था। उनका अंतिम पड़ाव रावी नदी के किनारे माधोपुर चेकपोस्ट था, जहाँ पंजाब की पाँच महान् नदियों में से रावी पंजाब और जम्मू-कश्मीर के बीच सीमा बनाती थी। इस राज्य में उनके प्रवेश का दिन 10 मई, 1953 था। रावी के ऊपर एक सड़क पुल था। दो राज्यों के बीच की सीमा माधोपुर पुल के बीचोबीच वाले स्थान पर मानी जाती थी।

जब जीप डॉ. मुकर्जी को पुल के मध्य बिंदु पर लेकर पहुँची तो उन्होंने देखा कि जम्मू एवं कश्मीर पुलिस के दस्ते ने सड़क को घेर रखा है। कठुआ (जम्मू एवं कश्मीर) के पुलिस अधीक्षक ने डॉ. मुकर्जी को राज्य के मुख्य सचिव के हस्ताक्षरों से युक्त एक आदेश थमाया, जिसमें डॉ. मुकर्जी के लिए राज्य में प्रवेश की मनाही दर्ज थी। डॉ. मुकर्जी ने घोषणा की कि मैं तो राज्य में प्रवेश करने के लिए दृढ़-प्रतिज्ञ हूँ।

तत्पश्चात् पुलिस अधिकारी ने पब्लिक सेफ्टी ऐक्ट के तहत उनकी गिरफ्तारी का आदेश निकाला और डॉ. मुकर्जी को हिरासत में ले लिया। उस समूह में उनके दो सहयोगियों वैद्य गुरुदत्त और टेकचंद—जिन्हें डॉ. मुकर्जी के बंदी बनाए जाने पर साथ में रहने का दायित्व सौंपा गया था—को भी गिरफ्तार कर लिया गया।

तब डॉ. मुकर्जी ने अटलजी से कहा, ''तुम वापस जाओ और देशवासियों को बताओ कि डॉ. मुकर्जी ने प्रतिबंध आदेशों की अवहेलना करते हुए जम्मू एवं कश्मीर में प्रवेश किया

है और वह भी बगैर परमिट के, भले ही एक बंदी के रूप में ही क्यों न हो?''

डॉ. मुकर्जी को श्रीनगर शहर से दूर निशात बाग के निकट एक छोटे से घर में नजरबंद किया गया। इस घर को एक उप-जेल में बदल दिया गया। 23 जून, 1953 को पूरा देश यह जानकर सन्न रह गया कि अपनी नजरबंदी के स्थान पर डॉ. मुकर्जी की तबीयत खराब होने के फलस्वरूप उन्हें लगभग दस मील दूर स्थित अस्पताल में ले जाया गया, जहाँ उन्होंने अपनी अंतिम साँस ली।

उस दिन मैं जयपुर में था। मुझे अच्छी तरह याद है कि 24 जून की सुबह लगभग 4.30 बजे चौड़ा रास्ता स्थित हमारे पार्टी कार्यालय के दरवाजे पर एक स्थानीय पत्रकार जोरों से चिल्ला-चिल्लाकर रोते हुए कह रहा था, 'आडवाणीजी, उन्होंने डॉ. मुकर्जी को मार डाला।'

तथागत राय पश्चिम बंगाल के हमारे प्रमुख कार्यकर्ताओं में से एक हैं। एक समय वह पार्टी की राज्य इकाई के अध्यक्ष रह चुके हैं। उन्होंने हाल ही में डॉ. श्यामाप्रसाद मुकर्जी की एक पूर्ण जीवनगाथा लिखी है। यह अगले महीने लोकार्पित होगी। भाजपा में हम आज भारत की राजनीति में जिस स्थान पर पहुँचे हैं, वह हमारे पूर्ववर्ती हजारों कार्यकर्ताओं के त्याग और परिश्रम तथा उससे ऊपर डॉ. मुकर्जी के विजन एवं बलिदान के चलते पहुँचे हैं।

हम अपने महान् नेता के बारे में उनके अंतिम दिनों में ही ज्यादा जान पाए। तथागत ने शोध और आवश्यक परिश्रम कर इस महान् राष्ट्र-भक्त के जन्म से लेकर उनके जीवन के बारे में पाठकों को बताकर इतिहास और उन राष्ट्रवादी विचारों की उत्कृष्ट सेवा की है, जिनको राजनीति में हम स्थापित करने में लगे हैं। तथागत राय का अभिवादन।

जोगमाया देवी

डॉ. श्यामाप्रसाद मुकर्जी की माँ श्रीमती जोगमाया देवी द्वारा पं. नेहरू को लिखे गए पत्र का मूल पाठ—

77, आशुतोष मुकर्जी रोड, कलकत्ता 4 जुलाई, 1953

प्रिय श्री नेहरू!

आपका 30 जून का पत्र मुझे 2 जुलाई को डॉ. विधानचंद्र राय द्वारा भेजा गया। शोक और सहानुभूति के आपके संदेश के लिए मैं आपका धन्यवाद करती हूँ!

राष्ट्र मेरे प्रिय पुत्र की मृत्यु के शोक में है। वह एक शहीद की मौत मरा है। उसकी माँ होने के नाते यह दुःख इतना गहरा और गर्वीला है, जिसका वर्णन नहीं किया जा

सकता। यह पत्र मैं कोई सहानुभूति पाने के लिए नहीं लिख रही हूँ। मेरा पुत्र नजरबंदी में मरा—एक ऐसी नजरबंदी, जो बगैर मुकदमा चलाए की गई। अपने पत्र में आपने यह आभास दिलाने की कोशिश की है कि कश्मीर सरकार ने वह सब किया, जो उसे करना चाहिए था। आपकी बातें उन आश्वासनों और सूचनाओं पर आधारित हैं, जो आपको प्राप्त हुई हैं। मैं पूछना चाहती हूँ, ऐसी सूचना की क्या अहमियत है, जो ऐसे लोगों की तरफ से आई है, जिन पर मुकदमा चलना चाहिए? आप कहते हैं, मेरे पुत्र की नजरबंदी के दौरान आप कश्मीर गए थे। आपने अपने उस स्नेह की दुहाई दी है, जो उसके प्रति आपको था। लेकिन मुझे आश्चर्य है कि वहाँ उससे मिलने और उसके स्वास्थ्य तथा प्रबंधों के बारे में स्वयं संतुष्ट होने से आपको किसने रोका था?

उसकी मृत्यु रहस्यमयी परिस्थितियों में हुई है। क्या यह आश्चर्यजनक और शोकपूर्ण नहीं कि उसकी नजरबंदी के बाद से मुझे, यानी उसकी माँ को कश्मीर सरकार की ओर से पहली सूचना यह मिली कि मेरा पुत्र इस संसार में नहीं रहा और वह भी उसकी मृत्यु के कम-से-कम दो घंटे बाद? और वह संदेश भी इतने क्रूर ढंग से दिया गया! यहाँ तक कि मेरे पुत्र द्वारा भेजा गया टेलीग्राम कि उसे अस्पताल ले जाया जा रहा है, वह भी हमारे पास उसकी मृत्यु के दुःखद समाचार के बाद मिला। इसकी निश्चित सूचना मिली है कि नजरबंदी की शुरुआत से ही मेरे पुत्र का स्वास्थ्य अच्छा नहीं था। निश्चित रूप से वह बहुत बीमार रहा और कुछ-न-कुछ तकलीफ रही। ऐसे में, मैं क्यों नहीं पूछूँ कश्मीर सरकार या तुम्हारी सरकार से कि जो भी जानकारी थी, वह मुझे और मेरे परिवार को क्यों नहीं दी गई?

यहाँ तक कि जब उसे अस्पताल ले जाया गया तब भी यह जानकारी तत्काल हमें या डॉ. विधानचंद्र राय को देने की आवश्यकता नहीं समझी गई। यह भी स्पष्ट है कि कश्मीर सरकार ने श्यामाप्रसाद के स्वास्थ्य के बारे में पूर्ववर्ती जानकारी लेने की जरूरत नहीं समझी और न ही जरूरत के अनुसार उपचार और योग्य इलाज की व्यवस्था की। उसके बार-बार अस्वस्थ होने को भी चेतावनी के रूप में नहीं लिया गया। नतीजा भयावह रूप में सामने है। मेरे पास यह सिद्ध करने हेतु अकाट्य प्रमाण स्वयं उसके शब्द हैं कि 22 जून को मुझे ऐसा लगा कि मानो मैं मृत्यु की ओर बढ़ रहा हूँ—इसके बावजूद सरकार ने क्या किया? डॉक्टरी सहायता उपलब्ध कराने में अक्षम्य देरी, अस्पताल ले जाने में भी अमानवीय व्यवहार, उनके दो बंदी साथियों को अस्पताल में उनके साथ जाने की अनुमति न देना—ऐसे कुछ उदाहरण हैं, जो संबंधित प्राधिकरणों के निर्दयी व्यवहार को दरशाते हैं।

सरकार और उसके डॉक्टरों की जिम्मेदारी, श्यामाप्रसाद के पत्रों में से अपनी मरजी से

चुनकर उद्धृत किए जानेवाले वाक्यों कि वह ठीक हैं—से कम नहीं की जा सकती। ऐसे उद्धरणों की क्या कीमत है ? क्या ऐसा सोचा जा सकता है कि कोई नजरबंद व्यक्ति दूर बैठे अपने आत्मीय जनों को अपने पत्रों के माध्यम से अपनी तकलीफें या अपनी शिकायत बताएगा ? इस संबंध में सरकार की जिम्मेदारी ज्यादा और गंभीर थी।

मैं उन पर आरोप लगाती हूँ कि वे अपना दायित्व निभाने में पूरी तरह असफल और लापरवाह रहे। आप श्यामाप्रसाद को नजरबंदी में उपलब्ध कराई गई सुविधाओं और सहूलियतों का जिक्र कर रहे हैं। इसकी जाँच होनी चाहिए। कश्मीर सरकार ने परिवार के पत्रों के आदान-प्रदान को निर्बाध बनाए रखने की शिष्टता भी नहीं दिखाई। पत्रों को रोका गया और कुछ को रहस्यपूर्ण ढंग से गायब कर दिया गया। विशेष रूप से उसकी बीमार पुत्री और मेरे बारे में, जैसे घर के समाचारों के बारे में उसकी चिंता को उपेक्षित करना शर्मनाक था। तुम्हें यह जानकर आश्चर्य होगा कि उसके द्वारा 15 जून को लिखा गया पत्र, पिछली 27 जून को हमें प्राप्त हुआ, जोकि कश्मीर सरकार द्वारा 24 जून को एक पैकेट में भेजा गया। उसका शव भेजने के एक दिन बाद ? इस पैकेट में मेरे और अन्यों द्वारा श्यामाप्रसाद को भेजे गए पत्र, जो 11 और 16 जून को श्रीनगर पहुँचे, वे भी प्राप्त हुए, लेकिन इन्हें उसे नहीं दिया गया था। यह मानसिक अत्याचार का मामला है। वह लगातार टहलने के लिए स्थान की माँग कर रहा था। वह बीमार था और उसे टहलने की आवश्यकता थी, लेकिन इसके लिए भी उसे इनकार कर दिया गया। क्या यह शारीरिक प्रताड़ना का ही तरीका नहीं है ? तुम्हारे द्वारा यह बताए जाने पर कि उन्हें जेल में नहीं, अपितु श्रीनगर में प्रसिद्ध डल झील के किनारे एक निजी बँगले में रखा गया है—मुझे आश्चर्य में डाल रहा है और मुझे शर्म आ रही है। दिन-रात सशस्त्र पहरेदारों के पहरे में छोटे आँगन वाले एक छोटे से बँगले में कैद—ऐसा जीवन वह जी रहा था। क्या यह गंभीरता से माना जा सकता है कि सोने का एक पिंजरा कैदी को प्रसन्न रखेगा ? मैं ऐसे हताशा भरे दुष्प्रचार को सुनकर काँप उठती हूँ। मुझे नहीं पता कि किस प्रकार का डॉक्टरी उपचार और सहायता उसको उपलब्ध कराई गई। मुझे बताया गया कि सरकारी रिपोर्टें भी परस्पर विरोधी हैं। कई प्रसिद्ध डॉक्टरों ने अपना मत प्रकट किया है कि कम-से-कम यह मामला विशुद्ध लापरवाही का है। मामले की संपूर्ण और निष्पक्ष जाँच होनी चाहिए।

मुझे मेरे प्रिय पुत्र की मृत्यु का शोक नहीं है। स्वतंत्र भारत का एक निर्भीक पुत्र बगैर मुकदमे के नजरबंदी में अत्यंत दुःखद और रहस्यमयी परिस्थितियों में मृत्यु को प्राप्त हुआ। मैं उस दिवंगत की माँ माँग करती हूँ कि स्वतंत्र और निष्पक्ष व्यक्तियों द्वारा अविलंब इसकी

निष्पक्ष एवं गहन जाँच की जाए। मैं जानती हूँ कि जो चला गया, उसे किसी भी तरह से वापस नहीं लाया जा सकता। परंतु मैं चाहती हूँ कि भारत की जनता इस दुःखद त्रासदी के असली कारणों को जाने-समझे, जोकि एक स्वतंत्र देश में घटी है और तुम्हारी सरकार द्वारा इसमें क्या भूमिका निभाई गई है।

यदि कहीं भी कुछ गलत हुआ है और किसी भी व्यक्ति—चाहे वह कितना भी बड़ा क्यों न हो—उसके द्वारा किया गया है, तो न्याय को अपना काम करने की छूट होनी चाहिए जिससे लोग सतर्क हो सकें और स्वतंत्र भारत में फिर से किसी अन्य माँ को मेरी तरह इस तरह के दुःख और शोक के लिए आँसू न बहाने पड़ें।

आपने पत्र में यह सहृदयता दिखाई है कि मैं आपके योग्य किसी सेवा के लिए बगैर संकोच आपको कहूँ। मेरी और भारत की माताओं की तरफ से यह माँग है कि परमात्मा आपको इतना साहस दे कि आप सत्य के प्रकाश को देख सको।

अपना पत्र समाप्त करने से पूर्व मैं एक अत्यंत महत्त्वपूर्ण तथ्य की ओर आपका ध्यान आकर्षित करना चाहती हूँ। श्यामाप्रसाद की निजी डायरी और उसके अन्य लेखों की पांडुलिपि कश्मीर सरकार द्वारा उसके अन्य सामान के साथ नहीं लौटाई गई है। बख्शी गुलाम मोहम्मद और मेरे बड़े पुत्र रामप्रसाद के बीच का पत्राचार संलग्न है। मैं आपकी अत्यंत आभारी रहूँगी, यदि आप वह डायरी और पांडुलिपियाँ कश्मीर सरकार से हमें उपलब्ध करवा सको। निश्चित ही ये उनके पास हैं।

आशीर्वाद सहित,

शोकमग्न

—जोगमाया देवी

23 जून, 2012

□

बँगलादेश राजनयिक ने गिनाए पाकिस्तान के सात घातक पाप

गत सप्ताह (16 जून) को बँगलादेश के उच्चायुक्त श्री अहमद तारिक करीम मेरे निवास पर मुझसे मिले और बँगलादेश-भारत-पाकिस्तान संबंधों पर हमारी काफी ज्ञानवर्धक बातचीत हुई।

जब वह चलने लगे तो मैंने उन्हें अपनी आत्मकथा 'माई कंट्री माई लाइफ' की एक प्रति भेंट की और उन्होंने वादा किया कि वे हमारे बीच हुई चर्चा के विषय पर अपने लेखन की प्रति भेजेंगे।

उच्चायोग द्वारा प्रेषित उनका पत्र धन्यवाद की अभिव्यक्तियों से भरा हुआ है। इस पत्र में उन्होंने मेरी आत्मकथा का संदर्भ देते हुए टिप्पणी की है कि जैसे-जैसे मैं इसका अध्ययन कर रहा हूँ, मुझे हमारे उपमहाद्वीप के साझा इतिहास की अनमोल अंदरूनी जानकारी मिल रही है।

उपरोक्त वर्णित पत्र के साथ-साथ उच्चायुक्त द्वारा लिखे गए अनेक लेख भी संलग्न हैं। उच्चायुक्त महोदय बँगलादेश की विदेश सेवा से निवृत्त हो चुके हैं, परंतु उनकी सरकार ने उन्हें वर्तमान भारत सरकार का कार्यकाल पूरा होने तक रुकने को कहा है। मुझे भेजे गए लेखों के पुलिंदे में उनके द्वारा लिखित 19 पृष्ठीय पैंफलेट भी है, जिसका शीर्षक है—'पाकिस्तान स्टॉकिंग आर्मगेडनग'।

इस पैंफलेट में बँगलादेशी नेता कहते हैं—

''पाकिस्तान—जो मिसाइलों और परमाणु दौड़ में भारत के साथ जैसे को तैसा करने के जुनून में रहता है, सामाजिक विकास से जुड़ी मूलभूत समस्याओं का समाधान अपने हिसाब से करने में असफल रहा है और इस प्रक्रिया में लगभग दिवालिया हो गया है। अनेक पाकिस्तानियों सहित वहाँ पर यह धारणा बलवती हो रही है कि देश स्वयं विनाश

के अंत:स्फोट की वक्ररेखा के मुहाने पर है।''

राजनीति और शासन के संबंध में भारत के दृष्टिकोण की पाकिस्तान से तुलना करते हेतु बँगलादेशी उच्चायुक्त अपने पैंफलेट में लिखते हैं—

''पाकिस्तान से संघर्ष के बावजूद, भारतीय नेतृत्व ने लोकतंत्र के पथ को चुना और अपने लोकतांत्रिक तथा नागरिक संस्थानों को मजबूत करने पर ध्यान दिया, तो पाकिस्तानी नेतृत्व ने अपने तानाशाही शासन के लिए कश्मीर के मुद्दे को हथियार बनाया। विडंबना देखिए कि इस प्रक्रिया में उन्होंने उन्हीं संस्थानों, जो सामान्यतया उनकी सुरक्षा के संरक्षक हो सकते थे, के विस्थापन के बीज बो दिए। कश्मीर पर सशस्त्र झड़प को सेना द्वारा अपरिहार्य रूप से नवगठित मुसलिम राष्ट्र के लिए स्थायी सुरक्षा खतरे में विस्तारित कर दिया गया।''

'पाकिस्तान के सात घातक पाप' शीर्षक के अंतर्गत श्री करीम ने पाकिस्तान की अदूरदर्शिता के परिणामों के बारे में अपना आकलन इन शब्दों में बद्ध किया है—

''एक प्रकार से पाकिस्तान पर शासन करनेवाला उत्तरोत्तर नेतृत्व इसके जन्मकाल से ही और अपने ही बनाए मित्रों की दुनिया में रहा, जिससे अपरिहार्य रूप से वह भारत के साथ तीसरे, सर्वाधिक विनाशकारी युद्ध की ओर पहुँच गया। सन् 1971 में भारत के हाथों अपमानजनक पराजय के बावजूद पाकिस्तान, लगता है इन गलतफहमियों से दृढ़तापूर्वक चिपका रहा, जिसने इसे भारत के साथ 1999 में कारगिल की पहाड़ियों पर स्थानीय परंतु बर्बर युद्ध पर पहुँचा दिया। ये गलतफहमियाँ, जिन्हें पाकिस्तान के सात घातक पाप निरूपित किए जा सकते हैं, निम्न हैं—

1. काफिर हिंदुओं पर इसलामिक अपराजेयता का सिद्धांत : इसलामी राज्य का प्रतिमान होने के कारण पाकिस्तान, प्रत्येक पाकिस्तानी योद्धा काफिर हिंदुओं के दस सैनिकों से आसानी से लड़ सकता है, हिंदुओं के बस में लड़ना नहीं है।
2. निम्न बंगालियों पर पश्चिमी पाकिस्तानी उच्चता का सिद्धांत : पूर्वी पाकिस्तान के बंगाली निम्न वर्ग से संबंधित हैं और इनका नेतृत्व हिंदू भारतीयों के साथ साँठगाँठ में है, इसलिए इन पर भरोसा नहीं किया जा सकता।
3. और अन्य तत्त्वों के अलावा अमेरिका के सामरिक सहयोगी की अपरिहार्यता का सिद्धांत : अमेरिका पाकिस्तान के साथ सुरक्षा, सहयोग और समझौतों के चलते भारत के साथ सशस्त्र संघर्ष की स्थिति में पाकिस्तान की सैन्य सहायता के लिए आएगा, भले ही पाकिस्तान सेंटो (CENTO) और सीटो (SEATO) से हट

चुका है। दुर्भाग्य से, उत्तरोत्तर अमेरिकी प्रशासन पाकिस्तान की सरकारों की सच्चाई बताने से कतराते रहे; तथ्यत: अमेरिका का पाकिस्तान के साथ सैन्य सहयोग ऐसा नहीं है, जिसमें यह निहित हो कि भारत से संघर्ष के चलते अमेरिका किसी भी रूप में पाकिस्तान के पक्ष में खड़ा होगा।

4. चीन कार्ड : भारत से एक युद्ध लड़ चुका चीन और कम्युनिस्ट दुनिया में नेतृत्व करने की प्रतिस्पर्धा में सोवियत संघ का विरोधी होने के कारण वह पाकिस्तान का स्वाभाविक सहयोगी है।

   चीन द्वारा भारत से संबंध सामान्य बनाने के तुरंत बाद उसने अन्य दक्षिण एशियाई देशों को एक स्पष्ट संदेश दिया कि वह उन्हें छोड़नेवाला नहीं है, लेकिन भारत से संबंध सुधारना उनके हित में है। चीन ने यह भी साफ कर दिया है कि उनमें से कोई भी भारत के साथ अपने झगड़े में उसे पार्टी न बनाए। नेपाल और बँगलादेश ने इस मैत्रीपूर्ण सलाह को तुलनात्मक रूप से शीघ्रता से आत्मसात् कर लिया, लेकिन पाकिस्तान ने या तो इसे नजरअंदाज किया या पूरी तरह से गलत समझा।

5. ईरान कार्ड : अपनी आजादी के बाद से ही पाकिस्तान ने ईरान के साथ प्रगाढ़ संबंध बनाए हैं। ईरान के साथ इसके संबंध साझा संस्कृति, मजहब और भौगोलिक निकटता पर आधारित हैं। ईरान पाकिस्तान के साथ अमेरिकी नेतृत्ववाले सेंटो गठबंधन का भागीदार रहा है, साथ ही ईरान, पाकिस्तान और तुर्की के बीच एक त्रिपक्षीय सामाजिक और आर्थिक गठबंधन विकास हेतु क्षेत्रीय सहयोग (Regional Cooperation for Development) में भी रहा है।

   ईरान भी चीन की तरह इस क्षेत्र में बाहरी हस्तक्षेप संबंधी आशंकाओं से ग्रसित है। ईरान दक्षिण एशिया में किसी भी लड़ाई में नहीं उलझना चाहता। उलटे वह भारत को सुविधाजनक रूप से निकटवर्ती एक विशाल संभावित बाजार के रूप में देखता है, जिसमें वह अपने तेल व गैस को बेच सकता है और जो अत्याधुनिक तकनीक वह लेना चाहता है, उसकी खिड़की के रूप में देखता है। ऊपर से वह पाकिस्तान से इसलिए खिन्न भी है कि उसने भारत के साथ पाइपलाइन सौदे को बिगाड़ने के प्रयास किए।

6. यह विश्वास कि कश्मीर के अधिसंख्य लोग पाकिस्तान के साथ मिलना चाहते हैं : पाकिस्तान दृढ़तापूर्वक यह विश्वास करता है कि घाटी के अधिसंख्य लोग पाकिस्तान के साथ आना चाहते हैं और सिर्फ भारत की कट्टरता ही उन्हें इससे रोक रही है।

7. पूर्वी पाकिस्तान की सुरक्षा पंजाब के मैदानी क्षेत्रों में है :

हालाँकि, सन् 1971 में जब पूर्वी पाकिस्तान युद्ध का क्षेत्र बना हुआ था, तब चीन ने ऊपरी तौर पर इससे अपनी दूरी बनाए रखी, यद्यपि इसने अपने मुनाफे के लिए पाकिस्तान को हथियारों की आपूर्ति की, वैसे ही जैसे उसने सन् 1965 के युद्ध के दौरान भी किया था।

सन् 1965 में युद्ध का मुख्य स्थल पश्चिम में था। सन् 1971 में चीन और अमरीकियों द्वारा पाकिस्तान की एकता का समर्थन करते हुए भी वे याह्या खान शासन द्वारा राजनीतिक समस्याओं को सैन्य ढंग से सुलझाने के विरोधी थे, जिसने पाकिस्तान सेना की पूर्वी कमांड को न केवल बाहर के शत्रुओं अपितु अंदर के शत्रुओं से भी लड़ने को खड़ा कर दिया : एक गृहजनित धारणा कि समूचे लोग पूर्णतः इसके विरोधी हैं।

कुल मिलाकर यह पैंफलेट पाकिस्तान के साथ उसकी स्थापना के तीन वर्षों में घटित गलतियों में एक अनुबोधक सार जोड़ता है। इस पैंफलेट की प्रस्तावना में अहमद तारिक करीम ने चेतावनी दी है कि पाकिस्तानी सेना प्रतिष्ठान की स्वार्थी कॉरपोरेट मानसिकता अंततः भारत के साथ परमाणु झड़प की ओर ले जाएगी।

करीम ने पैंफलेट की समाप्ति अंतरराष्ट्रीय समुदाय और विशेष रूप से सार्क देशों से इस जोरदार अपील के साथ की है कि वे शीघ्र ही पाकिस्तान में लोकतंत्र की वापसी हेतु उपायों को प्रोत्साहित करें।

22 जून, 2012

□

आइए, सभी अपने जीवन को सार्थक बनाएँ

बीसवीं शताब्दी के अंतिम दिनों में मुंबई से 'आफ्टरनून कॅरियर एंड डिस्पैच' नाम का समाचार-पत्र प्रकाशित हुआ करता था।

पत्र में राजनीतिज्ञों की भेंटवार्त्ता 'ट्वेंटी क्वेश्चन' (बीस प्रश्न) शीर्षक के अंतर्गत प्रकाशित होती थी।

सन् 1991 में इस 'ट्वेंटी क्वेश्चन' वाले इंटरव्यू के लिए जब मुझसे संपर्क किया गया तो पहला प्रश्न था : "मिस्टर आडवाणी, आपकी सर्वाधिक बड़ी कमजोरी आप किसे मानते हैं?"

मेरा उत्तर था 'पुस्तकें!' और मैंने जोड़ा, "और सामान्य स्तर पर, चॉकलेट।"

तब से वर्षगाँठों, चुनावी सफलताओं इत्यादि ऐसे सभी अवसरों पर आनेवाले मित्र मेरे निजी पुस्तकालयों में पुस्तकों का इजाफा करते रहे या चॉकलेट देते रहे हैं।

अनेक पुस्तकें मुझे फादर एजनेल हाईस्कूल दिल्ली के फॉदर बेंटो रॉड्रिग्स ने भेंट की हैं। 'मेरा देश मेरा जीवन' शीर्षक अपनी आत्मकथा में मैंने उल्लेख किया है कि नरसिंहा राव के शासनकाल में मेरे विरुद्ध लगाए गए आरोपों के चलते न केवल मैंने लोकसभा से त्यागपत्र दे दिया अपितु साथ-साथ यह घोषणा भी की कि जब तक मुझे न्यायालय से इन आरोपों से मुक्त नहीं किया जाता तब तक मैं संसद् में प्रवेश नहीं करूँगा।

मेरे विरुद्ध हवाला आरोप 1996 के शुरुआत में लगाए गए थे। अत: उस वर्ष जब लोकसभा के चुनाव हुए तो मैंने चुनाव नहीं लड़ा। इस बीच मैंने अपने विरुद्ध दायर चार्जशीट को चुनौती दी।

दिल्ली उच्च न्यायालय में सोलह महीनों तक केस चलता रहा। अप्रैल 1997 में दिल्ली उच्च न्यायालय के न्यायमूर्ति मोहम्मद शमीम ने अपने निर्णय में मेरे विरुद्ध भष्टाचार के

आरोपों को रद्द कर दिया।

मेरे लिए अच्छा यह हुआ कि 1996 में गठित लोकसभा अपना कार्यकाल पूरा नहीं कर पाई। यह दो वर्षों के भीतर ही भंग हो गई। अत: 1998 में जब चुनाव हुए तो मैं भी लड़ा और विजयी हुआ। सन् 1970 में मैं पहली बार संसद् के लिए चुना गया था। उसके बाद से सिर्फ इन दो वर्षों (1996-1998) में मैं संसद् में नहीं था। इस अवधि के दौरान फादर रॉड्रिग्स ने मुझे एक प्रेरणास्पद पुस्तक 'टफ टाइम्स डू नॉट लॉस्ट! टफ मेंन डू' भेंट की।

कुछ महीने पूर्व उन्होंने मुझे एक और रोचक पुस्तक दी, जिसका शीर्षक है 'दि शिफ्ट' जिसके लेखक हैं डॉ. वायने डब्ल्यू डायर। पुस्तक का उपशीर्षक है 'टेकिंग युअर लाइफ फ्रॉम एंबीशन टू मीनिंग'। इस उपशीर्षक ने तत्काल मेरे मस्तिष्क को झंकृत कर दिया। इसने मुझे मेरी आत्मकथा के अंतिम अध्यायों में से एक 'जीवन में सार्थकता एवं सुख की खोज' का स्मरण करा दिया। कुछ समीक्षकों ने इसे पुस्तक के सर्वोत्तम अध्यायों में से एक निरूपित किया है।

अध्याय की शुरुआत एक सर्वाधिक लोकप्रिय रोमांचक पुस्तक, जिसे मैंने पढ़ा हुआ है, के संदर्भ से होती है। यह पुस्तक थेल विश्वविद्यालय के विधि के प्रोफेसर जेड रुबेनफेल्ड द्वारा लिखी गई है, जिसका शीर्षक है 'दि इंटरप्रिटेशन ऑफ मर्डर'। हालाँकि मुझे लगा कि यह पुस्तक एक हत्या के रहस्य के बजाय जीवन के रहस्य के बारे में ज्यादा है।

यह रुबेनफेल्ड का पहला उपन्यास था। शेक्सपीयर और सिगमंड फ्रायड के विद्यार्थी इस लेखक ने इस पुस्तक में मानव अस्तित्व के दो मुख्य आधार बिंदुओं : सुख और सार्थकता के बारे में एक मनोविश्लेषणात्मक अन्वेषण प्रस्तुत किया।

लेखक मानता है कि सुख का कोई रहस्य नहीं है।

सभी दु:खी व्यक्ति एक जैसे ही होते हैं। बहुत समय पहले कोई मन को चोट लगी हो, कोई इच्छा पूरी न हुई हो, अहं को ठेस पहुँची हो, प्रेम का नवांकुर, जिसका मजाक उड़ाया गया हो या इससे भी बदतर, उनके प्रति उदासीनता दिखाई गई हो—ये उन दु:खी व्यक्तियों से चिपके रहते हैं, या वह उनसे चिपका रहता है। और इस तरह दु:खी व्यक्ति हर दिन गुजरे जमाने की यादों में बिताता है। लेकिन प्रसन्न व्यक्ति कभी भी पीछे मुड़कर नहीं देखता और न ही वह आगे की सोचता है। वह तो सिर्फ वर्तमान में ही जीता है।

लेकिन इसी में तो अड़चन है। वर्तमान कभी भी एक चीज नहीं दे सकता : सार्थकता। सुख और सार्थकता दोनों पाने का एक मार्ग नहीं होता। सुख पाने के लिए मनुष्य को केवल वर्तमान में रहना होता है : उसे केवल उस क्षण के लिए जीना होता है। लेकिन यदि वह

सार्थकता चाहता है—अपने स्वप्नों की, अपने रहस्यों की, अपने जीवन की सार्थकता—तो मनुष्य को अपने अतीत में पुन: प्रवेश करना होगा, भले ही वह कितना भी अंधकारमय क्यों न रहा हो; और उसे भविष्य के लिए जीना होगा, भले वह कितना ही अनिश्चित हो। इस प्रकार प्रकृति हम सबके सामने सुख और सार्थकता का विकल्प रखती है, इस आग्रह के साथ कि हम दोनों में से किसी एक को चुन लें।

जहाँ तक मेरा सवाल है, मैंने जीवन की सार्थकता को चुना है— यही मैंने अपनी पुस्तक में कहा है।

मैंने लिखा है कि सार्थकता प्रयोजन से आती है, मिशन की भावना से आती है, जीवन में हम कुछ भी आह्वान क्यों न करें।

सन् 2008 में प्रकाशित अपनी आत्मकथा में मैंने उल्लेख किया है—

''जब मैं अपने जीवन के आठ दशकों की ओर झाँकता हूँ तो मुझे याद आता है कि मैंने अपने जीवन का आह्वान तब पाया, जब सिंध के हैदराबाद में टेनिस कोर्ट पर पहली बार राष्ट्रीय स्वयंसेवक संघ का नाम सुना और वर्ष 1942 में संघ का स्वयंसेवक बन गया। मुझे सार्थकता का अनुभव तब हुआ, जब मैंने रविवार शाम को कराची में स्वामी रंगनाथानंद के 'भगवद्‌गीता' पर प्रवचन सुनने आरंभ किए। मुझे सार्थकता तब पता चली, जब मैंने पहले कराची में तथा देश के विभाजन के बाद राजस्थान में राष्ट्रीय स्वयंसेवक संघ के प्रचारक के रूप में कार्य करने के लिए अपना घर-परिवार छोड़ दिया। यह सार्थकता उस समय और अधिक समृद्ध हो गई, जब मैंने पचपन वर्ष पहले भारतीय जनसंघ और फिर भारतीय जनता पार्टी के कार्यकर्ता के रूप में अपनी राजनीतिक यात्रा प्रारंभ की। यह यात्रा अनवरत जारी है। साढ़े चौदह वर्ष की आयु से आज तक, एक ही दायित्व ने मेरे जीवन का एकमात्र उद्‌देश्य परिभाषित किया है : भारत माता की सेवा करना।

इस कर्तव्य-पालन के दौरान अनेक बार उद्‌देश्य तथा आदर्शों के प्रति मेरी निष्ठा, ईमानदारी एवं प्रतिबद्धता की परीक्षा हुई है, खासतौर पर जब मुझे अपने जीवन में किसी विपत्ति का सामना करना पड़ा। मैं विनम्रतापूर्वक और संतोष के साथ कह सकता हूँ कि मैं कभी भी अपनी अंतरात्मा की दृष्टि में दोषी नहीं पाया गया। मैंने कई बार गलत निर्णय भी लिये। मुझसे अपने कार्यों के निष्पादन में कुछ गलतियाँ भी हुईं। लेकिन मैंने कभी भी अपनी उन्नति के लिए कोई तिकड़म की योजना नहीं अपनाई या अवसरवाद का सहारा नहीं लिया। न ही मैंने कभी व्यक्तिगत लाभ या स्वार्थ की पूर्ति के लिए अपने मूल सिद्धांतों से कोई समझौता किया। स्वाभिमान और आत्मसम्मान के लिए मैं अपने सिद्धांत पर अडिग रहा; मैंने

राष्ट्रहित को ही प्राथमिकता दी, जबकि ऐसा करने में कभी–कभी स्पष्ट खतरे थे। चाहे मुझे आपातस्थिति में लंबे समय तक कारागार में रहना पड़ा हो या हवाला कांड में मिथ्या आरोपों का सामना करना पड़ा हो या अयोध्या आंदोलन में मुझ पर 'कट्टर हिंदू' होने का लेबल लगाया गया हो अथवा पाकिस्तान की यात्रा के बाद मेरे बारे में अपनी वैचारिक प्रतिबद्धता से डिगने का गलत अर्थ लगाया गया हो, मैंने हमेशा अपनी अंतरात्मा की आवाज सुनी और अपने सिद्धांतों पर दृढ़ता से खड़ा रहा हूँ। आत्मविश्वास को बल देने के अलावा इसने मेरे जीवन को सुख दिया और सार्थकता भी।

जिस उपन्यास ने मुझे यह सोचने पर बाध्य किया, उसमें दावा किया गया था कि एक मनुष्य जीवन में या तो सार्थकता या सुख ही पा सकता है।

दोनों को पाने का मेरा सौभाग्य रहा है और वह भी भरपूर।

13 जून, 2012

□

भाजपा : आशा का एक केंद्र

राजनीतिज्ञ सामान्यतया पत्रकारों के आलोचक होते हैं। हालाँकि ऐसा भी कभी-कभार होता है जब वे अपनी बिरादरी का उपहास उड़ाते हों और वह भी इसलिए नहीं कि वे ऐसी राजनीतिक आलोचनाओं का हिस्सा हैं जो सही नहीं हैं, अपितु इसलिए कि यह जानते हुए भी कि वह आलोचना अधकचरी और सतही है, फिर भी रिपोर्ट को लेजी कॉपी में जोड़ दिया जाता है।

स्वप्न दासगुप्ता नई दिल्ली स्थित एक सम्मानित पत्रकार हैं। प्रत्येक रविवार अंग्रेजी दैनिक 'पायनियर' में मुखपृष्ठ पर प्रकाशित होनेवाला उनका लेख काफी चाव से पढ़ा जाता है। उनका नवीनतम स्तंभ (27 मई, 2012) मीडिया पर एक गंभीर टिप्पणी है, जिसे वह गपशप लड़ानेवाली क्लास के प्रवचनों के सुर और चाल को आकार देने का जिम्मेदार मानते हैं।

'मीडिया क्रिएट्स इट्स ओन रियल्टीज' शीर्षक के तहत गत रविवार को दासगुप्ता ने लिखा—

"यह अपनी जगह सही है कि मीडिया लकीर का फकीर है, सतही—फिर भी यह तथ्य अधिक नहीं चौंकाता कि पिछले सप्ताह भाजपा की राष्ट्रीय कार्यकारिणी की जो ब्रिगेड मुंबई में उतरी, उसका उद्‍देश्य पूर्व निष्कर्षों पर मुहर लगवाना मात्र था।"

स्वप्न ने अनुबोधक निष्कर्ष यूँ लिखा है—

यह स्वयंसिद्ध है कि भाजपा के वरिष्ठ नेतृत्व में एकता नहीं है। वैसे भारत में कोई भी राष्ट्रीय पार्टी यहाँ तक कि माकपा में भी ऐसे शीर्ष कमांडर नहीं हैं जिनकी सोच समान हो। यह लोकतंत्र में सामान्य बात है और यह केवल भारत में ही होता है कि मीडिया उत्तर कोरिया मॉडल पर आधारित राजनीति को आदर्श के रूप में प्रस्तुत करता है।

(एक मार्क्सवादी समरूपता!)

हालाँकि, जब इन दिनों पत्रकार यूपीए सरकार के घोटालों की शृंखला के बारे में हमला करते हैं, लेकिन साथ ही भाजपा नेतृत्ववाले एनडीए द्वारा इस स्थिति का लाभ न उठा पाने पर खेद प्रकट करते हैं तो एक पूर्व पत्रकार होने के नाते मैं महसूस करता हूँ कि वे जनमत को सही ढंग से अभिव्यक्त कर रहे हैं।

कुछ सप्ताह पूर्व भाजपा की कोर कमेटी की एक बैठक में, जिसमें राष्ट्रीय स्वयंसेवक संघ के अनेक वरिष्ठ अधिकारी भी शामिल थे, मैंने सन् 1951 में डॉ. श्यामा प्रसाद मुकर्जी द्वारा स्थापित जनसंघ से लेकर अपनी लगभग साठ वर्ष की राजनीतिक यात्रा का स्मरण कराया। मैंने कहा कि इन साठ वर्षों के दौरान पार्टी की सफलताओं और असफलताओं का विचार करते समय मैं सन् 1984 के अवसादकारी वर्ष की कल्पना कर में सिहर उठता हूँ, जब आठवीं लोकसभा के चुनावों में हमारी पार्टी द्वारा खड़े किए गए 229 उम्मीदवारों में से हमारे दो ही जीत पाए—एक गुजरात से तो दूसरे आंध्र से। उत्तर प्रदेश, बिहार, राजस्थान, मध्य प्रदेश, महाराष्ट्र सहित अन्य सभी प्रदेशों में हम एक भी सीट नहीं जीत पाए। यहाँ तक कि 1952 के पहले लोकसभाई चुनावों में हमारी पार्टी तीन स्थानों पर विजयी रही थी, 1984 से एक सीट ज्यादा!

सन् 1984 में मैं पार्टी अध्यक्ष था, अतः काफी दुःखी था। लेकिन मुझे स्मरण है कि कृष्णलाल शर्मा के नेतृत्व में पार्टी ने एक समिति गठित की, जो चुनाव परिणामों का वस्तुनिष्ठता से विश्लेषण कर सके। समिति ने अपनी रिपोर्ट में कहा कि हालाँकि आतंकवादियों द्वारा श्रीमती गांधी की नृशंस हत्या और युवा राजीव गांधी के प्रति मजबूत सहानुभूति लहर के चलते पार्टी को मिली पराजय के बावजूद पार्टी के नेता और कार्यकर्ताओं तथा समर्थकों में कोई हताशा नहीं है।

इन दिनों पार्टी में उत्साह का मूड नहीं है। उत्तर प्रदेश के चुनावी नतीजे, मायावतीजी द्वारा भ्रष्टाचार के आरोपों में हटाए गए बसपा के मंत्रियों का पार्टी द्वारा स्वागत, झारखंड और कर्नाटक में पार्टी मामलों का संचालन—इन सभी घटनाओं ने भ्रष्टाचार के विरुद्ध पार्टी के अभियान को कमजोर कर दिया है।

यह तथ्य है कि आज संसद् में हमारे पास सन् 1984 की 2 सीटों की तुलना में बड़ी संख्या में सांसद हैं, दोनों सदनों में सुषमाजी और जेटलीजी के नेतृत्व में हमारी परफॉरमेंस उत्कृष्ट है और पार्टी नौ राज्यों में सत्ता में है, लेकिन तब भी की गई गलतियों की कोई क्षतिपूर्ति नहीं है। कोर कमेटी की बैठक में मैंने कहा कि यदि लोग आज यूपीए सरकार से गुस्सा हैं तो वे हमसे भी निराश हैं। मैंने कहा कि यह स्थिति आत्मनिरीक्षण की माँग करती है।

टेलपीस

दि टाइम्स ऑफ इंडिया (30 मई, 2012) में एक समाचार प्रकाशित हुआ है—

एट 97, ए.के. हंगल शूट्स फॉर टीवी

रिपोर्ट के अनुसार—डेढ़ वर्ष पूर्व अवतार कृष्ण हंगल उर्फ ए.के. हंगल, जिन्होंने परदे पर लाखों लोगों को अपनी हृदयस्पर्शी भूमिका से रुलाया, सांताक्रूज ईस्ट के अपने निवास पर बीमारी और गरीबी से लड़ रहे थे।

लेकिन अब इस अभिनेता जोकि स्वतंत्रता के राष्ट्रीय आंदोलन के एक सक्रिय सिपाही भी थे, के लिए चीजें बदल रही है : 97 वर्षीय अभिनेता, जिसने 200 से ज्यादा फिल्मों में काम किया है, फिर से एक नए शो 'मधुबाला' के साथ छोटे परदे पर लौटने को तैयार हैं।

यह अभिनेता कथित रूप से प्रसिद्ध अभिनेत्री मधुबाला के जीवन पर आधारित शो में भूमिका निभाएँगे। वास्तव में, हंगल ने कुछ दिन पूर्व इसकी शूटिंग की।

निर्धारित दिन हंगल आए और लगभग एक घंटे तक शूटिंग की। यह कुछ ऐसा है, जिसके संभव होने की हम कभी कल्पना भी नहीं कर सकते थे। उनमें अद्वितीय ऊर्जा है। यह हमारे लिए वरदान जैसा है। यहाँ तक कि उनके बेटे ने हमें बताया कि लगभग सात से आठ वर्षों के बाद शूटिंग करके वह बहुत खुश हैं : वह एक घंटा बिलकुल जादुई था। मैं नहीं जानता था कि क्या वह इस उम्र में भी स्टेज पर उतर पाएँगे। लेकिन उन्होंने एक बार में ही शॉट दे दिए। यह अद्भुत था, यह कहना है शो के निर्माता सौरभ तिवारी का।

मुझे याद है कि साठ और सत्तर के दशक में अनेक पत्रकार जनसंघ की तुलना अकसर फिल्म अभिनेता ए.के. हंगल से करते हुए कहते थे कि हंगल को श्रोता सदैव पसंद करते हैं, लेकिन उनके बूते एक पूरी फिल्म नहीं चल सकती। वह एक प्रतिभाशाली चरित्र अभिनेता हैं। लेकिन वह एक स्टार नहीं हैं, न हीरो, और न ही विलेन। भारतीय राजनीति में जनसंघ की स्थिति भी ऐसी ही है। इसके राष्ट्रवाद और प्रामाणिकता ने इसे सभी की शाबाशी का पात्र बनाया; लेकिन पार्टी कभी राजनीतिक परिदृश्य पर हावी नहीं हो पाएगी।

ऐसी टिप्पणियों को चुनौती देते हुए मैं दृढ़तापूर्वक कहता था कि एक दिन निश्चित ही वह स्थिति आएगी जब ये हालात बदलेंगे। वह अब सामने हैं। आज भाजपा सभी के लिए एक ऐसे आशा का केंद्र बन गई है कि वह एक छोटी सी भी भूल करने का जोखिम नहीं उठा सकती, जिसके फलस्वरूप लोगों को हताशा और निराशा हो।

31 मई, 2012

□

नदियों को परस्पर जोड़ने पर सर्वोच्च न्यायालय का उत्कृष्ट निर्णय

सन् 2011 के अंतिम दिनों में मैंने तीन मुद्दों—भ्रष्टाचार, महँगाई और कालेधन—को मुखरित करने के उद्देश्य से 40 दिन की रथयात्रा की थी।

इस यात्रा के दौरान राजस्थान में शेखावाटी के रेगिस्तान क्षेत्र से गुजरते हुए मुझे एक व्यक्ति ने बताया कि जब एन.डी.ए. की सरकार थी, तब प्रधानमंत्री वाजपेयी ने नदियों को जोड़ने के बारे में बोला था तो इससे राजस्थान के किसानों में बड़ा जोश भर गया।

वास्तव में, जब-जब मैं अपने भाषण में एनडीए की इस परियोजना, जिसके संबंध में शिवसेना के नेता सुरेश प्रभु की अध्यक्षता में टास्क फोर्स गठित की गई थी, का उल्लेख करता था, तब उपस्थित जनसमूह से भरपूर समर्थन मिलता था।

सन् 2002 में सर्वोच्च न्यायालय में एक जनहित याचिका दायर कर गंगा, कावेरी, वगई और तामबरावनी जैसी नदियों को जोड़कर जल संरक्षण तथा उपलब्ध स्रोतों के समुचित उपयोग करने की आवश्यकता पर जोर दिया गया।

सर्वोच्च न्यायालय के मुख्य न्यायाधीश एस.एच. कापड़िया की अध्यक्षता वाली तीन जजों की पीठ ने 27 फरवरी, 2012 को अपने 63 पृष्ठीय फैसले में केंद्र और राज्य सरकारों को परमादेश (Mandamus) देते हुए निम्नलिखित निर्देश जारी किए—

64. अपनी सीमाओं को ध्यान में रखते हुए अंततः हम इस जनहित याचिका का निपटान निम्न निर्देशों के साथ करते हैं—

(I) हम भारत की केंद्र सरकार, विशेष रूप से भारत सरकार के जल संसाधन मंत्रालय को निर्देश देते हैं कि वह तुरंत नदियों को परस्पर जोड़ने हेतु विशेष समिति (स्पेशल कमेटी फॉर दि इंटर-लिंकिंग ऑफ रिवर्स) (आगे इसे कमेटी के नाम से पुकारा जाएगा) एक कमेटी गठित करे, जिसमें निम्नलिखित सदस्य हों—

1. माननीय मंत्री, जल संसाधन मंत्रालय,
2. सचिव, जल संसाधन मंत्रालय,
3. सचिव, पर्यावरण एवं वन मंत्रालय,
4. चेयरमैन, केंद्रीय जल आयोग,
5. सदस्य-सचिव, राष्ट्रीय जल विकास प्राधिकरण।
6. निम्न मंत्रालयों/निकायों से चार विशेषज्ञों को मनोनीत किया जाए—
   (क) एक विशेषज्ञ जल संसाधन मंत्रालय से,
   (ख) एक विशेषज्ञ वित्त मंत्रालय से,
   (ग) एक विशेषज्ञ योजना आयोग से,
   (घ) एक विशेषज्ञ पर्यावरण एवं वन मंत्रालय से।
7. प्रत्येक संबंधित राज्यों के जल और/या सिंचाई मंत्री के साथ-साथ उसी राज्य के संबंधित विभाग के प्रधान सचिव।
8. जल संबंधी नदियों को जोड़नेवाली योजना से सीधे या परोक्ष रूप से जुड़े अन्य राज्य के मुख्य सचिव अथवा उनके द्वारा मनोनीत अधिकारी, जो प्रधान सचिव से कम दरजे का न हो, और संबंधित विभाग से हो।
9. संबंधित मंत्रालयों द्वारा मनोनीत दो सामाजिक कार्यकर्ता।
10. श्री रंजीत कुमार, न्यायमित्र (Amicus Curiae)

(II) कमेटी कम-से-कम दो महीने में एक बार मिलेगी और इसके विचार-विमर्श तथा मिनट्स का रिकॉर्ड रखेगी।

(III) किसी भी व्यक्ति की अनुपस्थिति के चलते, चाहे उसकी हैसियत कुछ भी हो, बैठक स्थगित नहीं की जाएगी। यदि जल संसाधन के माननीय मंत्री उपलब्ध नहीं हैं तो जल संसाधन मंत्रालय के सचिव बैठक की अध्यक्षता करेंगे।

(IV) नदियों को जोड़ने के कार्यक्रम के उद्देश्यों की पूर्ति के लिए यदि कमेटी को आवश्यक लगे तो वह एक उप-समिति भी गठित कर सकती है, जिसकी अवधि और शर्तें उपयुक्त हों।

(V) कमेटी भारत सरकार की कैबिनेट को वर्ष में दो बार रिपोर्ट प्रस्तुत करेगी, जिसमें वर्तमान स्थिति (स्टेटस) प्रगति रिपोर्ट के साथ-साथ अपेक्षित निर्णय भी लिये जाएँगे, जिन मामलों को पहले ही बता दिया गया है। कैबिनेट देश

के हित में शीघ्रतातिशीघ्र सभी अंतिम और उपयुक्त निर्णय लेगी और अच्छा होगा कि उसके सम्मुख रखे गए मामलों के तीस दिन के भीतर ये निर्णय लिये जाएँ।

(VI) विशेषज्ञ समितियों सहित सभी रिपोर्टें और इस याचिका के न्यायालय में विचाराधीन अवधि में सौंपी गई सभी स्थिति रिपोर्टों को कमेटी के सम्मुख विचारार्थ हेतु रखा जाएगा। रिपोर्टों और विशेषज्ञ अभिमतों के अपेक्षित विश्लेषण पर कमेटी इस योजना के कार्यान्वयन हेतु इसकी योजनाएँ तैयार करेगी।

(VII) योजना इस प्रकार तैयार की जाएगी कि उसमें योजना के क्रियान्वयन और पूर्ण करने, योजना, क्रियान्वयन, निर्माण, लागू करने से जुड़े विभिन्न चरण होंगे।

(VIII) हमें सूचित किया गया कि 'केन-बेतवा योजना' की प्रारंभिक और विस्तृत रिपोर्टों को तैयार करने पर काफी धन व्यय किया गया है। डीपीआर अब तैयार है। मध्य प्रदेश और उत्तर प्रदेश तथा केंद्र सरकार ने भी पहले ही अपनी स्वीकृति और सहमति दे दी है। माँगे गए स्पष्टीकरणों पर कमेटी द्वारा विचार किया जाएगा। हम कमेटी को निर्देशित करना चाहेंगे कि वह पहले चरण में इस परियोजना को क्रियान्वयन के लिए हाथ में ले।

(IX) विशेषज्ञ रिपोर्टों को ध्यान में रखते हुए, हमें यह मानने और निर्देश देने में कोई संकोच नहीं है कि नदियों को जोड़नेवाली योजना के प्रभावी क्रियान्वयन में समय एक अत्यंत महत्त्वपूर्ण कारक है। जैसाकि एनसीएइआर तथा स्टैंडिंग कमेटी की रिपोर्ट में बताया गया है कि विलंब से संबंधित पक्षों और लोगों को होनेवाले वित्तीय लाभ बुरी तरह से प्रभावित हुए हैं और वास्तव में सभी संबंधित पक्षों पर वित्तीय दबाव बनाए हुए है।

(X) यह निर्देशित किया जाता है कि कमेटी व्यवहार्यता रिपोर्टों या अन्य रिपोर्टों को पूरा करने के लिए कड़े कदम उठाएगी और एक निश्चित समय सीमा तय करेगी तथा योजनाओं को पूरा करने को सुनिश्चित करेगी, ताकि लाभ सही समय और लागत में मिल सके।

(XI) प्रारंभिक चरणों में इस कार्यक्रम में उन राज्यों को शामिल नहीं किया जाएगा, जिनके पास पर्याप्त जल है और नदियों को आपस में जोड़ने के किसी कार्यक्रम

से वे ठोस रूप से नहीं जुड़े हैं; और योजनाएँ उनकी प्रभावी भागीदारी के बिना भी पूरी की जा सकती हैं।

(XII) हालाँकि कमेटी किसी भी राज्य को कार्यक्रम के प्रभावी क्रियान्वयन के किसी भी चरण में शामिल कर सकती है।

(XIII) अनेक ऐसी योजनाएँ हैं, जिन पर पेपरवर्क पिछले दस वर्षों से ज्यादा समय से और जनता के धन की बड़ी कीमत पर चल रहा है, इसलिए हम केंद्र और राज्य सरकारों को इस कार्यक्रम में भाग लेने का निर्देश देते हैं; सभी वित्तीय, प्रशासनिक तथा इन योजनाओं को और प्रभावी ढंग से पूरा करने हेतु सहायता उपलब्ध कराने का भी।

(XIV) रिकॉर्ड से यह साफ दिखता है कि टास्क फोर्स द्वारा सौंपी गई रिपोर्टों पर कोई काररवाई नहीं की गई है। अतः टास्क फोर्स द्वारा किए गए सारे प्रयास, एक प्रकार से संबंधित सरकारों और जनता के लिए किसी उपयोग के नहीं रह गए हैं। टास्क फोर्स को समाप्त कर दिया गया है। टास्क फोर्स की रिपोर्टें कमेटी के सम्मुख रखी जाएँ, जो निस्संदेह इसमें दिए गए सुझावों पर विचार करते हुए निर्णय करेगी कि कैसे इनको जनता के लाभ हेतु क्रियान्वित किया जाए।

(XV) इस निर्णय के तहत गठित कमेटी नदियों को जोड़नेवाले कार्यक्रम को आगे बढ़ाने की जिम्मेवार होगी। इसके निर्णय, इस न्यायालय या अन्य के आदेश से गठित सभी प्रशासनिक निकायों के ऊपर लागू होंगे।

(XVI) इस निर्णय में वर्णित निर्देशों के कार्यान्वयन न होने या असफल होने की दशा में हम न्यायमित्र (Amicus Curiae) को अवमानना याचिका दायर करने की स्वतंत्रता प्रदान करते हैं।

(65) यदि हम विद्वान् न्यायमित्र (Amicus Curiae) द्वारा दी गई मूल्यवान और योग्य सहायता तथा अन्य सभी वरिष्ठ वकीलों एवं उनके सहायकों द्वारा वर्तमान पीआईएल के संदर्भ में पेश होने के संबंध में रिकॉर्ड में अपनी प्रशंसा नहीं दर्ज कराते तो हम अपना कर्तव्य पूरा नहीं कर पाएँगे।

***

यदि कोई मुझसे पूछे कि वाजपेयीजी की एन.डी.ए. सरकार की मुख्य उपलब्धियाँ क्या थीं, तो मैं इन तीन को रेखांकित करूँगा—

पहली, इसने पाकिस्तान के साथ शांति और सामान्य संबंध बनाए रखने में अपनी गंभीरता प्रदर्शित की, लेकिन साथ ही वाजपेयी सरकार ने पाकिस्तान के पूर्वग्रही सैन्य इरादों और सीमापार के आतंकवाद के बारे में, अपने जीरो टॉलरेंस रवैये को पूरी तरह स्पष्ट कर दिया। इसलिए सत्ता में आने के दो महीनों के भीतर एनडीए सरकार ने भारत को परमाणु शक्ति बना दिया।

दूसरी, एनडीए सरकार ने समूचे देश के लिए राजमार्गों और ग्रामीण सड़कों के नेटवर्क के लिए एक ठोस नींव रखी।

तीसरी, एनडीए सरकार ने मुख्य नदियों को आपस में जोड़ने का न केवल महत्त्वाकांक्षी कार्यक्रम तैयार किया, अपितु इस काम को विशेष रूप से करने के लिए एक वरिष्ठ मंत्री सुरेश प्रभु को भी काम में जुटाया। हाल ही में सुरेश प्रभु मुझे मिले थे और उन्होंने इस हेतु किए गए दुसाध्य कार्य का विस्तृत ब्योरा मुझे बताया। उन्होंने देश के सभी राज्यों में 5 हजार से ज्यादा छोटी और बड़ी मीटिंग कीं। इसके अलावा उन्होंने आईसीआईसीआई के चेयरमैन के.वी. कामत की अध्यक्षता में वित्तिय विशेषज्ञों और प्रमुख बैंकरों की एक कमेटी गठित की, जिसने नदियों को आपस में जोड़ने की इस योजना के लिए एक अत्यंत नवीन और दूरगामी योजना तैयार की।

सुरेश प्रभु ने मुझे बताया कि विशेषज्ञों का यह समूह पूरी तरह आश्वस्त था कि वे नदियों को जोड़ने की योजना के लिए कम-से-कम 5,60,000 करोड़ रुपए का निवेश जुटाने में सफल होंगे।

एक और तथ्य सुरेश प्रभु ने बताया कि प्रभावी योजना आयोजन और निगरानी हेतु डॉ. कस्तूरीरंगन की अध्यक्षता में इसरो (ISRO) रिमोट सेंसिंग, जीआईओएस, सेटेलाइट इमेजनरी का उपयोग करने हेतु समहत हो गए थे।

***

सर्वोच्च न्यायालय द्वारा दिए गए इस फैसले को तीन महीने बीत चुके हैं, और न्यायालय जिस स्पेशल कमेटी का गठन चाहता था, वह अभी तक नहीं हुआ है। किसी को आश्चर्य नहीं होगा यदि न्यायमित्र (Amicus Curiae) श्री रंजीत कुमार, जिनको इस केस में अपना योगदान देने के लिए सर्वोच्च न्यायालय ने अभिनंदित किया है, न्यायालय की विशेष सलाह को मानते हुए जल संसाधन मंत्रालय के दोष के विरुद्ध अवमानना याचिका दायर करें तो!

29 मई, 2012

□

भारत के लिए चेतावनी भरे शब्द

मेरे निजी पुस्तकालय में हाल ही में एक नई कॉफी टेबल पुस्तक जुड़ी है—'100 सिटीज ऑफ दि वर्ल्ड : ए जर्नी थ्रु दि मोस्ट फेसिनेटिंग सिटीज अराउंड दि ग्लोब'।

इस सौ की सूची को मैं देख रहा था तो महाद्वीपानुसार, भारत की राजधानी दिल्ली का नाम न देखकर मैं दंग रह गया। एशिया के 20 शहरों की सूची में जिन दो भारतीय शहरों का उल्लेख था, वे हैं कोलकाता और मुंबई।

भारतीय पाठकों के लिए एक ज्यादा रोचक पुस्तक इस सप्ताह मेरे पुस्तकालय में और जुड़ी है, यह पुस्तक है रुचिर शर्मा की, जो मॉरगन स्टैनले निवेश प्रबंधन के इमर्जिंग मार्केट इक्विटीज ऐंड ग्लोबल मैक्रो के प्रमुख हैं। 'ब्रेकआउट नेशंस', शीर्षक की इस पुस्तक में न्यूयॉर्क स्थित लेखक ने लिखा है, ''पिछले दशक में आश्चर्यजनक रूप से विश्व के शानदार उभरते बाजारों की तेजी से वृद्धि अपनी समाप्ति की ओर है। आसान धन और आसान वृद्धि का युग समाप्त हो गया है। विशेष रूप से चीन शीघ्र ही सुस्त पड़ जाएगा, लेकिन जरूरी नहीं कि उसका स्थान ब्राजील, रूस या भारत लेगा; सभी की अपनी कमजोरियाँ एवं कठिनाइयाँ पिछले दशक में बढ़ी हुई अपेक्षाओं और उभरते बाजार-उन्माद में अकसर उपेक्षित हो जाती हैं।''

यह पुस्तक 'घूस-चालित मुद्रास्फीति' और क्रोनी कैपिटलिज्म की उन कमजोरियों और कठिनाइयों को रेखांकित करती है, जो भारत की उच्च अपेक्षाओं के लिए अवरोधक हो सकती हैं।

यू.पी.ए. शासन में सामने आए एक के बाद एक घोटालों की शृंखला का संदर्भ देते हुए लेखक लिखते हैं कि जब उन्होंने न्यूजवीक की कवर स्टोरी में इनके बारे में लिखा तो उन्हें 'खेल बिगाड़ने वाला' (पार्टी स्पॉयलर) वर्णित किया गया। उच्चस्तरीय सरकारी अधिकारियों ने शर्मा को बताया, ''इस तरह का क्रोनिज्म विकास के लिए एक सामान्य कदम है। साथ ही

उन्नीसवीं शताब्दी के अमेरिका के लुटेरे शक्तिशाली उद्योगपतियों का उदाहरण बताया गया।'' ''प्रधानमंत्री सिंह से निजी तौर पर भ्रष्टाचार समस्या के बारे में पूछा गया तो कहते हैं कि उन्होंने लोगों को बताया कि वे इस बारे में बातें कर भारत की छवि न बिगाड़ें।''

हमारी समस्याओं से जुड़ा यह विशेष अध्याय यूरोप की उन्नीसवीं शताब्दी के सम्मोहन के साथ भारत के चिर-परिचित जादू शो—'दि रोप ट्रिक' से शुरू होता है। उल्लेखनीय है कि इस अध्याय का शीर्षक दिया गया—'दि ग्रेट इंडियन होप ट्रिक'।

भारतीय उद्यमियों द्वारा विदेशों में किए जा रहे बढ़ते निवेश का संदर्भ देते हुए रुचिर शर्मा लिखते हैं : ''जैसे-जैसे उभरते राष्ट्रों की कंपनियाँ विदेशों में अपने हितों के विस्तार की शुरुआत करती हैं, तो इसे सामान्यतया समूचे देश द्वारा एक बड़े कदम के रूप में माना जाता है। लेकिन भारत में यह कदम इस बात का संकेत है कि अनेक कंपनियाँ जो विदेशों में ऐसा कर रही हैं, वे देश के बाजार में व्यापार करने की बाधाओं को टालने के उद्देश्य से ऐसा कर रही हैं। दिल्ली और मुंबई में व्यवसायी कड़वाहट से भारत में नया व्यवसाय शुरू करने की कीमतों में व्यापक बढ़ोतरी की शिकायत कर रहे हैं, जोकि समय के साथ सरकार को 'चढ़ावे' में हुई बेतहाशा वृद्धि के फलस्वरूप हुई है। भारतीय व्यवसायियों द्वारा किए जानेवाला निवेश सन् 2008 के जी.डी.पी. का 17 प्रतिशत था, जो अब 13 प्रतिशत रह गया है।

ऐसे समय में जब भारत को जरूरत है कि उसके व्यवसायी देश की 8 से 9 प्रतिशत (विदेशी निवेश कुल अपेक्षित से काफी कम है) वृद्धि दर के लिए उत्साहपूर्वक अपने देश में निवेश करें तो वे बाहर की ओर देख रहे हैं। विदेशों में सभी भारतीय कंपनियों का कारोबार कंपनियों के कुल मुनाफे में पाँच वर्ष के मात्र 2 प्रतिशत की तुलना में आज 10 प्रतिशत है। घरेलू बाजार की संभावनाओं के चलते भारतीय कंपनियों को विदेशों में विकास के लिए भागने की जरूरत नहीं है। (सन् 2010 में प्रत्येक तीसरे भारतीय परिवार की स्थानीय स्तर के अनुसार, एक मध्यमवर्गीय आय 2,000 और 4,200 डॉलर के समान थी, जोकि 2002 से 22 प्रतिशत अधिक थी) लेकिन भारत की शीर्ष पचास कंपनियों की आधी से ज्यादा आय अब 'बाहरोन्मुखी' (outward facing) या निर्यात, वैश्विक जिन्स मूल्यों और अंतरराष्ट्रीय अधिग्रहणों पर निर्भर है।

हालाँकि प्रमुख आर्थिक विचारकों के समूह के साथ अपने संवाद (जो इंडियन एक्सप्रेस में प्रकाशित हुआ है।' में रुचिर शर्मा भारत के बारे में ज्यादा आशावादी हैं। इन दिनों विशेष रूप से एक सेक्टर ज्यादा खराब हालत में है, और वह है एयरलाइंस सेक्टर—आप एयर इंडिया के स्टाफ-पायलट, एयर होस्टेस या किसी अन्य से बात करें तो अंतहीन शिकायतें

सुनने को मिलेंगी। और यह वही एयरलाइन है, जिसमें सांसद बनने के बाद, पहली बार जब 1970 में मैंने यात्रा की थी तो पूरी दुनिया में इसकी शानदार प्रतिष्ठा थी। किंगफिशर जैसी प्राइवेट एयरलाइंस भी गंभीर संकट का सामना कर रही है।

अत: यह जानकर हर्ष हुआ कि हाल ही में बने इंदिरा गांधी अंतरराष्ट्रीय हवाई अड्डे को विश्व में छठा अच्छा हवाई अड्डा और एक निश्चित विशेषीकृत श्रेणी में दूसरा अच्छा हवाई अड्डा माना गया है। यह मूल्यांकन एयरपोर्ट काउंसिल इंटरनेशनल नाम की विश्वव्यापी संस्था ने किया है, जिसके 575 सदस्य 179 देशों में 1633 से ज्यादा हवाई अड्डों का संचालन करते हैं।

T-3 टर्मिनल पर सूर्य नमस्कार की मुद्राओं वाली शिल्पकृति

इस नवनिर्मित हवाई अड्डे, जिसका उपयोग घरेलू और विदेश जानेवाले यात्रियों द्वारा किया जाता है, से गुजरते हुए वहाँ पर 12 मुद्राओं, जो सूर्य नमस्कार की सर्वविदित क्रियाएँ हैं, को अपने में समेटी हुई शिल्पकृति को देखकर मैं अत्यंत प्रभावित हुआ। यह शिल्पकार जयपुर के आयुष कासलीवाल हैं। जी.एम.आर. के जी. सुब्बाराव, जिन्होंने इसे लगवाने तथा उस कलाकार, जिसने इसे बनाया, का हार्दिक अभिनंदन।

इससे मुझे स्मरण आया कि जब मध्य प्रदेश के मुख्यमंत्री शिवराज सिंह चौहान ने प्रदेश के विद्यालयों में सूर्य नमस्कार के व्यापक कार्यक्रम को शुरू किया तो कुछ संकुचित राजनीतिज्ञों ने कैसा बवाल किया था। इस अभ्यास का विरोध करनेवालों का कहना था कि राज्य सरकार

का यह कदम 'सेकुलर विरोधी' है। ऐसा माना जाता है कि इस वर्ष के जनवरी से लेकर अब तक प्रदेश के 6,000 विद्यालयों में लाखों से ज्यादा विद्यार्थियों ने सूर्य नमस्कार किया है।

टेलपीस

इस ब्लॉग की शुरुआत रुचिर शर्मा की पुस्तक 'ब्रेकआउट नेशंस' के संदर्भ से हुई है। इस पुस्तक की प्रस्तावना फूहड़ पतनोन्मुखता पर एक कटु टिप्पणी है, जो लगता है, यहाँ के धनाढ्यों की जीवन-शैली को संक्रमित कर रही है। इस शुरुआती पैराग्राफ का नमूना निम्न है—

बहुत समय पहले किसानों ने दिल्ली के 'फार्म हाउसों' को छोड़ दिया है और यद्यपि उनके नाम अभी भी हैं, इन्हें अब उच्च वर्ग के सप्ताहांत एकांत स्थान (रिट्रीट) के रूप में वर्णित किया जाता है। शहर की सीमाओं पर प्लेग्राउंड, जहाँ बेतरतीब गर्द भरी गलियाँ, गरीब गाँवों की हवाएँ और अचानक फैले हुए गार्डन तथा फव्वारों से युक्त ठाठदार बँगले हैं। एक जगह में, मैंने एक ऐसे गार्डन को देखा, जहाँ छोटी रेल दौड़ रही हैं। यह दिल्ली का 'हैम्पटन' है, जहाँ इवेंट प्लानर्स शहर की पार्टियों को ऑस्कर नाइट, ब्रॉडवे, लास वेगास, यहाँ तक कि घर की याद करनेवालों के लिए पंजाबी गाँव की वेशभूषा वाले वेटरों सहित परिवेश बनाने की क्षमता रखते हैं।

सन् 2010 की एक धुँधली देर रात को मुझे ऐसे ही एक प्रसिद्ध ह्रासोन्मुख जश्न में जाने का मौका मिला, जहाँ वेटर (चाकर) ब्लैक बेंटले और रेड पोर्सिच को सँभाल रहे थे तथा मेजबान ने मुझे जापान से मँगाए गए कोबे गोमांस, इटली के कुकरमुत्ते, अजरबैजान से सफेद व्हेल को चखने का निमंत्रण दिया। धड़कते संगीत में बात कर पाना कठिन था, लेकिन मैंने किसी तरह फार्म हाउस के किसी बाशिंदे के बीस वर्ष की आयु के एक नौजवान पुत्र से गपशप करनी शुरू की, जो अलग ही किस्म का, अपने पिता के एक्सपोर्ट बिजनेस में कार्यरत, तंग काली कमीज, 'जैल' से जमे बाल वाला था। यह सुनिश्चित करने पर कि मैं न्यूयॉर्क स्थित निवेशक हूँ और यहाँ निवेश अवसरों की तलाश में आया हूँ, उसने कंधे झटकते हुए टिप्पणी की, "ठीक है, और पैसा कहाँ जाएगा?"

'और पैसा कहाँ जाएगा?' आधी रात के आसपास मुख्य भोजन लेने से पूर्व मैं पार्टी से निकला, लेकिन उक्त टिप्पणी मेरे साथ थी।

2 मई, 2012

□

कुरैशी का अभिनंदन

झारखंड राज्य में इस वर्ष राज्यसभा के चुनावों को रद्द करने के लिए मुख्य निर्वाचन आयुक्त डॉ. एस.वाई. कुरैशी का अभिनंदन।

भारतीय चुनावों के इतिहास में यह पहली बार हुआ होगा कि किसी राज्य में राज्यसभा के चुनावों को चुनाव आयोग ने वोटों की गिनती से पूर्व ही मतदान को बीच में रोक दिया।

जिन आधारों पर आयोग ने यह निर्णय किया, वे निम्नलिखित हैं—

1. संसद् के तीन सदस्यों—गुरुदास गुप्ता, बाबूलाल मरांडी और शरद यादव—ने चुनाव आयोग को लिखित ज्ञापन देकर आशंका प्रकट की थी कि झारखंड के राज्यसभाई चुनावों में विधायकों के वोट धनशक्ति से खरीदने की कोशिश हो रही है।
2. दो स्वतंत्र प्रत्याशियों के नाम पंजीकृत राजनीतिक दलों के अनेक विधायकों द्वारा प्रस्तावित किए गए थे, जबकि इन दलों के स्वयं के प्रत्याशी चुनाव मैदान में थे।
3. मतदान के दिन 30 मार्च, 2012 की सुबह जिला पुलिस अधिकारियों ने एक इनोवा कार पकड़ी, जिस पर शक था कि इसमें एक स्वतंत्र प्रत्याशी आर.के. अग्रवाल की तरफ से नकदी बाँटने के हिसाब से अवैध धन रखा हुआ है। खोजबीन में कार में से 2.15 करोड़ रुपए नकद मिले। नकदी को सुधांशु त्रिपाठी ले जा रहा था, जिसने बताया कि यह धन उन्हें आर.के. अग्रवाल के दामाद ने दिया था। वाहन का पंजीकरण आर.के. अग्रवाल के भाई सुरेश कुमार अग्रवाल के नाम पर है।
4. चुनाव प्रक्रिया को रोकने संबंधी चुनाव आयोग के विस्तृत आदेश में बताया गया है कि जिस कार से बेहिसाब धन बरामद किया गया, उसके पीछे दो और कारें चल रही थीं। माना जाता है कि उनमें भी पैसा रखा हुआ था, लेकिन पहले वाहन के पकड़े जाने पर ये दोनों वाहन वापस जमेशदपुर लौट गए।

स्वच्छ चुनावों के प्रति चिंतित रहनेवालों को सदैव महसूस होता है कि बिना पर्याप्त

स्पष्ट समर्थन के जो प्रभावशाली प्रत्याशी राज्यसभा में नामांकन भरते हैं, वे अपनी जीत के लिए येन-केन-प्रकारेण विधायकों की खरीद-फरोख्त करते हैं।

सन् 2003 में एनडीए सरकार ने जन-प्रतिनिधित्व कानून में संशोधन कर राज्यसभा के चुनावों में मतदान प्रक्रिया को खुला कर दिया था। इस संशोधन के चलते राजनीतिक दल से जुड़े प्रत्येक विधायक को बैलेट बॉक्स में मत डालने से पहले अपने मतदान-पत्र को अपनी पार्टी के अधिकृत प्रतिनिधि को दिखाना आवश्यक कर दिया गया था।

इस संशोधन को सर्वोच्च न्यायालय में चुनौती दी गई। कुलदीप नैयर बनाम भारत संघ एवं अन्य मामले में माननीय सर्वोच्च न्यायालय ने कहा—

"मत की गोपनीयता स्वतंत्र और स्वच्छ चुनावों की आश्वस्ति का एक महत्त्वपूर्ण सिद्धांत है। हालाँकि इससे उच्च सिद्धांत है चुनावों की स्वतंत्रता और स्वच्छता तथा चुनावों की पवित्रता। यदि गोपनीयता भ्रष्टाचार का स्रोत बनती है तो सूर्य की रोशनी और पारदर्शिता में इसे मिटाने की क्षमता है। हम इतना कह सकते हैं कि पारदर्शिता इस विद्यमान बुराई को मिटा सकती है और आशा है कि स्वतंत्र एवं निष्पक्ष चुनावों के महती उद्देश्यों को पूरा करने में सफल होगी।"

मैं समझता हूँ कि चुनाव आयोग द्वारा जारी किए गए इस आदेश के लिए उसे विशेष बधाई दी जानी चाहिए। यद्यपि कुछ समाचारों ने इस आदेश को चुनाव रद्द (काउंटरमंड) करने के रूप में परिभाषित किया है। आयोग द्वारा जारी आदेश में कहीं भी रद्द शब्द का उल्लेख नहीं है। रद्द करने का अर्थ होता है किसी पूर्व निर्णय या आदेश को पुनर्जीवित करना। लेकिन जब चुनाव प्रक्रिया पूरी ही नहीं हुई हो और अभी तक कोई परिणाम नहीं आया हो तो नतीजा कैसे पुनर्जीवित किया जा सकता है?

चुनाव आयोग के निर्णय के मुख्य पैराग्राफ निम्न हैं :

"स्वतंत्र और निष्पक्ष चुनावों को कराने तथा चुनावों की पवित्रता को बनाए रखने के संवैधानिक और कानूनी पक्ष के दायित्व से परिपूर्ण आयोग द्वारा वर्तमान केस के सभी प्रासंगिक तथ्यों और परिस्थितियों को ध्यान में रखते हुए आयोग इससे संतुष्ट है कि झारखंड में राज्यसभा की वर्तमान चुनाव प्रक्रिया गंभीर रूप से दूषित हो गई है और इसे चालू रहने की अनुमति नहीं दी जा सकती।

तदनुसार आयोग संविधान के अनुच्छेद 324 के साथ जनरल क्लॉजेज ऐक्ट, 1897 के भाग 21 और इसके पास उपलब्ध अन्य सभी शक्तियों के आधार पर सम्मानीय राष्ट्रपति से

सिफारिश करता है कि वे 12 मार्च, 2012 को जारी अधिसूचना क्रमांक 318/1/2012(1) को, जिसके तहत झारखंड विधानसभा द्वारा राज्यसभा के लिए दो सदस्यों का चुनाव होना था, को रोकें।''

12 पृष्ठीय इस आदेश पर तीनों निर्वाचन आयुक्तों—मुख्य निर्वाचन आयुक्त डॉ. एस.वाई. कुरैशी, वी.एस. संपत और एच.एस. ब्रह्मा के हस्ताक्षर हैं।

इस चुनाव में मतदान पूर्ण हो चुका था। सिर्फ मतों की गणना और परिणाम घोषित करना शेष था। यदि यह प्रक्रिया पूर्ण हो गई होती, तो नतीजों को केवल चुनावी याचिका के माध्यम से ही चुनौती दी जा सकती थी। तब मामला निर्वाचन आयोग के क्षेत्राधिकार से बाहर निकलकर न्यायपालिका के क्षेत्र में चला जाता।

और चूँकि प्रक्रिया अभी पूरी नहीं हुई थी तथा 2.15 करोड़ रुपए लेकर जानेवाली कार पकड़ी गई थी, इसलिए चुनाव आयोग ने इन शब्दों में अपना आदेश दर्ज किया—

''संविधान में चुनाव आयोग को अनुच्छेद 324 के तहत एक स्वतंत्र संवैधानिक प्राधिकार माना गया है जिसका काम संसद् और राज्य विधायिकाओं के चुनाव स्वतंत्र और निष्पक्ष ढंग से कराने होते हैं, जहाँ चुनावों की पवित्रता को उच्चतम प्राथमिकता दी गई है। मोहिंदर सिंह गिल बनाम मुख्य निर्वाचन आयुक्त एवं अन्य (AIR 1978 SL 851) केस में माननीय सर्वोच्च न्यायालय ने स्वतंत्र और निष्पक्ष चुनाव कराने पर महत्त्वपूर्ण जोर दिया है और माना है कि संविधान का अनुच्छेद 324 निर्वाचन आयोग को स्वतंत्र एवं निष्पक्ष चुनाव कराने हेतु शक्तियों का स्रोत है और जहाँ यह (कानून) नहीं है, और स्थिति से निपटना हो, तो मुख्य निर्वाचन आयुक्त को हाथ जोड़कर भगवान् से दिव्य प्रेरणा प्राप्त कर अपना दायित्व निभाने की शक्ति नहीं माँगनी है या अपना काम करने के लिए किसी बाहरी शक्ति की ओर, स्थिति से निपटने हेतु शक्ति के लिए नहीं ताकना है।''

मैं मानता हूँ कि निर्वाचन आयोग का यह निर्णय पर्याप्त विश्वसनीय आशंकाओं पर आधारित एक महत्त्वपूर्ण निर्णय है। सन् 2003 के एनडीए के संशोधन और आज के निर्णय, इन दोनों के चलते बगैर राजनीतिक समर्थन के धन कुबेरों को इस मैदान में कूदने से पहले हजारों बार सोचने पर बाध्य करेंगे।

टेलपीस

सूचना एवं प्रसारण मंत्री के रूप में मुझे बी.बी.सी. द्वारा प्रसारित एक सीरियल की पांडुलिपि देखने का अवसर मिला था, जो सदियों से ब्रिटिश संसद् के कामकाज पर आधारित थी।

इस पांडुलिपि में अठारहवीं शताब्दी में ब्रिटेन में घटित एक उल्लेखनीय घटना के बारे में पढ़ने को मिला।

हाउस ऑफ कॉमन्स के एक सदस्य को उसके एक मतदाता का पत्र मिला, जिसमें उसने बजट में कुछ एक्साइज प्रावधानों के विरुद्ध वोट डालने को कहा था। बीबीसी कार्यक्रम के अनुसार, सांसद ने अपने मतदाता को जो तीखा जवाब भेजा, वह कुछ यूँ था—

''श्रीमान, एक्साइज के संबंध में आपका पत्र मुझे प्राप्त हुआ, और आपके द्वारा यह पत्र लिखने के दु:साहस को देखकर मुझे आश्चर्य हुआ।

''आप जानते हैं और मैं जानता हूँ कि मैंने इस निर्वाचन क्षेत्र को खरीदा है।

''आप जानते हैं और मैं जानता हूँ कि अब मैंने इसे बेचने का दृढ़ निश्चय कर लिया है।

''और आपको क्या लगता है कि मुझे पता नहीं कि आप किसी दूसरे खरीददार को तलाश रहे हो।

''और मुझे पता है कि निश्चित रूप से आपको यह मालूम नहीं कि मैंने दूसरा निर्वाचन क्षेत्र खरीदने हेतु खोज लिया है।''

ब्रिटेन में संसदीय निर्वाचन क्षेत्रों को खरीदा और बेचा जाना तब कोई अपवाद नहीं था। यह नियम था, अकसर निर्वाचन क्षेत्रों की सार्वजनिक रूप से नीलामी होती थी—और कभी पूरी तरह बेचा जाता या वार्षिक आधार पर लीज पर दिया जाता था। स्टर्थन गोरडॉन द्वारा लिखित एक संसदीय प्रकाशन 'अवर पार्लियामेंट' में बताया गया है—

''1812 और 1832 के बीच संसदीय सीट को खरीदने की साधारण कीमत 5000 से 6000 पौंड पर एक वर्ष के लिए किराए पर उपलब्ध थी।''

लेकिन आज ब्रिटेन में चुनाव कुल मिलाकर साफ-सुथरे हैं। ब्रिटेन में चुनाव सुधारों का इतिहास—भारत में फैली इस सामान्य मानसिकता कि चुनावों में बढ़ती धनशक्ति के प्रभाव का कोई सही इलाज नहीं है या जिस प्रकार हमारे कम्युनिस्ट मित्र कहते हैं कि एक 'बुर्जुआ लोकतंत्र' में यह तो अपरिहार्य है—से निपटने में सहायक हो सकता है।

1 अप्रैल, 2012

□

अमेरिकी सरकार द्वारा वीजा देने से इनकार : अमेरिकी थिंक टैंक द्वारा मोदी की तारीफ

सन् 1930 में प्रतिष्ठित अमेरिकी समाचार पत्रिका 'टाइम्स' के 31 मार्च के आवरण पर महात्मा गांधी का फोटो प्रकाशित हुआ था। शीर्षक था : 'संत गांधी' (Saint Gandhi).।

सन् 1947 में जब अंग्रेज भारत से गए, तब देश को स्वतंत्रता के साथ-साथ विभाजन की भीषण विभीषिका झेलनी पड़ी थी। इसी पत्रिका के 27 जनवरी, 1947 के अंक के आवरण पर सरदार पटेल का चित्र छपा, जिसका शीर्षक था—'भारत के वल्लभभाई पटेल'।

इस वर्ष 'टाइम्स' ने, जो दुनिया में सर्वाधिक प्रसार संख्यावाली पत्रिका है, 26 मार्च के अपने अंक में गुजरात के मुख्यमंत्री नरेंद्र मोदी का चित्र प्रकाशित किया है। इस आवरण पर शीर्षक दिया गया है—'मोदी मीन्स बिजनेस'।

कुछ भारतीय दैनिक समाचार-पत्रों ने इस शीर्षक के साथ रिपोर्ट प्रकाशित की है—'गांधी और पटेल के बाद मोदी तीसरे गुजराती हैं, जो 'टाइम्स' के कवर पर हैं।'

अपने लॉन में आराम से बैठे नरेंद्र मोदी का बहुत अच्छा चित्र अंदर के दो पृष्ठों पर प्रकाशित किया गया है, उसके आगे दो पृष्ठों का समाचार भाजपा नेता के बारे में है।

ज्योति थोट्टम की रिपोर्ट शुरू में ही कहती है—'फलते-फूलते गुजरात राज्य का शक्तिशाली नेता बनने की प्रक्रिया में अपनी सामान्य शुरुआत को नरेंद्र मोदी ने लाँघ दिया है।' इसके पश्चात् ज्योति थोट्टम अपना विश्लेषण प्रस्तुत करती हैं कि क्यों भारतीय उन्हें प्यार और नफरत, दोनों करते हैं ?

यद्यपि उन्होंने अपनी टिप्पणियों को समाजशास्त्री और गुजरात के विशेषज्ञ त्रिदीप सुहर्द को उद्‌धृत करते हुए समाप्त किया है, जो कहते हैं भविष्य नरेंद्र मोदी का है।

ज्योति थोट्टम लिखती हैं—काम करने की उनकी (मोदी की) योग्यता नई दिल्ली में कांग्रेस नेतृत्व वाली केंद्र सरकार की तुलना में एकदम अलग है। अहमदाबाद के इंडियन

इंस्टीट्यूट ऑफ मैनेजमेंट में अर्थशास्त्र के प्रोफेसर सेबेस्टियन मॉरिस कहते हैं, 'यदि आप पूरे देश में देखें कि आखिर कौन इंचार्ज है ? यदि कोई है तो एक बड़ा मुद्दा है। यहाँ अंतर इतना है कि यहाँ कई इंचार्ज हैं, वह चाहे जो भी करे'।

'इंडिया टुडे' द्वारा किए गए एक ताजा सर्वेक्षण में जिन लोगों से जनमत संग्रह किया गया, उनमें से 24 प्रतिशत का मानना है कि मोदी को अगला प्रधानमंत्री होना चाहिए, राहुल गांधी को 17 प्रतिशत ने मत दिया है।

मुझे स्मरण आता है कि अगस्त 2008 में अमेरिकी विदेश मंत्री कोंडालिसा राइस भारत की अपनी सरकारी यात्रा के दौरान मेरे निवास पर भी आईं। भारत-अमेरिकी संबंधों और आतंकवाद के विरुद्ध वैश्विक युद्ध इत्यादि विषयों पर चर्चा के अलावा मैंने नरेंद्रभाई मोदी को अमेरिका द्वारा वीजा देने से इनकार करने का मुद्दा उठाया। मैंने उनसे कहा, 'यह संभवतया पहली बार हुआ होगा कि दुनिया के विशालतम और जीवंत लोकतंत्र के एक प्रदेश के चुने हुए मुख्यमंत्री को वीजा के लिए इनकार किया गया। लेकिन सबसे ज्यादा आश्चर्य हमें इस बात पर हुआ कि वाशिंगटन द्वारा मोदी को वीजा नहीं माँगे जाने पर भी उन्हें वीजा देने से इनकार किया गया! मैंने कोंडालिसा को बताया कि मोदी ने मुझे सूचित किया कि मैंने वीजा के लिए कोई आवेदन नहीं किया था।

उन्होंने अपने साथ आए अधिकारियों की ओर देखते हुए पूछा कि क्या यह सत्य है ? अधिकारियों ने इसकी पुष्टि की और कहा, 'रिपोर्ट एक सीनेटर को दिए गए आधिकारिक उत्तर पर आधारित है।'

विडंबना यह है कि जिस अमेरिकी सरकार ने मोदी को वीजा देने से इनकार किया, उसी अमेरिकी कांग्रेस के थिंक टैंक द्वारा तैयार 100 पृष्ठों की रिपोर्ट में मोदी की कार्यप्रणाली की भूरि-भूरि प्रशंसा की गई।

'अमेरिकी कांग्रेस' अमेरिका की एक निष्पक्ष और स्वतंत्र रिसर्च सर्विस है, जो अमेरिकी नीति-निर्धारकों के लिए रिपोर्ट तैयार करती है।

रिपोर्ट में कहा गया है—भारत में प्रभावी शासन और उल्लेखनीय विकास का सबसे अच्छा उदाहरण संभवत: गुजरात (6 करोड़ जनसंख्या) है, जहाँ विवादास्पद मुख्यमंत्री नरेंद्र मोदी ने लालफीताशाही और भ्रष्टाचार को समाप्त कर राज्य को राष्ट्रीय आर्थिक वृद्धि का मुख्य संचालक बना दिया है।

25 मार्च, 2012

□

मेरा निवास और होली

सन् 1970 में मैं पहली बार संसद् हेतु चुना गया। मैं तब से सिर्फ दो वर्ष (1996–98) छोड़कर संसद् में हूँ। सन् 1996 का चुनाव मैंने इसलिए नहीं लड़ा था, चूँकि मैंने घोषणा की थी कि जब तक मैं हवाला के झूठे आरोपों से पूरी तरह मुक्त नहीं हो जाता, तब तक संसद् में नहीं जाऊँगा।

सन् 1970 में सांसद के रूप में मुझे पंडारा पार्क में एक फ्लैट आवंटित किया गया। मैं इस फ्लैट में सन् 2002 तक रहा, परंतु गृहमंत्री और उपप्रधानमंत्री बनने पर मेरे सुरक्षा स्टाफ ने मुझे 30, पृथ्वीराज रोड आने को तैयार किया, जहाँ मैं पिछले 10 वर्षों से रह रहा हूँ।

मुझे याद आता है कि 1970 के शुरुआती दशक में हिंदुस्तान टाइम्स, नई दिल्ली के मैगजीन सेक्शन में होली पर अनेक लेख प्रकाशित हुए थे। उनमें से एक लेख का शीर्षक था—'दिल्ली में होली के दिन आपको इन स्थानों पर जाने से नहीं चूकना चाहिए।' उस लेख में एक पता दिया गया था सी—1/6, पंडारा पार्क।

सन् 1977 में आपातकाल के बाद, जब मैं श्री मोरारजी भाई की सरकार में सूचना एवं प्रसारण मंत्री बना तो मेरे सुरक्षा स्टाफ ने मुझे एक बड़े बँगले में स्थानांतरित होने का आग्रह किया। मैंने मना कर दिया और उसी फ्लैट में रहने पर जोर दिया; हालाँकि आवास पर कार्यालय का स्थान उपलब्ध कराने के लिए साथ का फ्लैट भी मुझे आवंटित कर दिया गया। इससे मेरे घर में ज्यादा जगह उपलब्ध हो गई। लेकिन तब भी सुरक्षाकर्मियों को लगता था कि सुरक्षा की दृष्टि से कंपाउंड बड़ा होना चाहिए।

कल 8 मार्च को होली थी। मुझे अत्यंत प्रसन्नता हुई कि मेरे निवास पर इन चालीस वर्षों में होली का आनंददायक और प्रफुल्लित आयोजन पूरे उत्साह के साथ आज भी निरंतर चल रहा है। वास्तव में इस होली पर आनेवाले अतिथियों की संख्या हजारों में थी। संभवतया इस बार संख्या अभी तक की सबसे ज्यादा रही।

सुबह से ही अमिताभ का लोकप्रिय गीत 'रंग बरसे...' जैसे होली के गीत बज रहे थे और सुबह दस बजे से ही गायकों की टोलियाँ लॉन में मौजूद श्रोताओं का हिंदी और भोजपुरी संगीत गायन से रुक-रुककर मनोरंजन कर रही थीं।

प्रतिभा ने सभी मेहमानों के लिए मिठाइयाँ (विशेष रूप से गुजिया) और अल्पाहार की व्यवस्था की थी।

देश विभाजन के बाद का एक दशक मैंने राजस्थान में बिताया। मैं कुछ वर्षों के लिए भरतपुर में था, जो कि ब्रज का हिस्सा है, और ब्रज अपने जीवंत होली आयोजनों के लिए प्रसिद्ध है।

मुझे उन दिनों युवाओं द्वारा खेले जानेवाले मजाकिया खेल का स्मरण आता है। इसमें एक विद्यार्थी छत पर खड़ा हो जाता था और दूसरा गली में। छत पर खड़ा लड़का बिजली के तारों के ऊपर सुतली फेंकता था, जिसे गली में खड़ा उसका साथी दूसरे छोर पर उसे किसी हुक के साथ बाँध देता था और वह हुक वहाँ से गुजरने वाले की पगड़ी में चुपचाप अटकाकर पगड़ी या टोपी खींच लेता। दुकानदार तथा गली में मौजूद अन्य लोग इस दृश्य का आनंद लेते कि पगड़ी हवा में उड़ रही है और वह व्यक्ति उसे वापस लाने के लिए हाथ-पैर मार रहा होता।

टेलपीस

मैं अकसर टिप्पणी करता हूँ कि लोकतंत्र में प्रधानमंत्री से ज्यादा कोई अधिक महत्त्वपूर्ण नहीं है। सिर्फ एक कम्युनिस्ट देश में पार्टी पदाधिकारी ही सरकारी अधिकारी से ऊँचा होता है। लेकिन आजकल भारत में सर्वाधिक महत्त्वपूर्ण पता 10 जनपथ है, न कि 7 रेसकोर्स रोड। इन दिनों मैं अकसर सोचता हूँ कि यदि 1991 में मैंने राजीवजी का प्रस्ताव मान लिया होता तो आज मेरा निवास सर्वाधिक महत्त्वपूर्ण पता बन गया होता। जब 1989 में जनता दल के विश्वनाथ प्रताप सिंह भाजपा और वाम मोर्चे के बाहरी समर्थन से प्रधानमंत्री बने, तब श्री राजीव गांधी मुख्य विपक्षी दल कांग्रेस के नेता के रूप में लोकसभा में विपक्ष के नेता नामित हुए।

लेकिन 1991 में जब भाजपा ने विश्वनाथ प्रताप सिंह से समर्थन वापस ले लिया तो उनका बहुमत अल्पमत में बदल गया। तब कांग्रेस ने प्रधानमंत्री पद के लिए श्री चंद्रशेखर को समर्थन देने का निर्णय किया। पार्टी अध्यक्ष के नाते श्री राजीव गांधी ने इसकी सूचना राष्ट्रपति को दी।

इसका तात्कालिक परिणाम यह हुआ कि लोकसभा के स्पीकर ने श्री राजीव गांधी को बुलाकर बताया कि चूँकि उन्होंने प्रधानमंत्री को समर्थन देने का पत्र राष्ट्रपति को भेजा है, अत: उनकी पार्टी अब विपक्षी पार्टी के रूप में नहीं मानी जाएगी, इसलिए वे विपक्ष के नेता भी नहीं बने रह सकते।

उन्होंने भाजपा के नेता के नाते मुझे भी बताया कि अब भाजपा मुख्य विपक्षी दल बन गया है, इसलिए अब आप विपक्ष के नेता होंगे।

मुझे याद आता है कि अगली सुबह मुझे राजीवजी का फोन आया, पहले तो उन्होंने विपक्ष का नेता बनने पर मेरा अभिनंदन किया और दूसरे, उन्होंने सुझाया कि मुझे अपना पंडारा पार्क वाला आवास छोड़कर 10 जनपथ में आ जाना चाहिए। उन्होंने कहा, जैसे 7 रेसकोर्स रोड प्रधानमंत्री का स्थायी निवास है, वैसे ही 10 जनपथ को विपक्ष के नेता का स्थायी निवास बना दिया जाना चाहिए।

मैंने इस प्रस्ताव के लिए उनको धन्यवाद दिया, लेकिन इसे स्वीकारने से इनकार कर दिया।

9 मार्च, 2012

□

रामलीला मैदान कहर पर सुप्रीम कोर्ट का निर्णय : मोरारजी भाई का स्मरण

मैं बहुत कम ऐसे लोगों को जानता हूँ, जिनकी जन्म तिथि 29 फरवरी को पड़ती है, जोकि चार वर्ष में एक बार आती है। लेकिन इस श्रेणी में आनेवाले एक प्रमुख व्यक्ति भारत के पूर्व प्रधानमंत्री श्री मोरारजी भाई देसाई को मैं जानता हूँ। यह 2012 लीप वर्ष है। मोरारजी भाई के पड़पोते मधुकेश्वर देसाई ने मुझे वलसाड के एक कार्यक्रम में आमंत्रित किया जोकि सूरत से लगभग एक सौ किलोमीटर दूरी पर स्थित है। यहाँ पर मोरारजी भाई की पैतृक संपत्ति अभी भी मौजूद है, और यहाँ उनके परिवार के पास कुछ संपत्ति भी है जिसे उन्होंने सामाजिक संगठनों को दे दिया था।

भारत अगस्त 1947 में स्वतंत्र हुआ। 14-15 अगस्त की मध्यरात्रि को पंडित नेहरू ने प्रधानमंत्री की शपथ ली। सन् 1962 में चीन के हाथों भारत को सैन्य पराजय झेलनी पड़ी। पंडित नेहरू चीन के विश्वासघात को सहन नहीं कर सके और 1964 में उनका निधन हो गया।

पंडितजी के बाद लालबहादुर शास्त्री उनके उत्तराधिकारी बने। शास्त्रीजी के लिए ताशकंद महँगा साबित हुआ। मॉस्को द्वारा उन्हें ताशकंद समझौते के लिए तैयार करने पर वे समझौते के बाद जीवित नहीं रह सके।

सन् 1966 में इंदिराजी ने सत्ता की बागडोर सँभाली और एक के बाद एक दो—1967 और 1971 के लोकसभाई चुनाव जीते। लेकिन उनकी सरकार द्वारा 1975 में देश पर थोपा गया आपातकाल कांग्रेस पार्टी के लिए आत्मघाती सिद्ध हुआ।

सन् 1977 में स्वतंत्रता के तीस वर्ष पश्चात् स्वतंत्र भारत के इतिहास में पहली बार नई दिल्ली में श्री मोरारजी भाई देसाई के नेतृत्व में एक गैर-कांग्रेसी सरकार बनी। केंद्र सरकार में भाग लेने का जनसंघ के लिए यह पहला अवसर था। वाजपेयीजी, मध्यप्रदेश

के बृजलाल वर्मा और मैं जनसंघ की ओर से मोरारजी भाई के मंत्रिमंडल में शामिल किए गए।

गत 29 फरवरी को वलसाड में मोरारजी भाई के सम्मान में हुई अच्छी-खासी सभा में मैंने कहा कि भारत के स्वतंत्रता आंदोलन के जिन दो दिग्गजों के साथ मुझे काम करने का अवसर मिला उनमें लोकनायक जयप्रकाश नारायण और मोरारजी भाई में मैंने पाया कि वे कभी भी अपने सिद्धांतों या आचरण से समझौता करने को तैयार नहीं थे। 1979 में जब मोरारजी भाई की सरकार तथाकथित दोहरी सदस्यता के मुद्दे पर संकट का सामना कर रही थी तब संकट सुलझाने के उद्देश्य से वाजपेयीजी, बृजलाल वर्माजी और मैं मोरारजी भाई के पास गए तथा अपने त्यागपत्र उन्हें सौंप दिए। वास्तव में जनता पार्टी के अध्यक्ष चंद्रशेखर मुझसे मिले और सुझाया कि संभवत: संकट से निपटने में यह कदम सहायक हो सकता है। लेकिन जैसाकि मैंने अपनी आत्मकथा में उल्लेख किया है कि :

''मोरारजी भाई ने उस प्रस्ताव पर विचार तक नहीं किया। उन्होंने यह कहते हुए तुरंत उसे ठुकरा दिया, आप क्यों त्यागपत्र देंगे? आपने क्या गलती की है? चाहे आपका यह प्रस्ताव मेरी सरकार की मदद करे, लेकिन मेरे द्वारा आपके त्यागपत्र स्वीकार करना अनैतिक होगा। आपको सरकार छोड़ने के लिए कहने के बजाय मैं स्वयं सरकार छोड़ना पसंद करूँगा।''

रामलीला मैदान में बाबा रामदेव के अनुयायियों पर दिल्ली पुलिस की बर्बर कार्रवाई के बारे में सर्वोच्च न्यायालय के ताजा फैसले पर टाइम्स ऑफ इंडिया में 'रामलीला ग्राउंड : ट्राइस्ट विद हिस्ट्री' शीर्षक से प्रकाशित लेख के अंशों को उद्धृत किया गया है। ब्लॉग के पाठकों को ये अंश दिलचस्प लगेंगे।

फैसले का 60वाँ पैराग्राफ कहता है :

रामलीला मैदान ने 1960 और 1970 के दशकों में देश के राजनीतिक मूड का सही-सही बैरोमीटर उपलब्ध कराया था जिसका अंदाजा 18 अगस्त, 2011 को टाइम्स ऑफ इंडिया में प्रकाशित एक लेख से मिलता है जिसमें लिखा गया है :

रामलीला मैदान में जयप्रकाश नारायण ने अन्य प्रमुख विपक्षी नेताओं के साथ 25 जून, 1975 को एक विशाल रैली को संबोधित किया, जिसमें उन्होंने सशस्त्र सेनाओं से इंदिरा गांधी सरकार के विरुद्ध विद्रोह का आह्वान किया। रामधारी सिंह 'दिनकर' को उद्धृत करते हुए जे.पी. ने हुंकार भरी 'सिंहासन खाली करो, कि जनता आती है!' उसी रात को देश में

आपातकाल घोषित कर दिया गया। दो वर्ष के भीतर ही इसी मैदान पर दूसरी विपक्षी रैली हुई जिसे अनेक राजनीतिक समीक्षकों ने इतिहास बनानेवाली घटना कहा। फरवरी 1977 में आपातकाल के हटने से एक महीने से ज्यादा पहले जगजीवन राम के नेतृत्व में—कांग्रेस छोड़ने के बाद पहली सार्वजनिक सभा—मोरारजी देसाई, अटल बिहारी वाजपेयी, चरण सिंह और चंद्रशेखर ने एक संयुक्त रैली के रूप में की।

सन् 1972 में भी, जे.पी. की रैली से लगभग तीन वर्ष पूर्व, तत्कालीन प्रधानमंत्री इंदिरा गांधी ने बंगलादेश युद्ध में पाकिस्तान पर भारत की विजय के उपलक्ष्य में विशाल रैली को संबोधित किया था। सन् 1965 में, जब देश पाकिस्तान के साथ युद्ध लड़ रहा था तब यहीं से तत्कालीन प्रधानमंत्री लालबहादुर शास्त्री ने 'जय जवान, जय किसान' का नारा दिया था।

दिल्ली के विशेषज्ञ इतिहासकार रोनाल्ड विवियन स्मिथ के अनुसार रामलीला मैदान वास्तव में एक तालाब था जिसे 1930 के दशक की शुरुआत में भर दिया गया ताकि लालकिले के पीछे बाढ़वाले मैदान की जगह वार्षिक रामलीला यहाँ हो सके। शीघ्र ही यह राजनीतिक सभाओं का लोकप्रिय स्थान बन गया जहाँ गांधीजी, नेहरू, सरदार पटेल और अन्य शीर्ष राष्ट्रवादी नेताओं ने रैलियों को संबोधित किया। एक किस्सा यह बताया जाता है कि सन् 1945 में जिन्ना मुसलिम लीग की रैली में यहाँ पर थे कि भीड़ में से उन्होंने अपने बारे में मौलाना शब्द सुना। उन्होंने क्रोधित होकर कहा कि वह एक राजनीतिक नेता हैं और ऐसा भयावह शब्द उनके लिए कभी प्रयोग में नहीं लाया जाना चाहिए।

1980 और 90 के दशकों में बोट क्लब शक्ति प्रदर्शन का पसंदीदा स्थान बन गया। लेकिन अयोध्या आंदोलन की उथल-पुथल के चलते नरसिंहा राव सरकार द्वारा वहाँ सभी सभाओं पर प्रतिबंध लगाने के फलस्वरूप राजनीतिक स्पॉटलाइट अपने वास्तविक स्थान—रामलीला ग्राउंड—पर वापस लौट गई।

मेरे सहयोगी अरुण जेटली ने पिछले सप्ताह सर्वोच्च न्यायालय के फैसले का विस्तृत विश्लेषण मीडिया को जारी किया। उन्होंने न्यायालय को नागरिकों द्वारा सरकारी निर्णय के विरुद्ध असहमति के चलते शांतिपूर्ण विरोध के अधिकारों को सही ठहराया है। लेकिन उन्होंने मजबूती से न्यायालय के निर्णय के दूसरे भाग पर पुनर्विचार करने का आग्रह किया है।

जेटली कहते हैं : सुप्रीम कोर्ट के फैसले ने एक ऐतिहासिक कानून की स्थापना की है और साथ-ही-साथ शांतिपूर्ण प्रदर्शन तथा अभिव्यक्ति और एकत्र होने के मौलिक अधिकार को सही ठहराया है। बहरहाल, इस फैसले में एक बेहद संशयपूर्ण वाक्य कि एक बार यदि

प्रदर्शन का अधिकार रोक दिया जाए तो प्रदर्शनकारी को चुपचाप उसे स्वीकार कर लेना चाहिए अन्यथा वह पुलिस की बर्बरता में साझा लापरवाही का जिम्मेदार माना जाएगा, से मौलिक अधिकार की नींव हिल गई है।

अदालत के फैसले के इस हिस्से पर व्यापक बहस और संभव हो तो पुनर्विचार किए जाने की जरूरत है।

मोरारजी भाई के तीन खंडोंवाले 'द स्टोरी ऑफ माई लाइफ' संस्मरणों में उल्लिखित है कि जब आपातकाल के दौरान मोरारजी भाई कारावास में थे तो एक मौके पर उन्हें श्रीमती इंदिरा गांधी का एक संदेश मिला जिसमें अनेक शर्तें गिनाते हुए संकेत दिया गया था कि यदि विपक्ष उन्हें मान ले तो वह आपातकाल हटाने पर विचार कर सकती हैं; मोरारजी भाई कहते हैं :

उन्होंने (इंदिरा गांधी) आपातकाल हटाने के लिए अनेक शर्तें रखी थीं। उसमें सत्याग्रह के अधिकार को भी छोड़ना था। दूसरों का इस बारे में चाहे कुछ भी विचार हो मगर मैं इस बहुमूल्य और अभिन्न मानवाधिकारों और कर्तव्यों को छोड़ने के बजाय मर जाना बेहतर समझूँगा। मैं आपातकाल जैसी स्थितियों में प्रधानमंत्री बनने की अपेक्षा जीवनभर कैद में रहना बेहतर समझूँगा। मैं मानता हूँ कि राष्ट्र और समाज के भविष्य के लिए जब तक आशा रहेगी तब तक कुछ लोग स्वतंत्रता की मशाल जलाए रखने के लिए कठिन-से-कठिन दंड भुगतने को तैयार रहेंगे।

4 मार्च, 2012

□

संवैधानिक नियुक्तियों का गैर राजनीतिकरण हो

यू.पी.ए. सरकार के अवांछनीय रिकॉर्ड में और अधिक-से-अधिक कांड जुड़ते जाने से स्वतंत्रता प्राप्ति के इन 65 वर्षों में अब तक की सर्वाधिक अप्रत्याशित स्थिति बन गई है। इसकी शुरुआत सड़ाँधभरे घोटालों की श्रृंखला से हुई और आम आदमी की कमरतोड़ महँगाई के रूप में सामने आई। ये मुद्दे पिछले वर्षों में अनेक संसदीय सत्रों में गूँजते रहे हैं।

पूर्व की केंद्र सरकारों में कभी भी ऐसा नहीं हुआ कि भ्रष्टाचार के आरोपों में केबिनेट मंत्रियों को सरकार से हटाना पड़ा हो और बाद में, न्यायालयों द्वारा निंदा करने के चलते दिल्ली की तिहाड़ जेल में कैद करना पड़ा हो।

मैंने अपने पिछले ब्लॉग में उल्लेख किया था कि कैसे कांग्रेस पार्टी ने बेशर्मी से उत्तर प्रदेश चुनावों का सांप्रदायीकरण किया है, मैंने तीन ऐसी घटनाओं का उल्लेख किया था जिनका कोई उदाहरण नहीं मिलता कि कैसे एक वरिष्ठ केंद्रीय विधि मंत्री सलमान खुर्शीद ने तिरस्कारपूर्वक चुनाव आयोग की अवज्ञा की, फिर चुनाव आयोग की तीखी आलोचना सामने आई, और अंततः चुनाव आयोग ने राष्ट्रपति से तत्काल हस्तक्षेप की माँग की।

दुर्भाग्य से, इसकी परिणति आदर्श आचार संहिता के उल्लंघन की स्थिति में चुनाव आयोग की शक्तियों में कटौती करने के संभावित कदम के रूप में सामने आती दिखी।

सुखद यह रहा कि विधि मंत्री और चुनाव आयोग के बीच अप्रत्यक्ष टकराव, सरकारी क्षेत्रों में सद्बुद्धि आने से समाप्त हो गया और मंत्री ने आयोग को खेद-पत्र लिखा।

इस श्रृंखला में एक दूसरे केंद्रीय मंत्री द्वारा उत्तर प्रदेश के मतदाताओं को धमकाने का क्रम जुड़ गया : या तो आप प्रदेश में कांग्रेस को चुनो, या फिर उत्तर प्रदेश में राष्ट्रपति शासन के लिए तैयार रहो!

मुझे याद नहीं आता कि इससे पहले किसी केंद्रीय मंत्री ने मतदाताओं को सिर्फ इस

आधार पर धमकाया हो कि यदि वे कांग्रेस पार्टी को विजयी नहीं बनाते हैं तो राष्ट्रपति शासन लग जाएगा।

संविधान सभा द्वारा अनुच्छेद 356 में केंद्र सरकार को प्रदेश में राष्ट्रपति शासन लगाने का अधिकार उस स्थिति में दिया गया कि यदि प्रदेश में संविधान के अनुसार काम नहीं हो रहा है—इस पर भी अनेक प्रमुख सदस्यों ने चेतावनी दी कि इस प्रावधान का केंद्र सरकार द्वारा भारत के संघीय ढाँचे को नजरअंदाज करने हेतु दुरुपयोग किया जा सकता है। इस पर तत्कालीन विधि मंत्री ने संविधान सभा को पुनः आश्वस्त किया कि 'ऐसे प्रावधानों का उपयोग करने की कभी जरूरत नहीं पड़ेगी और वे मृतप्राय शब्दों जैसे रहेंगे।'

डॉ. अंबेडकर के आश्वासन का कांग्रेस सरकारों ने बार-बार उल्लंघन किया है। संविधान के लागू होने के साठ वर्षों से अब तक, डॉ. अंबेडकर के शब्दों में मृतप्राय शब्द अनुच्छेद 356 का सौ से ज्यादा बार उपयोग किया जा चुका है और उसका संवैधानिक मशीनरी के असफल होने से कोई लेना-देना नहीं है। केंद्रीय मंत्री श्रीप्रकाश जायसवाल की ताजा धमकी स्पष्ट रूप से इसी श्रेणी में आती है—यह पूर्णरूप से इस प्रावधान के उद्देश्यों से इतर है।

लोकसभा में विपक्ष की नेता श्रीमती सुषमा स्वराज, जो प्रधानमंत्री की अध्यक्षतावाली तीन सदस्यीय चयन समिति की सदस्य हैं, की गंभीर आपत्तियों के बावजूद गत वर्ष पी.जे. थॉमस को मुख्य सतर्कता आयुक्त नियुक्त कर दिया गया।

मामला सर्वोच्च न्यायालय में पहुँचा। न्यायालय ने श्रीमती स्वराज द्वारा उठाए गए मुद्दों को सही ठहराया। सर्वोच्च न्यायालय ने नियुक्ति रद्द कर दी।

सुश्री भावना विज अरोड़ा ने 'इंडिया टुडे' में क्रेडिबिलटी क्रैश शीर्षक के अंतर्गत लिखे गए लेख में लिखा कि सर्वोच्च न्यायालय का निर्णय पी.जे. थॉमस की तुलना में प्रधानमंत्री मनमोहन सिंह और गृहमंत्री पी. चिदंबरम (जोकि चयन समिति के तीसरे सदस्य थे) की निंदा ज्यादा है।

पिछले पखवाड़े 'बिजनेस स्टैंडर्ड' में ऐसे समान विषय पर ट्राई (TRAI) के पूर्व चेयरमैन और वर्तमान में पब्लिक इंटरेस्ट फाउंडेशन के निदेशक श्री नृपेंद्र मिश्र ने लेख लिखकर प्रबल आग्रह किया है कि संवैधानिक नियुक्तियों से राजनीति को दूर रखना चाहिए।

मैं भी मानता हूँ कि मुख्य संवैधानिक और वैधानिक निकायों की नियुक्तियों को गैर-राजनीतिक रखने हेतु एक कानून बनाना उपयुक्त रहेगा। मैं विशेष रूप से चुनाव आयोग,

नियंत्रक और महालेखाकार, संघ लोक सेवा आयोग और सार्वजनिक उपक्रम चयन बोर्ड को इस सूची में शामिल करने की अनुशंसा करता हूँ। यह सब संभव करने के लिए सिर्फ विपक्ष के नेताओं (दोनों सदनों) को इनकी चयन समिति में सदस्य बना देना चाहिए।

टेलपीस

जब भारत के परमाणु परीक्षणों का समाचार अमेरिकी सरकार को मिला तो वाशिंगटन की प्रतिक्रया स्तब्धकारी और गुस्से भरी थी। जब ढाई वर्ष पूर्व भारत तैयारियाँ करते हुए अमेरिकी सेटेलाइट पर रँगे हाथों पकड़ा गया तो उस अनुभव से भारत ने सबक सीखा था। इस बार वाशिंगटन आश्चर्यचकित रह गया। विदेश विभाग को यह समाचार सी.एन.एन. से सुनने को मिला और सी.आई.ए. ने विदेश विभाग से सुना...

अमेरिका को पोखरण से आश्चर्यचकित होने की जरूरत नहीं थी क्योंकि यह संकेत साफ थे कि भारत परीक्षण करना चाहता है। पहले, 1995 के अंत में भारत का परमाणु परीक्षण अवरुद्ध हो गया था। दूसरे, सन् 1998 के भाजपा के घोषणा-पत्र में घोषित किया गया था कि भाजपा भारत सरकार को एक घोषित परमाणु शक्ति बनाएगी। यद्यपि घोषणा-पत्र में परमाणु परीक्षण की विशेष प्रतिबद्धता प्रकट नहीं की थी लेकिन देश की परमाणु नीति के पुनर्मूल्यांकन का और परमाणु हथियारों को शामिल करने के विकल्प का वायदा किया था।

(भारत-अमेरिका-चीन संबंधों पर विलियम एच. ऐवरी की पुस्तक से।)

27 फरवरी, 2012

□

कांग्रेस ने किया उत्तर प्रदेश चुनाव अभियान का सांप्रदायीकरण

भारतीय चुनावों के इतिहास में, पिछले सप्ताह घटित तीन घटनाओं का अतीत में कोई साम्य नहीं मिलता।

पहली—भारतीय जनता पार्टी की ओर से चुनाव आयोग को की गई शिकायत पर आयोग ने आदर्श आचार संहिता का उल्लंघन करने पर विधि, न्याय एवं अल्पसंख्यक मामलों के केंद्रीय मंत्री सलमान खुर्शीद की सार्वजनिक रूप से निंदा की।

दूसरे—विधि मंत्री ने चुनाव आयोग के आदेश की अवहेलना की। आयोग ने कहा :

श्री खुर्शीद आज (11 फरवरी, 2012) भी यह वक्तव्य देते देखे गए कि आयोग भले ही चाहे जो निर्देश दे, वह अपने पूर्व वक्तव्य पर कायम हैं। वास्तव में, केंद्रीय मंत्री ने आगे यह भी कहा—यदि वे मुझे फाँसी भी दे दें तो भी वह अपने पूर्व बयान पर अडिग रहेंगे। हमारा मानना है कि केंद्रीय मंत्री के तेवर आयोग द्वारा उनको दिए गए विधिपूर्ण निर्देश के प्रति उपेक्षापूर्ण और अपमानसूचक हैं।

तीसरी—चुनाव आयोग आचार संहिता के उल्लंघन पर पश्चाताप करने के बजाय (उनके) अवज्ञा करने और आक्रामक होने पर चकित हुआ और पूर्ण आयोग की आपात बैठक बुलाने का निर्णय लिया। आयोग ने राष्ट्रपति महोदय को लिखे अपने पत्र में सूचित किया कि :

आयोग, संवैधानिक प्राधिकारों के नाजुक संतुलन में एक मंत्री के अनुचित और गैरकानूनी आचरण के चलते आए खिंचाव से काफी चिंतित है।

राष्ट्रपति को भेजे आयोग के पत्र का अंतिम पैराग्राफ निम्न है :

भारत के चुनाव आयोग को यह आवश्यक और अनिवार्य लगा कि वह इस मौके पर

आपके त्वरित और निर्णायक हस्तक्षेप का अनुरोध करे ताकि उत्तर प्रदेश विधानसभा के चल रहे चुनावों को संपन्न कराया जा सके, और यह आयोग अपने दायित्व का निर्वाह संविधान और कानून के तहत कर सके।

यहाँ पर इस संबंध में चुनाव आयोग के निर्देश के कुछ मुख्य अंशों को उद्धत करना उपयोगी होगा। निर्देश कहता है :

आदर्श आचार संहिता कहती है कि मंत्रीगण किसी भी रूप या वायदों के जरिए किसी वित्तीय अनुदान की घोषणा नहीं करेंगे। आयोग के सुविचारित मत के अनुसार मतदाताओं के एक विशिष्ट वर्ग को रोजगार का वायदा भी उस वर्ग के सदस्यों को विशेष वित्तीय अनुदान जैसा ही है जोकि सरकारी नौकरियों और उससे मिलनेवाले पारिश्रमिक के रूप में है। इसके अलावा, आदर्श आचार संहिता जाति या सांप्रदायिक भावनाओं के आधार पर अपील पर भी प्रतिबंध लगाती है। यहाँ पर, आयोग का यह सुविचारित मत है कि अल्पसंख्यकों को 9 प्रतिशत सीट आरक्षित करने का वायदा मतदाताओं के एक विशेष वर्ग को अपने पक्ष में प्रभावित करने का प्रयास है, जो 10 जनवरी, 2012 को सभी राष्ट्रीय और स्थानीय समाचारपत्रों में प्रकाशित हुआ है कि प्रतिवादी ने अल्पसंख्यकों के लिए सीट आरक्षित करने संबंधी उक्त वायदा करते समय विशेष रूप से जोड़ा कि उत्तर प्रदेश में ऐसा आरक्षण मुसलिमों को मिलेगा।

आयोग इस अपरिहार्य निष्कर्ष पर पहुँचा है कि श्री सलमान खुर्शीद ने मतदाताओं के एक विशेष वर्ग—अल्पसंख्यकों के लिए, अन्य पिछड़ा वर्गों के 27 प्रतिशत कोटे में से 9 प्रतिशत सीटें आरक्षित करने का वायदा किया। आयोग इस पर भी संतुष्ट है कि श्री सलमान खुर्शीद द्वारा किया गया यह वायदा विधि और अल्पसंख्यक मामलों के मंत्री के रूप में किया गया। अत:, उपरोक्त वायदा कर श्री सलमान खुर्शीद ने आदर्श आचार संहिता का उल्लंघन किया है। इसलिए, आयोग आदर्श आचार संहिता के उल्लंघन पर अपने गहरे दु:ख और निराशा को प्रकट करने से नहीं रोक सकता। केंद्रीय विधि और अल्पसंख्यक मामलों के मंत्री के रूप में उन पर आदर्श आचार संहिता का शब्दश: पालन करने की जिम्मेदारी आती है ताकि चुनाव निर्भीक और निष्पक्ष ढंग से हो सकें तथा सभी राजनीतिक दलों को चुनाव अभियानों के मामले में एक समान अवसर मिल सके।

उत्तर प्रदेश में अपने चुनाव प्रचार अभियान के दौरान मैंने प्रधानमंत्री से आग्रह किया कि वे अपने मंत्रिमंडलीय सहयोगी सलमान खुर्शीद को, आयोग द्वारा राष्ट्रपति को लिखे गए पत्र जिसमें विधिमंत्री के आचरण को अनुचित और गैरकानूनी कार्रवाई वर्णित किया

है, के गंभीर आयामों से अवगत कराएँ और आयोग से माफी माँगने को कहें। मैंने यह भी कहा कि यदि वे (सलमान खुर्शीद) ऐसा करने में असफल रहते हैं तो उन्हें मंत्रिमंडल से बर्खास्त कर दिया जाए।

अनुमानतः, प्रधानमंत्री की सलाह पर विधि मंत्री ने आयोग को पत्र लिखकर खेद प्रकट किया, जिसके आधार पर चुनाव आयोग ने मामले को समाप्त मान लिया।

कभी भी कांग्रेस पार्टी या इसके नेताओं ने किसी विधानसभाई चुनावों का होशो-हवास तथा जान-बूझकर इतना सांप्रदायीकरण नहीं किया जितना कि सन् 2012 में उत्तर प्रदेश में किया है।

सलमान खुर्शीद प्रकरण ही इस तथ्य को पुष्ट करनेवाली एकमात्र घटना नहीं है।

दिग्विजय सिंह द्वारा हाल ही में दिए गए वक्तव्य कि आतंकवादियों से बटाला हाउस मुठभेड़, फर्जी मुठभेड़ थी, इसका एक और उदाहरण है।

खुर्शीद के खेद वाले पत्र के बाद बेनी प्रसाद वर्मा ने वही दोहराया है जो खुर्शीद ने कहा था। चुनाव आयोग ने वर्मा को भी नोटिस जारी किया है। यदि वह भी वही करते हैं जो खुर्शीद ने किया तो अरुण जेटली की यह शंका सही सिद्ध होगी कि ये वक्तव्य एक संवैधानिक संस्था की अवज्ञा के निजी नहीं अपितु पार्टी के चुनाव प्रबंधकों द्वारा चुनावों की दृष्टि से सुनियोजित षड्यंत्र का अंग हैं। यह महत्त्वपूर्ण है कि पार्टी ने औपचारिक रूप से अपने को खुर्शीद के बयानों से अलग किया है, परिवार ने नहीं। परिवार के युवा प्रचारक ने उत्साहपूर्वक विधि मंत्री का समर्थन किया है।

19 फरवरी, 2012

□

भ्रष्टाचार घोटालों के मामले में यू.पी.ए. का रिकॉर्ड नं.1 है

समाचारों के कवरेज के अनुसार, बहुसंस्करणवाले अधिकतर दैनिक क्षेत्रीय समाचार-पत्र बनते जा रहे हैं। चेन्नई से प्रकाशित होनेवाला 'द हिंदू' ऐसा समाचार-पत्र है जिसके बारे में मेरा मानना है कि देश के किसी भी क्षेत्र की महत्त्वपूर्ण घटनाएँ उसमें पढ़ने को मिलें, जरूरी नहीं है। अत: उसका कवरेज वास्तव में राष्ट्रव्यापी है।

मुझे स्मरण है कि स्वतंत्रता के पूर्व जब मैंने पहली बार इस समाचारपत्र को देखा तो मुझे यह एक अनोखा दैनिक प्रतीत हुआ, जिसके मुखपृष्ठ पर कोई समाचार नहीं थे, सिर्फ विज्ञापन थे। अंदर के पृष्ठों पर भी बैनर शीर्षक वर्जित माना जाता था।

मेरे एक सहयोगी ने इस तथ्य की ओर मेरा ध्यान आकृष्ट किया कि हाल में 'हिंदुस्तान टाइम्स' का पहला पृष्ठ भी ऐसा ही बन रहा है। लेकिन हिंदू के विज्ञापन वर्गीकृत विज्ञापनों की भाँति पुरानी शैली के अनुरूप एक कॉलम में होते थे और हिंदुस्तान टाइम्स के विज्ञापन इन दिनों इतने व्यापक और काफी अधिक राजस्व देनेवाले हैं। उदाहरण के लिए इस शनिवार के अंक में (4 फरवरी, 2012) को पहले और दूसरे पृष्ठ पर 7 अप, रियल लेमन जूस और 7 अप नेचुरल लेमन फ्लेवर के विज्ञापन प्रकाशित हुए हैं।

हालाँकि मैं जिस संदर्भ में यह विशेष ब्लॉग लिख रहा हूँ वह है उसी संस्करण के पहले पृष्ठ पर प्रकाशित दो स्तंभ का समाचार। समाचार को विज्ञापन के रूप में वर्णित किया गया है, और 5 पंक्तियों में कैप्शन इस प्रकार प्रकाशित हुई है :

फर्स्ट विक्ट्री (First Victory)
डाउन अंडर (Down Under)
इंडिया बीट ऑस्ट्रेलिया (India Beat Australia)
बाय 8 विकेट्स (by 8 wickets)

इन सेकंड T20 (in second T20)

उस दिन लखनऊ में जब मीडिया ने मुझसे डॉ. सुब्रमण्यम स्वामी के केस में सी.बी.आई. ट्रायल कोर्ट द्वारा दिए गए निर्णय के बारे में पूछा तो मैंने कहा इंग्लैंड और ऑस्ट्रेलिया के टेस्ट मैचों और एक दिवसीय मैचों में दर्जनों बदनामीवाली पराजयों के बावजूद यदि T20 की एकमात्र विजय से क्रिकेट कंट्रोल बोर्ड इतना आनंदित हो सकता है कि उसने पेड न्यूज के रूप में समाचार प्रकाशित कराया है तो क्यों नहीं भारत सरकार भी क्रिकेट बोर्ड के उदाहरण को अपनाते हुए हिंदुस्तान टाइम्स के मुख पृष्ठ पर पी. चिदंबरम को मिली उल्लेखनीय राहत को विज्ञापन के रूप में प्रकाशित करवाती, जोकि भारत सरकार को सर्वोच्च न्यायालय और अनेक उच्च न्यायालयों से न्यायिक आलोचनाओं और भर्त्सना के बाद मिली है।

यदि क्रिकेट के घटनाक्रम को ही आगे बढ़ाया जाए, और यदि 2जी स्पेक्ट्रम घोटाले की शृंखला को मैच शृंखला माना जाए तो स्पष्ट रूप से जुझारू सुब्रमण्यम स्वामी को 'मैन ऑफ द सीरिज' माना जाएगा।

2जी स्पेक्ट्रम के संदर्भ में, सर्वोच्च न्यायालय के उल्लेखनीय निर्णय का मुख्य भाग यह है कि : पूर्व संचार मंत्री ए. राजा द्वारा जारी किए गए 122 लाइसेंस निरस्त किए गए; सर्वोच्च न्यायालय ने इन्हें गैरकानूनी और असंवैधानिक माना है।

सुब्रमण्यम स्वामी ने घोषित किया है कि वे ट्रायल कोर्ट के फैसले के विरुद्ध अपील करेंगे। न्यायपालिका को अब इस मुख्य सवाल का फैसला करना है कि : क्या पूर्व संचार मंत्री ए. राजा इस घोटाले के एकमात्र खलनायक हैं और इन धोखाधड़ीभरे सौदों के लिए अकेले जिम्मेदार व्यक्ति हैं?

यदि स्वतंत्र भारत में भ्रष्टाचार के घोटालों का संपूर्ण इतिहास लिखा जाए तो मुझे कोई संदेह नहीं है कि इन घोटालों की संख्या और उनके वित्तीय आयामों और या उनकी गंभीरता को लेकर पहले की कोई भी सरकार, यूपीए सरकार के सड़ाँधभरे रिकॉर्ड को तोड़ नहीं पाएगी।

औपचारिक रूप से इस सरकार के मुखिया डॉ. मनमोहन सिंह हैं लेकिन अब निस्संदेह सभी को यह पता है कि वास्तव में सरकार और प्रधानमंत्री डॉ. मनमोहन सिंह को यू.पी.ए. अध्यक्षा श्रीमती सोनिया गांधी चला रही हैं!

नीचे ऐसे दस कुख्यात मुद्दों की तालिका दी जा रही है जो दिमाग में उभरते हैं :

1. कैश फॉर वोट घोटाला जिसने भारत के लोकतंत्र को शर्मसार किया।

2. 2जी स्पेक्ट्रम घोटाला केस
3. राष्ट्रमंडल खेल घोटाला
4. क्वात्रोची केस
5. आदर्श हाउसिंग केस
6. मुख्य सतर्कता आयुक्त पद पर पी.जे. थॉमस की नियुक्ति
7. भारत से चुराकर स्विस बैंकों या अन्य टैक्स हेवन्स में ले जाए गए भारत के काले धन को वापस लाने में सरकार की घोर असफलता। काले धन के विरुद्ध संयुक्त राष्ट्र कन्वेंशन के तहत न केवल अमेरिका, जर्मनी और फ्रांस जैसे बड़े देश अपितु पेरू और नाइजीरिया जैसे छोटे देशों को भी अपना धन वापस लाने में सफलता मिली है।
8. आई.एम.डी.टी. एक्ट के संदर्भ में सर्वोच्च न्यायालय की आलोचना के बावजूद बंगलादेश से असम और अन्य उत्तर-पूर्वी राज्यों में व्यापक पैमाने पर अवैध घुसपैठ।
9. तेलगी स्टैंप-पेपर केस
10. पुणे के स्टड-फार्म के मालिक हसन अली वाला कांड

टेलपीस

इन दिनों पाकिस्तान में एक चुटकुला प्रचलन में है : भारत में सेना प्रमुख की उम्र सरकार तय करती है। हमारे देश में सेना प्रमुख सरकार की आयु तय करता है।

8 फरवरी, 2012

□

एक अविस्मरणीय वर्षगाँठ

पिछले सप्ताह मैं नरेंद्र मोदी के साथ चेन्नई में तमिल पत्रिका 'तुगलक' के वार्षिक कार्यक्रम में भाग लेने गया था। क्या अद्भुत दृश्य था! कुछ अन्य ही पत्रकार शायद इतने लोग जुटा सकते हैं। यदि चेन्नई में तुगलक घर-घर में जाना जानेवाला नाम है तो चो रामास्वामी देशभर के बुद्धिजीवियों में सुप्रसिद्ध और आदरणीय नाम है।

चो में हमें तमिल अस्मिता और अदम्य भारतीय राष्ट्रवाद का पूर्ण संगम देखने को मिलता है।

चार दशक पूर्व पोंगल के दिन तुगलक का प्रकाशन शुरू हुआ था। इस प्रकार इस वर्ष 14 जनवरी को तुगलक का 42वाँ स्थापना वर्ष था।

मैं किसी और पत्रकार के बारे में ऐसा नहीं सोच सकता जैसा कि चो के बारे में, उनमें व्यंग्य और कटाक्ष की शक्ति से अपने लेखन और बोलने में गंभीर विचारों को भी प्रभावशाली ढंग से व्यक्त करने की कला है।

उदाहरण के लिए कार्यक्रम में भी वह नरेंद्र भाई और मेरे सम्मुख बोले तो उनके लगभग चालीस मिनट के भाषण में सभागार में उपस्थित तीन हजार से अधिक श्रोतागण बीच-बीच में हँसी से लोटपोट हो रहे थे। प्रथम पंक्ति में मेरे साथ बैठे गुरुमूर्ति चो के भाषण का वाक्य-दर-वाक्य भाषांतर मुझे बता रहे थे, जो सुनकर मुझे साफ हुआ कि क्यों श्रोतागण मुख्य मेजबान के कठोर दंश का भी आनंद ले रहे थे।

एक विशिष्ट मेहमान सुप्रसिद्ध सिने अभिनेता रजनीकांत शायद ही कभी चो के कार्यक्रम में आना भूले हों, पिछले सप्ताह वह भी वहाँ उपस्थित थे।

मैंने अपने भाषण की शुरुआत श्रोताओं को पोंगल की बधाई से की। मैंने कहा कि देश के अधिकांश हिस्सों में इस त्योहार को मकर संक्राति के नाम से पुकारते हैं। हालाँकि असम में यह बिहू, गुजरात में उत्तरायण और पंजाब में लोहड़ी के नाम से जाना जाता है।

मेरे जन्मस्थान सिंध में भी इसे उत्तरायण के रूप में जाना जाता है। सिंधी में एक कहावत है : उत्तरण उत्तरियो, अद्य सियारो कुतरियो (उत्तरायण के आगमन के साथ आधी सर्दी समाप्त)।

गुजरात में, उत्तरायण के अवसर पर पतंगबाजी बहुत लोकप्रिय है। मकर संक्रांति के दौरान गुजरात में पतंगबाजी वास्तव में देखने योग्य होती है। नरेंद्र भाई ने राज्य में अंतरराष्ट्रीय पतंग उत्सव शुरू कर इसका आकर्षण और बढ़ा दिया है। लाहौर और पाकिस्तान के पंजाब के अन्य हिस्सों में भी उत्साह के साथ पतंग उड़ाई जाती है जिससे अकसर सीमा पर भी उन्माद हो जाता है।

पाकिस्तान में कुछ मजहबी कट्टरपंथी पतंगबाजी पर प्रतिबंध लगाने का अभियान यह कहकर चलाए हुए हैं कि यह पाकिस्तान के हिंदू अतीत की गैर-इसलामिक विरासत है, लेकिन इस अभियान का आम लोगों पर कोई असर नहीं पड़ा है।

वहाँ उपस्थित पत्रकारों को संबोधित करते हुए मैंने कहा : स्वयं एक पत्रकार होने के नाते मैं अंग्रेजी भाषा के काइट फ्लाइंग शब्द के लाक्षणिक अर्थ के प्रति बहुत ही सचेत हूँ। मुझे और नरेंद्र मोदी को चो के कार्यक्रम में देखकर जो डॉ. जयललिता द्वारा शासित प्रदेश में हो रहा है, इससे पहले कोई कल्पना की पतंगें उड़ाए, मैं स्वयं यह कहना चाहूँगा कि हम डॉ. जयललिता को अपना स्वाभाविक मित्र मानते हैं। यद्यपि अन्नाद्रमुक राष्ट्रीय लोकतांत्रिक गठबंधन (एनडीए) का औपचारिक हिस्सा नहीं है, मगर डॉ. जयललिता की पार्टी के साथ हमारा अनौपचारिक सहयोग तथा विशेष रूप से संसद् के दोनों सदनों में पार्टी का उनके दल से समन्वय बराबर रहा है। अपनी 40 दिवसीय चेतना यात्रा का संदर्भ देते हुए मैंने डॉ. जयललिता, उनके पार्टी सहयोगियों और उनकी सरकार द्वारा मदुरई क्षेत्र से गुजरते समय गंभीर बम धमकी से निपटने में की गई सहायता के लिए सार्वजनिक रूप से धन्यवाद दिया था। इसी संदर्भ में, यात्रा की समाप्ति पर दिल्ली की रैली में अन्नाद्रमुक द्वारा संसद् में अपने वरिष्ठ नेता श्री थंबीदुरई को भेजने पर भी मैंने अपनी प्रसन्नता व्यक्त की थी।

उत्कृष्ट सामाजिक-आर्थिक, दार्शनिक और हमारी पार्टी के प्रमुख विचारक पंडित दीनदयाल उपाध्याय के समय से ही हम सदैव मजबूत राज्यों की जरूरत पर बल देते रहे हैं।

राज्यों के मजबूत बनने से केंद्र कमजोर नहीं बनता। हमें एक मजबूत केंद्र की जरूरत है, लेकिन केंद्र तब तक मजबूत नहीं हो सकता जब तक राज्य मजबूत न बनें।

जैसाकि हम सभी जानते हैं, राष्ट्रीय विकास परिषद् (एन.डी.सी.) एक ऐसा मंच है

जहाँ नई दिल्ली राज्य सरकारों को समान भागीदार मानकर परामर्श करती है। एन.डी.सी. की पिछले दिनों हुई बैठक में तमिलनाडु की मुख्यमंत्री डॉ. जयललिता ने कहा था : मुझे नहीं लगता है कि भारत सरकार राज्यों को भागीदार के रूप में मानती है, समान भागीदार और उनके विचारों का आदर देने की बात तो छोड़िए!

इसी तरह की कठोर और तानाशाही दृष्टि लोकपाल और लोकायुक्त राज्यों पर थोपने के समय देखने को मिली। इसका भाजपा, एनडीए में हमारे सहयोगियों और अन्नाद्रमुक द्वारा मुखर विरोध किया गया।

वस्तुतः, यूपीए सरकार की सहयोगी तृणमूल कांग्रेस, हम नहीं जानते कि यह साथ कब तक चलेगा, ने भी शेष विपक्ष के इस विरोध के आधार पर यह कहकर कि यह राज्य सरकारों की शक्तियों पर अतिक्रमण है, अपना विरोध प्रकट किया है।

अंततः विधेयक पारित नहीं हो सका। पूरे देश ने देखा कि राज्यसभा में बहस के बाद विधेयक पर बगैर मतदान के कैसे अर्द्धरात्रि में संसद् का उपहास बनाया गया। राज्यसभा में मेरे सहयोगी अरुण जेटली ने, जो सदन में विपक्ष के नेता भी हैं, उस रात कांग्रेस सरकार के व्यवहार को वर्णित करने हेतु एक अविस्मरणीय शब्द गढ़ा : अर्द्धरात्रि में भाग खड़े होना (Fleedom at midnight)।

मुख्य बिंदु यह है कि कांग्रेस पार्टी ने अतीत से कोई सबक नहीं सीखा है। यह अभी भी इस भ्रम में है कि उसे ही भारत पर शासन करने का एकमात्र अधिकार मिला हुआ है।

वे सभी जो लोकतंत्र और स्वस्थ केंद्र-राज्य संबंधों के पक्षधर हैं, उन्हें अवश्य ही साथ आकर इस दंभभरी मानसिकता को पराजित करना चाहिए।

• 22 जनवरी, 2012

□

एक युगांतरकारी प्रकाशन

श्री आर.के. मेहरा, उनके सुपुत्र कपीश मेहरा और रूपा पब्लिकेशन्स द्वारा 11 खंडों के एनसाइक्लोपीडिया ऑफ हिंदुज्म का प्रकाशन करने पर हार्दिक अभिनंदन, जिसे हिंदुस्तान टाइम्स में समीक्षक इंद्रजीत हाजरा ने विचारों के इतिहास और उसकी गहराई में रुचि रखनेवालों के लिए 'आश्चर्यों से भरा खजाना' के रूप में वर्णित किया है।

हाजरा ने आर.के. मेहरा द्वारा उन्हें बताए गए इस कथन को उद्घृत किया है कि वह एनसाक्लोपीडिया को अपने कॅरियर का सर्वाधिक महत्त्वपूर्ण प्रकाशन मानते हैं। हिंदुस्तान टाइम्स ने इस समीक्षा को इस प्रमुख शीर्षक के साथ प्रकाशित किया है : हिंदुज्म एक बौद्धिक पद्धति है, रिलीजन नहीं (Hindusim is an Intellectual System, not a Religion)।

उपरोक्त शीर्षक इन खंडों को संपादित, संग्रहित और सभी की प्रूफ रीडिंग करनेवाले डॉ. कपिल कपूर की टिप्पणियों में से लिया गया है। जवाहरलाल नेहरू विश्वविद्यालय के पूर्व प्रोफेसर डॉ. कपूर इसके मुख्य संपादक हैं।

जे.एन.यू के पूर्व प्रो-वाइस चांसलर और विश्वविद्यालय में तुलनात्मक भाषा विज्ञान पढ़ानेवाले प्रोफेसर ने कहा है : हिंदुज्म में कोई धार्मिक मूलग्रंथ नहीं है। इसे गहराई और व्यापकता से व्याख्यायित किया गया है।

एनसाइक्लोपीडिया ऑफ हिंदुज्म की प्रेरणा 1987 में अमेरिका के पिट्सबर्ग, पेन्नसिलवेनिया के हिंदु-जैन मंदिर में संपन्न सहस्र शिवलिंग अभिषेक से मिली। परमार्थ निकेतन आश्रम, ऋषिकेश (उत्तराखंड) के अध्यक्ष स्वामी चिदानंद सरस्वती सहित अनेक प्रतिष्ठित आध्यात्मिक विद्वानों ने इसमें भाग लिया।

इस विचार को आधिकारिक, समग्र और एनसाइक्लोपीडिया ऑफ हिंदुज्म को अद्यतन बनाने के उद्देश्य से 21 नवंबर, 1987 को स्वामी चिदानंद की अध्यक्षता में इंडिया हेरिटेज रिसर्च फाउंडेशन (आई.एच.आर.एफ.) की स्थापना की गई। साध्वी भगवती सरस्वती को इसका सचिव बनाया गया। स्वामीजी ने एनसाइक्लोपीडिया के मुख्य संपादक के रूप में

वर्जीनिया विश्वविद्यालय के प्रसिद्ध एवं सम्मानित प्रोफेसर डॉ. शेषगिरी राव को चुना।

1987 से 1992 के बीच में स्वामीजी और डॉ. राव ने दुनिया भर में हिंदुज्म और भारतीय प्राच्य शिक्षा के प्रमुख विद्वानों से विचार-विमर्श किया। सैकड़ों विद्वानों की एक अंतरराष्ट्रीय टीम गठित की गई। मुख्य संपादक डॉ. के. एल. शेषगिरी राव और एडिटर-इन-चीफ भारत के प्रसिद्ध साहित्यकार डॉ. विद्यानिवास मिश्र द्वारा 1989 में संपादकों और सहयोगी संपादकों का प्रारंभिक बोर्ड गठित किया गया। विभिन्न चरणों में आवश्यकतानुसार क्षेत्रीय निदेशक भी इस टीम में जोड़े गए। अमेरिका और कनाडा से चार कार्यकारी संपादकों—डॉ. सुभाष काक, डॉ. वी.वी. रमन, डॉ. रामा राव पप्पू और डॉ. टी.एस. रुक्मणी ने पुनर्समीक्षा, संपादन और जहाँ आवश्यकता पड़ी, वहाँ पुनर्लेखन का काम किया।

एनसाइक्लोपीडिया की ओर से आई.एच.आर.एफ. द्वारा सन् 1998 में न्यूयॉर्क में आयोजित एक कार्यक्रम को सम्माननीय प्रधानमंत्री अटल बिहारी वाजपेयी ने सुशोभित किया। श्री वाजपेयी ने इस कार्य की मुक्तकंठ से प्रशंसा करते हुए कहा था, ''आपके उपक्रम को सही ही संज्ञा दी गई है : तीसरी सहस्राब्दी की परियोजना। यह दुःसाध्य कार्य है। वस्तुतः यह एक ज्ञान यज्ञ है। अतः वे सभी जिन्होंने इस यज्ञ की सफलता के लिए अपना समय, प्रतिभा और विद्वता आहुति के रूप में समर्पित की है, वे हमारी हार्दिक प्रशंसा और अभिनंदन के पात्र हैं।''

सन् 2006 की शुरुआत में ही अंग्रेजी और संस्कृत के प्रोफेसर डॉ. कपिल कपूर ने, जो उसी समय जवाहरलाल नेहरू विश्वविद्यालय से रेक्टर के पद से सेवानिवृत्त हुए थे, इसे मुख्य संपादक के रूप में सँभाला।

पहले खंड की प्रस्तावना के रूप में लिखे गए डॉ. कर्ण सिंह के चवालीस पृष्ठीय विद्वतापूर्ण आलेख का शुरुआती पैरा निम्न है :

हिंदुइज्म के नाम से जाना जानेवाला रिलीजन निश्चित रूप से दुनिया के महान रिलीजनों में से प्राचीनतम और सर्वाधिक व्यापक है। हिंदुइज्म शब्द अपने आप में एक भौगोलिक संदर्भ है जो भारत के उत्तरी सीमांत से बहनेवाली महान् सिंधु नदी के संस्कृत नाम पर आधारित है। इस नदी के दूसरी तरफ रहनेवाले लोगों के लिए, सिंधु का दक्षिण-पूर्वी समूचा भाग, जिसे ग्रीक इंडस कहते हैं, हिंदुओं की भूमि के रूप में जाना जाता है और यहाँ फले-फूले अन्य पंथों ने हिंदुइज्म नाम अंगीकृत किया। वास्तव में, हिंदुइज्म अपने को सनातन धर्म, शाश्वत धर्म कहता है, क्योंकि यह किसी एकमात्र धर्मगुरु के उपदेशों पर आधारित नहीं है अपितु भारतीय सभ्यता के आदि काल से ही अनेक संतों और ऋषियों की सामूहिक विद्वता और प्रेरणा पर आधारित है।

डॉ. कर्ण सिंह की निष्कर्ष रूप टिप्पणी इस प्रकार है :

व्यापक ग्यारह खंडोंवाले एनसाइक्लोपीडिया ऑफ हिंदुइज्म का बहुप्रतीक्षित प्रकाशन एक मुख्य प्रकाशन है। इसको तैयार करने में अनेक वर्षों की विद्वता, संगठन और समर्पण लगा जोकि हिंदू अनुसंधान का महत्त्वपूर्ण मील का पत्थर बना है। यद्यपि हिंदुइज्म के विभिन्न पक्षों और ग्रंथों पर अनेक उत्कृष्ट पुस्तकें होंगी, और व्यापक प्रस्तुति के भी कुछ प्रयास हुए होंगे, मगर एनसाइक्लोपीडिया के स्तर का कोई प्रयास अभी तक नहीं हुआ है। निश्चित रूप से दुनिया भर में यह पुस्तकालयों और विश्वविद्यालयों के लिए तो आवश्यक व संग्रहणीय ग्रंथ होगा ही अपितु उन हिंदुओं के लिए भी संग्रहणीय होगा जो पुस्तकों के इस अद्‌भुत सेट को सँजोकर रखने के शौकीन होंगे।

इस एनसाइक्लोपीडिया के कारण संपादकों, लेखकों और प्रकाशक ने महान् आध्यात्मिक उत्कृष्टता अर्जित की है। मेरी आशा है कि यह न केवल हिंदुओं में महान् हिंदू धर्म को अच्छी तरह से समझने में सहायक होगा अपितु धर्मों और विभिन्न परस्पर-धार्मिक आंदोलनों का अध्ययन करने में रुचि रखनेवालों के लिए भी सहायक सिद्ध होगा।

इंद्रजीत हाजरा ने अपने लेख (हिंदुस्तान टाइम्स, जनवरी 14, 2012) की शुरुआत रूपा पब्लिकेशन्स ग्रुप के चेयरमैन आर.के. मेहरा के साथ घर के बने शाकाहारी भोजन के स्वादिष्ट व्यंजनों पर हुई बातचीत से की है। इस प्रोजेक्ट की सफलता के बारे में हाजरा ने अपनी आशंका छुपाई नहीं है जबकि राजन मेहरा ने उन्हें इस तरह के काम में प्रोफेशनलिज्म पर कोई समझौता न करने की बात समझाने की कोशिश की है, जिसके चलते इस महाकार संग्रह का प्रकाशन हो सका।

अपने को गैर-कर्मकांडी हिंदू नास्तिक माननेवाले हाजरा, लगता है डॉ. कपिल कपूर से संवाद करने के बाद, अपने आरंभिक निराशावाद से मुक्त हो गए। डॉ. कपूर ने उन्हें बताया कि अधिकांश ब्राह्मण विद्वानों को भी उनके बारे में नहीं पता जिन्हें वह हिंदू कहते हैं। परमाणु विज्ञान की भाँति, वास्तव में हिंदुइज्म ज्ञान की एक पद्धति है और यह एनसाइक्लोपीडिया विद्वानों और विचारों के विद्यार्थियों के लिए विभिन्न तत्त्वों की व्याख्या करता है।

हाजरा ने अपनी समीक्षा में लिखा है :

निस्संदेह, भोजन में स्वादिष्ट व्यंजन का मजा अलग ही है। इसी प्रकार यह एनसाइक्लोपीडिया मेरे जैसे गैर-कर्मकांडी हिंदू नास्तिक के लिए है। इसका फॉर्मेट सीधा है और एनसाइक्लोपीडिया ब्रिटानिका जैसा है। पहले खंड अबाधित ज्ञान से दसवें खंड में जीरोस्टर

(जीरोस्टरइज्म के संस्थापक) तक प्रविष्टियाँ स्पष्ट, पृष्ठभूमि और अग्रभूमि बताती हैं तथा संदर्भ सूची में अद्वैत और न्यसेपलाटोनइज्म भी सम्मिलित है।

प्रकाशन शानदार है। खंडों में चित्रों की गुणवत्ता है। धमपद (थेरेवदा बुद्धिइज्म का मुख्य ग्रंथ), चिपको आंदोलन (भारत में वनों का विनाश होने से रोकने के लिए संगठित पर्यावरण आंदोलन) और साथ-साथ सौर मंडल (सौर प्रणाली) सहित प्रविष्टियाँ; स्पष्ट रूप से यह एनसाइक्लोपीडिया हिंदुइज्म की संकीर्ण मजहबी संदर्भ में व्याख्या नहीं करता।

टेलपीस

आज के भारत में लोकतंत्रप्रेमियों के लिए 18 जनवरी का दिन कभी न भुलानेवाला है। आज के दिन से भारतीय लोकतंत्र के इतिहास के अंधकारमय अध्याय के अंत की शुरुआत हुई थी।

सन् 1977 में आज ही के दिन तत्कालीन प्रधानमंत्री श्रीमती इंदिरा गांधी ने 1976 में होनेवाले चुनावों को कराने का निर्णय किया था जिन्हें आपातकाल के चलते स्थगित कर दिया गया था। मेरी जेल डायरी जो 'A Prisoner's Scrap-book' (हिंदी में नजरबंद लोकतंत्र) शीर्षक से प्रकाशित हुई है, में इसे इस तरह दर्ज किया गया है :

लगभग 1.30 बजे दोपहर बंगलौर जेल सुपरिंटेंडेंट मेरे कक्ष में आए और कहा कि मेरी गिरफ्तारी आदेश को रद्द करनेवाला वायरलेस संदेश नई दिल्ली से प्राप्त हुआ है (मुझे 26 जून, 1975 को यानी 17 महीने पूर्व गिरफ्तार किया गया था)।

जेल से रिहा होने से कुछ क्षण पूर्व मुझे उन पत्रों का पुलिंदा दिया गया जो मुझे नहीं दिए गए थे। इसमें लगभग 600 पत्र थे जो विदेशों से आए थे। उनमें से अधिकांश क्रिसमस या नव वर्ष बधाई काड्र्स थे। लेकिन प्रत्येक पर एक या दो पंक्तियाँ लिखी हुई थीं। उसका एक नमूना हॉलैंड के एम्सटर्डम से किन्हीं लॉरी हेंड्रिक्स का क्रिसमस कार्ड था। उन्होंने लिखा था स्वतंत्रता और आशा साथ-साथ नहीं चलते। वे तुम्हारी स्वतंत्रता चुरा सकते हैं लेकिन तुम्हारी आशा नहीं ले सकते।

हाँ, उन्होंने साठ करोड़ लोगों की स्वतंत्रता चुरा ली, लेकिन वे उनकी आशाएँ नष्ट नहीं कर पाए!

मार्च, 1977 में हुए चुनावों में भारत के लोगों ने अपने मत से लोकतंत्र को पुन: स्थापित किया, जिस पर उन्नीस महीनों से ग्रहण लगा था।

18 जनवरी, 2012

□

प्रधानमंत्री ने अवसर गँवाया

दो दिन पूर्व प्रधानमंत्री डॉ. मनमोहन सिंह ने (2 जनवरी, 2012 को) देश के अग्रणी हिंदी 'दैनिक जागरण' के संस्थापक पूर्णचंद्र गुप्त की जन्म शताब्दी के अवसर पर एक डाक टिकट जारी किया।

प्रेस की आजादी भारतीय लोकतंत्र के सशक्तीकरण के लिए अनिवार्य है, प्रधानमंत्री ने इस पर जोर देते हुए मीडिया संगठनों से ऐसा तंत्र स्थापित करने को कहा जो निष्पक्षता को प्रोत्साहित, और सनसनी को समाप्त करे। डॉ. मनमोहन सिंह ने कहा मेरे विचार से हमारे देश में यह आम सहमति है कि मीडिया पर कोई बाहरी नियंत्रण नहीं थोपा जाना चाहिए।

प्रधानमंत्री ने इस अवसर पर पूर्णचंद गुप्त की जीवनी का भी विमोचन किया।

जीवनी में स्मरण किया गया है कि कैसे आपातकाल का विरोध करने के कारण पूर्णचंद्र गुप्त को जेल जाना पड़ा। जब 26 जून, 1975 को तत्कालीन प्रधानमंत्री श्रीमती इंदिरा गांधी ने आपातकाल लागू करने की घोषणा की और प्रेस पर सेंसरशिप थोपी तो किसी समाचार-पत्र को बंदी बनाए गए नेताओं या उन्हें कहाँ बंदी बनाकर रखा गया है इससे संबंधित समाचार प्रकाशित करने की अनुमति नहीं दी गई।

पिछले सप्ताह डॉ. मनमोहन सिंह द्वारा लोकार्पित की गई पुस्तक में मैंने 27 जून, 1975 के जागरण के मुखपृष्ठ को देखा। शीर्षक था : राष्ट्रीय आपातस्थिति घोषित, सभी विपक्षी नेता बंद। इस मुखपृष्ठ पर समाचार के साथ में आठ विपक्षी नेताओं—चरण सिंह, अटल बिहारी वाजपेयी, जयप्रकाश नारायण, मोरारजी देसाई, लालकृष्ण आडवाणी, पीलू मोदी, राजनारायण और चंद्रशेखर के फोटो प्रकाशित किए गए थे। इस अंक का संपादकीय स्तंभ खाली था, जिस पर शीर्षक था एक नया लोकतंत्र (ए.न्यू. डेमोकेसी)। जहाँ तक मुझे याद है शायद ही कोई अन्य समाचार-पत्र इस तरह का समाचार प्रकाशित कर अपने पाठकों को बाँट पाया हो।

मुझे नहीं पता कि प्रधानमंत्री को इस पुस्तक को देखने का अवसर मिला या नहीं, या किसी ने उनको बताया कि जागरण के संपादकों को आपातकाल का विरोध करने के लिए बंदी बनाया गया था। यदि उन्हें इसके बारे में बताया गया होता, और यदि उन्होंने जागरण के संस्थापक की प्रशंसा में इस तथ्य का भी उल्लेख किया होता तो उन्होंने लोकतंत्र की अनुकरणीय सेवा की होती। ऐसा न करके उन्होंने स्वतंत्र भारत के इतिहास में प्रेस की आजादी पर हुए हमले से खुद को अलग करने का अवसर गँवा दिया।

आपातकाल के दौरान हुई ज्यादतियों की जाँच करने के लिए मोरारजी भाई सरकार द्वारा गठित शाह आयोग ने उल्लेख किया है कि गीता और गांधी के उद्धरणों को देने की अनुमति नहीं दी गई और उन पर भी सेंसर लागू था। आपातकाल के दौरान सूचना एवं प्रसारण मंत्री रहे विद्याचरण शुक्ल से शाह आयोग ने पूछताछ की थी। आयोग की अंतरिम रिपोर्ट के पृष्ठ 37 पर आयोग कहता है :

"श्री शुक्ल ने बताया कि इन उद्धारणों को देने की अनुमति इसलिए नहीं दी गई क्योंकि इन्हें ब्रिटिश राज के संदर्भ में उपयोग किया गया था, और इन्हें संदर्भ से हटाकर उपयोग करने से इससे गलतफहमियाँ फैल सकती थीं, इसलिए इन्हें टालने को कहा गया था।"

समाचारपत्रों को अपने संपादकीय स्तंभ खाली छोड़ने की अनुमति तक नहीं थी। श्री शुक्ल के अनुसार यदि संपादकीय स्थान खाली छोड़े जाते तो इसका अर्थ होता था विरोध; और सरकार की नीति के अनुसार इस संबंध में किसी भी प्रकार के विरोध की अनुमति प्रस्तावित नहीं थी। उन्होंने आगे बताया कि समाचारपत्र में खाली स्थान आपातकाल के विरुद्ध एक तरह का विरोध ही था। इसलिए यह गैरकानूनी था और इस कारण सरकार को यह कहने का अधिकार था कि खाली स्थान नहीं छोड़ा जाना चाहिए। श्री राजमोहन गांधी और श्री निखिल चक्रवर्ती दोनों का ही मानना था कि संपादकों द्वारा समाचारपत्रों में खाली स्थान छोड़ने पर सरकार को इसलिए आपत्ति थी कि वह यह आभास देना चाहती थी कि देश में कोई सेंसरशिप नहीं है।

टेलपीस

शाह आयोग की रिपोर्ट पढ़ते हुए मैने पाया कि पूर्णचंद्र गुप्त जो पी.टी.आई. के बोर्ड ऑफ डायरेक्टर्स के चेयरमैन थे, आयोग के सम्मुख पेश हुए और आपातकाल के दौरान सरकार द्वारा मीडिया को तंग करने की गवाही दी। उन्होंने आरोप लगाया कि भारत सरकार

द्वारा शुरू की गई समाचार न्यूज एजेंसी से स्वतंत्र रूप से काम कर रही पी.टी.आई. और यू.एन.आई. पर दबाव डाला गया। यह दबाव इस प्रकार डाला गया :

- टेलीप्रिंटर लाइनें काटकर,
- ऑल इंडिया रेडियो द्वारा भुगतान न करके,
- उनकी कथित देनदारी के बारे में प्रेस में उनके विरोध में प्रचारित करके।

आयोग ने सूचना एवं प्रसारण मंत्री की बेबाक सफाई को इस रूप में दर्ज किया है :

श्री वी.सी. शुक्ल ने स्वीकारा कि 13 दिसंबर, 1975 से 24 जनवरी, 1976 तक केबिनेट ने उन्हें निर्देशित किया कि अन्य तरीकों से एजेंसियों को बाध्य किया जाए, लालच दिया जाए या तथाकथित अन्य तरीकों से मनाया जाए कि वे विलय को तैयार हो जाएँ (समाचार में)।

5 जनवरी, 2012

□

हार्ड पावर, सॉफ्ट पावर, स्मार्ट पावर

सन् 2011 के अंतिम महीनों में मैं जनचेतना यात्रा पर था। उसके चलते मैंने ब्लॉग लिखने से छुट्टी ले ली थी। सन् 2012 के पहले शुरुआती महीने में मैं फिर से ब्लॉग शुरू कर रहा हूँ। यहाँ यह स्मरण कराना समीचीन होगा कि 1957 में दूसरे आम चुनावों के बाद मैं राजस्थान में स्वतंत्रता के पश्चात् का पहला दशक बिताने के बाद दिल्ली आया था।

यही वह चुनाव था जिसमें पहली बार श्री वाजपेयी लोकसभा के लिए चुनकर आए थे।

पार्टी के महासचिव और हमारे मुख्य विचारक पंडित दीनदयाल उपाध्याय चाहते थे कि मैं पार्टी के संसदीय कार्यालय को स्थापित कर उस समय के पार्टी के सांसदों के छोटे समूह की सहायता करूँ। तब से मैं पार्टी के संसदीय दल से निकटता से जुड़ा हूँ, जो आज भी जारी है।

हाल ही में समाप्त हुए वर्ष का सिंहावलोकन करते समय मैंने एक वक्तव्य जारी किया था जिसमें पार्टी के नए अध्यक्ष नितिन गडकरी को बधाई दी थी, जिनके नेतृत्त्व में पार्टी अपेक्षाकृत रूप से मजबूत और ज्यादा जीवंत बनी है।

जहाँ तक संसद् के दोनों सदनों का संबंध है, जनमत इस पर एकमत है कि हमारी पार्टी के दोनों नेता सुषमा स्वराज और अरुण जेटली सदैव संसद् की बहसों में उत्कृष्ट योगदान करते हैं। इन दोनों सदनों में विपक्ष के नेताओं पर पार्टी को गर्व है।

सदन में न केवल उनकी व्यक्तिगत परफॉरमेंस के चलते उन्हें प्रशंसा मिलती है और बहस का स्तर बढ़ता है अपितु पार्टियों के साथ उनके प्रबंधन ने भी संसद् में भाजपा को वास्तव में एक प्रभावी विपक्ष बनाया है।

जनसंघ के दिनों से ही, संसद् सत्र में प्रत्येक मंगलवार को दोनों सदनों से पार्टी के सारे सांसद नियमित रूप से मिलते हैं और बीते सप्ताह में हुई कार्रवाई पर विचार कर, आगामी सप्ताह में आनेवाले विषयों पर मंत्रणा करते हैं। भाजपा सांसदों ने मुझे बताया कि निजी बातचीत

में अनेक कांग्रेसी सांसद इससे ईर्ष्या करते हैं कि भाजपा सांसद कितनी आसानी से अपने नेताओं से बात कर लेते हैं और इन साप्ताहिक बैठकों में नि:संकोच कोई भी मुद्दा उठाने में उन्हें कोई कठिनाई नहीं होती।

1975–77 में आपातकाल के दौरान बंगलौर केंद्रीय कारागार में बंदी के रूप में मुझे एल्विन टॉफ्लर की पुस्तक Third Wave पढ़ने का अवसर मिला, और मैं लेखक का प्रशंसक हो गया। बाद में मैंने उनकी पुस्तकें Third Wave और Power Shift पढ़ीं। पावर शिफ्ट पुस्तक में विस्तार से सत्ता के तीन प्रमुख स्रोतों पर फोकस किया गया है : सेना, धन और ज्ञान तथा इसमें सत्ता के एक केंद्र से दूसरे केंद्र के बदलने के इतिहास को बताया गया है, और यह भी कि कैसे वर्तमान युग में ज्ञान आधारित समाज अपेक्षाकृत रूप से प्रभावी है।

पिछले सप्ताह न्यूयॉर्क के मेरे एक मित्र ने इसी विषय पर एक विद्वान् की पुस्तक भेंट की जो आधुनिक विश्व में सत्ता कैसे विकसित होती है, के विशेषज्ञ हैं। पुस्तक का शीर्षक है The Future of Power (दि फ्यूचर ऑफ पावर) और लेखक हैं हार्वर्ड यूनिवर्सिटी के केनेडी स्कूल ऑफ गवर्नमेंट के पूर्व डीन जोसफ एस. न्ये जूनियर।

न्ये लिखते हैं कि केनेडी और ख्रुशचेव के युग में सत्ता के संसाधन को परमाणु मिसाइल्स, औद्योगिक क्षमता और पूर्वी यूरोप के मैदान में तुरंत जा सकनेवाले शस्त्रधारी सैनिकों और टैंकों की संख्या से मापा जाता था। लेकिन 21वीं शताब्दी का वैश्विक सूचना युग सत्ता के परंपरागत मानकों की लुप्तप्राय व्याख्या कर रहा है, सत्ता के संबंध पुनर्भाषित हो रहे हैं।

कहा जाता है कि यह पुस्तक एक ऐसी नई सत्ता का वर्णन करती है जो बदलाव, नवाचार, प्रमुख प्रौद्योगिकी और नए संबंधों से 21वीं शताब्दी को परिभाषित करेगी।

पुस्तक सत्ता को परिभाषित करते हुए बार-बार तीन विशेषणों का उपयोग करती है : कठोर सत्ता, नरम सत्ता और स्मार्ट सत्ता। (Hard Power, Soft Power and Smart Power)।

पुस्तक की अपनी प्रस्तावना में लेखक रक्षा मंत्री रॉबर्ट गेट्स को उद्धत करते हुए अमेरिकी सरकार से कूटनीति, आर्थिक सहायता और संचार सहित सॉफ्ट पावर टूल्स के लिए और ज्यादा धन की प्रतिबद्धता करने का अनुरोध करते हैं। वह बताते हैं कि अमेरिका का सैन्य खर्चा 36 ट्रिलियन डॉलर से ज्यादा है। जोसफ न्ये ने एक राष्ट्र की हार्ड और सॉफ्ट पावर को मिलाकर विभिन्न संदर्भों में एक प्रभावी रणनीति की क्षमता को स्मार्ट पावर नाम की नई परिभाषा दी है।

पाकिस्तान के परमाणु संपन्न बनने के संदर्भ में लेखक ने एक दिलचस्प उदाहरण इस प्रकार दिया है :

सत्तर के दशक के मध्य में फ्रांस पाकिस्तान को एक परमाणु रिप्रोसेसिंग प्लांट बेचने को राजी हो गया था जिससे प्लूटोनियम (एक सामग्री जिसका उपयोग शांतिपूर्ण उद्देश्यों या बम बनाने के लिए किया जा सकता है) निकाला जा सकता था। परमाणु हथियारों के प्रसार से चिंतित फोर्ड प्रशासन ने यह प्लांट पाकिस्तान को खरीदने से रोकने के लिए उच्च क्षमतावाले विमान देने का प्रयास किया, लेकिन पाकिस्तान ने यह सौदा नहीं माना। फोर्ड तथा कार्टर प्रशासन ने फ्रांस पर दबाव बनाकर इस बिक्री को रद्द कराने की कोशिश की लेकिन फ्रांस ने इस आधार पर इसे मानने से इनकार कर दिया कि यह सिर्फ शांतिपूर्ण उद्देश्यों के लिए किया जा रहा विधिसम्मत सौदा है।

जून 1977 तक कुछ होता नजर नहीं आया, जब मैं (लेखक) जिमी कार्टर की अप्रसार नीति का प्रभारी था और मुझे फ्रांसीसी अधिकारियों को नए साक्ष्य दिखाने की अनुमति दी गई कि कैसे पाकिस्तान परमाणु हथियार तैयार कर रहा है। फ्रांस के एक उच्च अधिकारी ने मेरी आँखों में देखा और मुझे बताया कि यदि यह सत्य है तो फ्रांस को इस प्लांट को पूरा होने से रद्द करने का रास्ता ढूँढ़ना होगा।

इस लक्ष्य को अमेरिका कैसे हासिल कर सका? कोई धमकी नहीं दी गई। कोई भुगतान नहीं किया। कोई प्रलोभन नहीं दिया गया या लाठियाँ नहीं भाँजी गईं। समझाने और विश्वास से फ्रांसीसी व्यवहार बदला। मैं वहाँ था और मैंने इसे होते देखा। यह बात मुश्किल से सत्ता के प्रचलित ढाँचे में फिट बैठती है चूँकि अधिकांश संपादकीय या ताजा विदेश नीति संबंधी पुस्तकें समझाने को सत्ता के रूप में नहीं मानतीं क्योंकि यह अनिवार्य रूप से एक बौद्धिक या भावनात्मक प्रक्रिया है।

टेलपीस

सन् 2011 की मुख्य घटना वाशिंगटन द्वारा 9/11 के कर्ताधर्ता ओसमा बिन लादेन को पाकिस्तान के एबटाबाद में ढूँढ़ निकालना और खत्म कर देना रही।

इस नव वर्ष पर भारतीय विदेश सेवा के एक सेवानिवृत्त अधिकारी ने मुझे चुक परारर की पुस्तक 'Seal Target Geronimo' (सील टारगेट गेरोनिमो) भेंट थी। मैं इस घटनाक्रम की अंदरूनी कहानी बड़े चाव से पढ़ रहा हूँ। इस बीच मैंने इंटरनेट पर वे रिपोर्ट देखीं जिनमें अमेरिकी स्पेशल ऑपरेशंस के हवाले से इस पुस्तक को मनगढ़ंत कहा गया है!

3 जनवरी, 2012

□

पहला भारत-पाक युद्ध 1947 : एक अनोखा युद्ध

गत सप्ताह कोलकाता ने डॉ. श्यामाप्रसाद मुखर्जी की 110वीं जयंती मनाई। कोलकाता यूनिवर्सिटी इंस्टीट्यूट के खचाखच भरे सभागार में जम्मू एवं कश्मीर के पूर्व राज्यपाल जनरल एस.के. सिन्हा ने स्मरण दिलाया कि स्वतंत्रता-प्राप्ति के तुरंत पश्चात् ही कैसे भारत को राज्य में एक बहुत कठिन स्थिति का सामना करना पड़ा। अक्तूबर 1947 में पाकिस्तान ने पठान कबाइलियों, पूर्व सैनिकों तथा अवकाश पर गए सैनिकों की टुकड़ी से जम्मू-कश्मीर राज्य में गुप्त आक्रमण कर दिया।

इसने दो स्वतंत्र हुए देशों के बीच पहले भारत-पाक युद्ध को बढ़ावा दिया। वस्तुत: यह एक अनोखा युद्ध था। विदेश सेवा के एक विद्वान् अधिकारी चंद्रशेखर दासगुप्ता जो 1993-96 तक चीन में भारत के राजदूत रहे, ने कश्मीर आक्रमण पर 'वार एंड डिप्लोमेसी इन कश्मीर, 1947-48' (War and Diplomacy in Kashmir, 1947-48) शीर्षक से एक उत्कृष्ट पुस्तक लिखी है, जिसमें उन्होंने इसे आधुनिक युद्धकला के इतिहास में एक अद्वितीय युद्ध के रूप में वर्णित किया है।

वे लिखते हैं 'यह ऐसा युद्ध था, जिसमें दोनों प्रतिस्पर्धी सेनाओं का नेतृत्व तीसरे देश के राष्ट्रिकों के हाथ में था। ब्रिटिश जनरल नवगठित स्वतंत्र देश भारत और पाकिस्तान की सेनाओं का नेतृत्व कर रहे थे। यहाँ तक कि भारत में केबिनेट की डिफेंस कमेटी की अध्यक्षता लॉर्ड माउंटबेटन द्वारा की जा रही थी न कि प्रधानमंत्री नेहरू द्वारा। अत: भारत-पाक संघर्ष की दिशा और परिणाम के राजनीतिक उद्देश्यों और सैन्य क्षमताओं को साधारण संदर्भ में वर्णित नहीं किया जा सकता। एक नाजुक निर्णायक भूमिका उन ब्रिटिश अधिकारियों की थी जो दोनों सेनाओं के उच्च पदों पर थे और भारत के मामले में ब्रिटिश गर्वनर-जनरल लार्ड माउंटबेटन की।

अगस्त, 1947 के बाद तीन सर्वोच्च ब्रिटिश अधिकारी भारतीय सेना में सेवारत थे।

सभी का संबंध कश्मीर में हुए ऑपरेशन से जुड़ा था-सेनाध्यक्ष के रूप में लॉकहार्ट 15 अगस्त 1947 से 31 दिसंबर, 1947; सेनाध्यक्ष के रूप में बाऊचर 1 जनवरी, 1948 से 14 जनवरी 1949 और आर्मी कमांडर के रूप में डुडवे रुसेल अगस्त, 1947 जनवरी 19 से जनवरी 1948 तक जब करिअप्पा ने उनसे कार्यभार सँभाला।'

जिस समय रुसेल आर्मी कमांडर थे, तब एस.के. सिन्हा मेजर के रूप में जनरल स्टाफ आफिस ऑपरेशंस में थे।

उपरोक्त तीनों ब्रिटिश अधिकारियों में से लॉकहार्ट भारत के प्रति वफादार सिद्ध नहीं हुए और उन्हें पद से हटाया गया। उसकी तुलना में डुडवे रुसेल काफी वफादार थे। महाराजा हरि सिंह ने 26 अक्तूबर, 1947 की दोपहर बाद भारत में विलय किया। रुसेल ने सिन्हा को बताया कि भारत या पाकिस्तान में सेवारत ब्रिटिश अधिकारियों को यह कहा गया है कि वे कश्मीर में प्रवेश नहीं करेंगे, एकमात्र भारतीय अधिकारी होने के नाते मेजर सिन्हा को इस क्षेत्र में ऑपरेशन संचालित करना होगा।

दिल्ली से श्रीनगर तक सेना की टुकड़ियों को वायुमार्ग से पँहुचाने के मामले में सिन्हा को पहले दिन बताया गया कि सिर्फ 6 डकोटा विमान ही उपलब्ध हैं। उसके बाद निज़ी एयरलाइंस के 50 सिविल डकोटा विमान-अधिकतर यूरोपीय पायलटों वाले उपलब्ध कराए जाएँगे। विमानों से टुकड़ियों को वहाँ भेजने का काम 15 दिन के भीतर पूरा करना होगा क्योंकि फिर बर्फबारी के बाद यह संभव नहीं होगा।

कोलकाता के अपने भाषण में जनरल सिन्हा ने बताया कि यह किसी चमत्कार से कम नहीं था कि इतने कम समय में 800 डकोटा विमान उपलब्ध हो सके।

लार्ड माउंटबेटन ने दर्ज किया है—'युद्ध के मेरे लंबे अनुभव में ऐसा कोई मौका नहीं आया जब इतने व्यापक स्तर पर वायुमार्ग से टुकड़ियों को भेजा जाना सफलतापूर्वक पूरा किया गया।'

स्वतंत्रता के समय सेना में सेवारत एक अधिकरी की हैसियत से जनरल सिन्हा ने मुझे बताया कि उस समय ब्रिटिश अधिकारियों और भारतीय अधिकारियों के बीच कैसी असमान स्थिति थी। उन्होंने बताया कि भारतीय अधिकारी, ब्रिटिश अधिकारियों की तुलना में वरिष्ठता और पेशेगत अनुभवों में पीछे थे।

किसी भारतीय अधिकारी का सर्वोच्च पद ब्रिगेडियर था। 14 अगस्त, 1947 को करिअप्पा सहित 6 अधिकारी ब्रिगेडियर पद पर थे। इन 6 में से अकबर खान एकमात्र मुसलिम अधिकारी थे। सिन्हा के मुताबिक उससे नीचे के पदों पर लगभग तीस से चालीस

कर्नल और लेफ्टिनेंट कर्नल पदों पर थे।

जनरल सिन्हा ने बताया

पहले दिन जब हम श्रीनगर पहुँचे तब हम सिर्फ 300 सैनिक थे जबकि बारामूला के दर्रों तथा दुर्गम क्षेत्रों में शत्रु सेना की संख्या लगभग 1000 थी।

जनरल सिन्हा ने बताया कि 7 नवंबर तक भारत की शक्ति और संख्या में पर्याप्त वृद्धि हो चुकी थी। इसके फलस्वरूप हम निर्णायक विजय पा सके। बारामूला को मुक्त करा लिया गया और हम उरी के डॉ. मील की ओर बढ़े जहाँ घाटी समाप्त होती है और झेलम के साथ एक रास्ता मुजफ्फराबाद की ओर बढ़ता है।

सिन्हा ने कोलकाता की सभा को बताया कि इस मौके पर हमें युद्ध विराम करने तथा मुजफ्फराबाद की ओर बढ़ने से रुकने का आदेश मिला। हमारा ब्रिटिश कमांडर रुसेल इस आदेश से चकित था। वह मानता था कि हम एक सुनहरा अवसर खो रहे हैं। वह इस मत के थे कि भारतीय सेना मुजफ्फराबाद की ओर बढ़े तथा कोहला और डेमिल के दो पुलों पर कब्जा कर सीमा को सील कर दे। उनका मत था कि कश्मीर के प्रवेश मार्ग को सील करने से पुँछ में घिरी टुकड़ी पर दबाव कम हो जाएगा, लेकिन रुसेल को नजरअंदाज कर दिया गया। हमें पता चला कि दिल्ली में वरिष्ठ सैन्य अधिकारी के रूप में लार्ड माउंटबेटन नहीं चाहते थे कि भारतीय सेना, पाकिस्तानी सेना से सीधे उलझे, जिससे सीमा की ओर बढ़ना रुक सके। यह तर्क दिया गया कि संघर्ष वस्तुतः कबाइलियों घुसपैठियों के साथ है, लेकिन इस तर्क में ज्यादा दम नहीं पाया गया। सभी को पता था कि कबाइलियों के साथ पाकिस्तानी सैनिक सादे वेश में इस युद्ध में शामिल थे और सभी पाकिस्तानी सेना के जनरल अकबर खान के सीधे निर्देश पर काम कर रहे थे।

टेलपीस

मुंबई के ताजा बम कांड के लिए कांग्रेस पार्टी को बलि का बकरा खोजने का प्रयास नहीं करना चाहिए। आम आदमी महाराष्ट्र के मुख्यमंत्री के बयान कि चूँकि गृह मंत्रालय एन.सी.पी. के पास है, इसलिए जिम्मेदारी उस पर आती है-को पढ़कर चिंतित हुआ होगा।

केंद्रीय गृहमंत्री ने स्वयं आर.आर. पाटिल को आरोपों से बरी कर दिया जब उन्होंने कहा कि इसमें कोई इंटेलीजेस असफलता नहीं है, जिसका अर्थ है कि स्थानीय पुलिस की गलती नहीं है।

लेकिन क्या यह आश्चर्यजनक नहीं है कि स्पेक्ट्रम घोटाले में, तीन मंत्रियों जो कि एक गठबंधन सहयोगी दल के हैं, को हटाया गया और बाद में जेल भेजा गया, लेकिन डी.एम.के. को नई दिल्ली द्वारा गठबंधन धर्म के नाम पर बचाया जा रहा है।

जहाँ तक मुंबई में मारे गए लोगों का संबंध है, आप न तो मुख्यमंत्री और न ही गृहमंत्री पर आरोप लगा सकते हैं। इसके लिए पूरी तरह से नई दिल्ली जिम्मेदार है।

प्रधानमंत्री और कांग्रेस अध्यक्ष को यह अहसास होना चाहिए कि जब तक भारत सरकार की आतंक नीति में आमूल-चूल बदलाव नहीं आता, तब तक ऐसी घटनाएँ घटित होती रहेंगी।

17 जुलाई, 2011

□

लोकपाल विधेयक—उतार-चढ़ाव भरा इतिहास

भारतीय संसद् के इतिहास में, किसी अन्य विधेयक का इतिहास इतना उतार-चढ़ाववाला नहीं रहा जितना कि लोकपाल विधेयक का रहा है।

लोकपाल शब्द, स्वीडेन के ऑम्ब्ड्समैन का भारतीय संस्करण है, जिसका अर्थ है जिससे शिकायत की जा सकती हो। अत: ऑम्ब्ड्समैन वह अधिकारी है, जिसकी नियुक्ति प्रशासन के विरुद्ध शिकायतों की जाँच करने हेतु की जाती है।

सन् 1966 में तत्कालीन राष्ट्रपति डॉ. राधाकृष्णन ने प्रशासनिक सुधार आयोग गठित किया था, जिसके अध्यक्ष मोरारजी भाई देसाई थे। इसी आयोग ने लोकपाल गठित करने हेतु कानून बनाने का सुझाव दिया था।

वर्तमान लोकसभा पंद्रहवीं लोकसभा है। इस किस्म का पहला विधेयक 43 वर्ष पूर्व चौथी लोकसभा में प्रस्तुत किया गया था। तब इसे लोकपाल और लोकायुक्त विधेयक, 1968 के रूप में वर्णित किया गया था।

विधेयक को दोनों सदनों की संयुक्त समिति को भेजा गया और समिति की रिपोर्ट के आधार पर विधेयक को लोकसभा ने पारित किया, लेकिन जब विधेयक राज्यसभा में लंबित था, तभी लोकसभा भंग हो गई और इसलिए विधेयक रद्द हो गया।

पाँचवीं लोकसभा में श्रीमती इंदिरा गांधी ने एक बार फिर इस विधेयक को प्रस्तुत किया। 6 वर्षों की लंबी अवधि में यह विचार किए जानेवाले विधेयकों की श्रेणी में पड़ा रहा। सन् 1977 में लोकसभा भंग हो गई और विधेयक भी रद्द हो गया।

सन् 1977 में मोरारजी भाई की सरकार में यह विधेयक लोकपाल विधेयक, 1977 के रूप में प्रस्तुत किया गया। विधेयक को संयुक्त समिति को भेजा, गया जिसने जुलाई, 1978 में अपनी रिपोर्ट सौंप दी।

जब विधेयक को लोकसभा में विचारार्थ लाना था तब लोकसभा स्थगित हो गई और

बाद में भंग। अतः यह विधेयक भी समाप्त हो गया।

सन् 1980 में गठित सातवीं लोकसभा में ऐसा कोई विधेयक पेश नहीं किया गया।

सन् 1985 में, जब राजीव गांधी प्रधानमंत्री थे, तब लोकपाल विधेयक नए सिरे से प्रस्तुत किया गया। इसे पुनः संयुक्त समिति को सौंप दिया गया। उस समय मैं राज्यसभा में विपक्ष का नेता था।

शुरू में ही मैंने बताया कि दो संयुक्त समितियाँ पहले ही गहराई से इस विधेयक का परीक्षण कर चुकी हैं। इस व्यापक काम को फिर से करने की आवश्यकता नहीं है, लेकिन समिति ने अपने हिसाब से इसे नहीं माना।

तीन वर्षों तक समिति ने शिमला से तिरुवनंतपुरम् और पणजी से पोर्ट ब्लेयर तक पूरे देश का दौरा किया। वास्तव में समिति ने 23 विभिन्न राज्यों तथा केंद्र शासित प्रदेशों का दौरा किया।

समिति का कार्यकाल कम-से-कम आठ बार बढ़ाया गया और इसकी समाप्ति पर 15 नवंबर, 1988 को तत्कालीन गृहराज्य मंत्री श्री चिदंबरम ने समिति को सूचित किया कि सरकार ने इस विधेयक को वापस लेने का निर्णय किया है।

संयुक्त समिति में विपक्ष के सभी सदस्यों—पी. उपेंद्र, अलादी अरुणा, के.पी. उन्नीकृष्णन, जयपाल रेड्डी, सी. माधव रेड्डी, जेनईल अबेदीन, इंद्रजीत गुप्त, वीरेंद्र वर्मा और मेरे हस्ताक्षरों से युक्त एक असहमति नोट संयुक्त रूप से प्रस्तुत किया गया, हमने उसमें दर्ज किया :

आजतक लोकपाल विधेयक के अनेक प्रारूप प्रस्तुत किए जा चुके हैं, 1985 वाला विधेयक विषय-वस्तु में नीरस और दायरे में सर्वाधिक सीमितता से भरा है। अतः जब सरकार ने इसे दोनों सदनों की संयुक्त समिति को भेजने का निर्णय लिया तो हम आशान्वित हुए कि सरकार इस विधेयक की अनेक कमजोरियों को सुधारने के लिए खुले रूप से तैयार है।

हम बहुमत के इस विचार कि विधेयक को वापस ले लिया जाए से कड़ी असहमति व्यक्त करते हैं। जिसके चलते संयुक्त समिति की तीन वर्षों की लंबी मेहनत व्यर्थ में खर्चीली काररवाई सिद्ध होगी। शुरुआत से ही हम इस विचार के थे कि जो विधेयक प्रस्तुत किया गया है, वह अपर्याप्त है। सरकार हमसे सहमत नहीं थी और उसके बाद उसने आगे बढ़ने का फैसला किया और अब, तीन वर्षों के बाद, शायद यह इस निष्कर्ष पर पहुँची है कि यह न केवल अपर्याप्त है, अपितु यह इतना खराब भी है कि इसे सुधारा भी नहीं जा सकता।

विधेयक की वर्तमान विसंगतियों के बावजूद लोकपाल से मंत्रियों की ईमानदारी की जाँच करनेवाले के रूप में आशा की जाती है। पिछले दो वर्षों में उच्च पदों पर भ्रष्टाचार

सार्वजनिक बहसों का जोशीला मुद्दा बन चुका है। राज्यों में लोकायुक्त के क्षेत्राधिकार के कामकाज का अध्ययन करके हमें पता चला कि अनेक राज्यों के मुख्यमंत्री लोकायुक्त के क्षेत्राधिकार में आते हैं। हमारा यह दृढ़ मत है कि प्रधानमंत्री का पद भी लोकपाल के क्षेत्राधिकार में लाया जाना चाहिए।

यह अत्यंत दु:ख का विषय है कि इस मुद्दे पर लोगों की चिंताओं और हमारी माँग के औचित्य की सराहना करने के बजाय सरकार का रुख इस विधेयक को ही तारपीडो करना तथा इसे वापस लेने की ओर बढ़नेवाला है, अत: संयुक्त समिति को जनता की नजरों में गिराता है। उच्च पदों पर बैठे लोगों के विरुद्ध भ्रष्टाचार के गंभीर आरोपों के चलते सरकार की घबराहट को दर्शाता है तथा एक ऐसी संस्था का गठन करने से कतराने को भी जो उसके लिए चिंता का कारण बन सकती है। सरकार द्वारा अपने कुकर्मों पर परदा डालने के लिए इसके भौंडे सरकारी प्रयासों का हम समर्थन नहीं कर सकते। इसलिए यह असहमतिवाला नोट प्रस्तुत है।

सन् 1989 में राजीव गांधी के नेतृत्व में कांग्रेस चुनाव हार गई। श्री विश्वनाथ प्रतापसिंह भाजपा और वामपंथी दलों के बाहरी समर्थन से बनी गठबंधन सरकार के प्रधानमंत्री बने।

सन् 1989 में इस सरकार द्वारा प्रस्तुत लोकपाल विधेयक में स्वाभाविक रूप से 1988 के संयुक्त असहमति नोट में दर्ज गैर-कांग्रेसी विचारों की अभिव्यक्ति देखने को मिली और प्रधानमंत्री को भी इसके दायरे में लाया गया।

तत्पश्चात् अटल बिहारी वाजपेयी के नेतृत्व में एन.डी.ए. सरकार द्वारा प्रस्तुत लोकपाल विधेयकों में भी प्रधानमंत्री को इसके दायरे में रखा गया।

मुझे अच्छी तरह से याद है कि प्रधानमंत्री के रूप में अटलजी इस पर अडिग थे कि प्रधानमंत्री को लोकपाल के दायरे के बाहर नहीं छोड़ा जाना चाहिए।

नीचे एक तालिका दी जा रही है जिसमें दर्शाया गया है कि 1968 से प्रस्तुत संबंधित विधेयकों में से किन-किन में प्रधानमंत्री को इसके दायरे में रखा गया और किन-किन से बाहर—

विधेयक	**प्रधानमंत्री दायरे में**
लोकपाल और लोकायुक्त विधेयक, 1968	नहीं
लोकपाल और लोकायुक्त विधेयक, 1974	नहीं
लोकपाल विधेयक 1977	नहीं
लोकपाल विधेयक 1985	नहीं

लोकपाल विधेयक 1989	हाँ
लोकपाल विधेयक 1996	हाँ
लोकपाल विधेयक 1998	हाँ
लोकपाल विधेयक 2001	हाँ

टेलपीस

कोई भी आसानी से शर्त लगा सकता है और जीत भी सकता है, यहाँ तक कि कॉलेज क्विज में भी अधिकांश विद्यार्थी देश के नियंत्रक और महालेखाकार का नाम नहीं बता पाएँगे।

वैसे सी.ए.जी. श्री विनोद राय हैं।

11 जुलाई, 2011 की 'आऊटलुक पत्रिका' के आवरण पर विनोद राय का चित्र है और साथ में मोटी सुर्खियों में लिखा है—दि मैन हू रॉक्ड दि यू.पी.ए. (वह व्यक्ति जिसने यू.पी.ए. को हिला दिया)।

उपशीर्षक कहता है—प्रत्येक विशालकाय घोटाला जिसने मनमोहनसिंह के शासन के लिए भूकंप ला दिया है, सी.डब्ल्यू.जी., टू जी या केजी बेसिन—सबके पीछे शांत और निर्णायक हाथ भारत के नियंत्रक और महालेखाकार का है।

पोस्ट स्क्रिप्ट

चालीस वर्षों से मैं संसद् में हूँ और सरकार द्वारा बुलाई गई अनगिनत सर्वदलीय बैठकों में भाग ले चुका हूँ।

3 जुलाई की शाम को प्रधानमंत्री द्वारा आहूत बैठक न केवल अनोखी सिद्ध हुई वरन् ऐसी भी जो अतीत में कभी देखने को नहीं मिली।

कभी भी ऐसा नहीं हुआ कि सर्वदलीय बैठक सरकार की आलोचना करने पर सर्वसम्मत हुई है, जैसा कि पिछले सोमवार को हुआ।

लोकसभा में विपक्ष की नेता सुषमा स्वराज ने विचार-विमर्श की शुरुआत की। उनका भाषण खरा और दमदार था। देश एक मजबूत और प्रभावी लोकपाल चाहता है, लेकिन इस मुद्दे पर सरकार का जो रुख रहा और संसद् को एक किनारे कर दिया गया, उसके बचाव में कुछ नहीं कहा जा सकता। प्रचलित संसदीय प्रक्रिया को दरकिनार कर इसने मामले को उलझा दिया और अपने आपको हँसी का पात्र बना दिया। यह सर्वदलीय बैठक

इस मुसीबत में से निकलने का प्रयास दिखती थी।

बैठक में बोलनेवाले सभी सांसदों ने भाजपा नेता की बात का समर्थन किया। बैठक में अंतिम वक्ता थे राज्य सभा में विपक्ष के नेता अरुण जेटली।

उन्होंने कहा सरकार ने यहाँ पर विधेयक के दो प्रारूप हमें दिए हैं—एक टीम हजारे द्वारा तैयार और दूसरा पाँच मंत्रियों द्वारा तैयार। उन्होंने इस पर जोर दिया कि मंत्रियोंवाले प्रारूप ने लोकपाल को एक दब्बू सरकारी व्यक्ति बना दिया। जब सरकार संसद् में लोकपाल विधेयक प्रस्तुत करे तो वर्तमान प्रारूप को आमूल-चूल बदल देना चाहिए।

4 जुलाई, 2011

□

प्रधानमंत्री के लिए बुद्धिमत्तापूर्ण सलाह

बी. रमन एक अच्छे गुप्तचर अधिकारी रहे हैं, सेवानिवृत्ति के बाद भी काफी सम्मान से उनका नाम लिया जाता है। 28 जून को प्रेस में यह घोषित हुआ कि प्रधानमंत्री अगले दिन अपना मौन व्रत तोड़कर मीडिया से मिलेंगे, इसी संदर्भ में रिडिफ डॉट कॉम ने अपनी वेबसाइट पर बी. रमन का यह लेख प्रकाशित किया है, जिसे वेबसाइट ने लेखक की प्रधानमंत्री डॉ. मनमोहन सिंह को बुद्धिमत्तापूर्ण सलाह के रूप में वर्णित किया है—

इस लेख के अनेक अनुच्छेद यहाँ उद्धृत करने योग्य हैं—

यह कहने का समय—मैं यहाँ हूँ मैं यहीं रहूँगा। भारत का प्रधानमंत्री।

भारत के लोगों को कहने का समय—मुझे आपका संदेश मिल गया है। भारत की स्थिति पर मैं आपके आक्रोश को समझ सकता हूँ। भ्रष्टाचार पर आपकी चिंताओं में मैं भी शामिल हूँ। मैं मानता हूँ कि यह एकमात्र अकेला विषय है, जो राष्ट्र की चिंतन-प्रक्रिया पर हावी है।

जब यदि जनता का एक बहुत बड़ा वर्ग यह मानता हो कि मैं भ्रष्टों की, भ्रष्टों द्वारा और भ्रष्टों के लिए सरकार का नेतृत्व कर रहा हूँ तो आठ से ज्यादा वृद्धि दर का क्या फायदा, ईमानदार व्यक्ति की मेरी बेदाग छवि का भी क्या उपयोग। मैं इसके लिए प्रतिबद्ध हूँ कि आपके आक्रोश को समाप्त किया जा सके और आपकी चिंताओं का भी समाधान थोड़े समय में किया जा सके जो कि इस महान् राष्ट्र के प्रधानमंत्री के रूप में मेरे पास बचा है।

'सोनिया प्रधानमंत्री नहीं, मैं हूँ'

मेरे वश से बाहर की परिस्थितियों के फलस्वरूप यदि मैं यह नहीं कर सका तो तनिक क्षण की देरी किए मैं हट जाऊँगा। यदि मैं प्रधानमंत्री नहीं रहा तो कोई आसमान नहीं गिर जाएगा। मैं इस महान् देश का एक साधारण नागरिक बनना पसंद करूँगा बजाय

इसके कि एक ऐसा प्रभावहीन प्रधानमंत्री बनने के, जो वह चाहता हो उसे न कर पाए, जो करना चाहता है, उसे कर पाने में असमर्थ हो।

अपने मंत्रिमंडल के सहयोगियों को बताने का समय—मैं तब तक प्रधानमंत्री हूँ, जब तक इस कुरसी पर हूँ। मैं जब तक प्रधानमंत्री रहूँगा, मेरी बात माननी होगी। उसे सम्मान देना होगा। मेरे निर्देशों का पालन किया जाएगा। जो ऐसा करने के इच्छुक नहीं हैं, अच्छा हो कि वे मंत्रिमंडल छोड़ दें। यदि वे नहीं छोड़ते तो मैं उन्हें मंत्रिमंडल से बाहर करने में हिचकिचाऊँगा नहीं।

कांग्रेस पार्टी अध्यक्षा श्रीमती सोनिया गांधी को कहने का समय—इस पद पर भले ही आपने मुझे मनोनीत किया होगा, लेकिन जब तक मैं पद पर हूँ, मैं प्रधानमंत्री हूँ और आप नहीं हैं। सभी सरकारी अधिकार मेरे रहेंगे न कि आप के।

मैं एक अस्तित्वविहीन व्यक्ति के रूप में सिमट सकता हूँ जैसा कि नरसिंहा राव के साथ हुआ–

मेरी आवाज और मेरा अधिकार ही माने जाएँगे और निर्णायक रूप से देखे जाएँगे—राष्ट्रीय हितों को प्रभावित करनेवाले सभी नीतिगत मामलों में, प्रधानमंत्री के रूप में मेरा पहला दायित्व भारत के लोगों के लिए है। मैं उनकी आवाज को सुनूँगा और नीति-निर्धारण में इस आवाज को प्रमुखता मिले, ऐसी व्यवस्था की जाएगी।

सत्ता के दो केंद्र नहीं हो सकते। देश ऐसे प्रधानमंत्री को सहन नहीं कर सकता जो लोगों द्वारा प्रधानमंत्री ही नहीं माना जाता। या तो मैं प्रभावी प्रधानमंत्री रहूँगा या फिर आप किसी ऐसे को देख लीजिए, जिसके साथ आपको कोई परेशानी न हो और जो आपकी इच्छाओं का पालन कर सके।

यदि मैं हटता हूँ तो ज्यादा-से-ज्यादा खराब यह हो सकता है कि मैं एक ऐसा व्यक्तित्वविहीन व्यक्ति बनकर रह जाऊँ जैसा कि नरसिंहा राव के साथ हुआ। तो होने दीजिए। मैं इतिहास में ऐसे व्यक्तित्वविहीन व्यक्ति के रूप में पहचाने जानेवाले, जिसे लोगों का सम्मान प्राप्त था—बनना पसंद करूँगा बनिस्पत एक ऐसे प्रधानमंत्री के, जिस पर उसके लोग ही हँसते थे।

मैं अपना काम राहुल के लिए पद की रखवाली करनेवाला नहीं समझता—

कांग्रेस में अपने साथियों को बताने का समय—अच्छा होगा कि प्रधानमंत्री के रूप में मेरी अथॉरिटी को कमजोर करने तथा राहुल गांधी को जन्मजात प्रधानमंत्री प्रोजेक्ट करने

का अपना अभियान बंद करें। मैं अपना काम सिर्फ राहुल के लिए कुरसी की रखवाली करना नहीं मानता।

मैं मानता हूँ कि मेरा काम भारत के लोगों की जरूरतों और चिंताओं का समाधान करना है। जब तक मैं इस कुरसी पर बैठा हूँ तब तक मैं वो करूँगा जो इस देश के लोग मुझसे अपेक्षा करते हैं न कि वह आप लोग राहुल के हितों की चिंता करने की उम्मीद करते हैं। यदि आप यह स्वीकार करने को तैयार नहीं हैं तो श्रीमती सोनिया गांधी को दूसरा प्रधानमंत्री मनोनीत करने की सलाह दीजिए।

29 जून बुधवार को प्रधानमंत्री चुनिंदा आधा दर्जन पत्रकारों से मिले। रिडिफ के लेख का पहला पैराग्राफ ऊपर उद्धृत नहीं किया गया था। वह इस प्रकार है—

बाजी को पलटने का समय आ गया। मि. प्रधानमंत्री, बाजी को पलटने का समय आ गया। (दि टाइम टू थंप दि टेबल हैज कम। मि. प्राइम मिनिस्टर, दि टाइम टू थंप दि टेबल हैज कम।)

बुधवार को डॉ. मनमोहन सिंह की मीडिया के लोगों के साथ बातचीत सात वर्षों की अवधि में दुर्लभ प्रेस कॉन्फ्रेंस थी।

इस बात की पूरी संभावना है कि अपनी इस बातचीत के दौरान किसी समय उन्होंने पहले पैराग्राफ को अमल में लाते हुए मेज पलट दी हो। यह बताने के लिए कि भ्रष्टाचार, सरकार में मतभेद इत्यादि मीडिया का प्रचार है।

लेकिन देश में अनेक लोग जिन्होंने रिडिफ का लेख पढ़ा होगा, अवश्य ही दु:खी हुए होंगे कि बी. रमन द्वारा दी गई बुद्धिमत्तापूर्ण सलाह की उपेक्षा की गई। अन्यथा, 29 जून राष्ट्र के इतिहास में कभी न भुलाया जानेवाला निर्णायक मोड़ बन गया होता और डॉ. मनमोहन सिंह के अपने राजनीतिक कैरियर में भी।

1 जुलाई, 2011

□

गँवाए गए दो अवसर, छह विनाशकारी नतीजे

शहीद उसे कहा जाता है जो शत्रु देश के विरुद्ध लड़ते हुए युद्ध क्षेत्र में अपने जीवन का बलिदान देता है। डॉ. मुखर्जी अपने स्वयं के देश में एक सरकार के विरुद्ध लड़ते हुए शहीद हुए। उनकी लड़ाई जम्मू एवं कश्मीर राज्य के भारतीय संघ में पूर्ण विलय के लिए थी। वह एक ऐसे दूरदृष्टा थे, जिन्होंने जम्मू-कश्मीर, जो कि सामरिक महत्त्व का राज्य है, को शेष भारत के साथ एक पृथक् और कमजोर संवैधानिक संबंधों से जोड़ने के परिणामों को पहले से भाँप लिया था।

दु:ख की बात है कि न तो नई दिल्ली में पंडित जवाहरलाल नेहरू की सरकार ने और न ही श्रीनगर में शेख अब्दुल्ला की सरकार ने सोचा कि जम्मू और कश्मीर को भारतीय संघ में पूरी तरह से मिलाया जाना जरूरी है।

शेख अब्दुल्ला की वास्तविक समस्या उनकी महत्त्वाकांक्षा थी कि वे स्वतंत्र कश्मीर के निर्विवाद नेता बनना चाहते थे। जहाँ तक नेहरूजी का संबंध है, यह मामला साहस, दृढ़ता और दूरदर्शिता की कमी का मामला था।

भारतीय संविधान में अनुच्छेद 370, जिसे पंडित नेहरू ने स्वयं एक अस्थायी उपबंध बताया था, अभी तक समाप्त नहीं किया गया है। इसके परिणामस्वरूप, कश्मीर में अलगाववादी ताकतें, जिन्हें पाकिस्तान में भारत विरोधी व्यवस्था द्वारा सहायता प्रदान की जाती है और भड़काया जाता है, अपने इस जहरीले प्रचार को फैलाने में उत्साहित महसूस कर रही हैं कि जम्मू और कश्मीर का भारत में विलय अंतिम नहीं था और विशेष रूप से कश्मीर भारत का भाग नहीं है।

हमारे देश ने विभाजन के समय नेहरूजी द्वारा कश्मीर मुद्दे का हमेशा के लिए भारत के पक्ष में समाधान करने में उनकी असफलता के लिए भारी कीमत चुकाई है। नेहरूजी द्वारा की गई भारी भूल से पूर्णतया बचा जा सकता था। आखिरकार गृहमंत्री सरदार वल्लभभाई

पटेल अन्य सभी रियासतों का (कुल 561 रियासतें) भारतीय संघ में विलय करने में सफल रहे। जब उनमें से कुछ ने हिचकिचाहट दिखाई या पाकिस्तान में शामिल होने की अपनी मंशा जताने का साहस किया तो पटेल ने नए-नए स्वतंत्र हुए भारत राष्ट्र की शक्ति का उपयोग करके उनको उनका स्थान दिखाया। उदाहरण के तौर पर, हैदराबाद के नबाव के सशस्त्र प्रतिरोध को कड़ाई से दबा दिया गया। जूनागढ़ का शासक पाकिस्तान भाग गया।

जम्मू एवं कश्मीर एकमात्र ऐसा राज्य था जिसका विलय संबंधी मामला प्रधानमंत्री नेहरू सीधे तौर पर देख रहे थे। वास्तव में, ताकत और छल-कपट के माध्यम से कश्मीर पर कब्जा करने के लिए 1947 में भारत के विरुद्ध पाकिस्तान द्वारा छेड़े गए पहले युद्ध से नेहरू सरकार को एक ऐसा शानदार अवसर मिला था जिससे न केवल आक्रमणकारियों को पूरी तरह से बाहर निकाला जाता, अपितु पाकिस्तान के साथ कश्मीर मुद्दे का हमेशा के लिए समाधान भी हो जाता।

भारत ने एक बार फिर 1971 के भारत-पाक युद्ध में कश्मीर मुद्दे का हमेशा के लिए समाधान करने का अवसर खो दिया जब पाकिस्तान न केवल बुरी तरह हारा था, अपितु भारत के पास 90,000 पाकिस्तानी युद्ध कैदी थे।

अत: हमारे देशवासी यह जानते हैं कि कश्मीर समस्या नेहरू परिवार की ओर से राष्ट्र के लिए विशेष उपहार है। इस उपहार के नतीजे इस रूप में सामने आए हैं—

- पाकिस्तान ने पहले कश्मीर में और बाद में भारत के अन्य भागों में सीमा पार से आतंकवाद फैलाया।
- पाकिस्तान द्वारा कश्मीर में धार्मिक उग्रवाद फैलाना, जो बाद में भारत के अन्य भागों में फैल गया।
- हमारे हजारों सुरक्षा जवानों और नागरिकों का मारा जाना।
- सेना और अर्द्ध सैन्य बलों पर करोड़ों-करोड़ रुपयों का खर्च।
- भारत-पाकिस्तान के बीच कटु संबंध होने से विदेशी ताकतों को लाभ उठाने का अवसर मिलना।
- लगभग सारे कश्मीरी पंडितों का अपने गृह राज्य से बाहर निकाला जाना और अपनी मातृभूमि में शरणार्थी अथवा आंतरिक रूप से विस्थापित लोग बनना।

डॉ. मुखर्जी ने पहले से भाँप लिया था कि जम्मू-कश्मीर को एक पृथक् और गलत संवैधानिक दर्जा देने के भयावह परिणाम होंगे, परंतु उन्होंने न केवल जम्मू एवं कश्मीर

के भारत के साथ पूर्ण विलय की बात सोची थी, अपितु एक बहादुर और शेर दिलवाला राष्ट्रभक्त होने के नाते उन्होंने इस विजन को अपने निजी मिशन का रूप दिया था।

उन्होंने अपने मिशन को तीन क्षेत्रों-राजनीतिक, संसदीय और कश्मीर की धरती पर लागू करने का निश्चय किया।

पहला, अक्तूबर, 1951 में उन्होंने कांग्रेस के सच्चे राष्ट्रवादी विकल्प के रूप में भारतीय जनसंघ की स्थापना की। कश्मीर के भारत में पूर्ण विलय के लिए अपने संघर्ष के अलावा, जनसंघ का एजेंडा नए-नए हुए स्वतंत्र भारत के ऐसे ढंग से पुनर्निर्माण तक विस्तारित हुआ जिससे धर्म, जाति, भाषा आदि के आधार पर बिना किसी भेदभाव के इसके सभी नागरिकों के लिए समृद्धि, न्याय, सुरक्षा और कल्याण सुनिश्चित हो।

दूसरा, वर्ष 1952 के प्रथम आम चुनावों में जनसंघ द्वारा पहली बार भाग लेने के बाद डॉ. मुखर्जी लोकसभा में वस्तुतः विपक्ष के नेता के रूप में उभरे। यहाँ पर उन्होंने कांग्रेस सरकार की जम्मू एवं कश्मीर के प्रति उस नीति का जोरदार विरोध किया, जिसका अन्य बातों के साथ-साथ यह अर्थ निकला कि भारत के राष्ट्रपति और प्रधानमंत्री सहित कोई भी व्यक्ति कश्मीर के प्रधानमंत्री की अनुमति के बिना कश्मीर में दाखिल नहीं हो सकता, कश्मीर का स्वयं का संविधान होगा, स्वयं का प्रधानमंत्री होगा और इसका अपना ध्वज होगा। इसके विरोध में डॉ. मुखर्जी ने मेघनाद किया, 'एक देश में दो विधान, दो प्रधान और दो निशान नहीं चलेंगे।'

तीसरे, डॉ. मुखर्जी ने 1953 में यह घोषणा की कि वह बिना परमिट के कश्मीर जाएँगे। 11 मई को कश्मीर में सीमापार करते समय उन्हें गिरफ्तार कर लिया गया और श्रीनगर के निकट एक जीर्णशीर्ण घर में नजरबंदी के रूप में रखा गया। जब उनका स्वास्थ्य बिगड़ गया तो उन्हें उचित चिकित्सा सहायता प्रदान नहीं की गई और 23 जून को वह रहस्यमयी परिस्थितियों में मृत पाए गए।

डॉ. मुखर्जी के बलिदान के तत्काल परिणाम हुए।

इस घटना के बाद से परमिट प्रणाली को रद्द कर दिया गया और राष्ट्रीय तिरंगा राज्य में फहराया जाने लगा।

जून, 1953 में डॉ. मुखर्जी के बलिदान के बाद ही राष्ट्रपति, सर्वोच्च न्यायालय, निर्वाचन आयोग और सी.ए.जी. का प्राधिकार जम्मू एवं कश्मीर राज्य पर विस्तारित किया गया।

यह बड़े शर्म की बात है कि भारत की एकता और अखंडता के लिए डॉ. मुखर्जी के

बलिदान का इतिहास स्कूल और कालेजों में हमारे विद्यार्थियों को पढ़ाया नहीं जाता।

हमारी शिक्षा-प्रणाली और सरकार-नियंत्रित मास-मीडिया नेहरू परिवार के योगदान की महिमा तो गाता है, परंतु अन्य राष्ट्रभक्तों, जैसे कि नेताजी सुभाषचंद्र बोस, सरदार पटेल, गोपीनाथ बारदोलाई, राम मनोहर लोहिया, जयप्रकाश नारायण, हिरेन मुखर्जी, ए.के. गोपालन और निश्चय ही डॉ. मुखर्जी द्वारा किए गए संघर्षों और बलिदानों को या तो जानबूझकर कम आँकता है या अनदेखा करता है।

टेलपीस

एक समय था जब कांग्रेस एक ऐसा विशाल प्लेटफॉर्म था, जहाँ पर सभी प्रकार के राष्ट्रभक्तों का सम्मान किया जाता था। वास्तव में महात्मा गांधी के कहने पर ही डॉ. मुखर्जी, जो उस समय हिंदू महासभा से संबंध रखते थे, और डॉ. बी.आर. अंबेडकर, जो कांग्रेस के कट्टर आलोचक थे, इन दोनों को स्वतंत्रता के बाद पंडित नेहरू के पहले मंत्रिमंडल में शामिल किया गया था।

दुःख की बात है कि आज कांग्रेस एक ही परिवार की जागीर बन गई है। प्रधानमंत्री का पद या तो किसी मनोनीत व्यक्ति या नेहरू परिवार के किसी सदस्य के लिए आरक्षित है। कांग्रेस अध्यक्ष द्वारा मनोनीत एक कमजोर और असहाय प्रधानमंत्री के कारण भारत भारी कीमत चुका रहा है।

अब कांग्रेस के भीतर एक नई माँग की जा रही है कि नेहरू वंश के किसी व्यक्ति को भारत के प्रधानमंत्री का पद सँभाल लेना चाहिए।

हमारा देश संप्रग सरकार के कुशासन को और अधिक बरदाश्त नहीं कर सकता। भारत जैसे महान् लोकतंत्र में प्रधानमंत्री पद एक परिवार की जागीरदारी नहीं बनने दिया जा सकता।

26 जून, 2011

□

डॉ. मुखर्जी बलिदान दिवस

विशुद्ध ऐतिहासिक रूप से जून का महीना अत्यंत महत्त्वपूर्ण है। भाजपा में हमारे लिए इसकी अनेक तिथियाँ कभी न भूलनेवाली हैं।

मैं यह ब्लॉग 25 जून को लिख रहा हूँ। सन् 1975 में इसी दिन प्रधानमंत्री श्रीमती इंदिरा गांधी ने राष्ट्रपति फखरुद्दीन अली अहमद से संविधान के अनुच्छेद 352 के तहत आंतरिक आपातकाल की घोषणा पर हस्ताक्षर करवाए थे। प्रधानमंत्री ने कैबिनेट से विचार-विमर्श नहीं किया था। गृहमंत्री और विधि मंत्री को भी इसकी जानकारी नहीं थी।

सन् 1975 की 12 जून वह तिथि है, जिस दिन इलाहाबाद उच्च न्यायालय ने श्रीमती इंदिरा गांधी का लोकसभाई निर्वाचन रद्द किया तथा भ्रष्ट चुनावी तरीकों के आधार पर अगले 6 वर्षों तक उन्हें चुनाव लड़ने के अयोग्य ठहराया था।

आपातकाल की घोषणा जिस पर राष्ट्रपति से हस्ताक्षर करवाए गए थे, का उद्देश्य उच्च न्यायालय के निर्णय से सामने आए नतीजों को निष्प्रभावी करने हेतु सरकार को शक्ति प्रदान करना था।

आपातकाल की घोषणा, कैबिनेट को 26 जून की सुबह 6 बजे दिखाई गई। दो घंटे बाद 8 बजे प्रधानमंत्री ने स्वयं रेडियो के माध्यम से जनता को सूचित किया कि देश में आपातकाल लगा दिया गया है।

गत रात्रि को घोषणा पर हस्ताक्षर होने के बाद मौलिक अधिकारों को निलंबित कर दिया गया, मीडिया पर कड़ी सेंसरशिप थोप दी गई और आंतरिक सुरक्षा कानून (मीसा) के तहत व्यापक पैमाने पर लोगों को गिरफ्तार करने तथा नजरबंद करने का अभियान छेड़ दिया गया। पूरे देशभर से हजारों प्रमुख नेता, सांसद, विधायक, पत्रकार और अन्य अनेक लोग जो आपातकाल का विरोध कर रहे थे तथा माँग कर रहे थे कि उच्च न्यायालय के निर्णय के बाद श्रीमती गांधी को त्यागपत्र दे देना चाहिए, उन्हें जेलों में डाल दिया गया।

उस दिन गिरफ्तार होनेवालों में लोकनायक जयप्रकाश नारायण, मोरारजी भाई देसाई, अटल बिहारी वाजपेयी और चंद्रशेखर भी थे।

इन दिनों देश भ्रष्टाचार, केंद्र सरकार के अनेकों घोटालों और विदेशी बैंकों में जमा काले धन के मुद्दे पर आंदोलित है, लेकिन हम भाजपा के कार्यकर्ता यह कभी नहीं भूल सकते कि हमारी राजनीतिक यात्रा सन् 1951 में डॉ. श्यामाप्रसाद मुखर्जी के नेतृत्व में शुरू हुई और जनसंघ के द्वारा आरंभ किया गया पहला राष्ट्रीय आंदोलन जम्मू एवं कश्मीर राज्य के भारत में पूर्ण विलीनीकरण के लिए था। डॉ. मुखर्जी ने इस आंदोलन का नेतृत्व किया और राज्य सरकार द्वारा बंदी बना लिये गए। 23 जून, 1953 को वह रहस्यमयी परिस्थितियों में मृत पाए गए; जम्मू एवं कश्मीर के एकीकरण के लिए शहीद हो गए।

दो दिन पूर्व 23 जून को डॉ. श्यामाप्रसाद मुखर्जी का 58वाँ बलिदान दिवस था। भाजपा की दिल्ली इकाई ने गत दिवस तालकटोरा स्टेडियम में श्यामाप्रसाद मुखर्जी बलिदान दिवस आयोजित किया था। न केवल यह विशाल स्टेडियम खचाखच भरा था, अपितु हजारों लोग बाहर लॉन में एकत्रित थे, जिनके लिए स्क्रीन और लाउडस्पीकर लगाए गए थे, ताकि वे अंदर हो रहे भाषणों को सुन सकें।

सन् 1952 में पहला आम चुनाव हुआ। भारतीय जनसंघ के पहले राष्ट्रीय सम्मेलन में भाग लेनेवाले हम सभी डॉ. मुखर्जी के इस आवाह्न—एक देश में दो विधान, दो प्रधान, दो निशान नहीं चलेंगे से अत्यंत उत्साहित हुए थे।

टेलपीस

पिछले सप्ताह 19 जून को मैंने एक समाचार देखा जो भोपाल से था, जिसमें कांग्रेस के महासचिव दिग्विजय सिंह ने पी.टी.आई. को बताया—मैं समझता हूँ कि अब समय है कि राहुल प्रधानमंत्री बन सकते हैं।

इस एक वक्तव्य से कांग्रेस नेता ने अपने आप को बंधन में बाँध लिया है।

दि इक्नामिक्स टाइम्स (20 जून) ने पी.टी.आई. के इस समाचार का उपयोग करते हुए समाचार का शीर्षक दिया है—राहुल 41 के हुए, सरकार का काम सँभालना चाहिए—दिग्विजय सिंह। समाचार निम्न है—

नई दिल्ली—सरकार की छवि पर गहराते धब्बों को भर पाने में सरकार के नेतृत्व की असफलता पर कांग्रेस में असहजता रविवार को उस समय और गहरा गई जब पार्टी महासचिव दिग्विजय सिंह ने कहा कि अब समय आ गया है कि राहुल गांधी को कामकाज

सँभाल लेना चाहिए। हालाँकि सिंह ने कहा प्रधानमंत्री का भार सँभालने के बारे में निर्णय करने का फैसला नेहरू-गांधी परिवार के उत्तराधिकारी पर छोड़ दिया है।

अब यह राहुल गांधी पर है कि वे कैसे इसे लेते हैं। अब वह परिपक्व व्यक्ति हैं, जिसके पास अच्छी-खासी राजनीतिक समझ है और प्रधानमंत्री बन सकते हैं, सिंह ने कहा—कांग्रेस महासचिव ने यह भी कहा कि राजीव गांधी ने सक्रिय राजनीति में काफी वर्ष व्यतीत किए हैं। राहुल गांधी अब 41 के हो गए हैं और वे पिछले सात-आठ वर्षों से पार्टी के लिए काम कर रहे हैं, सिंह ने कहा—इस वक्तव्य का स्पष्ट आयाम यह है कि सर्वोच्च पद प्रधानमंत्री पर बैठे व्यक्ति को अवश्य ही अपना स्थान नेहरू परिवार के उत्तराधिकारी के लिए खाली कर देना चाहिए।

मुझे आश्चर्य है कि क्या किसी अन्य लोकतंत्र में सत्तारूढ़ दल का महासचिव ऐसा सार्वजनिक वक्तव्य देने की हिम्मत कर सकेगा, कम्युनिस्ट देश में, कम्युनिस्ट पार्टी के प्रथम सचिव को शायद ऐसा कहने का अधिकार हो, लेकिन वह भी ऐसा करने से पहले सोचेगा। वस्तुतः सभी जानते हैं कि डॉ. मनमोहन सिंह की तरह श्री चंद्रशेखर, श्री देवगौडा, श्री इंद्र कुमार गुजराल भी कांग्रेस के मनोनीत प्रधानमंत्री थे, लेकिन जब वे प्रधानमंत्री थे तब कांग्रेस के किसी महासचिव की ऐसा वक्तव्य देने की हिम्मत हो सकती थी? और यदि कोई ऐसा वक्तव्य दिया गया होता तो क्या वे पद पर बने रहते?

अभी हाल में मैंने एन.डी.टी.वी. को दिए गए दिग्विजय सिंह के इंटरव्यू की स्क्रिप्ट देखी, जिसमें उन्होंने अपने पूर्व के गैर-जिम्मेदाराना वक्तव्य को सुधारते हुए मनमोहन सिंह की प्रशंसा की है (वे अपेक्षाकृत अच्छे प्रधानमंत्री हैं) और तभी यह भी जोड़ दिया, मैं अपने जीवनकाल में राहुल को प्रधानमंत्री के रूप में देखकर प्रसन्न होऊँगा।

25 जून, 2011

□

मध्य प्रदेश द्वारा की गई—
एक प्रशंसनीय सांस्कृतिक पहल

एक अकेले कलाकार द्वारा दर्शकों को मंत्रमुग्ध कर देनेवाले एक घंटे के एकल नाटक को सर्वप्रथम देखने का अवसर मुझे सत्तर वर्ष पूर्व तब मिला जब मैं कराची के सैंट पैट्रिक हाई स्कूल का विद्यार्थी था। जहाँ तक मुझे स्मरण है ? वह कलाकार आयरलैंड के प्रसिद्ध अभिनेता थे, जिन्होंने शेक्सपियर के 'मर्चेंट ऑफ वेनिस' के 'शाइलॉक' की मुख्य भूमिका प्रभावशाली ढंग से निभाई। उस प्रस्तुति में अन्य छोटी भूमिकाएँ भी इसी अभिनेता द्वारा निभाई गई थीं।

उसके पश्चात् पिछले कुछ वर्षों से मुझे मुंबई के उत्कृष्ट कलाकार शेखर सेन द्वारा अभिनीत कबीर, तुलसी और विवेकानंद के जीवन पर आधारित मंत्रमुग्ध कर देनेवाले नाटकों और वह भी अकेले कलाकार द्वारा, को देखने का अवसर मिला। इनमें से प्रत्येक की अवधि दो घंटे से अधिक है। शेखर सेन द्वारा इनकी मर्मस्पर्शी पटकथा लिखने के अलावा कबीर और तुलसी नाटकों की उल्लेखनीय विशेषता यह है कि शेखर सेन ने इसके मधुर गीतों को गाया भी है। मैं यहाँ बताना चाहूँगा कि शेखर के माता-पिता शास्त्रीय संगीत के प्रसिद्ध गायक रहे हैं।

पिछले सप्ताह मुझे मध्य प्रदेश के अपने नाटक विद्यालय-नाट्य विद्यालय का उद्घाटन करने के लिए भोपाल आमंत्रित किया गया था।

इस अवसर पर भी मुझे मंच पर (ऑन स्टेज) उल्लिखित एक नाम अनुपम खेर की प्रस्तुति देखने को मिली, हालाँकि नेपथ्य की सूची में दर्जन नाम थे।

मुझे सर्वप्रथम देखने को मिला एकल नाटक साहित्य पर आधारित था, इसी तरह का दूसरा प्रदर्शन विख्यात ऐतिहासिक हस्तियों पर और अनुपम खेर का आत्मकथात्मक था।

कुछ भी हो सकता है—शीर्षकवाला नाटक दो घंटे का था, जिसमें अनुपम खेर के

उस संघर्ष को दर्शाया गया है, जिसके बाद वह उन ऊँचाइयों पर पहुँचे जो आज वह बॉलीवुड में हैं। प्रतिभाशाली निर्देशक फिरोज खान, जिन्होंने 'महात्मा बनाम गांधी' नाटक तथा फिल्म 'माई फादर गांधी' भी निर्देशित की है, का यह प्रदर्शन, अनुपम की हाजिरजवाबी और विनोद की निजी शैली के चलते यह शो अत्यंत ही रोचक और मनोरंजक बन गया है।

***

सन् 1977 में जब प्रधानमंत्री मोरारजी देसाई ने अपने मंत्रिमंडल में मुझे शामिल किया तो मुझसे पूछा कि विभाग के मामले में क्या मेरी कोई प्राथमिकता है। बिना हिचक के मेरा जवाब था—एक पत्रकार होने के नाते, आपातकाल के दौरान प्रेस और पत्रकारों पर हुए हमले से मैं बुरी तरह आहत हूँ और मैं प्रेस को स्वतंत्र कराने और मीडिया पर थोपे गए सभी बंधनों को तोड़ने के लिए जो कुछ भी कर सकता हूँ, करना चाहूँगा।

मैं मोरारजी भाई के प्रति कृतज्ञ हूँ कि उन्होंने तुरंत ही सूचना एवं प्रसारण मंत्रालय मुझे सौंप दिया। यह विभाग न केवल मीडिया अपितु सिनेमा से भी जुड़ा है।

मैं सदैव इस मत का रहा हूँ कि हिंदी को राजकीय भाषा बनाने में संविधान का योगदान रहा है, लेकिन बॉलीवुड ने हिंदी को सार्वजनिक भाषा बनाया है जिसमें अन्य भाषाएँ और हजारों बोलियाँ भी अच्छे ढंग से विकसित हुई हैं।

व्यक्तिगत रूप से अपनी बात कहूँ तो मैं अपने जीवन के प्रारंभिक बीस वर्ष सिंध के कराची में रहा हूँ। सन् 1947 तक मैं केवल सिंधी और अंग्रेजी—ये दो भाषाएँ ही पढ़ और लिख सकता था। देवनागरी से मैं पूर्णतया अनजान था। रामायण और महाभारत, ये दोनों मैंने पहले सिंधी और बाद में अंग्रेजी में पढ़े। यदि मैं हिंदी समझ सका और थोड़ा-बहुत बोल सका तो वह फिल्मों के कारण।

हिंदी पढ़ना और लिखना मैंने सन् 1947 के बाद ही शुरू किया। अत: जब मैं 1977 में सूचना एवं प्रसारण मंत्री बना तो मैं इस तथ्य के प्रति सचेत था कि हिंदी फिल्मों के निर्माण का केंद्र मुंबई, कोलकाता और चेन्नई हैं। किसी भी हिंदी प्रदेश में हिंदी फिल्म उद्योग नहीं है।

सबसे पहले मैंने एक छोटी फिल्म सिटी तिरुवनंतपुरम में देखी, बाद में मुंबई और तत्पश्चात् हैदराबाद में। अत: भोपाल में गत शनिवार मुझे यह टिप्पणी करने का मौका मिला क्यों नहीं भोपाल में एक फिल्म सिटी बन सकती?

संगीत नाटक अकादमी द्वारा नई दिल्ली में गठित नेशनल स्कूल ऑफ ड्रामा ने बॉलीवुड को अनेक प्रतिभाएँ देने में महत्त्वपूर्ण योगदान दिया है। और आज भारतीय

सिनेमा ने विश्व सिनेमा में उच्च स्थान पाया है। मैं निश्चिंत हूँ कि शिवराज सिंह चौहान और उनके संस्कृति मंत्री लक्ष्मीकांत शर्मा द्वारा की गई यह पहल न केवल थियेटर अपितु सिनेमा और टेलीविजन क्षेत्र को भी और समृद्ध बनाएगी।

विजया मेहता के नेतृत्व में प्रह्लाद कक्कड़, महेश दत्तानी, रामगोपाल बजाज, अरविंद त्रिवेदी और पीयूष मिश्रा जैसे अनेक जाने-माने थियेटर कलाकार इस उद्घाटन कार्यक्रम में उपस्थित थे।

टेलपीस

माऊस ट्रैप—अगाथा क्रिस्टी द्वारा लिखित एक हत्या रहस्य है। यह नाटक 1952 में लंदन के वेस्ट एंड में शुरू हुआ था। 1972 में एक सांसद की हैसियत से जब मैं पहली बार लंदन गया तो इस नाटक का मंचन चल रहा था। मैंने अगाथा क्रिस्टी की पुस्तक पढ़ी थी, तब मैंने यह नाटक भी देखा।

थियेटर प्रेमियों के लिए महत्त्वपूर्ण सूचना यह है कि लगभग 6 वर्ष पहले जिस नाटक के मंचन का प्रीमियर हुआ था, वह अभी भी लंदन में चल रहा है। अब यह सेंट मार्टिन थियेटर में होता है और इन 58 वर्षों में इसके 24,000 से ज्यादा शो हो चुके हैं। अतः ब्रिटिश थियेटर के इतिहास में इतने लंबे समय तक चलनेवाला यह—नाटक है।

20 जून, 2011

□

अंतरराष्ट्रीय परिषद् की बैठक बुलाई जाए

भारतीय संविधान का पहला अध्याय भारत को राज्यों के संघ के रूप में निरूपित करता है। संविधान सभा ने भारत को राज्यों का परिसंघ कहनेवाले प्रारूप को अस्वीकार कर दिया था। संविधान के प्रारूप को प्रस्तुत करते समय, प्रारूप समिति के चेयरमैन डॉ. अंबेडकर ने इस पहलू की इस तरह से व्याख्या की—

यद्यपि भारत को एक परिसंघ होना था, पर यह परिसंघ राज्यों द्वारा एक परिसंघ में शामिल होने के समझौते का परिणाम नहीं था और यह परिसंघ किसी समझौते का परिणाम नहीं था, किसी भी राज्य को अलग होने का अधिकार नहीं है। परिसंघ एक संघ है, क्योंकि यह अविनाशी है।

हालाँकि देश और लोग प्रशासन की सुविधा से विभिन्न राज्यों में विभक्त होंगे, देश एक संपूर्ण एकात्मक है, इसके लोग एक हैं और एक ही स्रोत से उद्धृत होनेवाले एक सूत्र के तहत रहते हैं।

अमेरिकियों को यह स्थापित करने के लिए गृहयुद्ध लड़ना पड़ा कि राज्यों को पृथक् होने का कोई अधिकार नहीं है और यह कि उनका परिसंघ अनश्वर है। प्रारूप समिति सोचती है कि अभी इसे साफ करना ज्यादा अच्छा है बजाय इसे अनुमानों या विवादों पर छोड़ने के।

दो शताब्दियों तक अंग्रेजों ने भारत पर शासन किया पर उन्होंने भारतीय राष्ट्रवाद को कभी नहीं स्वीकारा। उल्टे वे भारत को एक निर्माणाधीन राष्ट्र मानते रहे। स्वयं राज करने के लिए मुसलिम लीग ने द्वि–राष्ट्र सिद्धांत प्रतिपादित कर एक पृथक् देश बनवाया। कम्युनिस्ट भारत को बहुराष्ट्रीय राज्य कहते थे।

लेकिन भारत जैसे विशाल और विविधतावाले हमारे देश के लिए एक संघीय संविधान की आवश्यकता को स्वीकारते हुए भी डॉ. भीमराव अंबेडकर ने अपने शब्दों और लेखन

में भारत के उपर्युक्त एकमात्र राष्ट्रवाद पर जोर दिया।

संविधान का अनुच्छेद 263 भारत के राष्ट्रपति को यह अधिकार प्रदान करता है कि केंद्र और राज्यों अथवा राज्यों में उत्पन्न विवादों के निपटारे के लिए वह एक अंतरराज्यीय परिषद् गठित करें। भारत के संघवाद की दृष्टि से यह एक महत्त्वपूर्ण प्रावधान है। जनसंघ के दिनों से ही हम इस प्रावधान का उपयोग कर परिषद् गठित करने की माँग करते रहे हैं, लेकिन नई दिल्ली कभी इसके लिए तैयार नहीं हुई।

सन् 1983 में प्रधानमंत्री श्रीमती गांधी ने केंद्र-राज्य संबंधों के समूचे पहलुओं का परीक्षण करने के उद्देश्य से सरकारिया आयोग गठित किया था। अपनी रिपोर्ट में आयोग ने ठीक ही दर्ज किया है—

"सन् 1967 से पूर्व केंद्र और राज्यों के बीच पार्टी के स्तर पर उठनेवाले विवादों या समस्याओं का समाधान करना ज्यादा आसान था, क्योंकि केंद्र और राज्यों में एक ही पार्टी सत्ता में थी। 1967 से अनेक दल या केंद्र में सत्तारूढ़ दल से अलग दलों का गठबंधन अनेक राज्यों में सत्तारूढ़ है। विभिन्न विचारोंवाली इन राज्य सरकारों की दृष्टि क्षेत्रीय और अंतरराज्यीय समस्याओं पर भिन्न है। ऐसी स्थिति में अनुच्छेद 263 के तहत परिपूर्ण चार्टर के साथ एक अंतरराज्यीय परिषद् का गठन अनिवार्यता बन गई है।"

अंतरराज्यीय परिषद् का गठन अंततः 1990 में किया गया। दुःखद यह रहा कि गठन के तुरंत बाद से ही परिषद् निष्क्रिय हो गई। सन् 1996 तक, इसकी एक भी बैठक नहीं हुई। सन् 1998 में श्री वाजपेयी की सरकार में गृहमंत्री के रूप में, मैं इसे पुनर्जीवित करने में सफल रहा और एन.डी.ए. के कार्यकाल में प्रत्येक वर्ष इसकी बैठक होती रही। प्रधानमंत्री द्वारा मनोनीत अनेक केंद्रीय मंत्रियों सहित सभी मुख्यमंत्री इस अंतरराज्यीय परिषद् के सदस्य थे।

सरकारिया आयोग के 19 अध्यायों वाली रिपोर्ट में कुल 247 सिफारिशों पर विचार कर अंतिम निर्णय लिया गया।

लखनऊ में 3 और 4 जून को संपन्न भाजपा की राष्ट्रीय कार्यकारिणी बैठक में पारित एक महत्त्वपूर्ण प्रस्ताव था, जिसमें वर्तमान केंद्र सरकार द्वारा संघवाद को निरंतर उपेक्षित किए जाने को काफी सशक्त ढंग से उठाया गया है। यह प्रस्ताव गुजरात के मुख्यमंत्री नरेंद्रभाई मोदी द्वारा प्रस्तुत किया गया और कार्यकारिणी द्वारा पारित किया गया।

पाँच पृष्ठीय प्रस्ताव में भाजपा ने ये संकल्प लिये हैं—

- सरकारिया आयोग की केंद्र-राज्य संबंधों पर की गई सिफारिशों को तुरंत पूर्णतः कार्यान्वित किया जाए।

- ऐसे हमलों और भेदभाव के खिलाफ संघर्ष के लिए एक फोरम की स्थापना हो। हम सभी राजनीतिक दलों के साथ मिलकर इन मुद्दों को उठाएँगे और आपसी सहयोग करेंगे। हम किसी भी गैर-कांग्रेसी राज्य पर हमला या भेदभाव के खिलाफ एकजुट होकर खड़े होंगे।
- अंतरराज्यीय परिषद् को और अधिक सशक्त बनाना; यह अनुच्छेद 263 के अनुसार एक संवैधानिक निकाय है।
- सी.बी.आई. सी.ए.जी. और सी.वी.सी. के प्रमुखों की नियुक्ति को सरकार के शिकंजे से मुक्त कराना। चयन अधिशासी मंडल बिना किसी संशय के चयनित उम्मीदवार के प्रति स्वयं में पूरी तरह आश्वस्त होने चाहिए।
- सरकारिया और जस्टिस वेंकटाचलैया आयोग के संदर्भ में राज्यपालों की नियुक्ति, भूमिका और कार्यों पर पुनर्विचार पर राष्ट्रव्यापी चर्चा का आह्वान।
- हम राज्यों तथा संघीय शासन-प्रणाली को कमजोर करने के गंभीर खतरे के प्रति जन-जागरूकता पैदा करेंगे।

सन् 2006 से अब तक अंतरराज्यीय परिषद् की कोई बैठक नहीं हुई है। अब समय आ गया है कि परिषद् की बैठक बुलाकर इन सभी उपरोक्त मुद्दों पर विचार किया जाए।

***

क्या संविधान संशोधन करने हेतु संसद् की शक्तियाँ असीमित हैं?

गोलकनाथ केस के रूप में प्रसिद्ध मामले में सर्वोच्च न्यायालय ने निर्णय दिया था कि संसद् को ऐसे संशोधन करने का कोई अधिकार नहीं है, जो मौलिक अधिकारों के प्रावधानों को छीनने या उनकी काट-छाँट करते हों।

इसके 6 वर्ष पश्चात् सन् 1973 में सर्वोच्च न्यायालय के तत्कालीन मुख्य न्यायाधीश सीकरी सहित 13 न्यायाधीशों ने 7 बनाम 6 के आधार पर माना कि यद्यपि मौलिक अधिकारों सहित संविधान का कोई भी भाग संसद् की संशोधन शक्तियों से ऊपर नहीं है (गोलकनाथ केस के उलट), लेकिन संविधान के आधारभूत ढाँचे को किसी एक संवैधानिक संशोधन के माध्यम से भी नहीं समाप्त किया जा सकता।

बहुमतवाले निर्णय को लिखते समय न्यायामूर्ति सीकरी ने आधारभूत ढाँचे को इंगित करते हुए ये तत्त्व बताए—

1. संविधान की सर्वोच्चता।
2. सरकार का एक गणतांत्रिक और लोकतांत्रिक ढाँचा।

3. संविधान का पंथनिरपेक्ष चरित्र।
4. शक्तियों के पृथकीकरण को बनाए रखना।
5. संविधान का संघीय चरित्र।

मैंने इन सबका इसलिए स्मरण कराया, क्योंकि आपातकाल के दौरान 42वें संशोधन के जरिए लोकतंत्र, संघवाद और शक्तियों के पृथकीकरण जैसी आवश्यक विशेषताओं को समाप्तप्राय कर दिया गया था। इसलिए आपातकाल के दौरान केशवानंद भारती निर्णय और संविधान के आधारभूत ढाँचे संबधी सिद्धांत को बदलने तथा समाप्त करने के सुनियोजित प्रयास किए गए। 10 और 11 नवंबर, 1975 को सर्वोच्च न्यायालय के मुख्य न्यायाधीश ए.एन. रे की अध्यक्षतावाली 13 जजों की पीठ ने जल्दबाजी में इंदिरा गांधी बनाम राज नारायण केस की सुनवाई शुरू की।

नानी पालखीवाला और फली नरीमन जैसे नागरिक अधिकारों की वकालत करनेवाले बैरिस्टरों ने केशवानंद सिद्धांत को समाप्त करनेवाले सरकारी प्रयासों के विरुद्ध इतने शानदार ढंग से बहस की कि दूसरे दिन आते-आते मुख्य न्यायाधीश ए.एन. रे ने पीठ में अपने को एकमात्र अल्पमत में पाया।

12 नवंबर की सुबह मुख्य न्यायाधीश एन.एन.रे ने अचानक घोषणा की कि पीठ भंग की जाती है। केशवानंद भारती आधारभूत ढाँचा संबंधी सिद्धांत आज भी कानून बना हुआ है।

***

टेलपीस

'लायबिलिटी काल्ड मनमोहन सिंह' शीर्षक से एक लेख पायनियर समाचार पत्र में इसके रविवारीय स्तंभ लेखक हरिशंकर व्यास ने प्रधानमंत्री के बारे में लिखा है—

''डॉ. मनमोहन सिंह आपको अंतिम मुगल बादशाह बहादुर शाह जफर की याद दिलाते हैं। जफर का शासन ज्यादा-से-ज्यादा पालम तक था, मनमोहन का अधिकार क्षेत्र दिल्ली की रायसीना पहाड़ी के सत्ता के केंद्र तक सीमित है। समूचा राष्ट्र भ्रष्टाचार के खिलाफ खड़ा हुआ है और आम आदमी के आक्रोश को महसूस कर रहा है और सत्ता के खिलाड़ी डरे हुए हैं कि देशभर से लोग दिल्ली की ओर मार्च करने लगेंगे।

जून के पहले सप्ताह में डॉ. मनमोहन सिंह मोहम्मद शाह रंगीला बन गए। जब बताया गया कि शत्रु सेना दिल्ली पहुँच गई तो उसने अपने कमांडरों को शत्रु का स्वागत करने का आदेश दिया और उन्हें समझाने का।

प्रधानमंत्री ने भी अपने लोगों को हवाई अड्डे जाने को कहा तथा बाबा रामदेव को

अपना आंदोलन न करने हेतु मनाने का प्रयास करने के लिए कहा। आजकल के दरबारी चतुर वकील/मंत्री हैं। अत: प्रधानमंत्री को खुश करने के लिए कपिल सिब्बल और सुबोधकांत सहाय ने रामदेव पर कठिन मेहनत की। प्रधानमंत्री और उनके मंत्रियों ने सोचा कि शत्रु को मूर्ख बना दिया है और वह आत्मसमर्पण कर देगा, लेकिन ऐसा नहीं हुआ।

उल्टे पड़े इस ऑपरेशन ने 10 जनपथ को गुस्सा कर दिया—उनसे पूछा गया कि क्या यह शासन करने का तरीका है ? 10 जनपथ से डाँट खाने के बाद प्रधानमंत्री अपने दरबारियों में सिमटकर बैठे और पूछा आगे क्या ? दरबारियों ने सलाह दी—चंगेज खान के रास्ते पर चला जाए, जब हमारा शत्रु सो रहा होगा तक हमें उन पर हमला करना चाहिए तो सब भाग जाएँगे।

प्रधानमंत्री इस पर राजी हो गए और तब एकदम सच्चे चंगेजी ढंग से आदेश दिया गया—पुलिस बल भेजो। और इस तरह, 4 जून की मध्यरात्रि को रामलीला मैदान में सो रहे लोगों पर काररवाई की गई तथा जनसमूह को वहाँ से भागने पर बाध्य किया गया। दो दिन बाद प्रधानमंत्री ने कहा मेरे पास कोई और विकल्प नहीं था।

बहादुर शाह जफर, मोहम्मद शाह रंगीला और चंगेज खान के मिले-जुले शासन में दिल्ली निश्चित रूप से सुरक्षित बनी, लेकिन पालम से आगे के लोगों के गुस्से की कल्पना तो करिए।''

15 जून, 2011

□

जून, 1975 और जून, 2011

हस्तरेखा विशेषज्ञ, ज्योतिषियों इत्यादि के प्रति मेरा सदैव अविश्वास रहा है। राजनीति में ऐसे अनेक हैं जो अपने विश्वस्त ज्योतिषी की सलाह के बिना किसी नए प्रोजेक्ट को शुरू करने से हिचकते हैं।

मैं अकसर एक ऐसे अवसर का स्मरण करता हूँ जब मेरा यह अविश्वास बुरी तरह से हिल गया।

1970 के दशक में हमारी पार्टी (तब जनसंघ) की राष्ट्रीय कार्यकारिणी में एक प्रतिष्ठित पेशेवर ज्योतिषी डॉ. वसंत कुमार पंडित थे। वे मुंबई से थे (तब बंबई)। वह पार्टी के प्रतिबद्ध कार्यकर्ताओं में से थे, जो कश्मीर के पूर्ण विलय के आंदोलन और आपातकाल के विरुद्ध आंदोलन सहित चौदह बार जेल गए थे। पार्टी में काम करते-करते पहले वह बंबई शहर जनसंघ और बाद में महाराष्ट्र प्रदेश जनसंघ के अध्यक्ष बने।

***

गत सप्ताह लखनऊ में भाजपा की राष्ट्रीय कार्यकारिणी की दो दिवसीय बैठक हुई। पार्टी अध्यक्ष श्री नितिन गडकरी ने 4 जून की शाम को मुझे समापन भाषण करने को कहा। मैंने अपने भाषण की शुरुआत इस टिप्पणी से की कि जून 1975 भारतीय राजनीति में कभी भी न भुलाए जा सकनेवाले महीने के रूप में याद रहेगा और मैंने आश्चर्य व्यक्त किया कि क्या जून 2011 भी हम सबके लिए ऐसा ही न भुलाया जा सकनेवाला महीना बनने जा रहा है!

जून, 1975 में एक के बाद एक दो बड़ी घटनाएँ घटीं।

11 जून को गुजरात विधानसभा चुनावों के परिणाम घोषित हुए। तब तक गुजरात कांग्रेस का अभेद्य दुर्ग था, लेकिन श्री मोरारजी देसाई के मार्गदर्शन में संयुक्त विपक्ष ने इस दुर्ग को धराशायी किया और राज्य विधानसभा में सफलता पाई।

उसके अगले दिन की घटना कांग्रेस पर बिजली गिरने के समान थी। श्रीमती इंदिरा गांधी के विरुद्ध दायर चुनाव याचिका के आधार पर इलाहाबाद उच्च न्यायालय के न्यायाधीश जगमोहनलाल सिन्हा ने रायबरेली से उनका चुनाव रद्द कर दिया और भ्रष्ट चुनावी आचरण के आधार पर 6 वर्षों तक उनके चुनाव लड़ने पर रोक लगा दी।

इन दो घटनाओं ने स्वाभाविक रूप से सभी गैर-कांग्रेसी क्षेत्रों में एक किस्म का आशावाद भर दिया। वस्तुतः इसी माहौल में हमारी पार्टी की कार्यकारिणी की बैठक गुजरात विधानसभाई चुनावों की गणना के तत्काल बाद 15,16 तथा 17 जून को माऊंट आबू में हुई।

दूसरे दिन दोपहर के भोजन के पश्चात् मैंने यूँ ही वसंत कुमार से पूछा—पंडितजी, आपके नक्षत्र आगे के लिए क्या बोल रहे हैं? 1976 की शुरुआत में लोकसभाई चुनाव होने थे। गुजरात के आधार पर मेरा राजनीतिक अनुमान मुझे 1976 के प्रति आशावादी बना रहा था। उनके उत्तर ने मुझे झकझोर दिया और साथ ही मेरे आशावाद को भी।

उन्होंने कहा 'आडवाणीजी, सच में मैं भी नहीं समझ पा रहा हूँ, अपने स्वयं के अनुमान से जो मैं देख रहा हूँ, वह यह है कि हम दो साल के वनवास की ओर बढ़ रहे हैं।'

दस दिन बाद 26 जून को प्रधानमंत्री ने आपातकाल की घोषणा कर दी।

वसंत कुमार की भविष्यवाणी के अनुरूप आपातकाल 21 महीने रहा!

वास्तव में यह दो वर्षीय वनवास ही सिद्ध हुआ!

* * *

सन् 2002 में अपने वर्तमान निवास स्थान 30, पृथ्वीराज रोड पर आने से पहले 32 वर्षों तक मैं 1/6, पंडारा पार्क में रहा (1970 से जब मैं पहली बार संसद् के लिए चुना गया)। मेरे एकदम पडोस में टंडन बंधु रहते थे (जिनमें से एक गोपाल टंडन, सूचना एवं प्रसारण मंत्री के रूप में मेरे विशेष सहायक थे तो दूसरे बिशन टंडन आपातकाल के दौरान श्रीमती गांधी के साथ प्रधानमंत्री कार्यालय में संयुक्त सचिव थे)।

बिशन टंडन की पुस्तक 'पी.एम.ओ. डायरी' एक ऐसा दस्तावेज है जो बताता है कि तीन वरिष्ठतम न्यायाधीशों-न्यायाधीश हेगड़े, न्यायाधीश शेलट और न्यायाधीश ग्रोवर की वरिष्ठता को नजरअंदाज करना एक सुनियोजित प्रपंच था, जिसका उद्देश्य मुख्य रूप से न्यायाधीश हेगड़े को मुख्य न्यायाधीश बनने से रोकना तथा उनके स्थान पर ए.एन. रे को बैठाना था। प्रधानमंत्री इसकी इच्छुक थीं कि यह सुनिश्चित हो जाए कि यदि उच्च न्यायालय

उनके विरुद्ध चुनाव याचिका स्वीकार कर भी ले तो सर्वोच्च न्यायालय उसे ठुकरा सके। यह संभव तो हुआ मगर आपातकाल के बाद, क्योंकि संविधान में किए गए संशोधनों और कानूनों ने वरिष्ठता के उल्लंघन को निरर्थक बना दिया।

11-12 जून की दोनों घटनाओं के बाद विपक्ष कुछ गिरफ्तारियाँ इत्यादि की उम्मीद तो कर रहा था, लेकिन हम में से किसी ने अप्रत्याशित आपातकाल की उम्मीद नहीं की थी-जिसमें मीडिया पर पूर्ण सेंसरशिप, युद्ध की तुलना से भी ज्यादा कठोर, यहाँ तक कि संसदीय बहसों की रिपोर्ट पर भी सेंसरशिप, लोकनायक जयप्रकाश नारायण, मोरारजी भाई देसाई, वाजपेयीजी, और चंद्रशेखरजी जैसे नेताओं को कारावास, सभी प्रमुख विपक्षी सांसदों तथा एक लाख से ऊपर विपक्षी कार्यकर्ताओं को बंदी बनाना शामिल था।

***

5 जून की सुबह चेन्नई में वेणु श्रीनिवासन (टी.वी.एस.) की सुपुत्री का एन.आर. नारायणमूर्ति (इंफोसिस) के सुपुत्र से विवाह का निमत्रंण मुझे मिला था। 4 जून को मैं दिल्ली पहुँचा और अपनी सुपुत्री प्रतिभा के साथ लगभग अर्द्धरात्रि को चेन्नई।

इसके कुछ घंटे बाद प्रतिभा ने मुझे जगाया और टी.वी. खोलने को कहा—और रामलीला मैदान में बाबा रामदेव के भक्तों—पुरुषों, महिलाओं और बच्चों पर हो रहे हमले को देखने को कहा। मैंने टीवी खोला और वास्तव में दिख रहे दृश्य रोंगटे खड़े कर देनेवाले थे।

अगली सुबह हमारी स्थानीय इकाई द्वारा आयोजित संवाददाता सम्मेलन में मैंने कहा—वहाँ जनरल डायर की बंदूकें और गोलियाँ नहीं थीं, लेकिन महिलाओं और बच्चों पर होनेवाले अत्याचारों ने जालियाँवाला बाग कांड की याद ताजा करा दी।

अपने संवाददाता सम्मेलन में मैंने एक बार ताजा घटनाओं और 1975 में हुई घटनाओं के बीच साम्य की ओर ध्यान दिलाया।

एक बदनाम सरकार ही अपने कुकृत्यों का बचाव क्रुद्ध जनमत के सामने करने में असमर्थ सिद्ध होती है और एक हताश नेतृत्व ही इसी ढंग से व्यवहार करता है। मैंने राष्ट्रपति से आग्रह किया कि वे सरकार को संसद् का आपात सत्र बुलाने हेतु कहें जिसमें तीन मुद्दों पर विचार किया जा सके—एक के बाद एक सामने आए घोटाले, विदेशों में ले जाए गए काले धन को वापस लाना और शांतिपूर्ण लोगों पर बरपा कहर। मैंने पुलिस के इस व्यवहार को नंगा फासिज्म करार दिया।

पहले जब अन्ना हजारे ने लोकपाल मुद्दा उठाया तो उन्हें राष्ट्रीय स्वयंसेवक संघ (आर.एस.एस.) के साथ जोड़ दिया गया। इन दिनों बाबा रामदेव के आंदोलन को भी

आर.एस.एस. के साथ प्रायोजित बताया जा रहा है। किसी को भी नहीं भूलना चाहिए कि जब जयप्रकाश नारायण आपातकाल विरोधी आंदोलन का नेतृत्व कर रहे थे, तब उन्हें भी इस तरह के स्वर सुनने को मिले थे।

इस संदर्भ में मुझे 'हिंदू' के 'बिजनेस लाइन' का यह संपादकीय बहुत महत्त्वपूर्ण लगा। 'डू पीपुल मैटर' शीर्षक से प्रकाशित इसका शुरुआती पैराग्राफ इस प्रकार है— 'पिछले आठ सप्ताहों से हजारे-रामदेव के अभियानों के अनवरत दबाव में फंसी सरकार हताशा में भ्रष्टाचार से लोगों का ध्यान हटाने के उद्देश्य से एक के बाद एक गलती कर रही है। लोगों के मन में यह मुख्य धारणा बन गई है कि भ्रष्ट को बचाने के लिए यह सरकार किसी भी हद तक जा सकती है। गलतियाँ तो अच्छे ढंग से लिपिबद्ध हैं, लेकिन सीधे-सादे तर्क अब सामने हैं। पहला कि सिविल सोसाइटी के नागरिकों को विधायी एजेंडा हथियाने की अनुमति नहीं दी जा सकती। दूसरा कि भ्रष्टाचार विरोधी आंदोलन के पीछे आर.एस.एस. है। दूसरे तर्क को यदि पहले लें तो अवश्य पूछा जा सकता है, मान लीजिए यदि यह सत्य भी है कि आंदोलन के पीछे आर.एस.एस. है, तो क्या इससे यह गैर-कानूनी हो जाता है? क्यों सरकार भ्रष्टाचार से ध्यान हटाकर आर.एस.एस. की ओर ले जा रही है? यदि आर.एस.एस. के स्वयंसेवक भूकंप या बाढ़ में सहायता करते हैं तो उनकी सहायता को सरकार अस्वीकार कर देगी? अतः बिंदु यह नहीं है कि कौन क्या कर रहा है, अपितु यह है कि क्या करना चाहिए, और यह स्पष्ट रूप से सरकार को अस्थिर करने के प्रयास जैसी आपातकाल की शब्दावली का प्रयोग कर रहा है।'

11 जून, 2011

□

कांग्रेस सावरकर के बारे में अपने निर्णय पर पुनर्विचार करे

गत रविवार यानी 28 मई को वीर सावरकर की जयंती थी। यह महान् क्रांतिकारी सन् 1883 में महाराष्ट्र के नासिक के निकट भगुर गाँव में जन्मे थे।

जन्मजात मेधावी सावरकर की पद्य में असाधारण प्रतिभा थी और जब वह मुश्किल से 10 वर्ष के रहे होंगे तभी उनकी कविताएँ समाचार-पत्रों में छपने लगी थीं। जब वह मात्र 16 वर्ष के थे तब सावरकर ने 'अभिनव भारत' संस्था बनाई जिसका मुख्य उद्देश्य भारत से अंग्रेजों को बाहर निकालने और देश को पूर्ण राजनीतिक स्वतंत्रता दिलाना था।

मैं जब 15 वर्ष का था और हाई स्कूल से निकला ही था कि लाहौर गए मेरे एक मित्र मेरे लिए सावरकर की पुस्तक 'दि फर्स्ट वार ऑफ इंडिपेंडेंस' की पुरानी प्रति लेकर आए। पुस्तक की कीमत 28 रुपए पड़ी जो कि उस समय एक बड़ी राशि हुआ करती थी।

अपने स्कूली दिनों से ही मैं उत्साही पुस्तकप्रेमी रहा हूँ। यदि कोई मुझसे उन दो पुस्तकों के नाम पूछता है, जिनका मेरे जीवन पर निर्णायक प्रभाव पड़ा तो मैं तुरंत दो पुस्तकों को गिनाता हूँ, जिन्हें मैंने एक युवा होने के नाते पढ़ा। एक जब मैं 14 वर्ष का था—डेल कारनेगी की 'हाऊ टू विन फ्रेंड्स एंड इनफल्यूस प्युपल' और दूसरी जो मैंने उसके अगले वर्ष पढ़ी सावरकर द्वारा लिखित अत्यंत प्रेरणादायक पुस्तक, जिसका उल्लेख ऊपर किया गया है।

अविभाजित भारत में सिंध बांबे प्रेसीडेंसी का हिस्सा था। अत: 1947 तक सिंध के लिए अलग से कोई विश्वविद्यालय नहीं था। प्रोविंस के सभी कॉलेज बांबे विश्वविद्यालय से संबद्ध थे।

अपने जीवन में मैं पहली बार बांबे (अब मुंबई) स्वतंत्रता-प्राप्ति और कराची से विस्थापित होने के बाद 1947 में गया था। मैं दो दिनों के लिए मुंबई गया था। वहाँ मैं जिस मित्र के साथ ठहरा हुआ था, उसने मुझसे पूछा कि—'तुम यहाँ कोई विशेष स्थल देखने के

इच्छुक हो!' मैंने कहा—'मुझे वीर सावरकार के घर ले चलो।' जब मैं उनके शिवाजी पार्क स्थित आवास पर उनकी चुंबकीय उपस्थिति में बैठा हुआ था तो उन्होंने सिंध में हिंदुओं की स्थिति के बारे में मुझसे पूछा।

ब्रिटिश सरकार ने सावरकर की पुस्तक को 'राजविद्रोही' करार दिया। एक निर्दयी औपनिवेशिक सत्ता द्वारा इस तरह की निंदात्मक उपाधि देना वास्तव में एक सम्मान है, जिससे वह इतनी भयभीत थी कि उसने पुस्तक के वास्तविक प्रकाशन से पूर्व ही इस पर प्रतिबंध लगा दिया। इस पुस्तक की पांडुलिपि की भारत से इंग्लैंड, फ्रांस, जर्मनी, हॉलैंड और वापस भारत तक की यात्रा की कहानी और छिपे तौर पर प्रकाशन के बाद इसके द्वारा क्रांतिकारियों को प्रेरित करने हेतु निभाई गई भूमिका 1857 में लड़ी गई लड़ाई की ही तरह रोमांचकारी है।

सावरकर ने यह पुस्तक लंदन में लिखी थी जहाँ वे कानून की पढ़ाई करने के लिए गए थे, लेकिन वे शीघ्र ही मात्र 25 वर्ष की आयु में क्रांतिकारी गतिविधियों में शामिल हो गए। पुस्तक का मराठी में मूल पाठ 1857 की 50वीं वर्षगाँठ को प्रतिबिंबित करते हुए 1907 में पूरा हो गया था और उसे गुप्त रूप से भारत भेज दिया गया, लेकिन भारत में इसे छपवाया नहीं जा सका, क्योंकि अंग्रेजी अधिकारियों, जिन्हें इस पुस्तक की जानकारी थी, ने प्रिंटिंग प्रेसों पर छापे डलवा दिए थे।

चामत्कारिक ढंग से पांडुलिपि बचा ली गई और उसे वापस सावरकर के पास पेरिस भिजवा दिया गया। उनके साथी क्रांतिकारियों ने इस पुस्तक का अंग्रेजी में अनुवाद कर दिया, लेकिन इंग्लैंड और फ्रांस में कोई भी प्रकाशक इसे छापने के लिए तैयार नहीं हुआ। अंत में, इसे 1909 में हॉलैंड में छापा गया और इसकी प्रतियाँ छिपाकर भारत भेज दी गईं, लेकिन पुस्तक के लेखक को राजद्रोह के आरोप में 1910 में लंदन में गिरफ्तार करके भारत भेज दिया गया। उन्हें दो आजीवन कारावासों के लिए दोषी ठहराया गया और 'काला पानी' (अंडमान व निकोबार द्वीप समूह) में भयावह सेल्युलर जेल भेज दिया गया। यह वही जेल थी जहाँ अंग्रेजों ने 1857 के विद्रोह में भाग लेनेवाले हजारों देशभक्तों को भेजा हुआ था। वीर सावरकर ने अँधेरी और गंदी कोठरी में एकांतवासी कैद में रहते हुए 11 वर्ष बिताए। उस जगह ऊपर से फाँसी का तख्ता दिखाई देता था जहाँ कैदियों को रोजाना फाँसी पर लटकाया जाता था।

यद्यपि पुस्तक पर प्रतिबंध था इसके बावजूद इस पुस्तक का कई बार प्रकाशन हुआ। मैडम कामा ने यूरोप में इस पुस्तक का दूसरा संस्करण प्रकाशित कराया। क्रांतिकारी गदर पार्टी के नेता लाला हरदयाल ने अमेरिका में एक संस्करण निकाला। इस पुस्तक को भारत में पहली बार सन् 1928 में भगत सिंह और उनके साथियों द्वारा प्रकाशित कराया गया। नेताजी सुभाषचंद्र बोस और रासबिहारी बोस ने इसे सन् 1944 में जापान में प्रकाशित कराया और यह पुस्तक

इंडियन नेशनल आर्मी के सैनिकों के लिए लगभग एक पाठ्य-पुस्तक बन गई। सन् 1947 में पुस्तक से प्रतिबंध हटा लिये जाने से पहले ही सावरकर की पुस्तक भूमिगत नेटवर्क में कई भारतीय भाषाओं में उपलब्ध हो चुकी थी। इस प्रकार, यह कोई ऐसी पुस्तक नहीं थी, जिसे एक सामान्य इतिहासकार ने अपने आराम, सुरक्षा और शैक्षिक सहायता का सहारा लेकर लिखा हो, बल्कि यह पुस्तक एक ऐसे क्रांतिकारी द्वारा लिखी गई थी, जिसे अपनी गतिविधियों के लिए अकल्पनीय मुसीबतें झेलनी पड़ी थीं और जिसने भारत को अंग्रेजों के चुगंल से मुक्त कराने के सामूहिक उद्देश्यवाले अन्य अनगिनत क्रांतिकारियों को प्रेरित किया था।

***

संसद् के सेंट्रल हॉल के ऐतिहासिक महत्त्व को देखते हुए वहाँ महत्त्वपूर्ण राष्ट्रीय नेताओं के छायाचित्र सजाए गए हैं।

हॉल के भीतर जो रास्ता, इसे राज्य सभा चेंबर से जोड़ता है, वहाँ एक स्थायी मंच बना हुआ है और उसके ऊपर मेहराब पर मंच की ओर देखता हुआ महात्मा गांधी का छायाचित्र है।

मंच के ऊपर की इस मेहराब के दांईं और बांईं दिशा में सी. राजगोपालाचारी और नेताजी सुभाषचंद्र बोस के चित्र लगे हैं। इसके अलावा हाल में लकड़ियों के पेनल में सुरक्षित आयताकार 20 छायाचित्र और टँगे हैं जो अन्य राष्ट्रीय नेताओं के हैं। इन में बाल गंगाधर तिलक, लाला लाजपत राय, पंडित मोतीलाल नेहरू, इंदिरा गांधी, राजीव गांधी, सरदार वल्लभभाई पटेल, चितरंजन दास, डॉ. बी.आर. अंबेडकर, मोरारजी देसाई, रवींद्रनाथ टैगोर, सरोजिनी नायडू, चौधरी चरण सिंह, डॉ. श्यामाप्रसाद मुखर्जी, मौलाना अबुल कलाम आजाद, डॉ. राजेंद्र प्रसाद, डॉ. राममनोहर लोहिया, लाल बहादुर शास्त्री, पंडित जवाहरलाल नेहरू, पंडित मदन मोहन मालवीय और दादाभाई नारौजी के चित्र शामिल हैं। मंच के ठीक सामनेवाले मेहराब पर विनायक दामोदर सावरकर का छायाचित्र है।

संसद् के सेंट्रल हॉल में जिन नेताओं के छायाचित्र टँगे हैं, उनके मामले में लोकसभा सचिवालय उनकी जयंती और पुण्य तिथि पर श्रद्धांजलि देने के लिए सांसदों को संसद् भवन बुलाना कभी नहीं भूलता। गत शनिवार के निमंत्रण भी सभी सांसदों को भेजे गए थे। लोकसभा के बुलेटिन के पार्ट में नोटिस भी प्रकाशित किया गया था। कुछ सांसद वहाँ उपस्थित थे, लेकिन कांग्रेस से एकमात्र सांसद उपस्थित थीं तो वे थीं सम्मानीय स्पीकर श्रीमती मीरा कुमार। फरवरी, 2003 में जब सेंट्रल हॉल में सावरकर का छायाचित्र लगाया गया और तत्कालीन राष्ट्रपति डॉ. अब्दुल कलाम द्वारा इसका अनावरण किया गया तब से कांग्रेस पार्टी इस छायाचित्र से जुड़े सभी कार्यक्रमों का बहिष्कार करती रही है, जिसमें वह पहला कार्यक्रम भी शामिल है, जिसमें

स्वयं राष्ट्रपति महोदय मौजूद थे!

यह अत्यंत दुर्भाग्यपूर्ण है और मैं कांग्रेस पार्टी से इस संबंध में अपने रुख पर पुनर्विचार करने का अनुरोध करता हूँ।

1966 में जब सावरकर ने अंतिम साँस ली तो इंदिरा गांधी ने उन्हें श्रद्धांजलि देते हुए आधुनिक भारत की एक महान् विभूति बताया, जिनका नाम साहस और देशभक्ति का पर्याय बन चुका था। श्रीमती गांधी ने कहा कि वे उत्कृष्ट श्रेणी के क्रांतिकारी थे और अनगिनत लोगों ने उनसे प्रेरणा ली। तत्कालीन उपराष्ट्रपति डॉ. जाकिर हुसैन ने अपने शोकसंदेश में कहा—'एक महान् क्रांतिकारी के रूप में उन्होंने अनेक युवाओं को मातृभूमि को स्वतंत्र कराने के काम में लगने की प्रेरणा दी।

मुझे स्मरण आता है कि एन.डी.ए. के दिनों में जब भी सावरकार से संबंधित कोई कार्यक्रम होता था तो वसंत साठे निरपवाद रूप से उपस्थित रहते थे। उन्होंने मुझे बताया कि सूचना एवं प्रसारण मंत्री के उनके कार्यकाल में सावरकर पर एक वृत्तचित्र की योजना बनी और कुछ लोगों ने इस पर आपत्ति उठाई। श्रीमती गांधी की सलाह पर उन्होंने इन आपत्तियों को दरकिनार कर वृत्तचित्र बनवाया।

मुझे याद आता है कि एन.डी.ए. के शासन के दौरान प्रधानमंत्री अटल बिहारी वाजपेयी से डॉ. बी.आर. अंबेडकर पर एक फीचर फिल्म बनाने का अनुरोध किया गया। सीरीफोर्ट सभागार में हुए इस फिल्म के शुरुआती कार्यक्रम में मैं भी उपस्थित था। मेरे साथ फिल्म के निदेशक जब्बार पटेल बैठे थे, जिनसे मेरा संक्षिप्त तर्क-वितर्क हुआ।

मेरा उनसे अनुरोध था—डॉ. अंबेडकर को महान् दिखाने के क्रम में क्या गांधी को पाखंडी के रूप में प्रस्तुत करना वाकई जरूरी है? आखिरकार, देश में लाखों लोगों के लिए दोनों ही नायक हैं। क्यों नहीं दोनों के सकारात्मक पक्षों को दिखाया जाए? और मैंने तब गांधी और उनके पुत्र हीरालाल पर बनी फिल्म का वर्णन किया जो मैंने देखी थी, जिसमें उनका पुत्र अपने पिता की सख्ती से जिद्दी बन गया। पिता और पुत्र के बीच संबंध इतने कटु थे कि इन दोनों पर स्क्रिप्ट लिखना आसान काम नहीं था। तब भी चंद्रलाल दलाल और नीलम भाई पारेख जिन्होंने मूल पुस्तक लिखी है और फिरोज अब्बास खान जिन्होंने फिल्म तथा नाटक का निर्देशन किया है, ने इसे इतने सुंदर ढंग से किया है कि दर्शक इससे बहुत अच्छे तथा सहानुभूतिपूर्वक जुड़ा महसूस करते हैं जो दिल को छू लेता है। फिल्म का नाम था—'गांधी मॉय फादर।' नाटक का शीर्षक था—'महात्मा बनाम गांधी।'

30 मई, 2011

□

ओबामा के सलाहकार ने चेताया—अल कायदा पाकिस्तान को हाइजैक कर सकता है

फरवरी 2011 में एम.जे. अकबर की पाकिस्तान पर केंद्रित पुस्तक 'टिंडर बॉक्स' हॉर्पर कॉलिंस से प्रकाशित हुई थी। इसका उप-शीर्षक था 'द पास्ट एंड फ्यूचर ऑफ पाकिस्तान'। मैंने इस पुस्तक को उत्तम पुस्तक निरूपित किया था। इसकी प्रस्तावना में अकबर लिखते हैं—

"सन् 1947 में ब्रिटिश इंडिया के मुसलमानों ने अखंड भारत की धर्मनिरपेक्षता को छिन्न-भिन्न करते हुए अपने लिए अलग देश की माँग की थी, क्योंकि उनका यह मानना था कि नए देश पाकिस्तान में ही 'वे' और 'उनका मुसलिम धर्म' सुरक्षित रह सकते हैं।...इसके बावजूद पाकिस्तान अब भी एक अशांत देश बना हुआ है, इसलिए नहीं कि मुसलमानों को हिंदू मार रहे हैं बल्कि इसलिए क्योंकि मुसलमान आपस में ही एक-दूसरे को मार रहे हैं।"

पिछले सप्ताह एक मित्र ने हार्पर कॉलिंस इंडिया द्वारा प्रकाशित पाकिस्तान पर एक और उत्तम पुस्तक मुझे भेंट दी; लेकिन यह एक अमेरिकी लेखक द्वारा लिखी गई है। लेखक हैं ब्रुश राइडेल, जो सी.आई.ए. के पूर्व अधिकारी हैं और चार अमेरिकी राष्ट्रपतियों के मध्य-पूर्व तथा दक्षिण एशियाई मामलों पर सलाहकार भी रहे हैं। राष्ट्रपति ओबामा की तरफ से राइडेल ने व्हाइट हाउस के लिए अफगानिस्तान और पाकिस्तान संबंधी नीति की समीक्षा के लिए एजेंसियों की बैठक की अध्यक्षता भी की, जो मार्च 2009 में पूरी हुई। इस पुस्तक का शीर्षक है—'डेडली एंबरेस' (Deadly Embrace) और यह सन् 2011 में भारत में प्रकाशित हुई है। इसका उप-शीर्षक है 'पाकिस्तान, अमेरिका और वैश्विक जिहाद का भविष्य' (Pakistan, America and the Future of the Global Jihad)।

इस पुस्तक के एक अध्याय में राइडेल पाठकों को व्हाइट हाउस में भूतल के एक कमरे के बारे में बताते हैं, जिसे 'मैप रूम' कहा जाता है। इसका यह नाम द्वितीय विश्व युद्ध के

समय राष्ट्रपति फ्रेंकलिन डिलानो रूजवेल्ट द्वारा युद्ध के समय फासीवाद से लड़ाई के विरुद्ध नक्शों की मॉनीटरिंग करने के चलते पड़ा। लेखक लिखते हैं—नाम अभी भी चल रहा है और रूजवेल्ट का एक नक्शा भी कक्ष में है।

अब, हमें बताया गया है कि मैप रूम का उपयोग अकसर राष्ट्रपति अथवा प्रथम महिला द्वारा महत्त्वपूर्ण बैठकों के लिए किया जाता है। यह भवन के सर्वाधिक ऐतिहासिक कक्षों में से एक के भीतर होने की अंतरंगता के साथ-साथ पर्याप्त निजता भी उपलब्ध कराता है। राइडेल स्मरण करते हैं कि मई 1998 की शुरुआत में प्रथम महिला हिलेरी क्लिंटन इस मैप रूम में बेनजीर भुट्टो के साथ निजी बातचीत और चाय के लिए मिलीं। ब्रुश राइडेल को इसमें आमंत्रित किया गया था।

बाद में जो पाकिस्तान में घट रहा है और जो महत्त्वपूर्ण है, जिसे लेखक ने उस दिन के बेनजीर के वार्त्तालाप का सर्वाधिक ध्यानाकर्षित करनेवाला हिस्सा वर्णित किया है।

बेनजीर ने पाकिस्तान में उग्रवाद के बारे में बताया और इसकी शुरुआत के लिए जिया को दोषी ठहराया तथा आई.एस.आई. को इसका पोषण करने के लिए। उन्होंने कहा कि ओसामा बिन लादेन जैसे उग्रवादी उन्हें मारने पर आमादा हैं और आई.एस.आई. के भीतर से उन्हें शक्तिशाली संरक्षण प्राप्त है। उन्होंने वर्णन किया— 'आतंकवादियों को सर्वाधिक डर यह है कि मेरे जैसी महिला राजनीतिक नेता पाकिस्तान में आधुनिकता लाने के लिए लड़ रही है।'

राइडेल लिखते हैं कि बेनजीर भुट्टो का मानना था कि दिसंबर 2007 तक अल कायदा दो या चार वर्षों में इस्लामाबाद में मार्च कर रहा हो सकता है।

ये अपशकुनी शब्द मैंने कराची के मेहरान नौसैनिक अड्डे पर तालिबानी हमले के एक दिन पहले पढ़े, जिसमें 2 ओरियन विमान नष्ट हो गए तथा 10 पाकिस्तानी जवान मारे गए।

कुछ समय पूर्व तक सुरक्षा विशेषज्ञों ने पाकिस्तान को लेकर सर्वाधिक बुरी आशंकाएँ (1998 में राइडेल ने राष्ट्रपति बिल क्लिंटन के लिए एक नोट 'पाकिस्तान— द मोस्ट डेंजरस कंट्री इन द वर्ल्ड' शीर्षक से लिखा था।) ये व्यक्त की गई थीं कि उस देश में सक्रिय कोई भी आतंकी संगठन या तालिबान या अल कायदा पाकिस्तान द्वारा बनाए गए परमाणु हथियारों पर कब्जा कर किसी अन्य आतंकवादी संगठन की तुलना में ज्यादा खतरनाक बन जाएगा।

लेकिन ब्रुश राइडेल की पुस्तक द्वारा प्रस्तुत किया गया दृश्य कहीं ज्यादा भयावह है। वास्तव में, बेनजीर द्वारा प्रकट की गई आशंकाओं को पढ़कर तथा मेहरान हमले की जानकारी मिलने के बाद मेरी तत्काल प्रतिक्रिया थी डेडली एंबरेस के भारतीय संस्करण की प्रस्तावना

के पन्नों को पलटना। राइडेल ने इसके बारे में हमें जो सावधान किया है, उसे मैं ब्लॉग के अपने पाठकों के साथ बाँटना चाहूँगा। वे लिखते हैं—

"अल कायदा ने पाकिस्तान को अपनी उच्च प्राथमिकता पर रखा है। इसके नेता पाकिस्तान को ऐसा सर्वाधिक अनुकूल इसलामी देश मानते हैं, जिसे हाइजैक किया जा सकता है। यह पहले से ही उनका सुरक्षित अड्डा बना हुआ है। उन्होंने समान विचारोंवाले पाकिस्तानी तालिबान और लश्करे-तैयबा जैसे जिहादी संगठनों से हाथ मिलाया हुआ है, जो उन्हें समर्थन और उनके काम में सहयोग कर अल कायदा के लिए अनेक बाहुशक्ति बन रहे हैं।

एक दशक के भीतर या दशक में पाकिस्तान इंडोनेशिया की तुलना में भी सर्वाधिक बड़ा मुसलिम देश होगा। इससे पूर्व ही यह दुनिया का पाँचवाँ सर्वाधिक बड़ा परमाणु हथियारों के जखीरेवाला देश बन चुका होगा। पाकिस्तान में दुनिया के जिहाद को बदलने की संभावनाएँ हैं जितनी कि किसी अन्य देश में नहीं हैं। जैसा कि दुनिया के जिहाद की ताकतों ने पाकिस्तान को डरा दिया है, अमेरिका और पाकिस्तान के बीच का घातक मिलन और भी घातक होगा।"

मैं जानता हूँ कि प्रधानमंत्री इथोपिया के लिए जा चुके हैं। अत: जब मुझे भारतीय, अमेरिकी और बी.बी.सी. जैसे चैनलों से मेहरान हमले की भयावहता की रिपोर्टें मिलीं तो मैंने श्री प्रणव मुखर्जी, श्री ए.के. एंटोनी और श्री शिवशंकर मेनन (मुझे बताया गया कि वे प्रधानमंत्री के साथ गए हैं) से संपर्क साधा और कराची की घटनाओं को गंभीरता से लेने का आग्रह किया। मैंने उनसे कहा कि पाकिस्तान में स्थिति अत्यंत चिंताजनक है। यह खतरा असली बन रहा है कि अल कायदा और तालिबान मिलकर पाकिस्तान का नियंत्रण अपने हाथों में ले लेंगे और इसे एक जिहादी देश के रूप में परिवर्तित कर देंगे।

जिस अध्याय में बेनजीर भुट्टो को उद्धृत किया गया है, उसमें राइडेल सावधान करते हैं—

"पाकिस्तान में जिहादी जीत का अर्थ होगा—सेना के उग्रवादी गुट या तालिबान के नेतृत्ववाले उग्रवादी सुन्नी इसलामिक आंदोलन द्वारा एक राष्ट्र को हथिया लेना, इसके नतीजे न केवल पाकिस्तान अपितु दक्षिण एशिया, वृहद् मध्य-पूर्व, यूरोप, चीन और अमेरिका—एक शब्द में कहा जाए तो समूची दुनिया के लिए घातक होंगे। ऐसी स्थिति से निपटने के लिए अमेरिका के विकल्प सीमित और महँगे पड़ेंगे। यद्यपि यह भयावह परिदृश्य न तो सन्निकट और न ही अपरिहार्य है, अपितु यह एक सच्ची संभावना है, जिसका आकलन करने की जरूरत है।"

कराची के नौसैनिक हवाई अड्डे पर हमले से समाचार-पत्रों तथा टेलीविजन चैनलों में

स्वाभाविक रूप से यह चर्चा छिड़ गई है कि पाकिस्तान के महत्त्वपूर्ण अड्डे, विशेषकर इसके परमाणु संयंत्र, कितने सुरक्षित हैं ?

इस संबंध में भारतीय मीडिया में सर्वाधिक अच्छा आलेख 'द टेलीग्राफ' के वाशिंगटन संवाददाता के.पी. नायर ने लिखा है—

नायर के लेख के शुरुआती तीन पैराग्राफ महत्त्वपूर्ण और स्तब्ध कर देनेवाले हैं। वे निम्न हैं—

"कराची के नौसैनिक हवाई अड्डे पर दु:साहसी हमले ने उस भुला दिए गए दावे को फिर से स्मरण करा दिया है, जो वेस्ट पॉइंट जर्नल में किया गया था कि पाकिस्तान के परमाणु संयंत्रों को आतंकवादियों द्वारा तीन बार लक्षित किया गया था। दो वर्ष पूर्व किए गए इस दावे में उन हमलों की विशेष तिथियाँ, स्थान व अन्य विवरण थे। ऐसा पहला हमला 1 नवंबर, 2007 को सरगोधा में परमाणु प्रक्षेपास्त्र भंडारण सुविधा केंद्र पर हुआ। दूसरा 10 दिसंबर, 2007 को कामरा के पाकिस्तानी परमाणु हवाई अड्डे पर। जबकि तीसरा और ज्यादा गंभीर हमला हुआ, जब उग्रवादियों ने 20 अगस्त, 2008 को वाह के कैंटोनमेंट क्षेत्र में शस्त्रागार परिसर के प्रवेश द्वारों को उड़ा दिया था, जहाँ के बारे में पहले से माना जाता है कि यह पाकिस्तानी परमाणु बमों का सम्मिलन केंद्र है।

यह एक ऐसा दावा है, जो वस्तुत: उस भयावह स्थिति को दरशाता है, जिसे काफी पहले कुछ मुल्लाओं द्वारा बताया गया था—तालिबान के मोहम्मद उमर जैसों के हाथ इस्लामाबाद की परमाणु संपदा तक पहुँचना। तब भी, वर्ष 2009 में विस्तृत दावे एक ऐसी पत्रिका में किए गए, जो सर्वाधिक विशेषकृत है और इसलिए इसकी पाठक संख्या भी सीमित है। उसने थोड़ा चौंकाया, क्योंकि ये अधिकतर नजर में ही नहीं आए। पत्रिका का नाम 'सी.टी.सी. सेंटीनल' है। सी.टी.सी. से तात्पर्य है— कॉम्बेटिंग टेररिज्म सेंटर एट बेस्ट पॉइंट।

लेकिन यही विशेष कारण है इस दावे को अत्यंत गंभीरता से लेने का कि मेहरान नौसैनिक हवाई अड्डे की सुरक्षा परिधि को भेद दिया गया। वेस्ट पॉइंट दुनिया की सर्वाधिक प्रसिद्ध सैन्य अकादमियों में से एक है। इसकी सर्वोत्तमता का सर्वाधिक अच्छा उदाहरण इस लोकप्रिय वाक्य में है, जो वेस्ट पॉइंट में सुनाया जाता है कि हम, जो अधिकतर इतिहास पढ़ाते हैं, वह उन लोगों द्वारा बनाया जाता है, जिन्हें हम सिखाते हैं।"

27 मई, 2011

□

धर्मशाला की आनंददायक यात्रा

मैं हाल ही में धर्मशाला की आनंददायक यात्रा करके लौटा हूँ। कुछ समय पूर्व दलाई लामा नई दिल्ली के पृथ्वीराज रोड स्थित मेरे निवास पर आए थे। तब उन्होंने सुझाया था कि कभी मैं उनके स्थान धर्मशाला आऊँ।

मैं वहाँ जाने की काफी दिनों से इच्छा रखता था, उन्होंने तिब्बत से निर्वासित होने के बाद अपने सैकड़ों तिब्बतियों के साथ इसे अपना घर बनाया है। जैसा कि मैंने अपने पूर्ववर्ती ब्लॉग में लिखा था कि दलाई लामा से मेरी अंतिम भेंट सन् 2010 के कुंभ मेले के दौरान ऋषिकेश में हुई थी और मैं उनकी सहज अच्छाइयों और उससे भी ज्यादा उनकी बालसुलभ सादगी पर गहराई से प्रभावित रहा हूँ। अत: जब लोकसभा में मेरे सहयोगी और हमारी पार्टी के युवा मोर्चा के अध्यक्ष अनुराग ठाकुर ने 17 मई को बंगलौर और पंजाब के बीच खेले जानेवाला आई.पी.एल. क्रिकेट मैच धर्मशाला में देखने को आमंत्रित किया तो मैंने उन्हें यह पता लगाने को कहा कि क्या उन दिनों में दलाई लामा वहाँ पर उपलब्ध होंगे। उन्होंने जानकारी लेकर बताया कि तिब्बती नेता विदेश गए हुए हैं, परंतु 16 मई को वापस लौट रहे हैं।

कुछ दिनों के पश्चात् उन्होंने मुझे बताया कि यदि मैं 17 मई का आई.पी.एल. मैच देखने के लिए आता हूँ तो 18 मई को दलाई लामा मेरे लिए दोपहर भोज आयोजित करना चाहेंगे और इस तरह धर्मशाला जाने का मेरा कार्यक्रम बना।

***

17 मई को अपनी सुपुत्री प्रतिभा के साथ मैंने काँगड़ा जिले के धर्मशाला जाने के लिए किंगफिशर एटीआर विमान से जाने की टिकट बुक कराई। हमने देखा कि विमान अमेरिकी युवक और युवतियों से भरा है। हमें बाद में पता चला कि वे सब अमेरिकी यहूदी हैं जो दलाई लामा से मिलने जा रहे हैं।

धर्मशाला के लिए किंगफिशर की प्रतिदिन दो उड़ानें हैं और हमें पता चला कि उस दिन दोनों उड़ानों में अमेरिकी यहूदी यात्रा कर रहे थे। जहाँ तक मुझे जानकारी मिली कि सभी-के-सभी, लगभग 61, पहली बार भारत आए थे और यहाँ से वापसी में उन्होंने इस्राइल जाने की योजना बनाई हुई है।

ये सभी 61 अमेरिकी यहूदी वापसी में दिल्ली और मुंबई भी जानेवाले थे। अत: मैंने उन्हें अपने घर चायपान पर निमंत्रित किया। उन्होंने इसे सहर्ष तुरंत स्वीकारा और 19 मई को हमारे निवास पर एक घंटे से ज्यादा रुके तथा जाना कि कैसे भाजपा ने, भारत को इस्राइल के साथ सामान्य कूटनीतिक संबंध कायम करने में अपना योगदान दिया।

जनवरी, 1992 की शुरुआत में मैं ओवरसीज फ्रेंड्स ऑफ बी.जे.पी. की स्थापना सम्मेलन हेतु अमेरिका गया था। इस यात्रा में मुझे अमेरिका के दस विभिन्न स्थानों पर जाने का अवसर मिला। स्थान-स्थान पर यहूदी समुदाय के लोग मुझसे मिले और पूछा—हम भारत के मित्र हैं? हम चाहते हैं कि भारत मजबूत शक्ति बने और वैश्विक मामलों में प्रमुख भूमिका निभाए, लेकिन आपके देश ने अभी तक इस्राइल के साथ पूर्ण कूटनीतिक संबंध क्यों नहीं स्थापित किया है? उनको मेरा उत्तर था—'मेरी पार्टी इस्राइल के साथ पूर्ण सामान्य संबंधों की पक्षधर है, लेकिन हम सत्ता में नहीं हैं। कांग्रेस पार्टी, जो स्वतंत्रता-प्राप्ति के बाद से ही सत्ता में है, इसकी विरोधी है और इसी तरह कम्युनिस्ट पार्टियाँ भी।'

अमेरिका से लौटने के बाद मैं तत्कालीन प्रधानमंत्री पी.वी. नरसिम्हा राव से मिलने गया। मुझे ज्ञात हुआ कि कुछ सप्ताहों के भीतर ही वे स्वयं अमेरिका जानेवाले हैं। अमेरिकी यहूदी समुदाय के समूहों से मेरी मुलाकात की जानकारी देने के बाद मैंने कहा—'नरसिम्हा रावजी, आप जाने से पहले इस्राइल के साथ पूर्ण कूटनीतिक संबंध कायम करने का साहसी निर्णय कीजिए।' उनका जवाब था, 'मैं भी ऐसा ही चाहता हूँ, लेकिन मेरी पार्टी तैयार नहीं है।'

मैंने उनसे कहा—'मैं समझ नहीं पा रहा हूँ कि इस्राइल के प्रति हमारी नीति अभी भी भारत में कुछ मुसलिमों की प्रतिक्रिया की काल्पनिक आशंका से ग्रसित है। आखिरकार सभी अनेक मुसलिम देश भी इस्राइल के साथ कूटनीतिक संबंध बनाने की योजना तैयार कर रहे हैं। मिस्र और तुर्की तो यह कदम उठा ही चुके हैं। यहाँ तक कि फिलीस्तीनी भी इस्राइल के साथ सह-अस्तित्व से रहना चाहते हैं। इसलिए, यदि कुछ हमारे राष्ट्रीय हित में है तो हमें उसे उन लोगों को बताना चाहिए जो इसके विरोध में हो सकते हैं। किसी भी हालत में, हमारी विदेश नीति, घरेलू दबावों के मिथ्या विचारों से निर्लिप्त होनी चाहिए।'

राव ने यह कहते हुए उत्तर दिया—'मैं सहमत हूँ। मैं इसे मंत्रियों का समूह बनाकर सिफारिश करने को कहूँगा ताकि इस निर्णय पर सभी की भागीदारी हो सके।'

उन्होंने अपने वचन को निभाया। उन्होंने केबिनेट की एक जी.ओ.एम. (ग्रुप ऑफ मिनिस्टर्स) गठित की। जीओएम ने इस संबंध में अपनी सिफारिश की। आज इस्राइल के साथ भारत के सामान्य संबंध हैं और यह वाजपेयीजी के एन.डी.ए. शासन के 6 वर्षों में और मजबूत हुए।

***

ऊँचे पहाड़ी क्षेत्रों में क्रिकेट पिच से जुड़ी मेरी स्मृतियाँ चालीस वर्ष से ज्यादा की हैं। मैं तब दिल्ली महानगर परिषद् का चेयरमैन था। अपनी पत्नी कमला के साथ मैं शिमला गया था। शिमला को आधार बनाकर जिन अन्य स्थानों पर जाना हुआ उनमें मैं चैल गया था जहाँ पटियाला महारानी का चैल महल था, जिसे एक सुंदर होटल में बदल दिया गया था।

वस्तुतः चैल कभी पटियाला राजपरिवार की ग्रीष्मकालीन राजधानी हुआ करता था। माना जाता है कि पटियाला के एक पूर्व महाराजा अंग्रेजों की ग्रीष्मकालीन राजधानी शिमला से एक कमांडर इन-चीफ की बेटी के साथ लुप्त हो जाने के कारण यह इस अस्तित्व में आया।

चैल का प्रसिद्ध क्रिकेट मैदान सन् 1893 में पहाड़ी के शिखर को समतल कर बनाया गया। यह लगभग 2500 मीटर की ऊँचाई पर है और दुनिया का सर्वाधिक ऊँचा क्रिकेट मैदान तथा पोलो ग्राउंड है।

चैल पिच भले ही सर्वाधिक ऊँचाईवाली होगी, मगर हाल ही में बनकर तैयार हुआ धर्मशाला क्रिकेट स्टेडियम बहुत लुभावने दृश्योंवाला है, जिसे देखकर कोई भी हर्षित हो सकता है। पंजाब टीम (प्रीति जिंटा के स्वामित्ववाली) और बंगलौर टीम (विजय माल्या के स्वामित्ववाली) के बीच खेला जानेवाला आई.पी.एल. मैच काफी रोमांचक था। किंगफिशर एयरलाइंस के माल्या उस विमान में साथ ही थे, जिसमें हम आए थे और प्रीति वहाँ पूरे मैच के दौरान अपनी टीम का उत्साह बढ़ा रही थीं। मैंने कहा कि बंगलौर पहले ही अंतिम चार में पहुँच चुका है। पंजाब जो कुछ समय पूर्व तक आई.पी.एल. की अंकतालिका में नीचे था, अब नंबर पाँच पर पहुँच चुका है। इसलिए इस मैच में जिसके लिए मुझे आमंत्रित किया गया है, मेरी स्वाभाविक सहानुभूति पंजाब के साथ है और जब रोमांचक मुकाबले के बाद वास्तव में पंजाब जीत गया तो प्रीति ने मुझसे कहा—आपका इस मैच को देखने

आना मेरे लिए सौभाग्यशाली सिद्ध हुआ है!

लेकिन जैसा कि मैंने पूर्व में लिखा कि धर्मशाला की इस यात्रा में हमारे लिए मैच से ज्यादा महत्त्वपूर्ण बर्फ से ढकी धौलाधार पहाड़ियों की पृष्ठभूमि में बनाए गए सर्वोत्तम क्रिकेट स्टेडियम की झलक पाना था; इसके लिए राज्य सरकार और हिमाचल प्रदेश क्रिकेट एसोसिएशन के अध्यक्ष अनुराग ठाकुर का अभिनंदन। आकार और सुविधाओं के मामले में यह नया एच.पी.सी.ए. स्टेडियम सर्वोत्तम राष्ट्रीय और अंतरराष्ट्रीय स्टेडियमों के समतुल्य है।

***

दलाई लामा ने 18 मई को मुझे दोपहर भोज के लिए आमंत्रित किया। प्रतिभा और मेरे साथ-साथ उन्होंने मुख्यमंत्री प्रेम कुमार धूमल को भी आमंत्रित किया था। तिब्बती गुरु द्वारा बोले गए प्रत्येक शब्द से अपनापन और सादगी फूट रही थी। मैंने गौर किया कि वह धूमल को सदैव मेरे मुख्यमंत्री (माई चीफ मिनिस्टर) कह कर संबोधित कर रहे थे। इस मीटिंग में हमने विस्तार से तिब्बत के मुद्दे पर चर्चा की। दोपहर के भोज के उपरांत, प्रतिभा ने दलाई लामा से जाने की अनुमति माँगी और कहा मैं खरीदारी के लिए जा रही हूँ। वह दलाई लामा की यह टिप्पणी सुनकर भावविभोर हो गई—'खरीदारी? क्या तुम्हें कुछ पैसे चाहिए?'

दलाई लामा मैक्लोडगंज में एक सुंदर और सुचारु ढंग से बनाए गए बँगले में रहते हैं, जो धर्मशाला से भी ऊँचे स्थान पर स्थित सैन्य छावनी क्षेत्र तथा मुख्य शहर से लगभग दस किलोमीटर की दूरी पर स्थित है। जब हमने उनसे विदा ली तो उन्होंने हमें भगवान् बुद्ध का एक सुंदर तिब्बती तंखा दिया—जिस पर अंकित था कि सर्वाधिक सम्माननीय मित्र आडवाणीजी और प्रतिभाजी—आपकी सभी इच्छाएँ व मनोकामनाएँ पूर्ण हों। मेरी प्रार्थना है—आप लोगों की सेवा करने में सफल हों।

टेलपीस

समाचार-पत्र और पत्रिकाएँ अभी भी ओसामा-बिन-लादेन प्रकरण पर समाचार और लेख प्रकाशित कर रहे हैं, 'इंडिया टुडे' में एम.जे. अकबर ने ऐसे मित्रों के साथ (with friends like these) शीर्षक से एक लेख लिखा है, जिसमें उन्होंने पाकिस्तान को इसके लिए झिड़का है कि उसने अपने सागूचे कर्ज को समाप्त कर सकनेवाले अवसर को गँवा दिया।

अकबर लिखते हैं--जैसा कि अब कुछ स्वर दावा कर रहे हैं कि यदि पाकिस्तान पहले से जानता था तो क्यों उसने ओसामा को गिरफ्तार करने और मुकदमा चलाने का अपना संप्रभु अधिकार त्याग दिया बजाय अमेरिकियों की प्रतीक्षा करने के जो उसका पता-ठिकाना ढूँढ़ निकालें तथा अपरिहार्य नतीजे सहें ? यह विचार संभावनाओं से भरा है। यदि सलमान तसीर के हत्यारे का लाहौर में लाल गुलाबों से स्वागत किया गया और उसे हीरोनुमा माहौल मिला तो ओसमा को उनके मुकदमे के समय कितनी प्रशंसा मिलती ? पाकिस्तान दाखिला फीस वसूल कर अपना कर्जा चुका सकता था।

एम.जे. अकबर ने इसका निष्कर्ष यूँ निकाला है : ओबामा को अपने मित्र चुनने में उतनी चिंता करने की जरूरत है, जितनी उसने अपने शत्रुओं को चुनने में बरती है।

22 मई, 2011

□

1989—राजनीतिक इतिहास में एक निर्णायक मोड़

फ्रांसिस फुकुयामा एक देदीप्यमान राजनीतिक विचारक हैं, लेकिन अनेक लोग उनसे तब सहमत नहीं हुए थे जब सन् 1992 में उन्होंने अपनी पुस्तक 'दि एंड ऑफ हिस्ट्री एंड दि लास्ट मैन' (The end of History and the Last Man) लिखी थी, जिसमें उन्होंने लिखा—

"आज हम जो भी देख रहे हैं वह शीत युद्ध की समाप्ति मात्र नहीं है या युद्धोत्तर इतिहास के एक विशेष काल का गुजर जाना नहीं है, अपितु इतिहास का अंत कुछ ऐसा है—यह मनुष्य के वैचारिक क्रमिक विकास और पश्चिम के उदारवादी लोकतंत्र का अंतिम बिंदु है जो कि मानव सरकार के अंतिम स्वरूप में हमारे सामने है।"

हमारे देश में विधानसभाई चुनावों के संदर्भ में, जिसके परिणाम गत सप्ताह घोषित किए गए, उसका सर्वाधिक महत्त्वपूर्ण निष्कर्ष है पश्चिम बंगाल से सी.पी.आई. (एम) शासन की समाप्ति।

सी.पी.एम. के नेतृत्ववाले वाम मोर्चे ने पश्चिम बंगाल में 1977 से सरकार का कामकाज सँभाला था। किसी अन्य दल को यह सौभाग्य नहीं मिला कि वह किसी राज्य में लगातार 34 वर्षों तक शासन करता रहे जैसा कि सी.पी.एम. को मिला, और इसके बावजूद राज्य की विकासात्मक वृद्धि और शिक्षा तथा स्वास्थ्य के क्षेत्र में, लोक कल्याण के अर्थों में इसकी उपलब्धियाँ स्पष्ट रूप से निराशाजनक रहीं।

ममता ने पश्चिम बंगाल में वह हासिल कर इतिहास में अपना स्थान बनाया है, जो और कोई हासिल नहीं कर पाया यानी राज्य से मार्क्सवादी प्रभुत्व को समाप्त कर देना।

आज भाजपा केंद्र में शासन में नहीं है, लेकिन हम सात प्रदेशों में सरकारों में हैं; इसके अलावा एन.डी.ए. दो राज्यों में सत्तारूढ़ है।

नई दिल्ली में श्री वाजपेयीजी (1998 से 2004) के नेतृत्व में 6 वर्ष और उन नौ

राज्यों में जहाँ हम सत्तारूढ़ हैं, के आधार पर मैं कह सकता हूँ कि यदि केंद्र या फिर किसी भी राज्य में हमें यह असाधारण अवसर मिला होता जैसा कि वामपंथियों को मिला, या यहाँ तक कि डेढ़ अथवा दो दशक भी लगातार सरकार चलाने का अवसर मिला होता तो यह विश्वासपूर्वक दावा किया जा सकता है कि उस राज्य की जनता की पूर्ण क्षमताओं का उपयोग किया गया होता और देश को दुनिया के अन्य विकसित देशों के स्तर पर पहुँचाया गया होता।

गरीबी, निरक्षरता, स्वास्थ्य देखभाल संबंधी अभाव, ऊर्जा की अपर्याप्तता, सड़कें, आधारभूत ढाँचे के अन्य पहलुओं तथा सिंचाई इत्यादि की समस्याएँ—यह सभी निश्चित रूप से इतिहास बन जातीं।

***

इस संदर्भ में मुझे स्वतंत्रता-प्राप्ति के शुरुआती वर्षों का स्मरण हो आता है और हमसे मिलनेवाले उन वामपंथी नेताओं का घमंडी व्यवहार भी नहीं भूला जा सकता जब जनसंघ उस समय अपनी शैशवावस्था में था। मुझे केरल के एक मार्क्सवादी नेता का ब्रिटिश साम्राज्यवादियों की तर्ज पर घमंडी व्यवहार स्मरण हो आता है। उन्होंने कहा ब्रिटिश कहा करते थे, ब्रिटिश साम्राज्य में सूरज कभी अस्त नहीं होता। यह कुछ समय की बात है, जब हम भी ऐसा ही दावा करने लगेंगे। पहले से ही आधे से ज्यादा यूरोप हमारे नियंत्रण में है। केवल भारत में ही नहीं एशिया के सभी विकासशील देशों में कम्युनिस्ट विचारधारा को भविष्य की आशा के रूप में देखा जाता है।

स्वतंत्रता-प्राप्ति से ही भारतीय राजनीति को निकट से देखनेवाले प्रेक्षक के रूप में मैं मानता हूँ कि सन् 1989 जिसे फुकुयामा ने बर्लिन दीवार के गिरने और सोवियत संघ के ध्वस्त होने के चलते इतिहास के अंत के रूप में वर्णित किया, अंत नहीं है, लेकिन वैश्विक इतिहास और भारतीय राजनीतिक इतिहास में एक महत्त्वपूर्ण मोड़ अवश्य है।

सन् 1989 कम्युनिस्ट विचारधारा के अंत की शुरुआत के रूप में निश्चित ही पहचाना जाएगा। भारत में यह अंत भले ही दो दशक बाद आया हो, लेकिन यह आया है।

***

भाजपा की स्थापना 5 एवं 6 अप्रैल, 1980 को नई दिल्ली में संपन्न हुए एक राष्ट्रीय सम्मेलन में हुई। सम्मेलन से पूर्व 4 अप्रैल, 1980 को जनता पार्टी की सेंट्रल पार्लियामेंटरी बोर्ड की मीटिंग हुई थी।

बोर्ड की इसी मीटिंग में पूर्ववर्ती जनसंघ के सभी सदस्यों को जनता पार्टी से बाहर

निकालने का फैसला इस आधार पर लिया गया कि ये सभी राष्ट्रीय स्वयंसेवक संघ के सदस्य हैं और इससे दोहरी सदस्यता का मामला बनता है तथा इसलिए जनसंघ के सदस्यों को जनता पार्टी में बने रहने नहीं दिया जा सकता।

संयोगवश 1980 में 4 अप्रैल गुडफ्राइडे था और 6 अप्रैल जिस दिन भाजपा की औपचारिक स्थापना हुई ईस्टर संडे था।

ईसाई मान्यताओं के संदर्भ की इन दोनों तिथियों का उल्लेख अकसर मैं एक संदेश देने के उद्देश्य से करता हूँ।

गुडफ्राइडे के दिन माना जाता है कि ईसा मसीह को सलीब पर चढ़ाया गया और ईस्टर संडे उनके पुनर्जीवित होने का दिन माना जाता है।

भाजपा बनने के तुरंत पश्चात् पार्टी को पहला लोकसभाई चुनाव 1984 में श्रीमती गांधी की उनके सुरक्षाकर्मियों द्वारा की गई नृशंस हत्या के कुछ सप्ताह के बाद ही लड़ना पड़ा।

दिसंबर, 1984 में हुए इन चुनावों में भाजपा ने 229 प्रत्याशी खड़े किए थे, लेकिन हम केवल 2 सीटें जीत पाए। यहाँ तक कि 32 वर्ष पूर्व 1952 में हुए पहले आम चुनाव में भारतीय जनसंघ ने 3 सीटें जीती थीं। अत: यह वर्ष हमारे ग्राफ का सर्वाधिक निम्नतम बिंदु था। वास्तव में, अनेक स्थानों पर मैं अकसर टिप्पणी करता था कि हमारे लिए यह लोकसभा का चुनाव नहीं अपितु शोकसभा का चुनाव था!

लेकिन 1989 का चुनाव हमारे लिए कम महत्त्वपूर्ण नहीं था, जो हमारे तब के ग्राफ के उच्चतम बिंदु पर पहुँचा। 1984 में 2 सीटों से हम 1989 में 86 सीटों पर पहुँचे और उसके पश्चात् से 1998 तक हमने पीछे मुड़कर नहीं देखा जब हमें लोकसभा में 182 सीटें मिलीं तथा हमने सफलतापूर्वक राष्ट्रीय जनतांत्रिक गठबंधन बनाया जिसने देश में सन् 2004 तक के 6 वर्षों तक शासन किया।

वस्तुत: यह भाजपा की ही उपलब्धि है कि पिछले दो दशकों में उसने भारतीय राजनीति को कांग्रेस और भाजपा के बीच के दो मुख्य राष्ट्रीय ध्रुवों में परिवर्तित कर दिया है।

***

पिछले 6 महीनों से ज्यादा समय से देश के प्रत्येक कोने में केवल एकमात्र भ्रष्टाचार का मुद्दा ही सार्वजनिक चर्चा का विषय बना हुआ है। अधिक-से-अधिक लोग टिप्पणियाँ कर रहे हैं। घोटालों का सामने आया आकार इतना बड़ा है कि आम आदमी कहने लगा है कि यह साधारण सरकारी भ्रष्टाचार नहीं है जिसे हम जानते हैं; अपितु यह तो लूट और

डकैती से किसी भी रूप में कम नहीं है!

जब मैंने जयललिताजी को उनकी विजय पर बधाई दी तो मैंने कहा कि उनकी सफलता निस्संदेह उनके राज्य के लिए काफी अच्छी रहेगी, लेकिन इस समय स्पेक्ट्रम घोटाले के चलते तमिलनाडु के नतीजों का राष्ट्रीय महत्त्व है। यदि इस सबके बावजूद उनके विरोधी जीत गए होते तो यह संदेश देश के लिए चौंकानेवाला होता कि मतदाता भ्रष्टाचार के बारे में पूर्णतया चिंतित नहीं हैं! शुक्र है उनकी उपलब्धि के चलते यह नहीं हुआ!

टेलपीस

स्वतंत्रता के शुरुआती वर्षों में हम, जिनका वैचारिक आधार सांस्कृतिक राष्ट्रवाद में था, स्वाभाविक रूप से हम साम्यवाद को अपना मुख्य वैचारिक प्रतिद्वंद्वी मानते थे। पुस्तक प्रेमियों को मैं तीन पुस्तकें पढ़ने के लिए कहता था जो मैंने उन दिनों पढ़ी थीं और जिन्हें आज भी पढ़कर आनंद आता है। इनमें से दो उपन्यास हैं और जार्ज ऑरविल ने लिखे हैं, ये हैं (1) एनीमल फार्म : ए फेयरी टेल (Animal Farm : A Fairy Tals) (2) नाइनटीन एटी फोर : ए पॉलिटिकल नॉवल (1984 : A Political Novel)। इसमें से पहली पुस्तक 1945 में और दूसरी 1949 में प्रकाशित हुई।

तीसरी पुस्तक जिसकी मैं प्रशंसा करना चाहता हूँ, जो केवल उपन्यास नहीं है; यह एक आत्म-चरित्र है विटनेस (witness), लेखक हैं व्हिट्टकर चेंबर्स जिन्होंने 1930 के दशक में वाशिंगटन में कम्युनिस्ट भूमिगत आंदोलन में महत्त्वपूर्ण भूमिका निभाई थी और 1938 में कम्युनिज्म तथा कम्युनिस्ट पार्टी से अलग हो गए थे। वह एक प्रतिष्ठित लेखक और टाइम पत्रिका के संपादक के रूप में सामने आए। पुस्तक पहली बार 1952 में प्रकाशित हुई।

अमेरिका के पूर्व राष्ट्रपति रोनाल्ड रीगन ने इस पुस्तक के बारे कहा था—जब तक मानवता नैतिकता और आजादी के सपनों के लिए बोलेगी तब तक व्हिट्टकर चेंबर्स का जीवन और लेखन दृष्टांत और प्रेरक बना रहेगा।

16 मई, 2011

□

क्या इसके बाद पाकिस्तान पर कोई भरोसा करेगा?

निस्संदेह, इस महीने दुनिया को हिलाकर रख देनेवाली घटना एबटाबाद के ठिकाने से ओसामा बिन लादेन की बेदखलीवाली रही, जहाँ वह पिछले कुछ समय से रह रहा था। करण थापर आक्रामक अंदाज में टी.वी. इंटरव्यू करनेवाले एंकर के रूप में जाने जाते हैं। सी.एन.एन.-आई.बी.एन. पर उनका साप्ताहिक कार्यक्रम 'डेविल्स एडवोकेट' प्रसारित होता है। उनका पिछला इंटरव्यू जनरल मुशर्रफ के साथ था, जिसमें उन्होंने जनरल से यह उगलवा लिया कि यदि वे वर्तमान में पाकिस्तान के शासक होते तो जो कुछ हुआ है उसके लिए वे माफी माँग लेते, लेकिन अपने स्वभाव के मुताबिक थापर बार-बार कुरेदने पर भी मुशर्रफ से इससे तनिक ज्यादा यह स्वीकार नहीं करा पाए कि यह घटना पाकिस्तान के लिए गुप्तचर असफलता के चलते शर्मिंदगीवाली है।

यद्यपि शेष दुनिया क़े लिए कुछ तथ्य साफ द्रष्टव्य हैं—

तथ्य-1

ओसामा बिन लादेन इस स्थान पर पाक सेना प्रमुख कयानी और आई.एस.आई. प्रमुख शुजा पाशा की जानकारी और स्वीकृति के बिना नहीं छुप सकता था। और यदि बिन लादेन सन् 2005 से इस भवन में रह रहा था तो इसका निर्णय निश्चित रूप से जनरल मुशर्रफ द्वारा लिया गया होगा।

तथ्य-2

यह धारणा भी है कि जिन लोगों ने बिन लादेन को एबटाबाद कैंटोमेंट शहर में रखने का निर्णय किया, उन्होंने वांछित आतंकवादी की स्वास्थ्य संबंधी आवश्यकताओं का भी

ध्यान रखा होगा। सैन्य अस्पताल का डॉक्टर किसी अन्य स्वास्थ्य विशेषज्ञ की तुलना में एक ऐसे मरीज के लिए ज्यादा गारंटीवाला सिद्ध हो सकता है जो मरीज के इलाज के साथ-साथ उसकी पहचान को भी गुप्त रखे।

तथ्य-3

अमेरिका ने सार्वजनिक रूप से कहा है कि उन्होंने 40 मिनट के इस ऑपरेशन के बारे में पाकिस्तान को तब ही सूचित किया जब वे बिन लादेन के शव और उसके ठिकाने से जो ले जाना जरूरी था, ले गए थे। सी.आई.ए. के मुखिया लियोन पनेट्टा ने 'टाइम' पत्रिका को बताया है कि पाकिस्तान को गुप्तचर जानकारी इसलिए नहीं बताई गई कि हमें डर था कि पाकिस्तानी इसके बारे में ओसामा बिन लादेन को बता देंगे।

पाकिस्तान के पूर्व राष्ट्रपति से थापर के लंबे इंटरव्यू के कुछ अंश इस प्रकार हैं—

करण थापर—मैं इस तरह से पूछना चाहता हूँ। आज, जैसा कि आप भी जानते हैं कि पाकिस्तान में नाराजगी और गुस्सा है कि इसकी हवाई सीमा का उल्लंघन किया गया, इसकी संप्रभुता लगभग दो घंटे के लिए अतिक्रमित होती रही, अमेरिकी सैनिक एक घर के आँगन में उतरे और ओसमा बिन लादेन को मारा तथा बगैर किसी की जानकारी में आए, बगैर किसी रुकावट के चले गए। अनेक पाकिस्तानियों में इससे पाकिस्तान की रक्षा तैयारियों और इसकी अपनी सीमाओं की रक्षा करने की क्षमता को लेकर चिंतनीय और गंभीर सवाल उठते हैं। एक पूर्व सेनाध्यक्ष होने के नाते आज आप इन चिंताओं के बारे में क्या कहेंगे?

परवेज मुशर्रफ—मुझे यह स्वीकार करने में कतई संकोच नहीं है कि हमारे सभी गुप्तचर राडार का पहाड़ों तथा विषम भू-भाग, दुर्गम भू-भाग के चलते टोही कवरेज प्रभावी नहीं है।

करण थापर—आप जो उत्तर दे रहे हैं उससे यह अर्थ निकलता है कि पाकिस्तानी सेना, वायु सेना और इसकी तैयारियों की पोल खुल गई?

परवेज मुशर्रफ—क्या आपको मुँह पर तमाचा, पोल खुलना जैसे इन शब्दों का प्रयोग करते समय आनंद नहीं आ रहा? ठीक है, आज यह शर्मिंदगीवाली स्थिति है।

करण थापर—आप खुले तौर पर स्वीकार रहे हैं कि यह शर्मिंदगी है। अनेक लोग कह रहे हैं कि यह शर्मिंदगी से ज्यादा अपमानजनक है, क्योंकि आखिरकार पाकिस्तान सिर्फ सेनावाला देश नहीं है, अपितु एक परमाणु राष्ट्र है। क्या यह अपमानजनक नहीं है?

परवेज मुशर्रफ—आप क्यों इन विशेषणों में ज्यादा दिलचस्पी दिखा रहे हो? चलिए इसे भूल जाएँ, यह शर्मिंदगीवाली स्थिति है।

करण थापर—जनरल मुशर्रफ, मुझे बताएँ कि पाकिस्तान में नाराजगी और उपद्रव के लिए जिम्मेदार लोगों को क्या हटना नहीं चाहिए?

परवेज मुशर्रफ—हाँ, मुझे लगता है कि उनके जाने की जरूरत है और यह पता लगाकर कि कौन इसके जिम्मेदार हैं, को दंडित किया जाना चाहिए।

करण थापर—जनरल पाशा के बारे में क्या है, पाकिस्तान में अटकलें लग रहीं हैं कि वह अपना पद छोड़ने पर विचार कर रहे हैं, सेना ने आधिकारिक रूप से घोषित किया है कि ऐसा कुछ मामला नहीं है। क्या आपको लगता है कि आई.एस.आई. का प्रमुख होने के नाते उन्हें नैतिक जिम्मेदारी स्वीकार कर इस्तीफा दे देना चाहिए?

परवेज मुशर्रफ—वह सर्वाधिक योग्य अफसर हैं और मुझे नहीं लगता कि उन्हें इस्तीफा देना चाहिए।

करण थापर—जनरल कयानी के बारे में क्या है? वे सेनाध्यक्ष हैं और यदि पाकिस्तान की रक्षा तैयारियाँ तथा सीमाओं का इतना खुला अतिक्रमण हुआ है तो क्या जनरल कयानी को कुछ जिम्मेदारी लेकर इस्तीफा नहीं दे देना चाहिए?

परवेज मुशर्रफ—तटस्थ कमांडर के रूप में मैं कहता हूँ कि जिम्मेदारी तो ऊपर है, यदि हम ऊपर की ओर देखें तो यह ऊपर से नीचे आती है। इसे जाँच के लिए छोड़ दीजिए और काररवाई बाद में की जाएगी।

करण थापर—एक तरफ तो आप कह रहे हैं कि जिम्मेदार लोग हटने चाहिए, लेकिन आप उनमें से कईयों को छोड़ रहे हैं, जैसे जनरल पाशा और कयानी के त्यागपत्र की संभावनाओं को। क्या आपको लगता है कि इन दोनों व्यक्तियों को देश से माफी माँगनी चाहिए?

परवेज मुशर्रफ—यह फैसला उनको करने दीजिए।

करण थापर—अब आपने बहुत सधा और नपा हुआ उत्तर दिया है कि यह फैसला उन पर छोड़ दीजिए। यदि आप उनकी स्थिति में होते तो क्या आप माफी माँगते?

परवेज मुशर्रफ—मैं शायद गुप्तचर एजेंसियों की तरफ से माफी माँगता, क्योंकि यह एक बड़ी गलती है और एक प्रकार से यह बड़ी शर्मिंदगी है। हो सकता है, हाँ, और तब राष्ट्र को आश्वस्त करता कि हम जाँच करेंगे तथा यह पता लगाएँगे कि गलती कैसे हुई?

मेरा मानना है कि जनरल को यह अहसास होना चाहिए कि इस प्रकरण में वाशिंगटन

निश्चिंत था कि यह गलती नहीं है, अपितु वह इसे एक सुनियोजित दोगलेपन और विश्वासघात का कदम मानता है।

इसकी जड़ में, यह गुप्तचर असफलता नहीं है। जिस शर्मिंदगी की स्थिति में पाकिस्तान ने अपने को पहुँचाया है उसके मूल में दो कारण हैं—

पहला, पाकिस्तान द्वारा किसी भी तरह से कश्मीर को हथियाने का जुनून।

दूसरा, यह कि वह इसे पाने में 1947 में कबाइलियों के दुःस्साहसी अभियान या उसके पश्चात् भारत के विरुद्ध छेड़े गए तीन युद्ध और यहाँ तक कि उसके पश्चात् तीन आतंकवादी संगठनों के माध्यम से प्रच्छन्न युद्ध (प्रोक्सी वार) जारी रखने के निर्णय, जिनका निशाना भारत के विरुद्ध है—इसके बावजूद वह सफल नहीं हो पाया।

इसमें आश्चर्य नहीं कि, एन.डी.ए. के शासन के दौरान भारत में अमेरिकी राजदूत रॉबर्ट ब्लैकविल ने एन.डी.टी.वी. को बताया कि पाकिस्तान और अमेरिका के बीच विश्वास टूट चुका है। उन्हें इस पर यकीन करना मुश्किल है कि ओसामा की उपस्थिति के बारे में पाकिस्तान अनजान था।

वस्तुतः 1 मई, 2011 के बाद से पाकिस्तान की परिस्थितियाँ बिलकुल अवांछनीय हैं। अमेरिकी उन पर भरोसा नहीं कर सकते और न ही अन्य राष्ट्र जो आतंकवाद के विरुद्ध लड़ रहे वैश्विक गठबंधन के अंग हैं। विडंबना है कि अलकायदा और उसके साथी तक भी इस पर असमंजस में होंगे कि पाकिस्तान पर कितना भरोसा किया जाए।

9 मई को ब्रिटेन के अग्रणी समाचार-पत्र 'गार्जियन' में एक चौंका देनेवाली रिपोर्ट प्रकाशित हुई है कि सन् 2001 में ही जब बिन लादेन अमेरिका के द्रोण हमले से किसी प्रकार बचकर अफगानिस्तान की टोरा बोरा पहाड़ियों में छुप गया, तब राष्ट्रपति बुश और पाकिस्तानी राष्ट्रपति मुशर्रफ में यह गुप्त समझौता हुआ था कि यदि अमेरिकी किसी भी समय लादेन को को ढूँढ़ निकालेंगे और वह ठिकाना संयोग से पाकिस्तान हुआ तो अमेरिकी आकर उसको ले जाएंगे।

समझौते के मुताबिक पाकिस्तान इस पर शोर तो मचा सकेगा, परंतु उन्हें रोकेगा नहीं। ठीक यही हुआ है 11 मई को अमेरिकी नेवी सील्स द्वारा किए गए ऑपरेशन में।

12 मई, 2011

□

अमेरिका ने पाकिस्तान को दुनिया की मुख्य आतंकवादी शरणस्थली बना दिया

एक मई को पूर्वी मानक समयानुसार रात्रि 11.35 बजे अमेरिकी के राष्ट्रपति बराक ओबामा ने नाटकीय ढंग से टेलीविजन पर आकर घोषणा की कि 11 सितंबर, 2001 के मुख्य षड्यंत्रकर्त्ता ओसामा बिन लादेन को खोजकर अमेरिकी सेना की विशेष टीम ने मार गिराया है।

दुनियाभर के करोड़ों लोगों के लिए यह घोषणा काफी राहत और संतोष प्रदान करनेवाली रही। अंततः उन हजारों निर्दोष लोगों तथा बच्चों को न्याय मिला, जो दस वर्ष पूर्व मारे गए थे।

लेकिन इस दिन की घोषणा में एक अन्य जानकारी भी छिपी थी जो अमेरिका द्वारा 9/11 का शिकार बनने के बाद आतंक के विरुद्ध छेड़े गए वैश्विक युद्ध पर नजर रख रहे लोगों को बेचैन कर गई।

उस दिन का समाचार था कि अमेरिकी सेना ने बिन लादेन को पाकिस्तान के कैंटोमेंट शहर एबटाबाद में ढूँढ़ निकाला जो पाकिस्तान की राजधानी इस्लामाबाद से मात्र 75 मील दूर है और पाक सैन्य प्रशिक्षण एकेडमी के परिसर में है। जैसे-जैसे बिन लादेन के छुपने की जगह के बारे में ब्यौरा आ रहा है, इससे साफ है कि दुनियाभर का वांछित आतंकवादी अनेक वर्षों से पाकिस्तान में आराम से रह रहा था और यह निश्चित है कि वह अफगानिस्तान के किसी अंदरूनी क्षेत्र में नहीं छुपा था जैसा कि सामान्य तौर पर प्रचारित किया गया था।

ओसामा के मारे जाने के बाद 'वाशिंगटन पोस्ट' में लिखे गए एक स्तंभ में पाकिस्तान के राष्ट्रपति आसिफ अली जरदारी ने कहा है कि उनके देश को बिन लादेन के छुपने के बारे में कुछ भी नहीं पता था!

यदि जरदारी ने कहा होता कि वह व्यक्तिगत रूप से ओसामा के अड्डे के बारे में

नहीं जानते तो उनका वक्तव्य शायद सभी को पचता, लेकिन सेना प्रमुख और आई.एस.आई. को इसके बारे में कुछ नहीं पता था, यह एक सफेद झूठ है। वस्तुतः यदि राष्ट्रपति द्वारा कहे गए को ही सत्य मान लिया जाए तो यह इतना बताने के लिए पर्याप्त है कि पाकिस्तान के सैन्य ढाँचे में गैर-सैन्य राष्ट्राध्यक्ष मात्र मुखौटा है।

रिपोर्टों के मुताबिक ओसामा और उसके परिवार के तीन मंजिला छुपने के स्थान का निर्माण सन् 2005 में किया गया था। इससे यह निष्कर्ष निकालना सही होगा कि यह निर्णय तब लिया गया जब पाकिस्तान में जनरल मुशर्रफ के हाथों में सत्ता केंद्रित थी।

***

मई, 2001 में प्रधानमंत्री वाजपेयी ने विदेश मंत्री जसवंत सिंह और मुझे अपने निवास पर दोपहर भोज पर बुलाया। कारगिल युद्ध की समाप्ति हमारे पक्ष में रही थी, लेकिन पाकिस्तान में जनरल मुशर्रफ ने विद्रोह कर नवाज शरीफ को हटाकर औपचारिक रूप से राष्ट्रपति पद सँभाल लिया था।

इस भोज के दौरान मैंने अटलजी को सुझाया क्यों न जनरल को भारत में बातचीत के लिए आमंत्रित किया जाए? मैंने कहा, एक सैनिक की सोच राजनीतिक प्रक्रिया से अलग हो सकती है।

इस सुझाव के लाभ और हानि पर कुछ विचार-विमर्श के बाद वाजपेयी और जसवंत सिंह दोनों सहमत हो गए। आगरा को स्थान के रूप में चुना गया। जनरल मुशर्रफ को औपचारिक निमंत्रण भेजा गया। जनरल मुशर्रफ अपनी पत्नी साहेबा के साथ 14 जुलाई, 2001 को नई दिल्ली पहुँचे। राष्ट्रपति भवन में जहाँ उन्हें ठहराया गया था, मिलनेवालों में से सबसे पहला मैं ही था।

हमारी प्रारंभिक बातचीत इस तथ्य पर केंद्रित रही कि हम दोनों ही कराची के सेंट पैट्रिक्स हाई स्कूल में पड़े थे। अभिवादन के बाद मैंने कहा, 'जनरल, वैसे तो आप दिल्ली में पैदा हुए थे, लेकिन तिरपन वर्षों के बाद आप पहली बार अपने जन्म-स्थान पर आए हैं। इसी तरह मैं कराची में पैदा हुआ था, लेकिन विभाजन के बाद मैं सिर्फ एक बार अपने जन्म-स्थान पर गया हूँ, वह भी बहुत कम समय के लिए। लाखों परिवार तो ऐसे भी हैं जो विभाजन के परिणामस्वरूप प्रवास के बाद अपने जन्म अथवा मूल स्थान पर एक बार भी नहीं जा पाए हैं। आधी शताब्दी से भी ज्यादा समय बीत जाने पर भी यह स्थिति है, क्या यह बात स्वयं में अजीब नहीं लगती? क्या हमें उन मसलों का स्थायी हल नहीं निकालना चाहिए, जिनके चलते हमारे दोनों देश और देशवासी इतने अलग हो गए हैं?'

'बिलकुल निकालना चाहिए।' मुशर्रफ का जवाब था। 'आपके क्या विचार हैं?'

'सबसे महत्त्वपूर्ण है, परस्पर विश्वास का निर्माण करना।'

मुशर्रफ ने सहमति में सिर हिलाया और बोले—'लेकिन कैसे?'

'मैं आपको एक उदाहरण दूँगा। मैं हाल ही में तुर्की की एक सफल यात्रा से आया हूँ। मुझे पता चला कि आपको तुर्की से विशेष लगाव है, क्योंकि आपने अपने जीवन के प्रारंभिक वर्ष वहाँ बिताए हैं।'

'हाँ, मेरे पिताजी वहीं तैनात थे। मैं धारा-प्रवाह तुर्की में बोल सकता हूँ।'

'मैं वहाँ भारत और तुर्की के मध्य एक प्रत्यर्पण संधि को अंतिम रूप देने के लिए गया था। भारत और तुर्की के बीच प्रत्यर्पण संधि की इतनी बड़ी जरूरत क्या है? वास्तव में प्रत्यर्पण संधि की जरूरत तो भारत और पाकिस्तान के बीच है, ताकि किसी एक देश में अपराध करके दूसरे देश में छिपनेवाले अपराधी को संबंधित देश के हवाले करके उस पर मुकदमा चलाया जा सके।'

मुशर्रफ अब तक कुछ भी नहीं समझ पाए थे कि मैं बातचीत को किस ओर ले जा रहा हूँ। उनकी पहली प्रतिक्रिया थी, 'बिलकुल, क्यों नहीं! हमारे दोनों देशों के बीच प्रत्यर्पण संधि होनी चाहिए।'

'जनरल, दोनों देशों के बीच औपचारिक प्रत्यर्पण संधि की प्रक्रिया पूर्ण होने से पहले अगर आप दाऊद इब्राहिम को भारत के हवाले कर दें तो यह शांति-प्रक्रिया में आपका बहुत बड़ा योगदान होगा, क्योंकि दाऊद इब्राहिम वर्ष 1993 के मुंबई बम कांड का मुख्य अभियुक्त है और अभी वह कराची में रह रहा है।' मैंने बोलना जारी रखा, अचानक मुशर्रफ का चेहरा तमतमा गया। अपनी असहजता को छिपाने में असमर्थ उन्होंने जो कुछ कहा, वह मुझे बहुत आक्रामक लगा।

'जनाब, आडवाणी, यह हलकी चाल है।' उन्होंने कहा। मैंने अनुभव किया दोनों पक्षों के पाँच-पाँच अधिकारियों की मौजूदगी में कमरे का माहौल अचानक बदल गया।

मैंने कहा, 'जनरल, आप सेना से जुड़े व्यक्ति हैं और चाल या रणनीति की बात आप ही सोच सकते हैं। आगरा में प्रधानमंत्री वाजपेयी और आप भारत व पाकिस्तान के मध्य स्थायी शांति लाने की रणनीति पर चर्चा करनेवाले हैं। दोनों देशों के लोग आगरा शिखर वार्त्ता के नतीजे की बड़ी उम्मीद से प्रतीक्षा करेंगे, लेकिन भारत का गृहमंत्री होने के नाते और पचास वर्षों तक सार्वजनिक जीवन में बने रहनेवाला एक जननेता होने के नाते मैं आपको बताना चाहूँगा कि दाऊद इब्राहिम को भारत के हवाले करने के आपके एक ही

कार्य से भारत की जनता का आप में और आपके देश में विश्वास बहुत बढ़ जाएगा। विश्व में ऐसे मौके आए हैं, जब औपचारिक प्रत्यर्पण संधि के बिना भी किसी एक देश द्वारा दूसरे देश को अपराधियों का प्रत्यर्पण किया गया है।'

मुशर्रफ अपनी असहजता छिपा नहीं पा रहे थे। इस बार उन्होंने थोड़ा कड़े शब्दों में कहा, 'जनाब आडवाणी, मैं आपको बता दूँ कि दाऊद इब्राहिम पाकिस्तान में नहीं है।' कई वर्षों बाद एक पाकिस्तानी अधिकारी, जो उस दिन बैठक में उपस्थित थे, ने मुझे बताया, हमारे राष्ट्रपति ने दाऊद इब्राहिम के बारे में उस दिन जो कुछ कहा था, वह एक सफेद झूठ था। यह उसी प्रकार से है जैसे कि पाकिस्तानी इन वर्षों में ओसामा के बारे में अमेरिकियों को बताते रहे।

'एशियन जुग्गारनॉट' (Asian Juggarnaut) के लेखक ब्रह्म चेलानी ने लिखा कि—

'9/11 के बाद से आतंकवाद का सामना करने के लिए पाकिस्तान को 20 बिलियन अमेरिकी डॉलर देने के बावजूद, अमेरिका को अच्छी-से-अच्छी चीज अनैच्छिक सहजता मिली और खराब से खराब धोखेबाजी भरा सहयोग मिला।

भले ही ओसमा बिन लादेन के मारे जाने पर अमेरिका फूला नहीं समा रहा, परंतु अमेरिकी सरकार को यह स्वीकारना पड़ेगा कि पाकिस्तान संबंधी इसकी असफल नीति ने उस देश को अनजाने में ही दुनिया की मुख्य आतंकवादी शरणस्थली बना दिया है।'

टेलपीस

जेठमलानी और मेरी तरह बेनजीर भुट्टो सिंध से हैं। वास्तव में भुट्टो परिवार और जेठमलानी लरकाना से जुड़े हैं, यह वह जिला है जहाँ 5000 वर्ष प्राचीन सिंधु घाटी सभ्यता के अवशेष मोहन-जोदोड़ो में पाए गए हैं।

मैं बेजनीर से पहली बार तब मिला जब वह 1991 में राजीव गांधी की अंत्येष्टि में भाग लेने आई थीं। तब से जब भी वह भारत आईं मुझसे मिलती थीं और अकसर मेरी पत्नी कमला द्वारा उनके लिए बनाए गए सिंधी भोजन का आग्रह करती थीं।

मुझे उनकी अंतिम यात्रा का स्मरण हो आता है जब वे जनरल मुशर्रफ के वाया नई दिल्ली, आगरा जाने से पहले कुछ समय के लिए मेरे निवास पृथ्वीराज रोड पर आई थीं।

उस दिन हुई हमारी गपशप के दौरान मैंने बेनजीर से एक प्रश्न किया कि यद्यपि भारत और पाकिस्तान दोनों के राजनीतिक नेतृत्व ने अंग्रेजी शासनकाल में एक ही तरह की राजनीतिक संस्कृति आत्मसात् की थी, लेकिन भारत ने उल्लेखनीय सफलता के साथ

अपने लोकतंत्र को सँभाला है जबकि पाकिस्तान में लोकतंत्र पूरी तरह से विफल रहा है। ब्रिटिशों के जाने के बाद अधिकतर समय पाकिस्तान में सैनिक तानाशाही रही है।

बेनजीर भुट्टो का उत्तर संक्षिप्त और सारगर्भित था। मैं आपके देश की सफलता के लिए दो बातों को श्रेय देती हूँ। पहली, आपकी सशस्त्र सेना राजनीति से दूर है। दूसरी, आपका चुनाव आयोग संवैधानिक तौर पर कार्यपालिका के नियंत्रण से मुक्त है।

मुझे अच्छी तरह से याद है, उनकी मुख्य टिप्पणी थी कि कारगिल की अपनी योजना के असफल होने के बाद भी जनरल मुशर्रफ ने भारत का निमंत्रण क्यों स्वीकार किया। उन्होंने मुझसे कहा कि आपकी सरकार को समझ लेना चाहिए कि वह शांति के लिए आगरा नहीं आ रहे। वह यहाँ राजनीति के लिए आ रहे हैं। उनकी इच्छा पाकिस्तान का ऐसा गैर-सैनिक राष्ट्रपति बनने की है जो यह आशा करते हैं कि वे वाशिंगटन के सहयोग से पाकिस्तान के लिए कश्मीर ले पाने में सफल हो सकेंगे जो कि अन्य कोई पाकिस्तानी नेता अभी तक हासिल नहीं कर पाया है।

8 मई, 2011

□

औरों की तुलना में स्विस बैंक खातों में भारतीय ज्यादा—असांजे

पचास और साठ के दशक में सुने जानेवाले कुछ चुटकुले, शीत युद्ध के दो प्रमुख प्रतिद्वंद्वियों द्वारा एक-दूसरे के विरुद्ध गढ़े जाते थे, जो कि काफी तीखे हुआ करते थे।

हालाँकि सोवियत संघ की कम्युनिस्ट पार्टी के प्रथम सचिव, कामरेड ख्रुश्चेव के बारे में यह प्रसिद्ध था कि वे स्वयं पर चुटकुले सुनाते थे। क्रेमलिन यात्रा पर आए एक समूह को उन्होंने एक बार बताया कि एक सुबह मास्को पुलिस उस समय दंग रह गई जब उसने क्रेमलिन की दीवारों पर यह पोस्टर लगा देखा—ख्रुश्चेव एक मूर्ख मंदबुद्धि है।

इस पोस्टर को तुरंत साफ किया गया, दोषी को शीघ्रता से पहचानकर गिरफ्तार किया गया और मुकदमा चलाया गया।

सोवियत नेता ने बताया कि अदालत ने दोषी को 21 वर्ष की कठोर सजा सुनाई, एक वर्ष सरकारी भवन को गंदा करने पर तथा 20 वर्ष सरकारी गोपनीयता को उजागर करने पर।

विकीलीक्स के एडिटर-इन-चीफ जुलिएन असांजे इन दिनों काफी सुर्खियों में हैं। और उनका मुख्य कार्य है—खुली सरकार के उनके लक्ष्य के लिए अधिकाधिक गुप्त सूचनाओं और गुप्त दस्तावेजों को उद्घाटित करना, जितना वह कर सकते हैं।

विकीलीक्स की स्थापना सन् 2006 में हुई। आज उनके पाँच प्रमुख मीडिया भागीदार हैं—दि न्यूयॉर्क टाइम्स, ली मोंडे, दि गार्जियन, एल पेस और डेर स्पेज।

असांजे ऑस्ट्रेलिया के क्वींसलैंड में टाउनविले में जन्मे हैं।

***

नवंबर, 2010 से विकीलीक्स ने अपने पास उपलब्ध 2,51,000 अमेरिकी कूटनीतिक केबल्स को उद्घाटित करना शुरू किया है। इनमें से 53 प्रतिशत गैर-वर्गीकृत, 40 प्रतिशत

गोपनीय और मात्र 6 प्रतिशत से ज्यादा गुप्त श्रेणी के हैं, लेकिन वाशिंगटन इस बारे में काफी कुपित है और उसने जुलिएन असांजे के विरुद्ध आपराधिक जाँच शुरू कर दी है।

गत सप्ताह टाइम्स नाउ के अर्णब गोस्वामी ने उनसे एक बेहतरीन इंटरव्यू किया। इस दौरान अर्णब ने उनका ध्यान न केवल हमारे देश में भ्रष्टाचार विरोधी अभियान की ओर खींचा, अपितु गुप्त स्विस खातों में भारतीय संपत्ति के मुद्दे की ओर भी खींचा।

इस इंटरव्यू की पांडुलिपि 15 पृष्ठों में है।

यहाँ इसमें से कुछ अंश दिए जा रहे हैं, जो विदेशी टैक्स हेवंस में भारतीय धन के बारे में हैं—

टाइम्स नाउ—आज भारत में सर्वाधिक बड़ा मुद्दा स्विस बैंकों की गोपनीयता का है और मैं जानता हूँ कि इसके बारे में लोगों की रुचि से आप परिचित हैं। यह बहस तीन दशकों से जारी है। आप इस बारे में क्या सोचते हैं? इन गुप्त स्विस खातों के बारे में, मैं निश्चित तौर पर कह सकता हूँ कि आपने स्विस बैंकों में पड़े भारत के काले धन के बारे में अवश्य सुना होगा?

जुलिएन असांजे—मैंने ईयू से एक रिपोर्ट देखी है···स्विस से विरोधी··· लेकिन एक आधिकारिक रिपोर्ट कि स्विस बैंकों में अन्य देशों की तुलना में भारतीयों का ज्यादा धन जमा है। अत: इस पर चिंता होनी चाहिए। अफ्रीका में किए गए अपने कार्य में मैंने पाया कि केन्या से 3 बिलियन डॉलर निकाल कर दुनिया सहित स्विस बैंकों में जमा कराए गए और यह मेरे ध्यान में आया कि यह स्थानीय भ्रष्टाचार से ज्यादा खराब है, क्योंकि जब स्थानीय भ्रष्टाचार होता है, जब कोई एक मंत्रालय से चुराकर भारत में अपनी कंपनी में रखता है और भारत में खर्च करता है, भले ही सरकार को भी पैसे का नुकसान हो रहा है, तब भी भारत के लोगों के हाथ से पैसा नहीं जा रहा, लेकिन जब पैसे को विदेश ले जाया जाता है, जब कोई स्विस बैंक को मिलियन डॉलर भेजता है, स्विस फ्रेंक्स (मुद्रा का नाम) खरीदता है तब वे रुपए को बेचते हैं। नतीजा यह हो रहा है कि राष्ट्र की मुद्रा अस्थिर हो रही है, और इस प्रकार भ्रष्टाचार में दुगुनी वृद्धि होती है। इस स्थानांतरण के चलते भारतीयों के लिए सभी चीजें और महँगी होती हैं।

टाइम्स नाउ—मैं नहीं जानता कि आपने भारत के सबसे बड़े करवंचक हसन अली के बारे में सुना है या नहीं। इस समय वह जेल में है। उसके एक खाते में ही 8 बिलियन डॉलर हैं और बाद में जब सरकार ने जाँच की तो उसमें एक दिन 60,000 डॉलर पाए गए और अगले दिन कुछ भी नहीं। इस प्रकार पैसा निकाल लिया गया। मि. असांजे, अब भारत

सरकार का तर्क है कि कुछ नियम-कानून हैं। सरकार सदैव ही तर्क देती है। पहला, राष्ट्रीय सुरक्षा और दूसरा अंतरराष्ट्रीय कानून और प्रोटोकॉल। अंतरराष्ट्रीय कानूनों और प्रोटोकॉल के बारे में वे कहते हैं कि स्विटजरलैंड के साथ दोहरे कराधान का समझौता है, हमें उसका सम्मान करना चाहिए, इसी प्रकार अन्य यूरोपीय देशों के साथ के समझौतों का भी हमें सम्मान करना चाहिए। हम इन नियमों को तोड़ नहीं सकते, लेकिन भारत में इस बारे में मत है कि यदि दोनों तरफ की सरकारें चाहें तो वे नियमों को तोड़ सकती हैं। अतः यह संरक्षण देने की प्रणाली है, क्या ऐसा नहीं है?

जुलिएन असांजे—क्यों नहीं, वे इसे बदल सकते हैं। मेरा मतलब है कि मेरा स्विस बैंक खाता है।

टाइम्स नाउ—सच में? इसमें कितना जमा है?

जुलिएन असांजे—स्विटजरलैंड के पोस्ट ऑफिस में मेरा स्विस बैंक खाता है। इसमें बैंक खाते भी चलते हैं। और मेरा स्विस बैंक खाता अमेरिकी दवाब के चलते बंद कर दिया गया। हमारे कानूनी बचाव के लिए फंड जुटाने हेतु हमारा बैंक खाता सर्वविदित है। केबलगेट के 4 दिनों के भीतर ही इसे (दवाब में) बंद कर दिया गया। अतः यह कहना सही नहीं है कि यदि ये करना चाहें तो ये संगठन और सरकारें वैकल्पिक प्रस्ताव नहीं सुझा सकतीं।

टाइम्स नाउ—तो दोहरे कराधान का मामला ऐसा नहीं है जो लागू होता हो।

जुलिएन असांजे—दोहरे कराधान का छुपाकर रखनेवाले धन से कोई लेना-देना नहीं है। इस प्रकार यह धन को छुपाकर रखने से जुड़ा नहीं है। विदेशों में पैसा रखने के संदर्भ में, यह लागू हो सकता है, लेकिन संबंधित नागरिक भारतीय नहीं हो सकता। ऐसा ही मामला ऑस्ट्रेलिया में है, जहाँ खदान कंपनियों के अधिकांश शेयरधारी विदेशों से हैं। अमेरिका से हैं और लाभ अमेरिका को दिया जा रहा है। इसलिए उन लाभों पर कोई कर नहीं था और ऑस्ट्रेलियाई सरकार ने फैसला किया कि वह खदान कंपनियों पर विशेष कर लगाएगी, क्योंकि खदान कंपनियाँ बहुत ज्यादा धन अर्जित कर रहीं हैं और अन्य उद्योग नहीं। ऐसा करना पूर्णतया संभव है। ऑस्ट्रेलियाई सरकार ने ऐसा करने का निर्णय लिया, हालाँकि दिलचस्प यह रहा कि खदान लॉबी ने मिलकर प्रधानमंत्री केविन रूड्ड को हटाकर उनके स्थान पर दूसरे व्यक्ति जुलिएन गिलार्ड को बैठा दिया और रहस्योद्घाटित किए गए केबल्स बताते हैं कि प्रधानमंत्री को हटाने की योजना कैसे बनी। अतः ऑस्ट्रेलिया के मामले में पूरी तरह से कानूनी तौर पर यह करना संभव नहीं था। इसके परिणामस्वरूप

ऑस्ट्रेलियाई प्रधानमंत्री केविन रूड्ड को अपना प्रधानमंत्री पद खोना पड़ा।

टाइम्स नाउ—17 जनवरी, 2011 की प्रेस कॉन्फ्रेंस जिसमें मि. इलमेर ने संवाददाताओं के सामने आपको आँकड़ों से भरी दो डिस्क दी थीं और उसने स्विस प्रणाली के बारे में जो कहा था ठीक वही आप कर रहे हैं। यह समाज को नुकसान पहुँचाता है और तब से मि. असांजे, भारत में लोग इस जानकारी के बाहर आने की प्रतीक्षा कर रहे हैं। इसमें हमारे सिस्टम की सर्वाधिक बड़ी बुराई को सही करने की संभावना है।

जुलिएन असांजे—ठीक है, उस बारे में क्या हुआ, मैं आपको बताता हूँ। सामान्यतया, हम अनाम स्रोतों से ही संबंध रखते हैं। मि. इलमेर और उनकी कानूनी टीम ने उनके अपने कारणों के चलते, जिन्हें मैं भी नहीं समझता, सार्वजनिक संवाददाता सम्मेलन करने का निर्णय किया। उसके बाद वह स्विटजरलैंड लौट गए और उन्हें तुरंत वहाँ गिरफ्तार कर लिया गया। जब जाँच चल रही है, तब वह अभी भी जेल में हैं। जहाँ तक मेरी जानकारी है, उन पर अब तक कोई अभियोग नहीं लगाया गया। इस अवधि के दौरान वह अभी भी जेल में हैं और एक तीसरे मध्यस्थ के माध्यम से हमें अप्रत्यक्ष प्रस्ताव मिला है कि यदि हम वह डिस्क जिनके बारे में माना जाता है कि उनमें डॉटा है, को वापस लौटाते हैं तो वे मि. इलमेर को रिहा करने पर काम कर सकते हैं। इसलिए इस विषय के बारे में बात करते समय यह तथ्य ध्यान में रहना चाहिए कि स्विस बैंक के पास एक बंधक है।

टाइम्स नाउ—अतः यह आपके लिए एक कठिन स्थिति है। आप उस व्यक्ति को जानते हैं जिसने आपको सीडी दी, वह बंधक है और इस समय उसके चलते उसने आपको यह जानकारी सार्वजनिक करने से रोक रखा है।

जुलिएन असांजे—स्पष्ट रूप से मैं यह नहीं कह सकता कि उन सीडीज में क्या जानकारियाँ हैं और किस तरह की हैं, लेकिन हाँ, यह हमारे लिए अत्यंत कठिनाई भरी स्थिति है कि उन्हें सख्ती से बंधक बनाकर रखा गया है। हमें यह नहीं भूलना चाहिए कि स्विटजरलैंड की जी.डी.पी. का लगभग 50 प्रतिशत अंश बैंकिंग गतिविधियों से आता है। हमने अंतिम केस 2008 में स्विस बैंक जूलिएन बेइर के बारे में किया। वहाँ उन्होंने हमें बंद करने की कोशिश की। उन्होंने कैलिफोर्निया कोर्ट का दरवाजा खटखटाया। यह एक बहुत बड़ा मामला बन गया। अंततः हम विजयी हुए और उनको इसकी कीमत के लाभ में से लगभग 300 अमेरिकी मिलियन डॉलर हानि उठानी पड़ी। उन्हें अमेरिका में अपने कामकाज को बंद करना पड़ा। लेकिन मि. इलमेर का निजी जाँचकर्ताओं ने पीछा किया–इसके पूरे दस्तावेज हैं और सिद्ध हुआ है–इनको स्विस बैंकों ने पैसा दिया। यह एक

मुश्किल काम है।

टाइम्स नाउ—इस पर आपके तीखे विचार हैं। मैं पूरी तरह से समझ सकता हूँ कि आप इस बारे में विस्तृत बात नहीं कर सकते, लेकिन मैं आपसे और साधारण रूप से पूछना चाहता हूँ कि आप अपने दिल में, इन परिस्थितियों में, आप उस जानकारी को थोड़ा सा जानते हुए, क्या नहीं बताना चाहेंगे कि सिस्टम कैसे काम करता है?

जुलिएन असांजे—ठीक है हमारे पास दुनिया में विभिन्न बैंकिंग ऑपरेशन के बारे में अनेक प्रकार की सूचनाएँ हैं। समय के साथ हमने इन्हें सार्वजनिक किया है। तथ्य यह है कि, इस पर होनेवाली अधिक कानूनी कारवाई बैंकों की तरफ से है। स्कॉटलैंड के बैंक···दुबई के बैंक···आइसलैंड के बैंक। हमें इन सभी बैंकों से कानूनी नोटिस प्राप्त हुए हैं, और हम उन बैंकों के बारे में डाटा प्रकाशित करना जारी रखेंगे जब तक हम ऐसा करने योग्य रहेंगे।

टाइम्स नाउ—क्या आपको कोई भारतीय नाम देखने को मिले? मैं आपसे यह नहीं पूछ रहा कि मुझे बताएँ कहाँ, कौन सा बैंक, किस जगह?

जुलिएन असांजे—हाँ, जानकारी में भारतीयों के नाम हैं। हमने पहले ही प्रकाशित किया है या प्रकाशित करने जा रहे हैं। मुझे विशेष रूप से याद नहीं कि आनेवाले प्रकाशन में भारतीयों के नाम हैं या नहीं। इसी प्रकार इन निजी स्विस बैंकिंग संस्थानों में जहाँ आपको कम से कम एक मिलियन डॉलर की जरूरत होती है··· यह एक महत्त्वपूर्ण राशि है··· वह एक औसत भारतीय की नहीं···

टाइम्स नाउ—और क्या इन नामों को पहचानने में कोई दिक्कत है? आप हमें कुछ भी बताना चाहेंगे?

जुलिएन असांजे—इस मौके पर मैं आपको कुछ भी नहीं बता पाऊँगा। जैसे हम जानकारी प्रसारित करते हैं, वैसे ही हमेशा हमें अतिरिक्त जाँच करनी पड़ती है और जैसे ही हमें समझ आता है कि कौन सा प्रभावी प्रकाशन हमारी इस जाँच के साथ हमारी सहायता कर सकता है तो हम उसके साथ काम करते हैं, लेकिन अभी उस स्टेज पर नहीं पहुँचे हैं, साथ ही जानता हूँ कि जाँच चल रही है।

टाइम्स नाउ—हमारे भारतीय दर्शकों के लिए केवल एक बिंदु। क्या उन्हें यह आशा छोड़ देनी चाहिए कि कभी ये नाम सामने आएँगे?

जुलिएन असांजे—नहीं।

टाइम्स नाउ—आप उन्हें क्या कहना चाहेंगे?

जुलिएन असांजे—यही कि आप बिलकुल उम्मीद मत छोड़िए। यह दिलचस्प है। यहाँ विभिन्न शक्तियाँ खेल खेल रही हैं, विशेष रूप से जर्मन सरकार बहुत शक्तिशाली है। बैंकिंग ऑपरेशन में पारदर्शिता की जरूरत है। यह सीडी खरीदने से कहीं आगे निकल गया है...लींचेटाइस्टन में यह जानकारी सामने लाने से। जर्मन सरकार का रुख बहुत आक्रामक रहा और यूरोप के भीतर जर्मन सरकार असरकारी सत्ता है। अतः यही रुख पूरे यूरोप में फैल गया है। यू.बी.एस. और करवंचकों के संबंध में अमेरिका भी इन दबावों को लागू कर रहा है।

टाइम्स नाउ—भारत की आर्थिक और राजनीतिक हस्ती के चलते क्या कोई कारण है कि भारत को आक्रामक नहीं होना चाहिए?

जुलिएन असांजे—नहीं, ऐसा कोई कारण नहीं है कि भारत को क्यों नहीं आक्रामक होना चाहिए। वास्तव में, हो सकता है, इसे और अधिक आक्रामक होना चाहिए, क्योंकि ऐसा दिखता है कि जर्मनी की तुलना में भारत प्रति व्यक्ति कर धन ज्यादा खोता है।

विकीलीक्स की शुरुआत जिसे व्हिसिल-ब्लोअर वेबसाइट कहा जाता है, के प्रमुख असांजे ने एक ब्लॉग में लिखा—

"जितना गुप्त या अन्यायी संगठन होगा उतनी ही उसके नेतृत्व और योजना मंडली में भांडा फूटने का डर या घबराहट की प्रवृत्ति रहती है...स्वभाव से अन्यायी व्यवस्था होने के चलते यह ऐसे कोई अवसरों पर भी नाम मात्र की कठिनाई सामने आने पर भी विरोधियों को अवसर दे जाता है, जहाँ उसका सवाल होता है। बड़े पैमाने पर भांडा फूटने के भय से यह उन्हें असुरक्षित छोड़ देता है जो अतिसंवेदनशील और अधिक खुले तरिकों में शासन में बदलाव के पक्षधर होते हैं।"

टेलपीस

अस्सी के दशक में प्रसिद्ध लेखक एल्विन टॉफलर द्वारा लिखित पॉवर शिफ्ट (Power Shift) में मानव समाज के क्रमिक विकास के साथ उनकी मान्यता प्रस्तुत की गई है कि शक्ति, सरकारी क्षेत्र से निकलकर वित्तीय क्षेत्र और फिर ज्ञानक्षेत्र (Knowledge Sector) की ओर जा रही है। टॉफलर लिखते हैं कि ज्ञान शक्ति के हिंसा, संपत्ति, श्रम, पारंपरिक स्रोतों—का एक 'सशक्त-विकल्प' ऊर्जा और समय—बन गया है।

विज्ञान के क्षेत्र में पहिया, बिजली और वायुयान अद्भुत उपलब्धियाँ हैं, मगर इंटरनेट अद्वितीय है। इसने सबको पीछे छोड़ दिया है। जो इसकी बारीकियों से परिचित हो जाते

हैं और दक्षता प्राप्त कर लेते हैं, वे अधिक सफल हो जाते हैं।

इसलिए आश्चर्य नहीं कि सन् 2010 में 'टाइम' के पाठकों ने जुलिएन असांजे को 'वर्ष का व्यक्ति' चुना है।

सन् 2011 में 'टाइम' ने विश्व के जिन 100 सर्वाधिक प्रभावशाली लोगों की सूची दी है, उनमें न केवल विकीलीक्स के जुलिएन असांजे को सम्मिलित किया गया है, अपितु अन्य अनेक इंटरनेट एक्टिविस्ट जैसे फेसबुक के मार्क जुकेरबर्ग, गुगल के सी.इ.ओ. लेटी पेज और गुगल के ही वाए.एच.घोनिम, जिन्होंने मिस्र में लोकतांत्रिक आंदोलन में महत्त्वपूर्ण भूमिका निभाई, को इस आंदोलन में योगदान करने के लिए भी शामिल किया गया है।

3 मई, 2011

□

फुकुशिमा हमें सतर्क बनाए

मई 2004 से डॉ. मनमोहन सिंह देश के प्रधानमंत्री हैं। अमेरिका के साथ परमाणु सौदे के मुद्‌दे पर वामपंथी पार्टियों द्वारा यू.पी.ए. सरकार से समर्थन वापस लेने पर उनकी सरकार को संसद् में जुलाई 2008 में बहुमत सिद्ध करने की गंभीर चुनौती झेलनी पड़ी।

सरकार अल्पमत में रह गई और सांसदों को घूस देकर बहुमत जीतने का फैसला किया गया और यह सब सरेआम तथा निर्लज्जता से किया गया। तीन भाजपा सांसदों ने वास्तव में व्हिसलब्लोअर (भंडा फोड़नेवालों) की भूमिका निभाई और 22 जुलाई को लोकसभा में विश्वास मत की बहस के दौरान टी.वी. कैमरों की चकाचौंध के सामने सेंट्रल टेबल पर करोड़ रुपए रखे जो उन्हें घूसखोरी के रूप में देने की पेशकश की गई थी।

उस सुबह 'द हिंदू' के सिद्धार्थ वर्धराजन ने लिखा था—मंगलवार के विश्वास मत पर यदि सरकार जीत भी जाती है तो प्रधानमंत्री और कांग्रेस को उनकी जीत से जुड़ी अनियमितताओं के दागों के साथ ही जीना होगा।

पिछले महीने ही विकीलीक्स पर आधारित प्रकाशित समाचारों में बताया गया था कि कैसे सांसद सतीश शर्मा के निवास पर अमेरिकी दूतावास के अधिकारी को 50-60 करोड़ रुपए से भरे दो बैग दिखाए गए थे। वर्धराजन ने सन् 2008 में लिखे गए को स्मरण करते हुए लिखा था—उस दिन ही यू.पी.ए. ने अपना नैतिक आधार खो दिया था और अपनी राजनीतिक वैधता भी।

इन दिनों सुर्खियाँ बनते घोटालों की अंतहीन श्रृंखला और सर्वोच्च न्यायालय द्वारा मनमोहन सिंह सरकार की लगातार आलोचना (हाल ही में कालेधन के बारे में—क्या सरकार सो रही है?) इसके नैतिक आधार जिसे एक केंद्रीय मंत्री ने नैतिक कमी के रूप में वर्णित किया है, को गँवाने के सशक्त संकेतक हैं। आज मैं यह जोर देकर कहना चाहता हूँ कि फुकुशिमा से नई दिल्ली द्वारा कोई सबक सीखने से कतरानेवाली सरकार कैसे

राजनीतिक आधार भी खोती जा रही है।

अब यह सभी को पता है कि जापान में हुई त्रासदी ने दुनिया भर में परमाणु ऊर्जा संयंत्रवाले सभी देशों को कितना प्रभावित किया है।

जर्मन चांसलर अंगेला मारकेल ने अपने सातों परमाणु संयंत्रों को तीन महीने तक बंद करने का आदेश दिया है और इस अवधि में इनको सुरक्षा संबंधी मानकों से जाँचा जाएगा। चांसलर ने कहा है कि अन्य संयंत्र भी सुरक्षा मानकों की कसौटी पर फिर से परखे जाएँगे।

चांसलर मारकेल कहती हैं-

''जापान में आई आपदा से न केवल जर्मनी अपितु समूचे विश्व के लिए अचानक एक अलग ही भिन्न स्थिति पैदा हो गई है।

हमें इसे एक अवसर मानकर पूरी तरह से खुले दिमाग से स्थिति की समीक्षा करनी चाहिए।''

न केवल जर्मनी अपितु दुनिया के लगभग सभी प्रमुख देशों ने जिनके पास परमाणु संयंत्र हैं—ऐसे ही कदम उठाए हैं।

यूरोप के 14 देशों में 143 परमाणु ऊर्जा संयंत्र लगे हुए हैं। यूरोपीय संघ के ऊर्जा प्रमुख गुथेंर उगेईटिंगेर ने घोषित किया है कि भूकंप और जल के ऊँचे स्तर से सभी परमाणु संयंत्रों पर संभावित नुकसान के जोखिम अनुमानों का पता लगाया जाएगा।

रूसी प्रधानमंत्री ब्लादिमीर पुतिन और स्पेन के प्रधानमंत्री जोस ल्युइज रोट्रिग्युज जापातेरो ने भी ऐसी ही घोषणाएँ की हैं।

दुनिया के सर्वाधिक परमाणु आधारित राष्ट्र फ्रांस ने जापान के संकट से सबक सीखा है। राष्ट्रपति निकोलस सरकोजी ने देश के सभी परमाणु रिएक्टरों के सुरक्षा तंत्र के परीक्षण का आदेश दिया है और इन परिणामों को सार्वजनिक करने की बात कही है।

इस पृष्ठभूमि में, यह आश्चर्यजनक लगता है कि भारत सरकार के प्रवक्ता ने नए परमाणु ऊर्जा संयंत्रों को स्थापित करने की जल्दबाजी करने के विरुद्ध आवाज उठानेवालों का वस्तुतः मजाक उड़ाया है।

यदि किसी पर्यावरणविद् ने जापान की त्रासदी को नजरअंदाज करने विशेषकर उन देशों जो भूकंपरोधी क्षेत्रों के रूप में जाने जाते हैं, के बारे में सचेत किया तो उसे पर्यावरण मंत्री का यह ताना सुनने को मिला कि यह कैसा विरोधाभास है कि पर्यावरणविद् परमाणु ऊर्जा के विरुद्ध हैं।

महाराष्ट्र के जैतपुर में भड़के जनाक्रोश के प्रति अपने अड़ियल रवैये की व्याख्या करते हुए जयराम रमेश ने कहा कि वे निम्नलिखित चार उद्देश्यों को साधने का प्रयास कर रहे हैं—

(1) नौ प्रतिशत वृद्धि दर बनाए रखने के लिए आवश्यक ऊर्जा,

(2) ईंधन मिश्रण का अनुपात,

(3) पर्यावरणीय चिंताएँ और

(4) रणनीतिक कूटनीति, विशेषकर परमाणु सौदे के बाद।

किसी को इनमें से पहले तीनों उद्देश्यों के बारे में कोई आपत्ति नहीं होगी, लेकिन पर्यावरण मंत्री के लिए रणनीतिक कूटनीति कैसे उद्देश्य हो सकता है बशर्ते कि यह न मान लिया जाए कि यू.पी.ए. के बहुमत को खोने के जोखिम के बावजूद सौदे पर हस्ताक्षर करने का एक उद्देश्य यह भी था कि अमेरिका की परमाणु कंपनियों के व्यावसायिक हितों को प्रोत्साहित किया जाएगा? पोलैंड के प्रधानमंत्री डोनाल्ड टस्क ने कहा ऊर्जा वैविधीकरण बहुत महत्त्वपूर्ण है, लेकिन साफ है कि नागरिकों की सुरक्षा सर्वाधिक महत्त्वपूर्ण कारक है। क्या यह आश्चर्यजनक नहीं है कि सुरक्षा का यह सर्वाधिक महत्त्वपूर्ण तत्त्व जयराम रमेश द्वारा स्पष्ट किए गए उद्देश्यों में कहीं भी स्थान नहीं पा सका है!

***

पश्चिम बंगाल में चुनावी प्रचार अभियान के दौरान मुझे बीरभूम जिले के वनवासी क्षेत्र (उत्तर 24 परगना) में जाने का अवसर मिला। यहाँ का संदेश खाली नामक निवार्चन क्षेत्र अनुसूचित जनजाति क्षेत्र के लिए आरक्षित है। यहाँ से भाजपा प्रत्याशी सुकुमार सरदार हैं जो आदिवासी कल्याण परिषद् के माध्यम से अपने समाज की सेवा कर रहे हैं।

एक बड़ी सभा को संबोधित करने से पूर्व मैंने स्थानीय लोगों से उन मुख्य समस्याओं को जानना चाहा जो उन्हें परेशान करती हैं। उनका तत्काल उत्तर था—'स्वास्थ्य देखभाल'। उन्होंने मुझे बताया कि संदेश खाली में अस्पताल है, परंतु कोई डॉक्टर नहीं है!

उस शाम मैंने अपने भाषण में सुबह के समाचार-पत्रों में छपे उस समाचार का उल्लेख किया, जिसमें अमेरिकी राष्ट्रपति बराक ओबामा ने अमेरिकियों की इसके लिए आलोचना की है कि वे इलाज के लिए भारत की ओर भागते हैं।

भारत में अस्पताल चलानेवालों ने अमेरिकी राष्ट्रपति के वक्तव्यों की तीखी आलोचना की है—विशेष रूप से उनके इस वक्तव्य की कि अमेरिकी भारतीय अस्पतालों में इसलिए जाते हैं, क्योंकि वे सस्ते हैं। हृदय रोग विशेषज्ञ और ग्लोबल हैल्थ के सी.एम.डी. डॉ. नरेश

त्रेहन ने कहा—ओबामा अपने देश में स्वास्थ्य सेवाओं के सुधार के वायदे पर जीते थे, जो कि खराब हालत में हैं। डॉ. त्रेहन ने कहा कि अमीर देशों से लोग भारत इसलिए आना चाहते हैं कि उन्हें गुणवत्तावाला मेडिकल उपचार मिलता है जो और कहीं भी उपलब्ध नहीं है। कई बार तो उससे भी उत्तम और निश्चित रूप से वहन करने योग्य भी।

मुझे स्मरण आता है कि अनेक वर्ष पूर्व जब मैं एक विदेश यात्रा पर गया था तब मुझे विदेशों में भारतीय डॉक्टरों को मिलनेवाले अत्यधिक सम्मान की पहली झलक देखने को मिली थी। श्री मोरारजी देसाई की सरकार में सूचना एवं प्रसारण मंत्री के रूप में मैं यूनेस्को के सम्मेलन में भाग लेने मलेशिया की राजधानी कुआलालंपुर गया था।

भारतीय दूतावास द्वारा आयोजित स्वागत समारोह में मुझे अनेक मलेशियाई और भारतीयों के साथ बातचीत करने का मौका मिला। कार्यक्रम में उपस्थितों में से अनेक सिख बंधु थे। बातचीत के दौरान मुझे बताया गया कि प्रभावशाली मलेशियाई सेवानिवृत्त होने के बाद सामान्य तौर पर यूरोप में जा कर बस जाते हैं, लेकिन एक प्रवृत्ति साफ तौर पर देखी गई थी कि इनमें से जो कोई भी बीमार पड़ जाता और उसे सर्जरी की जरूरत पड़ती तो प्रभावशाली व्यक्ति कुआलालंपुर आकर ऑपरेशन कराकर वापस लौट जाते हैं।

मेरी टिप्पणी थी कि यह आपके डॉक्टरों की प्रशंसा है।

इतना ही नहीं मुझे बताया गया कि वहाँ भारतीय सर्जनों को काफी सम्मान प्राप्त है। मुझसे गपशप कर रहे व्यक्ति ने मजाकिया लहजे में कहा कि वास्तव में, बेहोशी के बाद होश में आने पर यदि मरीज ऑपरेशन थियेटर में पगड़ी और दाढ़ीवाले सिख सर्जन को देखरेख करते देखता है तो उसे विश्वास होता है कि सब कुछ ठीकठाक हुआ है।

24 अप्रैल, 2011

□

विकीलीक्स केबल्स सच्चाई है, असांजे की पुष्टि

'दि हिंदू' ने विकीलीक्स से लगभग 6 मिलियन शब्दोंवाले 5100 भारतीय केबलों को चुनकर उन पर आधारित समाचारों और लेखों को अपने पाठकों के लिए प्रस्तुत कर वास्तव में इतिहास बनाया है।

इन सभी महत्त्वपूर्ण रिपोर्टों के संदर्भ में 'दि हिंदू' के अत्यंत प्रतिष्ठित संपादक एन. राम ब्रिटेन के नारफॉक देश में गए और वहाँ विकीलीक्स के एडिटर-इन-चीफ जुलिएन असांजे का एक घंटे का इंटरव्यू किया, जिसमें असांजे ने देश को उस सैद्धांतिक रूपरेखा की झलक दिखाई, जिसके तहत विकीलीक्स विश्व के मंच पर अपनी भूमिका अदा कर रहा है और जिसने असांजे को यह सब करने के लिए प्रेरित किया।

यह इंटरव्यू 'दि हिंदू' में दो किश्तों में प्रकाशित हुआ है, पहला 12 अप्रैल और दूसरा 13 अप्रैल, 2011 को।

भारत से संबंधित रहस्योद्घाटनों पर भारत सरकार की प्रतिक्रिया के संदर्भ में असांजे द्वारा भारतीय प्रधानमंत्री के बारे में की गई टिप्पणियाँ अपमानजनक हैं। 'दि हिंदू' और विकीलीक्स के संपादकों के बीच हुई संबंधित बातचीत को मैं यहाँ शब्दश: उद्धृत कर रहा हूँ—

एन. राम—भारत में, शुरुआती हैरानी भरी प्रतिक्रिया के बाद, हमारे द्वारा प्रकाशित भारतीय केबलों पर सरकारी प्रतिक्रिया का स्वर-प्रधानमंत्री मनमोहन सिंह ने केबलों और अमेरिकी दूतावास तथा कांसुलेट्स द्वारा अपने स्टेट डिपॉर्टमेंट को भेजी गई रिपोर्टों की सत्यता पर प्रश्न उठाने या उन्हें विवादित करार देने से तय कर दिया। लोकसभा, हमारे यहाँ के हाउस ऑफ कॉमन्स में 13 मार्च को उन्होंने यह कहा। उन्होंने कहा कि सरकार ऐसे केबलों की सत्यता, विषय सामग्री या यहाँ तक कि इनकी मौजूदगी की पुष्टि नहीं कर सकती। इससे लगता है कि भारतीय सरकार ने अन्य सरकारों से अलग, पूरी दुनिया से

अलग यह रुख अपनाया है, क्या ऐसा नहीं लगता?

जुलिएन असांजे—हाँ, ऐसा लगता है।

एन. राम—क्या आपको ऐसी प्रतिक्रिया कहीं और से भी मिली?

जुलिएन असांजे—ऐसी प्रतिक्रिया कहीं और से देखने में नहीं आई और इस प्रतिक्रिया ने मुझे परेशान किया, क्योंकि हिलेरी क्लिंटन दिसंबर (2010) में भारतीय सरकार और अन्य अनेक सरकारों को बताने में जुटी थीं कि ऐसी जानकारियाँ सामने आनेवाली हैं। पिछले चार वर्षों में हमने जितने भी दस्तावेज प्रकाशित किए हैं उनकी विश्वसनीयता को लेकर कोई सवाल नहीं उठा, अमेरिकी दूतावास के केबलों को ही लें जिनकी पुष्टि, स्टेट डिपॉर्टमेंट द्वारा हमारे और दुनियाभर के सर्वाधिक प्रतिष्ठित संस्थानों के सैकड़ों पत्रकारों के विरुद्ध आक्रामक काररवाई करने से हुई है।

इसलिए मैंने कहा कि मैंने उस वक्तव्य को भारतीय लोगों को भ्रमित करने का जानबूझकर किया गया प्रयास बताया और यही वह बात है जो चिंताजनक है, क्योंकि यह महज एक आरोप नहीं है। यह प्रधानमंत्री के मुख से सीधे निकला हुआ है और वह अच्छी तरह से जानते हैं कि क्या करना है। यद्यपि मैंने सुना है—मेरे पास कोई प्रमाण नहीं है, लेकिन आम सहमति दिखती है कि यह ठीक है—वे व्यक्तिगत रूप से भ्रष्ट नहीं हैं, यह दूसरे लोगों के संभवतः भ्रष्टाचार को छुपाने का सीधा प्रयास है। इससे सीधे-सीधे बचते हुए वे कह सकते थे कि देखिए, ये आरोप हैं। ये गंभीर हैं और हम इनकी जाँच करेंगे तथा सच्चाई का पता लगाएँगे और संसद् को पूरी रिपोर्ट देंगे।

मुझे लगता है यदि उन्होंने यह दृष्टि अपनाई होती तो उन्होंने बड़ी सेवा की होती। अतः उन्होंने अपने हितों के विरुद्ध काम किया और अपनी पार्टी के हितों के विरुद्ध काम किया है जो असंगत है। मैं इसका अर्थ यह सुझाऊँगा कि वह जो सोचते हैं उससे अलग काम करने की उनकी आदत है-और भ्रष्टाचार के आरोपों पर प्रतिक्रिया देने की आदत से उसे छुपाने की।

एन. राम—हालाँकि एक वरिष्ठ विपक्षी नेता, पूर्व उप-प्रधानमंत्री और भाजपा नेता, एल.के. आडवाणी ने मुंबई में प्रेस से मिलिए कार्यक्रम में जहाँ मैं भी पैनल (सवाल पूछनेवाले संपादकों) में था; कहा कि ये (केबल) सत्य हैं। उन्होंने विकीलीक्स और हमारे द्वारा इन्हें प्राप्त करने की प्रशंसा की, लेकिन मुख्य रूप से उन्होंने कहा कि ये केबल तीन हिस्सों में बाँटे जा सकते हैं। मुझे लगता है कि ऐसा कुछ आपने भी अपने साक्षात्कारों में कहा है, लेकिन वह अपने निष्कर्षों पर स्वयं पहुँचे हैं। पहला, तथ्यात्मक है, तथ्यों पर

आधारित। उन्होंने कहा है कि जहाँ तक मेरा मानना है ये सत्य हैं, क्योंकि ये उनके मुख्यालय के लिए थे न कि किसी और के लिए। अत: ये सत्य हैं। आगे उन्होंने कहा, कुछ व्याख्यात्मक हैं और तीसरा हिस्सा दूतावास द्वारा दी गई सलाह है।

जुलिएन असांजे—हाँ, हाँ।

एन. राम—इसी प्रकार जब कांग्रेस इसके घेरे में आती है तो अन्य भाजपा नेता भी इसी स्वर में बोलते हैं और दिलचस्प यह है कि अपनी एक चुनावी सभा में कांग्रेस की अध्यक्षा सोनिया गांधी ने विकीलीक्स का उपयोग किया है जिसमें एक भाजपा नेता ने कहा कि हिंदू राष्ट्रवाद अवसरवादी मुद्दा है।

जुलिएन असांजे—हाँ मैंने देखा था। दिलचस्प है।

एन. राम—और उन्होंने (सोनिया गांधी) इसका उपयोग किया। वे अपने हाथ स्वयं बाँध रही हैं। मुझे लगता था कि मुझे इस पर आपकी तरफ से और अंदर की जानकारी मिलेगी, लेकिन आप ने कहा कि दोनों मुद्दों पर आपका लक्ष्य अचूक है। पहला, विकीलीक्स में सार्वजनिक की गई सभी सामग्री में से एक भी ऐसी नहीं है, जिसमें एकदम सही के सिवाय कुछ और दिखाया गया हो। दूसरा, ऐसा एक भी उदाहरण नहीं है, जिसमें किसी निर्दोष व्यक्ति को कोई हानि पहुँचाई गई हो।

जुलिएन असांजे—हाँ, शारीरिक रूप से कोई नुकसान नहीं पहुँचाया गया है। और मैं एक भी ऐसा केस नहीं जानता, जिसमें किसी निर्दोष व्यक्ति को गैर-शारीरिक के अलावा भी कोई हानि पहुँचाई गई हो। अनेक राजनीतिज्ञों को त्यागपत्र देना पड़ा या राजदूतों को उन देशों को छोड़ना पड़ा जहाँ वे कार्यरत थे, क्योंकि अपने प्रतिरूपों से वे जो झूठ बोलते रहे और वह उद्घाटित होने से उन देशों में उनका रहना असंभव हो गया, सरकारें चुनाव हार गई हैं तथा मुबारक जैसे तानाशाहों को देश निकाला दे दिया गया, लेकिन हम ऐसी किसी घटना के प्रति अनजान नहीं हैं और न ही अमेरिका के किसी अधिकारी या किसी दूसरे ने यह आरोप लगाया कि हमारे प्रकाशन से किसी व्यक्ति को कोई हानि पहुँची है।

एन. राम—तो न्याय ने जुलिएन असांजे और विकीलीक्स को प्रेरणा दी है। यह आपका लक्ष्य है, आपके न्याय की अवधारणा?

जुलिएन असांजे—हाँ, इसके पीछे एक तरीका और एक लक्ष्य है। हमारा लक्ष्य न्याय है और विकीलीक्स तथा इसकी विभिन्न प्रकाशन गतिविधियाँ और सामग्री जुटाने की गतिविधियाँ वह तरीका है, जिसका उपयोग हम करते हैं और एक अधिक न्यायसंगत समाज

के अपने लक्ष्य की ओर बढ़ रहे हैं। और यदि आप पूछेंगे कि मैं इसमें क्यों दिलचस्पी ले रहा हूँ, ठीक है अनेक ऐसे काम हैं जो मैं कर सकता हूँ। मैं सौभाग्यशाली स्थिति में हूँ जहाँ मैं अनेक चीजें कर सकता हूँ और अनेक चीजें कर भी चुका हूँ, लेकिन मैं देखता हूँ कि यह दुनिया, मेरी दुनिया है और मैं अपनी दुनिया में अन्याय देखकर अप्रसन्न हूँ। मैं समझता हूँ कि यह दुनिया अपने में पूर्ण नहीं है और इसे देखकर मुझे दुःख होता है। मैं खुश रहना चाहता हूँ। इसलिए मैं दुनिया को और न्यायसंगत बनाना चाहता हूँ।

***

जो लोग इंटरनेट का उपयोग करते हैं, वे जानते हैं कि विकीलीक्स एक निःशुल्क एनसाइक्लोपीडिया है। विकीलीक्स और इसके एडिटर इन-चीफ जुलिएन असांजे के बारे में जो ज्यादा विस्तार से जानना चाहते हैं, उनके लिए विकीपीडिया में उपलब्ध थोड़ी जानकारी कुछ इस प्रकार है—

जुलिएन असांजे (3 जुलाई, 1971) एक ऑस्ट्रेलियाई प्रकाशक और एक इंटरनेट एक्टिविस्ट हैं। विकीलीक्स एक विसलब्लोअर (भंडा फोड़नेवाली) वेबसाइट है। वेबसाइट के साथ जुड़ने से पहले वह भौतिकी और गणित के विद्यार्थी तथा कंप्यूटर प्रोग्रामर रहे हैं।

असांजे अनेक देशों में रह चुके हैं और पत्रकारों को बता चुके हैं कि वह लगातार घूमते रहते हैं। वह समय-समय पर प्रेस की स्वतंत्रता, सेंसरशिप और खोजपरक रिपोर्टिंग के बारे में बोलने के लिए सामने आते हैं।

सन् 2009 में, असांजे ने केन्या में गैर-न्यायिक हत्याओं का पर्दाफाश करने के लिए एमेनेस्टी इंटरनेशनल मीडिया एवार्ड जीता। ब्रिटिश पत्रिका न्यू स्टेट्समैन ने उन्हें 2010 में दुनिया की 50 सर्वाधिक प्रभावशाली हस्तियों में शामिल किया।

घोटालेबाजों को सजा दो

भ्रष्टाचार को लेकर वास्तव में देश गुस्से में है। सामान्य रूप से यह माना जाता है कि भ्रष्टाचार इसलिए नहीं है कि आवश्यक कानूनों की कमी है, अपितु इसलिए है कि जो सत्ता में बैठे हैं उनमें घोटालेबाजों को दंडित करने की इच्छा- शक्ति नहीं है।

इसलिए, संसद् के मानसून सत्र में अन्ना हजारे ने जो लोकपाल विधेयक कमेटी को सौपा है, उसपर विचार के दौरान भ्रष्टाचार से निपटने में सरकार की गंभीरता की असली कसौटी यह होगी कि पहले ही रहस्योद्‌घाटित हो चुके तीन घोटालों-स्पेक्ट्रम घोटाला, कॉमनवेल्थ गेम्स घोटाला और मुंबई के भूमि घोटाला में यह क्या कारवाई करती है।

जनता के लिए यह दूसरा कष्टप्रद तथ्य है कि पिछले वर्षों में अमेरिका और जर्मनी जैसे अधिक शक्तिशाली देश स्विटजरलैंड जैसे टेक्स हेवंस के बैंकिंग गुप्त कानूनों में सेंध लगाकर अपनी संपत्ति वापस लेने में सफल रहे हैं, जबकि इस संबंध में भारत सरकार ने कोई गंभीर प्रयास नहीं किए हैं। इसने अभी तक सन् 2004 में पारित भ्रष्टाचार के विरुद्ध यू. एन. कन्वेंशन की पुष्टि तक नहीं की है।

भारतीयों द्वारा विदेशों में ले जाए गए अथाह काले धन को बिना किसी विलंब के वापस लाया जाए।

टेलपीस

एन. राम! के साथ एक घंटे के साक्षात्कार की समाप्ति पर जुलिएन असांजे की अंतिम टिप्पणी काफी रोचक है। वह कहते हैं—एक बात मैं 'दि हिंदू' और सामान्य रूप से भारतीय लोगों को कहना चाहूँगा। वह यह कि, एक ऑस्ट्रेलियन होने के नाते, मैं आपको अंग्रेजीभाषियों से अच्छी अंग्रेजी बोलने के लिए धन्यवाद कहना चाहता हूँ।

17 अप्रैल, 2011

□

अन्ना हजारे प्रकरण

2 अप्रैल को मुंबई के वानखेड़े स्टेडियम में वर्ल्ड कप फाइनल देखने के बाद मैंने लिखा था कि भारत द्वारा कप जीतने का समाचार मिलते ही न केवल स्टेडियम में उपस्थित हजारों दर्शक खुशी से फूले नहीं समा रहे थे, अपितु समूचा देश हर्षोल्लास और गर्व से झूम रहा था। मुझे इस पर कोई आश्चर्य नहीं हुआ जब अन्ना हजारे ने अपनी माँगों को माने जाने संबंधी सरकारी आश्वासन पर अपना अनशन तोड़ा तो टाइम्स ऑफ इंडिया के मुखपृष्ठ पर बैनर शीर्षक था— 'भारत फिर जीता' (INDIA WINS AGAIN)!

शुक्रवार 8 अप्रैल की शाम को वित्तमंत्री प्रणव मुखर्जी ने मुझे फोन कर सरकार द्वारा हजारे के साथ किए गए समझौते की बातों से अवगत कराया। उन्होंने बताया कि सरकार ने अन्ना को आश्वस्त किया है कि प्रस्तावित कमेटी द्वारा प्रारूपित लोकपाल विधेयक को संसद् के मानसून सत्र में प्रस्तुत किया जाएगा। मेरी टिप्पणी थी कि इसे उसी सत्र में पारित होने दें। यदि विधेयक को स्थायी समिति के पास भेजा जाता है तब भी इसे अंतिम रूप देकर पारित किया जा सकता है। हर कोई इस बात का इच्छुक है कि भ्रष्टाचार से निपटने में कोई विलंब नहीं होना चाहिए। वास्तव में, सरकार को इस बारे में सचेत रहना चाहिए कि भ्रष्टाचार के आयाम इतने भयावह हो गए हैं कि इससे निपटने के लिए बहुआयामी चोट करनी पड़ेगी।

राजनीतिक दलों की एक बैठक, विशेष रूप से काले धन और चुनावों में धन शक्ति को समाप्त करने पर विचार करने के लिए बुलानी चाहिए।

भ्रष्टाचार के विरुद्ध अन्ना हजारे के अनशन को त्रस्त जनता के समर्थन से अंततः सरकार को झुकना पड़ा, लेकिन जैसा कि 'इंडिया टुडे' ने टिप्पणी की कि पहले कभी यह स्वार्थी चेहरा नहीं देखा!

के. बेंडिक्ट और आशीष सिन्हा की रिपोर्ट आगे कहती है—आराम से भगवा रंग पोतते हुए, पार्टी के एक वरिष्ठ नेता ने बुदबुदाया, वह गांधीवादी नहीं अपितु आर.एस.एस. का एजेंट है!

इस आरोप पर अन्ना हजारे की अपनी टिप्पणी थी—'जो लोग रंगीन चश्मा पहनते हैं, उन्हें सभी चीजें एक रंग की दिखती हैं।'

प्रधानमंत्री को लिखे अपने पत्र में अन्ना ने लिखा—'कृपया हमारे आंदोलन में गलतियाँ निकालना और षड्यंत्रों का शक करना बंद कीजिए। मान लीजिए यदि ये हों भी, तब भी ये भ्रष्टाचार को रोकने के आपके कर्तव्य से आपको छुटकारा नहीं दे सकते।'

***

संसद् में विपक्षी दलों के पास इसका औचित्य ठहराने के लिए पर्याप्त तथ्य हैं कि एक के बाद एक सामने आए घोटालों के विरुद्ध संसद् के शीतकालीन सत्र में उनके विरोध ने भ्रष्टाचार के विरुद्ध जनांदोलन को आगे बढ़ाया है।

पहली बार जब मैं हरिद्वार में कुंभ मेले में बाबा रामदेव से मिला तो मैं सोचता रहा कि कैसे योगासन को आम आदमी चाहे उनकी आयु कुछ भी रही हो, के स्वास्थ्य से जोड़ने में उनकी शानदार पकड़ और योगदान रहा है। इसके साथ ही टेलीविजन के असर ने उन्हें अनूठी प्रवृत्ति बना दिया।

पिछले इन 6 दशकों में योग विज्ञान के अन्य अनेक गुरु रहे होंगे—उनमें से कुछ बाबा रामदेव की तुलना में कहीं ज्यादा बड़े विशेषज्ञ रहे होंगे, लेकिन यदि रामदेवजी जैसी हस्ती नहीं बन सके, तो इसलिए क्योंकि रामदेवजी ने अपने मूल ज्ञान को पश्चिमी प्रौद्योगिकी से मिलाकर प्रस्तुत किया, जिसने चमत्कार कर दिया।

अन्ना हजारे के केस में टी.वी. का स्थान आई.टी. ने ले लिया और इसने 73 वर्षीय पूर्व सैनिक को न केवल देश में, अपितु दुनियाभर के भारतीयों में एक दूसरा नायक बना दिया।

इसका तत्काल असर यह हुआ कि जिस जे.पी.सी. को एन.डी.ए. सहित समूचे विपक्ष ने दो महीने के बाद हासिल किया और वह भी पूरे शीतकालीन सत्र में संसद् को कोई कामकाज न करने देकर इतिहास बनाने के बाद; वहीं हजारे आमरण अनशन की घोषणा करने के चार दिनों के भीतर उनके सीमित लक्ष्य कि और प्रभावी लोकपाल बनाया जाए, को हासिल करने में सफल रहे।

मैं चाहता हूँ कि सरकार समझे की इन दोनों मामलों—विपक्ष द्वारा जे.पी.सी. की माँग मनवाने की सफलता और लोकपाल कानून के बारे में अन्ना की सफलता में सर्वाधिक योगदान यू.पी.ए.' सरकार का है, जिसने स्वतंत्र भारत की सर्वाधिक भ्रष्ट सरकार के रूप में बदनामी अर्जित की है।

हाल ही के महीनों में उजागर हुए घोटालों की शृंखला और देश को चुकानेवाली कीमत के आयामों ने सरकार के विरुद्ध लोगों में विकट गुस्सा भर दिया है। बाबा रामदेव और अन्ना हजारे को ऐसे व्यक्तियों के रूप में जाना जाता है, जिनका अपना निजी स्वार्थ नहीं है। भ्रष्टाचार

के विरुद्ध अभियान चलाकर वे जनता की प्रशंसा के स्वाभाविक पात्र बन गए हैं।

***

ऐसे विश्लेषकों की कोई कमी नहीं है जो मानते हैं कि इन दोनों व्यक्तियों की लोकप्रियता इस कारण से भी है कि उन्होंने राजनीतिक व्यक्तियों को आस-पास नहीं फटकने दिया। कोई आश्चर्य नहीं कि अन्ना हजारे के अनशन स्थल जंतर-मंतर से उमा भारती को वापस भेज देने के समाचार को प्रमुखता से प्रसारित किया गया। यह काम उन्होंने किया जो अन्ना के अनुयायी होने का दावा करते हैं। यह अन्ना की सहज शालीनता और उनकी इस मान्यता का संकेतक है कि सभी राजनीतिज्ञ भ्रष्ट नहीं हैं अत: जब उन्हें उमावाली घटना का पता चला तो उन्होंने उमा से सार्वजनिक रूप से माफी माँगी।

वास्तव में, मैं इस मत का हूँ कि जो राजनीति और सभी राजनीतिज्ञों के बारे में आमतौर पर घृणा का माहौल फैलाने में लगे हैं, वे लोकतंत्र के लिए अच्छा नहीं कर रहे।

वास्तव में लोकतंत्र की कमियों के बावजूद अभी भी देश में ईमानदार और अच्छे राजनीतिज्ञ मौजूद हैं, इन्हीं के चलते लोगों की भविष्य के प्रति आशा और विश्वास बना हुआ है।

6 दशक से अधिक अपने राजनीतिक जीवन में मैंने व्यक्तिगत रूप से दीनदयाल उपाध्याय, जयप्रकाश नारायण, अटल बिहारी वाजपेयी और नानाजी देशमुख को देखा है जो न केवल राजनीति में सक्रिय लोगों अपितु सभी वर्गों के सभी भारतीयों के रोल मॉडल हैं।

***

राजनीति के क्षेत्र में रोल मॉडल के बारे में बात करते हुए मुझे अब्राहम लिंकन की उत्कृष्ट जीवनी का स्मरण हो आया जो मैंने गत वर्ष पढ़ी थी। टीम ऑफ राइवल्स (Team of Rivals) शीर्षकवाली इस पुस्तक के लेखक डारिस किर्नस गुडविन (Doris Kearns Goodwin) को पुलिट्जर पुरस्कार मिला।

पुस्तक के परिचय में गुडविन लिखते हैं-

यह लिंकन की राजनीतिक विद्वत्ता की कहानी है, जो उनके व्यक्तिगत गुणों की असाधारण व्यूह रचना से रहस्योद्घाटित हुई है, जो उन्हें उन लोगों से दोस्ती करने योग्य बनाती है, जिन्होंने उनका विरोध किया था; उन आहत भावनाओं पर मरहम लगाती है, जो उपेक्षित रहने के कारण संभवत: स्थायी दुश्मनी में परिवर्तित हो गए हों। जो अपने मातहतों की असफलताओं की जिम्मेदारी लेता हो। जो श्रेय सहजता से लेता है तथा गलतियों से सीखता है। उनके पास राष्ट्रपति पद की अंतर्निहित शक्तियों के स्रोत की अचूक समझदारी, अपनी सरकार के गठबंधन की रक्षा की जरूरत के लिए कठोरपना, प्रशंसा और समय को पहचानने की अचूक क्षमता है।

अपनी केबिनेट के सदस्यों के तीव्र अहमों से निपटने में उनकी सफलता दर्शाती है कि एक सच्चे महान् राजनीतिज्ञ के हाथों में सभ्यता और नैतिकता से आमतौर पर जोड़े जानेवाले गुण—दयालुता, भावनात्मकता, संवेदना, ईमानदारी और सहानुभूति भी प्रभावी राजनीतिक साधन हो सकते हैं (इस पर जोर दिया गया है)।

जब बराक ओबामा से पूछा गया कि ऐसी कौन सी पुस्तक है, जिसके बिना वह व्हाइट हाउस में जाना पसंद नहीं करेंगे, तो उनका तत्काल उत्तर था—'टीम ऑफ राइवल्स'। जब पहली बार यह पुस्तक मैंने हाथों में ली तो मुझे इसकी शुरुआत में अमेरिका के राष्ट्रपति लिंकन के बारे में दो बोधवाक्य प्रमुखता से दिखे। दोनों बोधवाक्य निम्न हैं—

'इस नामांकन में रिपब्लिकन पार्टी का व्यवहार छोटे बुद्धिजीवी और छोटे होते जाते के उल्लेखनीय संकेत को दर्शाता है। यह राजनेता और योग्य व्यक्ति और उन्होंने एक ऐसे निम्न स्तर के प्राध्यापक को लिया जो अच्छी व्याकरण भी नहीं बोल सकता।'

दि न्यूयॉर्क हेराल्ड (मई 19, 1860)

'नेपोलियन, सीजर या वाशिंगटन की महानता लिंकन रूपी सूर्य की रोशनी हैं। उनका उदाहरण सार्वकालिक और हजारों वर्षों तक रहेगा। वह देश से भी बड़े थे—सभी राष्ट्रपतियों को मिलाकर उनसे भी बड़ा और एक महान् चरित्र तब तक जीवित रहेगा जब तक दुनिया जीवित है।'

लियो टॉलस्टाय, दि वर्ल्ड, न्यूयॉर्क, 1909

***

टेलपीस

जब अब्राहम लिंकन राष्ट्रपति थे तब व्हाइट हाउस के दर्शकों का एक किस्सा है—

राष्ट्रपति के निजी क्वार्टरों में एक समूह ठहरा हुआ था और राष्ट्रपति को अपने जूते पॉलिश करते हुए देख दंग रह गया।

समूह के हतप्रभ मुखिया ने टिप्पणी की कि राष्ट्रपति महोदय, अपने जूते खुद पॉलिश कर रहे हैं! (मि. प्रेजीडेंट पॉलिशिंग यूअर ओन शूज!)

लिंकन ने उन्हें देखा और पूछा—श्रीमान, आप किनके जूते पॉलिश करते हैं? (वेल जेंटलमैन, हूज शूज डू यू पॉलिश?)

12 अप्रैल, 2011

□

मुख्य मुद्दा क्रिकेट नहीं, भारत है

कोई भी मुकाबला सर्वदा उत्तेजना और अपेक्षाओं को जन्म देता है। यह दो सेनाओं के बीच युद्ध हो सकता है या दो राजनीतिक दलों के बीच चुनावी लड़ाई या दो प्रतिस्पर्धी टीमों में खेलों का मैच।

सफलता विजेता को आनंद देती है और असफलता हारनेवाले को निराश करती है।

छह दशक से अधिक सार्वजनिक जीवन व्यतीत करनेवाले व्यक्ति के रूप में मैं ऐसे अनेक अवसर स्मरण कर सकता हूँ, जो तीनों प्रकार की घटनाओं से जुड़े हैं। इनमें से कुछ को हर्षित करनेवाला तो कुछ को हतोत्साहित करनेवालों में शामिल किया जा सकता है।

लेकिन मैं बताना चाहता हूँ कि जब 2 अप्रैल को रात्रि 11.30 बजे के आस-पास टीम इंडिया के कप्तान एम.एस. धोनी ने छक्का लगाकर श्रीलंका को हराया, जबकि इस मैच की शुरुआत से अंत तक यह रहस्य बना हुआ था कि कौन जीतेगा, देश के लिए विश्व कप जीता तो वानखेड़े स्टेडियम में मेरे जैसे हजारों लोगों के लिए यह हमेशा के लिए एक अविस्मरणीय. क्षण बन गया।

वास्तव में, मैं ऐसे अनेक अवसर गिना सकता हूँ, जिन्होंने मुझे और भारतीयों को सामान्य तौर पर प्रसन्नता पहुँचाई है। लेकिन मैं इसके सिवाय किसी अन्य घटना को याद नहीं कर सकता कि जब समूचे भारतीयों—शहरी-ग्रामीण, जाति, समुदाय, भाषा या क्षेत्र-समुदाय को एक साथ सबको इतना गौरवान्वित कर दिया हो, जैसा कि विश्व कप के अंतिम नतीजों को सुनने के बाद किया था।

भारत को विश्व कप इत्यादि देने के समारोह का कार्यक्रम मध्य रात्रि तक चला। लेकिन स्टेडियम के आस-पास मरीन ड्राइव सहित सुबह तड़के तक लोगों का जमघट लगा रहा।

स्टेडियम में दिखनेवाला दृश्य तो देखते ही बनता था। हजारों झंडे लहरा रहे थे।

'वंदेमातरम्', 'सारे जहाँ से अच्छा' जैसे गीत गाए जा रहे थे और खिलाड़ियों की जय-जयकार हो रही थी। भावनाएँ और अहसास वस्तुतः उमड़ रहे थे।

मेरी बेटी प्रतिभा अपने साथ राष्ट्रीय तिरंगा लेकर गई थी और जब धोनी, सचिन एवं उनके सहयोगी स्टेडियम का चक्कर लगा रहे थे तो डॉ. फारूक अब्दुल्ला, शाहनवाज हुसैन, प्रतिभा और मैं भी भारतीय टीम को बधाई देते हुए तिरंगा लिये खड़े थे। चूँकि हम विशेष बॉक्स में बैठे थे, जिसमें भारत और श्रीलंका के राष्ट्रपति भी बैठे थे, तो मैंने इस अवसर का लाभ उठाते हुए दोनों टीमों द्वारा खेले गए शानदार मैच के लिए दोनों राष्ट्रपतियों को बधाई दी।

मैं चाहता हूँ कि यह समझा जाए कि मुख्य मुद्दा क्रिकेट नहीं है, बल्कि यह देश है, यह भारत है। करोड़ों लोग जो क्रिकेट के बारे में कुछ भी नहीं समझते, परंतु इन विजय समारोहों में उत्साहपूर्वक भाग ले रहे थे, क्योंकि उनके लिए यह वास्तव में भारत माता की जय है। मीडिया की कुछ महत्त्वपूर्ण सुर्खियाँ थीं—

'विंडिया, विजयी विश्व तिरंगा प्यारा, दुनिया हमारे कदमों में इत्यादि।'

विश्व कप विजय के बाद दिन भर निम्न गाने सुनने को मिलते रहे—

'ये दुनिया एक दुलहन दुलहन, ये माथे की बिंदिया, आई लव माई इंडिया; चक दे इंडिया इत्यादि।'

स्व. मधु दंडवते और मैं न केवल घनिष्ठ मित्र और साथ-साथ सांसद थे, अपितु जीवन में अनेक अविस्मरणीय क्षणों के भी भागीदार रहे हैं। सन् 1975-77 के आपातकाल के दौरान हम दोनों बंगलौर सेंट्रल जेल और रोहतक जिला जेल में कैदी के रूप में साथ-साथ रहे। आपातकाल के बाद मोरारजी देसाई की सरकार में हम दोनों ही कैबिनेट मंत्री थे। दंडवते को रेल मंत्रालय की जिम्मेदारी सौंपी गई थी, जबकि मैंने प्रधानमंत्री से आग्रह किया था कि मुझे सूचना एवं प्रसारण मंत्रालय दिया जाए और आपातकाल की दमघोंटू सेंसरशिप से मीडिया को मुक्त कराने की जिम्मेदारी सौंपी जाए। मोरारजी भाई ने मेरे पूर्व पत्रकार होने को मान्यता देते हुए मेरे अनुरोध को स्वीकार कर लिया।

मुझे स्मरण है कि '70 के दशक के अंत में मुंबई से 'जेंटलमैन' नाम का साप्ताहिक प्रकाशित हुआ करता था। यह एक सुंदर प्रकाशन था। वर्ष 1979 में मोरारजी की सरकार गिरने के बाद इस साप्ताहिक ने हम दोनों—दंडवते और मुझसे अनुरोध किया कि चूँकि अब हम विपक्ष में हैं—इस जेंटलमैन के लिए पाक्षिक स्तंभ लिखना शुरू करें, जिसमें तत्कालीन राजनीतिक मुद्दों पर विपक्ष का दृष्टिकोण दिया जा सके और जिसे वे वैकल्पिक रूप से प्रकाशित करेंगे।

बहुतों को पता नहीं होगा कि हम दोनों ने इस पत्रिका के लिए दस वर्ष से ज्यादा समय तक स्तंभ लिखे। यह बात मैंने मिन्हाज मर्चेंट को स्मरण कराई, जो उन दिनों जेंटलमैन में हुआ करते थे तथा गत फरवरी में जिनकी फोन कॉल से मुझे सुखद आश्चर्य हुआ।

मर्चेंट ने 'जेंटलमैन' के अपने दिनों का स्मरण कराया और बताया कि आजकल वह मर्चेंट मीडिया लिमिटेड के एडिटर इन-चीफ हैं और 'गवर्नमेंट वॉच' के संस्थापक।

उन्होंने और एसोसिएशन ऑफ डेमोक्रेटिक रिफॉर्म्स (ADR) के सह-संस्थापक तथा न्यासी अजीत रानाडे ने मुंबई प्रेस क्लब के साथ मिलकर राष्ट्रीय नेताओं को उत्तरदायी (holding national leaders to account) बनाने संबंधी द्विमासिक शृंखला की शुरुआत मुझसे करने की इच्छा की थी। कार्यक्रम का शीर्षक था 'फेस द प्रेस' (प्रेस से सामना)।

मैंने उनके प्रस्ताव को स्वीकार किया और सुझाया कि इसे संसद् के बजट सत्र के तुरंत बाद शुरू किया जा सकता है।

संसद् का बजट सत्र 25 मार्च, 2011 को समाप्त हो गया। एसोसिएशन ऑफ डेमोक्रेटिक रिफॉर्म्स (ADR), गवर्नमेंट वॉच (GW) और प्रेस क्लब, मुंबई का यह नवीन कार्यक्रम 28 मार्च, 2011 को मुंबई प्रेस क्लब में संपन्न हुआ।

मुझसे संवाद करनेवाले संपादकों के पैनल में थे—एन. राम, मुख्य संपादक, द हिंदू; उदय शंकर, चीफ एक्जीक्यूटिव, स्टार इंडिया; कुमार केतकर, दैनिक भास्कर समूह। इस संवाद का संचालन मिन्हाज मर्चेंट और अजीत रानाडे ने किया।

यह संवाद लगभग डेढ़ घंटे तक चला। मेरे खयाल से इसका शब्दशः रिकॉर्ड रखा गया है। इसे कवर करने के लिए अनेक चैनल मौजूद थे। कुछ हिस्से बाद में दिखाए गए। प्रेस क्लब हॉल पूरा भरा हुआ था और बाहर लॉन में मौजूद प्रेसवालों के लिए बड़ी स्क्रीन लगाई गई थी।

31 मार्च, 2011 को 'मिंट' ने आधिकारिक तौर पर रखे गए रिकॉर्ड से संपादित इसके अंशों को पूर्ण पृष्ठ पर प्रकाशित किया है। इन्हें निम्न वेबसाइट पर देखा जा सकता है—

http://www.livemint.com/2011/30/30200337/Why-can8217t-we-have-fixed.htmlatype=tp#

पैनल के साथ अपनी बातचीत के दौरान मैंने विकीलीक्स, जिनका सीधा असर भारतीय मामलों पर पड़ता है, को सार्वजनिक कर देश की शानदार सेवा करने के लिए श्री एन.एस. राम का सराहना की।

मैंने विशेष रूप से 'द हिंदू' के राजनीतिक संपादक सिद्धार्थ वरदराजन द्वारा नोट के बदले वोट कांड के गहन विश्लेषण की प्रशंसा की जो 18 मार्च के 'द हिंदू' के अंक, में प्रकाशित हुआ था। जिसमें अमेरिका के जार्ज डी एफेयर्स स्टीवन व्हाइट द्वारा वाशिंगटन को भेजे गए केबल में बताया गया है कि अमेरिका के पोलिटिकल काउंसलर को सांसद सतीश शर्मा के घर पर लगभग 50 से 60 करोड़ रुपए के करेंसी नोटों से भरे बैग दिखाए गए और उन्हें बताया गया कि पैसा कोई मुद्दा नहीं है, सर्वाधिक महत्त्वपूर्ण यह सुनिश्चित करना है कि जिन्होंने पैसा लिया है, वे सरकार के लिए वोट करें।

18 मार्च, 2011 के इसी अंक में वरदराजन ने 'घूसखोरी के आरोपों की जाँच अब होनी ही चाहिए' (bribery charge must now be investigated) शीर्षक से लेख लिखा है। इस लेख में एक महत्त्वपूर्ण अनुच्छेद यह है—

''22 जुलाई, 2008 को विश्वास मत की पूर्व संध्या पर मैंने 'द हिंदू' में एक आलेख लिखा था, जिसमें मैंने कहा था कि—''इतना ही नहीं, मंगलवार को यदि सरकार विश्वास मत जीतती है तो भी प्रधानमंत्री और कांग्रेस इस विजय के साथ जुड़े अनौचित्य के दागों को धो नहीं पाएँगे। जितना इसके बारे में मैं सोचता हूँ उतना ही मैं मानता हूँ कि सुस्ती, सुझाव और भ्रष्टाचार जिसके बारे में अनेक समीक्षकों ने मनमोहन सिंह सरकार की दूसरी पारी की निंदा की है, उसकी जड़ें विश्वास मत जीते जाने के तरीके में हैं। उस दिन यू.पी.ए. सरकार ने अपनी नैतिकतावादी और इसके साथ ही राजनीतिक वैधता भी खो दी।''

टेलपीस

एक समय था, जब संसदीय बहसों में महावीर त्यागी, पीलू मोदी और मधु दंडवते जैसे सांसदों की उपस्थिति अकसर बहसों में हाजिर-जवाबी और विनोद का पुट ला देती थी।

दंडवते के साथ अपने संबंधों को स्मरण करने के बाद उनके द्वारा सुनाए गए एक चुटकुले को यहाँ बताना उपयुक्त होगा, जो मैंने तब सुना था जब वर्ष 1975 के आपातकाल में उन्हें, एस.एन. मिश्रा आर मुझे बंगलौर जेल से रोहतक जेल में स्थानांतरित किया गया था। हम लोग 25 जून, 1975 को बंगलौर में एक संसदीय समिति की बैठक में भाग लेने गए थे। उसी रात को आपातकाल थोप दिया गया और अगली सुबह हमें गिरफ्तार कर जेल भेज दिया गया।

हमने मीसा में बंदी बनाए जाने के विरोध में कर्नाटक उच्च न्यायालय में बंदी प्रत्यक्षीकरण याचिका दायर की थी। स्वयं मुख्य न्यायाधीश हमारी याचिका की सुनवाई कर रहे थे और न्यायालय का कक्ष वकीलों से भरा रहता था। न्यायाधीशों द्वारा की गई टिप्पणियों से सरकार को स्पष्ट हो गया था कि न्यायालय मीसा आदेश को निरस्त कर हमें रिहा करने पर आमादा है।

इसलिए नई दिल्ली ने अपने पूर्ववर्ती आदेश को निरस्त करने, हमें रिहा करने और तुरंत नए आदेश के तहत पुन: गिरफ्तार करने तथा हमें रोहतक स्थानांतरित करने का निर्णय लिया। जब हम रोहतक पहुँचे तब मध्य रात्रि हो चुकी थी और भारी बारिश हो रही थी।

जेल अधिकारियों के साथ रोहतक में हमारा पहला सामना कोई सुखद नहीं रहा। जेल के उप-अधीक्षक, जिसका नाम सैनी था, ने हमारे प्रवेश के संबंध में औपचारिकताओं को पूरा करने के लिए एक अपराधी वार्डर से हमारे सामान की जाँच-पड़ताल करने को कहा। इसमें कैसी जाँच-पड़ताल! हमारे कपड़ों और पुस्तकों को देखने के बाद निराशा हाथ लगने पर वार्डर ने हमारी चप्पलों के तल्ले में ढूँढ़ना शुरू किया कि हमने वहाँ कोई गुप्त कागजात तो नहीं छुपा रखे हैं। कष्टदायक यात्रा और रात भर जगे रहने से श्याम बाबू का दबा हुआ गुस्सा उप-अधीक्षक पर फूट पड़ा। मधु दंडवते ने विनोदपूर्ण मुद्रा में उनपर टिप्पणी की, ''श्रीमती गांधी ने अवश्य ही इन्हें Soul-searching (आत्म-निरीक्षण) के लिए कहा है; लेकिन वह s-o-u-l (आत्मा) निरीक्षण है, न कि s-o-l-e (जूते का तला) निरीक्षण।''

4 अप्रैल, 2011

□

वर्ल्ड कप टीम भारत में गुजरात

शुक्रवार, 25 मार्च, 2011 को संसद् का बजट सत्र अनिश्चितकाल के लिए स्थगित हो गया। अनेक वर्षों में यह सर्वाधिक छोटा सत्र रहा होगा।

जब राष्ट्रपति ने सांसदों को सत्र के लिए आहूत किया था तब कार्यक्रम इस प्रकार दर्शाया गया था—

सत्र की शुरुआत : 21 फरवरी, 2011

सत्रावसान : 21 अप्रैल, 2011

विभिन्न मंत्रालय की अनुदान माँगों पर संसद् की स्थायी समितियों द्वारा विचार हेतु मध्यावकाश : 16 मार्च से 4 अप्रैल।

लेकिन मार्च की शुरुआत में ही इस आधार पर कि निर्वाचन आयोग ने चार प्रदेश विधान सभाओं और एक संघ शासित प्रदेश की विधायिका के चुनावों का कार्यक्रम घोषित कर दिया है, दो निर्णय किए गए—पहला, संसदीय स्थायी समितियों द्वारा अनुदान माँगों के परीक्षण की समाप्ति और दूसरा, बजट सत्र 25 मार्च को समाप्त होगा।

विभिन्न मंत्रालयों की बजट माँगों के गहन विश्लेषण को समाप्त करना संसद् के लिए, बड़ा नुकसानदायक रहा।

मैं मानता हूँ कि यदि सरकार और निर्वाचन आयोग ने जनवरी में ही अनौपचारिक चर्चा की होती तो इस स्थिति को टाला जा सकता था। बजट सत्र की तिथियाँ और प्रदेशों के चुनावी कार्यक्रम के बीच पर्याप्त समन्वय बैठाया जा सकता था।

***

हाल ही में समाप्त हुए सत्र में भाजपा को अपनी भूमिका पर गर्व करने के पर्याप्त कारण हैं—दोनों सदनों में विपक्ष के नेताओं सुषमा स्वराज और अरुण जेटली ने शुरुआत में ही अविस्मरणीय भाषण दिए (लोकसभा: जे.पी.सी. के गठन पर सरकारी प्रस्ताव) और (राज्य सभा—राष्ट्रपति के अभिभाषण पर धन्यवाद प्रस्ताव); और इसकी समाप्ति पर (नोट के वोट

की बहस—दोनों सदनों में)।

इन बहसों ने कुछ तनाव और गरमी पैदा की, लेकिन यह सरकार द्वारा पेंशन बिल को प्रस्तुत करने से रोकने के वामपंथी दलों के प्रयासों को असफल कर भाजपा को सरकार की सहायता करने से नहीं रोक सके। सदन के नेता प्रणवजी ने पार्टी के इस निर्णय के लिए सुषमाजी, यशवंत सिन्हा और मुझसे अपना आभार व्यक्त किया।

26 मार्च को इंडियन एक्सप्रेस के प्रथम संपादकीय एंगेजिंग अगेन में सरकार और एन.डी.ए. को बधाई देते हुए इस घटना को इस तरह निरूपित किया है कि यह इस बात का स्मरण कराता है कि संसद् वह स्थान है जहाँ अर्थपूर्ण असहमति और सैद्धांतिक सहयोग होता है।

***

संसद् के अनिश्चितकाल के लिए स्थगित होने की पूर्व संध्या पर, अधिकतर लोग राजनीति के बजाय अहमदाबाद में भारत और ऑस्ट्रेलिया के बीच खेले जा रहे वर्ल्ड कप क्वार्टर फाइनल में ज्यादा दिलचस्पी ले रहे थे। इस मैच को अनेक लोग वास्तव में फाइनल मैच से पहले का फाइनल मान रहे थे। हो सकता है अन्य लोग, भारत और पाकिस्तान के बीच 30 मार्च को मोहाली में खेले जानेवाले सेमीफाइनल को भी इस रूप में देखें। क्रिकेट के इस सीजन में, बजट सत्र में भाजपा की भूमिका की प्रशंसा करते समय, यदि मैंने भागलपुर के हमारे प्रगतिशील सांसद सैयद शाहनवाज हुसैन के भाषण की प्रशंसा नहीं की तो मैं एक बड़े अपराध का दोषी होऊँगा। देश में मुसलमानों की स्थिति संबंधी प्रस्ताव पर चर्चा के दौरान उन्होंने भारत की क्रिकेट टीम में विशेष रूप से मुसलिमों के योगदान का उल्लेख किया।

अपने भाषण में शाहनवाज ने कहा—इन दिनों वर्ल्ड कप क्रिकेट टूर्नामेंट चल रहा है। भारतीय टीम के ग्यारह खिलाड़ियों में जहीर खान, मुनाफ पटेल और यूसुफ पठान भी हैं। ग्यारह में से यह तीन 30.6 प्रतिशत बनते हैं और यह उनकी प्रतिभा के आधार पर हैं, न कि आरक्षण के चलते। संयोगवश, ये तीनों खिलाड़ी गुजरात से हैं!

अपने सर्वोत्तम भाषण में शाहनवाज ने देश के अन्य स्थानों पर मुसलिमों की समस्या की तुलना में अनेक आँकड़े देकर गुजरात में मुसलिमों की समृद्धि का उल्लेख किया। गुजरात का उल्लेख करने पर जो उन्हें टोक रहे थे, उन्हें चुनौती देते हुए उन्होंने कहा यदि आपको गुजरात के बारे में मेरी बात पसंद नहीं है तो मैं अपने राज्य बिहार या मध्य प्रदेश अथवा अन्य एन.डी.ए. शासित प्रदेश का नाम ले सकता हूँ और यकीन दिला सकता हूँ कि अल्पसंख्यकों की चिंता कैसे अच्छे ढंग से की जाती है!

जिन्होंने टी.वी. पर शाहनवाज को सुना, सभी ने उनके भाषण की तारीफ की। मुझे पता चला है कि जब शाहनवाज जुम्मे की नमाज अदा करने कस्तूरबा गांधी मार्ग स्थित मसजिद

पर गए तो इमाम ने सार्वजनिक रूप से उनके भाषण की तारीफ की और इसे आँख खोल देनेवाला बताया।

टेलपीस

संसदीय लोकतंत्र के स्थायित्व के अनेक नाजुक मुद्दों से भारत को अभी भी जूझना है। इसमें से एक वंशानुगत सत्ता से निकलना है। स्वतंत्रता की पूर्व संध्या पर भारत ने 550 से ज्यादा रियासतों को समाप्त कर दिया था और कुछ वर्षों के पश्चात् पूर्व राजाओं के प्रिवीपर्स समाप्त कर समाजवादी होने की जोरदार घोषणाएँ की गईं, लेकिन राजनेताओं के राजसी परिवार पूरे देश में जोर-शोर से नए उत्साह से अपने को स्थापित कर रहे हैं। कभी एक समय पर पाकिस्तान के 20 सत्तारूढ़ परिवार भारत में चुटकुलों का मसाला होते थे, क्योंकि वे लोकतंत्र का ढोंग करते थे। अब सभी राजनीतिक दलों में गाँव स्तर से राज्य स्तर तक सत्ताधारी परिवार मिल जाएँगे। अधिकांश तथाकथित युवा सांसद और विधायक जिन्हें राजनैतिक दलों में युवा और ताजा चेहरे के रूप में प्रस्तुत किया जाता है, वे सत्ता में बैठे लोगों के बेटे, दामाद, बेटियाँ, बहुएँ, पोते, रिश्तेदार इत्यादि हैं।

यह विशेष उल्लेखनीय है—भाजपा, कम्युनिस्ट और वामपंथी दलों के सिवाय भारत में लगभग सभी अन्य दल पारिवारिक कंपनी हैं। पिछले 12 वर्षों से सोनिया गांधी कांग्रेस पार्टी की अध्यक्ष हैं और दिल्ली के सिंहासन के पीछे की असली शक्ति हैं, जन्म से इटली मूल की हैं। लोकसभा की स्पीकर मीरा कुमार और राज्यसभा के चेयरमैन हामिद अंसारी भारतीय विदेश सेवा के सेवानिवृत्त अधिकारी हैं और प्रधानमंत्री मनमोहन सिंह भारतीय आर्थिक सेवा के सेवानिवृत्त अधिकारी हैं! किसने कल्पना की होगी कि एक बिलियन से ज्यादा जनसंख्यावाले भारत में, 60 वर्षों के संसदीय लोकतंत्र के बाद भी जनता में से नेतृत्त्व का इतना अभाव होगा?

—माधव गोडबोले
पूर्व गृहसचिव और सचिव न्याय,
भारत सरकार, आई.ए.एस. (सेवानिवृत्ति)-1959-1996
(स्वयं सेवानिवृत्ति ली)
की नवीनतम पुस्तक
'इंडियाज पार्लियामेंटरी डेमोक्रेसी ऑन ट्रायल', प्रकाशित 2011 से साभार

27 मार्च, 2011

□

प्रधानमंत्री द्वारा असमर्थनीय घूसखोरी का बचाव

प्रधानमंत्री डॉ. मनमोहन सिंह ने गत शुक्रवार (18 मार्च, 2011) को संसद् के दोनों सदनों में एक वक्तव्य देकर स्वतंत्र भारत में अब तक के सबसे बड़े घोटाले–जुलाई 2008 में 'नोट के बदले वोट' पर परदा डालने के उद्देश्य से चतुराई भरा, परंतु व्यर्थ प्रयास किया। वक्तव्य के तुरंत पश्चात् दोनों सदनों में विपक्ष के नेता सुषमा स्वराज और अरुण जेटली ने अपने संयुक्त संवाददाता सम्मेलन में इस वक्तव्य के प्रत्येक पहलू की प्रभावी ढंग से हवा निकाल दी और प्रधानमंत्री से निम्नलिखित पाँच प्रश्न पूछे जिनका उत्तर पूरा देश चाहता है—

1. विश्वास मत के मुख्य लाभार्थी आप हैं। सभी ने स्वीकारा है कि यह घूसखोरी का केस है। यहाँ तक कि संसदीय जाँच में अधिकांश ने श्री सक्सेना को घूस देनेवाला माना है। क्यों नहीं आपने या आपकी सरकार ने इस मामले को सी.बी.आई. को जाँच हेतु सौंपा? क्यों आपने सत्य की जाँच को छुपाने और दोषियों को दंडित न करने की कोशिश की? क्या आप अपना कर्तव्य पालन न करने के दोषी हैं? लोकसभा की संसदीय समिति की सिफारिशों को लागू न करने के चलते क्या आप संसद् की अवमानना के दोषी नहीं हैं?
2. संसदीय जाँच में यह पाए जाने के बावजूद कि सांसदों को घूस दी गई, क्यों आपने 'इंडिया टुडे कांक्लेव' को बताया कि घूसखोरी के बारे में आपको कुछ नहीं पता है?
3. क्या आपको घूस देने की वीडियो रिकॉर्डिंग्स को देखने का मौका मिला जो कुछ सप्ताह बाद समाचार चैनलों पर दिखाई गईं?
4. क्या कभी आपकी अंतरात्मा ने आपको नहीं कचोटा कि जिन संदिग्ध तरीकों से आपने विश्वास मत हासिल किया, उनसे देश और विदेशों में भारत की छवि कलंकित हुई?
5. देर से क्यों न सही, क्या आप अभी भी ऐसी भयंकर भूल की जिम्मेदारी स्वीकार कर प्रधानमंत्री के रूप में अपना त्यागपत्र देकर प्रायश्चित्त करने को तैयार हैं?

हालाँकि, मनमोहन सिंह द्वारा अपने वक्तव्य में प्रतिपादित बेतुके सिद्धांत की ओर लोगों

का ध्यान आकृष्ट करके मैं चाहूँगा कि कांग्रेसजन उनसे यह सवाल पूछें।

14वीं लोकसभा द्वारा घूसखोरी के आरोपों की जाँच करने हेतु गठित समिति का उल्लेख करने के बाद प्रधानमंत्री कहते हैं—

'मैं इससे निराश हूँ कि विपक्ष के सदस्य उसके पश्चात् क्या हुआ उसे भूल गए। 14वीं लोकसभा की अवधि पूरी होने पर आम चुनाव हुए। उन आम चुनावों में विपक्षी दलों ने बार-बार विश्वास मत में घूसखोरी के आरोपों को दोहराया था। लोगों ने इन आरोपों का क्या जवाब दिया? 14वीं लोकसभा में प्रमुख विपक्षी दल जिसके पास 138 सीटें थीं वह 15वीं लोकसभा में घटकर 116 सीटों पर आ गया। वाम दलों की संख्या भी 59 से 24 हो गई। अकेली कांग्रेस पार्टी ही ऐसी निकली जिसकी संख्या 145 से 206 हो गई, यानी 61 सीटों की बढ़ोतरी।

यह दुर्भाग्यपूर्ण है कि विपक्ष उन पुराने आरोपों को उठा रहा है जिन पर बहस हो चुकी है, चर्चा हो चुकी है और भारत की जनता ने जिन्हें नकार दिया है।'

यह कब से हुआ कि चुनावी विजय को, चुनाव पूर्व किए गए अपराधों की माफी के रूप में माना जाए? क्या प्रधानमंत्री को इस भौंडे तर्क के गंभीर आयाम मालूम हैं?

सभी राजनीतिक विश्लेषक इसे स्वीकार करेंगे कि 1989 के लोकसभाई चुनावों जिसमें राजीव गांधी को विश्वनाथ प्रताप सिंह के हाथों परास्त होना पड़ा था, का मुख्य मुद्दा बोफोर्स तोप घोटाला था और कोई भी यह नहीं भूल सकता कि राजीव गांधी जो 1984 में सभी रिकॉर्ड तोड़कर लोकसभा में 415 सीटों पर विजयी हुए थे, 1989 में 197 सीटों पर सिमट कर रह गए, जो कि आधे से भी कम होती हैं!

डॉ. मनमोहन सिंह द्वारा प्रतिपादित इस सिद्धांत कि भारत की जनता ने उनके निर्लज्ज घूसखोरी प्रपंच को स्वीकृति दे दी, तो क्या उन्हें पता है कि इसी तर्क पर 1989 के लोकसभाई जनादेश का अर्थ यह निकाला जाएगा कि भारतीय मतदाताओं ने राजीव गांधी को बोफोर्स घोटाले में दोषी घोषित कर दिया?

* * *

निर्लज्जता की कोई सीमा नहीं

एक ही सप्ताह में, 'हिंदू' ने विकीलीक्स के आधार पर दो समाचार रिपोर्टें प्रकाशित की हैं, जिसमें राष्ट्रीय राजनीति में प्रधानमंत्री डॉ. मनमोहन सिंह की स्थिति बुरी तरह से प्रभावित हुई है।

15 मार्च, 2011 को 'हिंदू' में प्रकाशित पहली रिपोर्ट कहती है कि 'भारत के राष्ट्रीय सुरक्षा सलाहकार एम. के. नारायणन से अगस्त, 2009 में बातचीत के बाद अमेरिकी राजदूत

टिमोथी रोइमर ने निष्कर्ष निकाला कि डॉ. मनमोहन सिंह पाकिस्तान से बातचीत और वार्त्ता के मामले में अपने दृढ़ विश्वास के चलते अपनी सरकार के भीतर ही अलग-थलग थे और राष्ट्रीय सुरक्षा सलाहकार भी उनसे सहमत नहीं थे।'

मैं मानता हूँ कि आतंकवाद, पाकिस्तान और जम्मू-कश्मीर से जुड़े मुद्दों पर यदि भारतीय जनमत का मूल्यांकन किया जाए तो डॉ. मनमोहन सिंह न केवल अपनी सरकार, अपितु जनता में भी अपने को अलग-थलग खड़ा पाएँगे।

लेकिन उनकी सरकार की छवि और यहाँ तक कि वैधता पर वास्तव में हथौड़े की जो मार पड़ी है, जिसकी भरपाई नहीं हो सकती, वह 'हिंदू' में प्रकाशित दूसरी रिपोर्ट है जो दो दिन बाद यानी 17 मार्च, 2011 को प्रकाशित हुई है। इसलिए इसमें कोई आश्चर्य नहीं है कि इस रिपोर्ट को अनेक समाचार-पत्रों ने यू.पी.ए. के लिए विकीबम माना है।

समाचार-पत्र को यह रिपोर्ट विकीलीक्स के हवाले से मिली है। इस समाचार को 'हिंदू' के प्रमुख राजनीतिक संपादक सिद्धार्थ वर्धराजन ने लिखा है। रिपोर्ट के मुख्य पहलू यह हैं—

1. यह अमेरिका के चार्ज डी अफेयर्स स्टीवन व्हाइट ने वाशिंगटन को केबल भेजा है।
2. इस केबल में, व्हाइट दूतावास के राजनीतिक काउंसलर पूर्व प्रधानमंत्री राजीव गांधी के घनिष्ठ सहयोगी, सोनिया गांधी के निकट पारिवारिक मित्र के रूप में जाने जानेवाले और राज्यसभा सदस्य सतीश शर्मा से मुलाकात के बारे में लिखते हैं—

वर्धराजन के अनुसार, श्री सतीश शर्मा ने अमेरिकी राजनयिक को बताया कि वह और पार्टी में अन्य लोग 22 जुलाई के विश्वास मत में सरकार की जीत सुनिश्चित करने के लिए कड़ी मेहनत कर रहे हैं। कांग्रेसी नेताओं द्वारा भारतीय जनता पार्टी और अकाली दल में सदस्यों पर डोरे डाले जाने का वर्णन करते हुए व्हाइट ने रहस्योद्घाटन के रूप में एक विस्फोट किया—

'शर्मा के राजनीतिक सहयोगी नचिकेता कपूर ने दूतावास के कर्मचारी को बताया कि 16 जुलाई को अजीत सिंह के राष्ट्रीय लोकदल को 10 करोड़ रुपए (2.5 मिलियन अमेरिकी डॉलर) उनके चार सदस्यों को सरकार का समर्थन करने के लिए दिए गए। कपूर ने उल्लेख किया कि पैसा कोई मुद्दा नहीं है, लेकिन अहम यह कि जिन्होंने पैसा लिया है वे सरकार के पक्ष में वोट डालें।

1. कपूर ने दूतावास के अधिकारी को लगभग 50-60 करोड़ रुपए (करीब 25 मिलियन डॉलर) से भरे दो बैग दिखाए जो घर में देने के लिए रखे थे।
2. कांग्रेस पार्टी के अन्य भीतरी व्यक्ति ने राजनीतिक काउंसलर को बताया कि वाणिज्य और उद्योग मंत्री कमलनाथ भी इस काम में सहायता कर रहे हैं; इस वार्त्ताकार के

मुताबिक, पहले, वह घूस के रूप में छोटे जहाज देने की पेशकश कर रहे थे; अब वह वोटों के लिए जेट देने के लिए भी तैयार हैं।

वर्धराजन लिखते हैं—यह तथ्य कि कांग्रेसी राजनीतिज्ञ विश्वास मत के सिलसिले में अपने घूसखोरी अभियान के बारे में अमेरिकी राजनयिकों से खुलकर बात कर सकते हैं और यह कि दूसरे भी लोकतंत्र के विध्वंस में इतने अलिप्त-यह सभी षड्यंत्रकारी हैं, लेकिन अंततः दोनों सरकारों के बीच रणनीतिक भागीदारी को प्रदर्शित करता है, जिसे बनाने के प्रयास हो रहे हैं।

वर्धराजन की इस तीखी टिप्पणी ने मुझे मेरे विशिष्ट सहयोगी जसवंत सिंह के शानदार भाषण का स्मरण करा दिया जो उन्होंने लोकसभा में गत सप्ताह विदेश मंत्रालय की अनुदान माँगों पर बहस की शुरुआत करते हुए दिया।

भारत सरकार की पाकिस्तान नीति का उल्लेख करते हुए जसवंत सिंह ने कहा—

'चाहे पाकिस्तान हो या अफगानिस्तान, हमारी नीति अब हमारी नहीं रहीं। मान लिया गया है कि पाकिस्तान अमेरिकी नीति के लिए अनिवार्य है। यहाँ तक कि आपको बहस नहीं करनी है। मुझे अच्छी तरह से स्मरण है, श्रीमान्, मैं साउथ ब्लॉक (विदेश मंत्रालय) से निकलकर नार्थ ब्लॉक (वित्त मंत्रालय) में जा चुका था। वहाँ एक व्यक्ति मुलाकात के लिए आए। मैं नहीं जानता कि मुझे उसका नाम लेना चाहिए या नहीं। वह एक अमेरिकी अधिकारी था हृष्ट-पुष्ट शरीरवाला। वह मुझे वित्त मंत्रालय में मिलने आया। तब मैंने उसे बताया कि मैं उनसे गुस्सा नहीं हूँ, लेकिन आपने (हमें) गलत समझा। यदि भारत की नीति प्रबंध में मुझे कुछ करना होगा तो मैं कभी भी अमेरिका से पाकिस्तान के संबंध में कुछ भी नहीं पूछूँगा। यह रिकॉर्ड पर है। श्रीमान, यह गर्वोक्ति नहीं थी। तब मैं भारत का एक प्रतिनिधि था। मैं आपसे अनुरोध करता हूँ कि अमेरिका के सहारे मत रहिए, क्योंकि हम अपने उत्तर आप ढूँढ़ लेंगे। लेकिन यदि आप अमेरिका के माध्यम से उत्तर पाने का प्रयास करोगे या उत्तर पाओगे तो हम कभी भी उत्तर नहीं पा सकेंगे।

19 मार्च, 2011

□

यू.पी.ए. सरकार की विश्वसनीयता तार-तार हुई

लगभग दो दशक पूर्व कोलकाता से प्रकाशित 'टेलीग्राफ' ने मेरा एक लंबा साक्षात्कार प्रकाशित किया था। उस समय मैं भाजपा का अध्यक्ष था। साक्षात्कार लिया था उनकी विशेष संवाददाता मानिनी चटर्जी ने। आज वह उसी समाचार-पत्र की करंट अफेयर्स की संपादक हैं।

उस साक्षात्कार के दौरान मानिनी ने मुझसे एक असामान्य सा प्रश्न पूछा था कि ऐसा कौन सा शब्द है, जो आपके जीवन में आपको सबसे ज्यादा अपील करता है? मेरा उत्तर था 'विश्वसनीयता' (क्रेडिबिलिटी)। आज मैं जो भी हूँ और जो कुछ भी मैं अपने देश के लिए तथा अपनी पार्टी के लिए कर पाया हूँ, वह जीवन में अर्जित विश्वसनीयता के चलते।

27 और 28 दिसंबर, 1992 को 'इंडियन एक्सप्रेस' में दो किश्तों में प्रकाशित लेख में मैंने अयोध्या आंदोलन की उत्पत्ति व मूल्यांकन का वर्णन किया था और इसी में मैंने 6 दिसंबर, 1992—जिस दिन अयोध्या में विवादास्पद ढाँचा गिरा था—को अपने जीवन का 'सर्वाधिक दुःखद दिन' वर्णित किया था।

मेरे इस वक्तव्य के लिए मेरे कुछ सहयोगियों ने आलोचना करते हुए कहा था, 'इस घटनाक्रम के लिए आप इतने क्षमायाचक क्यों बने हो?' मेरी प्रतिक्रिया थी—'मैं इस पर क्षमायाचक नहीं हूँ। वस्तुतः अयोध्या-आंदोलन से जुड़े होने पर मुझे गर्व है। लेकिन मैं इसलिए उदास हूँ कि 6 दिसंबर की घटनाओं से हमारी पार्टी की विश्वसनीयता पर बुरी तरह से बट्टा लगा है।'

मैंने अपने लेख में लिखा था—"मुझे इसलिए दुःख हो रहा है कि एक सुविचारित ढंग से तैयार की गई कार्ययोजना, जिसके तहत उ.प्र. सरकार किसी कानून का उल्लंघन किए बगैर या किसी भी न्यायालय के आदेश के प्रति अनादर दिखाते हुए, मंदिर निर्माण के प्रति अपने जनादेश को पूरा करने की ओर बढ़ रही थी, विफल हो गई (ढहने के कारण)। यदि

इस कारवाई की अपेक्षा होती और इसे पूर्णतया अनजाने ढंग से टाल दिया गया होता तो इसमें संलग्न संगठन की यह गलती निकाली जा सकती थी कि वह आंदोलन में भाग लेनेवाले लोगों की अधीरता को भाँपने में असफल रहा। लेकिन उस दिन जो घटा, उसके लिए निश्चित रूप से उसे जिम्मेदार नहीं ठहराया जा सकता।'

पिछले दिनों राष्ट्रपति प्रतिभा पाटिल ने केंद्रीय सतर्कता आयुक्त के रूप में पी.जे. थॉमस की नियुक्ति के आदेश को अधिकारिक रूप से रद्द कर दिया। शायद राष्ट्रपति को यह कदम इसलिए उठाना पड़ा कि सर्वोच्च न्यायालय द्वारा सी.वी.सी. की नियुक्ति को रद्द करने और थॉमस की नियुक्ति के उनके आदेश को कानून की परिभाषा में non-est ठहरा देने के बावजूद इन महोदय ने अपना पद नहीं छोड़ा।

किसी भी व्यक्ति अथवा संगठन के लिए सर्वाधिक महत्त्वपूर्ण तत्त्व विश्वसनीयता को रेखांकित करने के बाद मैं यह कहना चाहूँगा कि आज मनमोहन सिंह सरकार की विश्वसनीयता समाप्त हो चुकी है।

'इंडिया टुडे' के नवीनतम अंक में भावना विज अरोरा द्वारा 'क्रेडिबिलिटी क्रेश' शीर्षक से प्रकाशित एक विश्लेषण प्रकाशित हुआ है, जिसमें भावना लिखती हैं—''सर्वोच्च न्यायालय द्वारा 3 मार्च को केंद्रीय सतर्कता आयुक्त (सी.वी.सी.) पी.जे. थॉमस की नियुक्ति को रद्द कर देने का आदेश 'सरकारी मनमानी' माना गया। यह उस व्यक्ति के बजाय प्रधानमंत्री मनमोहन सिंह और गृहमंत्री पी. चिदंबरम की आलोचना अधिक है। यह आदेश सरकार के लिए सबसे बड़ा धक्का है, जो सुनवाई के दौरान सर्वोच्च न्यायालय द्वारा बार-बार की जा रही निंदा और सवालों के बावजूद थॉमस का बचाव कर रही थी। दागी सी.वी.सी. से छुटकारा पाने में पूर्णतया असहाय दिखती, सत्ता के गलियारों में यह चर्चा थी कि थॉमस 10 जनपथ से शक्ति पा रहे हैं और कोई भी उनका कुछ नहीं कर सकता। अंततः सर्वोच्च न्यायालय ने वह किया, जो सरकार को करना चाहिए था।

''सर्वोच्च न्यायालय के मुख्य न्यायाधीश एस.एच. कपाड़िया की पीठ ने इसकी जिम्मेदारी प्रधानमंत्री के द्वार पर सीधे रख दी, जिन्होंने चिदंबरम और विपक्ष की नेता सुषमा स्वराजवाली तीन सदस्यीय उच्चाधिकार समिति की अध्यक्षता की थी। चिदंबरम थॉमस का बचाव कमजोर आधारों पर कर रहे थे और स्वराज पर भी कटाक्ष कर रहे थे, जिन्होंने इस नियुक्ति का विरोध किया था। वह बार-बार एक ऐसे व्यक्ति की अनुपयुक्त नियुक्ति पर आपत्ति उठा रही थीं, जो भ्रष्टाचार के एक केस में आरोपी है और उसे देश के भ्रष्टाचार-विरोधी तंत्र का प्रमुख बनाया जा रहा था, जो सी.बी.आई. और प्रवर्तन निदेशालय जैसी जाँच एजेंसियों

के कामकाज पर निगरानी रखता है।''

'इंडिया टुडे' बिलकुल सही है, जब वह यह कहता है कि सी.वी.सी. के संबंध में सर्वोच्च न्यायालय को जो करना पड़ा है, वह सरकार को करना चाहिए था। हालाँकि ज्यादा बड़ी त्रासदी यह है कि गलतियों को पहले ही रोकने के मामले में घोटालेबाज सरकार द्वारा अपनी जिम्मेदारी को पूरी तरह से तिलांजलि दे दी गई।

अत: चाहे थॉमस का केस हो या राजा का, हसन अली या राष्ट्रमंडल खेल अधिकारियों का, सरकार के बजाय सर्वोच्च न्यायालय को ही बार-बार कदम उठाने पड़े। यह इस तथ्य को दरशाता है कि यू.पी.ए. सरकार में शासन के अभाव से नैतिकता का अभाव ज्यादा गंभीर है।

12 मार्च, 2011 को आई.आई.टी., दिल्ली एल्युमनी एसोसिएशन की ओर से आयोजित एक सम्मेलन में मुझे बुलाया गया। सम्मेलन का विषय था—'गवर्निंग इंडिया—द राइट वे' (Governing India—The Right Way)।

एसोसिएशन के अध्यक्ष श्री शशि मुंजाल द्वारा मुझे भेजा गया निमंत्रण इस प्रकार था—

'वर्ष 2010 को घोटालों का वर्ष जैसे कुख्यात विशेषण से नवाजा जा रहा है। राष्ट्रमंडल खेलों से 2जी लाइसेंसिंग, देश के जी.एन.पी. के बराबर स्विस खातों में रखे गए भारतीयों के धन के बारे में रहस्योद्घाटन, विसंगतियों की भयावहता ने सभी को हतोत्साहित कर दिया है। इस सभी का एक पंक्ति का उत्तर है—सरकार में सुधार।'

मैंने एसोसिएशन की इस पहल के लिए बधाई दी और उन्हें बताया—''आप सभी अपने व्यवसाय और पेशे में सफलतापूर्वक सक्रिय हैं। सामान्य परिस्थितियों में आप जैसे लोग राजनीति व सरकार के मामलों में ज्यादा रुचि रखनेवाले नहीं माने जाते। लेकिन इस सम्मेलन ने प्रदर्शित किया है कि आप भी रुचि रखते हैं। मैं इसे शिक्षित भारतीयों में बढ़ती इस प्रवृत्ति का संकेतक मानता हूँ, जो वर्तमान में देश के हालात के प्रति चिंतित हैं और इसे ठीक करने के लिए कुछ करना चाहते हैं।'' निमंत्रण में उल्लिखित भ्रष्टाचार का संदर्भ देते हुए मैंने कहा—''यदि वर्ष 2010 घोटालों का वर्ष था तो आइए, हम वर्ष 2011 को जवाबदेही का वर्ष बनाने में जुटें।''

13 मार्च, 2011

□

निर्वाचन आयोग के चयन में विपक्ष को भी सहभागी बनाया जाए

इस देश में आखिर हो क्या रहा है (What the hell is going on in this country) यह उत्तेजित टिप्पणी गत सप्ताह सर्वोच्च न्यायालय ने की, जिसमें कथित कालेधन के अपराधी हसन अली खान जैसों के विरुद्ध कानूनी काररवाई करने में सरकारी गंभीरता के अभाव के प्रति उसकी नाराजगी झलकती थी। सर्वोच्च न्यायालय राम जेठमलानी, सुभाष कश्यप और केपीएस गिल द्वारा दायर याचिका पर सुनवाई कर रहा था।

न्यायमूर्ति बी. सुदर्शन रेड्डी और एस.एस. निज्झर की पीठ ने सरकार को चेतावनी दी कि यदि वह इस मामले को कर चोरी का मामला मानकर और विदेशों में रखे अवैध धन के स्रोत का पता लगाने में असफल रही तो उसे कालेधन संबंधी जाँचों की मॉनिटरिंग करने को बाध्य होना पड़ेगा।

पीठ ने सोलिसीटर जनरल सुब्रमण्यम से आगे पूछा कि जाँच के लिए हसन अली को क्यों नहीं हिरासत में लिया गया और क्या सरकार न्यायालय की देखरेख में, हिरासत में पूछताछ करना चाहेगी?

हो क्या रहा है (What the hell!) ऐसा वाक्य सर्वोच्च न्यायालय की पीठ से सामान्य रूप से अपेक्षित नहीं है, लेकिन इन दिनों सरकार का व्यवहार ऐसा असामान्य है कि यदि आप देश के किसी भी भाग में चले जाएँ और वहाँ सुनी जानेवाली भाषा को सुनें तो यह सरकार के कामकाज पर अत्यंत हताशा के सिवाय कुछ नहीं है। मीडिया में भी टिप्पणियाँ इससे भिन्न नहीं हैं।

उदाहरण के लिए इस शुक्रवार को सर्वोच्च न्यायालय द्वारा मुख्य सतर्कता आयुक्त के पद हेतु पी.जे. थॉमस की नियुक्ति को निरस्त करने पर राजधानी के एक अग्रणी दैनिक ने यह शीर्षक दिया है—

सर्वोच्च न्यायालय ने लाल झंडी दिखाई लेकिन सरकार की आँखें बंद हैं

(SC WAVED RED FLAGS BUT GOVT. HAD EYES WIDE SHUT)

अनेक महीनों से, देश के प्रत्येक कोने में यदि कोई एक शब्द गूँज रहा है तो वह है भ्रष्टाचार।

स्वतंत्र भारत में 1952 के पहले आम चुनावों से सन् 2009 तक के पंद्रह आम चुनावों में सक्रिय रूप से भाग लेने का सौभाग्य मुझे मिला है। और इनमें से अधिकांश में विपक्षी दलों ने भ्रष्टाचार को एक महत्त्वपूर्ण मुद्दा बनाने का प्रयास किया, परंतु वास्तव में केवल एक बार राष्ट्रीय स्तर पर वे सफल हो सके और वह 1989 में, जब बोफोर्स तोप मुद्दे पर समूचे विपक्ष ने लोकसभा की अपनी सीटों से त्यागपत्र देकर अपने संसदीय विरोध को चरमोत्कर्ष पर पहुँचाया। इस केस में भ्रष्टाचार के विरुद्ध विद्रोह न केवल विपक्षी नेताओं ने किया, अपितु कांग्रेस पार्टी के भीतर श्री विश्वनाथ प्रताप सिंह ने भी किया।

इसलिए, गत सप्ताह अपने एक साक्षात्कार (इंडियन एक्सप्रेस, नई दिल्ली, 4 मार्च, 2011) में मैने यह टिप्पणी की कि कांग्रेस को अपने आप को सौभाग्यशाली मानना चाहिए कि आज उनके दल में कोई वी.पी. सिंह नहीं है।

***

यद्यपि यह राष्ट्र का सौभाग्य है कि आज एक सर्वोच्च न्यायालय है जो अपने संवैधानिक दायित्वों के प्रति पूर्णतया कर्तव्यनिष्ठ है। तथ्य यह है कि भ्रष्टाचार के मुद्दे पर सर्वोच्च न्यायालय ने 1998 में पहली बार विनीत नारायण केस में न्यायमूर्ति जे.एस. वर्मा, एस.पी. भरूचा और एस.सी. सेन द्वारा दिए गए ऐतिहासिक निर्णय किया था।

इस निर्णय के प्रभाव से केंद्रीय सतर्कता आयोग एक संवैधानिक निकाय बना और उसे सी.बी.आई. के कामकाज की जाँच के निरीक्षण की जिम्मेदारी सौंपी गई। सर्वोच्च न्यायालय के इसी निर्णय के चलते मुख्य सतर्कता आयुक्त की नियुक्ति जो तब तक सरकार के कार्यक्षेत्राधिकार में थी, प्रधानमंत्री, गृहमंत्री और लोकसभा में विपक्ष के नेता की कमेटी के तहत कर दी गई।

मुझे पता चला कि सी.वी.सी. के लिए पी.जे. थॉमस के चयन पर सर्वोच्च न्यायालय की अप्रसन्नता को समझकर सरकार के कुछ लोगों ने प्रयास किया कि थॉमस स्वयं पद छोड़ दें। हालाँकि उन्होंने ऐसा करने से मना कर दिया। नई दिल्ली के राजनीतिक क्षेत्रों में यह कहा जा रहा है कि एक वरिष्ठ मंत्री ने उन्हें न झुकने की सलाह दी है। पूर्व मुख्य न्यायाधीश वर्मा ने (4 मार्च, 2011–द इंडियन एक्सप्रेस) एक लेख लिखा है जिसका

शीर्षक है क्यों मुझे कोई शक नहीं था कि न्यायालय इसे निरस्त करेगा (Why I had no doubt the Court would strike down)। श्री वर्मा लिखते हैं—

"केंद्रीय सतर्कता आयुक्त का पद सर्वाधिक महत्त्वपूर्ण है, इसका काम सार्वजनिक पद पर कार्यरत लोगों के कामकाज पर निगरानी रखना और कहीं भी पाए जानेवाले भ्रष्टाचार से निपटना है। भ्रष्टाचार से निपटने हेतु यह एक महत्त्वपूर्ण संस्था है। इस संदर्भ में, घटनाओं का यह मोड़, सर्वोच्च न्यायालय द्वारा पी.जे. थॉमस की नियुक्ति को निरस्त करना, वस्तुतः दुःखद है।"

मुख्य न्यायाधीश वर्मा द्वारा एक महत्त्वपूर्ण नियुक्ति जो तब तक सत्तारूढ़ दल का विशेषाधिकार माना जाता था, में विपक्ष की भागीदारी ने एक उदाहरण स्थापित कर दिया। जब बाद में संसद् ने सूचना के अधिकार का कानून बनाया तो उसमें लोकसभा में विपक्ष के नेता को भी चयन समिति में शामिल किया गया।

भारत दुनिया का सर्वाधिक विशाल लोकतंत्र है। इसमें आश्चर्य नहीं कि संविधान का अनुच्छेद 324 जो निर्वाचन आयुक्त की नियुक्ति, शक्तियों इत्यादि से संबंधित है, एक महत्त्वपूर्ण प्रावधान माना जाता है।

अनुच्छेद 324 (2) कहता है–

निर्वाचन आयोग मुख्य निर्वाचन आयुक्त और उतने अन्य निर्वाचन आयुक्तों से, यदि कोई हों, जितने राष्ट्रपति समय-समय पर नियत करें, मिलकर बनेगा तथा मुख्य निर्वाचन आयुक्त और अन्य निर्वाचन आयुक्तों की नियुक्ति, संसद् द्वारा इस निमित्त बनाई गई विधि के उपबंधों के अधीन रहते हुए राष्ट्रपति द्वारा की जाएगी।

यदि सर्वोच्च न्यायालय के 1998 के निर्णय को सूचना के अधिकार के कानून में पालन किया गया, और यदि इसे निर्वाचन आयोग के मामले में भी शामिल किया जाता है तो यह लोकतंत्र को मजबूत बनाने हेतु उपयुक्त और उस दिशा में एक कदम होगा।

अनुच्छेद 324 (2) की शब्दावली दर्शाती है कि इसके लिए किसी संविधान संशोधन की आवश्यकता नहीं होगी। यह एक साधारण संशोधन से किया जा सकता है। जितना शीघ्र यह किया जाए उतना ही अच्छा होगा।

6 मार्च, 2011

□

भ्रष्टाचार का मुद्दा परिवर्तन का उत्प्रेरक बन सकता है

भारत को स्वतंत्र हुए अब छह दशक से ज्यादा हो गए। पहले तीन दशकों में कांग्रेस पार्टी का प्रभुत्व राजनीतिक परिदृश्य पर विशालकाय की भाँति छाया रहा। अनेक राज्यों में यह सत्ता में थी। लोकसभा में गैर-कांग्रेस दल इतनी संख्या नहीं जुटा पाए थे कि उन्हें मान्यता प्राप्त विपक्ष का पद मिलता और उसके नेता नेता-विपक्ष बन पाते।

'70 के दशक के मध्य में गुजरात में भ्रष्टाचार के विरुद्ध एक सशक्त छात्र आंदोलन उभरा। इससे प्रेरित होकर जयप्रकाशजी ने भी बिहार में भ्रष्टाचार के विरुद्ध छात्रों को जुटाया। इसी अभियान ने जे.पी. को अखिल भारतीय विद्यार्थी परिषद् के करीब ला दिया और उसके माध्यम से राष्ट्रीय स्वयंसेवक संघ के। इसके अलावा चुनाव सुधारों में उनकी रुचि के चलते मैं उनसे अलग से मिलता रहता था। उन दिनों वे दोहराते थे कि सार्वजनिक जीवन में भ्रष्टाचार की जड़ें कांग्रेस सरकारों के अपने भ्रष्टाचार में हैं। जब तक विपक्षी दल विभाजित रहेंगे तब तक इस बुराई का मुकाबला असरदार ढंग से नहीं किया जा सकेगा।

अत: भ्रष्टाचार के विरुद्ध जे.पी. आंदोलन जनसंघ, कांग्रेस (ओ), समाजवादी पार्टी और भारतीय लोकदल को एक साथ लाया। अंतत: इन दलों ने कांग्रेस के अजेय गढ़ गुजरात में 'जनता मोर्चा' के रूप में महत्त्वपूर्ण विजय प्राप्त की।

घोटालों का सीजन

गुजरात का निर्णय 12 जून, 1975 को घोषित हुआ। ठीक उसी दिन इलाहाबाद उच्च न्यायालय ने रायबरेली से लोकसभा के लिए चुनी गई प्रधानमंत्री इंदिरा गांधी का चुनाव अवैध घोषित करते हुए भ्रष्ट चुनाव साधनों के आधार

पर आगामी 6 वर्षों के लिए चुनाव लड़ने हेतु अयोग्य करार दे दिया। 12 जून को घटित इन दोनों घटनाओं ने आपातकाल, 1 लाख से ज्यादा लोगों को बंदी बनाने, प्रेस पर सेंसरशिप इत्यादि जैसी घटनाओं को जन्म दिया, जिसकी समाप्ति मार्च 1977 में लोकसभा चुनाव से हुई, जब कांग्रेस बुरी तरह पराजित हुई और श्री मोरारजी भाई के नेतृत्व में पहली गैर-कांग्रेसी सरकार गठित हुई। नवगठित जनता पार्टी में जनसंघ का विलय हुआ और वह इस सरकार का एक घटक बना। आज की द्विध्रुवीय राजनीति के बीज उसी समय पड़ गए थे। अत: इससे स्पष्ट होता है कि हमारे राजनीतिक इतिहास में निर्णायक मोड़ का पहला उत्प्रेरक भ्रष्टाचार था।

इसलिए यदि हमारे संविधान को अंगीकृत किए जाने के सात दशक पश्चात् दूसरी बार भ्रष्टाचार परिवर्तन का मुख्य उत्प्रेरक बनने जा रहा है तो किसी को भी आश्चर्य नहीं होगा।

जब वर्ष 2011 प्रारंभ हुआ तो मैंने टिप्पणी की थी कि हाल ही में समाप्त हुआ वर्ष घपलों और घोटालों का वर्ष था। वास्तव में लोकसभा के शीतकालीन सत्र के पहले दिन ही भाजपा के नेतृत्व में समूचे विपक्ष ने तीन घोटाले—राष्ट्रमंडल खेल घोटाला, 2जी स्पैक्ट्रम घोटाला और मुंबई के आदर्श सोसाइटी घोटाले को उठाने का निर्णय किया।

यदि पहले दिन ही विपक्ष को उसकी बात कहने दी जाती तो उस दिन से बना गतिरोध, जो पूरे सत्र में बना रहा, शायद नहीं रहता। विपक्ष का गुस्सा इससे भड़का कि सत्ताधारी पक्ष ने सामूहिक रूप से विपक्ष की नेता सुषमा स्वराज को बोलने नहीं दिया। शीघ्र ही अधिकांश विपक्षी दलों का यह मत बना कि जब तक सरकार इन घोटालों की जाँच के लिए संयुक्त संसदीय समिति बनाने को तैयार नहीं होती और दोषियों को दंडित नहीं किया जाता, तब तक संसद् में और कोई काम नहीं होगा।

सरकार और स्पीकर द्वारा आहूत अनेक बैठकें इस गतिरोध का समाधान करने में असफल रहीं। हालाँकि ज्यों ही बजट सत्र नजदीक आने लगा और विपक्ष के साथ सरकार की बैठकें हुईं, उससे यह अहसास हुआ कि इन परिस्थितियों में जे.पी.सी. का गठन एक सही कदम होगा। गत सप्ताह कुछ प्रमुख पत्रकारों के साथ प्रधानमंत्री का संवाद निराशाजनक रहा। इसमें भ्रष्टाचार पर चिंता कम और नकली गठबंधनीय दबावों के बारे में ज्यादा जोर दिया गया।

वास्तव में भाजपा इस तथ्य के प्रति सचेत है कि दूसरे दलों के गठबंधन में नीतिगत मामलों में अवरोधी प्रभाव रहता है। पिछले सप्ताह हैदराबाद की एन.डी.ए. रैली में मैंने बताया कि वाजपेयीजी के नेतृत्ववाली सरकार की उपलब्धियों में से तीन नए राज्यों—उत्तरांचल, छत्तीसगढ़ और झारखंड के सहज निर्माण को मैं विशिष्ट उपलब्धि मानता हूँ। यदि हमारे गठबंधन की सहयोगी तेलुगुदेशम पार्टी सहमत होती तो हम काफी आसानी से तेलंगाना राज्य भी बना सकते थे; लेकिन हमारे गठबंधन-धर्म ने इसकी अनुमति नहीं दी। लेकिन न तो वाजपेयी सरकार और न ही राज्यों में अन्य एन.डी.ए. सरकारों को गठबंधन-धर्म को ईमानदारी या सुशासन का बहाना या आड़ नहीं बनने दिया गया।

पिछले महीने 'द हिंदू' में प्रकाशित सी.बी.आई. के पूर्व निदेशक आर.के. राघवन का लेख यू.पी.ए. सरकार द्वारा भ्रष्टाचार से निपटने के घोषित किए एक्शन प्लान के प्रति काफी तीखा प्रतीत होता है। उन्होंने इस तथाकथित प्लान को असफल के रूप में वर्णित किया है। लेख का शीर्षक है—'भ्रष्टाचार के विरुद्ध हारती लड़ाई'। राघवन ने सी.वी.सी. थॉमस को 'सरकार के गले में पड़ा बोझ' (एलबेट्रॉस) के रूप में वर्णित किया है। उन्होंने पूर्व सी.वी.सी. विट्ठल के इस कथन से सहमति प्रकट करते हुए उद्धृत किया है कि 'भ्रष्टाचार भारत में कम जोखिम और ऊँचे लाभवाली गतिविधि बन गया है।'

तथापि मैं सी.बी.आई. के एक दूसरे पूर्व निदेशक सी.वी. नरसिम्हन, जिनकी ईमानदारी और कुशाग्र बुद्धि को सर्वज्ञ प्रतिष्ठा प्राप्त है, द्वारा रखे गए प्रस्ताव का समर्थन करता हूँ।

नरसिम्हन ने सुझाया है कि सरकार को सार्वजनिक लोगों के आपराधिक दुर्व्यवहार (Criminal Misconduct of Public men) का कानून बनाना चाहिए। वे कहते हैं कि यह कानून भ्रष्टाचार निवारक कानून, 1988 के तहत आनेवाले सभी अपराधों के विरुद्ध होगा। इसके तहत राजनीतिज्ञ और नौकरशाह भी आएँगे।

इसी प्रकार विदेशों के टैक्स हेवंस में काले धन के मुद्दे को भी पूरी शक्ति से आगे बढ़ाए रखना चाहिए। देश सर्वोच्च न्यायालय में लंबित राम जेठमलानी की जनहित याचिका को इसकी तार्किक परिणति तक पहुँचते देखना चाहता है। आज चुनावी कानून के तहत चुनाव लड़नेवाले प्रत्येक प्रत्याशी को अपनी संपत्तियाँ और देनदारियाँ बतानी पड़ती हैं। विदेशों में जमा भारतीय धन को भारत वापस लाने के मुद्दे को देखते हुए कानून में यह प्रावधान करना चाहिए कि प्रत्येक प्रत्याशी यह शपथ ले कि उसके पास विदेशों में अघोषित संपत्ति नहीं है। कानून में सरकार को यह अधिकार देना चाहिए कि यदि ऐसी संपत्ति सरकार को पता चलती है तो वह उसे जब्त कर सके।

इसी तरह का प्रावधान सभी मंत्रियों, सांसदों और पार्टी पदाधिकारियों तथा देश के प्रभावशाली वर्ग की विशेष श्रेणी के लोगों पर भी लागू किया जाना चाहिए।

राजा के स्पैक्ट्रम घोटाले में सी.ए.जी. द्वारा लगाए गए अनुमान 1 लाख 76 हजार करोड़ रुपए की चपत ने देश को हतप्रभ कर दिया है। यदि ग्लोबल फाइनेंशियल इंटीग्रेटी द्वारा विदेशों के टैक्स हेवंस में ले जाए गए भारतीय धन का मूल्यांकन 20 लाख 75 हजार करोड़ रुपए लगभग बैठता है तो कल्पना की जा सकती है कि यदि सर्वोच्च न्यायालय सरकार को यह सारा धन वापस लाने को बाध्य कर दे तो भारत की गरीबी को मिटाने पर कितना चमत्कारी प्रभाव हो सकता है।

20 फरवरी, 2011

□

पाकिस्तान के बारे में उत्कृष्ट पुस्तक

विगत तीन दशकों में मैंने असंख्य पुस्तक विमोचन कार्यक्रमों में भाग लिया है। पुस्तक विमोचन से पूर्व अपनी शुरुआती टिप्पणियों में अकसर मैं यह कहता हूँ कि आपातकाल के उन्नीस महीने जो मैंने बंगलोर सेंट्रल जेल और कुछ रोहतक जेल में बिताए, उस समय सलाखों के पीछे बंद सभी राजनीतिक बंदियों के लिए रिलीज (छूटना) शब्द आनंददायक होता था। 26 जून, 1975 को गिरफ्तारी के बाद मेरी रिहाई 18 जनवरी, 1977 को हुई थी। अतः जब भी किसी लेखक ने मुझे अपनी पुस्तक रिलीज करने का अनुरोध किया तो शायद ही मैंने उसे निराश किया हो।

एक महीना पूर्व मुझे एक अत्यंत प्रभावी पुस्तक के विमोचन में भाग लेने का मौका मिला, जिसमें उपराष्ट्रपति हामिद अंसारी ने एम.जे. अकबर की पुस्तक टिंडरबॉक्स 'Tinderbox' विमोचित की। पुस्तक का उप शीर्षक है—'पाकिस्तान का अतीत और भविष्य' 'The Past and Future of Pakistan' सम्मानीय अंसारी ने स्वयं पुस्तक को 'श्रेष्ठ एम.जे. अकबर' के रूप में निरूपित किया, जो पुस्तक के साथ-साथ लेखक की प्रशंसा भी है। पुस्तक न केवल पाकिस्तान नाम के एक कृत्रिम देश बनाने की प्रेरणा का ज्वलंत विश्लेषण करती है, अपितु उन पर भी प्रकाश डालती है, जिनके चलते एम.जे. अकबर ने इसे 'जेली स्टेट' कहा। अकबर कहते हैं, यह न तो स्थिरता हासिल कर पाएगा और न ही विघटन। परमाणु हथियारों के विशाल जखीरे ने इसे एक विषैली जेली बना दिया है और वह भी एक ऐसे क्षेत्र में जो लगता है संकीर्णता, भाई-भाई की हत्या और अंतरराष्ट्रीय युद्धों से दूषित है। यह विचार सकून देनेवाला नहीं है।

हयात रीजेंसी होटल में संपन्न हुए इस भव्य पुस्तक विमोचन कार्यक्रम में प्रमुख विद्वान् और प्रतिष्ठित महानुभाव उपस्थित थे। अकबर की पुस्तक उस समय विमोचित हुई, जब पाकिस्तान में एक जघन्य दुःखद घटना घटी थी। पाकिस्तान के सर्वाधिक आबादीवाले

राज्य पंजाब के गवर्नर सलमान तासीर की उनके ही सुरक्षा गार्ड मलिक मुमताज कादरी ने हत्या कर दी। तासीर को यह कीमत एक ईसाई महिला आयशा बीबी जो वर्तमान में ईशनिंदा के आरोपों में मृत्युदंड की सजा काट रही है, के मुखर समर्थन में बोलने के कारण चुकानी पड़ी। तासीर ईशनिंदा कानून बदलने की निडरतापूर्वक वकालत कर रहे थे।

पुस्तक के परिचय में अकबर लिखते हैं—

"ब्रिटिश भारत के मुसलिमों ने एक सेक्युलर भारत की संभावनाओं को नष्ट करते हुए जिसमें हिंदू और मुसलिम सह-अस्तित्व से रह सकते थे, को छोड़ 1947 में पृथक् होमलैंड चुना, क्योंकि वे मानते थे कि एक नए राष्ट्र पाकिस्तान में उनकी जान-माल सुरक्षित रहेगी और उनका मजहब भी सुरक्षित रहेगा। इसके बजाय, छह दशकों के भीतर ही पाकिस्तान इस धरती पर सर्वाधिक हिंसक राष्ट्रों में एक बन गया है, इसलिए नहीं कि हिंदू मुसलिमों की हत्या कर रहे थे, अपितु इसलिए कि मुसलिम, मुसलिमों को मार रहे थे।"

उनकी इस मान्यता की पृष्ठिभूमि में ही उन्होंने अपने संक्षिप्त भाषण में सर्वाधिक महत्त्वपूर्ण टिप्पणी की कि यदि सलमान तासीर भारत में होते तो उन्हें मरना नहीं पड़ता।

एम.जे. अकबर की पुस्तक की विषय-वस्तु ऐसी थी कि उस दिन जो-जो भी बोले—मुख्य अतिथि हामिद अंसारी के अलावा, हार्पर कॉलिंस पब्लिकेशंस के चेयरमैन अरुण पुरी और वित्तमंत्री प्रणव मुखर्जी—भारत और पाकिस्तान की कुछ-न-कुछ तुलनात्मक विशेषताएँ गिना रहे थे, जो उनकी वर्तमान स्थितियों तथा सफलताओं और असफलताओं को बताती हैं।

जब इस अवसर पर मुझे कुछ शब्द बोलने को कहा गया तो मैंने सन् 2005 में अपनी पाकिस्तान यात्रा के समय वहाँ के कुछ प्रमुख राजनीतिज्ञों से हुई संक्षिप्त बातचीत का स्मरण दिलाया। उस समय पाकिस्तान में भारत के उच्चायुक्त द्वारा आयोजित स्वागत कार्यक्रम में, बीच की मेज पर उच्चायुक्त और मैं बैठे थे, साथ ही सभी राजनीतिक दलों के प्रतिनिधि तथा तीन या चार मंत्री भी मौजूद थे। अनेक राजनीतिज्ञों द्वारा सीधे-सीधे एक सवाल मुझसे पूछा गया, 'मि. आडवाणी, आप एक सिंधी हैं जिसका जन्म और शुरू के बीस वर्ष कराची में बीते। आज, आप भारत की राजनीति में इतने ऊपर तक गए कि उपप्रधानमंत्री भी बने! क्या आपका मूल, आपका जन्म इत्यादि आपके राजनीतिक कैरियर में बाधा नहीं बना?' मेरा उत्तर था, 'बिलकुल नहीं। भारतीय राजनीति में, वे सभी जो सिंध, नार्थ वेस्टर्न प्रोविंस, पंजाब, पूर्वी बंगाल इत्यादि से राजस्थान, उत्तर प्रदेश, पश्चिम बंगाल इत्यादि गए, सोशलिस्ट पार्टी, कम्युनिस्ट पार्टी इत्यादि में शामिल हुए और राजनीतिक

मुख्यधारा का अंग बने। वास्तव में यह आपके सोचने का विषय है कि उत्तर प्रदेश, राजस्थान, गुजरात, बिहार इत्यादि से पाकिस्तान आए मुसलिम, पचास वर्ष से ज्यादा समय के बावजूद अभी भी मुहाजिर (शरणार्थी) हैं और उन्हें अपना अलग दल एम.क्यू.एम. बनाना पड़ा)!'

मैंने उन्हें बताया कि भारत का लोकाचार सदैव समावेशी रहा है, जबकि पाकिस्तान का लोकाचार गैर-समावेशी!

वस्तुतः, टिंडरबॉक्स बार-बार इस पर जोर देती है कि अपने समय के प्रमुख सुन्नी धर्मगुरु और बुद्धिजीवी शाह वलीउल्लाह ने एक ऐसे समुदाय जो उनके हिसाब से काफिरों की सांस्कृतिक शक्ति और सैन्य बल से अपने को खतरे में महसूस करता है, के लिए इसलामिक पवित्रता की विशिष्टता और सुरक्षा का सिद्धांत प्रतिपादित किया।

यह पुस्तक यह अनुबोधक टिप्पणी करती है-

राजनीति में इसलाम की भूमिका के बारे में पाकिस्तान में बहस तभी शुरू हो गई थी, जब जिन्ना जीवित थे। पाकिस्तान के पिता को पाकिस्तान के पितामह मौलाना मौदूदी, जमायते-इसलामी के संस्थापक और दक्षिण एशिया में इसलामिक आंदोलन के शिल्पी और इससे संबंधित विश्वव्यापी घटनाक्रम पर सर्वाधिक शक्तिशाली प्रभाव रखनेवाले, ने चुनौती दे दी थी। इसलामवाद को कभी पाकिस्तान में जन समर्थन नहीं रहा, यहाँ जब कभी चुनाव हुए, उनसे यह सिद्ध हो गया, लेकिन कानून और राजनीतिक जीवन पर इसका प्रभाव जबरदस्त था। मौदूदी शिष्य, जनरल जियाउल हक, जिन्होंने 1976 से पाकिस्तान पर एक दशक तक निरंकुशता से शासन किया, ने पंगु हो चुके उदारवादियों से एक सवाल पूछा—यदि इसलाम के लिए पाकिस्तान नहीं बनाया गया होता तो यह मात्र दोयम दर्जे का भारत होता?

अपनी प्रस्तावना को अकबर ने इन शब्दों में निष्कर्ष रूप में लिखा है—

पाकिस्तान एक स्थिर, आधुनिक राष्ट्र बन सकता है, लेकिन सिर्फ तभी जब पाकिस्तान पिता के अनुयायी पितामह मौदूदी के वैचारिक उत्तराधिकारियों को परास्त कर सकें।

अकबर की पुस्तक में शिवाजी द्वारा औरंगजेब को लिखा गया एक असाधारण पत्र प्रकाशित किया गया है जो पहले कभी मेरी नजर में नहीं आया। उसे यहाँ उद्धृत करना समीचीन होगा। अकबर कहते हैं—

"चमत्कारिक मराठा शासक शिवाजी, जिनकी मुगल सल्तनत को चुनौती, अकसर

उसके पतन के मुख्य कारणों के रूप में गिनी जाती है, ने जजिया के विरुद्ध विरोध करते हुए एक असाधारण पत्र औरंगजेब को लिखा—यदि आप सच्ची दिव्य पुस्तक और ईश्वर के शब्दों (कुरान) में विश्वास रखते हो तो आप उसमें पाएँगे रब्ब-उल-अलामीन, सभी मनुष्यों का मालिक, न कि रब्ब-उल-मुसलमीन, सिर्फ मुसलिमों का मालिक। इसलाम और हिंदू परस्पर तुलनात्मक हैं। सच्चा दिव्य चित्रकार उनका उपयोग नाना प्रकार के रंगों और रेखाओं में भरने में करता है। यदि यह मसजिद में है तो अजान को उसकी याद में स्मरण किया जाता है। यदि यह मंदिर है तो घंटियाँ सिर्फ उनके लिए बजती हैं। किसी व्यक्ति द्वारा अपनी जाति और वर्ण के प्रति पक्षपात किया जाता है तो यह पवित्र पुस्तक के शब्दों को बदलने जैसा है। यही वह दर्शन था, जिसे शिवाजी ने उल्लिखित किया, जिसने अकबर को सुलह-ए-कुल की ओर प्रेरित किया तथा जहाँगीर और शाहजहाँ को हिंदुओं से पृथक् होने से रोका। शिवाजी लिखते हैं, उनके पास भी जजिया लगाने की शक्ति थी, लेकिन उन्होंने अपने दिलों में धर्मांधता को स्थान नहीं दिया।''

13 फरवरी, 2011

□

1924—जब महात्मा गांधी कांग्रेस अध्यक्ष बने

पिछले सप्ताह रामकृष्ण मिशन, बेलगाँव ने मुझे वहाँ पर निर्मित एक विशाल सभागार का औपचारिक उद्घाटन करने के लिए निमंत्रित किया, जहाँ पर स्वामी विवेकानंद दक्षिण भारत की अपनी पहली यात्रा के दौरान रुके थे।

इस कार्यक्रम के लिए कलकत्ता स्थित मिशन के मुख्यालय वेल्लुर मठ के प्रमुख सहित सारे देश से रामकृष्ण मिशन ट्रस्ट के सभी ट्रस्टी वहाँ पहुँचे थे।

बेलगाँव की मेरी यात्रा अक्षरश: इतिहास के साथ एक साक्षात्कार थी। जिस स्थान पर स्वामी विवेकानंद नौ दिन रुके वह आज भी पर्याप्त श्रद्धा के साथ व्यवस्थित है, ऐसे स्थान पर जाकर कोई भी अपने को कृतार्थ समझेगा। यह स्थान बेलगाँव किले के भीतर है, जिसके लिए एक बड़ा क्षेत्र रामकृष्ण मिशन को दिया गया है।

स्वामीजी 1892 में बेलगाँव आए थे और अगले वर्ष 1893 में उन्हें विश्व धर्म संसद् में भाग लेने हेतु शिकागो जाना चाहिए का विचार भी यहीं फलीभूत हुआ माना जाता है।

इसी बेलगाँव में 1924 में कांग्रेस का सेशन हुआ था, बेलगाँव के निकट कित्तुर की रानी चेन्नमां द्वारा ठीक एक सौ वर्ष पूर्व ब्रिटिश शासन के विरुद्ध विद्रोह करने के बाद जो कि 1857 के पहले स्वतंत्रता संग्राम से पहले की घटना है। 1997 में स्वर्ण जयंती यात्रा के दौरान कित्तुर स्थित रानी चेन्नमां को अपनी श्रद्धांजलि देने आने का मुझे स्मरण हो आया।

महात्मा गांधी का जीवनभर कांग्रेस पर असाधारण प्रभाव बना रहा, लेकिन 1924 में ही सिर्फ एक बार वह पार्टी के अध्यक्ष बने।

बेलगाँव स्वतंत्रता संग्राम का एक महत्त्वपूर्ण केंद्र था। लोकमान्य तिलक ने 1916 में बेलगाँव से ही अपना होम रूल लीग आंदोलन छेड़ा था। इस शहर को 1924 में ऑल इंडिया कांग्रेस के 39वें सेशन को आयोजित करने का सम्मान प्राप्त हुआ और यही एकमात्र

ऐसा सेशन था जिसकी अध्यक्षता महात्मा गांधी ने की और कर्नाटक में भी यही एकमात्र सेशन हुआ। इस सेशन की स्मृति में वीरसौध स्मारक बनाया गया है। कैंपस में मौजूद कुआँ, कांग्रेस कुएँ के नाम से प्रसिद्ध है क्योंकि इसे सेशन के दौरान पीने के पानी की आवश्यकता के लिए बनाया गया था। कुएँ का नाम पंपा सरोवर और सेशन के स्थान का नाम हंपी साम्राज्य के नाम पर विजयनगर रखा गया था।

इंडियन नेशनल कांग्रेस के इस सेशन में अनेक ऐसे व्यक्ति एक साथ आए थे जिन्होंने स्वतंत्रता संघर्ष को गति दी तथा हमारे देश पर अपनी छाप छोड़ी। महात्मा गांधी के अलावा, मोतीलाल और जवाहरलाल नेहरू, लाला लाजपत राय और राजगोपालचारी, डॉ. एन्नी बसेंट और सरोजिनी नायडू, चित्तरंजनदास और पंडित मदन मोहन मालवीय, सैफुद्दीन किचलु और अबुल कलाम आजाद, राजेंद्र प्रसाद, वल्लभभाई पटेल और ऐसे अनेक अन्य महारथी इसमें उपस्थित थे।

कांग्रेस का बेलगाँव सेशन प्रसिद्ध संगीतज्ञ विष्णु दिगम्बर पलुसकर द्वारा गाए गए वंदेमातरम के साथ शुरू हुआ। तत्पश्चात् कन्नड़ के दो गीत गाए गए, इनमें से एक को एक छोटी लड़की गंगूबाई हंगल ने गाया जिसके आत्मीय स्वर ने गांधीजी को भाव विभोर कर दिया। बाद में गंगूबाई देश की सर्वोत्कृष्ट संगीतज्ञों में एक बनीं।

उन दिनों में प्रत्येक वर्ष कांग्रेस का नया अध्यक्ष चुना जाता था। तब से कितना बदल गया है! आजकल पार्टी का अध्यक्ष पद लगता है एक परिवार का एकाधिकार बन गया है और वह भी जीवन भर के लिए!

***

अपने राजनीतिक जीवन में, मैंने अनेक उतार-चढ़ाव देखे हैं। 1980 की शुरुआत में जनता पार्टी के अंतिम दिनोंवाले दौर को मैं सर्वाधिक पीड़ादायक मानता हूँ। जनता पार्टी बुरी तरह चुनाव हार चुकी थी। पार्टी के जनसंघ सदस्यों को नेतृत्व द्वारा बोझ समझा जाने लगा था और दोहरी सदस्यता के नाम पर हमें बाहर करने के प्रयास चल रहे थे। और यह पीड़ा अप्रैल 1980 में ही तब समाप्त हुई जब जनसंघ से संबंध रखनेवाले हम लोगों ने जनता पार्टी से किनारा कर भाजपा की नींव रखी।

इसी पीड़ादायक दौर के दौरान एक बार मैंने कहा था यह जनता पार्टी लगता है आत्महत्या करने की मन:स्थिति में है! एक मित्र ने टिप्पणी की कि यह साधारणतया माना जाता है कि आत्महत्या करना सिर्फ मनुष्य की ही विशेषता है न कि पशुओं की, लेकिन स्केनडिनेवियन देशों में एक चूहे जैसा जीव पाया जाता है, जिसे लेम्मिंग नाम से पहचाना

जाता है, उसके बारे में कहा जाता है कि यह अपने आप में अलग प्रजाति है—बगैर किसी स्पष्ट कारण के ये लेम्मिंग सामूहिक आत्महत्या करते हैं। अपने लेखन में उन दिनों अकसर मैं जनता पार्टी के बारे में कहा करता था कि यह 'लेम्मिंग कॉम्प्लेक्स' से ग्रसित है। हालाँकि बाद में मुझे पता चला कि यह मात्र ऐसा माना जाता है, वैज्ञानिक रूप से सही नहीं है।

गत सप्ताह मुझे हिंदू समाचार-पत्र में संपादकीय पृष्ठ पर इसके सुपरिचित पत्रकार पी. साईनाथ का दि लर्च ऑफ लेम्मिंग्स शीर्षक से लेख पढ़ने को मिला। साईनाथ ने लेख को इन शब्दों में समाप्त किया है—2 जी, राडिया, अवैध फंड और एक जिद्दी सी.वी.सी., यू.पी.ए. सरकार के घोटाले लेम्मिंग्स की तुलना में ज्यादा तेजी से बढ़ते जा रहे हैं। इससे किसी को भी आश्चर्य हो सकता है कि क्या यू.पी.ए. सरकार भी आत्महत्या के मूड में आती दिख रही है!

हिंदू में ही घोटाले विषय पर जवाहरलाल नेहरू विश्वविद्यालय, नई दिल्ली स्कूल ऑफ सोशल स्टडीज के सेंटर फॉर इकोनॉमिक्स एंड प्लानिंग के चेयरमैन अरुण कुमार का 'ऑनेस्टी इंडीविसिवल' शीर्षक से लेख प्रकाशित हुआ है। वे शुरुआती पैराग्राफ में लिखते हैं—

"भारतीय सत्ताधारी वर्ग को 2010 में विश्वसनीयता के गंभीर संकट का सामना करना पड़ा है। उनका अतीत उजागर हुआ है और इसके घोटाले तथा घपले सामने आते जा रहे हैं। घोटालों का काली अर्थव्यवस्था से प्रतीकात्मक संबंध है।

घोटालों की संख्या बढ़ती जा रही है और इसी तरह काली अर्थव्यवस्था का आकार भी, जो कि दंग कर देनेवाले सकल घरेलू उत्पाद के 50 प्रतिशत स्तर तक पहुँच गई है और इससे प्रति वर्ष 33 लाख करोड़ रुपए की काली कमाई होती है। 1980 के दशक में आठ मुख्य घोटाले देखने को मिले, 1991 से 1996 की समयावधि में 26 और 2005-08 के बीच इनकी संख्या करीब 150 है।"

***

पेट्रिक फ्रेंच की भारत पर ताजा पुस्तक इंडिया : एन इंटीमेट बायोग्राफी ऑफ 1.2 बिलियन पीपुल शीर्षक से प्रकाशित हुई है। पुस्तक पर मिश्रित समीक्षाएँ प्रकाशित हुई हैं। लेकिन लेखक द्वारा प्रस्तावना में वर्णित एक घटना मुझे काफी रोचक लगी। यह इस प्रकार है—

न्यूयॉर्क शहर के बैंक में एक भारतीय गया और उसने ऋण अधिकारी के बारे में

पूछा। उसने ऋण अधिकारी को बताया कि वह व्यवसाय के लिए दो सप्ताह हेतु भारत जा रहा है तथा उसे 5,000 डॉलर ऋण की जरूरत है। ऋण अधिकारी ने बताया कि इसके लिए बैंक को किसी किस्म की गारंटी की जरूरत पड़ेगी। इस पर भारतीय ने बैंक के सामने की गली में खड़ी अपनी नई फेरारी कार की चाबियाँ उसे सौंप दीं। उसने संबंधित सभी कागजात उसे दिए जिन्हें बैंक ने जाँचा। ऋण अधिकारी कार की गारंटी के बदले ऋण देने को तैयार हो गया।

बैंक के अध्यक्ष और उसके अधिकारी इस भारतीय द्वारा 5000 डॉलर ऋण के लिए 2,50,000 डॉलर की फेरारी का उपयोग करने पर खूब हँसे।

ऋण अधिकारी ने कहा, श्रीमान, हम आपके साथ व्यवसाय करने से खुश हुए और यह लेन-देन अच्छे ढंग से संपन्न हो गया, लेकिन हम थोड़े असमंजस में हैं। जब आप यहाँ नहीं थे तो हमने जाँच करने पर पाया कि आप करोड़पति हैं। हमें यह असमंजस है कि फिर भी आपने 5000 डॉलर का ऋण क्यों लिया?

भारतीय ने जवाब दिया : सिर्फ 15.41 डॉलर में दो सप्ताह तक और कहाँ मैं न्यूयॉर्क शहर में अपनी गाड़ी पार्क कर सकता था और वापसी पर इसके मिलने की उम्मीद भी?

वाह, क्या भारतीय दिमाग है!

6 फरवरी, 2011

□

भ्रष्टाचार से कलुषित भारत की तुलना में—गुजरात का उदाहरण

प्रत्येक वर्ष गणतंत्र दिवस पर, राजपथ की परेड को देखने के बाद मैं अपने निवास पर भी झंडाभिवादन का छोटा कार्यक्रम आयोजित करता हूँ। इसमें अधिकांश वे सुरक्षाकर्मी भाग लेते हैं, जो वहाँ पर तैनात हैं। इस वर्ष मेरी सुपुत्री प्रतिभा ने उनके लिए एक घंटे के वृत्त चित्र 'वंदेमातरम्' का शो प्रदर्शित किया।

उस अवसर पर उपस्थित मीडियाकर्मियों को मैंने कहा कि गणतंत्र दिवस एक ऐसा दिन है, जब प्रत्येक भारतीय को इस पर गर्व होना चाहिए कि वह एक ऐसे महान् देश से जुड़ा है, जिसका सम्मान दुनिया भर में होता है।

इससे शायद ही कोई इनकार कर सकता है कि हाल ही में समाप्त हुए वर्ष ने हमारे देश के नागरिकों को न केवल अत्यंत निराशा और ठेस पहुँचाई, न केवल इसलिए कि खाद्य स्फीति और पेट्रोल, डीजल इत्यादि की कीमतों से आम आदमी के परिवार का बजट गड़बड़ा गया, अपितु इसलिए भी कि पूरी दुनिया में हमारा देश दुनिया के सर्वाधिक भ्रष्ट देशों में जाना जाने लगा है।

इस अवसर पर, मैं कुछ महीने पहले दिल्ली में हुए राष्ट्रमंडल खेलों का स्मरण कराना चाहूँगा। विदेश सहित दुनियाभर के अपने मित्रों तथा परिचितों से बातचीत में खेलों का मुद्दा अवश्य आता था और उसमें हमें पता चला कि विदेशी टी.वी. चैनलों पर नई दिल्ली के खेलों के नाम पर केवल घोटालों और घपलों संबंधी समाचार ही दिखाए जाते थे। इसलिए मुझे 'आउटलुक' वेबसाइट पर इस शीर्षक के अंतर्गत प्रकाशित ताजा रिपोर्ट देखकर कोई आश्चर्य नहीं हुआ—'ट्रांसपरेंसी करप्शन इंडेक्स में भारत 87वें क्रम पर लुढ़का'।

रिपोर्ट कहती है-

"भ्रष्टाचार के स्तर के कारण ट्रांसपरेंसी इंटरनेशनल के करप्शन प्रीसेप्शन इंडेक्स के नवीनतम रैंकिंग में भारत 87वें क्रम पर लुढ़क गया, क्योंकि ग्लोबल वॉच डॉग वैश्विक प्रहरी की अवधारणा के अनुसार घपलों से भरे राष्ट्रमंडल खेलों के परिप्रेक्ष्य में देश में भ्रष्टाचार बढ़ा है।

ट्रांसपरेंसी इंटरनेशनल के ट्रांसपरेंसी करप्शन इंडेक्स की रिपोर्ट जो 178 देशों के सार्वजनिक उपक्रमों को जाँचती है, दर्शाती है कि सन् 2009 में भारत 84वें से तीन दर्जा नीचे गिरा है।

3.3 ईमानदारी प्राप्तांक (Integrity score) के साथ भ्रष्टाचार के संदर्भ में भारत अब दुनिया में 87वें क्रम पर है। पड़ोसी चीन 3.5 ईमानदारी स्कोर लेकर 78वें क्रम के साथ भारत से ऊपर है। सन् 2009 में वह 79वें क्रम पर था।"

ट्रांसपरेंसी इंटरनेशनल इंडिया के चेयरमैन पी.एस. बाबा ने कहा कि रैंकिंग और ईमानदारी स्कोर के साथ भारत का नीचे जाना चिंता और खेद का विषय है। ऐसा लगता है कि कुशल प्रशासकों के बावजूद भारत में शासन का स्तर सुधर नहीं रहा है।

0 से 10 के पैमाने पर रैंकिंग अन्य कसौटियों के साथ-साथ भ्रष्टाचार की व्यापकता और प्रत्येक सरकार द्वारा भ्रष्ट गतिविधियों को रोकने और दंडित करने की योग्यता पर आधारित होती है। शून्य का स्कोर सर्वाधिक भ्रष्ट, जबकि 10 स्कोर भ्रष्टाचार के न्यूनतम स्तर को दर्शाता है।

रिपोर्ट के मुताबिक भारत में भ्रष्ट्राचार के बारे में धारणा लगता है, हाल ही में संपन्न हुए राष्ट्रमंडल खेलों में कथित भ्रष्टाचार के चलते मुख्य रूप से बढ़ी है।

कम-से-कम चार जाँच एजेंसियाँ केंद्रीय सतर्कता आयोग (सी.वी.सी.), प्रवर्तन निदेशालय (एन्फोर्समेंट डायरेक्टोरेट), आयकर विभाग (इनकम टैक्स डिपार्टमेंट) और नियंत्रक एवं महालेखाकार (सी.ए.जी.)—गत वर्ष समाप्त हुए राष्ट्रमंडल खेलों के आयोजकों के विरुद्ध भ्रष्टाचार के आरोपों की जाँच कर रही हैं।

ट्रांसपरेंसी इंटरनेशनल द्वारा दुनिया में सर्वाधिक न्यूनतम भ्रष्टाचारवाले देशों में डेनमार्क, न्यूजीलैंड और सिंगापुर को शामिल किया गया है।

9.3 स्कोर के चलते डेनमार्क रिपोर्ट में पहले क्रम पर है, जबकि न्यूजीलैंड और सिंगापुर समान स्कोर के साथ क्रमशः दूसरे और तीसरे क्रम पर हैं।

5.7 ईमानदारी स्कोर के साथ दक्षिण एशिया में भूटान सर्वोत्तम कार्यनिष्पादकता के चलते 37वें क्रम पर है।

यह रिपोर्ट विश्व बैंक, यूरोपीय यूनियन, अंतरराष्ट्रीय मुद्रा कोश और फ्रीडम हाउस फाउंडेशन सहित विभिन्न अंतरराष्ट्रीय एजेंसियों द्वारा वर्षभर में किए गए 13 सर्वेक्षणों पर आधारित है।

राष्ट्रीय स्तर पर दृश्य वास्तव में निराशाजनक है। इसकी तुलना में हाल ही में गुजरात से मिलनेवाले समाचारों पर कोई भी गर्व कर सकता है।

सन् 2003 से प्रत्येक दो वर्ष पर गुजरात Vibrant Gujarat कार्यक्रम आयोजित करता है। अब तक चार कार्यक्रम—2003, 2005, 2007 एवं 2009 हो चुके हैं। इस वर्ष के कार्यक्रम में 101 देशों और लगभग 1400 विदेशी प्रतिनिधियों ने भाग लिया। मोटे तौर पर 462 बिलियन अमेरिकी डॉलर राशि जो कि भारत की जी.डी.पी. की एक-तिहाई है, के समझौता-पत्रों (एम.ओ.यू.) पर मात्र दो दिन में हस्ताक्षर किए गए।

मई 2010 में मैंने मुख्यमंत्री नरेंद्र मोदी द्वारा आयोजित अद्वितीय स्वर्णिम गुजरात समारोह (गुजरात के स्थापना की स्वर्ण जयंती) के बारे में लिखा था। उस अवसर पर राजधानी गांधीनगर में एक नए प्रकल्प महात्मा मंदिर की घोषणा की गई थी। यह भी घोषित किया गया था कि 2011 में आयोजित Vibrant Gujarat कार्यक्रम महात्मा मंदिर में ही किया जाएगा। प्रकल्प इतना महत्त्वाकांक्षी था कि अनेकों को आशंका थी कि क्या यह इतनी जल्दी पूरा हो पाएगा? लेकिन इसका श्रेय नरेंद्रभाई को देना पड़ेगा कि 34 एकड़ भूमि में इस ऐतिहासिक आश्चर्य का निर्माण 182 दिनों में पूरा कर दिखाया।

बगैर स्तंभोंवाले इस बहुउद्देश्यीय वातानुकूलित मुख्य कन्वेंशन हॉल में, जहाँ Vibrant Gujarat कार्यक्रम संपन्न हुआ, 500 लोग बैठ सकते हैं और आवश्यकतानुसार स्थान बढ़ाने-घटाने की काफी संभावना है। इसके अलावा निर्मित बिजनेस सेंटर में एक ही समय पर 1500 लोग बैठ सकते हैं।

गुजरात में इन उपलब्धियों के पीछे नरेंद्रभाई द्वारा राज्य प्रशासन से प्रभावी ढंग से लेट-लतीफी और भ्रष्टाचार को समाप्त करने में उनकी विस्मयकारी सफलता है और यही सफलता भारत तथा विदेशों से उद्योगपतियों को स्वाभाविक रूप से गुजरात की ओर आकर्षित करती है।

30 जनवरी, 2011

□

20 मार्च, 2010 को माधोपुर (पठानकोट) में डॉ. श्यामा प्रसाद मुकर्जी की प्रतिमा के अनावरण के अवसर पर सर्वश्री लालकृष्ण आडवाणी, मोहन भागवत, नितिन गडकरी, प्रेमकुमार धूमल, सुखबीर बादल और बलबीर पुंज।

परम पूज्य दलाई लामा के साथ श्री लालकृष्ण आडवाणी अपने निवास स्थान पर।

पूज्य दादा जे.पी. वासवाणी के साथ श्री लालकृष्ण आडवाणी, श्रीमती कमला आडवाणी, सर्वश्री जयंत आडवाणी, गीतिका आडवाणी व प्रतिभा आडवाणी अपने निवास स्थान पर।

24 सितंबर, 2010 को पवित्र सोमनाथ मंदिर के सामने श्री लालकृष्ण आडवाणी, साथ हैं प्रतिभा आडवाणी, दीपक चोपड़ा और श्रीनाथ शाह।

प्यारी पोती नव्या के साथ।

10 मई, 2011 को धर्मशाला क्रिकेट स्टेडियम में श्री लालकृष्ण आडवाणी के साथ प्रो. प्रेमकुमार धूमल व प्रतिभा आडवाणी।

श्री लालकृष्ण आडवाणी के साथ श्री जयंत आडवाणी एवं प्रसिद्ध क्रिकेट खिलाड़ी सर्वश्री सचिन तेंदुलकर, गौतम गंभीर, वीरेंद्र सहवाग, अनिल कुंबले और नवजोत सिंह सिद्धू उनके निवास स्थान पर।

7 अक्तूबर, 2010 को इंडोनेशिया में तमन मिनी में ब्रह्मा मंदिर की अनुकृति के सामने श्री लालकृष्ण आडवाणी एवं श्रीमती कमला आडवाणी।

पारंपरिक कुर्ग पोशाक में श्री लालकृष्ण आडवाणी एवं श्रीमती कमला आडवाणी।

उत्तराखंड में पारंपरिक नाव की सवारी का आनंद लेते हुए।

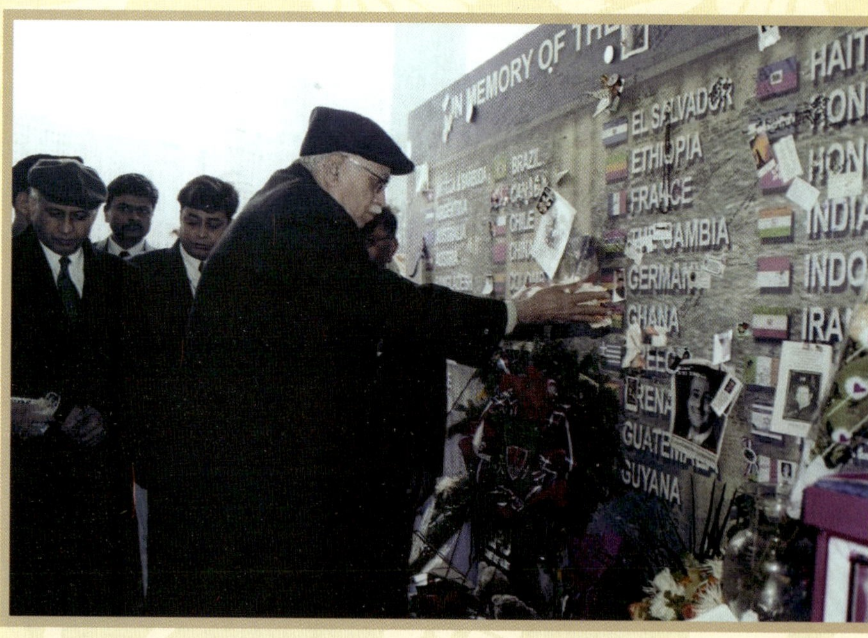

जनवरी, 2002 में अमेरिका में ग्राउंड जीरो पर मृतकों को श्रद्धांजलि अर्पित करते हुए।

20 जनवरी, 2011 को नई दिल्ली में भाजपा युवा मोर्चा द्वारा प्रवर्तित राष्ट्रीय एकता यात्रा का फ्लैग ऑफ करते हुए।

19 मई, 2011 को अपने निवास स्थान पर श्री लालकृष्ण आडवाणी और श्रीमती कमला आडवाणी ज्विइश छात्रों के प्रतिनिधिमंडल के साथ।

27 जुलाई, 2011 को पाकिस्तान की विदेश मंत्री हिना रब्बानी खर के साथ अपने निवास स्थान पर।

18 अगस्त, 2011 को नई दिल्ली में ब्लॉग्स की अंग्रेजी पुस्तक 'As I See It' के लोकार्पण का क्षण, साथ हैं श्री फली नरीमन व श्री एम.जे. अकबर।

8 अक्तूबर, 2011 को नई दिल्ली में भाजपा अध्यक्ष श्री नितिन गडकरी की पुस्तक 'विकास के पथ' के लोकार्पण के अवसर पर उद्बोधन देते हुए।

'विकास के पथ' का लोकार्पण करते हुए श्री लालकृष्ण आडवाणी, साथ हैं श्रीश्री रविशंकर, श्री सुरेश सोनी, श्री नितिन गडकरी व श्री एम.जे. अकबर।

8 नवंबर, 2011 को अपने निवास स्थान पर श्री लालकृष्ण आडवाणी के 84वें जन्मदिवस पर स्वदेश द्वारा प्रकाशित ग्रंथ के लोकार्पण का क्षण—चित्र में हैं सर्वश्री सुषमा स्वराज, अरुण जेटली, रामनाथ सिंह व शिवराज सिंह चौहान।

8 नवंबर, 2011 को जन्मदिन के उल्लास में पत्नी श्रीमती कमला आडवाणी व सुपुत्री सुश्री प्रतिभा आडवाणी।

3 दिसंबर, 2011 को नई दिल्ली में हिंदुस्तान टाइम्स समिट में उद्‌बोधन देते हुए।

16 दिसंबर, 2011 को क्रिसमस पर्व पर उत्तर पूर्व के निवासियों के साथ अपने निवास स्थान पर।

5 जनवरी, 2012 को अपने निवास स्थान पर जापान के पूर्व प्रधानमंत्री श्री यासुओ फाकुदा व उनके प्रतिनिधियों के साथ।

10 जनवरी, 2012 को अपने निवास स्थान पर अमेरिका के सीनेटर मार्क वार्नर का स्वागत करते हुए।

14 जनवरी, 2012 को चेन्नई में तमिल सुपरस्टार श्री रजनीकांत से संवाद करते हुए,
साथ हैं गुजरात के मुख्यमंत्री श्री नरेंद्र मोदी व श्री एस. गुरुमूर्ति।

11 अप्रैल, 2012 को अपने निवास स्थान पर श्रीलंका के पूर्व प्रधानमंत्री व वर्तमान नेता प्रतिपक्ष
श्री रानिल विक्रमासिंघे का स्वागत करते हुए।

12 अप्रैल, 2012 को अपने निवास स्थान पर अमेरिका की अंडर सेक्रेटरी फॉर पॉलिटिकल अफेयर्स वेंडी शरमन का स्वागत करते हुए।

5 जुलाई, 2012 को श्री आडवाणी से भेंट करते पाकिस्तान के विदेश सचिव श्री जलील अब्बास जिलानी उनके निवास स्थान पर।

11 अक्तूबर, 2011 को बिहार के सिताबदियारा में जन चेतना यात्रा का शुभारंभ।

16 अक्तूबर, 2011 को भोपाल में जन चेतना यात्रा।

जन चेतना यात्रा को मिला अपार जन-समर्थन।

जन चेतना यात्रा को समर्थन देने आए जनसमूह का अभिवादन स्वीकारते हुए।

19 अक्तूबर, 2011 को हैदराबाद में जन चेतना यात्रा।

23 अक्तूबर, 2011 को छत्तीसगढ़ में जन चेतना यात्रा।

1 नवंबर, 2011 को उत्तर कन्नड़ (कर्नाटक) मुरुदेश्वर शिवा मंदिर में
श्री लालकृष्ण आडवाणी, साथ हैं श्री रविशंकर प्रसाद व सुश्री प्रतिभा आडवाणी।

1 नवंबर, 2011 को कर्नाटक में जन चेतना यात्रा।

3 नवंबर, 2011 को मुंबई में जन चेतना यात्रा।

6 नवंबर, 2011 को सूरत में जन चेतना यात्रा।

जन चेतना यात्रा की मूल भावना प्रदर्शित करता एक होर्डिंग।

13 नवंबर, 2011 को लुधियाना (पंजाब) में जन चेतना यात्रा।

जन चेतना यात्रा की टीम।

20 नवंबर, 2011 को नई दिल्ली में जन चेतना यात्रा का समापन।

सुपरिचित मोहक मुसकान।

8 मार्च, 2012 को अपने निवास स्थान पर होली के रंगों में सराबोर।

तिरंगा फहरानेवालों को गालियाँ और पिटाई सहनी पड़ीं

वर्ष 2011 भारत के लिए एक महत्त्वपूर्ण वर्ष है।

ठीक सौ वर्ष पूर्व 1911 में किंग जार्ज पंचम और क्वीन मेरी भारत आए तथा 12 दिसंबर को दिल्ली में लगे दरबार में घोषणा की कि बंगाल का विभाजन समाप्त होता है और ब्रिटिश भारत की राजधानी कलकत्ता से दिल्ली स्थानांतरित की जाती है।

यह वर्ष गुरुदेव रवींद्रनाथ टैगोर के जन्म की 150वीं जयंती के रूप में भी मनाया जा रहा है।

इसी सप्ताह में राष्ट्र ने गणतंत्र दिवस समारोह भी मनाया, परंतु यह सर्वाधिक शर्मनाक था कि विश्व के सर्वाधिक बड़े गणतांत्रिक देश में, देश के दो सर्वोच्च नेताओं श्रीमती सुषमा स्वराज और श्री अरुण जेटली क्रमश: नेता प्रतिपक्ष लोकसभा एवं राज्यसभा को गणतंत्र दिवस जम्मू एवं कश्मीर राज्य सरकार की हिरासत में मनाना पड़ा। उनका अपराध? वे श्रीनगर के उस क्षेत्र में जहाँ अलगाववादियों की चलती है, राष्ट्रीय तिरंगे को फहरते हुए देखने के इच्छुक थे।

इन दोनों नेताओं को भाजपा के युवा मोर्चे द्वारा श्रीनगर के लाल चौक पर जहाँ अलगाववादियों ने चुनौती देकर पाकिस्तानी झंडा और वह भी पिछली ईद के दिन फहराया था, पर राष्ट्रीय तिरंगा फहराने के संकल्प के समर्थन में गणतंत्र दिवस की पूर्व संध्या पर जम्मू में आयोजित सार्वजनिक सभा को संबोधित करना था। जब चार्टर्ड विमान जम्मू पहुँचा तो तीन पुलिस अधिकारी विमान में घुसे और दिल्ली से गए भाजपा नेताओं को राज्य सरकार का आदेश सुनाया कि वे राज्य में प्रवेश नहीं कर सकते और उन्हें इसी विमान से दिल्ली वापस लौटना होगा!

दिल्ली से गए इन नेताओं ने पुलिस अधिकारियों को दो टूक शब्दों में जवाब दिया

कि ऐसा कोई कानून नहीं है जो उन्हें राज्य में प्रवेश करने से रोके या जिसके चलते उन्हें दिल्ली वापस भेजा जा सके!

सुषमाजी, जेटलीजी और अनंत कुमारजी जब विमान से उतरे तो उन्होंने पाया कि टर्मिनल में उनके प्रवेश पर रोक है। तत्पश्चात् 6 घंटे तक उन्होंने हवाई पट्टी पर एक प्रकार से धरना दिया।

जम्मू हवाई अड्डे पर धरने का एक नतीजा निकला। देर रात्रि को पुलिस ने इन तीनों को हिरासत में लेकर कहा कि उन्हें जेल ले जाया जाएगा, लेकिन यह भी एकदम झूठ निकला। उन्हें तीन अलग-अलग कारों में वैठाकर तीन या उससे ज्यादा घंटे के सफर के बाद अंततः जम्मू-कश्मीर से बाहर पंजाब सीमा पर ले जाकर छोड़ दिया, लेकिन यदि राज्य सरकार को यह लगता था कि आखिरकार वह इनको राज्य से बाहर भेजने में सफल हो गई तो यह गलत सिद्ध हुआ।

युवा मोर्चा के अध्यक्ष अनुराग ठाकुर और उनके साथ पाँच सौ से ज्यादा युवक-युवतियों ने इन तीनों वरिष्ठ नेताओं के साथ ऐतिहासिक माधोपुर-लखनपुर पुल को पार कर शांतिपूर्ण गिरफ्तारी दी जिसे 58 वर्ष पूर्व पार करने पर डॉ. मुखर्जी को बगैर परमिट के राज्य में प्रवेश करने के आरोप में गिरफ्तार किया गया था। इन सभी को जम्मू के निकट कठुआ ले जाया गया और 26 जनवरी को दोपहर तक बंदी बनाकर रखा गया। जिन्होंने टी.वी. पर तिरंगा हाथ में लिये पुल पर सैकड़ों सत्याग्रहियों के इस प्रेरणादायी दृश्य को देखा होगा उन्हें ब्रिटिश शासन के विरुद्ध स्वतंत्रता संग्रामवाली फिल्मों के ऐसे दृश्य अवश्य ही स्मरण हो आए होंगे।

जबकि एक तरफ अलगाववादियों का निर्लज्ज प्रवक्ता यासीन मलिक दिन-रात चिल्ला रहा था कि—देखें लाल चौक पर कौन तिरंगा लगाने की हिम्मत करता है! तो दूसरी ओर यह देखकर निराशा हुई कि राज्य सरकार ने सचमुच में तिरंगा ले जाने मात्र को अपराध बना दिया और लाल चौक के आस-पास तिरंगा ले जानेवालों को पुलिस ने न केवल गिरफ्तार किया, अपितु गिरफ्तार करके उन्हें बुरी तरह से पीटा। सख्त पुलिस घेराबंदी के बावजूद लाल चौक तक पहुँचने में सफल हुए उन अनेक कार्यकर्ताओं में से कुछ की हड्डियाँ पुलिस ने तोड़ दीं! दिल्ली प्रदेश भाजपा के महासचिव सरदार आर.पी. सिंह उनमें से एक थे। उन्होंने व्यक्तिगत रूप से मुझे अपने वे भयावह अनुभव सुनाए कि कैसे पुलिस थाने में लगभग पाँच घंटे तक उन्हे 15-15 मिनट के अंतराल पर बुरी तरह पीटा गया। लाठियों और चप्पलों से पिटाई के साथ उन्हें भद्दी-भद्दी गालियाँ भी लगातार सुनने को मिलीं।

सन् 1953 में जब डॉ. श्यामाप्रसाद मुखर्जी ने अपना आंदोलन शुरू किया था तब तिरंगा फहराने पर औपचारिक प्रतिबंध था। यहाँ उल्लेख करना उचित होगा कि इस आदेश का उल्लंघन करने और भारतीय तिरंगे को फहराने के लिए राज्य पुलिस ने पार्टी के 15 कार्यकर्ताओं को मार गिराया था।

पाकिस्तानी नेतृत्व ने पाकिस्तान के पूर्वी हिस्से को सही ढंग से नहीं सँभाला। नतीजा हुआ स्वतंत्र देश के रूप में उदय।

जम्मू एवं कश्मीर राज्य के मुद्दे को पंडित नेहरू ने जिस ढंग से हैंडल किया, प्रदेश में पाकिस्तानी आक्रमण के मुद्दे पर संयुक्त राष्ट्र संघ को बीच में लाना और प्रदेश के लिए एक पृथक् संविधान और पृथक् निशान (झंडा) स्वीकार करना, उससे इसी तरह के विनाशकारी परिणाम हो सकते थे।

जम्मू एवं कश्मीर के भारत में पूर्ण विलय के लिए डॉ. श्यामाप्रसाद मुखर्जी के आंदोलन का लक्ष्य सरदार पटेल ने अन्य 554 देशी रियासतों के संबंध में हासिल किया, और इन सबसे अलग कारावास में डॉ. मुखर्जी के बलिदान ने उन दिनों में देश को इस आपदा से बचा लिया।

लेकिन भाजपा की तिरंगा यात्रा को लेकर सरकार के कुप्रबंधन ने यह रहस्योद्घाटित किया है कि कांग्रेस पार्टी अभी भी जम्मू एवं कश्मीर राज्य के सवाल पर अपनी उन विकृत गलतियों को बदलने को तैयार नहीं है, जो उन दिनों उसने कीं। अब यह प्रयास करके भाजपा ने देश की एकता और अखंडता के संदर्भ में उत्कृष्ट सेवा की है, जिसके लिए पार्टी के संस्थापक ने अपने जीवन का बलिदान दिया।

30 जनवरी, 2011

□

सरकार अलगाववादियों के आगे घुटने न टेके!

भाजपा के युवा मोर्चा ने इस गणतंत्र दिवस पर श्रीनगर के लाल चौक पर तिरंगा फहराने के लिए कोलकाता से श्रीनगर तक की तिरंगा यात्रा शुरू की है। 12 जनवरी से कोलकाता से शुरू हुई यात्रा सात प्रदेशों से गुजरते हुए 20 जनवरी को दिल्ली पहुँची।

उस शाम को 5 बजे नई दिल्ली के विट्ठलभाई पटेल भवन प्रांगण में मैंने सांसद और भारतीय जनता युवा मोर्चा के अध्यक्ष अनुराग ठाकुर को श्रीनगर में फहराया जानेवाला तिरंगा सौंपा।

इसके कुछ ही घंटों बाद जम्मू-कश्मीर सरकार ने आधिकारिक तौर पर घोषित किया कि वह लाल चौक पर भाजपा को राष्ट्रीय ध्वज नहीं फहराने देगी, क्योंकि यह एक ऐसा कार्यक्रम है, जिससे राज्य में शांतिपूर्ण माहौल बिगड़ने की संभावनाएँ हैं।

नई दिल्ली के युवा मोर्चा कार्यक्रम और जम्मू एवं कश्मीर राज्य सरकार की उपरोक्त घोषणा की अगली सुबह मुंबई के 'फ्री प्रेस जर्नल' समाचार-पत्र ने इसे इस बैनर शीर्षक से प्रकाशित किया—लाल चौक कैन टर्न ग्रीन, नॉट सैफ्रन (Lal Chowk Can Turn Green, Not Saffron) इसमें श्रीनगर के लाल चौक का फोटो भी प्रकाशित किया गया—जिसमें एक पाकिस्तानी झंडे के साथ प्रकाशित एक उप-शीर्षक कुछ इस तरह है—श्रीनगर के लाल चौक पर पिछले वर्ष ईद पर भारतीय मीडिया के सामने पाकिस्तानी झंडा फहराया गया।

LAL CHOWK CAN TURN GREEN, NOT SAFFRON

FREE PRESS

PAKISTAN'S FLAG WAS HOISTED AT LAL CHOWK IN SRINAGAR ON EID LAST YEAR IN FULL VIEW OF THE INDIAN MEDIA

BJP CAN'T UNFURL THE TIRANGA IN ITS OWN LAND

इस समाचार का प्रकाशन और प्रस्तुतीकरण, मुझे लगता है कि राज्य सरकार की हमारी एजेंसियों (स्पष्ट तौर पर राज्य सरकार ने केंद्र सरकार की सहमति से ही कदम उठाया है) द्वारा लिये गए निर्णय से होनेवाली भयावह शर्म का अहसास कराने के लिए काफी होगा।

यदि प्रतिबंधात्मक आदेशों का आधार शांतिभंग की आशंका है तो यह प्रतिबंध उनके विरुद्ध होना चाहिए, जिन्होंने ऐलान किया है कि वे लाल चौक पर तिरंगा नहीं फहराने देंगे, न कि उनके विरुद्ध जो बार-बार दोहरा रहे हैं कि वे लाल चौक पर शांतिपूर्ण एवं सम्मानपूर्वक तिरंगा झंडा फहराएँगे।

20 जनवरी के कार्यक्रम में, मैंने उपस्थित कार्यकर्ताओं को केंद्रीय गृहमंत्री के रूप में अपनी एक लंदन यात्रा का स्मरण कराया था। मैं एक भारतीय कंपनी के स्वामित्ववाले होटल में रुका था। उसके मैनेजर मेरे पास आए और अपनी एक समस्या बताई। उन्होंने बताया कि लंदन में गैर-ब्रिटिशों के स्वामित्ववाले होटलों पर वे अपने देशों का झंडा फहराते हैं, लेकिन भारत में झंडा संहिता प्रतिबंध होने के कारण, हम ऐसा नहीं कर सकते। क्या इस संबंध में कुछ किया जा सकता है। मैंने उन्हें आश्वासन दिया कि मैं इस मामले की जाँच कराऊँगा।

ब्रिटेन से वापस आने के बाद मैंने तब प्रचलित झंडा संहिता की समीक्षा हेतु गृह मंत्रालय की बैठक बुलाई। राष्ट्रीय तिरंगा फहराने का अधिकार केवल सरकारी अति विशिष्ट व्यक्तियों और सामान्य भारतीय नागरिकों को 26 जनवरी और 15 अगस्त को ही इसे फहराने तक सीमित क्यों रखा जाए?

मंत्रालय में इस समूचे मुद्दे पर विचार करने के लिए संयुक्त सचिव डॉ. पी.डी. शिनॉय की अध्यक्षता में एक कमेटी गठित की गई। मैंने उनका ध्यान इस ओर दिलाया कि अंतरराष्ट्रीय क्रिकेट मैचों और ऐसे ही खेलों के दौरान दर्शक कुछ उपलब्धियों पर राष्ट्रीय ध्वज फहराकर अपनी प्रसन्नता व्यक्त करते हैं। तत्कालीन संहिता के तहत तकनीकी रूप से यह भी एक अपराध है।

संशोधित संहिता के प्रारूप को केंद्रीय मंत्रिमंडल ने स्वीकृति दी और इसे 'झंडा संहिता भारत, 2002' के रूप में जारी किया। यह 26 जनवरी, 2002 से प्रभावी हुआ।

संहिता का पहला अनुच्छेद कहता है—

'सामान्य नागरिकों, निजी संगठनों, शैक्षणिक संस्थानों इत्यादि द्वारा राष्ट्रीय झंडे के प्रदर्शन पर कोई प्रतिबंध नहीं होगा सिवाय चिह्नों और नामों (अनुचित उपयोग पर प्रतिबंध

के) कानून एंबेलम्स एंड नेम्स (प्रिवेंशन ऑफ इंप्रोपर यूज) एक्ट 1950 और राष्ट्रीय सम्मान के अपमान निवारक हेतु कानून (प्रिवेंशन ऑफ इंसल्ट्स टू नेशनल ऑनर) एक्ट 1971 तथा इससे संबंधी अन्य प्रभावी कानूनों के प्रावधानों को छोड़कर।'

लगभग उसी समय गृह मंत्रालय ने तत्कालीन प्रचलित झंडा प्रतिबंधात्मक संहिता के संबंध में अनेक नागरिकों द्वारा उठाई गई आपत्तियों को ध्यान में लिया। दिल्ली के एक नागरिक और वर्तमान में सांसद नवीन जिंदल इस मामले को सर्वोच्च न्यायालय तक ले गए।

सर्वोच्च न्यायालय ने जिंदल केस में अपने निर्णय में राष्ट्रीय झंडा फहराने को नागरिकों का मौलिक अधिकार ठहराया सिवाय उन कानून सम्मत प्रतिबंधों को छोड़कर जो उपरोक्त कानूनों में उल्लिखित किए गए हैं।

सर्वोच्च न्यायालय ने अपने निर्णय में कहा—

"अति प्राचीन काल से लोगों ने अपने झंडों के लिए अपने जीवन के बलिदान किए हैं। वस्तुतः कपड़े के इस टुकड़े जिसे राष्ट्रीय झंडा कहा जाता है, में ऐसा अवश्य ही कुछ है, जिसके लिए लोग सर्वोच्च बलिदान भी करते हैं। राष्ट्रीय झंडा समूचे राष्ट्र, इसके आदर्शों, आकांक्षाओं, आशाओं और उपलब्धियों का प्रतीक है। जब लोगों का अस्तित्व खतरे में हो तब यह उन्हें प्रकाशपुंज की तरह प्रकाश देनेवाला होता है। उस खतरे के समय इस झंडे की लंबाई लोगों को इस छाते के नीचे करती है। एकजुट होने की प्रेरणा देती है और अपनी मातृभूमि के सम्मान की रक्षा करने का आग्रह करती है।"

मैं चाहता हूँ कि प्रधानमंत्री इस बात का अहसास करें कि अनुराग ठाकुर के नेतृत्व में ये युवा कोई राजनीतिक लाभ उठाने का प्रयास नहीं कर रहे अपितु अलगाववादियों को चुनौती दे रहे हैं और सरकार उनके (अलगाववादियों) सामने घुटने टेक रही है।

23 जनवरी, 2011

□

विदेशों में भारतीय धन—सर्वोच्च न्यायालय ने भारत सरकार को लताड़ा

सभी मूल्यांकनों की कसौटी पर कसें तो मनमोहन सिंह सरकार अपने साढ़े 6 वर्ष के कार्यकाल में सर्वाधिक गंभीर संकट से गुजर रही है। स्पेक्ट्रम घोटाला, कॉमनवेल्थ गेम्स घोटाला और मुंबई का रक्षा मंत्रालय भूमि संबंधी घोटाला, एक साथ इस रूप में सामने आए हैं, जिससे आम आदमी को यह महसूस होने लगा है कि आज सरकार में अनेक मंत्री न केवल मक्कारी से धन बना रहे हैं, अपितु वे देश को निर्लज्जता से लूट रहे हैं।

ज्यादा चिंताजनक यह है कि यह संकट सिर्फ सरकार के लिए ही नहीं, अपितु देश के लिए भी है। भ्रष्टाचार और मुद्रास्फीति के वर्तमान स्तर ने राष्ट्र के सामूहिक आत्मविश्वास को खोखला कर दिया है।

ऐसी स्थिति सदैव मुझे 1975-77 में भारतीय लोकतंत्र के सम्मुख पैदा हुए गंभीर संकट का स्मरण करा देती है। तब भी राष्ट्र ने सभी आशाएँ खो दी थीं कि क्या 1975 से पूर्व का स्वतंत्रता का माहौल फिर कभी वापस लौट सकेगा!

भला हो राष्ट्र के मूड को समझने में सरकार के समूचे गलत आकलन का, जिसके चलते चुनावों की घोषणा हो गई। मतदाताओं ने सभी को चकित कर दिया—उन्होंने कांग्रेस पार्टी की इतनी पिटाई की कि वह फिर कभी भी आपातकाल, अनुच्छेद 352 (युद्ध के अपवाद को छोड़) लागू करने की सोचेगी भी नहीं।

लगभग सभी उच्च न्यायालयों ने भारत सरकार की इस दलील को रद्द कर दिया कि जब आपातकाल लागू हो तो भारतीय संविधान के तहत किसी भी बंदी को बंदी प्रत्यक्षीकरण याचिका दायर करने का भी अधिकार नहीं है। उच्च न्यायालयों ने कहा कि किसी भी समय पर बंदी प्रत्यक्षीकरण याचिका दायर करने का अधिकार निलंबित नहीं

किया जा सकता। इस भूमिका को अपनाने के फलस्वरूप उच्च न्यायालयों के 19 न्यायाधीशों को एक राज्य से दूसरे राज्य में स्थानांतरित कर दंडित किया गया।

हालाँकि मुख्य न्यायाधीश ए.एन. रे (उनकी नियुक्ति तीन वरिष्ठ न्यायाधीशों सर्वश्री हेगड़े, शेलट और ग्रोवर की वरिष्ठता का उल्लंघन करने के बाद हुई थी।) की अध्यक्षता में सर्वोच्च न्यायालय एटार्नी जनरल नीरेन डे की इस दलील से सहमत था कि यदि किसी बंदी को किसी सरकारी काम से गोली मार दी जाए तो भी उसके परिवारवालों को न्यायालय के द्वार खटखटाने का अधिकार नहीं है। न्यायाधीश एच.आर. खन्ना ने इस निर्णय के विरुद्ध अपनी सशक्त असहमति दर्ज की और न्यायिक इतिहास में चिरस्थायी स्थान अर्जित किया है।

***

कुछ सप्ताह पहले के अपने ब्लॉग में मैंने राम जेठमलानी, सुभाष कश्यप और के.पी.एस. गिल द्वारा सर्वोच्च न्यायालय में दायर याचिका कि विदेशों के टैक्स हेवंस में जमा भारतीय धन को भारत वापस लाने हेतु सरकार को बाध्य किया जाए का उल्लेख किया था।

15 जनवरी को सुबह समाचार-पत्रों में यह समाचार पढ़कर लाखों पाठक अवश्य ही प्रफुल्लित हुए होंगे कि एक दिन पूर्व न्यायालय ने सोलिसीटर जनरल गोपाल सुब्रमण्यम को उस समय बुरी तरह से लताड़ा जब उन्होंने यह बताया कि सरकार को जर्मन सरकार से लीसटेनस्टीन बैंक में जमा सभी भारतीय नागरिकों के धन के बारे में पूरी जानकारी मिली है, लेकिन भारत सरकार इसे सार्वजनिक नहीं करना चाहती।

सर्वोच्च न्यायालय के न्यायाधीश बी. सुदर्शन रेड्डी और एस.एस. निज्झर की पीठ ने सुब्रमण्यम से पूछा कि जिन लोगों ने विदेशी बैंकों में धन जमा किया है उनके बारे में जानकारी सार्वजनिक न करने के पीछे कौन सा विशेषाधिकार है? न्यायालय ने आगे कहा कि वे चाहेंगे कि पुणे के व्यवसायी हसन अली खान, जिसके विरुद्ध विदेशी बैंकों में कथित काला धन जमा कराने की जाँच प्रवर्तन निदेशालय ने की थी, को भी याचिका में एक पार्टी के रूप में शामिल किया जाए। न्यायालय की टिप्पणियों के परिप्रेक्ष्य में, सोलिसीटर जनरल ने कहा कि वे सरकार से निर्देश लेंगे।

***

गत सप्ताह इस समूचे मुद्दे पर विचार करने के लिए एन.डी.ए. की एक विशेष बैठक हुई। संसद् में एन.डी.ए. के सभी दलों के सदन के नेताओं ने भाग लिया और प्रधानमंत्री को एक कड़ा पत्र तैयार किया। इस पत्र के तीन पैराग्राफ निम्नलिखित हैं—

''हमारी आशंका है कि इस मोर्चे पर यू.पी.ए. सरकार द्वारा सक्रियता न दिखाने के

पीछे उसे स्वयं अपने फँसने का डर है। आखिरकार, संयुक्त राष्ट्र द्वारा फूड फॉर ऑयल घोटाले की जाँच हेतु गठित वोल्कर रिपोर्ट ने कांग्रेस पार्टी को एक लाभार्थी के रूप में नामित किया है। हमारी जाँच एजेंसियों और राजस्व एजेंसियों की जाँच में यह साफ सिद्ध हुआ है जो कि आदेश में भी परिलक्षित होता है कि बोफोर्स घूस कांड में दलाली लेनेवालों में अतावियो क्वात्रोची ने ए.ई. सर्विसेज और कोल बार इन्वेस्टमेंट जैसी कंपनियों की आड़ में घूस ली है। अतावियो क्वात्रोची और उनकी पत्नी मारिया के कांग्रेस पार्टी के परिवार विशेष से संबंध सर्वज्ञात हैं और उन पर कोई विवाद नहीं है।

एक स्विस पत्रिका Sehweizer Illustrirte के 19 नवंबर, 1991 के अंक में प्रकाशित एक खोजपरक समाचार में तीसरी दुनिया के 14 वैश्विक नेताओं के नाम दिए गए हैं, जिनके स्विटजरलैंड में खाते हैं। भारत के एक पूर्व प्रधानमंत्री का नाम भी इसमें शामिल है। रिपोर्ट का आज तक खंडन नहीं किया गया। डॉ. येवजेनिया एलबट्स की पुस्तक The state within a state - The KGB hold on Russia in past and future में चौंकानेवाले रहस्योद्घाटन किए गए हैं कि भारत के एक पूर्व प्रधानमंत्री और उनके परिवार को रूस के साथ व्यावसायिक सौदों के बदले में लाभ मिले हैं।

ये शोधपरक समाचार हैं, जो लेखों या पुस्तकों के रूप में प्रकाशित हुए हैं। जिनके विरुद्ध जाँच की गई है उन्होंने औपचारिक रूप से न तो इसका खंडन किया है और न ही उन्होंने ऐसे संदेह पैदा करनेवाले प्रकाशनों के विरुद्ध कोई काररवाई की है। यह सरकार के लिए महत्त्वपूर्ण है कि वह सुनिश्चित करे कि पूर्व प्रधानमंत्री सहित भारत के अतीत एवं वर्तमान नेताओं के नाम पर कलंक न लगे। अतः या तो इन आरोपों का जोरदार ढंग से खंडन करना चाहिए या इनकी जाँच होनी चाहिए।''

वैश्विक अर्थव्यवस्था में शुचिता सुनिश्चित करने के उद्देश्य से एक स्वैच्छिक संगठन ग्लोबल फाइनेंशियल इंटिग्रिटी (Gobal Financial Integrity) अच्छा काम कर रहा है। पिछले महीने ग्लोबल फाइनेंशियल इंटिग्रिटी द्वारा जारी एक सारगर्भित रिपोर्ट भारत के बारे में कुछ यह कहती है—

1948 से 2008 तक भारत ने अवैध वित्तीय प्रवाह (गैरकानूनी पूँजी पलायन) के चलते कुल 213 मिलियन डॉलर की राशि गँवा दी है। यह अवैध वित्तीय प्रवाह सामान्यतया भ्रष्टाचार, घूस और दलाली तथा आपराधिक गतिविधियों से जन्मता है। अवैध वित्तीय प्रवाह अवैध रूप से कमाए गए, स्थानांतरित या उपयोग में लाए गए, देश से बाहर भेजे गए धन से जुड़ता है। इसमें सामान्यतया भ्रष्टाचार, सौदे के बदले सामान, आपराधिक

गतिविधियों जैसी गैर-कानूनी गतिविधियों से कमाए गए धन का स्थानांतरण और देश के कर से बचाने के लिए संपत्ति को संरक्षण देना शामिल है।

रिपोर्ट आगे जोड़ती है—भारत की वर्तमान कुल अवैध वित्तीय प्रवाह की वर्तमान कीमत कम-से-कम 462 बिलियन डॉलर है। यह अल्पावधि अमेरिका ट्रेजरी बिल की दरों पर संपत्ति पर लाभ की दरों के बराबर पर आधारित है।

देश आशा करता है कि सर्वोच्च न्यायालय इस मामले को इसकी तार्किक परिणति तक ले जाएगा। 462 बिलियन डॉलर बहुत बड़ी राशि है। भारतीय रुपए में यह राशि 20 लाख 85 हजार करोड़ रुपए बैठती है जो भारतीय परिस्थितियों का अद्‌भुत कायाकल्प कर सकती है। इस सारी दौलत को वापस लाने के लिए सरकार को बाध्य कर सर्वोच्च न्यायालय भारत की जनता की सदैव के लिए कृतज्ञता हासिल कर सकता है।

16 जनवरी, 2011

□

अब आपातकाल पर भी फिल्म बने

ब्रिटिश शासन के विरुद्ध भारत के स्वतंत्रता आंदोलन के दौरान सन् 1930 में दो प्रमुख घटनाएँ घटीं—एक महात्मा गांधी का दांडी मार्च और दूसरा चिटगाँव शस्त्रागार पर हमला।

गांधीजी ने नमक सत्याग्रह के लिए दांडी मार्च 12 मार्च को अहमदाबाद के साबरमती आश्रम से शुरू किया। अपने 78 आश्रमवासी सहयोगियों के साथ 390 कि.मी. की दूरी तय कर वे 6 अप्रैल को पश्चिमी तट के दांडी पहुँचे, जहाँ उन्होंने समुद्र से नमक बनाकर कानून तोड़ा। इसके पश्चात् ब्रिटिश सरकार ने उन्हें गिरफ्तार कर लिया।

भाजपा के हम लोगों के लिए वह तिथि जिस दिन गांधीजी ने नमक सत्याग्रह किया और गिरफ्तारी दी, इसलिए महत्त्वपूर्ण है कि ठीक 50 वर्ष पश्चात् 6 अप्रैल, 1980 को मुंबई में बांद्रा समुद्र-तट पर एक विशाल सभा में अटल बिहारी वाजपेयी ने भारतीय जनता पार्टी की नींव रखी।

दांडी सत्याग्रह सर्वविदित है, जबकि चिटगाँव विद्रोह कम जाना जाता है। मैं प्रमुख पत्रकार मानिनी चटर्जी को हृदय से धन्यवाद देता हूँ, जिन्होंने भारतीय इतिहास के इस भुला दिए अध्याय को 'डू एंड डाई—द चिटगाँव अपराइजिंग 1930-34' शीर्षक पुस्तक प्रकाशित करके ताजा कर दिया है। 1999 में पेंग्विन बुक्स इंडिया द्वारा प्रकाशित इस पुस्तक को सन् 2000 में 'रवींद्र पुरस्कार' मिला। अब यह आशुतोष गोवारीकर द्वारा एक हिंदी फिल्म 'खेले हम जी-जान से' के रूप में सामने है।

मानिनी चटर्जी वर्तमान में 'द टेलीग्राफ' की राष्ट्रीय मामलों की संपादक हैं। उन्हें पत्रकारिता में उत्कृष्टता के लिए 'संस्कृति पुरस्कार' (1990) और राजनीतिक पत्रकारिता में उत्कृष्टता के लिए 'रामनाथ गोयनका पुरस्कार' मिल चुका है।

मैं मानिनी को दो दशक से ज्यादा समय से जानता हूँ और मानता हूँ कि वे एक बहुत योग्य तथा निष्पक्ष पत्रकार हैं, जिन्होंने मार्क्सवाद के साथ अपने जुड़ाव को कभी छुपाया नहीं; साथ ही उन्होंने अपनी वैचारिक प्रतिबद्धता को कभी भी अपनी रिपोर्टिंग या अपने विश्लेषण

की वस्तुनिष्ठता में आड़े नहीं आने दिया।

इसलिए जब कुछ समय पूर्व उन्होंने मुझे गोवारीकर की फिल्म के विशेष शो में आमंत्रित किया तो मैंने निमंत्रण तुरंत स्वीकार कर लिया। मुझे मालूम था कि फिल्म बॉक्स ऑफिस पर अच्छी नहीं चल पाई है। लेकिन इसके निर्माण से मैं काफी प्रभावित हुआ। यह ज्ञानवर्धक और प्रेरक है। मेरे जैसे के लिए, जो व्यावहारिक रूप से चिटगाँव घटना के बारे में ज्यादा नहीं जानता, शिक्षाप्रद भी थी।

फिल्म देखने के बाद मैंने मानिनी की पुस्तक की प्रति मँगवाई और तब मुझे समझ में आया कि फिल्म व्यावसायिक ढंग से क्यों नहीं ठीक चल पाई। आशुतोष ने लेखक द्वारा कुशलता से किए गए अनुसंधान से कोई छेड़छाड़ नहीं की और पुस्तक में वर्णित घटनाक्रमों का अक्षरश: पालन करने का प्रयास किया है।

आशुतोष की पूर्व की दो फिल्में 'लगान' और 'स्वदेश' बॉक्स ऑफिस पर काफी हिट रहीं। ये दोनों फिल्में काल्पनिक कहानियों पर आधारित थीं, जबकि वर्तमान ऐतिहासिक तथ्यों पर।

***

स्वतंत्रता के पूर्व देश के इतिहास पर आधारित इन फिल्मों की चर्चा करते समय मैं इरा सेझियन की पुस्तक, जिसका लोकार्पण 19 दिसंबर, 2010 को चेन्नई में करने के लिए मुझे बुलाया गया था, का उल्लेख करने से अपने को रोक नहीं पा रहा हूँ।

यह पुस्तक सेझियन ने नहीं लिखी है; इसे उन्होंने प्रकाशित किया है, यद्यपि यह भारत सरकार का एक प्रकाशन है। इसलिए मैंने इसे एक अद्वितीय प्रकाशन के रूप में निरूपित किया है। इसका मूल शीर्षक था—'शाह कमीशन रिपोर्ट'—पुन:प्रकाशित होते समय इसका शीर्षक बन गया है—'शाह कमीशन रिपोर्ट : लॉस्ट एंड रिगेंड'

सेझियन, जो अब 88 वर्ष के हैं, मेरे संसदीय सहयोगी रहे हैं। उन्होंने शाह कमीशन रिपोर्ट के पुन:प्रकाशित संस्करण की प्रस्तावना में लिखा है कि सितंबर 2010 में वह 1975 के आपातकाल के बारे में कुछ संदर्भ सामग्री इकट्ठी कर रहे थे। जब उन्होंने विकीपीडिया सहित अनेक वेबसाइटों को खँगाला तो वह यह जानकर दंग रह गए कि शाह कमीशन, जिसको आपातकाल के दौरान कांग्रेस सरकार द्वारा शक्तियों का दुरुपयोग करने की जाँच का काम सौंपा गया था, ने स्वाभाविक रूप से अपनी रिपोर्ट में श्रीमती इंदिरा गांधी की कड़ी निंदा और आलोचना की थी। अत: जब वर्ष 1980 में श्रीमती गांधी सत्ता में लौटीं तो उन्होंने शाह कमीशन रिपोर्ट की सभी प्रतियों को या तो वापस ले लिया या नष्ट कर दिया।

विकीपीडिया कहता है—अब यह माना जाता है कि इस रिपोर्ट की एकमात्र प्रतिलिपि भारत में मौजूद नहीं है। आयोग की तीसरी और अंतिम रिपोर्ट ऐसा लगता है, भारत से बाहर

चली गई और वर्तमान में नेशनल लाइब्रेरी ऑफ ऑस्ट्रेलिया में है।

हार्पर पेरेनियल द्वारा सन् 2005 में प्रकाशित कैथरीन फ्रैंक द्वारा लिखित इंदिरा गांधी की जीवनी में लिखा है—''तीन भागोंवाली रिपोर्ट को खारिज करते हुए इसे बाजार से वापस मँगा लिया। तीन भागोंवाली रिपोर्ट की एकमात्र उपलब्ध प्रति जहाँ तक मैं जानती हूँ, स्कूल ऑफ ओरिएंटल एंड अफ्रीकन स्टडीज, यूनिवर्सिटी ऑफ लंदन में है।''

चेन्नई के कार्यक्रम में इरा सेझियन की पुस्तक के लोकार्पण के बाद मैंने कहा था कि—''भारतीय इतिहास के उस काल में लोकतंत्र को नष्ट होने के कगार पर खड़ा कर दिया गया था, उसके बारे में अधिकृत पुस्तक का प्रकाशन कर मेरे मित्र इतिहास, लोकतंत्र और देश की उत्कृष्ट सेवा करने के लिए प्रशंसा के पात्र हैं।''

हालाँकि पिछले सप्ताह गोवारीकर की फिल्म देखने के बाद मैं चाहता हूँ कि फिल्मी दुनिया में लोकतंत्र के प्रेमियों को इस अवधि पर भी एक फिल्म बनाने का प्रयास करना चाहिए। यह जयप्रकाश नारायण के जीवन पर आधारित हो सकती है या फिर आपातकाल की तथ्यात्मक पृष्ठभूमि पर आधारित हो सकती है।

आपातकाल ने राजनीति को प्रमुखता से प्रभावित किया है; लेकिन साथ ही इसने मीडिया को भी गहरे से प्रभावित किया है। यहाँ तक कि ब्रिटिश राज या युद्ध के समय भी मीडिया को कभी इतनी दमघोंटू सेंसरशिप का अनुभव नहीं करना पड़ा। न्यायपालिका, वस्तुतः समूचा विधि समुदाय भी गंभीरता से प्रभावित हुआ। सबसे अधिक आम आदमी प्रभावित हुआ, जिसे ज्यादतियों के लिए कष्ट सहने पड़े।

आपातकाल पर पुस्तकों की कोई कमी नहीं है। मार्च 1977 में आपातकाल की समाप्ति के तुरंत पश्चात् अनेक पुस्तकें मुख्यतया उन लोगों ने लिखीं, जिन्हें उस अवधि में कष्ट झेलने पड़े। 1 लाख से ज्यादा राजनीतिक कार्यकर्ताओं को सलाखों के पीछे बंद कर दिया गया। उसके बाद बनी सरकार में सूचना एवं प्रसारण मंत्री के रूप में मैंने पाया कि 250 से ज्यादा मीडियाकर्मी भी जेलों में बंद किए गए थे। बी.बी.सी. के मार्क टुली जैसे अनेक विदेशी संवाददाताओं को देश-निकाला दे दिया गया। बी.बी.सी. से सेवानिवृत्त होने के बाद मार्क भारत में ही बस गए हैं और उन्होंने इस देश को अपना घर बना लिया है। मैं इस सबका उल्लेख इसलिए कर रहा हूँ कि एक उत्साही फिल्म निर्माता के लिए संदर्भ सामग्री और स्रोत कम नहीं हैं। बस किसी को भी यह चुनौती स्वीकार भर करनी है।

9 जनवरी, 2011

□

विदेशों में रखे भारतीय धन पर सर्वोच्च न्यायालय कारवाई करे

'इंडिया टुडे' (3 जनवरी, 2010) के नवीनतम अंक में रविशंकर का एक दिलचस्प कार्टून प्रकाशित हुआ है, जिसमें शीर्ष पर प्रमुखता से लिखा गया है—176 रुपए और उसके पीछे ग्यारह शून्य। मुख्य कार्टून में दिखाया गया है कि डॉ. मनमोहन सिंह और सोनिया गांधी घोषणा कर रहे हैं कि हम भ्रष्टाचार को शून्य बराबर भी बरदाश्त नहीं करेंगे (We have zero tolerance for corruption)! और उनके कुछ चापलूस घोषणा कर रहे हैं हम अनेक और शून्यों को बरदाश्त कर सकते हैं (We can tolerate many more zeros)।

यदि पिछले अनेक महीनों से देश के प्रत्येक कोने में एक शब्द सुनाई देता है या गूँज रहा है तो वह है—भ्रष्टाचार; और इसका श्रेय तीनों संवैधानिक प्राधिकरणों-सर्वोच्च न्यायालय, संसद् और नियंत्रक-महालेखापरीक्षक (सी.ए.जी.) को जाता है।

29 अक्तूबर को सर्वोच्च न्यायालय के न्यायमूर्ति जी.एस. सिंघवी और न्यायमूर्ति ए.के. गांगुली की पीठ ने 'सेंटर फॉर पी.आई.एल.' द्वारा दायर याचिका जिसमें नियंत्रक-महालेखापरीक्षक की प्रारूप रिपोर्ट पर कारवाई करने की माँग की गई थी, की सुनवाई के दौरान 2जी स्पेक्ट्रम घोटाले—सी.ए.जी. की

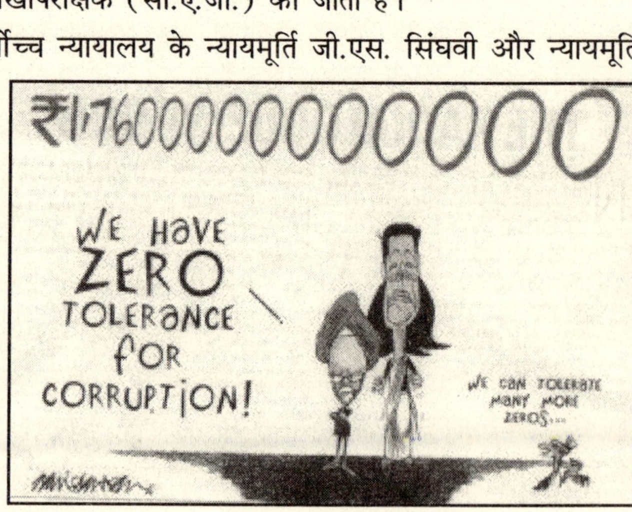

प्रारूप रिपोर्ट के मुताबिक इससे जनता के धन का 1 लाख 76 हजार करोड़ रुपए का घाटा हुआ—की जाँच में केंद्र सरकार को ढिलाई के लिए लताड़ा गया। एडिशनल सॉलिसीटर जनरल ने न्यायालय को बताया कि यह मात्र एक प्रारूप रिपोर्ट है।

नवंबर में संसद् में प्रस्तुत अंतिम रिपोर्ट में 1 लाख 76 हजार करोड़ रुपए के घाटे का अनुमान लगाया गया, जो कि 'इंडिया टुडे' में प्रमुखता से उपरोक्त वर्णित कार्टून में दर्शाया गया है।

सुब्रमण्यम स्वामी की याचिका जिसमें उन्होंने नवंबर, 2008 में प्रधानमंत्री को लिखकर संचारमंत्री ए.राजा के विरुद्ध काररवाई करने की अनुमति माँगी थी को इस आधार पर अस्वीकृत कर दिया गया कि केंद्रीय जाँच ब्यूरो मामले की जांच कर रहा है, पर 18 नवंबर को सुनवाई के दौरान सर्वोच्च न्यायालय ने एक और कदम आगे बढ़ाया। मुख्य न्यायाधीश ने प्रधानमंत्री से इस संबंध में हलफनामा दायर करने को कहा।

सी.ए.जी. द्वारा बताए गए घोटाले के साथ ही राष्ट्रमंडल खेलों में घोटाले पर सर्वोच्च न्यायालय ने गंभीर रुख अपनाया और संसद् के शीतकालीन सत्र के पहले दिन दोनों घोटालों के साथ-साथ रक्षा भूमि संबंधी आदर्श हाउसिंग घोटाले को विभिन्न विपक्षी दलों द्वारा उठाने की कोशिश की गई, लेकिन विपक्ष की नेता सुषमा स्वराज को कांग्रेस पार्टी ने नारेबाजी कर नहीं बोलने दिया।

तत्पश्चात् समूचा विपक्ष और यहाँ तक कि सरकार के कुछ सहयोगी भी इस निष्कर्ष पर पहुँचे कि यदि इन तीनों घोटालों के संबंध में सरकार संयुक्त संसदीय समिति के गठन पर सहमत हो जाती है तो संसद् में सामान्य कामकाज शुरू हो सकता है।

शीतकालीन सत्र के समाप्ति की ओर बढ़ते समय, यू.पी.ए. सरकार के एक वरिष्ठ मंत्री, जो कांग्रेस पार्टी के नहीं हैं, ने मुझे बताया कि प्रधानमंत्री और वित्तमंत्री ने उन्हें बताया कि वे संयुक्त संसदीय समिति के लिए तैयार हैं। इसकी घोषणा करने के लिए मंत्रियों की बैठक बुला ली गई थी, लेकिन अंतिम क्षण पर रद्द कर दी गई।

संयुक्त संसदीय समिति नहीं बनाई गई, लेकिन ए. राजा को हटा दिया गया, महाराष्ट्र के मुख्यमंत्री बदल दिए गए हैं। अभी तक लूट की बरामदगी नहीं हुई है, लेकिन यदि कुछ काररवाई शुरू हुई है तो उसका मुख्य निर्धारक सर्वोच्च न्यायालय है।

मैं आशा करता हूँ कि भ्रष्टाचार की समस्या के साथ जुड़े मामलों में सर्वोच्च न्यायालय एक बार फिर निर्णायक भूमिका निभाएगा। सर्वोच्च न्यायालय के सम्मुख, वरिष्ठ वकील राम जेठमलानी और पाँच अन्य प्रमुख नागरिक जिसमें सुभाष काश्यप और के.पी.एस.

गिल सम्मिलित हैं, द्वारा दायर याचिका लंबित है। याचिका का उद्देश्य विदेशों के टैक्स हेवंस में ले जाए गए भारत के धन को वापस लाने हेतु सरकार को बाध्य करना है।

जब 2009 के लोकसभाई चुनावों में भाजपा ने इसे अपने चुनाव अभियान का मुद्दा बनाया था और इस विषय का अध्ययन करने के लिए एक कार्यदल (टास्क फोर्स) गठित किया था—इसके एक सदस्य थे इंडियन इंस्टीट्यूट ऑफ मैनेजमेंट, बंगलौर के वित्त और नियंत्रण के प्रोफेसर आर. वैद्यनाथन। उपरोक्त उल्लिखित याचिका के साथ ही प्रो. वैद्यनाथन ने एक सर्वोत्तम लेख लिखा है जिसकी शुरुआत इस स्वीकृति से होती है—

"बराक ओबामा भी इस बारे में चिंतित हैं। मारकेल उनके बारे में क्रुद्ध हैं। और सरकोजी उन्हें नियंत्रित करना चाहते हैं, लेकिन सर्वाधिक प्रभावित देशों में से एक भारत के नेता उनके बारे में कुछ नहीं कह रहे या कुछ नहीं कर रहे। वे टैक्स हेवंस या विदेश स्थित वित्तीय केंद्र हैं, जहाँ अनेक देशों से कर से बचाकर अवैध संपत्ति जमा की गई है। ये टैक्स हेवंस अब समाचारों में हैं। जब से अमेरिका, जर्मनी और फ्रांस इत्यादि जैसे विकसित देश उनके नागरिकों द्वारा लूटी गई अवैध संपत्ति को वापस चाहते हैं।"

लेख की समाप्ति निम्नलिखित पैराग्राफ से होती है—

"हमें याद रहना चाहिए कि हमारा विगत इतिहास बताता है कि हमारे नेतृत्व ने भारत को असफल किया और इस देश को लूटने तथा सदमा पहुँचाने में सहायता की। राजनीति/मीडिया/व्यवसायी/नौकरशाहों में हमारे नेतृत्व की चुप्पी हमारे सामूहिक अपराध के बारे में स्वयं बोलती है। 'राजनीति में कोई अपराधी नहीं' एक अच्छा अभियान है, लेकिन क्या हम ऐसे नेताओं को सहन कर सकते हैं जो पैसा विदेश ले गए हैं ? विदेश ले जाया गया काला धन सभी अपराधों की गंगोत्री है। यह हमारी मातृभूमि के प्रति हमारे अविश्वास और धर्म के प्रति अवमानना को प्रदर्शित करती है। आइए, पहले इससे निपटें।"

28 नवंबर, 2010 के अपने ब्लॉग में मैंने वर्ष 2010 में सामने आए अनेक घोटालों का संदर्भ देते हुए बताया था कि इन्हीं ने वास्तव में इसे सड़ाँध भरे घोटालों का वर्ष बना दिया। मैंने यह भी उल्लेख किया था कि 2009 में यू.एन. ऑफिस ऑन ड्रग्स एंड क्राइम ने भ्रष्टाचार के विरुद्ध एक समग्र कन्वेंशन पारित की है। भारत ने कन्वेंशन पर हस्ताक्षर किए हैं। अनुच्छेद 67 के तहत सभी हस्ताक्षरकर्ता देशों के द्वारा इस कन्वेंशन को अनुमोदित किया जाना है। अनेक देशों में, ऐसे अंतरराष्ट्रीय दस्तावेज जिन पर देश ने हस्ताक्षर किए हैं, के अनुमोदन का अर्थ उसकी संसद् द्वारा स्वीकृति होता है। भारत में इसके लिए केवल केंद्रीय मंत्रिमंडल की स्वीकृति की जरूरत है। चौदह देश इसे पारित करने में असफल रहे

हैं। सभी भारतीयों को यह जानकर दु:ख होगा कि भारत भी इन चौदह में से एक है। क्या प्रधानमंत्री देश को यह बताने की कृपा करेंगे कि क्यों भारत इसे पारित करने में असफल रहा है ? पिछले 6 वर्षों में मंत्रिमंडल की केवल एकमात्र बैठक इसके लिए पर्याप्त होती।

***

टेलपीस

एम.जे. अकबर लिखते हैं

यहाँ तक कि सर्वाधिक महँगे ज्योतिषी भी कभी यह भविष्यवाणी नहीं कर सकते थे कि डॉ. मनमोहन सिंह एक मोबाइल फोन से जानलेवा रूप से घायल हो जाएँगे। 6 वर्षों में विपक्ष की गोलाबारी के बावजूद उनकी प्रतिष्ठा पर खरोंच भी नहीं आई, वह शांत और दृढ़ता से खड़े रहे। अचानक वह अपनों के शिकार हो गए। सरकार को इस नाजुक हद तक कमजोर करनेवाले घोटाले का एक उल्लेखनीय पहलू यह है कि राजनीतिज्ञों, लॉबिस्टों, व्यवसायियों और पत्रकारों के जिन वार्त्तालापों ने कुछ सच रहस्योद्घाटित किया है, वे एक ही तरफ हैं। वह उन लॉबिस्टों और पत्रकारों जो सत्ता में बैठे लोगों के मित्र थे, की कपटपूर्णता का विवरण है न कि आरोपात्मक निंदा।

27 दिसंबर, 2010

□

इतिहास की एक उत्कृष्ट सेवा

आज मुझे चेन्नई में एक अद्वितीय प्रकाशन के लोकार्पण हेतु निमंत्रित किया गया है। मैं इसे अद्वितीय इसलिए वर्णित करता हूँ, क्योंकि मूलतः इसका प्रकाशन तीन दशक पूर्व भारत सरकार ने 'शाह कमीशन रिपोर्ट' शीर्षक से किया था। लेकिन मुख्य शीर्षक के साथ उप-शीर्षक 'लॉस्ट एंड रिगेंड' जुड़ने और कुछ कल्पनाशील पुनर्संपादन ने इसे नया और महत्त्वपूर्ण अर्थ दे दिया है।

इरा सेझियन

इस नई पुस्तक का संयोजन और संपादन मेरे पुराने मित्र तथा संसदीय सहयोगी इरा सेझियन ने किया है। 1923 में जन्मे सेझियन डी.एम.के. के संस्थापक सी.एन. अन्नादुरई के अनन्य अनुयायी और बाद में उनके अत्यंत विश्वस्त सहयोगी बने। वह 1962 से 1984 तक संसद् में थे। 1977 के चुनावों के बाद, वह जनता पार्टी के एक संस्थापक सदस्य थे और नेशनल वर्किंग कमेटी और पार्लियामेंटरी बोर्ड में भी रहे हैं। पुस्तक हेतु इस ताजा संयोजन, पुनर्संपादन और पुनर्प्रकाशन से सेझियन ने इतिहास की उत्कृष्ट सेवा की है। उनकी प्रस्तावना और परिचय इसका रहस्योद्घाटन करता है कि आखिर किस कारण से वे एक सरकारी दस्तावेज को निजी प्रकाशन के रूप में छापने को बाध्य हुए। वे लिखते हैं—

''यह भारत के राजनीतिक इतिहास का अंग है कि 1977 के लोकसभाई आम चुनावों में जयप्रकाश नारायण की प्रेरणा से बनी जनता पार्टी ने इंदिरा गांधी और उनकी पार्टी को करारी पराजय दिलाई। जनता सरकार ने सर्वोच्च न्यायालय के पूर्व मुख्य न्यायाधीश न्यायमूर्ति जे.सी. शाह की अध्यक्षता में एक जाँच आयोग गठित किया जिसे 1975–77 के आपातकाल

की अवधि में सरकार द्वारा किए गए दुरुपयोग, ज्यादतियों और अनियमितताओं की जाँच करनी थी।

मोरारजी देसाई

शाह आयोग ने अपनी तीसरी और अंतिम रिपोर्ट 6 अगस्त, 1978 को सौंपी। शाह आयोग के निष्कर्षों पर काररवाई करने के लिए मोरारजी देसाई सरकार ने एक समिति नियुक्त की जिसमें एल. पी. सिंह को चेयरमैन और बी.एस. राघवन को सचिव बनाया गया।

सेझियन आगे लिखते हैं-

जब सितंबर, 2010 के मध्य में मैं जून 1975 में घोषित आपातकाल के बारे में कुछ पुरानी संदर्भ सामग्री चाहता था तो कुछ वेबसाइटों पर यह निश्चित रूप से पढ़कर मैं दंग रह गया कि शाह आयोग रिपोर्ट गायब है और यह एक निश्चयात्मक निष्कर्ष था कि रिपोर्ट की एकमात्र प्रति भी भारत में मौजूद नहीं है।

मैंने भारत में शाह आयोग रिपोर्ट को वापस लेने/अनुपलब्ध होने संबंधी निम्नलिखित वक्तव्यों का गहनता से अध्ययन किया—

(1) विकीपीडिया (wikipedia)

'रिपोर्ट विशेष रूप से इंदिरा गांधी और उनके पुत्र संजय गांधी और प्रशासनिक सेवाओं के उन अधिकारियों जिन्होंने संजय गांधी की सहायता की, के लिए हानिकारक है। इस रिपोर्ट को इंदिरा गांधी के नेतृत्ववाली कांग्रेस सरकार ने, जो 1980 में पुनः सत्ता में वापस आई, रद्द कर दिया। सरकार ने असाधारण कदम उठाते हुए शाह आयोग की प्रत्येक प्रकाशित रिपोर्ट को वापस लेकर उसकी प्रतियों को नष्ट कर दिया। अब यह माना जाता है कि इस रिपोर्ट की एकमात्र प्रति भी भारत में मौजूद नहीं है। आयोग की तीसरी और अंतिम रिपोर्ट ऐसा लगता है भारत से बाहर चली गई और वर्तमान में नेशनल लायब्रेरी ऑफ ऑस्ट्रेलिया में है।'

(विकीपीडिया वेबसाइट कहती है—यह पृष्ठ 14 अगस्त, 2010 को अद्यतन किया गया।)

फ्रंटलाइन (Frontline) 28 अप्रैल-11 मई, 2001—केथेरिन फ्रैंक की पुस्तक 'इंदिरा—द लाइफ ऑफ इंदिरा नेहरू गांधी' की समीक्षा सुकुमार मुरलीधरन ने की है।

अपनी नियति के प्रति आग्रही भाव रखनेवाले नेहरू परिवार के लोग कभी रिकॉर्ड सँजोकर रखनेवाले तुनुक मिजाज थे। तब भी इंदिरा गांधी के प्रधानमंत्री के रूप में बाद की अवधि में, परिवार पब्लिक रिकॉर्ड से कुछ निश्चित पहलुओं को नष्ट कर देनेवाला सिद्ध हुआ। एक उदाहरण के लिए आपातकाल में राजनीतिक ज्यादतियों की जाँच करनेवाले जे.सी. शाह आयोग की जाँच आयोग के सम्मुख अनेक घंटों की टेप रिकॉर्डिंग कार्यवाहियाँ खो गईं और यह माना जाता है कि इसकी अंतिम रिपोर्ट की एक भी प्रति देश में बच नहीं पाई।

इंडियन एक्सप्रेस (Indian Express)—मुंबई 4 जुलाई, 2000-अमृतलाल लिखते हैं—कैसे उन्होंने स्मृति लेख के बिना भी शाह आयोग की रिपोर्ट को दफना दिया—

'मार्च, 1980 तक इंदिरा के नेतृत्व में कांग्रेस सरकार सत्ता में थी। आयोग का हिस्सा रहे एक अधिकारी ने कहा कि सभी केसों को धीमा कर दिया गया और धीरे-धीरे खत्म किया गया या तो उन्हें जारी नहीं रखा गया या दोषियों को दंडित नहीं किया गया। वह बताते हैं कि सरकार ने जाँच रिपोर्ट की सभी प्रतियों को नष्ट करने का आदेश दिया। तथ्य यह है कि शाह आयोग की जाँच रिपोर्ट अब दुर्लभ पाया जानेवाला दस्तावेज है।

इंदिरा—'द लाइफ ऑफ इंदिरा नेहरू गांधी' लेखक केथरिन फ्रेंक हाइपर पेरेनयल संस्करण 2005—

'अपनी गंभीर कमियों के बावजूद, शाह आयोग रिपोर्ट संजय गांधी की उस समय की अवैध सत्ता के साक्ष्यों का बहुमूल्य खजाना है जिसके चलते आपातकाल लागू हुआ और इस अवधि के दौरान अनेक लोकसेवकों तथा सरकारी अधिकारियों की चापलूसी और कायरता की पोल खोलता है। इसमें कोई आश्चर्य नहीं कि इंदिरा गांधी ने 1980 में सत्ता में पुन: आते ही रिपोर्ट की सारी-की-सारी प्रतियाँ वापस करा लीं।

जब इंदिरा गांधी सत्ता में वापस लौटीं, उन्होंने रिपोर्ट को खारिज करते हुए इसे बाजार से वापस मँगा लिया। तीन भागोंवाली रिपोर्ट की एकमात्र उपलब्ध प्रति, जहाँ तक मैं जानती हूँ, स्कूल ऑफ ओरियंटल एंड अफ्रीकन स्टडीज, युनिवर्सिटी ऑफ लंदन में है।'

द वीक (The Week)—25 जुलाई, 2010, प्रोब द कमीशन—

'शाह आयोग 1977 में मोरारजी देसाई सरकार द्वारा नियुक्त किया गया। अगस्त, 1978 में सौंपी गई 500 पृष्ठों की रिपोर्ट में 46,000 शिकायतों की जाँच करने और 100 बैठकों के बाद इंदिरा गांधी और उनके पुत्र संजय को दोषी पाया गया। हालाँकि, उसके बाद की चरण सिंह सरकार ने आयोग द्वारा दोषी पाए गए लोगों के विरुद्ध कार्यवाही करने

में कोई रुचि नहीं दिखाई। 1980 में इंदिरा के सत्ता में लौटने के बाद शाह आयोग रिपोर्ट शनैः-शनैः दफना दी गई।

पूर्व अटॉर्नी जनरल—अशोक एच. देसाई 'सिटीजन राइट्स एंड द रूल ऑफ लॉ—एसैस इन मेमौरी ऑफ जस्टिस जे.सी. शाह' की प्रस्तावना में लिखते हैं—

'शाह आयोग की रिपोर्ट बगैर अलंकृत भाषा के सूक्ष्म विश्लेषण के चलते अधिक प्रभावी बनी है, क्योंकि यह आपातकाल में सत्ता के दुरुपयोग की घटना-दर-घटना को बताती है। दुर्भाग्य से, बाद की सरकार के चलते यह सरकारी प्रकाशनों के बिक्री केंद्रों से गायब हो गई।

कोई भी यह आशा कर सकता है कि भारत सरकार भी उस जैसे दायित्व से बँधी हो जैसा कि इंग्लैंड में है कि किसी भी एक नागरिक द्वारा अनुरोध किए जाने पर प्रत्येक आयोग की रिपोर्ट की प्रति उपलब्ध कराई जाएगी।'

19 दिसंबर, 2010

□

सड़ाँध भरे घोटालों का वर्ष

अंग्रेजी पत्रिका 'आउटलुक' (13 दिसंबर, 2010) के नवीनतम अंक की आवरण कथा 'कांग्रेस क्राइसिस' शीर्षक से प्रकाशित हुई है। शीर्षक के नीचे दो चित्र—एक सोनियाजी और दूसरा राहुल गांधी का है। मुखपृष्ठ के ऊपरी कोने पर बहुचर्चित लॉबिस्ट नीरा राडिया का फोटोग्राफ प्रकाशित किया गया है।

मुख्य शीर्षक के साथ एक उप-शीर्षक छपा है—

'संसद् में गतिरोध। एक चुनावी हार। कार्यकर्ताओं में विद्रोह। भ्रष्टाचार की दुर्गंध। क्या कांग्रेस वर्ष 2014 के चुनावों से पूर्व इस गड्ढे से बाहर आ पाएगी?'

***

सन् 2009 कांग्रेस के लिए विजय का वर्ष था। 14वें लोकसभा चुनावों में उन्हें मिली जीत आश्चर्यजनक जीत थी; लेकिन इस लगातार दूसरी जीत से वे नौवें आसमान पर सवार थे।

यदि पिछले वर्ष की समाप्ति पर सत्तारूढ़ दल सर्वाधिक ऊँचाइयों पर था तो आज वास्तव में वह कचरे के ढेर पर है। वर्ष 2010 हमेशा सड़ाँध भरे घोटालों के वर्ष के रूप में जाना जाएगा!

***

पिछले सप्ताह संसद् के सेंट्रल हॉल में अनेक सांसदों से मेरा मिलना हुआ, जो सरकार पर आए गंभीर संकट पर चर्चा कर रहे थे। उनमें से एक ने चिंतित स्वर में मुझसे पूछा—"क्या दूसरा चुनाव अवश्यंभावी है?" मेरा उत्तर था—"निस्संदेह कांग्रेस बुरी स्थिति में है। कांग्रेसजन अत्यधिक खिन्न और उदास हैं; लेकिन इसका अर्थ यह नहीं है कि सरकार चुनाव कराएगी।" लेकिन जब कुछ मंत्रियों से मेरी बातचीत हुई तो यह सुझाव सुनने को मिला। कि संसद् के वर्तमान गतिरोध को समाप्त करने के लिए सरकार लोकसभा को भंग

करने पर भी सोच सकती है। तब मुझे अहसास हुआ कि आखिर क्यों सांसद चुनावों की संभावनाओं के बारे में घबराए हुए हैं।

कोई भी सरकार तब तक समय पूर्व चुनाव नहीं कराती जब तक वह जीतने के प्रति आश्वस्त न हो। यू.पी.ए. की प्रतिष्ठा आज से पहले कभी इतनी नीचे नहीं गिरी थी। लोकसभा भंग कराने की चर्चा सांसदों को डराने के लिए लगती है। वाम, दक्षिण और मध्य सभी सांसद एक संयुक्त संसदीय समिति की माँग के समर्थन में ठोस रूप से एकजुट होकर खड़े हैं।

'स्टेट्समैन' के संपादक रवींद्र कुमार ने पिछले महीने (10 नवंबर) को ताजा घोटालों पर चोट करनेवाला लेख 'रॉटिंग फ्रॉम द हेड' (शीर्ष से सड़ाँध) शीर्षक से लिखा है।

इस लेख के निम्न दो पैराग्राफ दरशाते हैं कि जो कुछ चल रहा है, उस पर वे कितने रोष में हैं—

''जिन घोटालों से कांग्रेसनीत सरकार घिरी है, उन्हें अत्यधिक साधारण रूप से देखा जा रहा है। ऐसा प्रतीत होता है कि परियोजनाएँ और योजनाएँ लूट के प्राथमिक उद्‌देश्य से सृजित और कार्यान्वित की जा रही हैं। सरकारी प्रयासों से सामान्य नागरिकों को यदि कुछ लाभ मिलता है तो वह संयोगवश है। और यदि यही केस है तो सोनिया गांधी व मनमोहन सिंह की जोड़ी को 6 वर्ष पूर्व सँभाली गई जिम्मेदारी में गड़बड़ी के चलते एक नया कदम उठाना होगा।

तथ्यों पर विचार करें। 2जी स्पैक्ट्रम घोटाले में संचार मंत्री ए. राजा के शामिल होने को दरशानेवाले पर्याप्त सबूत एक वर्ष पूर्व सामने आए। टेप किए गए वार्त्तालाप से न केवल आपराधिक साक्ष्य सामने आए, अपितु राजनीतिक और कॉरपोरेट के खिलाड़ियों द्वारा सरकार में किए गए भयंकर घोटालों के रूप में सामने आए हैं।''

चौदहवीं लोकसभा के चुनाव साधारणतया सितंबर 2004 में होने थे। लेकिन अक्तूबर 2003 में तीन मुख्य प्रदेशों—मध्य प्रदेश, राजस्थान और छत्तीसगढ़, जो कांग्रेस के पास थे—में हमारी प्रभावी जीत हुई। इन परिणामों ने एन.डी.ए. को संसदीय चुनावों को समय पूर्व कराने पर विचार करने हेतु प्रोत्साहित किया।

सबसे पहले भाजपा, फिर एन.डी.ए. और फिर तेलुगुदेशम जैसे हमारे सहयोगियों के साथ विचार-विमर्श कर प्रधानमंत्री वाजपेयीजी ने वर्ष 2004 की शुरुआत में लोकसभा को भंग करने और नए चुनाव कराने का निर्णय किया।

देश का राजनीतिक मानस एन.डी.ए. के पक्ष में दिखता था। वाजपेयीजी की लोकप्रियता

भी अपने शीर्ष पर थी। अर्थव्यवस्था में भी उभार था। जब एन.डी.ए. के वित्तमंत्री यशवंत सिन्हा ने जी.डी.पी. के 8 प्रतिशत वृद्धि के लक्ष्य के बारे में बोला तो सोनियाजी ने खिल्ली उड़ाते हुए कहा कि—यह मुँगेरीलाल के हसीन सपने जैसा है! लेकिन एन.डी.ए. के वायदे के अनुसार वर्ष 2003 के दूसरे पखवाड़े में भारत की जी.डी.पी. वृद्धि 8.4 प्रतिशत दर्ज हुई। विश्वस्तरीय राजमार्गों का राष्ट्रव्यापी नेटवर्क निर्माण करने जैसे अनेक प्रमुख प्रयासों के परिणाम दिखने लगे और यह एन.डी.ए. की उपलब्धियाँ बनीं। सूचना तकनीक के क्षेत्र में उल्लेखनीय प्रगति के चलते पूरी दुनिया में भारत को सॉफ्टवेयर सुपर पावर के रूप में पहचाना जाने लगा।

मैं मानता हूँ कि वर्ष 2004 के चुनावों में हम मुख्यतया अतिविश्वास और उससे उपजी आत्ममुग्धता के कारण हारे। साथ ही सरकार में रहते हुए उन 7 वर्षों के दौरान हमारे संगठनात्मक नेटवर्क में भी कमियाँ आईं। राज्यवार विचार करें तो इस दृष्टि से सबसे बुरी तरह प्रभावित देश का सबसे बड़ा राज्य उत्तर प्रदेश रहा, ऐसा प्रदेश जहाँ हम वर्ष 2004 और 2009 में भी अच्छा प्रदर्शन नहीं कर पाए।

जब कुछ समय पूर्व श्री नितिन गडकरी ने पार्टी का नेतृत्व सँभाला तो उनके तब के वक्तव्यों में से एक में उन्होंने उन सहयोगियों के बारे में बोला, जिन्होंने पार्टी को मजबूत बनाने में योगदान दिया था; परंतु उनके दायित्व सँभालने से पूर्व वे हमसे अलग हो गए थे। उन्होंने मुझसे दो नामों—जसवंत सिंहजी और उमा भारती—के बारे में विचार-विमर्श किया। मैंने जसवंत सिंहजी से बात की और वे पार्टी में वापस आए और पहले की तरह सक्रिय हैं।

नितिनजी ने स्वयं उमाजी से बात की। उमाजी ने मुझसे बात की और मेरी सलाह पर वे इस पर राजी हो गईं कि भविष्य में वे उत्तर प्रदेश, जिसके बारे में मैंने उल्लेख किया कि कैसे वह बहुत कमजोर है, में पार्टी इकाई को मजबूत करने पर ध्यान केंद्रित करेंगी। उन्होंने बताया कि वे उत्तर प्रदेश से चुनाव लड़ना चाहेंगी। लेकिन इस कार्य में जुटने से पहले उन्होंने पार्टी अध्यक्ष से कुछ समय माँगा है।

***

मैंने सन् 1970 में अपना पहला लोकसभा चुनाव जीता। लेकिन बतौर पत्रकार मैं सन् 1957 से ही लोकसभा की गतिविधियों को करीब से समझता-बूझता आ रहा हूँ। इस वर्ष मैंने पं. दीनदयाल उपाध्याय से आग्रह किया था कि 'मुझे राजस्थान से दिल्ली भेज दें ताकि मैं अटल बिहारी वाजपेयी के संसदीय कार्य में मदद कर सकूँ।'

मुझे याद है कि शुरुआती दिनों में हम कैसे सरकार की नीतियों के विरुद्ध संसद् में विरोध स्वरूप 'वॉक आउट' करते थे किंतु सत्तर के दशक में यह परिवर्तन आया कि अब सरकार के विरुद्ध विरोध का मतलब संसद् की काररवाइयों को रोकना बन गया। यद्यपि मीडिया के अनुसार 'वॉक आउट' संभवत: अब नीरस तरीका बन गया था।

लेकिन अगर इस तरह का विरोध कुछ दिन चलता रहता था, तब जनता का दबाव प्रदर्शनकारियों पर बनने लगता था कि संसद् की काररवाई सुचारु रूप से चलाई जाए। इससे विपक्ष पर दबाव बन जाता था कि विरोध बंद किया जाए जबकि सरकार इस मुद्दे पर सही नहीं होती थी।

भारतीय संसद् के इतिहास में इस वर्ष का शीतकालीन सत्र पूरी तरह से न होने के बराबर है।

सत्र के पहले दिन प्रश्नकाल सामान्य रूप से चला; लेकिन जब विपक्ष ने तीन घोटालों स्पैक्ट्रम घोटाला, राष्ट्रमंडल खेल घोटाला और मुंबई आदर्श सोसाइटी घोटाले के मुद्दे को उठाना चाहा तो समूची कांग्रेस पार्टी ने विपक्ष की नेता सहित सभी विपक्षी सांसदों को शोर मचाकर चुप करा दिया।

अत: विपक्ष की इन घोटालों की जाँच की माँग के विरोध में कांग्रेस पार्टी के विरोध के फलस्वरूप ही कार्यवाही बाधित हुई है। यह दिन-प्रतिदिन चलता रहा। समय-समय पर सदस्य कभी-कभी मंत्रियों से रिपोर्ट सुनते रहे कि संयुक्त संसदीय समिति की घोषणा होनेवाली है। सत्र का अंतिम दिन आ गया है, मगर ऐसा नहीं हुआ।

सत्तारूढ़ पार्टी रोज घोषणा करती है—जे.पी.सी. नहीं!

विपक्ष रोज कहता है—जे.पी.सी. नहीं तो सत्र नहीं!

इस बार हम सबके लिए वास्तव में आश्चर्यजनक यह है कि जनता और मीडिया का दबाव है—विपक्ष को पीछे नहीं हटना चाहिए, सरकार घिरी हुई है; उसे ऐसे ही नहीं छोड़ना चाहिए।

11 दिसंबर, 2010

□

गुजरात और बिहार के बारे में हर्षदायी समाचार

काफी लंबे अरसे के बाद 3 दिसंबर, 2010 को मुझे 'टाइम्स ऑफ इंडिया' के मुखपृष्ठ पर हर्षित कर देनेवाला समाचार पढ़ने को मिला। समाचार का शीर्षक है 'एस.आई.टी. क्लीयरेंस मोदी ऑफ विलफुल्ली एलाउइंग पोस्ट गोधरा राइट्स, फाइंड्स नो सबस्टेंशियल एवीडेंस' (एस.आई.टी. ने मोदी को जानबूझकर कराए गए गोधरा पश्चात् के दंगों में क्लीन चीट दी, कोई ठोस सबूत नहीं मिले)।

60 वर्षों के मेरे राजनीतिक जीवन में नरेंद्र मोदी को छोड़ मुझे अपने किसी अन्य सहयोगी का स्मरण नहीं आता, जिसके विरुद्ध इतना लगातार, इतनने समय और इतना विषैला प्रचार उनके विरोधियों ने चलाए रखा हो। विडंबना देखिए, जिस समयावधि में मोदी के विरुद्ध यह निंदनीय अभियान अपने चरम पर था, उसी अवधि में गुजरात के मुख्यमंत्री को भरपूर प्रशंसा और गुजरात सरकार को राज्य के चहुँमुखी विकास तथा अच्छे व ईमानदार सुशासन के संदर्भ में देश में मॉडल बनाने के लिए देश तथा विदेशों से बधाइयाँ मिलती रहीं।

श्री मोदी के विरुद्ध इस दुष्टतापूर्ण अभियान में शामिल लोगों का हमला इस आरोप पर आधारित था कि अयोध्या से लौट रही रेलगाड़ी पर गोधरा में हुए नृशंस हमले, जिनमें 58 कारसेवकों की जलकर मौत हो गई, के पश्चात् गुजरात के कुछ हिस्सों में भड़के दंगों में मोदी ने दंगाइयों को जान-बूझकर खुली छूट दी।

27 अप्रैल, 2009 को सर्वोच्च न्यायालय में श्रीमती जाकिया जाफरी द्वारा दायर की गई याचिका में श्री मोदी के विरुद्ध प्रथम सूचना रिपोर्ट (एफ.आई.आर.) दर्ज करने की माँग की गई। न्यायालय ने जाफरी की शिकायत पर जाँच करने के लिए सी.बी.आई. के पूर्व निदेशक आर.के. राघवन के नेतृत्व में विशेष जाँच दल (एस.आई.टी.) गठित किया।

श्री मोदी के विरुद्ध श्रीमती जाफरी के आरोप इस तरह हैं—"राज्य के संवैधानिक निर्वाचित मुखिया, जो बगैर जातीय, समुदाय और लिंग का भेदभाव किए सभी नागरिकों के मौलिक अधिकारों, जीवन और संपत्ति के अधिकारों के लिए जिम्मेदार हैं, वे ही संवैधानिक शासन और कानून के शासन को पलीता लगानेवाले अपराधी, षड्यंत्र, कत्लेआम के दौरान गैर-कानूनी और अवैध व्यवहार को बढ़ावा देने तथा तत्पश्चात् प्रत्यक्ष व अप्रत्यक्ष रूप से दंगों के आरोपियों और अपराध में शामिल लोगों को संरक्षण देने के आरोपी हैं।"

राघवन की टीम ने लगभग 20 महीने में इन आरोपों की जाँच की। जाँच के दौरान एस.आई.टी. ने नरेंद्र मोदी से व्यक्तिगत रूप से पूछताछ की और गत सप्ताह के अंत में सर्वोच्च न्यायालय को अपनी रिपोर्ट सौंपी।

'द टाइम्स ऑफ इंडिया' और अन्य समाचार-पत्रों ने प्रकाशित किया है कि एस.आई.टी. को आरोपों की पुष्टि के संदर्भ में कोई साक्ष्य नहीं मिला और उसने गुजरात के मुख्यमंत्री को इससे मुक्त कर दिया है। समूचा देश सर्वोच्च न्यायालय को सौंपी गई एस.आई.टी. की पूरी रिपोर्ट की व्याकुलता से प्रतीक्षा कर रहा है।

***

वर्ष 1977 के लोकसभाई चुनावों के नतीजे 19 महीने के आपातकाल के परिप्रेक्ष्य में हुए थे, जिससे लोकतंत्र की फिर से वापसी पर देश ने राहत की साँस ली थी। उस समय हम जो चुनाव अभियान में शामिल थे, कांग्रेस पार्टी के विरुद्ध मतदाताओं के गुस्से को आसानी से भाँप सकते थे।

इसलिए जब मतगणना शुरू हुई और नतीजे घोषित हुए तो किसी को भी कांग्रेस पार्टी के हार जाने पर आश्चर्य नहीं हुआ। परंतु हार की व्यापकता, विशेष रूप से उत्तर भारत में, सभी के लिए हैरतअंगेज थी—कांग्रेस और विपक्ष के लिए भी। कांग्रेस पार्टी के लिए ये नतीजे सुन्न कर देने वाले थे। सिर्फ इसलिए नहीं कि कांग्रेस पार्टी केंद्रीय सत्ता से पहली बार बाहर हुई थी; अपितु इसलिए भी कि उत्तर प्रदेश, बिहार, पंजाब, हरियाणा और दिल्ली जैसे अपने महत्त्वपूर्ण प्रदेशों में कांग्रेस लोकसभा की एक सीट भी नहीं जीत पाई थी।

इसी प्रकार पिछले सप्ताह जब नीतीश कुमार के नेतृत्व में जनता दल (यूनाइटेड)-भारतीय जनता पार्टी गठबंधन बिहार विधानसभा चुनावों में शानदार ढंग से विजयी हुआ तो किसी को भी आश्चर्य नहीं हुआ। लेकिन आश्चर्यजनक यह था कि एन.डी.ए. गठबंधन को जीत के बारे में सर्वाधिक आशावादी अनुमान यह था कि यह दो-तिहाई बहुमत (नई दिल्ली के वरिष्ठ संपादक शेखर गुप्ता, जो चुनाव के अंतिम चरण से पूर्व राज्य के दौरे पर

गई उच्च स्तरीय पत्रकार टीम के अंग थे, ने मुझे यही बताया था) प्राप्त करेगा; परंतु अंतिम परिणाम आते-आते नीतीश कुमार व सुशील मोदी की टीम ने 243 में से 216 सीटें जीत लीं, यानी कि विधानसभा की कुल संख्या का 8/9वाँ हिस्सा!

मैं मानता हूँ कि पिछले 5 वर्षों में नीतीश कुमार के नेतृत्व में एन.डी.ए. गठबंधन को सुशासन और विकास कार्यों के चलते पुनः जनादेश मिला। जनता दल (यूनाइटेड) द्वारा लड़ी गई 141 में से 115 और भाजपा द्वारा लड़ी गई 102 में से 91 सीटें जीतने जैसी इस अप्रत्याशित विजय का असली कारण पूर्व के 15 वर्षों का जंगलराज है। चुनाव अभियान के दौरान कांग्रेस प्रवक्ता इन 15 वर्षों के लिए लालू और राष्ट्रीय जनता दल को कोसते रहे; परंतु तथ्य यह है कि इस अवधि में काफी समय तक कांग्रेस भी राष्ट्रीय जनता दल की बराबर साझेदार थी। लोगों के पास राजद-कांग्रेस शासन और जद (यू)-भाजपा शासन के बीच वास्तविक तुलनात्मक अनुभव था, जिसने एन.डी.ए. को यह शानदार व प्रचंड विजय दिलाई।

5 दिसंबर, 2010

□

घोटालों के विरुद्ध कारखाई करने से भारत सरकार का इनकार, भ्रष्टाचार के विरुद्ध संयुक्त राष्ट्र कन्वेंशन की पुष्टि करने में असफल

भारतीय संसद् का मानसून सत्र यदि मुख्य रूप से आम आदमी को त्रस्त करने वाली मुद्रास्फीति और आवश्यक वस्तुओं की आकाश छूती कीमतों से उपजे गुस्से पर केंद्रित रहा तो वर्तमान शीतकालीन सत्र भ्रष्टाचार मुद्दे पर केंद्रित हो रहा है, और कैसे एक के बाद एक घोटालों से देश के नाम पर कीचड़ उछल रहा है। अनेकों को शायद यह पता नहीं होगा कि सन् 2004 में संयुक्त राष्ट्र के ड्रग्स और क्राइम कार्यालय (United Nations Office on Drugs and Crime) की ओर से भ्रष्टाचार के विरुद्ध एक समग्र कन्वेंशन औपचारिक रूप से अंगीकृत किया गया था।

56 पृष्ठीय दस्तावेज में संयुक्त राष्ट्र के तत्कालीन महासचिव श्री कोफी अन्नान की सशक्त प्रस्तावना थी, जो कहती है—

भ्रष्टाचार एक घातक प्लेग है, जिस कारण समाज पर बहुव्यापी क्षयकारी प्रभाव पड़ते हैं—

- इससे लोकतंत्र और नियम का शासन खोखला होता है।
- मानवाधिकारों के उल्लंघन की ओर रास्ता बढ़ता है।
- विकृत बाजार।
- जीवन की गुणवत्ता का क्षय होता है।
- संगठित अपराध, आतंकवाद और मानव सुरक्षा के प्रति खतरे बढ़ते हैं।

भ्रष्टाचार के विरुद्ध इस कन्वेंशन के अनुच्छेद 67 के मुताबिक संयुक्त राष्ट्र के सभी सदस्य देश इसे स्वीकृति देंगे, तत्पश्चात्त शीघ्र ही संबंधित देश इसे पुष्ट करेंगे और स्वीकृति

पत्र संयुक्त राष्ट्र के महासचिव के पास जमा कराएँगे।

प्रत्येक वर्ष सांसदों का एक समूह संयुक्त राष्ट्र की कार्यवाही में भाग लेने हेतु जाता है। इस वर्ष हमारी पार्टी के सांसद, हिमाचल प्रदेश के पूर्व मुख्यमंत्री श्री शांता कुमार ने भाजपा संसदीय दल की पिछले सप्ताह मंगलवार की बैठक में बताया कि 140 देशों ने इस कन्वेंशन पर हस्ताक्षर कर दिए हैं, चौदह ने अभी तक इसकी अभिपुष्टि नहीं की है और मुझे यह कहते हुए दुःख होता है कि इन चौदह में से भारत भी एक है।

सन् 2009 के लोकसभाई चुनाव अभियान के दौरान भाजपा ने भारत से अवैध ढंग से धन को आयवरी कोस्ट, लीसटेनस्टीन जैसे टैक्स हैवन्स में ले जाए जाने का मुद्दा उठाया था। इस संदर्भ में सबसे ज्यादा स्विटरजरलैंड का नाम लिया जाता है।

इसलिए मुझे यह जानकर अच्छा लगा कि संयुक्त राष्ट्र में जब स्विटजरलैंड के प्रतिनिधि भ्रष्टाचार के मुद्दे विशेषकर अवैध संपत्ति के बारे में वैश्विक संस्था में बोले तो वह स्पष्टता से बोले। उनका वक्तव्य यहाँ विस्तृत रूप से उद्धृत करने योग्य है।

संयुक्त राष्ट्र में स्विटजरलैंड के स्थायी मिशन का प्रतिनिधित्व करनेवाले श्री मथाइस बच्मैन, सामान्य सभा के 65वें सत्र में 20 अक्तूबर, 2010 को बोले और कहा—

"भ्रष्टाचार से आर्थिक वृद्धि और विकास को गंभीर खतरा पैदा होता है। यद्यपि भ्रष्टाचार सीमित संख्या में लोगों को अमीर बनाता है, परंतु यह समाज, अर्थव्यवस्था और राज्य नाम की संस्था के ताने-बाने को कमजोर करता है।

इस समस्या से गहन चिंतित स्विटजरलैंड ने भ्रष्टाचार से लड़ने के लिए राष्ट्रीय और अंतरराष्ट्रीय स्तर पर दृढ़ कारवाई की है। यह कारवाई, काले धन को सफेद बनाने तथा संगठित अपराध के विरुद्ध लड़ाई के साथ-साथ चल रही है। अकसर भ्रष्टाचार, संगठित अपराध और काले धन को सफेद बनाने के बीच एक सीधा संबंध होता है, विशेषकर इस प्रवृत्ति का मुकाबला करने हेतु सरकारों द्वारा स्थापित किए गए तंत्र के संदर्भ में। यही राजनीतिक लोगों द्वारा धन के पलायन, जो अकसर सुशासन के अभाव से जुड़ता है, पर भी लागू होता है।

भ्रष्टाचार के विरुद्ध संयुक्त राष्ट्र का कन्वेंशन (UNCAC) अवैध संपत्ति की वापसी नियमित करने के अंतरराष्ट्रीय उपायों में से एक मुख्य उपाय है। स्विटजरलैंड ने इस कन्वेंशन जो कि सन् 2009 में पुष्ट किया गया, के प्रारूप बनाने और इसे मजबूत करने की प्रक्रिया में सक्रियता से भाग लिया।

इसके अलावा, 20 वर्षों से ज्यादा के अनुभव के आधार पर स्विटजरलैंड ने UNCAC

के वर्किंग ग्रुप की अध्यक्षता की जिसके चलते संपत्ति को वापस पाने की प्रक्रिया अपनाई गई। संपत्ति वापस पाने के क्षेत्र में स्विटजरलैंड ने अत्यंत दृढ़ता के साथ काम किया और अब यह ऐसा देश है, जिसने राजनीतिकों द्वारा चुराई गई संपत्ति को बड़ी मात्रा में में वापस किया है। व्यवहार में, संपत्ति की वापसी में उसे चिह्नित और समय से अवैध संपत्ति को जब्त करने के उद्देश्य से बहुत निवारक कदम उठाने पड़ते हैं।

निवारक कामों की अंततः उपयोगिता घनिष्ठ अंतरराष्ट्रीय सहयोग पर निर्भर करती है। विशेष रूप से वित्तीय संस्थानों और अंतरराष्ट्रीय कानूनी सहायता से नियमन—इन दोनों का तत्परता से क्रियान्वयन काले धन को सफेद बनाने के विरुद्ध लड़ाई की प्रभावोत्पादकता की गारंटी का मुख्य तत्त्व है।

अंतरराष्ट्रीय सहयोग की प्रभावकारिता अंततः राजनीतिक इच्छा शक्ति और राष्ट्रीय प्राधिकारों की दृढ़ता पर निर्भर करती है।

अवैध संपत्ति के सिलसिले में, सितंबर 2010 में स्विस संसद् ने एक कानून पारित कर उन देशों के लोगों को संपत्ति लौटाने हेतु और सुविधा दी है, जहाँ से संपत्ति बेईमानी से लाई गई। यह उदाहरण बताता है कि संपत्ति के गबन के विरुद्ध लड़ाई राष्ट्रीय संसदों द्वारा उठाए गए विशिष्ट कदमों पर निर्भर करती है।''

स्विस बैंक एसोसिएशन के मुताबिक प्रसिद्ध यूनियन बैंक ऑफ स्विटजरलैंड में काला धन जमा करनेवालों की सूची में भारतीय शीर्ष पर हैं।

भाजपा इस अवैध धन के विरुद्ध काफी समय से अभियान चलाए हुए है। सन् 2009 के लोकसभाई चुनावों में इसने इसे मुख्य चुनावी मुद्दा बनाया था, शुरू में ही कांग्रेस नेताओं ने इस मुद्दे को उठाने पर भाजपा का मजाक उड़ाया था, लेकिन समय गुजरने के साथ ही भाजपा की यह माँग लोकप्रिय माँग बन गई। तब प्रधानमंत्री भी इसके सर्मथन में बोले।

उसी वर्ष, इस मुद्दे पर सतत अध्ययन करने और मुद्दे को मुखर करने के लिए हमने एक कार्य दल (Task Force) का गठन किया था, जिसमें तीन गण्यमान्य व्यक्ति थे—श्री एस. गुरुमूर्ति (चार्टर्ड एकाउंटेंट और खोजपरक लेखक, चेन्नई); श्री अजीत डोभाल (सुरक्षा विशेषज्ञ, नई दिल्ली) और डॉ. आर. वैद्यनाथन (वित्त प्रोफेसर, भारतीय प्रबंध संस्थान, बंगलौर)।

इस कार्यदल द्वारा प्रकाशित एक ताजा प्रकाशन में अनुमान लगाया गया है कि विदेशों के टैक्स हैवन्स में 500 बिलियन अमेरिकी डॉलर (25 लाख करोड़ रुपए) से 1.4

ट्रिलियन अमेरिकी डॉलर (70 लाख करोड़ रुपए) के बीच भारतीय धन ले जाया गया है। प्रकाशन कहता है—लूट का गणित विवादास्पद हो सकता है, लेकिन लूट का तथ्य नहीं।

जैसा कि संयुक्त राष्ट्र में स्विस प्रतिनिधि ने ठीक ही कहा कि संपत्ति वापस लाने हेतु अंतरराष्ट्रीय सहयोग की प्रभावकारिता राजनैतिक इच्छा और राष्ट्रीय सरकारों की कारवाई करने की दृढ़ता पर निर्भर करती है। चुनाव अभियान के दौरान प्रधानमंत्री ने यह घोषणा की थी कि विदेशी बैंकों में जमा भारतीय संपत्ति के संबंध में कारवाई उनके शासन में लौटने के पहले 100 दिनों में होगी। 500 से ज्यादा दिन बीत चुके हैं और अभी तक इस संबंध में कोई हलचल नहीं है। कारण राजनैतिक इच्छा का नितांत अभाव होना है।

इसलिए कोई आश्चर्य नहीं कि भ्रष्टाचार के विरुद्ध संयुक्त राष्ट्र कन्वेंशन की पुष्टि नहीं हो पाई है। संसद् का कामकाज पिछले दो सप्ताहों से बंद पड़ा है, लेकिन सरकार समूचे विपक्ष की सर्वसम्मत माँग कि हाल ही में सामने आए भ्रष्टाचार के कांडों की जाँच हेतु संयुक्त संसदीय समिति गठित की जाए को स्वीकारने से मना कर रही है।

देश भारत सरकार से अपेक्षा करता है कि—

भ्रष्टाचार के विरुद्ध संयुक्त राष्ट्र कन्वेंशन की पुष्टि की जाए।

हाल ही में उजागर हुए घोटालों की जाँच हेतु संयुक्त संसदीय समिति गठित की जाए।

सभी दोषियों को दंडित किया जाए।

और अंततः डॉ. मनमोहन सिंह द्वारा लोकसभाई चुनाव अभियान के दौरान किए गए वायदे को पूरा किया जाए कि हमारे देश से चुराकर विदेशों के टैक्स हैवन्स में जमा कराए गए अकूत धन को उनकी सरकार वापस लाएगी।

28 नवंबर, 2010

□

क्या श्रीमती (इंदिरा) गांधी ने अधिकृत कश्मीर को मुक्त कराने की योजना बनाई थी?

गत शुक्रवार 19 नवंबर को प्रधानमंत्री डॉ. मनमोहन सिंह के साथ-साथ बड़ी संख्या में सांसद और पूर्व सांसद, संसद् के सेंट्रल हॉल में श्रीमती इंदिरा गांधी के चित्र पर श्रद्धांजलि देने इकट्ठे हुए थे।

पिछले कुछ सप्ताहों से एक प्रश्न मेरे दिमाग में घूमता रहा है। 1971 में जब इंदिराजी ने पूर्वी पाकिस्तान के बंगालियों के लिए एक स्वतंत्र बँगलादेश बनाने हेतु शेख मुजीबुर्दहमान की सहायता करने का निर्णय लिया तो क्या साथ-साथ वे पश्चिमी पाकिस्तान में भी कोई ऑपरेशन करने का विचार कर रही थीं जो निम्नलिखित दो मुख्य उद्देश्यों को लेकर था—

(1) पश्चिमी पाकिस्तान को टुकड़ों में बाँटना और

(2) पाक अधिकृत कश्मीर को मुक्त कराना।

जब मैंने यह कहा कि कुछ सप्ताहों से यह प्रश्न मेरे दिमाग में घुमड़ रहा था तो मैं इसलिए कह रहा हूँ, क्योंकि सितंबर में, रूपा प्रकाशन ने मुझे एक पुस्तक भेजी—बँगलादेश लिबरेशन वार : मिथ्स एंड फैक्ट्स (Bangladesh Liberation War : Myths and Facts)। पुस्तक के लेखक कोई बी.जेड. खसरू हैं, जिनके बारे में कवर-फ्लैप में वर्णित किया गया है—एक पुरस्कार विजेता पत्रकार (जो) न्यूयॉर्क में एक वित्तीय प्रकाशन द कैपिटल एक्सप्रेस के संपादक हैं।

अभी तक मैंने ऐसा कभी किसी से कुछ सुना नहीं था, लेकिन यह पुस्तक इसके पर्याप्त आँकड़े देती है कि क्या श्रीमती गांधी ने वास्तव में इन उद्देश्यों को हासिल करने की योजना बनाई या नहीं? लेकिन उस समय के वाशिंगटन का शीर्ष नेतृत्व राष्ट्रपति रिचर्ड निक्सन और राष्ट्रपति के राष्ट्रीय सुरक्षा सलाहकार हेनरी किसिंजर मानते थे कि श्रीमती गांधी इस दिशा में काररवाई करने को सोच रही हैं और भारत के इन उद्देश्यों की प्राप्ति

में सोवियत संघ उनकी सहायता करेगा।

उन दिनों में अमेरिकी-भारत संबंध काफी कटु थे और निक्सन को श्रीमती गांधी सख्त नापसंद थीं, अय्यूब और याहया अमेरिका की पसंद बन चुके थे। व्हाइट हाउस में जनरल याहया खान के साथ राष्ट्रपति निक्सन की भेंट के बाद किसिंजर ने गंभीरता से पाकिस्तान के साथ संभावनाएँ टटोलीं कि क्या वो चीन के साथ अपने प्रभाव का उपयोग करते हुए अमेरिका-चीन के रिश्तों को सुधार सकते हैं।

वास्तव में, पूर्वी बंगाल के संबंध में भारत-पाक संकट के समय अमेरिका ने न केवल बंगाल की खाड़ी में सातवाँ परमाणु बेड़ा रवाना किया था और चाहता था कि मास्को भारत को पश्चिमी पाकिस्तान को तबाह करने से रोके, लेकिन यह भी प्रयास किया कि चीन भारत को पूर्वी पाकिस्तान में किसी भी सशस्त्र हस्तक्षेप के विरुद्ध धमकी दे।

क्या अमेरिका ने जो वास्तव में सोचा, क्या अमेरिकी धमकी और काररवाई से सचमुच में यह हासिल हुआ?

बाल्कनाइज वेस्ट पाकिस्तान—'व्हाई गांधी बैक्ड ऑफ' शीर्षक वाले अध्याय में खसरू लिखते हैं—

''जैसे ही भारतीय सेना पूर्वी पाकिस्तान में कूच करने लगीं तो संयुक्त राष्ट्र में युद्ध रोकने हेतु अंतरराष्ट्रीय प्रयासों में तेजी आने लगी, (श्रीमती) गांधी ने अपने को मुसीबतों और कठिनाइयों के बीच में पाया। एक ओर, यदि वह पश्चिम में पाकिस्तानी सेना को कुचलने के लिए अपना अभियान जिसका वायदा उन्होंने महीनों पूर्व अपने मंत्रिमंडलीय सहयोगियों को किया था, तेज करतीं तो उन्हें वाशिंगटन और बीजिंग से संभावित युद्ध का सामना करना पड़ता तथा मास्को की नाराजगी झेलनी पड़ती जो चाहता था कि ढाका पर कब्जे के बाद युद्ध समाप्त कर दिया जाए। दूसरी तरफ, यदि वह पीछे हटतीं तो उनके सहयोगी उनके लिए परेशानी पैदा करते और भारत को अपने घोर शत्रु को स्थायी रूप से पंगु बनाने का अनोखा अवसर गँवाना पड़ता। 10 दिसंबर को इंदिरा गांधी ने अपने मंत्रिमंडल को बताया कि यदि भारत बँगलादेश मुक्ति के बाद संयुक्त राष्ट्र के युद्धविराम प्रस्ताव को स्वीकार कर लेता है तो यह अमेरिका के साथ आगे की जटिलताओं को टाल सकता है और लद्दाख में चीनी हस्तक्षेप की वर्तमान संभावित संभावना को भी समाप्त कर सकता है।

भारत के रक्षा मंत्री जगजीवन राम और अन्य अनेक सैन्य नेतृत्व ने तब तक युद्ध विराम का प्रस्ताव स्वीकार करने से मना किया जब तक भारत कश्मीर के निश्चित अनिर्दिष्ट

क्षेत्रों को ले नहीं लेता और पाकिस्तान के युद्ध तंत्र को नष्ट नहीं कर देता।

इंदिरा गांधी ने इन विरोधियों की सलाह को यह कहते हुए अस्वीकार कर दिया कि फिलहाल भारत संयुक्त राष्ट्र के युद्धविराम प्रस्ताव को स्पष्ट रूप से रद्द नहीं करेगा। ढाका में अवामी लीग की सत्ता स्थापित हो जाने के बाद भारत यह प्रस्ताव स्वीकार कर लेगा।''

लेखक की खोजों पर संदेह करने का कोई कारण मुझे नहीं दिखता, परंतु इस पुस्तक को पढ़ने के पश्चात् मेरी इच्छा है कि कोई निष्पक्ष भारतीय इतिहासकार मुख्य रूप से अमेरिकी स्रोतों पर आधारित वर्णन को जैसा खसरू ने किया है, की तुलना में भारतीय सामग्री और भारत सरकार के दस्तावेजों के आधार पर शोध कर देश के सामने, हमारे पक्ष से घटनाओं के वर्णन को रखे।

कुल मिलाकर, यह पुस्तक उन सभी के लिए रोचक और पठनीय है, जो हमारे इस उप–महाद्वीप के ताजा इतिहास में रुचि रखते हैं।

21 नवंबर, 2010

□

चीनी खरगोश बनाम भारतीय कछुआ

इस वर्ष में मुझे दो बार परम पूज्य दलाई लामा के साथ कार्यक्रम में भाग लेने का सौभाग्य और विशेष अवसर मिला। पहला अवसर अप्रैल में हरिद्वार में कुंभ मेले के दौरान मिला। उन दो अवसरों के बारे में मैं पहले ही लिख चुका हूँ, जहाँ हम दोनों साथ-साथ थे। पहला, 'हिंदू कोश' के लोकार्पण और दूसरा गंगा को साफ करने के लिए उत्तराखंड सरकार द्वारा शुरू किए गए 'स्पर्श गंगा-अभियान' की शुरुआत पर। गत सप्ताह दिल्ली के निकट सूरजकुंड में तिब्बत स्पोर्ट ग्रुप्स, जिसने दुनिया भर में अंतरराष्ट्रीय सम्मेलन आयोजित किए हैं, ने छठा अंतरराष्ट्रीय सम्मेलन आयोजित किया था।

इस तीन दिवसीय (5-7 नवंबर) सम्मेलन में दलाई लामा ने भाग लिया। मुझे सम्मेलन का उद्घाटन करने के लिए कहा गया था, जो मैंने किया। सम्मेलन में दुनिया के 56 देशों से 200 से अधिक प्रतिनिधियों ने भाग लिया।

यह ऐसा छठा सम्मेलन था। पिछला सम्मेलन ब्रसेल्स में संपन्न हुआ। लेकिन यह पहली बार था कि चीन से भी प्रतिनिधियों ने भाग लिया और ये तिब्बत के मुद्दे पर मजबूती से समर्थन करते हैं।

तिब्बतियों के इस अंतरराष्ट्रीय सम्मेलन में अपने भाषण के दौरान मैंने चीनी राष्ट्रपति श्री हू जिंताओ को नवंबर 2006 में नई दिल्ली यात्रा के दौरान हुई अपनी भेंट का स्मरण कराया। इस भेंट में मैंने चीनी नेता से चीन में ऐसी परिस्थितियाँ बनाने का आग्रह किया था, ताकि अक्तूबर 2008 में बीजिंग ओलंपिक से पहले दलाई लामा तिब्बत की यात्रा कर सकें। मैंने कहा—दुर्भाग्यवश चीन ने इस अवसर को गँवा दिया।

अपने भाषण में मैंने उल्लेख किया था कि बीजिंग को गंभीरता और सचमुच में संवाद कायम करने के इरादे से दलाई लामा, बौद्ध शिक्षाओं के इस जीवंत मूर्त रूप से बढ़कर अधिक समझदार व शांतिप्रिय मध्यस्थ भला और कौन हो सकता है।

भारत के दीर्घ इतिहास में उसने भारतीय साम्राज्य स्थापित करने के लिए, दूसरे देशों को जीतने के लिए कभी सेना नहीं भेजी। मुझे एक प्रसिद्ध उदारवादी चीनी विद्वान् तथा अमेरिका में चीन के राजदूत (1891-1961) रहे हू सिंग के शब्दों का स्मरण हो आता है, जो उन्होंने भारतीय सभ्यता के बारे में कहे थे—"भारत ने अपनी सीमा से एक भी सैनिक न भेजकर बीस शताब्दियों से तिब्बत को न केवल जीता अपितु सांस्कृतिक रूप से उस पर प्रभावी भी है।"

भारत की सभ्यता ने अनेक प्रताड़ित समुदायों को शरण दी है। उनमें से पारसी भी हैं, जिन्हें अपनी जन्मभूमि छोड़नी पड़ी। वे इसलिए वापस नहीं जा सके, क्योंकि उनके लिए कोई जन्मभूमि नहीं बची थी। उनके धर्म से जुड़ी सभी चीजें नष्ट कर दी गईं और वे तभी परसिया में रह सकते थे जब वे अपना धर्म त्याग दें। अत: उन्होंने भारत माता को सदैव के लिए अपना लिया।

लेकिन ऐसा तिब्बत के लोगों के साथ नहीं है। उनके पास उनकी जन्मभूमि है, जो उन्हें अत्यंत प्रिय है। यह उनके पूर्वजों की भूमि है। यह उनकी भव्य बौद्ध मठ की भूमि है। यह प्रचुर प्राकृतिक संपदा से परिपूर्ण भूमि है। यह उनकी पवित्र भूमि है।

यद्यपि तिब्बत पर बहुत अत्याचार किए गए और तिब्बत की सांस्कृतिक व आध्यात्मिक धरोहर को नष्ट किया गया—और यह सब चीन की दुर्नाम 'सांस्कृतिक क्रांति' (1967-77) के नाम पर किया गया—इस के बावजूद तिब्बत, तिब्बत के लोगों के लिए मातृभूमि और पवित्र भूमि बना हुआ है।

इसलिए मैं आशा करता हूँ और प्रार्थना भी कि शीघ्र ही एक दिन ऐसा आएगा, जब परम पूज्य दलाई लामा और अन्य तिब्बती लोग, जो निर्वासन में रहने को बाध्य हैं, अपनी जन्मभूमि और पवित्र भूमि पर सम्मानजनक तथा प्रतिष्ठित ढंग से जा पाएँगे, तत्पश्चात् तिब्बत के भविष्य की नियति रच पाएँगे।

बीसवीं शताब्दी में वैश्विक घटनाक्रम वाशिंगटन और मास्को के संबंधों पर पूरी तरह से निर्भर रहे। पिछली शताब्दी के उत्तरार्ध ने बर्लिन दीवार को ढहते, जर्मनी के एकीकरण और संयुक्त सोवियत समाजवादी गणतंत्र (यू.एस.एस.आर.) को विघटित होते देखा। उसी समय फ्रांसिस फुकुयामा ने अपनी प्रसिद्ध पुस्तक 'द एंड ऑफ हिस्ट्री' लिखी। यह वस्तुत: मार्क्सवाद का स्मृतिलेख था।

मुझे ऐसा लगता है और मैंने गत सप्ताह तिब्बती सम्मेलन में यह कहा भी कि 21वीं शताब्दी में भारत और चीन के संबंध विश्व इतिहास की प्रमुख घटनाओं के मुख्य नियंता

बनेंगे। मैंने कहा कि भारत और चीन के बीच शांतिपूर्ण सहअस्तित्व के सिवाय कोई अन्य विकल्प नहीं है।

सन् 1962 में चीन द्वारा किए गए विश्वासघात (वास्तव में पं. नेहरू इस सदमे को बरदाश्त नहीं कर पाए) की भावना के बावजूद श्री अटल बिहारी वाजपेयी ने मोरारजी भाई के मंत्रिमंडल के विदेश मंत्री और बाद में एन.डी.ए. सरकार के 7 वर्षों के दौरान प्रधानमंत्री के रूप में इसी उद्देश्य को प्राप्त करने के लिए सुनियोजित प्रयास किए।

मैं उम्मीद करता हूँ कि चीन यह अहसास करेगा कि अरुणाचल के मामले में उसके विस्तारवादी वक्तव्यों और भारत के प्रति पाकिस्तान के शत्रुतापूर्ण रवैए को समर्थन देना हम दोनों देशों के बीच सामान्य संबंध स्थापित होने में सबसे बड़ा रोड़ा है।

चीन और भारत अब पूरी दुनिया में इस शताब्दी में एशिया की दो महान् उभरती शक्तियाँ मानी जाती हैं।

इन दोनों के बीच तुलना पर आधारित एक अत्यंत ही प्रशंसनीय पुस्तक भारत के सर्वाधिक बड़े समाचार और टेलीविजन व्यवसाय वाले नेटवर्क 18—जो भारत में सी.एन.एन. और सी.एन.बी.सी. की भारतीय भागीदार हैं—के संस्थापक, नियंत्रक, शेयरधारक और संपादक राघव बहल ने लिखी है।

पुस्तक का शीर्षक है—'सुपर पावर ? द एमेजिंग रेस बिटवीन चाइनीज हेअर एंड इंडियाज टॉर्टस'। पुस्तक का फ्लैप लेखक के विश्लेषण को इन निम्नलिखित शब्दों में समाहित करता है—

"यक्ष प्रश्न है कि सुपर पावर की दौड़ में कौन विजयी होगा, भारतीय कछुआ या चीनी खरगोश ? चीन विकास के क्षेत्र में अपनी गति से अर्थशास्त्र के चकित करनेवाले नए मुहावरे गढ़ रहा है; जबकि धीमी गति से प्रगति करता भारत इस प्रश्न का उत्तर दे सकता है।" इस संबंध में बहल का तर्क है कि "इसका निर्णय इस आधार पर नहीं होगा कि इस समय कौन अधिक निवेश कर रहा है या कौन तेज गति से उन्नति कर रहा है, बल्कि सुपर पावर बनने के पैमाने होंगे—किसमें अधिक उद्यमशीलता व दूरदर्शिता है व कौन प्रतिस्पर्धात्मक परिस्थितियों का सामना करते हुए विकासशील है।"

यह अवश्य ही पढ़ने योग्य पुस्तक है।

7 नवंबर, 2010

□

गुजरात में होगी दुनिया की सबसे ऊँची मूर्ति

आज सरदार पटेल जयंती है। वास्तव में यह हमारे देश के लिए दैवीय आशीर्वाद था कि स्वतंत्रता के समय एक राजनेता और सरकार के सदस्य के रूप में वल्लभभाई पटेल जैसा महामानव हमारे पास था।

अगस्त 1947 चुनौती भरा महीना था। एक ओर सदियों की दासता से मुक्त होकर भारत माता स्वतंत्र हुई थी, लेकिन यह खुशी खूनी विभाजन की त्रासदी से ग्रसित हो गई और लाखों लोगों को अपने परिवारों और घरों से विस्थापित होना पड़ा।

सरदार पटेल ने पंडित नेहरू के मंत्रिमंडल में अगस्त, 1947 में उप-प्रधानमंत्री और गृहमंत्री के रूप में दायित्व सँभाला, लेकिन उनका कुशल और निपुण नेतृत्व देश को साढ़े तीन वर्षों से भी कम समय मिला। दिसंबर, 1950 में उनका निधन हो गया, परंतु फिर भी जितना काम वह निपटा सके वह अपने आप में अद्भुत था। जैसा कि सरदार पटेल के घनिष्ठ सहयोगी वी.पी. मेनन ने अपनी पुस्तक इंटीग्रेशन ऑफ द इंडियन स्टेट में लिखा है—

"(भारत), अपनी सीमाओं के भीतर 554 देशी रियासतों की अनसुलझी सर्वाधिक बड़ी समस्या का सामना कर रहा था। ब्रिटिश सरकार ने घोषित कर दिया था कि उनके जाने के बाद ये राज्य स्वतंत्र हो जाएँगे। सर्वत्र यह आशंका थी कि क्या देश इसी के चलते टुकड़ों में बँट जाएगा।"

वी.पी. मेनन की जिस पुस्तक से उपरोक्त अनुच्छेद उद्धृत किया गया है, उसी में लेखक पर एक विस्तृत आलेख 'वी.पी. मेनन—एन अपरिसिएशन' शीर्षक से समाहित है। यह प्रसिद्ध पत्रकार एम.वी. कामथ द्वारा लिखा गया है। इसमें वे लिखते हैं—

"ध्यान रखना चाहिए कि ब्रिटिश के अंतर्गत भी भारत एक राजनीतिक इकाई नहीं था। देश दो विभिन्न भागों में विभक्त था—एक ब्रिटिश भारत; दूसरा रजवाड़ों का भारत;

यद्यपि यह अंग्रेजों को सर्वोच्च अधिकार संपन्न शक्ति मानता था।

राजकुमार अपनी गद्दी अधिकार के रूप में वसीयत में नहीं, अपितु इस महत्त्वपूर्ण शक्ति से तोहफे के रूप में पाते थे।

यह सर्वोच्च अधिकार संपन्नता तब समाप्त होनेवाली थी जब ब्रिटिश भारत छोड़नेवाले थे। उस मोड़ पर वह ऐतिहासिक समय था, जब पहली बार भारत को एक छाते के नीचे पूरी तरह एक करने, पूर्णतया और निर्विवाद रूप से प्रयास किए गए। जिस व्यक्ति ने यह कार्य किया वे सरदार वल्लभभाई पटेल थे।''

इस महान् आत्मा की स्मृति में गुजरात ने 392 फीट ऊँची एकता की मूर्ति (Statue of Unity) स्थापित करने का निर्णय लिया है, जो कि पूरी दुनिया में और न्यूयॉर्क की स्टेच्यू ऑफ लिबर्टी से भी विशालत होगी।

इस समय गुजरात अपनी स्थापना की 50वीं जयंती मना रहा है। एकता की मूर्ति को स्वर्णिम गुजरात के इस पर्व में ही स्थापित किया जाएगा। इसके स्थान का चयन मुख्यमंत्री नरेंद्रभाई मोदी ने नर्मदा बाँध से करीब 3.2 किलोमीटर दूर साधुबेट में किया है।

गुजरात में नरेंद्रभाई के नेतृत्व का एक विशिष्ट गुण है, उनकी कल्पनाशीलता। गत सप्ताह गुजरात के सभी सांसदों और विधायकों ने मुख्यमंत्री आवास पर 'वांचे गुजरात' अभियान शीर्षकवाला स्लाइड शो देखा। यह स्वर्णिम गुजरात के लिए राज्य सरकार के अभिनव कार्यक्रम की नई अभिव्यक्ति है।

अभियान का उद्देश्य इससे नागरिकों में पढ़ने की आदत डालना और इस ज्ञान की सदी की जरूरत के लिए उन्हें अच्छे ढंग से तैयार करना है।

इस आंदोलन का विस्तार जो मुझे पसंद है, सर्वोत्तम पाठक प्रतियोगिता, पुस्तक मार्च (ग्रंथ-यात्रा) इत्यादि पर चर्चाओं के माध्यम से किया जा रहा है। ये कार्यक्रम स्कूल और कॉलेजों में संचालित किए जाएँगे। राज्य के 26 जिलों और 8 नगर निगमों में समितियों का गठन कर दिया गया है, जिसमें शिक्षकों, प्राध्यापकों, लेखकों और अन्य विद्वानों को सदस्य बनने के लिए आमंत्रित किया जा रहा है। 30-40 सदस्योंवाली एक समिति है, जिसमें स्कूल प्रधानाचार्य, कॉलेज प्रधानाचार्य, सचिवों और प्रसिद्ध लेखकों इत्यादि को शामिल किया गया है। मुख्यमंत्री इसके प्रमुख हैं और उप-प्रमुख शिक्षामंत्री। इस पहल को आगे बढ़ाने के लिए वर्तमान में 54 स्वयंसेवी संस्थाएँ गुजरात सरकार की भागीदार बनी हैं।

'तैरती पुस्तक' के नाम से एक नए विचार की पहल की गई है। लोगों से एक पुस्तक खरीदने, उसे पढ़ने और उस पर अपना नाम लिखकर दूसरों को आगे देने के लिए कहा

गया है। जैसे ही पुस्तक 12 व्यक्तियों द्वारा पढ़ ली जाएगी तो उसे पुस्तकालय को दे दिया जाएगा जो इसे 'तैरती पुस्तक' के रूप में वर्णित करेंगे। इसके शुरू होने से लेकर अभी तक करीब 50000 तैरती पुस्तकें (Floating Books) दान कर दी गई हैं।

नए सामुदायिक पुस्तकालय स्थापित किए गए हैं। इस अभियान के हिस्से के रूप में पुराने और बंद पड़े पुस्तकालयों को पुनर्जीवित किया गया है और वर्तमान पुस्तकालयों को मजबूत बनाया जा रहा है। संभवतः पहली बार स्कूलों में विद्यार्थियों को इस दीवाली के अवकाश के दौरान पुस्तक लेने की अनुमति दी जाएगी। अधिक-से-अधिक नागरिकों को अपने घरों में ग्रंथमंदिर (पुस्तकालय) विकसित करने को प्रोत्साहित किया गया है।

31 अक्तूबर, 2010

□

सदमे में गुजरात कांग्रेस

मुझे स्मरण नहीं आता कि किसी राज्य के स्थानीय निकायों के नतीजों ने इतनी राजनीतिक हलचल मचाई हो, जितनी कि पिछले सप्ताह गुजरात में देखने को मिली।

नगर निगमों और पंचायत चुनावों के नतीजों ने राज्य में कांग्रेस पार्टी को सकते में ला दिया है।

गुजरात कांग्रेस अध्यक्ष सिद्धार्थ पटेल ने इस पराजय की नैतिक जिम्मेदारी लेते हुए अपना त्यागपत्र दे दिया है। राज्य विधानसभा में विपक्ष के नेता और कांग्रेस पार्टी नेता शंकर सिंह गोहिल ने भी अपने पद से त्यागपत्र दे दिया है।

गुजरात में 6 नगर निगम हैं। ये हैं—अहमदाबाद, राजकोट, वडोदरा, सूरत, जामनगर और भावनगर।

इन निगमों में 3 से 10 अक्तूबर को मतदान हुआ। इन चुनावों में भाजपा की शानदार ढंग से विजय हुई।

21 अक्तूबर को स्थानीय निकायों के चुनावों का दूसरा चरण पूरा हुआ। पहले दौर में पूर्णतया शहरी मतदाता थे, जबकि दूसरे दौर में आंशिक रूप से शहरी, लेकिन प्रमुखतया ग्रामीण आबादी थी।

इस दौर में 53 नगरपालिकाओं में से भाजपा 42 पर विजयी रही और कांग्रेस मात्र 4 पर। सात पर अन्यों की विजय हुई।

24 जिला पंचायतों के चुनावों में से भाजपा 21 पर, कांग्रेस 2 पर विजयी रही। एक अनिर्णित है।

208 तालुका पंचायतों के नतीजे इस प्रकार हैं—भाजपा 155, कांग्रेस 37 और 6 अनिर्णित।

भाजपा इस बार कांग्रेस के भारी-भरकम नेताओं केंद्रीय मंत्री भरत सिंह सोलंकी

(आणंद) और दिनशा पटेल (खेड़ा) के क्षेत्रों में महत्त्वपूर्ण विजय पाने में सफल रही है।

इन चुनावों की एक शानदार विशेषता यह रही कि 100 से ज्यादा मुसलिम प्रत्याशी विभिन्न स्तरों पर चुनाव जीते और वह भी भाजपा के टिकट पर।

भाजपा के लिए दूसरी महत्त्वपूर्ण उपलब्धि रही घनी ईसाई वनवासी आबादीवाले डांग में पार्टी का विजयी होना।

मध्य गुजरात, सौराष्ट्र और कच्छ में कांग्रेस को भारी नुकसान उठाना पड़ा है। नरेंद्रभाई मोदी ने सही ही टिप्पणी की है कि मुसलिम और ईसाइयों का भी कांग्रेस की वोट बैंक राजनीति से मोहभंग हो गया है और उन्होंने भाजपा की विकास की राजनीति को स्वीकार किया है।

भाजपा को यह चुनाव जीतने की उम्मीद थी, लेकिन मैं स्वीकार करना चाहूँगा कि नतीजे हमारी सारी अपेक्षाओं से ज्यादा आए।

यह नतीजा पराजय मात्र नहीं है, अपितु गुजरात में कांग्रेस का सफाया है।

नई दिल्ली अच्छे ढंग से समझ पाएगी कि ऐसे नतीजे किसी दल के प्रति रुझान मात्र का संकेत नहीं देते, अपितु ये किसी दल के विरुद्ध मतदाताओं के जोरदार गुस्से की ओर इशारा करते हैं। मैं सदैव ऐसे चौंकानेवाले नतीजों का स्मरण 1977 के उत्तर भारत के लोकसभाई चुनावों से करता रहा हूँ, जब जम्मू एवं कश्मीर से पश्चिम बंगाल तक 304 लोकसभाई सीटों में से कांग्रेस मात्र 12 पा सकी थी! पंजाब, हरियाणा, दिल्ली, उत्तर प्रदेश और बिहार में पार्टी एक सीट भी नहीं जीत पाई थी।

यदि नई दिल्ली समझती है कि यह गुजरात कांग्रेस नेतृत्व की असफलता मात्र है, तो यह सरासर गलत होगा।

1977 की भाँति मतदाता न केवल आपातकाल की ज्यादतियों से क्रोधित था, अपितु केंद्र सरकार द्वारा विपक्ष के साथ किए गए बर्ताव से भी विक्षुब्ध था। (शाह आयोग की रिपोर्ट के मुताबिक 102003 राजनीतिक कार्यकर्ताओं को मीसा या भारत सुरक्षा कानून के तहत बंदी बनाकर जेल में डाल दिया गया था।) इसी प्रकार केंद्र सरकार और केंद्रीय स्तर पर कांग्रेस पार्टी द्वारा मुख्यमंत्री नरेंद्र भाई मोदी, उनकी सरकार और गुजरात में भाजपा के विरुद्ध चलाए जा रहे द्वेषपूर्ण वैमनस्य ने गुजरात के मतदाताओं को वास्तव में गुस्से से भर दिया।

केंद्र सरकार और कांग्रेसी नेतृत्व को इस बारे में कुछ आत्मनिरीक्षण करना चाहिए और इन नतीजों में 2012 चुनावों की पूर्व चेतावनी देखनी चाहिए।

न्यूयॉर्क की प्रतिष्ठित पत्रिका फॉर्ब्स ने दुनिया के तेजी से बढ़ते शहरों की लंबी सूची प्रकाशित की है, जिसमें शीर्ष के 15 में भारत के तीन शहरों-अहमदाबाद, चेन्नई और बंगलौर को शामिल किया गया है। यह गुजरात के लिए गर्व का विषय है कि अहमदाबाद सूची में तीसरे स्थान पर है। चेन्नई 10वें और बंगलौर 15वें स्थान पर है! अहमदाबाद से पहले के दो ही शहर हैं और वे हैं चीन के चेंगदू और चंगक्यूइंग।

फॉर्ब्स पत्रिका ने अहमदाबाद के बारे में लिखा है—गुजरात में सर्वाधिक बढ़ा महानगरीय क्षेत्र, भारतीय राज्यों में से संभवतया सर्वाधिक बाजारोन्नमुखी और व्यापार के अनुकूल रिपोर्ट यह भी बताती है कि गुजरात की नीतियों ने टाटा नैनो कारखाना पश्चिम बंगाल से गुजरात के एक क्षेत्र साणद लाने में सफलता पाई। इसने एक भारतीय विद्वान् सेधा मेनन को उद्धृत करते हुए लिखा है कि राज्य ने अपने घरेलू प्रतिद्वंद्वियों की तुलना में तेजी से आधारभूत ढाँचा विकसित किया-सिंगापुर और मलेशिया के कुछ भागों की तरह।

यह फॉर्ब्स रिपोर्ट कहती है कि अहमदाबाद वी.आर.टी.एस., साबरमती रिवरफ्रंट विकास और कांकरिया लेकफ्रंट जैसी महत्त्वाकांक्षी आधारभूत परियोजनाओं के साथ तेजी से बढ़ रहा है। यह इसलिए भी हो रहा है कि राज्य सरकार और ए.एम.सी. तथा ए.यू.डी.ए. जैसी स्थानीय सरकारों द्वारा सकारात्मक विकास करने से अहमदाबाद इस तेज गति से विकास कर रहा है।

25 अक्तूबर, 2010

□

मुंबई पर 11/26 का हमला (वाशिंगटन की नजरों से)

नवंबर के पहले सप्ताह में राष्ट्रपति बराक ओबामा भारत यात्रा पर आनेवाले हैं। उनके आगमन से कुछ सप्ताह पूर्व, न्यूयॉर्क के एक मेरे मित्र ने 'द वाशिंगटन पोस्ट' के एसोसिएट संपादक बॉब वुडवर्ड द्वारा लिखित पुस्तक 'ओबामास वार्स' (Obamas Wars) मुझे भेजी है। मुझे स्मरण है कि मैंने उनकी पूर्ववर्ती पुस्तकें 'ऑल द प्रेसीडेंट्स मैन' (All The Presidents Men) और वाटरगेट कांड संबंधी 'द फाइनल डेट' (The Final Date) और अमेरिका पर 9/11 के आतंकवादी हमले से संबंधित 'बुश एट वार' (Bush at War) भी पढ़ी हैं। वाटरगेट और 9/11 के आतंकवादी हमले पर वुडवर्ड की रिपोर्टिंग ने उन्हें दो बार पुलित्जर पुरस्कार दिलाया है।

वुडवर्ड ने अपनी नवीनतम पुस्तक में इन तीन युद्धों के बारे में लिखा है—इराक में, अफगानिस्तान में और आतंक के विरुद्ध।

इन तीनों में से अंतिम दो का भारत के हितों के साथ सीधा संबंध है और इसलिए एक सूक्ष्म दृष्टिवाले लेखक, जिनका राष्ट्रपति ओबामा के साथ अनेकों बार संवाद हो चुका है और जिनकी पहुँच अनेक गुप्त दस्तावेजों तक है, द्वारा लिखी गई पुस्तक में उनका दृष्टिकोण वाशिंगटन की सोच का बहुमूल्य संकेतक होगा, भले ही उसकी कुछ ताजा काररवाई इसके विपरीत दिखती होगी।

अपने राष्ट्रपतीय काल के अंतिम दिनों में राष्ट्रपति बुश ने अफगानिस्तान में युद्ध के उपप्रमुख राष्ट्रीय सुरक्षा परिषद् के लेफ्टिनेंट जनरल डगल्स ल्युटे से वहाँ की सत्य रिपोर्ट देने को कहा।

और ल्युटे ने राष्ट्रपति को जो रिपोर्ट सौपी वह चापलूसी से कोसों दूर थी। पुस्तक में एक पैराग्राफ में अफगान युद्ध के बारे में अमेरिकी मुख्य गलतियों को सार रूप में इस

प्रकार दिया गया है—

"जैसा कि ल्युटे ने वहाँ की स्थिति का परीक्षण किया, उन्होंने पाया कि 10 विभिन्न लेकिन एक साथ युद्ध लड़े जा रहे हैं। पहला, नाटो क्षेत्र के प्रभारी कनाडा के एक जनरल द्वारा परंपरागत युद्ध लड़ा जा रहा है। दूसरा, सी.आई.ए. अपना गुप्त अर्द्धसैनिक युद्ध संचालित कर रहा है। ग्रीन बेरेट्स और ज्वाइंट स्पेशल ऑपरेशन कमांड-प्रत्येक का अपना युद्ध है, बड़े लक्ष्यों को खोज निकालना। ट्रेनिंग एंड इक्यूपमेंट अपने ऑपरेशन चला रही है। अफगान नेशनल आर्मी, अफगान नेशनल पुलिस और सी.आई.ए. द्वारा प्रायोजित गुप्तचर एजेंसी अफगान नेशनल डायरेक्टोरेट फॉर सिक्युरिटी भी अपने-अपने अलग युद्ध लड़ रहे हैं।"

वुडवर्ड के अनुसार रिपोर्ट अफगानिस्तान के बजाय पाकिस्तान को कहीं ज्यादा रणनीतिक मुसीबतवाली समस्या के रूप में चिन्हित करती है, क्योंकि वहाँ पर अलकायदा और अन्य संबद्ध गुटों के अड्डे अमेरिका के लिए ज्यादा खतरा हैं।

26 नवंबर, 2006 को बुश ने इस अत्यंत गुप्त और परेशानीवाले दस्तावेज पर विचार करने के लिए अपनी राष्ट्रीय सुरक्षा परिषद् की बैठक बुलाई और जो सर्वसम्मत निर्णय लिया गया वह था—यह दस्तावेज जारी नहीं किया जाना चाहिए। वुडवर्ड अपनी पुस्तक में दर्ज करते हैं कि जब इस रिपोर्ट पर अमेरिकी राष्ट्रपति और उनकी राष्ट्रीय सुरक्षा परिषद् द्वारा विचार किया जा रहा था तब 10 बंदूकधारी भारत के शहर मुंबई में घूम रहे थे, प्रत्यक्ष रूप से 15 मिलियन लोगों को बंधक बनाने के लिए।

वुडवर्ड लिखते हैं—इन बंदूकधारियों ने जो अराजकता और हिंसा फैलाई वह लगभग 60 घंटे टेलीविजनों पर देखी गई। 9/11 हमले के बाद से इसके अलावा आतंकवादी नाटक कुछ और नहीं हो सकता था।

11/26 के मुंबई हमले की योजना और उसे अमल में लाने का काम लश्करे-तोयबा ने किया जो कि सामान्य रूप से एल.ई.टी. के रूप से जानी जाती है। लश्करे-तोयबा के गठन से लेकर उसे धन मुहैया कराने का कार्य पाकिस्तानी आई.एस.आई. द्वारा किया जाता है। आई.एस.आई. के प्रमुख लेफ्टिनेंट जनरल अहमद शुजा पाशा ने वाशिंगटन के सामने स्वीकारा है कि आई.एस.आई. से संपर्कवाले दो सेवानिवृत्त पाक सैन्य अधिकारी मुंबई हमले में शामिल थे, लेकिन उन्होंने जोर दिया कि यह एक अलग से किया गया ऑपरेशन था न कि अधिकृत तौर पर। पाशा ने कहा हो सकता है कि मेरे संगठन से जुड़े कुछ लोग इससे जुड़े थे, लेकिन यह अधिकृत, निर्देश और नियंत्रण से अलग थे।

बाद में सी.आई.ए. को विश्वसनीय गुप्तचर रिपोर्ट मिली कि आई.एस.आई. सीधे

तौर पर मुंबई के प्रशिक्षण से जुड़ी थी।

वुडवर्ड ने 11/26 पर अध्याय को इस प्रकार समाप्त किया—

''योजना और लागू करना, कम लागतवाली और सर्वाधिक अत्याधुनिक संचार प्रणाली जिसका एल.ई.टी. ने उपयोग किया सभी दिक्कत देनेवाले हैं। हमलावर आसानी से अर्जित किए जाने योग्य ग्लोबल पोजिशिनिंग उपकरण, गूगल अर्थ मैप्स और व्यावसायिक रूप से उपलब्ध एन्क्रिप्शन उपकरण और रिमोर्ट कंट्रोल ट्रिगर के सहारे रहे।

वे पाकिस्तान में बैठे संचालकों से सैटेलाइट फोन से बात करते रहे जो वॉयस ओवर प्रोटोकॉल (वीओआईपी) के जरिए न्यू जर्सी की फोन सेवा थी। इसने इन कॉल के असली गंतव्य को पता करने को असंभव तो नहीं मगर मुश्किल बना दिया था ताकि पता न चले कहाँ से बातें हो रही हैं।

कम लागत, उच्च तकनीक वाले इस ऑपरेशन से, जिसने मुंबई को पंगु बना दिया, एफ.बी.आई. दहल गई। अमेरिका के शहर भी इसी तरह असुरक्षित हैं। अमेरिका में ऐसे ही हमले को निष्फल बनानेवाले एक वरिष्ठ एफबीआई अधिकारी ने कहा मुंबई ने सभी चीजों को बदल दिया है।''

***

अफगानिस्तान और पाकिस्तान में युद्धों की रणनीति की समीक्षा करने के लिए ओबामा ने सी.आई.ए. के एक पूर्व विश्लेषक बुरश ओ. राइडेल को प्रभारी बनाया। उसने जो रणनीतिक पेपर तैयार किया उसे वाशिंगटन के क्षेत्रों में सामान्य रूप से राइडेल रिव्यू डॉक्यूमेंट (Riedel Review Document) के रूप में जाना जाता है।

राइडेल ने राष्ट्रपति को बताया है कि 'फोकस अफगानिस्तान से दूर पाकिस्तान की तरफ आवश्यक रूप से परिवर्तित करना चाहिए।' उन्होंने कहा कि पाकिस्तान को आतंकवादियों से अपने मनोभाजित संबंधों को समाप्त करना चाहिए, जिसमें वे 'संरक्षक' भी हैं और 'पीड़ित' भी और उसी समय सुरक्षित ठिकाने भी हैं।

'ओबामास वार्स' अनेक बिंदुओं पर विवेचन करती है कि यदि 9/11 जैसा आतंकवादी हमला फिर से हो गया तो क्या होगा। ऐसी स्थिति से निपटने के लिए उन्होंने जो सैन्य तैयारी की योजना विचारी, उसे वाशिंगटन ने एक प्रतिशोधी योजना नाम दिया है। इस योजना के अंतर्गत अमेरिका सभी ज्ञात अलकायदा के अड्डों या अमेरिकी गुप्तचर डाटाबेस में वर्णित प्रशिक्षण शिविरों पर या तो बम डालेगा अथवा हमला करेगा।

***

बॉब वुडवर्ड की नवीनतम पुस्तक बताती है कि 9/11 मुख्य रूप से सऊदी और सोमालियावालों का किया-कराया था, अब अलकायदा पश्चिमी यूरोप में लक्ष्यों को भेद रहा है और इसके लिए अलकायदा उन पाकिस्तानियों को उपयोग में ला रहा है जो ब्रिटेन, नार्वे और डेनमॉर्क में बस चुके हैं और जो हमारी स्क्रीनिंग तथा सुरक्षा जाँच से बच सकें।

पिछले दिनों समाचार-पत्रों की रिपोर्टिंग थी कि ओसामा बिन लादेन पाकिस्तान में है। वुडवर्ड लिखते हैं—बुश प्रशासन के प्रयासों के बावजूद-अत्यधिक चौकसी, बंदी और पूछताछ तकनीक कोई भी बिन लादेन, उसके सहायक अयमान जवाहिरी या तालिबानी नेता मुल्ला उमर के बारे में बताने नहीं आया।

राइडेल ने चेतावनी दी है कि—यह तथ्य सुझाता है कि अलकायदा के बारे में जितना कहा जाता है, उससे कहीं ज्यादा अनुशासिन है।

24 अक्तूबर, 2010

□

एक अक्षम्य भारी भूल

जम्मू एवं कश्मीर के मुख्यमंत्री उमर अब्दुल्ला ने वाकई इतिहास रच डाला है! जम्मू एवं कश्मीर के किसी अन्य मुख्यमंत्री ने कभी इसका प्रतिवाद नहीं किया कि जम्मू एवं कश्मीर राज्य भारत का अभिन्न अंग है। ऐसा करके उमर ने न केवल भाजपा को चिढ़ाया है, अपितु आगे बढ़कर जो कहा है उससे राज्य में अलगाववादी और पाकिस्तान का मीडिया हर्षोन्माद में है।

राज्य विधानसभा में एक ताजा वक्तव्य में, उमर ने कहा—'जम्मू एवं कश्मीर राज्य भारत के साथ जुड़ा है; इसका भारत के साथ विलय नहीं हुआ है।'

तथ्य यह है कि 500 से ज्यादा रियासतें जिनमें हैदराबाद और जूनागढ़ शामिल हैं, जिनका विशेष रूप से उल्लेख करते हुए उमर ने इसे जम्मू-कश्मीर से भिन्न केस बताया है—ने उसी तरह विलय पत्र पर हस्ताक्षर किए जैसेकि जम्मू एवं कश्मीर ने किए हैं और स्वतंत्रता के बाद भारत का अखंड हिस्सा बने और पिछले 6 दशकों से ज्यादा समय से न केवल अकेली भाजपा जम्मू एवं कश्मीर को भारतीय क्षेत्र का अभिन्न अंग बताती है, अपितु देश के प्रत्येक नेता पंडित नेहरू से लेकर श्रीमती इंदिरा गांधी से वर्तमान विदेश मंत्री श्री एस.एम. कृष्णा भी इसकी पुष्टि करते रहे हैं।

वास्तव में पाकिस्तान के समाचार-पत्र डान ने 8 अक्तूबर के मुख पृष्ठ पर एस.एम. कृष्णा के दावे को विधानसभा में उमर के भाषण के सामने प्रकाशित किया है।

1994 में भारतीय संसद् के दोनों सदनों द्वारा जम्मू-कश्मीर पर पारित सर्वसम्मत प्रस्ताव को यहाँ स्मरण करना समीचीन होगा, जिसमें दृढ़तापूर्वक कहा गया है—

''जम्मू एवं कश्मीर राज्य भारत का अभिन्न अंग रहा है और रहेगा तथा शेष भारत से इसे अलग करने के कैसे भी प्रयासों का सभी आवश्यक साधनों से प्रतिरोध किया जाएगा।''

यही प्रस्ताव आगे कहता है-

"पाकिस्तान को भारत राज्य के जम्मू एवं कश्मीर का वह क्षेत्र खाली करना चाहिए जिसे उसने बलात् हथिया रखा है।"

अभी तक उमर अब्दुल्ला के त्यागपत्र की माँग इस आधार पर की जा रही थी कि वह पत्थर फेंकनेवाली भीड़ द्वारा घाटी में पैदा किए गए हालात से निपटने में असफल रहे हैं। कुछ तत्त्व इसे उनकी प्रशासनिक अनुभवहीनता मानते थे, परंतु उनके ताजा बयान से साफ होता है कि यह उनकी मात्र प्रशासनिक अनुभवहीनता नहीं है, अपितु जहाँ तक जम्मू एवं कश्मीर का संबंध है, वह राष्ट्रीय मूड से पूरी तरह अलग है। इसलिए जितना जल्दी वे त्यागपत्र दे दें तो उतना ही जम्मू एवं कश्मीर और राष्ट्र के लिए अच्छा होगा।

विधानसभा के अपने भाषण में उमर अब्दुल्ला ने धारा 370 को समाप्त करने की भाजपा की माँग का आलोचनात्मक संदर्भ दिया। डॉ. श्यामाप्रसाद मुखर्जी के दिनों से हम 'एक प्रधान एक निशान' और 'एक विधान' के लिए कटिबद्ध रहे हैं।

डॉ. मुखर्जी द्वारा शुरू किए गए कश्मीर आंदोलन और बंदी अवस्था में उनकी मृत्यु से पहले दो लक्ष्य—एक प्रधान और एक निशान तो हासिल हो गए, तीसरा लक्ष्य—एक संविधान—हासिल होना शेष है और हम उसे हासिल करने के लिए कृतसंकल्प हैं।

बहुतों को यह नहीं पता होगा कि धारा 370 के कारण जम्मू एवं कश्मीर राज्य के पृथक् संविधान की धारा 3 इस तरह है—

राज्य का भारत संघ के साथ संबंध जम्मू एवं कश्मीर भारत संघ का अभिन्न अंग है और रहेगा।

भारत के पूर्व मुख्य न्यायाधीश न्यायमूर्ति ए.एस. आनंद ने अपनी पुस्तक 'दि कांस्टीटयूशन ऑफ जम्मू एंड कश्मीर' (The constitution of Jammu & Kashmir) में उपरोक्त भाग पर निम्न टिप्पणी की है—

"1951 में राज्य संविधान सभा आहूत की गई थी, ताकि वह राज्य के जुड़ने के संबंध में अपने तर्कसंगत निष्कर्ष दे सके। संयुक्त राष्ट्र संघ में कश्मीर संबंधी विवाद पर ठहराव आ चुका था। राज्य के भविष्य के बारे में अनिश्चितता समाप्त करने के उद्देश्य से कश्मीर में असेंबली ने पर्याप्त विचार-विमर्श के बाद 1954 में राज्य के भारत में विलय की पुष्टि की।

1956 में, जब राज्य संविधान की ड्रॉफ्टिंग को अंतिम रूप दिया जा रहा था, तब राज्य संविधान में राज्य के विलय को एक स्थायी प्रावधान मानने के संबंध में राज्य की अंततः

स्थिति को शामिल करना जरूरी समझा गया। यही वह विचार था जो संविधान के भाग 3 के रूप में अपनाया गया।

इस भाग में शब्द प्रयोग में लाए गए हैं 'और रहेगा'। इससे साफ होता है कि राज्य के लोगों के मन में भारत के साथ जुड़ने के बारे में कभी कोई शंक नहीं था। यह भाग मात्र उनकी इच्छा की भारत संघ का अभिन्न अंग बने रहने की पुष्टि भर है।''

तब क्यों, मि. उमर, आप भाजपा के यह कहने पर नाराज होते हो?

***

पिछले सप्ताह समाचार-पत्रों की ये दो सुर्खियाँ थीं—

'राजा इगर्नोड पीएम, लॉ मिनिस्ट्रीज एडवाइस आन 2जी स्पेक्ट्रम, सेस सीएजी' (राजा ने 2जी स्पेक्ट्रम पर प्रधानमंत्री, विधि मंत्रालय के परामर्श की उपेक्षा की, सीएजी का कहना है)

'नथिंग मूव्स विदआउट मनी, सेस एक्सपर्ट'

(बगैर पैसे के कुछ भी नहीं हिलता, विशेषज्ञों का कहना है)

दोनों सुर्खियाँ भ्रष्टाचार संबंधी समाचारों से जुड़ी हैं—पहली में एक केंद्रीय मंत्री शामिल है और दूसरी केंद्र सरकार में व्याप्त भयंकर भ्रष्टाचार पर सर्वोच्च न्यायालय द्वारा की गई कड़ी निंदा का सार है।

नियंत्रक एवं महालेखा परीक्षक ने बताया कि ए. राजा की टेलीकॉम मिनिस्ट्री ने 2008 में समूचे स्पेक्ट्रम आवंटन में विधि मंत्रालय, वित्त मंत्रालय और यहाँ तक कि प्रधानमंत्री की सलाह को नजरअंदाज करते हुए मनमाने ढंग से काम किया।

सी.ए.जी. के अनुमान से इस मनमाने दृष्टिकोण से देश को 1.40 लाख करोड़ रुपए की विशाल धनराशि का नुकसान उठाना पड़ा है! सी.ए.जी. के अनुमान से यह स्पेक्ट्रम घोटाला आजादी के बाद का सर्वाधिक बड़ा घोटाला बनता है।

सी.ए.जी. रिपोर्ट कहती है-

टेलीकॉम मंत्रालय ने स्पष्ट और तार्किक या मान्य कारणों के बिना वित्त और विधि मंत्रालय की सलाह को उपेक्षित किया, 2जी स्पेक्ट्रम जैसी दुर्लभ परिमित राष्ट्रीय संपदा को आवंटित करने हेतु टेलीकॉम आयोग के विचार-विमर्श को नकारा।

स्पेक्ट्रम की कमी और वाजिब से कम दाम के बारे में सभी एजेंसियों की जानकारी के बावजूद, लाइसेंस जारी करने का प्रवेश शुल्क 2001 में निर्धारित की गई दरों से बँधा

हुआ रखा गया।

सी.ए.जी. ने टेलीकॉम मंत्रालय के इस तर्क को खारिज कर दिया कि स्पेक्ट्रम आवंटन पिछली सरकार द्वारा निर्धारित की गई नीति के अनुसार ही किया गया है। सी.ए.जी. कहता है कि यह दावा गलत है कि पूर्ववर्ती सरकार की नीति का पालन किया गया। सन् 2003 में केबिनेट ने भविष्य में सभी आवंटनों को सीधे नीलामी से करने का निर्देश दिया था।

जहाँ तक दूसरे समाचार का संबंध है उसमें पहले जैसे की भाँति किसी बड़े राजनीतिज्ञ के शामिल होने का मामला नहीं है, लेकिन फिर भी यह एक सामान्य सरकारी अधिकारी से संबंधित है, सर्वोच्च न्यायालय की टिप्पणियाँ दर्शाती हैं कि बार-बार भ्रष्टाचार के केसों के मामले में देश का सर्वोच्च न्यायालय कैसे क्रोधित और उत्तेजित है।

सर्वोच्च न्यायालय के न्यायमूर्ति मार्कंडेय काटजू और टी.एस. ठाकुर की पीठ कहती है—

'यहाँ अत्यंत दुर्भाग्यपूर्ण है कि देश में भ्रष्टाचार पर कोई नियंत्रण नहीं है। विशेष रूप से आय कर, बिक्री कर और आबकारी विभागों में भ्रष्टाचार काबू से बाहर है। बगैर पैसे के कुछ भी नहीं हिलता।'

स्पष्ट कटाक्ष करते हुए पीठ ने आगे कहा—'क्यों नहीं सरकार भ्रष्टाचार को वैध बना देती जिससे प्रत्येक केस के लिए एक विशेष राशि निर्धारित हो जाएगी। मान लीजिए यदि एक व्यक्ति अपने मामले को सुलझाना चाहता है तो उसे 2,500 रुपए भुगतान करने को कहा जाए। उससे प्रत्येक व्यक्ति को पता चल सकेगा कि उसे कितनी रिश्वत देनी है।'

❋ ❋ ❋

यह अत्यंत संतोषजनक है कि नई दिल्ली में राष्ट्रमंडल खेलों की समाप्ति के बाद ही प्रधानमंत्री डॉ. मनमोहन सिंह ने खेलों से जुड़े भ्रष्टाचार और विभिन्न कुप्रबंधन के आरोपों की जाँच की घोषणा की है।

देश को आशा है कि आद्योपांत जाँच होगी और गलत काम करनेवाला कोई भी बख्शा नहीं जाएगा। और केवल बलि का बकरा ढूँढ़ने की खोज नहीं होगी।

देश के भीतर के प्रेक्षकों को भारतीय खिलाड़ियों द्वारा बड़ी मात्रा में पदक जीतना और उद्घाटन तथा समापन के अवसर पर भव्य कार्यक्रमों का सफल क्रियान्वयन, महीनों से नकारात्मक प्रचार पा रहे राष्ट्रमंडल खेलों के लिए कुछ हद तक क्षतिपूर्ति करनेवाली बातें हैं, लेकिन भारत के बाहर रहनेवाले भारतीयों की बात मानी जाए तो विदेशों में इसका प्रचार नकारात्मक ही रहा है।

हालाँकि, यह एक सुखद संयोग है कि राष्ट्रमंडल खेलों के अंतिम दिन ने भारत को ऑस्ट्रेलिया के बाद दूसरे स्थान पर स्थापित किया है, इसके साथ-साथ क्रिकेट में भारत को तीन विजय मिलीं—(1) 2 मैचवाली शृंखला में ऑस्ट्रेलिया के ऊपर विजय, (2) दुनिया की क्रिकेट टीमों में भारत का पहले स्थान पर पहुँचना और (3) सचिन तेंदुलकर का लाजवाब प्रदर्शन। सभी खेलप्रेमियों को स्वाभाविक रूप से उस दिन गर्व महसूस हुआ होगा।

17 अक्तूबर, 2010

□

अयोध्या मामले का अत्यंत महत्त्वपूर्ण पहलू

दुनिया के ऐसे बहुत कम संविधान होंगे, जिन्होंने अपने सर्वोच्च न्यायिक प्रतिष्ठान को इस तरह की परामर्शदात्री भूमिका प्रदान की होगी जैसीकि भारतीय संविधान के अनुच्छेद 143 ने भारत के सर्वोच्च न्यायालय को प्रदान की हुई है।

अनुच्छेद 143 (1) के अनुसार-

'यदि किसी समय राष्ट्रपति को प्रतीत होता है कि विधि या तथ्य का कोई ऐसा प्रश्न उत्पन्न हुआ है या उत्पन्न होने की संभावना है, जो ऐसी प्रकृति का और ऐसे व्यापक महत्त्व का है कि उस पर उच्चतम न्यायालय की राय प्राप्त करना समीचीन है, तो वह उस प्रश्न को विचार करने के लिए उसे न्यायालय को निर्देशित कर सकेगा और वह न्यायालय, ऐसी सुनवाई के पश्चात् जो वह ठीक समझता है, राष्ट्रपति को उस पर अपनी राय प्रतिवेदित कर सकेगा।'

संविधान के लागू होने के 60 वर्षों में, अब तक केंद्र सरकार ने ऐसे लगभग एक दर्जन मामलों में सर्वोच्च न्यायालय की राय माँगी है। सामान्य रूप से कानून के कुछ मामलों पर।

लेकिन 1993 में सर्वोच्च न्यायालय से अयोध्या मामले से जुड़े एक अत्यंत महत्त्वपूर्ण तथ्य पर राय ली गई।

यह प्रावधान सर्वोच्च न्यायालय को यह विशेषाधिकार देता है कि यदि वह चाहे तो अपना अभिमत देने से इनकार कर सकता है। इस केस में वास्तव में उसने इनकार ही किया।

लेकिन इस प्रक्रिया में यह स्पष्ट हो गया कि सरकार इस विवाद में किस पहलू को अत्यंत महत्त्वपूर्ण मानती है।

तत्कालीन राष्ट्रपति द्वारा सर्वोच्च न्यायालय को सौंपे गए संदर्भ का मुख्य भाग प्रस्तावना के बाद इन दो अनुच्छेदों में निम्न है—

'अब, अत: भारत के संविधान के अनुच्छेद 143(1) के तहत प्रदत्त शक्तियों का उपयोग

करते हुए मैं, शंकर दयाल शर्मा, भारत का राष्ट्रपति यह निम्न प्रश्न सर्वोच्च न्यायालय के विचारार्थ और उसके अभिमत के लिए संदर्भित करता हूँ—

क्या जिस क्षेत्र में ढाँचा खड़ा है वहाँ रामजन्मभूमि-बाबरी मसजिद (इस ढाँचे के अंदर और बाहर आँगन सहित) निर्माण से पूर्व कोई हिंदू मंदिर या अन्य हिंदू धार्मिक ढाँचा मौजूद था?

जैसा कि ऊपर इंगित किया गया कि सर्वोच्च न्यायालय ने इस संदर्भ का उत्तर देने से इनकार कर दिया, लेकिन इसने अपने निर्णय में यह दर्ज किया कि न्यायालय ने सोलिसीटर जनरल को इस संदर्भ में केंद्र सरकार से इस पर उसकी स्थिति का निर्देश लेने और उसे लिखित में दर्ज करने को कहा है।

सर्वोच्च न्यायालय ने कहा—14 सितंबर, 1994 को विद्वान् सोलिसीटर जनरल ने उत्तर में निम्नलिखित वक्तव्य दिया—

सरकार, सर्वोच्च न्यायालय द्वारा संविधान के अनुच्छेद 143 के तहत संदर्भित तथ्य के प्रश्न पर दिए गए अभिमत को निर्णय मानकर इसे अंतिम और बाध्यकारी मानेगी।

सर्वोच्च न्यायालय के अभिमत के परिप्रेक्ष्य में और तद्नुरूप विवाद को सुलझाने के लिए बातचीत की प्रक्रिया हेतु सरकार प्रयास करेगी। सरकार आश्वस्त है कि सर्वोच्च न्यायालय का अभिमत समुदायों के रुख पर अनुकरणीय प्रभाव डालेगा और वे इस तथ्यात्मक मुद्दे जिसका सर्वोच्च न्यायालय ने निराकरण किया है, पर परस्पर विरोधी रुख ज्यादा समय तक नहीं रख पाएँगे।

यदि उपरोक्त वर्णित बातचीत से समाधान निकलना सफल नहीं होता, तो सरकार, सर्वोच्च न्यायालय के अभिमत के परिप्रेक्ष्य में और तद्नुरूप समाधान निकालने के लिए प्रतिबद्ध है, इस संबंध में सरकार का कदम दोनों समुदायों के प्रति समान होगा। यदि संदर्भित प्रश्न का उत्तर हाँ में होता है कि ढह गए ढाँचे के निर्माण के पूर्व एक हिंदू मंदिर ढाँचा मौजूद था तो सरकार की काररवाई हिंदू समुदाय की इच्छाओं के समर्थन में होगी। यदि दूसरी तरफ, प्रश्न का उत्तर ना में आता है यानी कि प्रासंगिक स्थल पर कोई हिंदू मंदिर मौजूद नहीं था तो सरकार की काररवाई मुसलिम समुदाय की इच्छाओं के समर्थन में होगी।''

जहाँ तक उच्च न्यायालय के निर्णय का संबंध है, उसमें भारतीय पुरातत्त्व सर्वेक्षण (ए.एस.आई.) की रिपोर्ट की निर्णायक भूमिका है। काफी परिश्रम से तैयार यह रिपोर्ट उच्च न्यायालय के स्वयं के निर्देशों पर प्रस्तुत की गई।

इलाहाबाद उच्च न्यायालय ने राष्ट्रपति द्वारा अनुच्छेद 143 के तहत सर्वोच्च न्यायालय

को सौंपे गए संदर्भ का संज्ञान लिया और महसूस किया कि केंद्रीय सरकार द्वारा पूछे गए प्रश्न का विश्लेषण करने के लिए ए.एस.आई. से अनुरोध करना उपयुक्त होगा—सर्वप्रथम ग्राउंड पैनेटरेटिंग राडार सर्वे और तत्पश्चात् उत्खनन से।

ग्राउंड पैनेटरेटिंग राडार सर्वे में कुछ असंगतियाँ पाई गईं। इसलिए उच्च न्यायालय ने ए.एस.आई. से उत्खनन करने को कहा।

ए.एस.आई. ने अपनी रिपोर्ट के अंतिम अध्याय में कहा है—

"भारतीय पुरातत्त्व सर्वेक्षण द्वारा रामजन्मभूमि-बाबरी मसजिद के विवादित स्थल पर 12 मार्च 2003 से 7 अगस्त 2003 तक खुदाई की गई। इस अवधि के दौरान, सम्मानीय लखनऊ उच्च न्यायालय के निर्देशों के अनुसार 82 गड्ढों की खुदाई की गई ताकि खुदाई से पूर्व ग्राऊंड पैनेटरेटिंग राडार सर्वे द्वारा इस स्थान पर की गई काररवाई पर आधारित रिपोर्ट में वर्णित विसंगतियों को जाँचा जा सके। कुल मिलाकर 82 गड्ढों और उनके साथ कुछ शहतरि असंगतियों और असंगत पंक्तियों की पड़ताल की गई। खंभों के आधारों, ढाँचों, फर्शों और नींव के रूप में इन गड्ढों में असंगतियों की पुष्टि हुई यद्यपि ऐसे कुछ अवशेष अपेक्षित गहराई और स्थानों के नहीं पाए गए। इन 82 गड्ढों के अलावा कुछ और मिलाकर जो अंततः 90 बने, की भी माननीय उच्च न्यायालय द्वारा ढाँचे की पुष्टि के उद्देश्य को ध्यान में रखते हुए खुदाई की गई।"

अपनी रिपोर्ट के अंत में ए.एस.आई. ने निष्कर्ष दिया है—

"समग्रता में विचार करते हुए और विवादास्पद ढाँचे के ठीक नीचे मौजूद भव्य ढाँचे के पुरातत्त्वीय साक्ष्य को ध्यान में लेते हुए और दसवीं शताब्दी से लेकर चरणों में विवादास्पद ढाँचे के निर्माण तक, उसके साथ पत्थर प्राप्त होने और सजावटी ईंटों के उपलब्ध होने के साथ-साथ जीर्णावस्था में दिव्य वाहन (बग्घी), मूर्ति और नक्काशीदार वास्तुशिल्पीय वस्तुएँ जिसमें पत्तियों के गुच्छे के पैटर्न, शिखर का ऊपरी भाग, कपोलापाली द्वारों के साथ अर्ध-गोलाकार भित्ति स्तंभ, काले शीफ्ट पत्थर के स्तंभों के टूटे-फूटे अष्टभुजाकार छड़, कमल की आकृति, उत्तर में परनाला सहित गोलाकार पुण्यस्थल, विशाल ढाँचे के साथ जुड़े हुए आधार पचास स्तंभ उन पुरावशेषों के संकेतक हैं, जो उत्तर भारत के मंदिरों से जुड़े होनेवाले विशिष्ट वैशिष्ट्य के रूप में पाए जाते हैं।"

10 अक्तूबर, 2010

□

यह आस्था बनाम कानून नहीं, यह कानून द्वारा आस्था का अनुमोदन है

मैंने अपने जीवन के शुरू के बीस वर्ष कराची में बिताए। इस दौरान मैं दो ही भाषाओं को जानता था—एक मेरी मातृभाषा सिंधी और दूसरी अंग्रेजी, जिसमें मेरी पढ़ाई हुई।

फिल्मों के प्रति मेरे शौक के चलते मैं हिंदी कुछ-कुछ समझ लेता था और टूटी-फूटी बोल भी लेता था, लेकिन मैं हिंदी पढ़ और लिख नहीं सकता था।

विभाजन के एक माह पश्चात् सितंबर, 1947 में, मैं देश के इस भाग में आया। आगामी अगले दशक 1947-1957 में मैं राजस्थान के विभिन्न क्षेत्रों में (संघ) प्रचारक के रूप में सक्रिय रहा।

देवनागरी लिपि से पूर्णतया अनभिज्ञता मेरे मन पर बोझ था। देवनागरी सीखने के उद्देश्य से मैंने पहले उसकी वर्णमाला और तत्पश्चात् ज्यादा-से-ज्यादा हिंदी पुस्तकें पढ़ीं।

इसी दौर में मैंने डॉ. कन्हैयालाल माणिकलाल मुंशी द्वारा लिखित गुजरात से संबंधित सभी ऐतिहासिक उपन्यास पढ़े। इससे काफी पूर्व मैं फ्रेंच लेखक अलक्जेंडर डुमास के उपन्यास थ्री मस्कटियर्स, दि काउंट ऑफ मोंटे क्रिस्ट्स, 8 लैक ट्युलिप इत्यादि पढ़ चुका था। मैंने डॉ. मुंशी की शैली पर डुमास का प्रभाव देखा। मेरे अध्ययन के दौरान ही डॉ. मुंशी द्वारा लिखित पुस्तकों (मूलत: गुजराती में लिखित) में से 'जय सोमनाथ', पुस्तक को पढ़ने का अवसर मुझे मिला, जिसने बाद में भी मेरी राजनीति को प्रभावित किया।

हालाँकि, 'जय सोमनाथ' एक काल्पनिक कथा थी, जो सोमनाथ मंदिर पर हुए आक्रमण और उसके तहस-नहस तथा लूटने की पृष्ठभूमि में लिखी गई थी, लेकिन उसे पढ़ते हुए सोमनाथ की कहानी में मुझे स्वतंत्र भारत के आधुनिक दिनों की छाप दिखी। स्वामी विवेकानंद समग्र साहित्य में 'भारत का भविष्य' शीर्षक के अंतर्गत प्रकाशित एक लेख में स्वामीजी लिखते हैं—

"विदेशी आक्रमणकारी एक के बाद एक मंदिर तोड़ता रहा; लेकिन जैसे ही वह वापस जाता, फिर से वहाँ उसी भव्य रूप में मंदिर खड़ा हो जाता। दक्षिण भारत के इन मंदिरों में से कुछ मंदिर और गुजरात के सोमनाथ जैसे अन्य मंदिर आपको भारतवर्ष के इतिहास के बारे में इतना कुछ बता सकते हैं, जो आपको पुस्तकों के भंडार से भी जानने को नहीं मिलेगा। सोचिए, इन मंदिरों पर विध्वंस और पुनर्निर्माण के सैकड़ों निशान मौजूद हैं-लगातार बार-बार टूटते रहे और ध्वंसावशेषों से ही फिर बार-बार खड़े होते रहे, पहले से भी ज्यादा भव्यता के साथ! यही है राष्ट्रीय भावना, राष्ट्रीय जीवनधारा। इस धारा के साथ चलिए, यह आपको गौरव की ओर ले जाएगी।"

ऐसे में यह स्वाभाविक ही है कि वर्ष 1947 में जब भारत स्वतंत्र हुआ तो अनेक हिंदुओं को लगा कि यह न केवल अंग्रेजी राज्य से मुक्ति है, बल्कि पूर्व-ब्रिटिश भारतीय इतिहास के उन पहलुओं से भी मुक्ति है, जिन्हें मूर्ति-भंजन, हिंदू मंदिरों के विध्वंस और वंशीय पराभव तथा श्रेष्ठ सांस्कृतिक परंपराओं के उल्लंघन जैसी दुष्प्रवृत्तियों के रूप में देखा जाता रहा है।

ऐसी ही स्थिति गुजरात में सौराष्ट्र की जूनागढ़ रियासत में उत्पन्न हुई थी, जहाँ सोमनाथ का मंदिर स्थित है। जूनागढ़ की 80 प्रतिशत से ज्यादा जनसंख्या हिंदू थी, लेकिन रियासत का नवाब मुसलमान था। स्वतंत्रता की पूर्व संध्या पर नवाब ने अपनी रियासत को पाकिस्तान में मिलाने की घोषणा कर दी। इससे रियासत के हिंदू भड़क उठे और उन्होंने विद्रोह कर दिया। परिणामस्वरूप एक स्थानीय कांग्रेसी नेता सामलदास गांधी के नेतृत्व में एक समानांतर सरकार बनाई गई। नवाब तो स्वभाव से ही विलासिताप्रिय और लापरवाह शासक था, रियासत की जनता उसे बिलकुल पसंद नहीं करती थी, उसने पाकिस्तान से मदद माँगी, परंतु उसकी कोई भी युक्ति सफल नहीं हुई और अंततः एक रात वह चुपचाप पाकिस्तान भाग गया।

सामलदास गांधी और रियासत के दीवान सर शाहनवाज भुट्टो—जो जुल्फिकार अली भुट्टो के पिता थे—ने भारत को संदेश भेजा कि जूनागढ़ रियासत भारत में विलय करनेवाली है। अपनी पुस्तक पिलग्रिमेज टु फ्रीडम में के.एम. मुंशी ने उस समय को याद करते हुए लिखा है कि सरदार वल्लभभाई पटेल जो उस समय भारत के गृहमंत्री थे और जिन्हें देशी रियासतों को भारतीय संघ में मिलाने का श्रेय जाता है—ने उन्हें (के.एम. मुंशी) विलय की सूचनावाला तार सौंपते हुए बड़े स्वाभिमान के साथ उद्घोष किया 'जय सोमनाथ'।

जूनागढ़ के भारत में विलय के बाद सरदार पटेल ने 9 नवंबर, 1947 को सौराष्ट्र का दौरा किया। उनके साथ नेहरू मंत्रिमंडल में तत्कालीन लोकनिर्माण एवं शरणार्थियों के पुनर्वास मंत्री एन.वी. गाडगिल भी थे। जूनागढ़ की जनता ने दोनों का गर्मजोशी से स्वागत किया। अपने

सम्मान में आयोजित जनसभा में सरदार पटेल ने एक अत्यंत महत्त्वपूर्ण घोषणा की। स्वतंत्र भारत की सरकार ऐतिहासिक सोमनाथ मंदिर का उसी स्थान पर पुनरुद्धार करेगी, जहाँ प्राचीन काल में वह स्थित रहा था और उसमें ज्योतिर्लिंगम पुनः स्थापित किया जाएगा।

जूनागढ़ से सरदार पटेल के लौटने के तुरंत पश्चात् प्रधानमंत्री नेहरू ने मंत्रिमंडल की बैठक बुलाकर पटेल की घोषणा की औपचारिक पुष्टि की। उस शाम जब पटेल और मुंशी गांधीजी को मिले तो उन्होंने भी इस प्रयास को अपना आशीर्वाद दिया, लेकिन साथ ही बताया कि निर्माण की लागत जनता उठाए न कि सरकार। इसलिए सोमनाथ ट्रस्ट गठित करने का निर्णय लिया गया।

भारत सरकार ने डॉ. के.एम. मुंशी को सोमनाथ मंदिर निर्माण संबंधी परामर्शदात्री समिति का चेयरमैन नियुक्त किया। डॉ. मुंशी ने तय किया कि सरदार पटेल से मंदिर का लोकार्पण करवाया जाएगा, परंतु जब तक निर्माण कार्य पूरा हुआ, सरदार पटेल का निधन हो गया।

अपनी पुस्तक पिलग्रिमेज टु फ्रीडम में मुंशी लिखते हैं—

''जब मंदिर में मूर्ति प्रतिष्ठापना का समय आया तो मैंने डॉ. राजेंद्र प्रसाद से संपर्क कर आग्रह किया कि वे समारोह में आएँ, लेकिन साथ ही यह शर्त भी लगाई कि वे तभी निमंत्रण स्वीकारें जब वे किसी भी हालत में आने को तैयार हों।

डॉ. राजेंद्र प्रसाद ने कहा कि वे मूर्ति प्रतिष्ठापना के लिए आएँगे चाहे प्रधानमंत्री का रवैया कैसा भी हो और उन्होंने जोड़ा मुझे अगर मसजिद या गिरजाघर के लिए भी आमंत्रित किया जाता तो भी मैं उसे स्वीकार ही करता। यही भारतीय पंथनिरपेक्षवाद का मूल तत्त्व है। हमारा देश न अधार्मिक है और न ही धर्म-विरोधी।

मेरा अंदेशा सही निकला। जब यह घोषणा हुई कि डॉ. राजेंद्र प्रसाद सोमनाथ मंदिर का उद्घाटन करेंगे तो पंडित जवाहरलाल ने उनके वहाँ जाने का जोरदार विरोध किया, लेकिन राजेंद्र बाबू ने अपने वचन का पालन किया।''

* * *

जून 1989 में भाजपा की राष्ट्रीय कार्यकारिणी की बैठक पालमपुर (हिमाचल प्रदेश) में हुई और उसमें अयोध्या आंदोलन को समर्थन देने का औपचारिक प्रस्ताव पारित किया गया। प्रस्ताव में सरकार से आग्रह किया गया कि वह अयोध्या मंदिर मामले में वही दृष्टि अपनाए जो स्वतंत्र भारत की पहली सरकार ने सोमनाथ मंदिर के बारे में अपनाई थी।

25 सितंबर, 1990 से सोमनाथ से अयोध्या की 10,000 किलोमीटर लंबी रथयात्रा का मेरा निर्णय अयोध्या मंदिर के मुद्दे के लिए समर्थन जुटाना था। यात्रा ने देश में एक बहस

को जन्म दिया। वास्तविक सेक्युलरिज्म बनाम छद्म सेक्युलरिज्म-ऐसी ही बहस चालीस वर्ष पूर्व जब पंडित नेहरू ने सोमनाथ संबंधी ऐसे ही कार्य के लिए डॉ. मुंशी को फटकारा था, उस समय पहली बार सामने आई थी।

डॉ. मुंशी ने भवन की पत्रिका के एक अंक में पिलग्रिमेज टु फ्रीडम को पुन: उद्धृत करते हुए लिखा—

मंत्रिमंडल की बैठक समाप्ति के बाद जवाहरलाल ने मुझे बुलाया और कहा सोमनाथ को पुन:स्थापित करने के आपके प्रयास मुझे पसंद नहीं हैं। यह हिंदू नवजागरण है।

डॉ. मुंशी ने तुरंत प्रतिक्रिया नहीं की, परंतु उनकी सुविचारित प्रतिक्रिया प्रधानमंत्री को भेजे अनेक पृष्ठों के लंबे पत्र के रूप में सामने आई, जिसमें उन्होंने जोर दिया कि उनकी गतिविधियाँ कोई व्यक्तिगत उपक्रम न होकर सरकार के स्वयं के निर्णय की पालना हैं।

सोमनाथ के पुनरुद्धार से जुड़े सामाजिक सुधार के पहलू पर जोर देते हुए मुंशी ने आगे लिखा—

मंदिर के द्वार हरिजनों के लिए खोलने के निर्णय की हिंदू समुदाय के कट्टरपंथी वर्ग की ओर से कुछ आलोचना जरूर हो रही है, लेकिन ट्रस्ट के करारनामे में स्पष्ट कर दिया गया है कि मंदिर के द्वार न केवल हिंदू समुदाय के सभी वर्गों के लिए खुले हैं, बल्कि सोमनाथ मंदिर की प्राचीन परंपरा के अनुसार, वह गैर हिंदू यात्रियों के लिए भी खुले हैं। कई रीति-रिवाजों को मैं अपने व्यक्तिगत जीवन में बचपन से ही तोड़ता रहा हूँ। हिंदू धर्म के कुछ पहलुओं को जोड़ने के लिए मैंने अपने साहित्यिक और सामाजिक कार्य के माध्यम से अपनी ओर से विनम्र प्रयास किया है-इस विश्वास के साथ कि ऐसा करके ही आधुनिक परिस्थितियों में भारत को एक उन्नत और शक्तिशाली राष्ट्र बनाया जा सकता है।

पत्र की समाप्ति इन मार्मिक और चेतावनी भरे शब्दों के साथ हुई—

भविष्य को ध्यान में रखकर वर्तमान में कार्य करने की शक्ति मुझे अतीत के प्रति अपने विश्वास से ही मिली है। भारत की स्वतंत्रता अगर हमें भगवद्गीता से दूर करती है या हमारे करोड़ों लोगों के इस विश्वास या श्रद्धा को तोड़ती है, जो हमारे मंदिरों के प्रति उनके मन में है और हमारे समाज के ताने-बाने को तोड़ती है तो ऐसी स्वतंत्रता का मेरे लिए कोई मूल्य नहीं है। सोमनाथ मंदिर के पुनरुद्धार का जो सपना मैं हर रोज देखता हूँ, उसे पूरा करने का मुझे गौरव प्राप्त हुआ है। इससे मेरे मन में यह अहसास और विश्वास उत्पन्न होता है कि इस पवित्र स्थल के पुनरुद्धार से हमारे देशवासियों की धार्मिक अवधारणा अपेक्षाकृत और शुद्ध होगी तथा इससे अपनी शक्ति के प्रति उनकी सजगता और भी बढ़ेगी, जो स्वतंत्रता के इन

कठिनाई भरे दिनों में बहुत आवश्यक है।

यह पत्र पढ़कर जाने-माने प्रशासनिक अधिकारी, वी.पी. मेनन—जिन्होंने देशी रियासतों के एकीकरण में सरदार पटेल की भरपूर मदद की थी—ने मुंशीजी को एक पत्र लिखा—'मैंने आपके इस अद्‌भुत पत्र को देखा है। जो बातें आपने पत्र में लिखी हैं, उनके लिए मैं तो जीने और आवश्यकता पड़ने पर मरने के लिए भी तैयार हूँ।'

***

सन् 2008 के शुरू में लिखी गई मेरी आत्मकथा में, मैंने वाजपेयी सरकार के दौरान अयोध्या-विवाद के होनेवाले समाधान के बारे में विस्तार से लिखा है। पृष्ठ 337-338 (हिंदी) में मैंने लिखा—

अयोध्या आंदोलन में प्रमुख भागीदार के रूप में राजग के छह वर्ष के शासन काल में मेरा प्रयास रहा कि यह विवाद शीघ्रतापूर्वक तथा शांति से कैसे सुलझाया जा सकता है।

इस विवाद के समाधान के प्रमुख तीन विकल्प थे—(1) विधि द्वारा, (2) न्यायिक निर्णय द्वारा, तथा (3) हिंदू और मुसलिम समुदायों के प्रतिनिधियों के बीच मैत्रीपूर्ण समझौते द्वारा।

अयोध्या मुद्दे पर राजनीतिक और न्यायिक पहलुओं की भली प्रकार से समीक्षा के बाद मैं इस निष्कर्ष पर पहुँचा कि अंतिम विकल्प ही सर्वोत्तम मार्ग था—मैंने अनेक अवसरों पर संसद् के भीतर और बाहर, इस विकल्प की चर्चा भी की थी।

संक्षेप में, मेरा यह विचार था, विधाई समाधान का खंडन नहीं किया जा सकता, लेकिन इसकी संभावना क्षीण है। न्यायिक प्रक्रिया के निर्णय से दोनों में से किसी एक पक्ष को दुःख और कष्ट होगा। तीसरे विकल्प की स्वीकार्यता और उसके स्थायित्व की संभावना अधिक है तथा निस्संदेह परस्पर स्वीकार्य समझौते को भी न्यायपालिका की संस्तुति लेनी आवश्यक होगी, जिससे सभी लंबित मामले खत्म हो जाएँगे।

इस अर्थ में अंतिम समाधान विकल्प 2 और 3 का मिश्रित रूप होगा।

मुझे यह प्रसन्नता है कि अटलजी और मैं इस रचनात्मक दृष्टिकोण का समर्थन करने के लिए राजग के सहयोगी दलों को राजी करने में सफल रहे। तद्‌नुसार, 2004 के संसदीय चुनावों के लिए इस गठबंधन के चुनाव घोषणा-पत्र में कहा गया था—राजग का विश्वास है कि अयोध्या मुद्दे के शीघ्र और मैत्रीपूर्ण समाधान से राष्ट्रीय एकता सुदृढ़ होगी। हमारा सदैव यही मानना रहा है कि इस विषय में न्यायिक निर्णय को सभी लोगों को स्वीकार करना चाहिए। साथ ही, परस्पर संवाद तथा आपसी विश्वास और सद्‌भावपूर्ण वातावरण से हुए एक सौहार्दपूर्ण समझौते के लिए भी प्रयासों को गति देनी चाहिए।

मैं गर्व के साथ कह सकता हूँ कि अटल बिहारी वाजपेयी के छह वर्षों के शासनकाल में गृहमंत्री के पद पर रहते हुए मैंने दोनों पक्षों को न्यायिक बातचीत के साझा मंच पर लाने के लिए अपनी ओर से कोई कसर नहीं छोड़ी। मेरे इस प्रयास में हिंदू और मुसलिम दोनों ही पक्षों के निष्ठावान मध्यस्थों ने सहयोग दिया। बातचीत के कई दौर के बाद अंततः आपसी सहमति पर आधारित हल स्पष्ट दिखाई देने लगा था और इस प्रकार रामजन्मभूमि पर एक भव्य राम मंदिर के निर्माण का रास्ता भी तैयार होनेवाला था।

वर्ष 2004 के आरंभ में ही इस आपसी समझौते के सिद्धांत तय कर लिए गए थे और यह निर्णय लिया गया कि मई में होने जा रहे चौदहवीं लोकसभा के चुनावों के तुरंत बाद इसकी घोषणा की जाएगी। वस्तुतः यह निर्णय इस उम्मीद पर लिया गया था कि लोकसभा चुनावों में वाजपेयी सरकार को नया बहुमत मिलेगा और तब वह इस समझौते को लागू करने की जिम्मेदारी स्वयं लेगी, लेकिन दुर्भाग्य से ऐसा नहीं होना था।

किंतु मैं तो नियति में अटूट विश्वास रखता हूँ। मुझे विश्वास है कि अयोध्या में रामजन्मभूमि पर एक भव्य और विराट् मंदिर बनना अवश्यंभावी है। ऐसा कैसे और कब होगा, इसका महत्त्व कम है और यह आनेवाला समय और इतिहास ही बताएगा, लेकिन यह बात उतनी ही सत्य है जितना कि सोमनाथ मंदिर को आक्रमणकारियों द्वारा बार-बार तोड़ा जाना और बार-बार उसे बनाया जाना तथा स्वतंत्रता मिलते ही उसका स्थायी रूप से पुनरुद्धार किया जाना।

मेरे लिए यह गर्व की बात है कि शताब्दियों पुराने हिंदू संकल्प को पूरा करने के इस सामूहिक राष्ट्रीय प्रयास में मुझे अपनी भूमिका निभाने का अवसर मिला। मेरा अपने मुसलिम भाइयों से केवल इतना अनुरोध है कि वे हिंदुओं की तरह ही उदार और सद्भावपूर्ण पहल के साथ आगे आएँ।

आज मुझे यह कहते हुए अत्यंत प्रसन्नता हो रही है कि दो दिन पूर्व इलाहाबाद उच्च न्यायालय द्वारा दिए गए महत्त्वपूर्ण निर्णय के बाद देश एक ऐसे संयोगजन्य मोड़ पर आ पहुँचा है, जहाँ उपरोक्त लिखित विकल्प 2 और 3 के सम्मिश्रण के रूप में संभव हो सकता है।

राष्ट्रीय स्वयंसेवक संघ और भारतीय जनता पार्टी—दोनों ने ही जोर दिया है कि यह निर्णय देश में लाखों लोगों के इस विश्वास को मान्यता देता है कि जहाँ वर्तमान में रामलला विराजमान हैं—वही राम का जन्म स्थान है।

अब स्थिति आस्था बनाम कानून नहीं, बल्कि कानून द्वारा आस्था का अनुमोदन करनेवाली है।

3 अक्तूबर, 2010

□

डॉ. डेविड फ्रॉले उर्फ वामदेव शास्त्री

गत सप्ताह मुझे योग और आयुर्वेद के विशेषज्ञ एक महान् वैदिक विद्वान् से मिलने का सुअवसर मिला जो वर्तमान में न्यू मैक्सिको के सांटा फे स्थित अमेरिकन इंस्टीट्यूट ऑफ वैदिक स्टडीज के प्रमुख हैं। यह वेदाचार्य डेविड फ्रॉले के रूप में जन्मे, परंतु हिंदू धर्म के प्रति उनके आकर्षण से वह वामदेव शास्त्री के रूप में पहचाने गए।

मुझे इन अमेरिकी विद्वान् के साठवें जन्म दिवस यानी उनकी षष्ठिपूर्ति के कार्यक्रम में निमंत्रित किया गया था।

श्री वैंकैया नायडू के नई दिल्ली स्थित आवास पर आयोजित इस कार्यक्रम में उनके चुनिंदा प्रशंसक एकत्रित हुए थे। सांसद श्री चंदन मित्रा, राष्ट्रीय स्वयंसेवक संघ के सह-सरकार्यवाह श्री दत्तात्रेय हॉसबोले सहित सभी वक्ताओं ने उनके इस अमूल्य काम की प्रशंसा की कि वे दुनिया के सामने हिंदू धर्म द्वारा प्रतिपादित मूल्यों और धारणाओं को व्याख्यायित कर रहे हैं, जो कि न केवल हिंदू समाज अपितु समूचे ब्रह्मांड पर लागू होती हैं।

डॉ. फ्रॉले ने अनेक पुस्तकें लिखी हैं। उनकी नवीनतम पुस्तक है 'यूनिवर्सल हिंदूज्म—टुवर्ड्स ए न्यू विजन ऑफ सनातन धर्म'। डॉ. फ्रॉले ने डॉ. दीपक चोपड़ा और डॉ. डेविड साइमन के साथ मिलकर काम किया है, जो चोपड़ा वेल्नेस सेंटर के संकाय सदस्य हैं।

डॉ. फ्रॉले के साथ विगत सप्ताह की मेरी बातचीत से मुझे ऐसे अनेक पश्चिमी ख्यातिप्राप्त व्यक्तियों के नाम याद आए जो एक बार किसी हिंदू विद्वान् के संपर्क में आने पर हिंदू धर्म और भारत के रंग में ऐसे रंगे कि उन्होंने अपने जीवन की दिशा ही बदल दी।

ऐसा ही एक अंग्रेज-आयरिश सामाजिक कार्यकर्ता मारग्रेट एलिजाबेथ नोबल के साथ हुआ जो 1895 में स्वामी विवेकानंद से लंदन में मिलीं और 1898 में उनके साथ

भारत का दौरा किया। स्वामी विवेकानंद ने उन्हें रामकृष्ण मिशन में शामिल किया और उन्हें निवेदिता (भगवान् को समर्पित) नाम दिया।

तत्पश्चात् ऐसी ही घटना ब्रिटिश रियर एडमिरल सर एडमंड स्लेड की पुत्री मेडेलाइन स्लेड के साथ घटी। उन्होंने महात्मा गांधी के साथ रहने और काम करने के लिए इंग्लैंड में अपना घर-बार छोड़ दिया।

वास्तव में वह बीथोवेन के संगीत के प्रति अगाध रूप से समर्पित थीं। जब उन्होंने रोमेन रॉलेंड द्वारा लिखित इस महान् संगीतज्ञ की जीवनी के बारे में सुना तो वे उनसे मिलने गईं। रोमेन रॉलेंड ने महसूस किया कि बीथोवेन के प्रति उनका स्नेह भाव आध्यात्मिक झुकाववाला है, जिसके लिए महात्मा गांधी जैसे आध्यात्मिक नेता कहीं ज्यादा उपयुक्त होंगे। गांधीजी ने उन्हें सलाह दी कि वे स्कूल शिक्षक के अपने बुनियादी प्रशिक्षण का उपयोग भारत में कन्याओं को शिक्षित करने में करें।

ब्रिटेन की ही एनी वुड, फ्रेंक बेसेंट से शादी के बाद एनी बेसेंट बनीं। एनी बेसेंट महिला अधिकार कार्यकर्ता और ब्रह्मविद्यावादिनी थीं। 1898 में उन्होंने भारत की यात्रा की और भारत की राजनीति तथा भारतीय राष्ट्रीय कांग्रेस की गतिविधियों में सक्रिय हुईं। 1917 में वह भारतीय राष्ट्रीय कांग्रेस की अध्यक्ष चुनी गईं।

डॉ. डेविड फ्रॉले के षष्ठिपूर्ति कार्यक्रम में मैंने इन उदाहरणों का स्मरण करते हुए कहा कि स्वयं एक पत्रकार के नाते मैं मार्क टुली (भारत में बी.बी.सी. के संवाददाता रहे और सेवानिवृत्ति के बाद, जिन्होंने भारत को अपने घर के रूप में चुना) से काफी प्रभावित हुआ हूँ। हिंदू धर्म के बारे में उनकी समझ कितनी गहरी है यह उनकी अपनी पुस्तक इंडियाज अनएंडिंग जर्नी में इन शब्दों में व्यक्त हुई है—

"यह पुस्तक वर्णन करती है कि भारत की सहिष्णुता और बहुलवाद, इसकी तार्किक और तर्कमूलक परंपरा और इसकी निश्चितता की अनिश्चितता की स्वीकृति क्या है, इसका मेरे लिए क्या अर्थ है और मैं सोचता हूँ कि भारत यह संदेश दुनिया को दे सकता है।"

मार्क टुली की पुस्तक स्वयं कहती है—'भारत में मेरे अनुभवों ने मुझे फिर से उस धर्म के बारे में सोचने पर बाध्य किया जो मुझे सिखाया गया था, क्योंकि मैंने महसूस किया कि जो मेरी नजरों के सामने सही है, उसे मैं उपेक्षित नहीं कर सकता। भगवान् तक पहुँचने के अनेक मार्गों का अस्तित्व जब मुझे यह समझ आया कि हजारों वर्षों से विभिन्न देशों और संस्कृतियों और माहौल में बदलती ऐतिहासिक परिस्थितियों में लोगों का यह अनुभव कि जो दिखता है वही समान सच्चाई है, यद्यपि उस सच्चाई को भिन्नता से वर्णित किया

गया है। मैंने देखा कि एक सर्वव्यापी भगवान् कहीं अधिक तार्किक लगता है, बजाय उस एक के जो भगवान् अपनी गतिविधियां ईसाइयों तक सीमित रखता है।'

हमारे जैसे अनेकों जिन्होंने कांग्रेसी शासन के आपातकाल के विरुद्ध संघर्ष किया था, मार्क टुली ने भी इसके विरोध में अपना साहसी प्रतिरोध किया था। यह हमारे अनेक पत्रकारों से अलग था, जिनके बारे में मैंने कहा था कि जब सरकार ने आपको सिर्फ झुकने के लिए कहा था तो आप में से कुछ रेंगने को तैयार हो गए! निश्चित रूप से टुली को अपने इस रुख के लिए नुकसान सहना पड़ा। उन्हें भारत से निर्वासित कर दिया गया और वे तभी लौट सके जब सरकार बदल गई और आपातकाल समाप्त कर दिया गया।

26 सितंबर, 2010

□

नौकरशाह बनाम दिल्ली के विद्यार्थी

पिछले सप्ताह जब राष्ट्रमंडल खेलगाँव अनौपचारिक रूप से खोला गया तो जिसने देखा वही उसकी भूरि-भूरि प्रशंसा करने लगा। वेल्स के चे्फ डि मिशन ने जो कहा वह छपा है—अपनी सुविधाओं और वैभव से परिपूर्ण विलेज असामान्य है।

इससे मुझे एन.डी.ए. सरकार के समय जब पहली बार नई दिल्ली में यह खेल आयोजित करने का निर्णय लिया गया, के प्रस्ताव का स्मरण हो आया।

यहाँ राष्ट्रमंडल खेल आयोजित करने का फैसला 2003 में लिया गया। उस समय श्री वाजपेयी के नेतृत्ववाली सरकार थी।

राष्ट्रमंडल खेलों की मेजबानी के लिए भारत ने 2003 के शुरू में ही दावा किया था। उस वर्ष के अगस्त मास के पहले सप्ताह में खेलों के मूल्यांकन आयोग (Performance Commission) ने दिल्ली सहित उन अन्य देशों का भी दौरा किया, जिन्होंने खेलों की मेजबानी करने का दावा किया था।

जिस टीम ने मूल्यांकन आयोग के सम्मुख प्रेजेंटे दिया था, उसने एन.डी.ए. सरकार को दी गई रिपोर्ट में संकेत दिया था कि आयोग के अनुमान में खेलों को हमारे यहाँ आयोजित करने की क्षमता काफी ऊँची है।

खेलों के स्थान का अंतिम फैसला नवंबर में जमाईका के मोंटेगो में हुआ। वहाँ पर हमारे देश का प्रतिनिधित्व युवा मामलों और खेलमंत्री विक्रम वर्मा और दिल्ली के उप राज्यपाल विजय कपूर ने किया था। हमारा मुख्य प्रतिस्पर्धी कनाडा था।

13 नवंबर को मतदान हुआ। 46 सदस्य देशों ने हमारे पक्ष में और 22 ने विरोध में मत दिए।

इस निर्णय के कुछ समय बाद ही दिल्ली के तत्कालीन उप राज्यपाल विजय कपूर ने केंद्र सरकार को सिफारिश की थी कि राष्ट्रमंडल खेलों में भाग लेनेवाले धावकों के लिए

बनाए जानेवाले आवास इस तरह के होने चाहिए कि बाद में इनका उपयोग दिल्ली विश्वविद्यालय के छात्रावासों के रूप में हो सके। वाजपेयी सरकार इस सुझाव पर तुरंत राजी हो गई, लेकिन नई दिल्ली में सरकार बदलने के साथ ही उन नौकरशाहों का विचार बदल गया, जिनके मन में खेल हो जाने के बाद इन आलीशान आवासों को अपने उपयोग में लाने की बात आई।

मेरे सामने विजय कपूर जो अब दिल्ली के उपराज्यपाल नहीं हैं, का 14 सितंबर, 2004 को दिल्ली विश्वविद्यालय के उप कुलपति प्रो. दीपक नैय्यर को लिखा गया पत्र है।

आगामी राष्ट्रमंडल खेलों के संदर्भ में, उस पत्र को जो कि श्री कपूर ने 8 सितंबर को उप कुलपति द्वारा उनके कार्यकाल में विश्वविद्यालय की सहायता करने के लिए धन्यवाद दिया था, के जवाब में लिखे गए पत्र को मैं यहाँ प्रस्तुत करना समीचीन मानता हूँ। 14 सितंबर के इस पत्र में श्री कपूर लिखते हैं—

प्रिय दीपक,

8 सितंबर के आपके पत्र के लिए धन्यवाद। यह दिल को छू लेनेवाला है। इसलिए भी ज्यादा कि जहाँ मैंने शिक्षा पाई यह उस विश्वविद्यालय के उपकुलपति की ओर से आया है। मैं आपको आश्वस्त करना चाहता हूँ कि मैं जीवन की किसी भी अवस्था में विश्वविद्यालय की सेवा करना अपना परम सौभाग्य समझूँगा।

मैं केंद्रीय मंत्रिमंडल से यह स्वीकृति लेने में सफल रहा हूँ कि राष्ट्रमंडल खेल 2010 के लिए अक्षरधाम के निकट खेलगाँव बनाया जाएगा और खेलों के पश्चात् इसे दिल्ली विश्वविद्यालय के विद्यार्थियों के लिए उपयोग हेतु सौंप दिया जाएगा। मैंने सुना है कि कुछ लोग जो हमारे युवाओं के लिए प्रतिबद्ध नहीं हैं, तब से इस निर्णय को बदलवाने का प्रयास कर रहे हैं। ऐसे किसी प्रयास को पलटने से बचाने के लिए मैंने दिल्ली विकास प्राधिकरण (डी.डी.ए.) के अधिकारियों को कहा है कि वे शुरू से ही ऐसे डिजाइन बनाएँ जो खेलों के बाद में विश्वविद्यालय छात्रावासों के रूप में उपयोग में आ सकें। विश्वविद्यालय का रुतबा और व्यक्तिगत रूप से आपके प्रभाव का उपयोग यह सुनिश्चित करने के लिए करना होगा कि पिछले केंद्रीय मंत्रिमंडल के इस प्रशंसनीय निर्णय को कोई बदल न सके। किसी भी स्तर पर आपको मेरी जरूरत हो तो कृपया मुझे बताएँ।

शुभकामनाओं सहित,

आपका

विजय कपूर

दिल्ली विश्वविद्यालय के उपकुलपति ने इस पत्र के जवाब में कपूर के सुझावों के लिए धन्यवाद के साथ मामले को उठाने का वायदा किया।

स्पष्ट है कि उपकुलपति एन.डी.ए. सरकार के निर्णय को बदलने से रुकवाने में सफल नहीं हो सके।

इसलिए कोई आश्चर्य नहीं कि अनेक महीनों के बाद समाचार-पत्रों में खेलों के बारे में पहली बार सकारात्मक रिपोर्ट आई है। और यह खेलगाँव में बने आलीशान आवासों से जुड़ी है।

17 सितंबर के 'द टाइम्स ऑफ इंडिया' ने खेलगाँव के साफ्ट लाँच के बारे में इस शीर्षक से समाचार प्रकाशित किया है—'बिग्गर एंड बैटर, इट्स ए ग्लोबल विलेज।'

रिपोर्ट की शुरुआती पंक्तियाँ इस प्रकार हैं—

'विशाल और बेहतर। यह राष्ट्रमंडल खेलों में भाग लेने आए प्रतिभागी देशों के प्रतिनिधियों की एक राय थी जब वे गेम्स विलेज से गुजर रहे थे।'

वेल्स के चीफ ऑफ मिशन ने कहा कि नई दिल्ली का खेलगाँव ऐसा सामान्य गाँव नहीं है जो हमने अब तक देखे हैं और यह मेलबोर्न से भी ज्यादा बेहतर है। 'टाइम्स ऑफ इंडिया' कहता है कि 'यह वक्तव्य आयोजन समिति के कानों में संगीत की भाँति है, जो विलंब से चल रही तैयारियों के लिए आलोचना झेल रही है।'

सुरेश कलमाडी और उनके सहयोगी भले ही खुश होंगे, लेकिन दिल्ली विश्वविद्यालय के विद्यार्थी इस सब के बारे में क्या महसूस करते होंगे? क्या वे अपने को ठगा हुआ महसूस नहीं करते होंगे?

20 सितंबर, 2010

□

सितंबर का महत्त्व

व्यक्तिगत रूप से आज का दिन मेरे लिए अविस्मरणीय है। ठीक इसी दिन 1947 में मैंने अपना जन्मस्थान कराची छोड़ा था। इन पिछले 63 वर्षों में, मैं सिर्फ दो बार कराची जा सका—पहली बार 1978 में और दूसरी बार 2005 में।

पाकिस्तान के जनरल मुशर्रफ दिल्ली में पैदा हुए। जब 2001 में वह दिल्ली आए तो स्वतंत्रता के पश्चात् से यह उनकी पहली यात्रा थी। इसका उल्लेख मैंने राष्ट्रपति भवन में उनसे हुई पहली बातचीत में किया था।

मैंने कहा था क्या आपको दुर्भाग्यपूर्ण नहीं लगता कि 1947 के बाद के पाँच दशकों में आप पहली बार अपने जन्मस्थान आ सके और मैं भी अपने गृहनगर कराची भी एक बार जा सका हूँ (मेरी दूसरी यात्रा इसके बाद हुई थी)।

जनरल के साथ मेरी पहली मुलाकात में हमारे बीच कराची के सेंट पेट्रिक हाई स्कूल, जहाँ हम दोनों की पढ़ाई हुई, के बारे में पुरानी यादें ताजा करने से कुछ निकटता बढ़ी, परंतु मेरा यह सुझाव कि पाकिस्तान 1993 में मुंबई के बम विस्फोटों के मुख्य आरोपी (और भगोड़े) दाऊद इब्राहिम को यदि भारत को सौंप दे तो दोनों देशों के संबंधों के बीच अप्रत्याशित मोड़ आ सकता है, ने माहौल को थोड़ा तनावपूर्ण बना दिया, जिसके चलते जनरल मुशर्रफ ने तुरंत दोहराया 'मि. आडवाणी, मैं आपको बताना चाहता हूँ कि दाऊद इब्राहिम पाकिस्तान में नहीं है।'

इस मुलाकात के दौरान मौजूद भारत और पाकिस्तान के लगभग एक दर्जन अधिकारियों में से प्रत्येक जानता था कि पाकिस्तानी राष्ट्रपति ने एकदम असत्य बोला था।

***

मेरे अपने जीवन में सितंबर महीने का एक और महत्त्व है। जैसा कि मैं अकसर कहा करता हूँ कि यदि कोई एक व्यक्ति है, जिसके साथ मैं सीधे जुड़ा रहा और जिसे मैं अपनी

सभी राजनीतिक गतिविधियों के लिए एक आदर्श रोल मॉडल मानता हूँ तो वे हैं पंडित दीनदयाल उपाध्याय। उनका जन्म दिवस भी 25 सितंबर को है। 1990 में जब मैंने सोमनाथ से अयोध्या, जहाँ 30 अक्तूबर को कार सेवा करने की घोषणा हुई थी, तक की रथयात्रा करने का निर्णय किया तो मैंने इसे 25 सितंबर से शुरू किया। मैं यह यात्रा पूरी नहीं कर सका। 23 अक्तूबर को बिहार के समस्तीपुर में मुझे गिरफ्तार कर हेलीकॉप्टर से मसानजोर (दुमका जिला) में बंदी बना कर रखा गया जो बिहार-पश्चिम बंगाल सीमा पर स्थित है।

1990 से, मैं प्रत्येक वर्ष 25 सितंबर को सोमनाथ जाकर बारह ज्योतिर्लिंगों में से प्रमुख भगवान् सोमनाथ का आशीर्वाद लेता रहा हूँ। इसी मास में मुझे फिर इस तिथि को वहाँ जाना है। इस वर्ष मेरी राम-रथयात्रा, जो मेरे जीवन की एक उल्लेखनीय घटना है, की 20वीं वर्षगाँठ है।

क्या उल्लेखनीय संयोग है कि गत सप्ताह इलाहाबाद उच्च न्यायालय ने घोषित किया है कि अयोध्या विवाद में स्वामित्व से संबंधित मुकदमे पर पीठ का फैसला 24 सितंबर, मेरी सोमनाथ यात्रा की पूर्व संध्या पर सुनाया जाएगा।

(अयोध्या विवाद) स्वामित्व संबंधी अनेक मुकदमों के संबंध में उच्च न्यायालय की तीन सदस्यीय पीठ के निर्णय की सभी आतुरता से प्रतीक्षा कर रहे हैं। कुछ दिन पूर्व संसदीय दल की बैठक में मैंने सभी सांसदों को सलाह दी थी कि वे संभावित फैसले के बारे में किसी अटकलबाजी में न फँसें और जो भी फैसला आए उस पर पार्टी की प्रतिक्रिया सधी और सहज हो। सामान्यतया पार्टीजनों ने इस सलाह को माना है।

***

व्यक्तिगत रूप से मेरे लिए 9/12 और 9/25 भले ही महत्त्वपूर्ण होंगे, लेकिन दुनिया के लिए इस महीने की 9/11 यानि 2001 की 11 सितंबर की तिथि से ज्यादा महत्त्वपूर्ण कुछ और नहीं हो सकता।

इससे एक वर्ष पूर्व, 14 सितंबर, 2000 को प्रधानमंत्री वाजपेयी ने अमेरिकी कांग्रेस के संयुक्त अधिवेशन के अपने संबोधन में कहा था—

"हमारे पड़ोसी से बढ़कर कोई क्षेत्र आतंकवाद का इतना बड़ा स्रोत नहीं है। वास्तव में, हमारे पड़ोस में इस इक्कीसवीं शताब्दी में केवल धर्मयुद्ध को ही नया जामा नहीं पहनाया गया है, बल्कि उसे राज्य की नीति के उपकरण के रूप में घोषित भी कर दिया गया है। दूरी और भूगोल किसी देश को अंतरराष्ट्रीय आतंकवाद से सुरक्षा नहीं प्रदान करते। आप जानते हैं और मैं जानता हूँ, यह बुराई सफल नहीं हो सकती, परंतु अपनी

असफलता में भी यह अवर्णनीय पीड़ा पहुँचा सकती हैं।

वाजपेयीजी की टिप्पणियाँ कैसी भविष्यदर्शी थीं!

आतंकवाद के घृणित इतिहास में, अपहृत विमानों का मिसाइलों के रूप में उपयोग कर न्यूयॉर्क के वर्ल्ड ट्रेड सेंटर और पेंटागन पर किए गए घातक आतंकवादी हमलों का कोई साम्य नहीं है, जिसमें लगभग 3000 लोग मारे गए और जिसमें एक सौ से अधिक भारतीय थे।

एक दूसरे अपहृत विमान से व्हाइट हाउस को निशाना बनाया जाना था, परंतु विमान में सवार यात्रियों के साहस और देशभक्ति के चलते आतंकवादी मंसूबे सफल नहीं हो सके और विमान पेनसिलवानिया के ग्रामीण क्षेत्र में गिर कर नष्ट हो गया।

जनवरी 2002 में, मैं संयुक्त राज्य अमेरिका की यात्रा पर गया था। न्यूयॉर्क में, मैं 9/11 के स्मारक ग्राउंड जीरो गया और मानव जाति के इतिहास के सबसे भयंकर आतंकवादी हमले के सम्मुख अमेरिका के लोगों के अडिग संकल्प की प्रशस्ति की।

बाद में, वाशिंगटन डीसी में स्थित भारतीय दूतावास में एक संवाददाता सम्मेलन को संबोधित करते हुए मैंने भारत और अमेरिका को लोकतंत्र की दो अट्टालिकाएँ (ट्विन टावर्स ऑफ डेमोक्रेसी) निरूपित किया और कहा— आतंकवादियों ने भले ही स्टील और सीमेंट से बने वर्ल्ड ट्रेड सेंटर के ढाँचों को ध्वस्त कर दिया हो, परंतु वे हमारे दोनों लोकतंत्रों की भावना और ढाँचों को कभी हानि नहीं पहुँचा सकते।

12 सितंबर, 2010

□

भारत से आजादी हमारा लक्ष्य है—गिलानी

पिछले सप्ताह मैंने 'डिफेंस सर्विसेज वेटरंस' की संगोष्ठी में भाग लिया। इसमें भाग लेनेवाले इस पर व्यथित थे कि 1947 से, जब पाकिस्तान ने जम्मू एवं कश्मीर राज्य पर पहला हमला किया था, तब से सेना ने भारत के इस अविभाज्य अंग की रक्षा के लिए अधिकतम बलिदान दिए, इसके बावजूद इन दिनों जम्मू एवं कश्मीर के बारे में न केवल पृथकतावादियों, अपितु सरकार के नेताओं द्वारा दिए जानेवाले बयानों में सुरक्षा बलों की जमकर निंदा की जाती है।

जनरल एस.के. सिन्हा ने इस संगोष्ठी में मुख्य भाषण दिया। उन्होंने शुरुआत ऐसे की—पिछले 63 वर्षों से कश्मीर समस्या नासूर बनी हुई है। हम केवल यह दावा करते हैं कि कश्मीर भारत का एक अभिन्न अंग है और समाधान वार्त्ता के माध्यम से होगा। एक राष्ट्र के रूप में हम पानीपत सिंड्रोम से पीड़ित हैं जिसमें रणनीतिक दूरदृष्टि का अभाव, संकटों का सामना करने की तैयारी न होना और अतीत से सबक न सीखना प्रमुख है।

उन्होंने आगे कहा—कश्मीर पर हम एक के बाद एक भूलें और बार-बार स्वयं ही गोल कर रहे हैं।

जनरल सिन्हा को यह अद्वितीय विशिष्टता प्राप्त है कि राज्य में सन् 1947, जब वह पाकिस्तान द्वारा कश्मीर में भेजे गए कबाइलियों को मार भगाने के लिए नई दिल्ली के सफदरजंग हवाई अड्डे से कश्मीर भेजे जानेवाले जवानों के युवा मेजर थे, से लेकर 2008 तक उन्होंने जम्मू एवं कश्मीर के राज्यपाल के रूप में अमरनाथ विवाद को सुलझाया और अनेक भूलों के प्रत्यक्षदर्शी रहे।

1. शत्रु श्रीनगर के निकट आता जा रहा था, महाराजा हरिसिंह जम्मू भाग गए और भारतीय सहायता पाने की कोशिशों में लगे। उन्होंने विलय समझौते पर हस्ताक्षर किए, लेकिन पत्रों के आदान-प्रदान में, कश्मीर को विशेष स्थिति दी गई, जो कि

भारत या पाकिस्तान में किसी रियासत को नहीं मिली थी।

2. इसलिए, हमने कश्मीर मुद्दे को संयुक्त राष्ट्र में ले जाने की मुख्य भूल की।
3. 14 नवंबर, 1947 को जब सेना शत्रुओं को खदेड़ रही थी और उरी पहुँच चुकी थी, लेकिन उसे मुजफ्फराबाद बढ़ने से रोक कर पुंछ की ओर भेज दिया गया।
4. हमने अपना ग्रीष्मकालीन हमला 22 मई 1948 को किया और 1 जून, 1948 तक हमने तिथबाल को मुक्त करा लिया। हम मुजफ्फराबाद के काफी निकट पहुँच गए। यू.एन. द्वारा भारत और पाकिस्तान से हमले न करने की अपील के चलते ऑपरेशन रोक दिया गया।
5. दिसंबर, 1948 में लद्दाख और पुंछ में हमारी शानदार विजय के बाद हम पाक अधिकृत कश्मीर को आजाद कराने की पूरी तैयारी में थे कि हम युद्ध-विराम के लिए राजी हो गए।
6. 1965 के युद्ध में हमने भारी कीमत चुकाकर जीते, सामरिक दृष्टि से महत्त्वपूर्ण हाजीपीर दर्रे को ताशकंद में पाकिस्तान को थाल में सजाकर सौंप दिया।
7. 1972 में शिमला में हमें चालाकी से मात दे दी गई और हमने कश्मीर समस्या का समाधान किए बगैर हमारी जीत को लुटा दिया।
8. हमारी संसद् ने एक सर्वसम्मत प्रस्ताव पारित कर दोहराया है कि पाकिस्तान के अवैध कब्जेवाले कश्मीर का क्षेत्र भारत का अविभाज्य अंग है। अपने इस अधिकार को जताने के लिए हमने कुछ नहीं किया। यहाँ तक कि गिलगिट-बाल्टीस्तान में व्यापक असंतोष है, तब भी हमने इन कानूनन भारतीय नागरिकों के साथ अपनी सहानुभूति तक व्यक्त नहीं की।
9. हम श्रीनगर-मुजफ्फराबाद मार्ग खोलने पर राजी हो गए, लेकिन कारगिल-स्कूर्दू को खुलवा नहीं पाए।
10. प्रेस की आजादी के नाम पर हमने घाटी की प्रेस को लगातार भारत-विरोधी मिथ्या प्रचार करने की अनुमति दे रखी है। देशद्रोह का कानून कश्मीर में लागू नहीं दिखता। जनरल सिन्हा के मुताबिक हमारी भूलों की सूची अंतहीन है।

राज्य से बाहर के अनेक लोगों को राज्य की विविध जनसांख्यिकी का पता नहीं है। सामान्यतया जिन कश्मीरी मुसलिमों से पृथकतावादी भावनाएँ और पृथकतावादी हिंसा जोड़कर देखी जाती है, राज्य में वे अल्पसंख्यक हैं। हिंदू, सिख, बौद्ध और गैर-कश्मीरी मुसलिम जैसे गुर्जर, बकरवाल और कारगिल शिया करीब राज्य की जनसंख्या का 60

प्रतिशत हैं। वे भारत विरोधी भावनाओं के साथ नहीं हैं।

ज्यादा आश्चर्य नहीं है कि कुछ वर्ष पूर्व, पाकिस्तान समर्थक एक चिरपरिचित अंग्रेज लार्ड एवेब्युरी द्वारा कराए गए जनमत सर्वेक्षण में उन्होंने पाया कि मात्र 6 प्रतिशत कश्मीरी पाकिस्तान के साथ जाना चाहते हैं, 61 प्रतिशत भारत के साथ ही रहने के पक्षधर हैं तथा 33 प्रतिशत अनिर्णय की स्थिति में हैं।

मई, 2010 में किंग कॉलेज ऑफ लंदन यूनिवर्सिटी में लीबिया के कर्नल गद्दाफी के पुत्र द्वारा कश्मीर में कराए गए ऐसे सर्वेक्षण के मुताबिक मात्र 2 प्रतिशत कश्मीर के लोग ही पाकिस्तान के साथ जाना चाहते हैं।

पिछले पखवाड़े, संसद् के मानसून सत्र के दौरान लोकसभा में जम्मू एवं कश्मीर की स्थिति पर पूरे दिन बहस हुई। मैंने अपने पिछले ब्लॉग में बताया था कि इस बहस में डॉ. मुरली मनोहर जोशी ने उल्लेखनीय योगदान दिया। गृहमंत्री पी. चिदंबरम् अगले दिन इसका जवाब देने वाले थे—लेकिन कई दिन बीत जाने के बाद भी सदन की कार्यसूची में इस अधूरी बहस का कोई उल्लेख नहीं आया, जबकि अफवाहें गर्म रहीं कि राजनीतिक समाधान की आड़ में कुछ रियायतों का पैकेज दिए जाने की तैयारी चल रही है। सत्र के अंतिम दिन डॉ. जोशी ने यह मुद्दा उठाया कि क्यों गृहमंत्री इस महत्त्वपूर्ण बहस का जबाब देने से कतरा रहे हैं?

इस मुद्दे पर मचे हंगामे पर संसदीय कार्यमंत्री ने कहा कि वे गृहमंत्री जो कि दूसरे सदन में हैं, से पता करेंगे कि वे क्या कर सकते हैं। और गृहमंत्री नहीं आए तथा सदन शाम को अनिश्चित काल के लिए स्थगित हो गया। सरकार द्वारा संसद् को यह बताए बगैर कि उसने आजादी चाहनेवालों के लिए किस किस्म का पैकेज तैयार किया है।

पिछले सप्ताह श्रीनगर में एक संवाददाता सम्मेलन में हुर्रियत कॉन्फ्रेंस के प्रमुख सैयद अली शाह गिलानी ने साफ कहा कि विरोध के साधन समय-समय पर बदल सकते हैं मगर लक्ष्य एक ही है यानी भारतीय शासन से आजादी।

गिलानी ने घाटी में फैली अराजकता को जन्म देनेवाले वर्तमान आंदोलन पर पांच न्यूनतम शर्तों पर विचार करने की बात की।

1. भारत को यह स्वीकार करना चाहिए कि जम्मू एवं कश्मीर एक विवादास्पद क्षेत्र है।
2. विसैन्यीकरण शुरू करें; आर्म्ड फोर्सेस स्पेशल पॉवर एक्ट रद्द करें।
3. प्रधानमंत्री गारंटी दें कि अब कोई गुलिरा फायरिंग नहीं होगी और न ही गिरफ्तारी।
4. संसद् पर हमले के दोषी अफजल गुरु, जिसे सर्वोच्च न्यायालय ने फाँसी की सजा

दी है, सहित सभी राजनीतिक बंदियों को अवश्य रिहा किया जाए।

5. पृथकतावादियों के विरुद्ध काररवाई करनेवाले सुरक्षाकर्मियों और पुलिसकर्मियों को दंडित किया जाए।

कश्मीर में पृथकतावादियों का नेतृत्व हुर्रियत कॉन्फ्रेंस कर रही है, लेकिन इन दिनों उग्र पत्थरबाजीवाले आंदोलन को हुर्रियत के बजाय पी.डी.पी. से ज्यादा शक्ति मिल रही है।

और जहाँ तक हुर्रियत के प्रमुख का सवाल है, उनके अतीत के बारे में तथ्य बताते हैं कि वे किस किस्म के व्यक्ति हैं।

सन् 2002 में सैयद अली शाह गिलानी राँची जेल में गंभीर रूप से बीमार हो गए थे। सरकारी विमान से उन्हें उपचार के लिए मुंबई भेजा गया। वहाँ पर एक डॉक्टर, संयोग से कश्मीरी पंडित, डॉ. समीर कौल ने उनकी कठिन सर्जरी की और उनकी जान बचाई।

2007 में लीवर में कैंसर से पीड़ित गिलानी का इलाज किया गया। वह इलाज के लिए अमेरिका जाना चाहते थे, लेकिन आतंकवादियों से संबंधों के चलते अमेरिका ने उन्हें वीजा नहीं दिया। वह पाकिस्तान नहीं जाना चाहते थे। उन्होंने फिर से मुंबई जाना बेहतर समझा और वहाँ डॉक्टरों ने उनका ऑपरेशन कर जान बचाई।

श्रीनगर लौटने पर उनके समर्थकों ने उनका स्वागत कार्यक्रम आयोजित किया। इसमें उन्होंने कहा कि कश्मीर भारत के अवैध कब्जे में है। उन्होंने अंतरराष्ट्रीय समुदाय से भारत के विरुद्ध आर्थिक प्रतिबंध लगाने का आग्रह किया।

4 सितंबर, 2010

□

लोकसभा बहस में भाजपा का उत्कृष्ट योगदान

मुझे इस बात की प्रसन्नता है कि पिछले सप्ताह लोकसभा में हुई दो महत्त्वपूर्ण बहसों—परमाणु उत्तरदायित्व विधेयक तथा जम्मू-कश्मीर की स्थिति पर भाजपा के हमारे सांसदों ने उत्कृष्ट योगदान दिया।

जसवंत सिंह परमाणु मुद्दे पर बोले और विनम्रता से मगर दृढ़ता से सरकार को इस विधेयक को जल्दबाजी में पारित कराने पर आड़े हाथ लिया। जहाँ तक परमाणु ऊर्जा संयंत्रों का संबंध है, तो दुनिया आज खरीदारों की मार्केट है। यदि भारत इस मामले पर धैर्य और सतर्कता से भरा दृष्टिकोण अपनाता है तो यह राष्ट्रीय हित में होगा। जसवंत सिंह ने जोर देकर बताया जैसा कि साफ है कि दो वर्ष पूर्व हमारी सरकार द्वारा वाशिंगटन से किया गया समझौता आई.ओ.यू. (इंस्ट्रूमेंट ऑफ अंडरस्टेंडिंग) के समान है। यह एक हुंडी है; जिस पर हमने 10 सितंबर, 2008 को हस्ताक्षर किए थे और यह हम पर बाध्यकारी है। इसी से साफ होता है कि जो हम कर रहे हैं उसका क्या महत्त्व है!

जम्मू-कश्मीर की स्थिति पर बोलते हुए डॉ. मुरली मनोहर जोशी समान रूप से प्रभावी रहे। उन्होंने कहा जब कुछ सदस्य बार-बार उन लोगों से वार्त्ता करने की बात करते हैं, जो अपनी वास्तविक शिकायतों को सुलझाने के लिए हिंसा में लिप्त हैं, ऐसे में कौन समझ सकता है कि वे किन वास्तविक शिकायतों की बात कर रहे हैं। क्या आजादी की माँग एक वास्तविक शिकायत है? डॉ. जोशी ने कहा कि उस राज्य में जो स्वायत्तता के बारे में बोलते हैं, उसी साँस में वे आजादी की बात करते हैं जैसे मानो दोनों शब्द समानार्थी हों।

मुझे इसकी प्रसन्नता है कि डॉ. फारुक अब्दुल्ला ने न केवल दो टूक शब्दों में आजादी की बात को नकारा, अपितु उन्होंने 1994 में संसद् द्वारा सर्वसम्मति से पारित प्रस्ताव का स्मरण कराते हुए आग्रह किया कि जब हम जम्मू-कश्मीर की बात सोचें तो

केवल कश्मीर घाटी, जम्मू और लद्दाख की नहीं अपितु हमें यह कभी नहीं भूलना चाहिए कि पाक अधिकृत कश्मीर और उत्तरी क्षेत्र भी भारत के अंग हैं।

***

विगत दिनों जम्मू-कश्मीर के पूर्व राज्यपाल जनरल (सेवानिवृत्त) एस.के. सिन्हा द्वारा नई दिल्ली में हुए डिफेंस सर्विसेज वैटरंस के सेमिनार में कश्मीर की वर्तमान स्थिति की सटीक विवेचना की गई। मैं उनके वक्तव्य को यहाँ उद्धृत करता हूँ—

''भारत के प्रति लगातार वैमनस्य के अलावा कश्मीर को लेकर पाकिस्तान में एक बीमारी की हद तक जुनून है।

उसने 1947, 1965, 1971 और 1999 में युद्धों का सहारा लिया मगर असफल रहा। यह पिछले बीस वर्षों से आतंकवाद का सहारा ले रहा है, लेकिन तब भी अपना उद्देश्य हासिल नहीं कर पाया।

सन् 2008 से एक नई रणनीति अपनायी है पृथक् होने के लिए एक व्यापक जनआंदोलन खड़ा करना। बिलकुल असत्य और धोखाधड़ी पर आधारित अमरनाथ विवाद ने सांप्रदायिक तूफान पैदा किया। यही असत्य और धोखाधड़ी की तिकड़म सन् 2009 में शोपियाँ में दो महिलाओं के बलात्कार और हत्या को लेकर फिर से अपनायी गई। करीब दो महीनों से घाटी को बंधक बना रखा है। अमरनाथ और शोपियाँ भावनात्मक मुद्दों को उकसाना आजादी के लिए जुनून पैदा करनेवाले जनआंदोलन का पूर्वाभ्यास है।

सन् 2008 में यह मजहबी कार्ड था, 2009 में कश्मीरी सम्मान और 2010 में पुलिस फायरिंग में मारे गए युवाओं का मुद्दा। जहाँ तक पहले दो का संबंध है, वे झूठ पर आधारित थे और शेष का आधार—बनाए गए हालात हैं।

पत्थर फेंकने का ऑपरेशन भारत-पाक विदेश मंत्रियों की वार्त्ता के समय शुरू किया गया। यह चालू है और यह नवंबर में ओबामा की यात्रा के समय तक इंतेफादा के पूर्ण रूप में लाने तक ज्वलंत रखा जाएगा, जब पूरी दुनिया के मीडिया का फोकस इस उप-महाद्वीप पर होगा।

***

एक बेहतरीन फिल्म निर्माता

वॉलीवुड फिल्मों में सामान्य तौर पर दिखाए जानेवाले गाँव बनावटी और स्टूडियो में स्थित होते हैं। नियमों के चलते अभिनेता भी कोई अलग नहीं हैं। वे शुद्ध रूप से शहरी होते हैं न कि किसान, ग्रामीण इत्यादि जैसा कि फिल्मों में उन्हें दिखाया जाता है।

दृष्टिकोण
(ब्लॉग पर बातें)

पिछले सप्ताह जब आमिर खान ने एन.डी.ए. के हमारे सांसदों के लिए अपनी फिल्म 'पीपली लाइव' का शो आयोजित किया तो मैंने उन्हें इस पर बधाई दी कि उनकी फिल्म एकदम प्रचलित अर्थों से उलट है। उसमें ग्रामीण जीवन के यथार्थ को दिखाया गया है। अनेक शहरी दर्शकों के लिए यह पहला ही अनुभव होगा।

मैं सर्वाधिक इससे प्रभावित हुआ कि फिल्म में टी.वी. चैनलों और राजनीतिज्ञों की प्रतिस्पर्धा का चित्रण किया गया है। टी.वी. मीडिया के लिए टी.आर.पी. का लालच कितना विडंबनापूर्ण और भोंडा हो सकता है, इसे फिल्म में प्रभावी ढंग से उजागर किया गया है। लेकिन मेरा मानना है कि फिल्म निर्माता को किसानों की आत्महत्या के बजाय कोई अन्य विषय फिल्म की मुख्य कहानी के लिए चुनना चाहिए था।

मैंने आमिर को बताया मैं आंध्र और विदर्भ के उन गाँवों में गया हूँ, जहाँ अनेक किसानों ने आत्म-हत्याएँ की हैं। और मैं कल्पना कर सकता हूँ कि जब ये परिवार फिल्म में देखेंगे कि उनकी त्रासदी को मजाक का विषय बनाया गया है तो उन पर क्या गुजरेगी। यह फिल्म और अधिक प्रभावी हो गई होती यदि इसकी मुख्य कथा के लिए 'नरेगा' जैसी योजनाओं को केंद्र में रखा जाता।

फिर भी, उनकी इस ताजा फिल्म ने एक बार फिर दर्शाया कि आमिर एक बेहतरीन फिल्म निर्माता हैं, जो लीक से हटकर नए प्रयोग करने में कभी नहीं हिचकते। यद्यपि आमिर इसके निर्देशक नहीं हैं और न ही उन्होंने अभिनय किया है, फिर भी यह फिल्म प्रभावी है। निदेशक सुश्री अनुषा रिजवी हैं जो एक पूर्व टी.वी. पत्रकार रही हैं। यदि यही उनकी पहली फिल्म है तो निश्चित ही वह प्रशंसा की पात्र हैं। और प्रशंसा के हकदार ओंकारदास मानिकपुरी, फिल्म के मुख्य अभिनेता भी हैं, जिन्होंने पहली बार अपने जीवन में फिल्मी कैमरे का सामना किया।

29 अगस्त, 2010

□

एक न भूलनेवाली घटना

मुंबई जेहादी आतंकवादियों का पसंदीदा निशाना रही है। आखिरकार यह देश की आर्थिक राजधानी जो है। दो वर्ष पूर्व से उन्होंने अपना ध्यान बंगलौर की तरफ किया है, जो भारत का तेजी से विकसित हो रहा आई.टी. सूचना प्रौद्योगिकी का केंद्र है।

जुलाई 2008 में इस शहर में शृंखलाबद्ध बम विस्फोट हुए थे। मुझे स्मरण है कि इसके तुरंत बाद मैंने शहर का दौरा किया था। मैं उन सभी स्थानों पर गया, जहाँ-जहाँ बम विस्फोट हुए थे और अंत में अस्पताल गया, जहाँ बम विस्फोट से पीड़ित सैकड़ों लोगों का उपचार हो रहा था।

पुलिस जाँच से संकेत मिले कि बंगलौर ऑपरेशन केरल के अब्दुल नसीर मदनी के दिमाग की उपज था जिसे उसके एक सहयोगी टी. नसीर ने अंजाम दिया।

मदनी केरल की एक उग्रवादी मुसलिम पार्टी पीपुल्स डेमोक्रेटिक पार्टी का चेयरमैन है, जिसे कांग्रेस और वामपंथी लगातार अपनी ओर लुभाने की कोशिश करते रहे हैं। जब मदनी जेल में था तब केरल विधानसभा ने उसकी रिहाई की माँग करते हुए एक सर्वसम्मत प्रस्ताव पारित किया था। न्यायालय ने वर्ष 2008 के बम विस्फोट कांड के सिलसिले में ही मदनी के विरुद्ध वारंट जारी किया, जिस पर गत सप्ताह कर्नाटक पुलिस ने अमल किया।

यही वह नाम है, जो मुझे मेरी जिदंगी की एक न भूलनेवाली घटना का स्मरण करा देता है।

कर्तव्यनिष्ठ पत्रकार बहुत आग्रही हो सकता है। राजनीतिक व्यक्तियों के लिए यह कई बार झुँझला देनेवाला होता है। लेकिन मैं एक ऐसा अवसर कभी नहीं भूल सकता, जब हैदराबाद स्थित एक टी.वी. समाचार चैनल ई.टी.वी. की ऐसी जिद मेरे लिए वरदान सिद्ध हुई और वास्तव में मेरे जीवन की रक्षा की।

यह घटना फरवरी 1998 में तब घटी जब मैं उस वर्ष होनेवाले लोकसभा के चुनावों

में प्रचार हेतु तमिलनाडु गया था। तमिलनाडु में ऑल इंडिया अन्नाद्रमुक से हमारा चुनावी समझौता था।

13 फरवरी को मैं चेन्नई में था। 14 फरवरी को मुझे दो रैलियों को—एक दिन के समय कोयंबटूर और दूसरी शाम को तिरुचि में संबोधित करना था, जिसमें अन्नाद्रमुक की प्रमुख डॉ. जयललिता को भी संबोधित करना था।

कोयंबटूर रवाना होने से कुछ क्षण पहले ही एक ई.टी.वी. का संवाददाता, जिस होटल में मैं ठहरा था, आया और उसने मुझे बताया कि मेरे दिल्ली ऑफिस ने चैनल को आश्वस्त किया था कि जब मैं चेन्नई आऊँगा तब मैं उन्हें विस्तृत साक्षात्कार दूँगा। मुझे ऐसे किसी आश्वासन की जानकारी नहीं थी। राज्य इकाई द्वारा तय किए गए कार्यक्रम में ज्यादा फेर-बदल की गुंजाइश नहीं छोड़ी गई थी, क्योंकि विशेष रूप से तिरुचि पहुँचने का मेरा समय अन्नाद्रमुक के नेताओं के कार्यक्रम के साथ तय करके बनाया गया था।

परंतु ई.टी.वी. की जिद के आगे मुझे झुकना पड़ा। लेकिन इससे मेरा कार्यक्रम ऐसा बिगड़ा कि जिस विशेष विमान से मुझे कोयंबटूर पहुँचना था, वह अपने गंतव्य पर दो घंटे से ज्यादा विलंब से पहुँचा।

कोयंबटूर हवाई अड्डे पर भारी मात्रा में पुलिसजनों को देख मुझे आश्चर्य हुआ। एक डरावनी शांति छाई हुई थी; जबकि कुछ पुलिस अधिकारियों को एक कोने में इकट्ठे खड़े देखा जा सकता था। एक वरिष्ठ अधिकारी मुझसे मिले और सूचित किया कि रैली के स्थान पर कई बम विस्फोट हुए हैं और शहर के अन्य हिस्सों में भी। उन्होंने मुझे बताया कि समूचे शहर में धारा 144 लागू कर दी गई है और मुझे शहर में जाने की अनुमति नहीं है।

मैंने अपने पार्टी कार्यकर्ताओं से मिलने की जिद की, जो हवाई अड्डे के बाहर थे। उन्होंने मुझे बताया कि विस्फोटों में लगभग 50 लोग मारे गए और करीब 200 लोग घायल हुए हैं। उन्होंने मुझे यह भी बताया कि एक व्यक्ति, जो स्पष्टतया एक मानव बम था, का जब पुलिस ने पीछा किया तो उसने अपने को उड़ा दिया। मैंने डी.एम. को बताया कि वे जो 200 लोग घायल हुए हैं, वे निश्चित रूप से मेरी रैली के लिए आए होंगे। अतः यह मेरा कर्तव्य है कि मैं उस अस्पताल में जाऊँ, जहाँ उनका इलाज हो रहा है।

शुरू में मेरे अनुरोध पर आपत्ति हुई, लेकिन अंततः इसे स्वीकार कर लिया गया। मैं अस्पताल गया और अनेक घायलों से मिला।

चेन्नई के 'द हिंदू' समूह द्वारा प्रकाशित की जानेवाली पाक्षिक पत्रिका 'फ्रंटलाइन' के मई 1998 में प्रकाशित रिपोर्ट को यहाँ पुनः उद्धृत करना उचित रहेगा। 9–22 मई, 1998

में प्रकाशित उस रिपोर्ट का शीर्षक था—'मानव बम और मानव कमियाँ'—

"क्या 14 फरवरी को आर.एस. पुरम, कोयंबटूर जहाँ एल.के. आडवाणी को भारतीय जनता पार्टी की चुनावी सभा को संबोधित करना था, में उन्हें (आडवाणी को) मारने को मानव बम तैयार रखे गए थे? शहर में शृंखलाबद्ध बम विस्फोटों के बाद, साथ ही आडवाणी द्वारा यह दावा करने कि उस दिन की सभा-स्थल पर मानव बम का लक्ष्य वे थे, इस प्रश्न ने एक विवाद को जन्म दिया है।

तमिलनाडु पुलिस के क्राइम ब्रांच-क्रिमिनल इन्वेस्टीगेशन डिपार्टमेंट (सी.बी.-सी.आई.डी.) द्वारा दो महीनों से ज्यादा की जाँच से अब एक निश्चित उत्तर उपलब्ध है—उस दिन तीन बम आडवाणी को निशाना बनाए हुए थे, पुलिस के सुविज्ञ सूत्रों ने उनकी तमिलनाडु के तिरुनलवेली के निकट मेलापालायम के अमजद अली (19 वर्ष); एन.एस. रोड, कोयंबटूर के मोहम्मद जमेशाह (22 वर्ष) और मेलापालायम का ही अमानुल्लाह (22 वर्ष) के रूप में शिनाख्त की है। तीनों ही एक मुसलिम कट्टरपंथी संगठन अल-उम्मा से संबंधित थे। पुलिस के अनुसार, 14 फरवरी के कोयंबटूर के बम विस्फोट अल-उम्मा द्वारा पूर्व नियोजित ढंग से किए गए थे तथा इसकी योजना उसके नेता एस.ए. बाशा ने कोयंबटूर में 30 नवंबर/1 दिसंबर, 1997 को मारे गए 19 मुसलिमों का बदला लेने के उद्देश्य से बनाई।

अमजद अली और मोहम्मद जमेशाह पकड़े गए, जबकि अमानुल्लाह फरार है। पुलिस के सूत्रों का कहना है कि तीनों ने पी.ई.टी.एन. (P.E.T.N.) विस्फोटक से भरी बेल्ट पहनी हुई थी। बम का डिजाइन बसित ने बनाया था, जो कि मेलापालायम का ही है। फरार बसित बाशा का सहयोगी है। पुलिस के अनुसार, बेल्ट बम को बाशा के सेकंड-इन-कमांड मोहम्मद अंसारी ने फिक्स किया था। उनका मानना है कि इस विस्फोटक की करारे राजू ने आपूर्ति की, जो केरल का है। सूत्रों का कहना है कि असम राइफल्स के भगोड़े राजू को पी.ई.टी.एन. देश के आतंकवाद प्रभावित उत्तर-पूर्वी क्षेत्र से मिला होगा। सूत्रों के मुताबिक, अमजद अली को विशेष रूप से आडवाणी को निशाना बनाना था और मोहम्मद जमेशाह तथा अमानुल्लाह को विकल्प के रूप में तैयार रहना था। एक सूत्र कहता है—वे सभास्थल पर बैठे थे, लेकिन पुलिस घेरे के चलते मंच के निकट नहीं पहुँच पाए। वे मंच से लगभग 400 मीटर की दूरी पर थे। वहाँ कुछ अन्य भी मदद के लिए मौजूद थे।

आडवाणी की हत्या की योजना इसलिए असफल हो गई, क्योंकि उनका विमान कोयंबटूर में विलंब से उतरा। इस बीच अल-उम्मा द्वारा कारों, दुपहियों और फलों के ठेलों

में रखे गए बम सभास्थल के आस-पास और शहर के विभिन्न स्थानों पर रखे गए बमों से करीब 50 लोगों की मौत हुई। सभास्थल के आस-पास कोहराम मचा हुआ था और अमजद अली वहाँ से फरार हो गया।

पुलिस के इंस्पेक्टर-जनरल परमवीर सिंह की अध्यक्षता में सी.बी.सी.आई.डी. की सघन जाँच में बम विस्फोटों के पीछे के षड्यंत्रों का पर्दाफाश किया। षड्यंत्र में शामिल 167 चिह्नित किए गए लोगों में से 110 को गिरफ्तार किया गया, जिसमें एस.ए. बाशा (48), अल-उम्मा का कार्यवाहक अध्यक्ष ताजुद्दीन (38) और इसलामिक डिफेंस फोर्स (IDF) का नेता अली अब्दुल्ला शामिल था। ताजुद्दीन ने अक्तूबर 1997 में बाशा के स्थान पर अल-उम्मा के कार्यवाहक अध्यक्ष का कार्य सँभाला था। पुलिस के मुताबिक ताजुद्दीन, पीपुल्स डेमोक्रेटिक पार्टी के नेता अब्दुल नसीर मदनी से केरल में मिला और उसके माध्यम से राजू से। मदनी को 31 मार्च को केरल पुलिस द्वारा गिरफ्तार किया गया।''

वर्ष 2001 के विधानसभा चुनावों में डी.एम.के. हार गई और ए.आई.ए.डी.एम.के. सत्ता में लौटी। अक्तूबर 2001 में कोयंबटूर केस में आरोपियों के विरुद्ध अभियोग लगाए गए। एस.आई.टी. का अभियोगपत्र 17,000 पृष्ठों में समाया हुआ था, 1300 से ज्यादा गवाहों से जिरह की गई।

अंततः फैसला अगस्त 2007 में सुनाया गया। न्यायालय ने प्रतिबंधित अल-उम्मा के नेता सैयद अहमद बाशा और उसके 71 सहयोगियों को दंडित किया। हालाँकि इस केस में मुख्य अभियुक्त अब्दुल नसीर मदनी को अपर्याप्त साक्ष्यों के चलते बरी कर दिया।

अब देश उत्सुकता के साथ देख रहा है कि कर्नाटक के मुकदमे में क्या होता है।

22 अगस्त, 2010

□

आपदा बनी अवसर

पिछले सप्ताह मुझे कच्छ विश्वविद्यालय से संबंधित एक बी.एड. कॉलेज के नए भवन का उद्‌घाटन करने कच्छ के आदीपुर जाना पड़ा। इसी अवसर पर मेरी धर्मपत्नी कमला ने एक नर्सिंग स्कूल का भी उद्‌घाटन किया।

ये दोनों संस्थान, कमला की घनिष्ठ मित्र निर्मला गजवानी के प्रयासों और समर्पण का फल है। श्रीमती गजवानी सिंधु पुनर्वास निगम की अध्यक्षा हैं।

दो स्थानों के प्रति मेरा विशेष लगाव है। निस्संदेह एक कराची, जहाँ मैं पैदा हुआ, लेकिन 1947 में देश के विभाजन के बाद वहाँ केवल दो बार जा पाया। पहली बार 1978 में और अंतिम बार 2005 में। दूसरा स्थान कच्छ में आदीपुर कस्बा जिसे मेरे पिताजी और हमारे परिवार ने विभाजन के बाद अपने नए घर के रूप में अपनाया था।

पचास के दशक की शुरुआत से मैं वर्ष में दो या तीन बार आदीपुर अपने पिता और अन्य परिजनों से मिलने जाता था।

सिंध के एक प्रमुख उद्यमी भाई प्रताप दयालदास ने सिंध से आए प्रवासियों के पुनर्वास की एक योजना बनाई। भाई प्रताप की योजना की एक मुख्य विशेषता कच्छ के उत्तर-पश्चिम तट पर अपेक्षाकृत एक सुंदर बंदरगाह बनाना था। उन्हें आशा थी कि समय के साथ-साथ यह बंदरगाह कराची का स्थान ले लेगा।

कांडला बंदरगाह के निकट गांधीधाम और आदीपुर शहर अस्तित्व में आए। गांधीधाम चहल-पहल भरा व्यापारिक केंद्र है, जबकि आदीपुर एक स्वच्छ मध्यमवर्गीय शैक्षणिक-कम-रिहायशी क्षेत्र है।

पचास के शुरुआती दशक में जब मैंने पहली बार कच्छ को देखा तो यह एक अनाकर्षक नीरस रेगिस्तान था। पिछले पाँच दशकों में यहाँ आश्चर्यजनक रूप से कायापलट हुआ है। दो कारणों से यह परिवर्तन हुआ है। पहला, कच्छ में नर्मदा का पानी लाने में नरेंद्र

मोदी की सफलता। दूसरा, भले ही विडंबनापूर्ण हो मगर सत्य है—2001 का विनाशकारी भूकंप।

गुजरात में, मुझे बार-बार लोगों की उल्लेखनीय जीवटता देखने को मिली है कि कैसे उन्होंने आपदा को अवसर में बदल दिया।

पहली बार मुझे यह सौराष्ट्र में मोरवी की भयावह बाढ़ के दौरान देखने को मिला। आज मोरवी एक आकर्षक शहर है, बाढ़ आने से पहले की तुलना में कहीं अधिक समृद्ध। दूसरी ऐसी चुनौती सूरत में फैले प्लेग के समय आई थी, जिसके चलते भारी मात्रा में मनुष्य मारे गए और इसके फलस्वरूप शहर के हजारों-हजार श्रमिक अपने-अपने राज्यों को वापस लौट गए थे। लोगों और सरकार ने मिलकर ऐसा सफाई अभियान चलाया कि शहर आज अन्य समान नगर निगमों के लिए ईर्ष्या का पात्र बन गया है।

और बाद में कच्छ भी ऐसे ही समान अनुभव से गुजरा। भूकंप ने कच्छ को पूर्णतया ध्वस्त कर दिया था। लेकिन यदि आज कोई नवनिर्मित कच्छ को देखे जो कि इस क्षेत्र का प्रमुख शहर है या भूकंप के बाद यहाँ स्थापित हुए असंख्य नए उद्योग, या बड़ी मात्रा में बनी आवासीय कॉलोनियाँ, जो कच्छ के भूकंप से बेघर हुए बड़ी मात्रा में लोगों के लिए बनी हैं—तो इसे आपदा प्रबंधन प्रयासों के मॉडल के रूप में स्वीकारेगा।

***

कच्छ विश्वविद्यालय के क्रांतिगुरु श्यामजी कृष्ण वर्मा के नाम पर होने के बाद पहले दीक्षांत समारोह में बोलते हुए हमारे पूर्व राष्ट्रपति डॉ. अब्दुल कलाम ने भारत की प्रगति में गुजरात के उल्लेखनीय योगदान पर भूरि-भूरि प्रशंसा की बौछार की।

डॉ. कलाम ने कहा था-

गुजरात में भारत की जनसंख्या का 5 प्रतिशत और भौगोलिक क्षेत्र का 6 प्रतिशत हिस्सा है, लेकिन भारत में इसका योगदान 3 लाख से ज्यादा लघु उद्योग इकाइयों, 2200 बड़े और मध्यम उद्योगों, 182 औद्योगिक क्षेत्रों और 33 विशेष आर्थिक क्षेत्रों के चलते यह भारत का सर्वाधिक औद्योगिक राज्य बन गया है। गुजरात की श्रमशक्ति का योगदान भी राज्य की प्रगति में सहायक बना है। भारत के औद्योगिक उत्पादन में गुजरात का हिस्सा 16.2 प्रतिशत है, जबकि गुजरात में हड़ताल के चलते कार्य दिवस हानि मात्र 0.5 प्रतिशत है—जो कि पूरे देश में सबसे कम है। गुजरात भारत के समुद्री तट के कच्चे तेल उत्पादन का 54 प्रतिशत और भारत के प्राकृतिक गैस उत्पादन का 50 प्रतिशत उत्पादन करता है।

ऐसी वृद्धिवाले माहौल के चलते गुजरात को अपने लिए विजन 2020 तय करना चाहिए जिसमें 1990–2000 के स्थिर मूल्यों पर प्रति व्यक्ति आय 10,000 रुपए से ऊपर ले जानी चाहिए। इसे साक्षरता 100 प्रतिशत पहुँचानी चाहिए तथा आई.एम.आर. [शिशु मृत्यु दर] को प्रति हजार पर दस से भी कम ले जाना चाहिए। साथ ही अत्यंत गरीबी तथा बेरोजगारी का पूर्णतया उन्मूलन कर देना चाहिए।'

64वें स्वतंत्रता दिवस के अवसर पर आप सभी को मेरी हार्दिक शुभ-कामनाएँ।

15 अगस्त, 2010

□

अराजकता की गिरफ्त में जम्मू एवं कश्मीर

इन दिनों कश्मीर काफी सुर्खियों में है। पिछले सप्ताह जम्मू-कश्मीर से भारतीय जनता पार्टी के विधायक नई दिल्ली आकर प्रधानमंत्री से मिले और उन्हें एक ज्ञापन सौंपा, जिसमें उन्होंने राज्य में सुरक्षा बलों की उपस्थिति को किसी भी प्रकार से कम करने के प्रति सावधान किया है।

उन्होंने यह भी आग्रह किया कि वे किसी भी पृथकतावादी माँग के आगे न झुकें। जहाँ तक भाजपा का संबंध है, कश्मीर के भारत में पूर्ण विलय का मुद्दा पार्टी भारतीय जनसंघ के जन्म से ही निरंतर उठाती रही है।

जनसंघ के संस्थापक अध्यक्ष डॉ. श्यामाप्रसाद मुखर्जी ने राज्य के एकीकरण के मुद्दे पर अपनी जान न्योछावर कर दी।

1953 में कानपुर में भारतीय जनसंघ के पहले राष्ट्रीय सम्मेलन में डॉ. मुखर्जी ने राष्ट्र को अथाह महत्त्व का गुंजायमान नारा दिया—

एक देश में—दो विधान (दो संविधान)

एक देश में—दो प्रधान (दो राष्ट्रपति)

एक देश में—दो निशान (दो झंडे)

नहीं चलेंगे, नहीं चलेंगे

कश्मीर में डॉ. मुखर्जी के बलिदान से इस नारे के दो लक्ष्यों को तो हासिल कर लिया गया।

1953 तक दो प्रधान—एक नई दिल्ली में, जिसका जम्मू एवं कश्मीर पर कोई अधिकार नहीं था और दूसरा सदरे-रियासत के नाम पर राज्य में पूरी तरह से अधिकारों का उपयोग करता था। सदरे-रियासत की पदवी समाप्त की गई और जम्मू एवं कश्मीर को राष्ट्रपति के अधिकारों के तहत लाया गया।

इसी तरह दो निशान—एक, राष्ट्रीय तिरंगा 1953 तक जम्मू एवं कश्मीर में नहीं लहराया जा सकता था। उसका अपना अलग झंडा था, जो राज्य का झंडा बन चुका था। डॉ. मुखर्जी द्वारा शुरू किए गए आंदोलन में जनसंघ और प्रजा-परिषद् के अनेकों कार्यकर्ता वास्तव में तिरंगा फहराते हुए ही पुलिस की गोलियों से शहीद हुए!

लेकिन तीसरा लक्ष्य जो हमारे महान् नेता द्वारा चिह्नित किया गया था, को पाना अभी शेष है—भारतीय संविधान का अनुच्छेद 370 जम्मू एवं कश्मीर के लिए पृथक् संविधान की व्यवस्था करता है और जो अलगाववाद को पाल-पोस रहा है, अवश्य ही समाप्त होना चाहिए।

***

आज कश्मीर घाटी में पूर्णतया अराजकता की स्थिति है और सरकार इससे निपटने में असमर्थ जान पड़ती है। राज्य से भाजपा के विधायकों द्वारा प्रधानमंत्री को दिए गए ज्ञापन में लिखा है—

अलगाववादियों ने एक वैकल्पिक रणनीति अपना ली है। उन्हें यह अहसास हो गया है कि आतंकवादी घटनाओं को वैश्विक स्वीकार्यता नहीं मिलेगी। उन्हें यह भी ज्ञात है कि भारत के देशभक्त और पूरी तरह से मुस्तैद सुरक्षा बल आतंकवादी और अलगाववाद से जुड़ी तोड़-फोड़, विस्फोटों और हिंसा को परास्त कर सकते हैं। 2008 से अलगाववादियों ने छिटपुट हिंसक घटनाओं के बजाय भीड़ की हिंसा का सहारा लेने का फैसला किया है। उनकी रणनीति विश्व को कश्मीर मुद्दे की तथाकथित न्यायसंगतता जताने की है।

आज अलगाववादी सीमा पार से निर्देश ले रहे हैं। युवा स्कूली बच्चों, महिलाओं और बुजुर्गों से सुरक्षा बलों और सरकारी भवनों पर पत्थर फिंकवाना उनकी वरीयता प्राप्त रणनीति है। वे भीड़ से हिंसा इसलिए करवाते हैं, ताकि सुरक्षा बल भड़ककर रक्षात्मक काररवाई करने को मजबूर हों। छद्मवेशी आतंकवादी इस हिंसक भीड़ के हिस्से हैं। इस रक्षात्मक सुरक्षा की काररवाई में लोग घायल होते हैं, उनकी जान जाती है। भीड़ की हिंसा में भाग लेनेवाले भी घायल होते हैं। कुछ को अपनी जान भी गँवानी पड़ी है।

आतंकवाद और तोड़-फोड़ से निपटने हेतु भारत की रणनीति स्पष्ट और सुपरिभाषित रही है। हालाँकि वर्तमान चुनौती का सामना करने में सरकार अँधेरे में भटकती नजर आती है। राज्य सरकार एकदम अलोकप्रिय हो चुकी है। मुख्यमंत्री के विरुद्ध व्यक्तिगत रोष है। ऐसा प्रतीत होता है कि वे अपनी पार्टी के लोगों और कार्यकर्ताओं से भी कटते जा रहे हैं।

***

राबर्ट लुईस स्टैवनसन ने अपनी पुस्तक 'विरजिनीबस प्युइरिसिक्यु' (लेटिन भाषा में लड़कियों एवं लड़कों को) में लिखा है, मानव एक ऐसा प्राणी है, जो सिर्फ रोटी के सहारे नहीं रहता, बल्कि मुख्यतया जुमलों के सहारे रहता है। एक ऐसा ही जुमला है कम्युनल या सांप्रदायिक, जिसका भारतीय राजनीतिज्ञ बहुधा अपनी सुविधा और स्वार्थानुसार उपयोग करते हैं। इस मूल शब्द में कुछ भी निंदात्मक नहीं है, क्योंकि यह समुदाय और समूह से जुड़ा है, लेकिन समय के साथ-साथ यह भारतीय राजनीतिक व्यवहार में घिनौने दुर्वचन का शब्द बन गया है। महान् देशभक्त और संसदविज्ञ डॉ. श्यामाप्रसाद मुखर्जी और उनके द्वारा स्थापित भारतीय जनसंघ के लिए जवाहरलाल नेहरू इसका उपयोग करते थे। आज यह एक विशेषण के तौर पर भारतीय जनता पार्टी को लांछित करने के लिए प्रयुक्त किया जाता है।

यह सही है कि भाजपा एक विचारधारात्मक पार्टी है, जिसकी अनेक मामलों में एक विशिष्ट दृष्टि है। कुछ मुद्दों पर वस्तुतः पार्टी अकेली है, यह बात अलग है कि इन मुद्दों पर जनता का व्यापक समर्थन प्राप्त है। 1998 तक हमारा यह दृष्टिकोण कि भारत के पास अपनी स्वयं की परमाणु निवारक क्षमता होनी चाहिए-अनन्य रूप से हमारा दृष्टिकोण था। 1998 में एन.डी.ए. में हमारे सहयोगियों ने इस दृष्टिकोण को स्वीकारा। आज समूचा राष्ट्र इस पर गर्व करता है कि हमारे देश के पास परमाणु हथियार हैं।

आज भाजपा देश में सिर्फ एकमात्र ऐसी पार्टी है जो मानती है कि संविधान का अनुच्छेद 370, जो जम्मू एवं कश्मीर राज्य को विशेष दर्जा देता है, को समाप्त किया जाना चाहिए। हम मानते हैं कि यह प्रावधान देश की मनोवैज्ञानिक एकता में सबसे बड़ी बाधा है।

यदि कोई हमारे रुख और तर्कों पर विवाद करते हुए असहमति प्रकट करता है तो समझ आ सकता है, लेकिन मुझे तब आश्चर्य होता है कि जब भाजपा की अनुच्छेद 370 को समाप्त करने की माँग को हमारी सांप्रदायिकता के सबूत के रूप में देखा जाता है। यह रेखांकित करता है कि कैसे इस शब्द के अर्थ का अनर्थ किया गया है। यहाँ पर इस अनुच्छेद को शामिल करने के औचित्य के संबंध में हमारे संविधान निर्माताओं द्वारा दिए गए तर्कों को स्मरण करना समीचीन होगा।

स्वतंत्रता-प्राप्ति के समय देश में 500 से ज्यादा रियासतें थी। इनमें से अधिकांश के अपने संविधान थे। जब 17 अक्तूबर, 1949 को संविधान सभा में इस विशेष प्रावधान पर विचार शुरू हुआ तब एन. गोपालास्वामी आयंगर, जिन्होंने इस प्रावधान को प्रस्तुत किया,

ने इस तथ्य की ओर ध्यान दिलाया कि सभी अन्य रियासतों के मामले में उनके संविधान भारत के संविधान में समाहित कर लिए गए हैं, लेकिन यह जम्मू एवं कश्मीर के संदर्भ में संभव नहीं हो पाया है, उसका संविधान अलग ही रहेगा।

मौलाना हसरत मोहानी ने आयंगर को टोकते हुए पूछा कि जम्मू एवं कश्मीर के साथ यह भेदभाव क्यों किया गया है ? वस्तुत: मोहानी की नजर में जम्मू एवं कश्मीर के लिए पृथक् संविधान बनाए रखने का कदम राज्य के विरुद्ध भेदभाव करने जैसा था!

आयंगर का उत्तर था

यह भेदभाव कश्मीर की विशेष परिस्थितियों को लेकर है। यह विशेष राज्य एकीकरण के किसी रूप में अभी इतना तैयार नहीं हुआ है, जितना कि अन्य राज्यों के मामले में है। यह सभी को उम्मीद है कि आनेवाले समय में जम्मू एवं कश्मीर भी औरों के समान इसी तरह के एकीकरण के लिए तैयार हो जाएगा।

संविधान सभा की बहस का ब्योरा दर्शाता है कि आयंगर की उक्त घोषणा कि समय के साथ ही जम्मू एवं कश्मीर अन्य राज्यों की पंक्ति में आ जाएगा, का उल्लास से स्वागत किया गया।

तब आयंगर ने बताना शुरू किया कि क्यों राज्य को कुछ समय के लिए अपवाद रखने की अनुमति दी गई। उन्होंने कहा पहले-पहल जम्मू एवं कश्मीर राज्य की सीमाओं के भीतर युद्ध चल रहा है। उन्होंने और कहा कि जम्मू-कश्मीर राज्य के संबंध में हम संयुक्त राष्ट्रसंघ में उलझे हैं और अभी यह कहना संभव नहीं है कि हम कब इस उलझन से मुक्त होंगे।

अत: संविधान सभा के विचार-विमर्श से साफ है कि जम्मू एवं कश्मीर को अनुच्छेद 370 के तहत विशेष दर्जा देना एक अंतरिम समझौते के समान था। पाकिस्तान का आक्रमण और संयुक्त राष्ट्र का पहलू इसके पीछे था। इस अनुच्छेद का इस तथ्य से कोई लेना-देना नहीं है कि जम्मू-कश्मीर एक मुसलिम बहुल राज्य है, जैसा कि आज हमारी माँग की आलोचना करते हुए तर्क दिया जाता है।

श्रीनगर, जहाँ डॉ. मुखर्जी को बंदी बनाकर रखा गया था, में उनकी मृत्यु के तुरंत बाद उभरे राष्ट्रव्यापी आक्रोश ने सरकार के लिए कुछ सही कदम उठाने का मार्ग प्रशस्त किया। जम्मू एवं कश्मीर में प्रवेश के लिए मौजूद परमिट प्रणाली, जिसके उल्लंघन के लिए डॉ. मुखर्जी को कैद किया गया था, समाप्त कर दिया गया। समय के साथ ही सर्वोच्च न्यायालय,

निर्वाचन आयोग और नियंत्रक महालेखाकार परीक्षक (सी.ए.जी.) के अधिकार क्षेत्र में राज्य को भी सम्मिलित कर लिया गया।

जब कभी श्री वाजपेयी ने संसद् में अनुच्छेद 370 का मुद्दा उठाया तो पंडित नेहरू सर्वदा उत्तर देते थे कि अनुच्छेद का धीरे-धीरे क्षरण हो रहा है और समय के साथ यह अनुच्छेद समाप्त हो जाएगा।

1964 की शुरुआत में संयुक्त राष्ट्रसंघ की सुरक्षा परिषद् में हुए विचार-विमर्श में पाकिस्तान की तरफ से बोलते हुए जुल्फिकार अली भुट्टो ने तर्क दिया कि सुरक्षा परिषद् को भारत को आगे विलीनीकरण से रोकने का निर्देश देना चाहिए। उसके पश्चात् शिक्षा मंत्री मोहम्मद करीम छागला [बहुप्रसिद्ध न्यायविद् लैंसी छागला जो कि मुंबई हाई कोर्ट के मुख्य न्यायाधीश एवं अमेरिका और इंग्लैंड सहित कई देशों में भारत के राजदूत भी रहे] ने राज्यसभा (24 फरवरी,1964) में उत्कृष्ट भाषण दिया जिसमें उन्होंने अनुच्छेद 370 के बारे में यह महत्त्वपूर्ण टिप्पणी की थी—

प्रधानमंत्री (जवाहरलाल नेहरू) ने उस दिन कहा कि संविधान के अनुच्छेद 370 का धीरे-धीरे क्षरण हो रहा है। मैं सिर्फ उम्मीद करता हूँ कि यह क्षरण तेजी से होगा और मैं यह भी आशा करता हूँ कि बहुत शीघ्र यह अनुच्छेद भारत के संविधान से अदृश्य हो जाएगा। आखिरकार यह संक्रमणकालीन और अस्थायी है। मैं सोचता हूँ कि यह संक्रमणकालीन अवधि काफी लंबी हो चुकी है।

संयुक्त राष्ट्र संघ में कश्मीर पर अनेक कटु बहसों में भारत का अच्छे ढंग से पक्ष रखनेवाले, छागला का रोष समझ में आ सकता है। आखिरकार तब तक संविधान को अंगीकृत किए 14 वर्ष बीत चुके थे और तब भी जम्मू एवं कश्मीर से संबंधित यह अस्थायी अनुच्छेद संविधान को निरंतर कलुषित कर रहा था। कश्मीर अभी भी विवादास्पद मुद्दा है। छागला द्वारा की गई टिप्पणियों को भी 46 वर्ष बीत चुके हैं। यह संक्रमणकालीन अवधि अभी तक समाप्त नहीं हुई है; आज यदि कोई छागला सुझाए कि यह अस्थायी अनुच्छेद समाप्त किया जाए तो यह खतरा बना रहेगा कि उसको सांप्रदायिक और प्रतिक्रियावादी नाम न दे दिया जाए!

08 अगस्त, 2010

□

इंडोनेशिया की यादें और एक लघु भारत की परिकल्पना

राज्यसभा में भाजपा के उपनेता सुरिंदर सिंह अहलूवालिया को बहरीन से उनके एक मित्र डॉ. महिंदर सिंह का पत्र प्राप्त हुआ, जिसमें उन्होंने एक पखवाड़े पूर्व इंडोनेशिया के बारे में लिखे गए मेरे ब्लॉग पर बहुत संतोष व्यक्त किया है। वास्तव में डॉ. महिंदर सिंह ने पत्र के साथ इस ब्लॉग की प्रति अहलूवालिया को भेजी है; साथ में कहा कि उन्हें यह लेख इतना रोचक और शिक्षाप्रद लगा कि उन्होंने बड़ी मात्रा में दुनिया भर में अपने मित्रों को इसकी प्रति भेजी है।

इस ब्लॉग पर सीधे मेरे कार्यालय में आई प्रतिक्रियाएँ भी समान रूप से उत्साहवर्धक हैं। जैसा मैंने उल्लेख किया था कि मैंने जावा द्वीप स्थित जकार्ता और बाली दोनों स्थानों की यात्रा की। काश! मैं जोगजकार्ता भी जा पाता जिसके बारे में अकसर कहा जाता है; यदि जकार्ता जावा का आर्थिक और औद्योगिक पॉवर हाउस है तो जोगजकार्ता इसकी आत्मा है।

मैं जोगजकार्ता नहीं जा पाया पर मुझे वहाँ के परमानंद मंदिर समूह के बारे में बताया गया। 8वीं और 10वीं शताब्दी के बीच बने इन मंदिरों के बारे में माना जाता है कि ये हिंदू कला के उत्कृष्ट नमूने हैं।

यहाँ भारत में हजारों शिव मंदिर हैं, विष्णु मंदिर हैं, लेकिन राजस्थान के पुष्कर में स्थित एक ब्रह्मा मंदिर को मैं जानता हूँ। जोगजकार्ता में शिव मंदिर है, विष्णु मंदिर है और एक ब्रह्मा मंदिर भी है, जो शायद दुनिया का दूसरा ब्रह्मा मंदिर होगा।

तमन मिनी का ब्रह्मा मंदिर–

दंतकथा है कि सृष्टि के निर्माता ब्रह्मा ने अपनी पत्नी सावित्री देवी से इसलिए संबध

विच्छेद कर लिये थे कि वह ब्रह्मांड को सृजित करनेवाले यज्ञ में शामिल होने को नहीं पहुँची। पुष्कर में ब्रह्मा मंदिर के परिसर में ही सावित्री देवी का मंदिर मौजूद है। पवन वर्मा की प्रबुद्ध पुस्तक बीइंग इंडियन (Being Indian) को पढ़ते समय अतीत के इस संबंध विच्छेद प्रकरण की दंतकथा को आधुनिक समय में पढ़ना रोचक लगा।

सावित्री देवी मंदिर के पुश्तैनी पुजारियों ने ब्रह्मा मंदिर में प्राप्त होनेवाले भक्तों के चढ़ावे में हिस्सा पाने के लिए सन् 2001 में न्यायालय की शरण ली। सावित्री देवी मंदिर के वकीलों ने तर्क दिया कि परित्यक्ता देवी का निर्वाह-व्यय पर अधिकार बनता है। वर्मा लिखते हैं—पौराणिक विवाह को निर्वाह-व्यय (alimony) से जोड़ कर आय बढ़ाने के प्रयासों के निश्चित ही दुनिया में बहुत कम उदाहरण हैं!

***

इंडोनेशिया यात्रा की बात करते हुए मैं अपने परिवार की जो टूथलैस मेडिसिन मैन (Toothless medicine man) के रूप में प्रसिद्ध हैं, से मुलाकात का वर्णन अवश्य करना चाहूँगा, जिनके बारे में मैंने और मेरी सुपुत्री प्रतिभा ने एलिजाबेथ गिलबर्ट की प्रसिद्ध पुस्तक ईट, प्रे, लॅव (Eat, Love) में पढ़ा था।

यह पुस्तक कपोल-कल्पित नहीं है। यह एक सत्य और प्रिय कथा है, जिस पर एक फिल्म भी बनी है। कहानी इटली से शुरू होती है, भारत होते हुए अतंत: इंडोनेशिया में समाप्त होती है।

गिलबर्ट की इस पहली पुस्तक की पहले ही पाँच मिलियन प्रतियाँ बिक चुकी हैं। जो पर्यटक केतुत को मिलते हैं, वे जानते हैं कि वे एक हस्तरेखा विशेषज्ञ और भविष्यवक्ता हैं। केतुत स्वयं अपने से मिलनेवालों के मन की बात जानते हैं। अत: जब मेरी पत्नी और पुत्री उनसे मिलीं तब उन्होंने बगैर पूछे उनका हाथ अपने हाथ में लेकर देखा और थोड़ी देर बाद उन्हें कुछ सुखदायक रोचक बातें बताईं।

केतुत लिए के साथ-

इस पुस्तक का सारांश, इसके आवरण पर, लेखक के बारे में लिखा है—रोम में वह अपने आप में ही लिप्त रही और उपलब्धि के नाम पर अपना वजन लगभग 10-12 किलो बढ़ा बैठी। भारत में मंदिरों के फर्श रगड़—रगड़कर उन्हें ज्ञानोदय हुआ। अंतत: बाली में, एक संत—टूथलैस मेडिसिन मैन, ने उन्हें शांति के नए पथ पर अग्रसर किया और उन्हें फिर से प्रेम पथ के लिए तैयार किया।

मैं जोगजकार्ता की समुचित यात्रा नहीं कर पाया, परंतु जकार्ता में उत्कृष्ट मंदिरों की प्रतिकृतियों की झलक देखने का संतोष मुझे मिला, जो तमन मिनी के नाम से लोकप्रिय हैं। शहर के दक्षिण-पूर्व में एक विशाल पार्क स्थापित किया गया है, जिसमें लघु इंडोनेशिया उकेरा गया है। कुछ वर्ष पूर्व मैंने ऐसा ही कुछ थाईलैंड में देखा था, जिसे लघु थाईलैंड कहा जाता है। इंडोनेशियाई भाषा में तमन का अर्थ पार्क है। इस महत्त्वपूर्ण पर्यटक आकर्षण को तमन मिनी इंडोनेशिया के नाम से जाना जाता है। इस पार्क में इंडोनेशिया के सभी प्रांतों के परंपरागत घरों के साथ-साथ क्षेत्रीय हस्तशिल्प और परिधान व्यापक स्तर पर प्रदर्शित किए गए हैं।

मैंने एक लघु भारत के विचार पर भाजपाशासित प्रदेशों की सरकारों के साथ परामर्श किया है, जिसमें हमारी संस्कृति या इतिहास की अनेक प्रेरणास्पद विशेषताओं को प्रमुखता से प्रस्तुत किया जा सके। उदाहरण के लिए उत्तराखंड तीर्थयात्रियों का प्रमुख स्थल है। मैंने इसके विषय में मुख्यमंत्री और परमार्थ आश्रम के स्वामी चिदानंद जैसे कुछ संतों से विचार-विमर्श किया है कि कितना अद्भुत होगा यदि भारत के एक बड़े मानचित्र पर देश के सभी प्रमुख तीर्थस्थल जैसे तिरुपति, जगन्नाथपुरी, रामेश्वरम, द्वारका, अमृतसर और वैष्णोदेवी की प्रतिकृति बनी हो। इस परिकल्पना पर सक्रियता से विचार हो रहा है और मुझे विश्वास है कि यह कल्पना अवश्य साकार होगी।

31 जुलाई, 2010

□

पाकिस्तान नीति—अस्त-व्यस्त वाजपेयी सरकार की नीति से उलट

भारत की स्वतंत्रता के साथ ही पाकिस्तान का जन्म हुआ। विभाजन के अनेक त्रासद परिणाम हुए। लाखों निर्दोष पुरुष, महिलाएँ और बच्चे मारे गए तथा करोड़ों बेघर हुए।

इसलिए, स्वतंत्रता-प्राप्ति के बाद से ही भारत सरकार की विदेश संबंधी मामलों के संचालन को परखने की महत्त्वपूर्ण कसौटी इसकी पाकिस्तान नीति बनी हुई है।

और वर्तमान में, नई दिल्ली की पाकिस्तान नीति वास्तव में अस्त-व्यस्त बनी हुई है।

शरम-अल-शेख में प्रधानमंत्री की भयंकर भूल जिसमें उन्होंने भारत-पाक वार्त्ता को सीमापार के पाकिस्तानी आतंकवाद से अलग करने की घोषणा की थी, से शुरू होकर हाल ही में पाकिस्तान में विदेश मंत्री की भूमिका तक भारत की पाकिस्तानी नीति आज तक कभी भी जनमत के इतने विपरीत नहीं रही जितनी कि आज है। यहाँ तक की सरकार के मंत्रियों में भी इस नीति को लेकर मतभेद हैं।

मैं व्यक्तिगत रूप से गृह सचिव जी.आर. पिल्लई को जानता हूँ, वे एक जिम्मेदार और योग्य अधिकारी हैं और जब इस्लामाबाद में संयुक्त संवाददाता सम्मेलन में पाकिस्तान के विदेश मंत्री कुरैशी ने उन्हें लांछित किया तथा आतंकवादी हफीज कुरैशी के समकक्ष रखा, तब मैं यह देखकर आश्चर्यचकित रह गया कि कैसे हमारे विदेश मंत्री ने इस अपमान को चुपचाप सहा।

मेरा यह आश्चर्य उस समय नाराजगी में बदल गया जब कुछ दिनों बाद हमारे मंत्री ने ही सार्वजनिक रूप से पिल्लई की निंदा कर पाकिस्तान द्वारा किए गए अपमान के घावों पर और नमक छिड़का और उनका (पिल्लई) अपमान किसी गलती के लिए नहीं, अपितु 26/11 को मुंबई पर हुए आतंकी हमले में आई.एस.आई. की भूमिका को उजागर कर देश

की सेवा करने के लिए किया गया!

श्री वाजपेयी 1998 में प्रधानमंत्री बने और 6 वर्षों तक शासन किया। अब डॉ. मनमोहन सिंह ने भी 2004 से 2010 तक प्रधानमंत्री के रूप में 6 वर्ष पूरे किए हैं।

राजग (एन.डी.ए.) की पाकिस्तान नीति का संचालन सुस्पष्ट रूप से इससे भिन्न था।

भाजपानीत सरकार की शुरुआत प्रत्यक्ष प्रतिकूल परिस्थितियों में हुई थी। पाकिस्तान इसे अपनी शत्रु सरकार मानता था, लेकिन इस पाकिस्तान विरोधी समझी जानीवाली सरकार ने पूरे विश्व की प्रशंसा हासिल की जब प्रधानमंत्री ने लाहौर की बस यात्रा की और पाकिस्तान के प्रधानमंत्री नवाज शरीफ से गर्मजोशी से वार्त्ता की। इस पहल की गंभीरता के बारे में किसी के मन में कोई शंका नहीं थी।

परंतु बदले में पाकिस्तान की तरफ से की गई दो काररवाइयों ने सभी को विस्मित कर दिया।

पहला था कारगिल, प्रधानमंत्री की जानकारी के बिना पाक सेना द्वारा किया गया ऑपरेशन; और दूसरा, सैन्य विद्रोह जिसने जनरल मुशर्रफ को राष्ट्रपति के रूप में पदारूढ़ किया। नवाज शरीफ को न केवल सत्ताच्युत किया गया, अपितु उन्हें देश निकाला दे दिया गया।

स्व-विश्वास से भरी कोई सरकार ही इन सभी का उस ढंग से जवाब दे सकती थी, जैसा वाजपेयी सरकार ने दिया।

उन्होंने पहले पूर्ण शक्ति से कारगिल ऑपरेशन जो कि जनरल (मुशर्रफ) का अपना जोखिम था, को पराजित करने के उद्देश्य से सेना का उपयोग किया और इसके बाद दूसरा साहसपूर्ण कदम उठाया—जनरल को आगरा वार्त्ता का निमंत्रण देना।

इसका उद्देश्य यह संभावना तलाशना था कि पाकिस्तान आतंकवाद का रास्ता, जो उसने अनेक सैन्य मुकाबलों में बुरी तरह हारने के बाद अपना रखा है, को त्याग सके।

जनरल आगरा आए, बातचीत की और खाली हाथ लौट गए।

जनरल खाली हाथ इसलिए लौटे, क्योंकि उनका निर्लज्ज रुख यह था कि पाकिस्तान भारत में कुछ नहीं कर रहा, और वस्तुतः भारत में आतंकवाद नाम की कुछ चीज नहीं है; जो यहाँ हो रहा है वह जम्मू-कश्मीर के लोगों की स्वतंत्रता की लड़ाई है और कुछ नहीं!

आगरा ने इस्लामाबाद को साफ दर्शा दिया कि सीमापार के आतंकवाद पर भारत कोई समझौता नहीं करेगा। इसी दृढ़ रुख के चलते जनरल को अपने रुख को छोड़ना पड़ा और

जनवरी 2004 में इस्लामाबाद में वाजपेयीजी के साथ संयुक्त वक्तव्य में उन्होंने हस्ताक्षर किए कि—'वह पाकिस्तान के नियंत्रणवाले किसी भी क्षेत्र से, किसी भी रूप में आतंकवाद को समर्थन देने के लिए अनुमति नहीं देंगे।'

हम आशा करते हैं कि डॉ. मनमोहन सिंह और एस.एम. कृष्णा इसे ध्यान में रखेंगे कि उद्देश्य की दृढ़ता चरित्र की सर्वाधिक महत्त्वपूर्ण तंत्रिका है और सफलता का एक सर्वोत्तम उपकरण। आज, भारत की पाक नीति का मुख्य उद्देश्य अवश्य ही यह होना चाहिए कि हम अपने इस पड़ोसी को आतंकवाद को समाप्त करने हेतु बाध्य कर सकें।

25 जुलाई, 2010

□

इंडोनेशिया में हिंदू प्रभाव

कुछ वर्ष पूर्व मेरे एक मित्र ने दुनिया के सर्वाधिक मुसलिम जनसंख्यावाले देश इंडोनेशिया से लौटने के बाद कच्छ के आदीपुर (गुजरात) में मुझे वहाँ की करेंसी एक 20 हजार रुपए का नोट दिखाया, जिस पर भगवान् गणेश मुद्रित थे। मैं आश्चर्यचकित हुआ और प्रभावित भी।

पिछले महीने जब इंडोनेशिया की राजधानी जकार्ता से सिंधी समुदाय के कुछ महानुभावों के समूह ने 9, 10 तथा 11 जुलाई, 2010 को जकार्ता में होनेवाले विश्व सिंधी सम्मेलन में आने का न्योता दिया तो मैंने इसे तुरंत स्वीकारा। इसका कारण यह था कि मैं इस देश पर भारतीय सभ्यता और विशेष रूप से रामायण और महाभारत जैसे महाग्रंथों के प्रभाव के बारे में अकसर सुनता रहता था। करेंसी नोट पर गणेशजी का छपा चित्र इसका एक उदाहरण है।

मेरी पत्नी कमला, सुपुत्री प्रतिभा, दशकों से मेरे सहयोगी दीपक चोपड़ा और उनकी पत्नी वीना के साथ मैं 8 जुलाई को यहाँ से रवाना हुआ तथा 13 जुलाई को इस यात्रा की अविस्मरणीय स्मृतियाँ लेकर लौटा। इंडोनेशिया में 13,677 द्वीप हैं, जिनमें से 6000 से ज्यादा द्वीपों पर आबादी है। वहाँ की कुल जनसंख्या 20.28 करोड़ में से 88 प्रतिशत से अधिक मुसलिम और 10 प्रतिशत ईसाई हैं। यहाँ की 2 प्रतिशत हिंदू आबादी मुख्य रूप से बाली द्वीप में रहती है।

बाली द्वीप के लिए हाल ही में स्वीकृत किया गया नया ब्रांड लोगो (प्रतीक चिह्न) देश की हिंदू परंपरा का प्रकटीकरण है। इंडोनेशिया के पर्यटन मंत्रालय का प्रकाशन इस प्रतीक-चिह्न को इस प्रकार प्रकट करता है, त्रिकोण (प्रतीक-चिह्न की आकृति) स्थायित्व और संतुलन का प्रतीक है। यह तीन सीधी रेखाओं से बना है, जिनमें दोनों सिरे मिलते हैं, जो शाश्वत अग्नि (ब्रह्मा—सृष्टि-निर्माता), लिंग या लिंग प्रतिमान के प्रतीक हैं।

त्रिकोण ब्रह्मांड के तीनों भगवानों—(त्रिमूर्ति— ब्रह्मा, विष्णु और शिव), प्रकृति के तीन चरणों (भूः, भुवः और स्वः लोक) और जीवन के तीन चरणों (उत्पत्ति, जीवन और मृत्यु) को भी अभिव्यक्त करते हैं। प्रतीक-चिह्न के नीचे लिखा बोधवाक्य शांति, शांति, शांति भुवना अलित दन अगुंग (स्वयं और विश्व) पर शांति, जो कि एक पावन और पवित्र सिहरन देती है, जिससे गहन दिव्य ज्योति जाग्रत् होती है, जो सभी जीवित प्राणियों में संतुलन और शांति कायम करती है।

इंडोनेशियाई रुपए पर अंकित गणेशजी

यहाँ 20,000 रुपए के करेंसी नोट का नमूना दिया गया है। जैसा मैंने ऊपर वर्णन किया कि कुछ वर्ष पूर्व मैंने इसे देखा था और तभी तय किया था कि यदि मुझे इस देश की यात्रा करने का अवसर मिला तो मैं स्वयं जाकर इसे प्राप्त करूँगा तथा औरों को दिखाऊँगा।

सिंधी सम्मेलन अत्यधिक सफल रहा। इसमें पाँचों महाद्वीपों—अमेरिका, यूरोप, एशिया, अफ्रीका और ऑस्ट्रेलिया के 32 विभिन्न देशों से एक हजार प्रतिनिधियों ने भाग लिया। अधिकांश प्रतिनिधि युवा थे या उनसे कुछ अधिक आयुवाले थे, जिनके परिवारों को 1947 में अपने घर से विस्थापित होने की समस्याओं का सामना करना पड़ा।

भारत के विभाजन से रैडक्लिफ लाइन के दोनों ओर लाखों लोगों को मुसीबत भरे दिन देखने को बाध्य होना पड़ा। सिंध के हिंदुओं को न केवल चूल्हों और घरों से विस्थापित होना पड़ा, अपितु पंजाब और बंगाल के हिंदुओं, जिन्हें अपने गृह राज्य का कुछ-न-कुछ हिस्सा बचाने का संतोष था, से अलग अपने समूचे क्षेत्र से हाथ धोना पड़ा और विभाजित भारत के विभिन्न राज्यों को अपना घर बनाने को बाध्य होना पड़ा।

इन सिंधी प्रतिनिधियों से बात करते हुए मुझे गर्व हुआ कि उन्होंने न केवल विभाजन के त्रासद अनुभवों का अपने पुरुषार्थ और धैर्य से सामना किया, अपितु सामान्यतः कहा जाए तो वे अच्छे स्तर तक समृद्ध और संपन्न हुए। वे विपदा को अवसर में बदलने में सफल रहे।

हालाँकि इनमें से अनेक प्रतिनिधि ऐसे थे, जिनके पूर्वज उन देशों में, जहाँ का वे प्रतिनिधित्व कर रहे थे, भारत के विभाजन और विभाजन की त्रासदी से काफी पहले जाकर

बस चुके थे। उदाहरण के लिए, जकार्ता सम्मेलन के आयोजक श्री सुरेश वासवानी उनमें से एक थे, जिनके दादा 1914 के आस-पास जकार्ता चले गए थे, यानी करीब एक शताब्दी पूर्व! तब से उनका परिवार वहाँ बस गया और जावा द्वीप को उन्होंने अपना घर बना लिया। जब हम सिंध में थे तो व्यापारियों का वह वर्ग, जो विदेश चला गया था और जिन्होंने अपने परिवारों के लिए धन कमाया, उन्हें स्थानीय बोली में सिंधवर्किज के नाम से जाना जाता था।

***

जकार्ता जानेवाले यात्रियों को इंडोनेशिया की राजधानी जकार्ता के उत्तर-पश्चिम तट पर स्थित शहर के बीचोबीच निर्मित अनेक भव्य घोड़ों से खींचनेवाले रथ पर श्रीकृष्ण-अर्जुन की प्रतिमा सर्वाधिक आकर्षित करती है।

जकार्ता के मुख्य चौराहे पर कृष्ण-अर्जुन की प्रतिमा

इंडोनेशिया में स्थानों, व्यक्तियों के नाम और संस्थानों का नामकरण संस्कृत प्रभाव की स्पष्ट छाप छोड़ता है।

निश्चित रूप से यह जानकर कि इंडोनेशिया में सैन्य गुप्तचर का आधिकारिक शुभंकर हनुमान हैं, काफी प्रसन्नता हुई। इसके पीछे के औचित्य को वहाँ के एक स्थानीय व्यक्ति ने यूँ बताया कि हनुमान ने ही रावण द्वारा अपहृत सीता को, जिन्हें अशोक वाटिका में बंदी बनाकर रखा गया था, का पता लगाने में सफलता पाई थी।

भीम की प्रतिमा

हमारे परिवार ने चार दिन इंडोनेशिया, दो दिन जकार्ता और दो दिन बाली में बिताए।

बाली इस देश के सर्वाधिक बड़े द्वीपों में से एक है। यहाँ के उद्योगों में सोने और चाँदी का काम, लकड़ी का काम, बुनाई, नारियल, नमक और कॉफी शामिल हैं; लेकिन जैसे ही आप इस क्षेत्र में पहुँचते हैं तो आप

अंतरराष्ट्रीय हवाई अड्डे के निकट घटोत्कच की प्रतिमा

साफतौर पर पाएँगे कि यह पर्यटकों से भरा हुआ है। लगभग तीन मिलियन आबादीवाले बाली में प्रतिवर्ष एक मिलियन पर्यटक आते हैं।

इस द्वीप की राजधानी देनपासर है। हमारे ठहरने का स्थान मनोरम दृश्यवाला फोर सीजंस रिसॉर्ट था, जो समुद्र के किनारे पर है और हवाई अड्डे से ज्यादा दूर नहीं है। रिसॉर्ट जाते समय रास्ते में मैंने जकार्ता में कृष्ण-अर्जुन जैसी विशाल पत्थर पर बनी आकृति देखी, हालाँकि यह जकार्ता में देखी गई आकृति से अलग किस्म की थी।

मैंने अपनी कार के ड्राइवर से पूछा—यह किसकी प्रतिमा है ? और क्या आप कल्पना कर सकते हैं कि जब उसने जवाब दिया तो मैं आश्चर्यचकित रह गया! उसने बताया—यह महाभारत के घटोत्कच की प्रतिमा है और इसमें घटोत्कच के पिता भीम को भी दिखाया गया है, जो दानव से भीषण युद्ध कर रहे हैं!

भारत में इन दोनों महाकाव्यों—रामायण और महाभारत में से सामान्य नागरिक रामायण के अधिकांश चरित्रों को पहचानते हैं, लेकिन महाभारत के चरित्र कम जाने जाते हैं। वस्तुतः भारत में भी बहुत कम लोग होंगे, जिन्हें पता होगा कि घटोत्कच कौन है, और वहाँ हमारी कार का ड्राइवर भीम से उसके रिश्ते के बारे में भी पूरी तरह से जानता था।

जकार्ता में सिंधी सम्मेलन और बाली में हमें रामायण के दृश्यों के मंचन की झलक देखने को मिली, जो भारत में प्रचलित परंपरागत रूप से थोड़ी भिन्न थी। कलाकारों का प्रदर्शन तथा प्रस्तुति और जिन स्थानों पर ये प्रदर्शन देखने को मिले, वहाँ का सामान्य वातावरण भी पर्याप्त श्रद्धा और भक्ति से परिपूर्ण था।

मैं यह अवश्य कहूँगा कि इंडोनेशिया के लोग रामायण और महाभारत को हमसे ज्यादा अच्छे ढंग से जानते हैं और उनकी स्मृतियों को सँजोए हुए हैं।

17 जुलाई, 2010

□

न्यायाधीश हेगड़े देश के राष्ट्रपति बन सकते थे

प्रतिबद्ध विशेषण सामान्यतया सकारात्मक भाव में गिना जाता है, लेकिन मुझे स्मरण आता है साठ के दशक का अंतिम और सत्तर के दशक की शुरुआत की राजनीतिक चर्चाएँ जब अचानक इस विशेषण को उस अर्थ में उपयोग में लिया जाने लगा जैसा पहले कभी नहीं हुआ था।

प्रतिबद्ध प्रेस, प्रतिबद्ध नौकरशाही और प्रतिबद्ध न्यायपालिका जैसे इन विशेषणों को सुनकर सभी लोकतंत्रप्रेमियों को चिंता होने लगती थी।

विशेषकर यह तीनों विशेषण परेशानी में डालनेवाले थे। वस्तुतः ऐसा माना जाता है कि प्रतिबद्ध न्यायपालिका की अवधारणा का पालन करते हुए ही 1973 में प्रधानमंत्री श्रीमती गांधी ने तीन वरिष्ठ न्यायाधीशों—न्यायाधीश के.एस. हेगड़े, न्यायाधीश जे.एम. शेलट और न्यायाधीश ए.एन. ग्रोवर की वरिष्ठता को नजरअंदाज कर इन तीनों से कनिष्ठ न्यायाधीश ए.एन. रे को भारत का मुख्य न्यायाधीश नियुक्त किया।

इसी घटना ने मुझे न्यायाधीश के.एस. हेगड़े और उनके परिवार के निकट ला दिया और वह रिश्ता बना जो पिछले इन दशकों से बना हुआ है। लेकिन हाल ही में आपातकाल के काले दिनों पर नजर डालते समय मैंने पाया कि इन न्यायाधीशों की पदावनति का श्रीमती गांधी के विरुद्ध चुनाव याचिका और विशेष रूप से न्यायाधीश हेगड़े से व्यक्तिगत रूप से लेना-देना था।

यह सभी जानते हैं कि श्रीमती गांधी के चुनाव संबंधी केस में इलाहाबाद उच्च न्यायालय के फैसले ने ही आपातकाल लगवाया। बिशन टंडन की 'पी.एम.ओ. डायरी' उन दिनों प्रधानमंत्री कार्यालय में चल रहे सभी घटनाक्रमों का अधिकृत और रहस्योद्घाटन करनेवाली पुस्तक है। पुस्तक विधि मंत्री गोखले का यह कथन उद्धृत करती है कि श्रीमती गांधी न्यायाधीश हेगड़े के मुख्य न्यायाधीश बनने से काफी डरी हुई थीं। उन्हें आशंका थी

कि उनके मुख्य न्यायाधीश बनने से उनकी चुनाव याचिका पर गंभीर असर पड़ सकता है।

अपनी डायरी में टंडन कहते हैं कि उन्होंने गोखले से पूछा कि यदि वे न्यायाधीशों की पदावनति के मामले में इतने अप्रसन्न थे तो उन्होंने त्यागपत्र क्यों नहीं दिया? गोखले ने कहा कि उन्होंने सोचा कि न्यायपालिका के प्रति उनका कठोर रुख हेगड़े के कारण था और एक बार जब चुनाव याचिका का निपटारा हो जाएगा, यह स्थिति बदलेगी···चुनाव याचिका के निपटारे के बाद वह (गोखले) प्रधानमंत्री को समझाने में सफल रहेंगे कि न्यायपालिका के साथ दुर्व्यवहार न किया जाए, लेकिन चुनाव याचिका पर निर्णय ने समूची स्थिति को बदल दिया।'

बिशन टंडन के साथ अपनी बातचीत में गोखले एकदम स्पष्ट थे। टंडन अपनी पुस्तक में बताते हैं—गोखले ने माना कि आपातकाल में त्यागपत्र देने से वह डरते थे। उनका पक्का मानना था कि यदि वह ऐसा करते हैं तो प्रधानमंत्री उन्हें जेल भेज देंगी जिसके लिए वह अपने स्वास्थ्य के चलते तैयार नहीं थे। अपनी बातचीत समाप्त करते हुए गोखले ने कहा—'बिशन, आप इसे मेरी कमजोरी या कुछ भी समझ सकते हैं मगर तथ्य यह है कि मैं जेल नहीं जाना चाहता।'

***

मैं न्यायाधीश हेगड़े के जितना निकट आता गया उतना ही उनके प्रति मेरा सम्मान बढ़ता गया। 1977 के लोकसभाई चुनावों में जनता पार्टी जीती और श्री मोरारजी भाई देसाई प्रधानमंत्री बने। उन्होंने मुझे अपने मंत्रिमंडल में मेरी पत्रकारिता की पृष्ठभूमि के चलते, सूचना एवं प्रसारण मंत्री के रूप में शामिल किया। मैं उल्लेख करना चाहूँगा कि वह मुझसे मेरे विभाग के अलावा भी अन्य विषयों पर खुलकर विचार-विमर्श करते थे।

सरकार के शुरुआती दिनों में मुझे याद है कि उन्होंने मुझसे पूछा कि कुछ संवैधानिक पदों को भरने के लिए कौन-कौन सी सही पसंद हो सकती है—जैसे लोकसभा का स्पीकर पद। मेरा तत्काल जवाब था—एक पत्रकार के नाते मैंने जिन सभी स्पीकरों को देखा है, उनमें मुझे संजीव रेड्डी सर्वाधिक उपयुक्त लगते हैं। सदन का प्रबंधन करने में, सदस्यों को समझाने में वह नियम पुस्तक से ज्यादा सामान्य ज्ञान और विद्वत्ता का सहारा लेते हैं। जब यह चर्चा राष्ट्रपति पद के लिए चली तो मैंने मोरारजी भाई को कहा कि मैं सोचता हूँ विद्वत्ता, निष्पक्षता और सभ्य व्यवहार के संदर्भ में राष्ट्रपति पद के लिए न्यायाधीश के.एस. हेगड़े का नाम सर्वाधिक उत्तम रहेगा। श्री देसाई का जवाब था—मैं इन दोनों नामों पर सहमत हूँ, लेकिन संजीव रेड्डी राष्ट्रपति बनने के इच्छुक हैं और जिस ढंग से पहले

कांग्रेस पार्टी के संसदीय बोर्ड द्वारा उनको राष्ट्रपति पद का प्रत्याशी घोषित करने के बाद भी उन्हें हार का सामना करना पड़ा, उससे मुझे उनकी इच्छा समझ में आती है।

और इस प्रकार श्री संजीव रेड्डी 1977 में राष्ट्रपति बने और न्यायाधीश हेगड़े लोकसभा के स्पीकर।

❋ ❋ ❋

मैंने श्री संतोष हेगड़े के प्रति अपनी गहन कृतज्ञता प्रकट की कि उन्होंने मेरे इस अनुरोध को कि उन्हें कर्नाटक का लोकायुक्त बने रहना चाहिए को तुरंत और गर्मजोशी से स्वीकार किया, और अपने त्यागपत्र पर जोर नहीं डाला। मैं मानता हूँ कि राज्य सरकार उनकी चिंताओं का पूरा-पूरा ध्यान रखेगी।

10 जुलाई, 2010

□

राजनीति और खेल

चारों धामों में से एक रामेश्वरम् ही बचा था, जहाँ मैं नहीं जा पाया था। पिछले दिनों अपनी पत्नी कमला और सुपुत्री प्रतिभा के साथ दक्षिण में स्थित इस धाम की दिलचस्प यात्रा के बाद मैंने शुक्रवार को आराम से टेलीविजन पर दो बिंवल्डन सेमी-फाइनल मैच देखे।

दोनों ही मैच—टॉमस बेरडा (चेक) बनाम नॉवक डाइओकोविक (सर्ब) और राफेल नाडाल (स्पेन) बनाम एंडी मुरी (यू.के.) के बीच दिलचस्प खेल थे और अच्छे ढंग से खेले गए थे।

सबसे ज्यादा मुझे पसंद आई स्पेनियार्ड की अपने ब्रिटिश प्रतिस्पर्धी के बारे में मैच के बाद की गई टिप्पणी। उन्होंने मुरी की प्रशंसा में कहा—वे सिर्फ खिलाड़ी ही नहीं, बल्कि एक अच्छे व्यक्ति भी हैं। खेल की समाप्ति पर जब दोनों नेट के पास एक-दूसरे से गले मिले तो उत्साह देखते ही बनता था।

इससे मेरे मन में खेलों और राजनीति के बारे में अकसर हमारे देश में की जानेवाली टिप्पणी का स्मरण हो आया।

कहा जाता है कि—भारत में खेलों में बहुत ज्यादा राजनीति है, जबकि दुर्भाग्य से राजनीति में बहुत कम खेल भावना है।

मुझे बजट सत्र का अंतिम दिन 7 मई याद आ रहा है। मैं संसद् भवन के अपने कक्ष में बैठा था। तभी सुषमाजी का फोन आया। उन्होंने मुझे बताया 'सी.पी.एम. और सी.पी.आई. के दोनों लोकसभाई नेता बासुदेव आचार्य और गुरुदास दासगुप्ता यहाँ पर हैं और चाहते हैं कि आप भी इस संक्षिप्त विचार-विमर्श में शामिल हों।

जैसे ही मैं सुषमाजी के कार्यालय में पहुँचा तो गुरुदास दासगुप्ता की शुरुआती टिप्पणी थी—"आडवाणीजी, आज हम पहली बार 'निषिद्ध क्षेत्र' में आए हैं!" मैं मुसकराया और

कहा—''हमारे लिए यह कभी भी अनुचित नहीं रहा। आपका इस 'निषिद्ध क्षेत्र' में सदैव स्वागत है। यह आपका स्वयं का लगाया प्रतिबंध होगा।''

मेरे सुदीर्घ संसदीय जीवन में, वामपंथियों का कांग्रेस के साथ खुला गठबंधन हाल की घटना थी। काफी समय से वे कांग्रेस-विरोधी विपक्ष का हिस्सा रहे और इसलिए जनसंघ/भाजपा सहित अन्य विपक्षी दलों की गतिविधियों से समन्वय करते रहे। यह भी सत्य है कि भाजपा के प्रति उनका पूर्वाग्रह अकसर किसी-न-किसी किस्म की राजनीतिक अस्पृश्यता का रूप लेता रहा है। वे कभी भी हमारे पार्टी कार्यालय नहीं आए थे।

यहाँ तक कि राष्ट्रपति पद के लिए विपक्ष के संभावित साझा उम्मीदवार की चर्चा करते समय स्थान भाजपा को छोड़ अन्य किसी विपक्षी पार्टी का कार्यालय रहा।

हमारे साथ उनका विशेष समन्वय संवाद यदि रहा तो सदन अथवा लॉबी में ही।

1989 में एक समय ऐसा आया जब श्री विश्वनाथ प्रताप सिंह भाजपा और वाम मोर्चे के बाहरी समर्थन से ही प्रधानमंत्री बन सके। संसद् सत्र के दौरान प्रत्येक सप्ताह सभी सहयोगी दलों के नेता प्रधानमंत्री के निवास पर रात्रिभोज पर मिलते थे और सरकारी और संसदीय मुद्दों पर, व्यापक मुद्दों पर विचार-विमर्श होता था।

उस दौरान एक दिलचस्प किस्सा हुआ। मुख्यमंत्री ज्योति बसु की तरफ से मुझे संदेश आया—'क्या अटलजी और आप नई दिल्ली के वसंत विहार में रात्रिभोज पर आ सकते हैं ? विचार-विमर्श किया जाए कि वी.पी सिंह की सरकार के कामकाज को कैसे सुधारा जा सकता है।'

इस प्रस्ताव पर सहमत होते हुए हम एक ऐसे व्यक्ति के गेस्ट हाऊस में रात्रिभोज पर मिले जो दोनों पक्षों का परिचित था। तब मैने मार्क्सवादियों को कहलवाया—'क्या यह अच्छा नहीं होगा कि यदि यह रात्रिभोज अटलजी या मेरे निवास स्थान पर हो या तत्कालीन मुख्यमंत्री कलकत्ता में रात्रिभोज आयोजित करें ?' मुख्यमंत्री पक्ष की ओर से हमें बताया गया कि उनकी पार्टी इसे पसंद नहीं करेगी!

मैं अकसर जनसंघ के 1967 में कोझीकोड (कालीकट) में पार्टी के मुख्य विचारक पं. दीनदयाल उपाध्याय की अध्यक्षता में हुए अधिवेशन की घटना का संदर्भ देता हूँ, जिसमें उनकी इस बात की आलोचना की गई थी कि उन्होंने बिहार में संविद सरकार में जनसंघ को भाग लेने की अनुमति दी जिसमें सी.पी.आई भी शामिल था।

दीनदयालजी द्वारा इस आलोचना के दिए गए उत्तर को मैं कभी भूल नहीं सकता। उन्होंने कहा—मैं इसे विडंबना मानता हूँ कि जब हम सामाजिक संदर्भों में अस्पृश्यता को

कलंक मानते हैं, फिर राजनीतिक क्षेत्र में उसे चलन में क्यों रखना चाहते हैं ? मेरा मानना है कि राजनीतिक मामलों में कुछ 'छोटे वर्ग' माने जानेवालों के प्रति अस्पृश्यता का प्रचलन भी अक्षम्य माना जाना चाहिए। जनसंघ को मेरी सलाह है—अपने सिद्धांतों या मूल्यों से समझौता मत करो, लेकिन किसी भी तरह की अस्पृश्यता का, चाहे वह सामाजिक हो या राजनीतिक, पालन मत करो।''

4 जुलाई, 2010

□

एक वैश्विक साझेदारी

भारत की दृष्टि से, बराक ओबामा की नई दिल्ली यात्रा अत्यंत संतोषजनक रही। केंद्रीय कक्ष में सांसदों को उनके संबोधन की विषय-वस्तु और भाषण देने की कला-दोनों ही सर्वोत्तम रहीं।

उनके द्वारा दिए गए भाषण को संक्षेप रूप में राष्ट्रपति के शब्दों में ही, मैं यहाँ उद्धृत कर रहा हूँ—

''यह कोई संयोग की बात नहीं है कि एशिया की यात्रा पर भारत मेरा पहला पड़ाव है या यह कि राष्ट्रपति बनने के बाद से यह मेरी किसी अन्य देश की सबसे लंबी यात्रा है।

एशिया में और विश्वभर में भारत केवल उभरता हुआ देश नहीं है; भारत उभर चुका है।

और मेरा यह दृढ़ विश्वास है कि अमेरिका और भारत का रिश्ता जो हमारे साझे हितों और हमारे साझे मूल्यों की डोर से बँधा है—21वीं शताब्दी को परिभाषित करनेवाली साझेदारियों में से एक होगा।

हमारे साझे भविष्य में मेरे विश्वास की जड़ें, भारत के बहुमूल्य अतीत के प्रति मेरे आदर में जमी हुई हैं—एक ऐसी सभ्यता जो हजारों वर्षों से विश्व को आकार देती आई है।

यह कहना कोई अतिशयोक्ति नहीं है कि हमारे सूचना युग की जड़ें भारतीयों के खोजकार्यों में जमी हुई हैं, जिनमें शून्य की खोज भी शामिल है।

भारत ने केवल हमारे दिमागों को ही नहीं खोला, उसने हमारी नैतिक कल्पनाओं का भी विस्तार किया—ऐसे धार्मिक पाठों के जरिए जो आज भी आस्थावानों को मान-मर्यादा और संयम का जीवन जीने के लिए पुकारते हैं।

मेरे और मिशेल के लिए इस यात्रा का, इसलिए, एक विशेष अर्थ रहा है। मेरे संपूर्ण जीवन में, जिसमें एक युवा के रूप में शहरी गरीबों के लिए मेरा कार्य भी शामिल है, मुझे गांधीजी के जीवन से और उनके इस सीधे-सादे और गहन सबक से प्रेरणा मिलती रही है कि हम विश्व में जो परिवर्तन लाना चाहते हैं, स्वयं वे बनें।

विज्ञान और नवाचार की एक प्राचीन संस्कृति, मानव प्रगति में एक मूलभूत विश्वास यह है—वह मजबूत बुनियाद जिस पर आपने अर्धरात्रि का घंटा बजने के उस क्षण से निरंतर निर्माण किया है, जब एक स्वतंत्र और स्वाधीन भारत पर तिरंगा लहराया था और उन संदेहवादियों के बावजूद जिनका कहना था कि यह देश इतना गरीब है या इतना विशाल है, या इतना विविधतापूर्ण है कि यह सफल हो ही नहीं सकता। आपने दुर्दमनीय विषमताओं पर विजय प्राप्त की और विश्व के लिए एक आदर्श बन गए।

विभाजन के आगे घुटने टेकने की बजाय, आपने दिखा दिया है कि भारत की शक्ति—भारत का मूल विचार ही है—सभी रंगों, सभी जातियों, सभी धर्मों का आलिंगन, उन्हें अपनाना। वह विविधता जिसका आज इस सभाकक्ष में प्रतिनिधित्व हो रहा है। आस्थाओं की वह समृद्धि जिसका एक शताब्दी से भी अधिक समय पूर्व मेरे निवास-नगर शिकागो में आनेवाले एक यात्री ने अनुष्ठान किया था-विख्यात स्वामी विवेकानंद। उन्होंने कहा था कि पवित्रता, शुद्धता और दानशीलता विश्व में किसी भी चर्च की एकांतिक मिल्कियत नहीं है और कि हर दर्शन-शास्त्र ने सर्वाधिक उदात्त चरित्रवाले स्त्री-पुरुष पैदा किए हैं।

इस मिथ्या धारणा की ओर आकर्षित होने की बजाय कि प्रगति स्वतंत्रता की कीमत पर ही प्राप्त हो सकती है, आपने उन संस्थाओं का निर्माण किया जिन पर सच्चा लोकतंत्र निर्भर करता है—स्वतंत्र और निष्पक्ष चुनाव, एक स्वाधीन न्यायपालिका और कानून का शासन।

यहाँ भारत में अलग-अलग पार्टियों के नेतृत्ववाली, एक-दूसरे के बाद आनेवाली दो सरकारों ने यह पहचाना कि अमेरिका के साथ अधिक गहन साझेदारी स्वाभाविक भी है और जरूरी भी और संयुक्त राज्य अमेरिका में मेरे दोनों पूर्ववर्तियों ने जिनमें एक डेमोक्रेट था और एक रिपब्लिकन, हम दोनों को और निकट लाने के लिए कार्य किया, जिसके परिणाम में व्यापार बढ़ा और एक ऐतिहासिक सिविल परमाणु समझौता संपन्न हुआ।

हम संयुक्त राष्ट्रसंघ के शांति बनाए रखने के मिशनों में एक प्रमुख योगदानकर्ता के रूप में भारत के लंबे इतिहास को सलाम करते हैं, और हम भारत का स्वागत करते हैं, जबकि वह राष्ट्रसंघ सुरक्षा परिषद् में अपना स्थान ग्रहण करने की तैयारी कर रहा है।

संक्षेप में, जबकि भारत विश्व में अपना न्यायोचित स्थान ग्रहण कर रहा है, हमारे लिए अपने दोनों देशों के बीच संबंधों को आनेवाली शताब्दी को परिभाषित करनेवाली साझेदारी बनाने का ऐतिहासिक अवसर मौजूद है। और मेरा विश्वास है कि हम तीन महत्त्वपूर्ण क्षेत्रों में साथ-साथ काम करके ऐसा कर सकते हैं।

प्रथम, वैश्विक साझेदारों के रूप में हम दोनों देशों में खुशहाली को बढ़ावा दे सकते हैं।

हमें रक्षा और नागरिक अंतरिक्ष क्षेत्रों जैसे उच्च-प्रौद्योगिकी क्षेत्रों में साझेदारियाँ निर्मित करनी चाहिए।

हम संयुक्त अनुसंधान और विकास को आगे बढ़ा सकते हैं, ताकि हरित रोजगार पैदा हों। भारत को अधिक स्वच्छ और वहन-योग्य ऊर्जा तक अधिक पहुँच हासिल हो। कोपनहेगेन में दिए गए अपने वचनों को हम पूरा कर सकें; और निम्न-कार्बन विकास की संभावनाओं को प्रदर्शित कर सकें। मिलकर, हम कृषि को मजबूत बना सकते हैं।

जबकि हम अपनी साझी खुशहाली के संवर्धन के लिए कार्य करेंगे, हम एक दूसरी प्राथमिकता की दिशा में भी साझेदार बन सकते हैं—और वह है हमारी साझी सुरक्षा।

मुंबई में, मैं साहसी परिवारों और उस बर्बर हमले से जीवित बचे लोगों से मिला। और यहाँ संसद् में, जिसे स्वयं निशाना बनाया गया, क्योंकि यह लोकतंत्र का प्रतिनिधित्व करती है, हम उन सबकी स्मृति को श्रद्धांजलि देते हैं जो हमसे छीन लिये गए, जिनमें 26/11 को मारे गए अमेरिकी नागरिक और 9/11 को मारे गए भारतीय नागरिक शामिल हैं। यह है वह बंधन जो हम शेयर करते हैं। इसी कारण हमारा यह आग्रह है कि—निर्दोष स्त्री, पुरुष और बच्चों की हत्या को कभी भी, कोई भी, उचित नहीं ठहरा सकता। यही कारण है कि हम आतंकवादी हमले रोकने के लिए किसी भी समय के मुकाबले, अधिक निकटता से मिलकर काम कर रहे हैं और अपने सहयोग को और ज्यादा गहन बना रहे हैं।

और हम पाकिस्तान के नेताओं से यह आग्रह करना जारी रखेंगे कि उनकी सीमाओं के भीतर आतंकवादियों के सुरक्षित शरणस्थल स्वीकार्य नहीं हैं और कि मुंबई हमलों के पीछे जो आतंकवादी थे उन्हें न्याय के कटघरे में खड़ा किया ही जाना होगा।

दो वैश्विक नेताओं के रूप में अमेरिका और भारत विश्व-व्यापी सुरक्षा के लिए साझेदार बन सकते हैं—विशेषकर अगले दो वर्षों में, जबकि भारत सुरक्षा परिषद् के सदस्य के रूप में कार्य करेगा। वास्तव में, अमेरिका जो न्यायपूर्ण और जीवनक्षम अंतरराष्ट्रीय व्यवस्था चाहता है, उसमें एक ऐसा संयुक्त राष्ट्र संघ शामिल है जो कार्यकुशल, प्रभावी,

विश्वसनीय और वैध हो। यही कारण है कि आज मैं कह सकता हूँ, कि आनेवाले वर्षों में, मैं उत्सुकता से एक सुधरी हुई राष्ट्र संघ सुरक्षा परिषद् की प्रतीक्षा कर रहा हूँ, जिस में भारत एक स्थायी सदस्य के रूप में शामिल हो।

इसी तरह, जब भारतीय वोट डालते हैं तो सारा संसार देखता है। हजारों राजनीतिक पार्टियाँ, लाखों मतदान केंद्र, दसियों लाख उम्मीदवार और मतदान कर्मिक और 70 करोड़ मतदाता। इस ग्रह पर इस तरह का और कुछ भी नहीं है। इतना कुछ है जो लोकतंत्र की ओर संक्रमण कर रहे देश भारत के अनुभव से सीख सकते हैं, इतनी अधिक विशेषज्ञता जो भारत विश्व के साथ साझा कर सकता है। और यह भी ऐसा है जो तब संभव है जब विश्व का सबसे विशाल लोकतंत्र वैश्विक नेता के रूप में अपनी भूमिका को गले लगाए।

हमारा विश्वास है कि चाहे आप कोई भी हों, कहीं से भी आए हों, हर व्यक्ति अपनी ईश्वरप्रदत्त संभावनाओं को साकार कर सकता है, बिलकुल वैसे ही जैसे एक दलित डॉ. अबेडकर ने स्वय को ऊपर उठाकर उस संविधान के शब्द रचे जो सभी भारतवासियों के अधिकारों की हिफाजत करता है।

हमारा विश्वास है कि चाहे आप कहीं भी रहते हों, पंजाब के किसी गाँव में या चाँदनी चौक की किसी पतली गली में, कोलकाता के किसी पुराने इलाके में या बैंगलौर की नई ऊँची इमारत में, हर व्यक्ति को सुरक्षा और सम्मान के साथ जीने का, शिक्षा प्राप्त करने का, रोजगार खोजने का, अपने बच्चों को एक बेहतर भविष्य देने का समान अवसर प्राप्त होना चाहिए।

यह एक सीधा-सा पाठ है, जो कहानियों के उस संग्रह में निहित है जो शताब्दियों से भारतवासियों का मार्गदर्शन करता रहा है—पंचतंत्र। और यह उस शिलालेख का सार है, जिसे इस महान् सभा-भवन में प्रवेश करनेवाला हर व्यक्ति देखता है—एक मेरा है और दूसरा पराया, यह छोटे दिमागों की विचारधारा है। लेकिन बड़े हृदयवालों के लिए सारा संसार उनका परिवार है।''

सन् 2008 में अपने चुनाव अभियान के दौरान बराक ओबामा ने टिप्पणी की थी कि—पाकिस्तान और भारत के साथ कश्मीर संकट को गंभीर रूप से सुलझाने का प्रयास उनके प्रशासन के महत्त्वपूर्ण कामों में से एक होगा।

सेंट्रल हॉल के अपने संबोधन में अमेरिकी राष्ट्रपति ने भारत की महान् सभ्यता, इसके बहुलवाद और लोकतंत्र की प्रशंसा की। उन्होंने विवेकानंद, गांधी, टैगोर और डॉ. अंबेडकर के बारे में बोला। उन्होंने कहा कि—वे भारत को संयुक्त राष्ट्र सुरक्षा परिषद् के स्थायी

सदस्य के रूप में देखने को उत्सुक हैं।

उन्होंने जो कहा वह सभी भारतीयों के दिलों को छू लेनेवाला था, लेकिन उन्होंने जो नहीं कहा, वह मेरे विचार से कम महत्त्वपूर्ण नहीं है। उनके भाषण में कश्मीर शब्द का कोई उल्लेख नहीं था।

श्रीमती सुषमा स्वराज ने उनसे अपनी मुलाकात में जोर देकर बताया कि आम भारतीय नागरिकों की अमेरिका के प्रति दुनिया के इस भाग में यह धारणा है कि—वाशिंगटन के लिए पाकिस्तान एक सहयोगी है, भारत एक बाजार।

मैं समझता हूँ कि संसद् के सेंट्रल हॉल में अपने भाषण में उन्होंने इस धारणा को बदलने की कोशिश की कि अमेरिकियों के लिए भारत केवल एक बाजार है और कुछ नहीं। ओबामा के संबोधन का अंतिम पैराग्राफ निम्न था—

"और अगर हम इस सीधी-सादी विचारधारा को अपना मार्गदर्शक बनने दें, यदि हम उस स्वप्न पर कार्य करें जो मैंने आज बयान किया, वैश्विक चुनौतियों से निपटने के लिए एक वैश्विक साझेदारी, तो मुझे कोई संदेह नहीं कि आनेवाली पीढ़ियाँ भारतीयों की और अमेरिकियों की, एक ऐसे विश्व में जिएँगी जो अधिक खुशहाल, अधिक सुरक्षित और अधिक न्यायपूर्ण होगा, रिश्तों के उन बंधनों के कारण जो हमारी पीढ़ी ने आज गढ़े हैं। आपका धन्यवाद, जयहिंद। और भारत तथा संयुक्त राज्य अमेरिका के बीच साझेदारी जिंदाबाद।"

4 जुलाई, 2010

□

लोकतंत्र पर अक्षम्य हमला

भारतीय राजनीतिक इतिहास के विद्यार्थियों में यह सदैव विवाद का विषय रहेगा कि देश में आपातकाल जून में कब लागू किया गया?

तथ्य यह है कि राष्ट्रपति ने आपातकाल संबंधी उद्घोषणा पर 25 जून की देर रात्रि को हस्ताक्षर किए। लेकिन इसके बारे में कैबिनेट को 26 जून को सुबह 6 बजे सूचित किया गया। देश को इस बारे में 26 जून को प्रात: 8 बजे ऑल इंडिया रेडियो पर स्वयं इंदिरा गांधी के प्रसारण से पता चला।

पूर्व के अपने एक ब्लॉग में मैंने प्रधानमंत्री कार्यालय के एक वरिष्ठ अधिकारी बिशन टंडन की पुस्तक से कुछ उद्धृत किया था। उन महत्त्वपूर्ण दिनों की घटनाओं के बारे में इस पुस्तक 'पी.एम.ओ. डायरी' से ज्यादा अधिकृत रिकॉर्ड और कुछ नहीं हो सकता। इस पुस्तक की प्रस्तावना सुविख्यात ब्रिटिश संवैधानिक विशेषज्ञ ग्रानविले ऑस्टिन ने लिखी है।

ऑस्टिन लिखते हैं–

''घटनाओं के अंदरूनी ब्योरों के साथ श्री टंडन के अर्थों के विश्लेषण की हमारे लिए बहुत कम या कोई कीमत नहीं होती, यदि उस समय की उनकी प्रतिष्ठा एक बहुत सधे हुए रिपोर्टर की नहीं होती—एक ऐसी प्रतिष्ठा, जो आज उनकी है। सुविज्ञ राजनीतिक विश्लेषक अब श्री टंडन के उस समय के विचारों से असहमत हो सकते हैं, लेकिन उनके ब्योरों की प्रामाणिकता किसी भी संदेह से ऊपर प्रतीत होती है।''

यहाँ बिशन टंडन की डायरी के कुछ उद्धरण दिए जा रहे हैं, ताकि उन दिनों में घट रहे घटनाक्रमों से अनभिज्ञ देशवासियों को पता चल सके कि देश में तब क्या हो रहा था।

25 जून, 1975

न्यायमूर्ति अय्यर ने प्रधानमंत्री की अपील पर अपना निर्णय दे दिया।

पालकीवाला ने दलील दी कि जब तक सर्वोच्च न्यायालय मामले को निपटा नहीं देता तब तक इलाहाबाद उच्च न्यायालय के निर्णय पर बगैर शर्त स्टे दिया जाए। शांतिभूषण ने इसका विरोध इस आधार पर किया कि पिछले 20 वर्षों में सर्वोच्च न्यायालय ने किसी को भी ऐसा स्टे नहीं दिया है और प्रधानमंत्री को भी ऐसा स्टे नहीं मिलना चाहिए।

न्यायमूर्ति अय्यर ने निर्णय दिया कि एक सांसद होने के कारण प्रधानमंत्री को भी ऐसा स्टे दिया जाएगा, जो कि सर्वोच्च न्यायालय ने पिछले मामलों में दिया है; लेकिन इससे प्रधानमंत्री की उनकी हैसियत पर कोई असर नहीं पड़ेगा, सिवाय इसके कि वह लोकसभा में वोट देने योग्य नहीं होंगी।

मुझे पता चला कि प्रधानमंत्री इस निर्णय से प्रसन्न नहीं हैं, लेकिन प्रचार इस तरह का किया गया कि पार्टी और उनके रुख को उच्च न्यायालय ने सही ठहराया है।

सर्वोच्च न्यायालय के निर्णय से प्रधानमंत्री के केस का एक कानूनी चरण समाप्त हुआ। उनकी छवि बिगड़ रही थी और प्राधिकार मुसीबत में आ पड़े थे। उनको सर्वाधिक हिम्मत उनके कायर पार्टीजनों से मिली, विशेष रूप से वरिष्ठ मंत्रियों से।

उनका उद्‌देश्य स्पष्ट था—चाहे जो हो, वह प्रधानमंत्री रहनी चाहिए। वे जो भी चाहेंगी, वरिष्ठ नेता उनका समर्थन करेंगे। हमारे आदर्श, मूल्य और मानदंड गर्त में जाएँ। क्या हमारे देश में लोकतंत्र समाप्त होने के निकट है?

26 जून, 1975

मैं ऑफिस जाने की तैयारी में था कि शारदा (शारदा प्रसाद, प्रधानमंत्री के सूचना सलाहकार) का फोन आया—'तुमने सुना ही होगा, सबकुछ समाप्त हो गया। जब तुम ऑफिस आओगे तब हम बात करेंगे।' उनकी हताशा साफ झलक रही थी।

ऑफिस पहुँचने के बाद मैं सीधे शारदा के कक्ष में गया। उन्होंने मुझे विस्तार से वह सब बताया, जो वे जानते थे। पिछली रात प्रधानमंत्री ने उन्हें और प्रो. धर को रात 10 बजे अपने घर बुलाया। बरुआ (कांग्रेस अध्यक्ष) और रे (प. बंगाल के मुख्यमंत्री) वहाँ पहले ही थे। जब प्रो. धर और शारदा वहाँ पहुँचे तो प्रधानमंत्री ने उन्हें बताया—मैंने आपातकाल घोषित करने का फैसला किया है। राष्ट्रपति सहमत हो गए हैं। मैं कल कैबिनेट को सूचित करूँगी। यह कहने के बाद उन्होंने आपातकाल की घोषणा का प्रारूप प्रो. धर को थमा दिया। वह और शारदा दंग रह गए। उन्हें सिर्फ इसकी सूचना देने के लिए बुलाया गया था और शुरू किए जानेवाले प्रोपेगेंडा पर उनकी सलाह लेने के लिए। उन्होंने इन दोनों को राष्ट्र को अपने संबोधन

का प्रारूप तैयार करने को कहा। वे तड़के 1 बजे प्रधानमंत्री निवास पर थे। कैबिनेट की बैठक सुबह 6 बजे होनी थी।

दिल्ली में उपस्थित सभी मंत्रियों ने कैबिनेट की बैठक में हिस्सा लिया। प्रधानमंत्री ने उन्हें बताया कि उन्होंने क्या करने का फैसला किया है; लेकिन उनमें से किसी एक ने भी, दिखावे के लिए भी, विरोध नहीं किया। गिरफ्तारियों पर विचार-विमर्श हुआ ही नहीं। शारदा ने बताया कि जे.पी., मोरारजी, चरण सिंह सहित विपक्ष के सभी प्रमुख नेता गिरफ्तार कर लिये गए हैं।

शारदा ने मुझे यह भी बताया कि प्रधानमंत्री निवास का पूरा नियंत्रण अब संजय के हाथ में है। कैबिनेट बैठक के बाद उन्होंने गुजराल को एक तरफ बुलाया और सही ढंग से प्रोपेगेंडा न होने के लिए उन्हें लताड़ा। उन्होंने उनसे अब से प्रत्येक समाचार बुलेटिन प्रधानमंत्री निवास भेजने को कहा।

शारदा बुरी तरह से थके हुए थे। 12 जून से ही वे प्रधानमंत्री सचिवालय में पूरी तरह से जुटे हुए थे, क्योंकि प्रधानमंत्री की पूरी रणनीति प्रोपेगेंडा पर ही निर्भर थी। लेकिन शारीरिक थकावट से ज्यादा उन्हें मानसिक परेशानी थी। मैंने कभी उन्हें ऐसा नहीं देखा था। वे अवश्य ही सोचते होंगे कि क्या इसी सबके लिए वह 1942 में जेल गए थे। वे एक पत्रकार थे। स्वतंत्रता के पश्चात् यह पहली बार था, जब सेंसरशिप थोपी गई थी। पूरे दिन मैं व्यथित रहा। साथ ही कटु अनुभव कर रहा था। क्या लोकतंत्र समाप्ति की ओर है?

27 जून, 1975

आज सुबह भी कोई समाचार-पत्र नहीं था। आखिर कब तक यह सब चलने वाला है? ऑफिस पहुँचने के बाद जब मैंने शारदा से पूछा तो उन्होंने बताया कि सभी समाचार-पत्र कार्यालयों की बिजली सप्लाई अभी भी कटी हुई है, इसलिए वे प्रकाशित नहीं हो सके। यह सब अवैध तरीके से किया गया, किसी कानून के तहत नहीं।

पालकीवाला ने प्रधानमंत्री का वकील बने रहने से इनकार कर दिया। अतिरिक्त सोलीसिटर जनरल फाली नरीमन ने भी इस्तीफा दे दिया। स्पष्ट था कि सभी ने अपनी आत्मा मरने नहीं दी थी और यही व्याप्त अंधकार में आशा की किरण थी।

आपातकाल युग में घटनाओं पर अपनी टिप्पणी करते हुए मैंने जिस दूसरी पुस्तक का संदर्भ दिया, वह उमा वासुदेव की थी। लेकिन ये दोनों ही लेखक गैर-राजनीतिक थे। दोनों में से किसी को भी श्रीमती गांधी के प्रति पूर्वग्रह से ग्रसित नहीं माना जा सकता। लेकिन दोनों

ही इससे परेशान थे, जिस तरह श्रीमती गांधी स्थिति को संचालित कर रही थीं।

एन.के. मुखर्जी उस समय गृह सचिव थे और उस समय सरकार में सर्वाधिक योग्य अधिकारियों में से एक थे। अचानक उनका तबादला पर्यटन विभाग में कर दिया गया और राजस्थान के मुख्य सचिव एस.एल. खुराना को उनके स्थान पर लाया गया (मोरारजी भाई की सरकार में एन.के. मुखर्जी मंत्रिमंडलीय सचिव बने)।

उमा वासुदेव लिखती हैं–

''25 की सुबह 11 बजे जब सिद्धार्थ शंकर रे प्रधानमंत्री से मिले, तब उन्होंने (इंदिरा गांधी) देश की स्थिति के बारे में रिपोर्टों के कुछ बंडल उन्हें दिखाए। रे का कहना था कि उनके अनुमान से कुछ-न-कुछ करना होगा।

''वे आए, लेकिन 4 बजे शाम फिर वापस गए, साथ में अनेक पुस्तकों और भारत के संविधान के साथ। यही वह समय था, जब उन्होंने आपातकाल के बारे में बातें कीं। इंदिरा गांधी ने रे से पूछा—'क्या कानून इसकी अनुमति देता है?' उन्होंने जवाब दिया—'हाँ, यह दूसरे आपातकाल की अनुमति देता है।'

वे दोनों राष्ट्रपति से मिलने गए, जिन्होंने अनेक रिपोर्टें देखी थीं और वह 15 मिनटों में ही राजी हो गए।

राष्ट्रपति को भेजा जानेवाला पत्र तैयार करना था, जिसमें उन्हें आपातकाल की उद्घोषणा का सुझाव देना था। दो पंक्तियाँ तैयार करनी थीं और तब श्रीमती गांधी उन्हें पढ़तीं। इसमें इतना ज्यादा समय क्यों लग रहा है? प्रत्येक 5 मिनट में संजय (गांधी) दूसरे कमरे से आते और कहते—मम्मी, 1 मिनट के लिए आइए। और वह चली जातीं—रे ने स्मरण किया। संजय मुख्यमंत्रियों के नंबर मिलाने में व्यस्त थे, जो संयोग से दिल्ली में मौजूद थे या राज्यों की राजधानियों में थे और इसीलिए हर बार उनसे बात कराने के लिए अपनी माँ को बुलाते थे।

शाम 6.30 बजे तक उत्तरी राज्यों के कुछ विशेष घरों और कार्यालयों में फोन की घंटियाँ लगातार बज रही थीं। तरीका लगभग एक समान था। मुख्य सचिव, गृह सचिव और पुलिस के इंस्पेक्टर जनरल के घरों पर टेलीफोन की घंटी बज रही थीं कि मुख्यमंत्री चाहते हैं कि आप जरूरी मीटिंग में आएँ। मुख्यमंत्री के कार्यालय में गुप्तता का माहौल था। देश में आपातकाल घोषित किया जानेवाला है और सभी विपक्षियों को गिरफ्तार करना है। प्रत्येक डिवीजन के डी.आई.जी. को वायरलेस मेसेज भेजे जाने चाहिए—आर.एस.एस. के सदस्यों और जनसंघ के कर्मठ कार्यकर्ताओं को पकड़ने के लिए। प्रेस को इसका पता नहीं चलना चाहिए। सेंसरशिप

लगानी चाहिए। इन गिरफ्तारियों से संबंधित कोई भी समाचार प्रकाशित करने से रोका जाना चाहिए।

एक अधिकारी ने पूछा—यह क्यों हो रहा है, सर? क्योंकि ऐसी स्थिति पैदा हो गई है, जहाँ सभी सरकारी संस्थानों को खतरा हो गया है और सभी स्थानों पर व्यापक विद्रोह होने के आसार हैं। यदि लोगों को पकड़ा नहीं गया तो हम स्थिति को नियंत्रण में नहीं रख पाएँगे।

सन् 1977 में मोरारजी देसाई की सरकार में सूचना एवं प्रसारण मंत्री के रूप में मैंने अपने मंत्रालय में एक पूर्व सचिव की अध्यक्षता में एक विशेष समिति नियुक्त की, जिसका काम प्रेस सेंसरशिप की आड़ में मीडिया पर की गई ज्यादतियों के बारे में एक श्वेतपत्र तैयार करना था। समिति ने रिकॉर्ड समय में अपना काम पूरा किया और मैं अगस्त 1977 में श्वेतपत्र संसद् में रख सका। तथ्य सबको चौंकानेवाले थे।

आपातकाल के दौरान 253 पत्रकार पकड़े गए। इनमें से 110 मीसा के तहत, 110 डी.आई.आर. और 33 अन्य कानूनों के तहत। बी.बी.सी. के सर्वाधिक लोकप्रिय पत्रकार मार्क टुली सहित 29 विदेशी पत्रकारों का भारत में प्रवेश प्रतिबंधित था। सरकार ने 51 विदेशी पत्रकारों की मान्यता समाप्त कर दी थी और उनमें से 7 को निष्कासित कर दिया था।

28 जून, 2010

संलग्नक–

Table : आपातकाल के दौरान विभिन्न राज्यों/केंद्र-शासित प्रदेशों में गिरफ्तार और हिरासत में लिये गए लोगों की संख्या—

राज्य/केंद्र-शासित प्रदेश का नाम	मीसा के तहत गिरफ्तारी	डी.आई.एस.आई.आर. के तहत गिरफ्तारी
आंध्र प्रदेश	1135	451
असम	533	2388
बिहार	2360	7747
गुजरात	1762	2643
हरियाणा	200	1079
हिमाचल प्रदेश	34	654
जम्मू व कश्मीर	466	311
कर्नाटक	487	4015
केरल	790	7134

मध्य प्रदेश	5620	2521
महाराष्ट्र	5473	9799
मणिपुर	231	228
मेघालय	39	20
नागालैंड	95	4
उड़ीसा	408	762
पंजाब	440	2463
राजस्थान	542	1352
सिक्किम	4	–
तमिलनाडु	1027	1644
त्रिपुरा	77	99
उत्तर प्रदेश	6956	24781
प. बंगाल	4992	2547
अंडमान व निकोबार	41	88
अरुणाचल प्रदेश	–	1
चंडीगढ़	27	74
दादरा एवं नागर हवेली	–	3
दिल्ली	1012	2851
गोवा, दमन एवं दीव	113	–
लक्षद्वीप	–	–
मिजोरम	70	136
पांडिचेरी	54	63
कुल	34988 [MISA] में बंदी	75818 [DISIR] में बंदी

कुल बंदी—1,10,806

[स्रोत—आपातकाल पर शाह आयोग की रिपोर्ट]

26 जून, 2010

□

25 जून, 1975—भारत के लिए एक न भूलनेवाला दिन

नाजी जर्मनी के बारे में विलियम शिरर की 'द राइज एंड फॉल ऑफ थर्ड राइक' मैंने पहली बार तब पढ़ी जब मैं कॉलेज का विद्यार्थी था।

जून 1975 में आपातकाल की घोषणा के कुछ समय बाद ही मुझे इस प्रसिद्ध पुस्तक की पुरानी प्रति हाथ लगी। इसने मुझे आपातकाल विरोधी भूमिगत कार्यकर्ताओं के आंदोलन हेतु ए टेल ऑफ टू इमरजेंसीस (गाथा दो आपातकालों की) शीर्षक से एक पेंफलेट लिखने को प्रोत्साहित किया।

यह पेंफलेट न केवल हमारे लोगों में वितरित किया गया, अपितु उस वर्ष नई दिल्ली में हुए कॉमनवेल्थ पार्लियामेंटरी कॉन्फ्रेंस में आए प्रतिनिधियों को भी बाँटा गया।

आज 25 जून को इस पेंफलेट के कुछ महत्त्वपूर्ण अंशों को पुनः उद्धृत करना समीचीन होगा।

***

'गाथा दो आपातकालों की' [A Tale of Two Emergencies]

सितंबर, 1975 में बंगलौर सेंट्रल जेल में लिखा गया।

नाजी इतिहास के बारे में विलियम शिरर की 'द राइज एंड फॉल ऑफ थर्ड राइक' नामक पुस्तक अधिकृत और चिरस्मरणीय रचना मानी जाती है। हाल में जब मैं इसे पुनः पढ़ रहा था तो यह जानकर बहुत चकित था कि नाजी जर्मनी में हिटलर द्वारा अधिनायक बनने के लिए अपनाए गए तरीकों और श्रीमती इंदिरा गांधी द्वारा भारतीय लोकतंत्र को नष्ट करने के लिए अपनाई गई प्रक्रिया में व्यापक समानताएँ हैं।

जब सन् 1919 में जर्मनी का वीमियर संविधान बना था तो उसे बीसवीं शताब्दी का सबसे उदार और लोकतांत्रिक दस्तावेज कहा गया था। शिरर ने इसका वर्णन करते हुए

लिखा है कि यह तंत्र की दृष्टि से पूर्ण, लोकतंत्र के दोषमुक्त संचालन के लिए अनेकानेक प्रशंसनीय तरीकों से युक्त, गारंटीशुदा संविधान था।

लेकिन भारत के संविधान की तरह जर्मनी के संविधान में भी आपातस्थिति का प्रावधान था, वह संविधान निर्माताओं ने इस विश्वास के साथ रखा था कि इसे युद्ध जैसे गंभीर संकट के समय उपयोग में लाया जाएगा।

30 जनवरी, 1933 के दिन हिटलर जर्मनी का चांसलर (प्रधानमंत्री) बना। उसने राज्य और जनता की सुरक्षा के लिए 28 फरवरी को राष्ट्रपति हिंडनबर्ग द्वारा आपातस्थिति की घोषणा करवा दी। यह घोषणा अनुच्छेद 48 के (आपात अधिकार) तहत की गई। अन्य बातों के अलावा इस घोषणा में ये बातें कही गईं—

व्यक्तिगत स्वतंत्रताओं, विचार-स्वातंत्र्य एवं प्रेस-स्वतंत्रता पर और सभा व संगठन के अधिकारों पर पाबंदी, टेलीफोन वार्त्ता, टेलीग्राफिक संवाद तथा निजी पत्राचार की गोपनीयता का उल्लंघन; घरों की तलाशी के वारंट, संपत्ति की जब्ती और उसपर नियंत्रण आदि कानून के दायरे के बाहर के कदम इसमें थे।

इस घोषणा से संसद् को, संघ को राज्यों के अधिकार हस्तातंरित करने का अधिकार भी दिया गया। इसके द्वारा अनेक अपराधों के लिए क्रूर दंड विधान का प्रावधान किया गया। इन अपराधों में शांति के लिए गंभीर खतरा उत्पन्न करना भी था।

श्रीमती इंदिरा गांधी और उनके साथी बार-बार यह दोहराते रहे हैं कि जो कुछ किया गया है, संविधान के दायरे में रहकर किया गया है। इसलिए उनका कहना है कि विपक्ष और पश्चिमी प्रेस द्वारा यह कहा जाना कि लोकतंत्र को ध्वस्त कर दिया गया है, बिलकुल निराधार है।

नाजी इतिहास इस बात का पक्का सबूत है कि सिर्फ संविधान के अनुसार काम करना अपने आप में लोकतांत्रिक आचरण करने की गारंटी नहीं है। हिटलर हमेशा डींगें मारता था कि जो कुछ वह कर रहा है, उसमें कुछ भी गैर-कानूनी या असंवैधानिक नहीं है। सच तो यह है कि उसने एक लोकतांत्रिक संविधान को ही तानाशाही स्थापित करने का उपकरण बनाया।

हिटलर के लिए विपक्ष की कोई उपयोगिता नहीं थी और न इंदिरा गांधी के लिए है। वह विपक्ष की यह कहकर निंदा करते नहीं थकतीं कि अल्पमत बहुमत की इच्छाओं को ध्वस्त करता रहा है।

आपातकाल के ठीक पहले श्रीमती गांधी अलोकप्रियता की ढलान पर लुढ़क रही

थीं। मई में प्रकाशित एक जनमत सर्वेक्षण में यह तथ्य पूरी तरह स्थापित हो गया था। नेता के रूप में उनकी लोकप्रियता घट रही थी, फिर 12 जून के इलाहाबाद उच्च न्यायालय के निर्णय से प्रधानमंत्री के तौर पर उनकी वैधता भी समाप्त हो गई थी।

श्रीमती इंदिरा गांधी द्वारा आपातस्थिति की घोषणा के लिए संसदीय सहमति प्राप्त करने, संविधान संशोधनों की लंबी फेहरिस्त को पास कराने और अपने को कानून की सीमाओं के परे करने की अपनाई गई रणनीति और हिटलर की रणनीति में आश्चर्यजनक समानताएँ हैं, पर कुछ असमानताएँ भी हैं।

आधारभूत रूप से दोनों की रणनीति समान है। कुछ दलों के समर्थन की व्यवस्था करो, बाकियों को दमित करो। संसद् की स्वीकृति पाने के लिए हिटलर को विपक्षी सदस्यों को ही कैद करना पड़ा था, लेकिन उसने नाजियों को कैद नहीं किया था।

यहाँ श्रीमती इंदिरा गांधी को भारी संख्या में विपक्षी सदस्यों के साथ-साथ अपने दल की केंद्रीय कार्यसमिति के दो सदस्यों को भी कैद करना पड़ा। इनमें से एक श्री रामधन तो पिछली मई में ही कांग्रेस संसदीय दल के सचिव चुने गए थे।

हिटलर ने संसदीय काररवाई के प्रकाशन पर कोई रोक नहीं लगाई थी। यहाँ विपक्ष ने आपातस्थिति का विरोध किया और इसके खिलाफ सत्र के शेष भाग के लिए सदन का बहिष्कार किया, यह समाचार तक दबा दिया गया।

संसद् को पंगु बना देने और विपक्ष को दबा देने के बाद हिटलर की क्रांतिदृष्टि ने अपना ध्यान प्रेस और न्यायपालिका की ओर किया। यही दो अवरोध तानाशाही के मार्ग में बचे थे। अलंघ्य सेंसरशिप लगाया गया था। गोयबल्स को प्रचार मंत्री नियुक्त किया गया। 4 अक्तूबर, 1933 को प्रेस कानून पास करके प्रेस दासता को औपचारिक रूप दे दिया गया। पत्रकारिता को सार्वजनिक सेवा घोषित कर दिया गया। उक्त कानून की धारा 14 के तहत संपादकों को कह दिया गया कि ऐसी सभी सामग्री, जो राष्ट्र को कमजोर और जनता की सामान्य आकांक्षाओं को कमजोर बनाती हो, उससे सावधान व दूर रहें।

जब गांधीजी सन् 1942 के सत्याग्रह के पहले गिरफ्तार किए गए तो मीरा बेन ने कहा—रात गए वे चोरों की तरह आए और उन्हें चुरा के ले गए।

25-26 जून के बीच की रात को आज के महात्मा गांधी श्री जयप्रकाश नारायण को भी उसी तरह ले जाया गया जैसे गांधीजी को ले जाया गया था, लेकिन एक अंतर था। ब्रिटिश सरकार ने जनता से यह समाचार छिपाने की कोशिश नहीं की कि उनके प्रिय नेता बंदी बना लिए गए हैं और न ही यह कि भगत सिंह को फाँसी लगा दी गई है। देश भर

के समाचार-पत्रों में महात्मा गांधी की गिरफ्तारी का समाचार प्रथम पृष्ठ पर आठ कॉलम शीर्षक से छापा गया था।

श्रीमती गांधी के राज में 26 जून से जयप्रकाश नारायण, मोरारजी, चरण सिंह और वाजपेयी अस्तित्वहीन हो गए। जे.पी. जेल में हैं, यह आज सरकार का सबसे महत्त्वपूर्ण गोपनीय तथ्य है। यदि कोई इसे प्रकाशित कर दे तो कड़ी सजा का पात्र हो जाएगा। केवल हिटलर या स्टालिन के राज में ही ऐसी मूर्खताओं की कल्पना की जा सकती है। अधिनायकवादी राज्यों में समाचार माध्यमों की इसके अलावा कोई भूमिका नहीं होती कि वे सत्ताधीशों के लक्ष्यों के प्रति समर्पित रहें। समाचार-पत्रों सहित सभी जनसंचार माध्यम सरकारी अंग होते हैं, लेकिन लोकतंत्र में समाचार-पत्रों की भूमिका अलग होती है।

यह प्रत्येक तानाशाह का चरित्र होता है कि भले ही वह सरकार की कुछ आलोचना बरदाश्त कर ले, लेकिन व्यक्तिगत रूप से की गई आलोचना को वह हरगिज नहीं पचा सकता। समाचार-पत्रों के खिलाफ श्रीमती गांधी के आक्रोश का यह कारण है कि इलाहाबाद उच्च न्यायालय के निर्णय के बाद प्रेस ने लगभग एकमत से यह मत व्यक्त किया कि जब तक सर्वोच्च न्यायालय अपना निर्णय न दे तब तक के लिए श्रीमती गांधी प्रधानमंत्री पद से त्यागपत्र दे दें। इसके लिए श्रीमती गांधी उन्हें माफ करने को तैयार नहीं।

स्वाभाविक रूप से सेंसरशिप के कारण समाचार-पत्र नीरस और फीके हो गए हैं। वे सरकारी प्रचार-प्रपत्रों की तरह हो गए हैं।

सेंसरशिप लगाने के बाद ऐसा नाजी जर्मनी में भी हुआ। एक बार स्वयं गोयबल्स ने संपादकों को ज्यादा डरपोक न होने की सलाह दी और उनसे अपने पत्रों को रसहीन न बनने देने का आग्रह भी किया। बर्लिन के एक संपादक वेल्के ने गोयबल्स के व्यक्त कथन को गंभीरता से लिया। दूसरे ही अंक में उस पत्र ने प्रचार मंत्रालय की आलोचना करते हुए लिखा कि कैसे यह मंत्रालय दबाता है और उससे अखबार किस तरह नीरस हो गए हैं। इसके प्रकाशन के कुछ ही दिन बाद पत्र बंद कर दिया गया और संपादक महोदय जेल पहुँचा दिए गए।

इन दिनों नई दिल्ली में कुछ ऐसा ही हो रहा है। प्रधानमंत्री द्वारा बार-बार यह घोषणा किए जाने पर कि प्रेस सेंसरशिप ढीली कर दी गई है, कुछ पत्रकारों ने, खासकर विदेशी पत्रकारों ने, पत्र-सूचना विभाग की रंगहीन प्रेस विज्ञप्तियों के अलावा भी कुछ भेजना शुरू कर दिया। लेकिन इससे वे परेशानी में पड़ गए। पिछले कुछ सप्ताहों में दो अंतरराष्ट्रीय समाचार एजेंसियों—रायटर और यू.पी.आई. के टेलीप्रिंटर और टेलीफोन काट दिए गए हैं।

कहा गया कि उन्होंने सेंसरशिप कानूनों का उल्लंघन किया है।

हिटलर के सत्तासीन होने के तुरंत बाद नाजी नेता जोचिम रिबेनट्रोप ने नई न्यायिक व्यवस्था की आवश्यकता प्रतिपादित की। जोचिम बाद में हिटलर के विदेश मंत्री बने। जोचिम ने कहा कि पुरानी न्याय-व्यवस्था को बदलना इसलिए जरूरी है, क्योंकि आज तो हिटलर पर भी उन्हीं दंड-विधानों से मुकदमा चल सकता है जिन कानूनों से एक आम आदमी पर चल सकता है।

वकीलों के एक सम्मेलन को संबोधित करते हुए संसद् में विधि संबंधी नेता और न्याय आयुक्त डॉ. हेंस फ्रैंक ने कहा—आज जर्मनी में केवल एक सत्ता है और वह सत्ता है हिटलर की।

डॉ. फ्रैंक और जोचिम जैसे हिटलर के पुजारियों और 'इंडिया इज इंदिरा एंड इंदिरा इज इंडिया' का मंत्रोच्चारण करनेवाले श्री देवकांत बरुआ में कोई खास फर्क है क्या? जबकि दोनों के परिणाम एक ही तरह के निकले?

संविधान और कानूनों का ऐसा संशोधन किया गया कि कानून के शासन की धारणा बदल जाए और कार्यपालिका के प्रधान को कानूनी दायरे के ऊपर कर दिया जाए। इसी प्रक्रिया के अंतर्गत न्यायिक पुनरीक्षण के अधिकारों को कतर दिया गया।

कांग्रेस के लोग शायद यह जानकर कुछ लज्जित हों कि अगर श्रीमती गांधी को बीस सूत्री कार्यक्रम का गौरव प्राप्त है तो हिटलर को अपने पच्चीस सूत्री कार्यक्रमों पर नाज था और वह उन्हें अपरिवर्तनीय कहा करता था। पहले यह व्यक्तिगत मत था, बाद में नाजी पार्टी का अधिकृत कार्यक्रम बन गया।

हिटलर के राज्य में भी पच्चीस सूत्री कार्यक्रम के पक्ष प्रतिदिन प्रदर्शित होते थे। भाग लेनेवाले सामान्य जन ही नहीं, जीवन के विभिन्न क्षेत्रों के विचारवान् अगुआ होते थे। सन् 1933 में विख्यात वैज्ञानिकों और शिक्षाविदों सहित बर्लिन विश्वविद्यालय के 960 प्राध्यापकों ने हिटलर के प्रति अपनी आस्था एक प्रदर्शन के द्वारा प्रकट की।

एक वरिष्ठ प्राध्यापक रीपोक ने बाद में लिखा कि इस वेश्या प्रवृत्ति ने जर्मन विद्वत्ता के इतिहास को लांछित कर दिया। एक अन्य अध्यापक जूलियस एबिंग ने सन् 1945 में लिखा—

जर्मन विश्वविद्यालय विफल हो गए। जब सार्वजनिक रूप से अपनी पूरी शक्ति से विरोध करने का अवसर था तब भी जर्मन लोकतंत्र का विनाश करने के क्रम को उन्होंने नहीं रोका। आतंक की काली रात में स्वतंत्रता और अधिकारों की मशाल को जलाए रखने

में ये असफल सिद्ध हुए।

भारत भी आतंक की काली रात से गुजर रहा है। अनुशासन की चमक-दमक भरी बातें किसी को धोखा नहीं दे सकतीं।

आज जो हम देख रहे हैं वह अनुशासन नहीं है। यह कायर सहमति और गुलाम जी-हुजूरपना है। यह सब श्रीमती गांधी के भय के कारण है, कर्तव्यपरायणता या ईमानदारी के कारण नहीं। आज वह आदर नहीं पातीं, आज उनका आतंक है।

हिटलर ने इससे भी ज्यादा आतंक पैदा किया था और अपने कानूनों का पालन कराने में उसे कहीं अधिक कामयाबी मिली थी। उसने एक कानून बनाया था कि बिना संतोषजनक कारण के जो कामगार काम पर हाजिर नहीं होगा, उसे गिरफ्तार किया जा सकता है।

सरकारी दफ्तर आज आपातस्थिति के आतंक की छतरी के नीचे हैं। मनमानी कारवाई के खिलाफ सभी सुरक्षात्मक प्रबंधों को निलंबित कर दिया गया है। आज कोई यह पता लगाने की स्थिति में नहीं है कि वरिष्ठ अधिकारियों के खिलाफ की गई कारवाई में से कितनी न्यायोचित हैं, कितनी गर्हित उद्देश्यों अथवा अफसरों की आपसी खींचतान का परिणाम हैं।

प्रतिदिन हम रेडियो और समाचार-पत्रों से जानकारी पाते हैं कि फलाँ-फलाँ जगह अकुशलता या भ्रष्टाचार के कारण इतने अधिकारी निलंबित कर दिए गए अथवा अनिवार्य रूप से उन्हें अवकाश प्राप्त करा दिया गया।

आकाशवाणी से रात-दिन इस तरह की घोषणा जारी है कि आयकर अधिकारियों ने फलाँ उद्योगपति या व्यापारी के यहाँ छापा मारा। कोशिश यह धारणा पैदा करने की है कि सरकार प्रशासन, उद्योग व व्यापार से भ्रष्टाचार को नेस्त-नाबूद कर देने का व्यापक अभियान चला रही है।

इन चार महीनों में हमने एक भी ऐसा उदाहरण नहीं सुना कि फलाँ कांग्रेस मंत्री, सांसद या विधायक के खिलाफ भ्रष्टाचार या कर-वंचना या अन्य किसी भी कारण कोई कारवाई की गई हो।

यह आश्चर्यजनक, परंतु महत्त्वपूर्ण है। यह एक निर्विवाद तथ्य है कि प्रशासन, उद्योग और व्यापार-जगत् के भ्रष्टाचार की जड़ें राजनीतिक भ्रष्टाचार में हैं। संथानम समिति और प्रशासनिक सुधार समिति ने इस समस्या पर गहराई में जाकर राजनीतिक भ्रष्टाचार को समाप्त करने के लिए ठोस सुझाव दिए थे। जे.पी. आंदोलन का मुख्य निशाना यह भ्रष्टाचार ही था, लेकिन सरकार इस समस्या पर आँख-कान बंद करके चादर तानकर सोई है।

दलीय साथियों के भ्रष्टाचार ने श्रीमती इंदिरा गांधी को कभी चिंतित नहीं किया। हिटलर भी इसके बारे में पूरी तरह उदासीन था। शिरर ने व्यंग्य करते हुए लिखा है—

हिटलर स्वभाव से ही बहुत असहिष्णु था, लेकिन एक मानवीय स्थिति यानी व्यक्ति की नैतिकता के बारे में आश्चर्यजनक रूप से सहिष्णु था। नाजी पार्टी को छोड़कर कोई भी दूसरी पार्टी संदिग्ध चरित्र के व्यक्तियों को उतनी बड़ी संख्या में आकृष्ट नहीं कर पाई। हिटलर उनकी तब तक कोई चिंता नहीं करता था, जब तक वे उसके लिए उपयोगी होते थे।

***

एक ही निष्कर्ष इसमें से निकलता है कि नौकरशाही, उद्योग और व्यापार क्षेत्र के खिलाफ जो कड़े कदम उठाए गए, उनका उद्देश्य कीचड़ को साफ करना नहीं था। यह तो देश की स्थिति पर दल की पकड़ बढ़ाने की राजनीति का एक भाग था। यह अधिनायकवादी योजना का ही एक कार्यक्रम था।

श्रीमती गांधी ने आपातस्थिति का वर्णन एक शॉक ट्रीटमेंट के रूप में किया है। हमारे संविधान निर्माताओं ने आपातस्थिति का प्रावधान करते हुए इस उद्देश्य की कल्पना भी नहीं की होगी। निश्चय ही झटका तो लगा। उसने उन्हें भी झटका (शॉक) लगाया है, जिन्हें जे.पी. के भविष्य-विश्लेषण में संदेह था। ज्यादा दु:खद यह है कि इस झटके ने बहुतों को भारत में लोकतंत्र के भविष्य के बारे में आशंकित कर दिया है।

इस विश्वास को पुन:स्थापित करने के बारे में सोचने-समझनेवाले हर भारतीय को आत्मचिंतन करना चाहिए। यह कैसे किया जाए, इसके बारे में हर व्यक्ति को अपने-अपने स्तर पर निर्णय करना है, लेकिन एक बात हम सबके लिए कर सकने योग्य है कि भय से मुक्त हों और सत्य को हम जैसा भी देखते हैं, प्रकट करें। यह अपने आप में लोकतंत्र के लिए छोटा योगदान नहीं होगा।

25 जून, 2010

□

नाना चुडासमा—मुंबई के पहले ट्वीटर

पिछले कुछ दशकों में मैं अनेक पुस्तक लोकार्पण कार्यक्रमों में गया हूँ, लेकिन गत सप्ताह मुंबई में हुआ कार्यक्रम सचमुच में अद्‍भुत था।

पुस्तक की विषय-वस्तु अनोखी थी और उसी तरह वह व्यक्ति भी जिसने इस पुस्तक को जन्म दिया।

मैं नाना चुडासमा को सत्तर के दशक के प्रारंभ से तब से जानता हूँ, जब मेरे मित्र और गुजरात में पार्टी के सहयोगी स्वर्गीय मकरंद देसाई ने उनसे मेरा परिचय कराया था। तब से अकसर अनेक बार हम मिले और परस्पर सम्मान हमको एक-दूसरे से बाँधे रखे हुए है। विश्वविद्यालय का कन्वोकेशन हॉल उस दिन खचाखच भरा था। हॉल इतना भरा था कि उस शाम मेरे साथ गई मेरी बेटी प्रतिभा को करीब आधे घंटे तक खड़ा ही रहना पड़ा।

पुस्तक का शीर्षक है—'हिस्ट्री ऑन ए बैनर' (History on a Banner)। सुप्रसिद्ध लेखिका शोभा डे ने टिप्पणी की कि मुंबई के आम आदमी की आशाओं और कुंठाओं को ठीक से अभिव्यक्त करनेवाले सिर्फ दो महत्त्वपूर्ण स्वर रहे हैं—आर.के. लक्ष्मण और नाना चुडासमा। आर.के. लक्ष्मण अपने कार्टूनों के लिए प्रसिद्ध हुए। नाना अपने बैनरों के कारण।

तीन दशक से अधिक समय-समय पर मुंबई जानेवाले मेरे जैसे के लिए मरीन ड्राइव पर घूमना उतना ही आकर्षक रहा है, जितना ताजा स्थिति पर वहाँ लगे नाना के नवीनतम बैनर।

मुझे वह दिन सदैव स्मरण रहता है, जब बाबा साहेब भौंसले को ए.आर. अंतुले के उत्तराधिकारी के रूप में महाराष्ट्र का मुख्यमंत्री बनाया गया। राजधानी के राजनीतिक क्षेत्रों में सभी पूछ रहे थे—भौंसले कौन हैं ? अगले दिन मैंने नाना का बैनर देखा जिस पर लिखा था कंप्यूटर ने वर्णमाला के अनुसार मुख्यमंत्री चुना—ए.आर. अंतुले, बाबा साहेब भौंसले.

(Computer selects C.M. alphabetically : A.R. Antulay, Babasaheb Bhosale:)

नाना की पुस्तक का लोकार्पण 17 जून को हुआ। कार्यक्रम में उपस्थित लोगों को नाना चुडासमा के फोटो और पुस्तक के शीर्षक—'हिस्ट्री ऑन ए बैनरवाला' निमंत्रण-पत्र मात्र एक या दो सप्ताह पूर्व मिला होगा, लेकिन मैं यह नहीं भूल सकता कि नाना की पत्नी मुनीरा एक वर्ष से ज्यादा पहले मुझसे मिली थीं और उन्होंने अपनी यह योजना बताई कि मरीन ड्राइव पर नाना द्वारा लगाए गए बैनरों के सभी चुटीली और बुद्धिमत्तापूर्ण टिप्पणियों को एकत्र करके पुस्तक प्रकाशित करने की तैयारी है। मुनीरा ने कहा था कि जब भी पुस्तक तैयार हो जाएगी, हमारा परिवार चाहेगा कि मैं ही इसे लोकार्पित करूँ।

विश्वविद्यालय सभागार में आए लोग केवल पुस्तक के लिए ही नहीं आए थे, बल्कि नाना का 77वाँ जन्मदिवस मनाने भी आए थे।

पुस्तक की प्रस्तावना में, एम.जे. अकबर ने स्टालिन के प्रसिद्ध प्रश्न का स्मरण किया है—'पोप के पास कितनी बटालियनें हैं? 'अकबर लिखते हैं', 'धार्मिक (नैतिक) नेता शस्त्रागार में हथियारों की गिनती नहीं करते। वे अपने मूल्यों और चुनौतियों को अपने दृढ़ विश्वास के शक्तियुक्त अधिकारों से तौलते हैं।'

वस्तुतः नाना इसी कारण से सभी के सम्मान के पात्र हैं।

उस दिन उपस्थित विशिष्ट श्रोताओं को संबोधित करते हुए मैंने कहा कि—जून का महीना सदैव मुझे जून 1975 की याद दिला देता है और मैं इस मत का हूँ कि लोकतंत्रप्रेमियों को भी यह कभी नहीं भूलना चाहिए कि पैंतीस वर्ष पूर्व जून में क्या हुआ था। यहाँ तक कि ब्रिटिश शासन में भी सरकार के विरोधियों और प्रेस को ऐसे कठोर दमन का सामना नहीं करना पड़ा था। एक लाख से ज्यादा लोगों को जेलों में बंदी बना दिया गया था।

इस दिन नाना के बेजोड़ विनोदी स्वभाव और कार्टूनिस्ट आर.के. लक्ष्मण के संदर्भ ने मुझे स्मरण कराया कि आपातकाल में न केवल सत्ता विरोधी पत्र-पत्रिकाएँ बंद होने को बाध्य हुईं, अपितु देश के एकमात्र कार्टून साप्ताहिक को भी प्रकाशन बंद करना पड़ा।

शंकर्स वीकली [Shanker's weekly] के अंतिम संपादकीय का शीर्षक था 'फेयरवेल' (अलविदा)। अपने इस लेख में शंकर ने आपातस्थिति का नाम तक नहीं लिया, लेकिन आपातस्थिति की इससे ज्यादा कटु निंदा और नहीं हो सकती थी। वहाँ श्रोताओं के लिए मैंने इसे उद्‌धृत किया—

'हमारे पहले संपादकीय में हमने रेखांकित किया था कि हमारा काम हमारे पाठकों को हँसाना होगा—दुनिया पर, आडंबरपूर्ण नेताओं, कपटपूर्ण आचरण, कमजोरियों और

अपने पर। पर ऐसे हास्य को समझनेवाले और विनोदी स्वभाव रखनेवाले लोग कैसे होते हैं? ये ऐसे लोग हैं जो व्यवहार में निश्चित सभ्यता व लोकाचार रखते हैं तथा जहाँ सहिष्णुता और दयालुपन का भाव होता है। अधिनायकवाद हँसी को नहीं बर्दाश्त करता, क्योंकि लोग तानाशाह पर हँसेंगे और वह नहीं चलेगा। हिटलर के सभी वर्षों में, कभी प्रहसन नहीं बना, कोई अच्छा कार्टून नहीं था, न ही पैरोडी थी या मजाकिया नकल भी नहीं थी।

इस दृष्टि से, दुनिया और दु:खद रूप से भारत असंवेदनशील, गंभीर और असहनशील होता जा रहा है। हास्य जब भी हो तो संपुटित होता है। भाषा अपने आप में काम करने लगती है, प्रत्येक व्यवसाय अपनी शब्दावली विकसित कर रहा है। अर्थशास्त्री बंधुओं के समाज से बाहर एक अर्थशास्त्री अजनबी है, अनजाने क्षेत्र में हिचकिचाकर बोल रहा है, अपने बारे में अनिश्चित, गैर-आर्थिक भाषा से भयभीत है। यही वकीलों, डॉक्टरों, अध्यापकों, पत्रकारों और उनके जैसों का हाल है।

इससे ज्यादा खराब यह है कि मानवीय कल्पना बीभत्स और विकृत में परिवर्तित होती प्रतीत होती है। पुस्तकें और फिल्में या तो हिंसा या सेक्स के भटकाव पर हैं। अनचाही घटनाओं और कृत्यों से लगनेवाले झटके के बिना लोग जागरूक होते नहीं दिखते। लिखित शब्दों और समाज पर सिनेमा का अंतर्संवाद हो या न हो, समाज इन प्रवृत्तियों को अभिव्यक्त करता है। लूट-मार, अपहरण आदि अपराध नित्य हो रहे हैं और राजनीतिक कलेवर चढ़ाकर इन्हें सामाजिक स्वीकार्यता भी दी जा रही है।'

***

मुकेश अंबानी ने नाना को शहर का मूल ट्वीटर कहकर नवाजा। आपातकाल में उनके कुछ ट्वीट्स यूँ थे!

22 सितंबर, 1975
1975 वाज वूमैंस इयर
बट आल इयर्स आर हर्स

14 मार्च, 1976
न्यू पैक ऑफ काड्‌र्स
वन क्वीन

फ्यू जैक्स
रेस्ट ब्लैंक

21 मार्च, 1977
व्हेन
मिसेज 'आई' बिकेम
ऑल 'आई'
प्युपल सेड गुड-बाई

22 जून, 2010
□

आपातकाल की स्मृतियाँ

आज पूरी दुनिया में भारत को सम्मान सिर्फ इसलिए नहीं मिलता कि उसे एक उभरती हुई बड़ी आर्थिक शक्ति माना जाता है, अपितु इसलिए भी मिलता है कि विकासशील देशों में से भारत ही एकमात्र देश है जहाँ लोकतंत्र जीवंत और सशक्त ढंग से चल रहा है।

हालाँकि, देश के भीतर अनेक लोग इस बात से अनजान हैं कि जून, 1975 में हम एक ऐसी स्थिति में आ गए थे जहाँ सत्तारूढ दल बहुदलीय लोकतंत्र को दफनाकर एकदलीय लोकतंत्र स्थापित करना चाहता था। इस मास के अपने ब्लॉगों में, मैं विशेष रूप से वह सब स्मरण करने की कोशिश कर रहा हूँ जो 26 जून, 1975 को देश पर थोपे गए आपातकाल के समय घटित हुआ।

देश को स्वतंत्र भारत के इतिहास के इस पक्ष के प्रति जागृत और सजग रहना चाहिए। इस पक्ष को भुला देने का अर्थ होगा लोकतंत्र की अवधारणा के साथ विश्वासघात!

जैसा कि गत सप्ताह मैंने बताया था कि 12 जून, 1975 को घटित दो घटनाएँ आपातकाल की ओर ले गईं। साथ ही आपातकाल सत्तारूढ़ पार्टी के बहुत से नेताओं के लोकतंत्र के प्रति आंतरिक अविश्वास को सामने लाया। संभवत: इस भाव को सही ठहराते हुए ही उन दिनों श्रीमती इंदिरा गांधी ने एक बार कहा था—लोकतंत्र से ज्यादा महत्त्वपूर्ण राष्ट्र है।

पंडित नेहरू द्वारा नई दिल्ली से शुरू किए गए दैनिक 'नेशनल हेराल्ड' ने संपादकीय लिखकर तंजानिया जैसे देश में एकदलीय प्रणाली की प्रशंसा करते हुए कहा कि यह किसी भी रूप में बहुदलीय प्रणाली से कम नहीं है। पत्र ने लिखा—

"वेस्टमिन्स्टर मॉडल ही बेहतर मॉडल होना जरूरी नहीं है और कुछ अफ्रीकी देशों ने यह प्रदर्शित किया है कि कैसे लोगों की आवाज सुनी जाएगी, चाहे लोकतंत्र का बाहरी ढाँचा कैसा भी हो। एक मजबूत केंद्र की आवश्यकता पर जोर देते हुए प्रधानमंत्री ने भारतीय लोकतंत्र की मजबूतियाँ बताई हैं—एक कमजोर केंद्र देश की एकता, अखंडता और अस्तित्व

को खतरा हो सकता है। उन्होंने सर्वाधिक महत्त्वपूर्ण प्रश्न उठाया है—यदि देश की स्वतंत्रता ही नहीं बची तो लोकतंत्र कैसे जीवित रह सकता है?''

***

1975 के आपातकाल पर असंख्य पुस्तकें लिखी गई हैं। इनमें से अधिकांश श्रीमती इंदिरा गांधी के आलोचकों ने लिखी हैं। इन दिनों मैं एक रोचक पुस्तक पढ़ रहा हूँ जो उनकी प्रशंसक सुपरिचित पत्रकार उमा वासुदेव ने लिखी है। आपातकाल की घोषणा से कुछ ही पहले श्रीमती गांधी की तारीफ करते हुए उन्होंने एक पुस्तक प्रकाशित की जिसका शीर्षक था—Indira Gandhi.

लेकिन आपातकाल और उस अवधि में जो कुछ हुआ, उसने उन्हें व्यथित कर दिया। परिणाम यह हुआ कि उसी नेता के बारे में उनकी दूसरी पुस्तक faces of The Indira Gandhi सामने आई।

पुस्तक इस अनुच्छेद से प्रारंभ होती है-

''जून 1976 में, भारत की राजधानी से 600 मील दूर पचमढ़ी की ठंडी पहाड़ियों में राजनीतिक अज्ञातवास में बैठे पंडित द्वारका प्रसाद मिश्र, जो कि 1967-69 में पार्टी में अपने विरोधियों को परास्त करने में इंदिरा गांधी के मुख्य रणनीतिकार और विश्वस्त सलाहकार थे, ने उनसे मिलने आए एक प्रशासनिक मित्र को यह किस्सा सुनाया—तीस के दशक में मैं एक ऐसे राजनीतिक बंदी को जानता था, जिसे अपनी पालतू बिल्ली के प्रति इतना लगाव था कि उसको उसे अपनी कोठरी में साथ रखने की अनुमति मिल गई थी। एक दिन उसने अवसाद और क्रोध की स्थिति में अपनी बिल्ली को बुरी तरह से पीटा। बिल्ली एक कोने में दुबककर बैठ गई, क्योंकि कोठरी के द्वार बंद थे और बाहर का कोई रास्ता न होने से वह उसमें फंस गई थी। जब भी उसका पूर्व रखवाला उसके निकट आता, वह सहमकर पीछे हटती और रिरियाहट करती। जेलर यह सुनकर भागा आया। जैसे ही कोठरी के द्वार खुले, बिल्ली बाहर भागने के बजाय छलाँग लगाकर अपने मालिक पर चढ़ गई और उसकी गरदन को अत्यंत गुस्से में ऐसा दबोचा कि उसकी पकड़ से छूटने के पहले तक वह लगभग मर ही गया था। चश्मे के पीछे से चमकती छोटी सी आँखोंवाले श्री मिश्र ने बताया कि कहानी का सार यह है कि यदि आप दुश्मन पर वार करना चाहते हो तो उसके लिए बाहर निकलने का रास्ता भी अवश्य छोड़ो, अन्यथा उसकी हताशा उसे एक कातिल बना सकती है।

संदर्भ माओवादी का था, लेकिन वह कहीं और भी लागू होता था। 26 जून, 1975 को

इंदिरा गांधी द्वारा आंतरिक आपातकाल घोषित किए जाने का एक वर्ष हो चला था। विपक्ष के सभी दिग्गज अभी भी जेल में थे, इनमें जयप्रकाश नारायण, मोरारजी देसाई, अटल बिहारी वाजपेयी, राजनारायण, लालकृष्ण आडवाणी और पीलू मोदी जैसे बड़े नामों के साथ कांग्रेस के चंद्रशेखर, मोहन धारिया, कृष्णकांत, रामधन और पी.एन. सिंह जैसे नेता भी उनके साथ जेलों में थे। मीडिया पर सेंसरशिप लागू थी। बहस और असहमति फुसफुसाहट तक सीमित थी जबकि अफवाहें भय बढ़ा रही थीं। राजनीतिज्ञों और बुद्धिजीवियों में असहज सामना हो रहा था। ज्ञान का क्षेत्र संकुचित से और संकुचित होता जा रहा था और सत्य, इंद्रधनुष के सातों रंगों से ज्यादा प्रतीत हो रहा था।''

इस विश्लेषण को आगे बढ़ाते हुए उमा वासुदेव ने अपनी पुस्तक के अंतिम अध्याय Dark Side of The Moon में लिखा है :

''जून 1976 में एक दिन बंगलौर जेल में एक दृढ़ संकल्पी बुजुर्ग आया। वह भारतीय जनसंघ के अध्यक्ष लालकृष्ण आडवाणी से मिलना चाहता था, जो आपातकाल की घोषणा होते ही अन्य कैदियों के साथ वहाँ बंदी थे। जब आडवाणी सामने आए तो उस बुजुर्ग ने देखा एक लंबा, पतला, श्वेतवर्ण सिंधी, मूँछों और शांत स्वभाववाला व्यक्ति खड़ा है, जिसके हाव-भाव से कुछ प्रकट नहीं हो रहा था।

'कहिए?' आडवाणी मुस्कराए।

बुजुर्ग फूट पड़ा—'मैं पैंसठ का हूँ। वह (श्रीमती इंदिरा गांधी) जो कर रही हैं मैं उसे बरदाश्त नहीं कर सकता। मैं जो चाहता था वह कर चुका हूँ। जीने के लिए मेरे पास अब ज्यादा समय नहीं है। बताओ मैं क्या करूँ? मैं मरने को तैयार हूँ। मैं जाकर उन्हें गोली मार सकता हूँ।'

'नहीं,' आडवाणी ने कहा।

लेकिन जेल के भीतर अन्य कार्यकर्ता धैर्य खो रहे थे। यह भावना घर करती जा रही थी कि नेतृत्व आत्मसंतुष्ट होकर बैठ गया है और नए कदम के लिए कोई योजना तैयार नहीं है। कारावास में आडवाणी के सहयोगी शिकायत करते थे, आपको ऐसा लगता है कि कुछ और करने की जरूरत नहीं है।

आडवाणी सोचते थे कि कोई भी अधिनायकवादी शासन हिंसा द्वारा नहीं बदला जा सकता। सिवाय इसके कोई विकल्प नहीं था कि जनता के जागृत होने की प्रतीक्षा की जाए।

उस समय इंदिरा गांधी के विरुद्ध काफी गुस्सा था। क्या आप सोचते हैं कि संभवतया उनकी हत्या हो जाएगी या वह फिर से सत्ता में वापस आने में सफल होंगी? मैंने पूछा।

उनका उत्तर था, जिस हद तक वह चली गई थीं उसका विचार करते हुए शायद यह हो भी जाता यदि कोई दूसरा देश रहा होता तो, लेकिन भारत में नहीं। भारत इतना विशाल है और यह उसके लोगों के मानस में नहीं है। अन्यथा यह कभी का हो गया होता। इसके अलावा उनकी विरोधी राजनीतिक शक्तियों का नेतृत्व ऐसे किसी भी किस्म के कदम का विरोधी था। वे ऐसे कदमों को स्वीकार नहीं करते थे। शांति के लिए उनकी प्रतिबद्धता अत्यंत मजबूत थी।''

आपातकाल के समय प्रेस पर सेंसरशिप अत्यंत कड़ी थी। सरकार, सत्ता प्रतिष्ठान या आपातस्थिति की आलोचना की भी अनुमति नहीं थी।''

इसलिए बंगलौर जेल, जहाँ मैंने 19 महीनों में सबसे ज्यादा समय बिताया, में जब मुझे 'क्वेस्ट' (मुंबई से प्रकाशित नवंबर-दिसंबर, 1975 की एक त्रैमासिक पत्रिका) की प्रति मिली जिसमें आशीष नंदी का लेख था, मैं चकित हो गया। उनके लेख का लब्बो-लुआब यह था—शासकों को बताया गया कि यदि आप अपने वर्तमान कदम पर चलते रहते हैं तो आप हत्या के लिए निमंत्रित कर रहे हैं। लेख का शीर्षक भी लंबा था। 'इन्विटेशन टू ए बिहेडिंग : ए सायक्लोजिस्ट्स गाइड टू एसेसनेशन इन द थर्ड वर्ल्ड।'

इस लेख का एक अंश कुछ इस तरह था—

'हत्यारे और उसके शिकार के बीच गहरा और चिरस्थायी रिश्ता है। सिर्फ मौत खुले तौर पर और अंततः उन्हें इकट्ठा लाती है। हालाँकि ऐसे तानाशाह भी हैं जो वास्तव में देश में सभी को संभावित हत्यारा बना देते हैं और कुछ ऐसे नेता भी होते हैं जो लोगों के मानस में अपनी हत्या की अवधारणा को कुंद कर देते हैं और अपने संभावित हत्यारों को चंद अवसाद-ग्रस्त कुंठित मनोरोगियों में तब्दील कर देते हैं।

नीरो बादशाह पहली श्रेणी और मार्टिन लूथर किंग दूसरी श्रेणी में आते हैं। एक विशिष्ट श्रेणी के शासक ऐसे भी होते हैं, जो प्रकटतः जन-सहमति से देश के भीतर और जहाँ तक संभव हो, बाहर की दुनिया में भी निरंकुश और अतिवादी हो जाते हैं। उनकी विकृत प्रकृति लोगों को व्यक्तिगत हत्याओं से परे सामूहिक आत्महत्या की ओर ले जाती है। एडोल्फ हिटलर उस नस्ल का जाना-पहचाना ज्वलंत उदाहरण है, लेकिन ऐसे नेता विरले ही होते हैं। ऐसी स्थितियाँ ज्यादा होती हैं जहाँ शासक लोकप्रिय और करिश्माई हैं, परंतु अपनी आंतरिक अतिरंजनाओं से स्वयं ही अपनी हत्या की पृष्ठभूमि तैयार करते हैं। ऐसे मामलों में, ऐसे व्यक्तियों की अभिप्रेरक अनिवार्यता और अपनी मनोवैज्ञानिक जरूरतों के अनुसार राजनीति को ढालने के उनके प्रयास ही उनके संभावित हमलावरों को निमंत्रण देते हैं।

ऐसे शासकों की पहली विशेषता पूर्ण विश्वास करने की उनकी असमर्थता होती है। यद्यपि उसकी आकर्षक शैली और आचार से काफी समय तक यह छुपा रहता है और वह अपने द्वारा निर्मित आंतरिक संसार में रहता है, जहाँ ज्यादातर लोग विश्वास करने योग्य नहीं होते। हालाँकि जब वह किसी पर विश्वास भी करता है तो बहुत कम क्षण के लिए। उसके सिपहसालारों की शृंखला उसी तरह से आती और जाती रहती है, ठीक जैसे रेलवे के डिब्बे में लोग अंदर घुसते और बाहर जाते रहते हैं।

ऐसा शासक सिर्फ अपने परिवार के सदस्यों पर ही विश्वास करता है या उन पर जो राजनीति से बाहर से आकर जन-अवधारणा को प्रभावित करने में उसकी मदद करते हैं और जिनका अपना कोई व्यक्तिगत आधार नहीं होता और जो पूर्णतया उस पर आश्रित होते हैं।'

मेरी रिहाई के बाद उमा वासुदेव मुझसे आकर मिलीं और हमने आपातकाल की घटनाओं और नेशनल हेराल्ड द्वारा तंजानिया जैसी एकदलीय प्रणाली (ऊपर उद्धृत पुस्तक में उल्लिखित एक तथ्य) स्थापित करने की वकालत के मुद्दे पर चर्चा की। सुश्री वासुदेव ने मुझसे कहा, लेकिन क्या यह सत्य नहीं है कि यह संपादकीय 11 अगस्त को लिखा गया, परंतु 25 अगस्त को इसी समाचार-पत्र ने यह भी लिखा—

"प्रधानमंत्री ने पिछले दिनों में स्पष्ट किया है कि इस देश में एकदलीय प्रणाली स्थापित करने के लिए कोई प्रयास नहीं हो रहे और न ही वह संविधान सभा या एक नए संविधान के बारे में सोच रही हैं। जहाँ तक दलीय प्रणाली का संबंध है, एक दलीय प्रणाली यद्यपि उसका उत्तर सैद्धांतिक तौर पर हो सकता है, लेकिन यह थोपा नहीं जाएगा, यह केवल स्वाभाविक तौर पर ही उभर सकता है और वर्तमान में ऐसी कोई संभावना नहीं है।"

प्रधानमंत्री के इस वक्तव्य को उद्धृत करने के बाद उन्होंने मुझसे पूछा—11 और 25 अगस्त के बीच क्या हुआ था?

तत्काल मेरा उत्तर था—15 अगस्त को शेख मुजीब की हत्या, मैंने आगे कहा—इससे उन्हें गहरा झटका लगा और यह अहसास हुआ कि लोकतंत्र को अवश्य ही बनाए रखना चाहिए।

19 जून, 2010

□

12 जून का महत्त्व

आज मैं पार्टी की दो-दिवसीय राष्ट्रीय कार्यकारिणी की बैठक के लिए पटना में हूँ। पार्टी अध्यक्ष श्री नितिन गडकरी द्वारा गठित नई राष्ट्रीय कार्यकारिणी की यह पहली बैठक होगी।

कार्यकारिणी में बहुत से पहली बार बने सदस्यों के लिए आज की तिथि अपने आप में महत्त्वपूर्ण होगी, लेकिन जो 1947 से देश की स्वतंत्रता के समय से घटनाक्रम को देखते आ रहे हैं, उनके लिए आज अविस्मरणीय महत्त्व का ऐतिहासिक दिन है।

भारत के राजनीतिक इतिहास में 12 जून एक अत्यंत महत्त्वपूर्ण तिथि है। यह वह तिथि है, जिसे देश को नहीं भूलना चाहिए। पैंतीस वर्ष पूर्व ठीक इसी दिन दो ऐसी घटनाएँ घटीं, जिनके चलते यदि सरकार के इरादे स्थायी और सफल हो जाते तो भारतीय लोकतंत्र पूर्णतया नष्ट हो गया होता। आज हम एक अलग भारत में रह रहे होते। निश्चित रूप से यह वैसा भारत नहीं होता, जिसका सफल लोकतंत्र के चलते सम्मान होता है।

मैं, आज 12 जून, 1975 का स्मरण कर रहा हूँ। मेरे सामने बी.एस. टंडन द्वारा लिखित पी.एम.ओ. डायरी—प्रील्यूड टू द एमरजेंसी एक पुस्तक है। लगभग चार दशकों से ज्यादा समय से मैं इसके लेखक और उनके परिवार को जानता हूँ। यह परिवार पंडारा पार्क में मेरे पड़ोस में रहता था। बिशन टंडन एक वरिष्ठ आई.ए.एस. अधिकारी थे जो श्रीमती इंदिरा गांधी के शासन में प्रधानमंत्री कार्यालय में संयुक्त सचिव थे। मोरारजी देसाई की सरकार में जब मैं सूचना एवं प्रसारण मंत्री बना तो मैंने उनके छोटे भाई गोपाल टंडन को मंत्रालय में मेरे विशेष सहायक के रूप में चुना।

बिशन टंडन की पुस्तक में उन दिनों की घटनाओं का तिथिवार ब्योरा दर्ज है। 12 जून, 1975 के अंतर्गत उन्होंने दर्ज किया है—

यह दिन इतिहास में सदैव याद रहेगा। सुबह से ही खराब समाचार आने लगे थे।

तड़के सुबह मुझे समाचार मिला कि डी.पी. धर (केंद्र सरकार में मंत्री और बाद में संयुक्त समाजवादी सोवियत संघ में राजदूत) का निधन हो गया।

प्रधानमंत्री अपने कार्यालय में नहीं आईं। वे इलाहाबाद से समाचार की प्रतीक्षा कर रही थीं। विनीता राय ने 10.05 बजे मुझे फोन किया और कहा कि न्यायालय ने प्रधानमंत्री के विरुद्ध निर्णय दिया है, लेकिन तब तक समाचार की पुष्टि नहीं हुई थी।

मैं तुरंत पी.टी.आई./यू.एन.आई. के टेलीप्रिंटरों की तरफ गया जो मेरे और विनीता राय के कमरों के बीच में थे। वहाँ मैंने पढ़ा कि न्यायाधीश जगमोहन लाल सिन्हा ने प्रधानमंत्री का चुनाव रद्द कर दिया है और उनके विरुद्ध लगे भ्रष्टाचार के आरोपों को सही ठहराते हुए, अगले 6 वर्षों तक उनके चुनाव लड़ने पर प्रतिबंध लगा दिया।

शाम तक गुजरात विधानसभा चुनावों के परिणाम आने शुरू हो गए थे। जनता मोर्चा (मोरारजी भाई के नेतृत्व में) जिसमें कांग्रेस (ओ), जनसंघ, लोकदल और एस.पी. शामिल थे, कांग्रेस से आगे निकलता लग रहा था। ऐसा लगता था कि यदि कांग्रेस पराजित हो गई तो वास्तव में यह प्रधानमंत्री की पराजय होगी, चूँकि गुजरात चुनावों का सारा बोझ वह (इंदिरा गांधी) अपने कंधों पर सँभाले हुए थीं।

जब मई के महीने में हम जनसंघ की राष्ट्रीय कार्यकारिणी की तिथियाँ तय कर रहे थे तब हमें गुजरात के चुनावों के कार्यक्रम की जानकारी थी कि उसके नतीजे 12 जून को घोषित किए जाएँगे और श्रीमती गांधी के विरुद्ध रायबरेली चुनाव संबंधी राजनारायण की याचिका पर इलाहाबाद उच्च न्यायालय में न्यायाधीश जगमोहन लाल सिन्हा द्वारा सुनवाई होनी है। पर हमें इसका कोई अंदेशा नहीं था कि निर्णय कब सुनाया जाएगा। गुजरात की चुनावी तिथियों के आधार पर पार्टी ने तय किया था कि जनसंघ की राष्ट्रीय कार्यकारिणी माउंट आबू में 15, 16 और 17 जून, 1975 को होगी।

गुजरात से सटे होने के कारण इस स्थान का चयन किया गया था। अधिकांश वरिष्ठ नेता लगभग एक महीने तक गुजरात के चुनाव अभियान में जुटे थे।

उन दिनों हमारी कार्यकारिणी के एक सदस्य डॉ. वसंत कुमार पंडित थे, जो प्रसिद्ध ज्योतिषी थे और ज्योतिष शास्त्र में पी-एच.डी. उपाधि प्राप्त थे। डॉ. पंडित अठारह वर्षों तक महाराष्ट्र विधान परिषद् और 1977 से 1984 तक लोकसभा के सदस्य रहे।

ज्योतिषीय भविष्यवाणियों को लेकर मैं हमेशा संशय और असमंजस की स्थिति में रहा हूँ। लेकिन मैं माउंट आबू में पंडित के साथ हुई संक्षिप्त बातचीत को कभी नहीं भूल सकता। दूसरे दिन दोपहर के भोजन के बाद आराम करते हुए मैंने वसंत कुमार से पूछा,

पंडितजी आपके नक्षत्र क्या बोल रहे हैं? उनका उत्तर चक्कर में डालनेवाला था। उन्होंने कहा आडवाणीजी, मैं स्वयं समझ पाने में असमर्थ हूँ। मैं षड्यंत्र सा महसूस कर रहा हूँ। मैं नक्षत्रों को जितना समझ पा रहा हूँ, उससे लगता है कि हम दो वर्ष के वनवास की तरफ बढ़ रहे हैं! जून का महीना समाप्त होने से पहले ही, जैसी कि डॉ. वसंत कुमार ने वनवास की भविष्यवाणी की थी, उन्नीस महीने के कारावास के रूप में वनवास शुरू हो गया, न केवल कुछ नेताओं के लिए अपितु हजारों-हजार विपक्षी कार्यकर्ताओं के लिए!

12 जून, 2010

□

वामपंथ का ढहता दुर्ग

ममता बनर्जी ने इतिहास रच दिया है। कोलकाता के एक अग्रणी दैनिक ने उनकी विजय गाथा को मुख पृष्ठ पर इस शीर्षक से प्रकाशित किया है— कोलकाता की महारानी, अभी बंगाल की नहीं।

वे संभवतया वह भी बन जाएँ, उन्हें विधानसभाई चुनाव निश्चित समय से पहले कराने के मामले में धैर्य नहीं खोना चाहिए। धैर्य उनको अच्छे लाभ दे सकता है।

यदि कोलकाता का मार्क्सवादी दुर्ग ढहा है तो ममता उसमें सिर्फ निमित्त बनी हैं। वास्तव में उपलब्धि तो कम्युनिस्टों की स्वयं की है। उपलब्धि नकारात्मक है—यानी लोगों से कट जाना, जैसा कि प्रकाश करात ने सही ही कहा है।

यदि अमेरिकी स्वयं प्रयास करते तो कभी भी सोवियत संघ के विशाल साम्राज्य को समाप्त करने के लक्ष्य को हासिल नहीं कर सकते थे। स्टालिनवादी ज्यादतियाँ, हंगरी और चेकोस्लोवाकिया जैसी काररवाई और—जैसा कि ब्रिटिश औपनिवेशिक शासन में ब्रिटिश अपने बारे में दंभ भरते थे, उनके साम्राज्य में सूर्य कभी अस्त नहीं होता की तर्ज पर यह बढ़ता दंभ कि मार्क्सवादी साम्राज्य में भी सूर्य कभी अस्त नहीं होगा।

ज्यादा भविष्यवक्ताओं ने कभी यह भविष्यवाणी नहीं की थी कि 1989 कितना क्रांतिकारी सिद्ध होगा। यह वही वर्ष था जब बर्लिन दीवार ढही, सोवियत समाजवादी गणतंत्र संघ (यू.एस.एस.आर.) विघटित हुआ और शीतयुद्ध नाटकीय ढंग से समाप्त हुआ।

1951 के पहले चुनाव में भारतीय राजनीति का एक सक्रिय भागीदार होने के नाते मैं अपने देश के संदर्भ में भी 1989 के महत्त्वपूर्ण वर्ष को नहीं भूल सकता। यह वर्ष राष्ट्रीय राजनीति में भी एक निर्णायक मोड़ के रूप में सिद्ध हुआ।

जो भाजपा 1984 में, पूरे देश में केवल दो लोकसभा सीटें जीत पाई, उसने चामत्कारिक ढंग से ऊँची छलाँग लगाई और उसने लोकसभा की 86 सीटें जीतीं। सर्वाधिक न्यून स्तर से सर्वाधिक उच्च स्तर पर।

और तब से पार्टी श्री अटल बिहारी वाजपेयी के नेतृत्व में मजबूती प्राप्त कर बढ़ती रही और 1996 में उसने कांग्रेस को पीछे छोड़ लोकसभा में सबसे बड़ा दल बनने में सफलता पाई। 1998 में यानी भारत द्वारा अपनी स्वतंत्रता की स्वर्ण जंयती मनाने के एक वर्ष बाद ही भाजपा ने नई दिल्ली में कांग्रेस को पदच्युत कर दिया और अगले 6 वर्ष तक इस विशाल देश पर सफलतापूर्वक शासन किया।

मैं मानता हूँ कि 1989 के वर्ष ने भाजपा को अपने जीवन की सर्वाधिक बड़ी उपलब्धि की नींव रखने का अवसर दिया—भारत की एकदलीय राजनीति के प्रभुत्व को द्विध्रुवीय राजनीति में बदलने का।

कोई आश्चर्य नहीं कि 1989 के लोकसभा चुनावों ने जनता दल को गैर-कांग्रेस दलों में सर्वाधिक बड़ा दल बनाया और श्री विश्वनाथ प्रताप सिंह को प्रधानमंत्री बनाया, लेकिन लंदन से प्रकाशित न्यू स्टेट्समैन ने भारतीय चुनावों पर अपने लेख को महत्त्वपूर्ण शीर्षक दिया—विजेता दूसरे स्थान पर।

***

कांग्रेस के ह्रास की जड़ें आपातकाल में हैं। यदि आपातकाल नहीं होता तो 1977 भी नहीं होता!

जयप्रकाशजी, अटलजी और मोरारजी भाई तो निमित्त मात्र थे, जैसे कि पश्चिम बंगाल में ममता हैं।

1977 में आपातकाल के बावजूद कांग्रेस आंध्र में अच्छे ढंग से जीती। जनता पार्टी दयनीय रूप से मात्र एक सीट जीत पाई और वह भी संजीव रेड्डी की।

आंध्र को, राज्य में कांग्रेस पार्टी का एकाधिकार तोड़ने के लिए एक और चुनाव तथा एन.टी. रामाराव के आने की प्रतीक्षा करनी पड़ी।

एक पार्टी का प्रभुत्व लोकतंत्र का दुश्मन है। जब भारतीय लोकतंत्र का इतिहास लिखा जाएगा, तब उन सभी का नाम उल्लिखित होगा, जिन्होंने केंद्र या राज्यों में एक पार्टी के आधिपत्य को समाप्त करने में अपना योगदान दिया। ऐसी सूची काफी लंबी है, जिसमें न केवल डॉ. श्यामाप्रसाद मुखर्जी, डॉ. लोहिया, दीनदयाल उपाध्याय, जयप्रकाश नारायण और अटल बिहारी वाजपेयी जैसे राष्ट्रीय दिग्गज अपितु सी.एन. अन्नादुरई, एम.जी. रामचंद्रन और एन.टी. रामाराव जैसे नेता भी शामिल हैं। मैं मानता हूँ कि ममता बनर्जी ने भी जो किया है, वह लोकतंत्र को मजबूत करने में एक महत्त्वपूर्ण योगदान है।

05 जून, 2010

□

लोकसभा और विधानसभाओं का निश्चित कार्यकाल

नवंबर, 2008 में बराक ओबामा संयुक्त राज्य अमेरिका के राष्ट्रपति निर्वाचित हुए। अमेरिकी राष्ट्रपति का चुनाव प्रत्येक चार वर्ष पश्चात् होता है। अत: आगामी चुनाव नवंबर 2012 में होगा। कानून में चुनाव की निश्चित तिथि तय है, जो कहता है कि चुनाव नवंबर के पहले सोमवार के बाद के मंगलवार को होंगे। कानून की इस परिभाषा के मुताबिक पहली संभावित तिथि 2 नवंबर हो सकती है और अंतिम 8 नवंबर तक।

नवंबर 2012 में पहला सोमवार 5 नवंबर को पड़ता है। अत: अमेरिका में चुनाव की तिथि 6 नवंबर, 2012 होगी।

क्या कुछ इसी तरह की बात ब्रिटिश चुनावों के बारे में कही जा सकती है ? सामान्यतया नहीं, परंतु हाल ही में सत्ता सँभालनेवाले गठबंधन की चली तो हाँ, ब्रिटेन में अगला आम चुनाव 7 मई, 2015 को होगा। नए उप-प्रधानमंत्री निक क्लेग ने इसकी घोषणा पहले ही कर दी है।

***

कुछ मास पूर्व, प्रधानमंत्री डॉ. मनमोहन सिंह ने जापानी प्रधानमंत्री के सम्मान में दोपहर का भोज आयोजित किया था। मुझे स्मरण है कि उस मौके पर डॉ. मनमोहन सिंह और श्री प्रणव मुखर्जी से मेरी अनौपचारिक बातचीत हुई थी। मैंने पाया कि दोनों ही उस प्रस्ताव को विचारणीय मानते थे, जिसे मैं पिछले कुछ समय से मुखर करता रहा हूँ कि, विधायिकाओं का निश्चित कार्यकाल और लोकसभा तथा विधानसभाई चुनावों का साथ-साथ होना। इसका परिणाम यह होगा कि पाँचवर्षीय लोकसभा और विधानसभाई चुनावों की तिथि के बारे में कोई अनिश्चितता नहीं होगी।

उस दिन, सरकार के इन दोनों वरिष्ठ नेताओं के साथ अपनी संक्षिप्त बातचीत में मैंने

उल्लेख किया कि अधिकांश यूरोपीय लोकतंत्रों में ऐसी व्यवस्था है। हमारे संविधान निर्माताओं ने ब्रिटिश पद्धति को अपनाया और निर्वाचित विधायिकाओं की अवधि कम करने तथा शीघ्र चुनाव कराने का अधिकार कार्यपालिका में निहित किया। यह संतोषजनक है कि ब्रिटेन स्वयं अब इसमें परिवर्तन करने पर विचार कर रहा है।

इस माह में, ब्रिटेन में सत्ता सँभालनेवाली नई गठबंधन सरकार ने पूर्व की व्यवस्था को परिवर्तित करने का वायदा किया है।

उप-प्रधानमंत्री निक क्लेग का भाषण नई राजनीति संबंधी बड़े, आमूल-चूल परिवर्तन करने का वायदा करता है पर एकदम नहीं, धीरे-धीरे।

महत्त्वपूर्ण रूप से, मीडिया क्लेग और लिबरल डेमोक्रेट्स को क्रांतिकारियों के रूप में देख रहा है।

संसदीय सुधारों के अपने प्रस्तावों में निक क्लेग ने निर्वाचित हाउस ऑफ लार्ड्स की वकालत की है जिसमें सदस्य आनुपातिक प्रतिनिधित्व मतीय प्रणाली से चुने जाएंगे। भारतीय प्रधानमंत्री और लोकसभा के नेता के साथ मेरी पहल पर हुए विचार-विमर्श में सर्वाधिक प्रासंगिक है लोकसभा और राज्य विधायिकाओं का निश्चित कार्यकाल और चुनाव तिथियों के बारे में अनिश्चितता का निर्मूलन। निक क्लेग के 19 मई के भाषण को उद्धृत करना प्रासंगिक होगा। संसद् के निश्चित कार्यकाल की वकालत करते हुए उन्होंने कहा—

"यह नितांत गलत होगा कि सरकारें आम चुनाव जैसे महत्त्वपूर्ण विषय से राजनीति खेल सकें, अनुचित ढंग से अपने अधिकतम लाभ के हिसाब से तिथि चुन सकें।"

निक क्लेग ने सुस्पष्ट रूप से आगे कहा—"अतः इस सरकार ने पहले ही तिथि तय कर दी है और हम सोचते हैं कि अगला चुनाव 7 मई, 2015 को होना चाहिए, इससे कोई फर्क नहीं पड़ता कि चुनावों में कौन कहाँ है।"

इस प्रस्ताव के लिए लिबरल नेताओं को लेबर पार्टी की तरफ से आलोचनाओं का सामना करना पड़ा है, जिसमें से कुछ नेताओं ने निश्चित कार्यकालवाली संसद् के सुझाव को चौंका देनेवाले के रूप में वर्णित किया है। क्लेग की टिप्पणी है—

"ये आलोचक तथ्य को पूर्णतया नजरअंदाज कर रहे हैं, अविश्वास प्रस्ताव की मौजूदा अपरिवर्तित शक्तियों के अतिरिक्त यह संसद् के लिए नया अधिकार है। हम संसद् से सरकार को हटा देने का अधिकार नहीं ले रहे हैं। हम सरकार से संसद् को समाप्त करने का अधिकार ले रहे हैं।"

ब्रिटेन का संविधान एकात्मक है, हमारा संघीय है। हमारे यहाँ एक संघीय विधायिका यानी संसद् और 28 राज्य विधानसभाएँ हैं, जिनमें से कुछ द्विसदनवाली हैं।

वह प्रावधान जो राष्ट्रपति या राज्यपाल को विधायिकाओं को बीच में ही भंग करने का अधिकार देता है, उसके फलस्वरूप स्थिति यह बनी है कि चुनाव पाँच वर्ष बाद नहीं होते जैसा कि हमारे संविधान निर्माताओं ने सोचा था और वास्तव में 1952, 1957, 1962 और 1967 यानी स्वतंत्रता के बाद के दो दशकों में ही पाँच वर्ष बाद चुनाव हुए हैं, उसके पश्चात् से हमें लगभग प्रत्येक वैकल्पिक वर्ष में आम चुनाव या एक मिनी आम चुनाव देखने को मिला है।

यह हमारी केंद्र और राज्य सरकारों या हमारी राजनीति के स्वास्थ्य के लिए अच्छा नहीं है। आइए हम गंभीरता से इस पर पुनर्विचार करें।

28 मई, 2010

□

एक कोमल बंधन, जो हमें बाँधे रखता है

मेरे और मेरी सुपुत्री प्रतिभा के लिए पिछला सप्ताह सदैव अविस्मरणीय रहेगा। लगातार दो दिनों तक हमने दो ऐसे पवित्र स्थलों की यात्रा की, जिन्हें देखने के बारे में हम काफी समय से सोच रहे थे।

पहला गंगोतरी था, जो कि पवित्र गंगा का उदगम स्थल है। गंगोतरी से 19 किलोमीटर ऊपर गोमुख से गंगोतरी ग्लेशियर प्रारंभ होता है। गंगोतरी में गंगा के निकट जहाँ यज्ञ हो रहा था और जिसमें पूर्णाहुति के लिए मुझे आमंत्रित किया गया था, पर जब हमने पाँव गंगा में रखे तो ग्लेशियर का पानी बर्फ जैसा था।

दूसरा था केदारनाथ, जो कि देश के बारह ज्योतिर्लिंगों में से एक है। इनमें सर्वाधिक प्रमुख गुजरात के सोमनाथ में स्थित द्वादश ज्योतिर्लिंग है। एक ध्रुवीय भारत की राजनीति को द्विध्रुवीय राजनीति में परिवर्तित करने में भाजपा की सोमनाथ से अयोध्या रथयात्रा की महत्त्वपूर्ण भूमिका है।

उत्तराखंड प्रदेश में तीर्थस्थलों की भरमार है। इसमें आश्चर्य नहीं है कि यह देवभूमि के नाम से लोकप्रिय है। गंगोतरी और केदारनाथ को प्रदेश के चार धामों में से दो के रूप में माना जाता है, जहाँ तीर्थयात्री दर्शन करने की इच्छा रखते हैं। शेष दो धाम हैं—बदरीनाथ और यमुनोतरी।

5 से 6 महीने, अप्रैल तक ये चारों स्थल बर्फ से ढके रहते हैं। इन स्थलों पर मंदिर प्रतिवर्ष मई मास के मध्य में खुलते हैं। इस वर्ष गंगोतरी मंदिर 16 मई और 18 मई को खुले। गंगोतरी समुद्र-तल से 10,000 फीट और केदारनाथ 12,000 फीट ऊपर है।

* * *

अक्तूबर 1961 में अखिल भारतीय कांग्रेस कमेटी ने अपना अधिवेशन तमिलनाडु के दूसरे सर्वाधिक बड़े शहर और विश्व-प्रसिद्ध मीनाक्षी मंदिर के स्थान मदुरई में आयोजित

किया था। स्वतंत्रता आंदोलन के दौरान 1921 में मदुरई में ही गांधीजी ने सिर्फ खादी पहनने का निर्णय किया था।

50 वर्ष बाद ए.आई.सी.सी. के अधिवेशन में पं. नेहरू ने अविस्मरणीय भाषण दिया, जिसमें उन्होंने रेखांकित किया कि कैसे तीर्थयात्राएँ देश को जोड़ने में प्रमुख भूमिका निभाती हैं।

नेहरूजी ने कहा–

''भारत युगों-युगों से तीर्थयात्राओं, तीर्थस्थानों का देश रहा है। समूचे देश में आपको प्राचीन स्थान मिलेंगे। हिमालय की बर्फ से ढकी चोटियों पर बदरीनाथ, केदारनाथ तथा अमरनाथ से दक्षिण में कन्याकुमारी तक आपको तीर्थस्थल मिल जाएँगे। दक्षिण से उत्तर तक तथा उत्तर से दक्षिण तक कौन सी प्रेरणा-शक्ति लोगों को इन महान् तीर्थस्थलों की ओर आकर्षित करती आ रही है? यह एक राष्ट्र की भावना तथा एक संस्कृति की भावना है और इस भावना से हम परस्पर बँधे हुए हैं। हमारे प्राचीन ग्रंथों में कहा गया है कि भारतभूमि उत्तर में हिमालय से लेकर दक्षिण में समुद्र तक फैली है। सदियों से भारत की यह संकल्पना चली आ रही है तथा इसने हमें परस्पर बाँध रखा है। इस महान् धारणा से प्रभावित होकर लोगों ने इसे पुण्यभूमि माना है। जबकि हमारे यहाँ अनेक साम्राज्य हुए हैं तथा हमारी विभिन्न भाषाएँ प्रचलित रही हैं। यह कोमल बंधन ही हमें अनेक तरीकों से बाँधे रखता है।''

जब गत सप्ताह मैं गंगोतरी गया और वहाँ उल्लेख किया कि मुझे केदारनाथ जाना है तो मुझे सलाह दी गई कि गंगोतरी से जल ले जाकर उसे केदारनाथ के शिवलिंग पर चढ़ाना चाहिए।

इससे पूर्व मैंने अपने सहयोगियों को बताया कि देश के चारों धामों—बदरीनाथ, जगन्नाथपुरी, द्वारका और रामेश्वरम् में से मैं सिर्फ रामेश्वरम् नहीं जा पाया हूँ। गंगोतरी मंदिर पर मुझे बताया गया कि रामेश्वरम् के शिवलिंग पर गंगा का जल चढ़ाना अत्यंत पवित्र रिवाज है। मुझे यह भी ज्ञात हुआ कि रामेश्वरम् से रेत लेकर बदरीनाथ में गंगा में लाना भी इसी प्रकार एक पवित्र रस्म है।

अत: यह केवल तीर्थस्थानों का नेटवर्क ही नहीं अपितु सदियों से विकसित हुए रीति-रिवाजों ने भी तीर्थयात्रियों की सतत यात्रा को प्रोत्साहित किया है। मैं विश्वास करता हूँ कि यही वह डोर है, जिसे पंडितजी ने हमको एक सूत्र में बाँधनेवाले कोमल बंधन के रूप में परिभाषित किया है।

मैं नहीं जानता कि हमारे पर्यटन विभाग इस तथ्य से कितने परिचित हैं कि भारत में घरेलू पर्यटन का बहुत बड़ा वर्ग धार्मिक पर्यटनवाला है। सभी को ध्यान में रखना चाहिए कि कैसे राज्यपाल जगमोहन ने वैष्णो देवी के आस-पास आधारभूत ढाँचा, साफ-सफाई, व्ययन और अन्य सुविधाओं के मामले में अनुकरणीय विकास किया है, जिससे जम्मू में कटरा हमेशा पर्यटकों का पसंदीदा क्षेत्र बन गया है। ऐसा ही तिरुपति, हरिद्वार और ऋषिकेश, अमृतसर और अजमेर के बारे में भी सत्य है।

इस सप्ताह जकार्ता (इंडोनेशिया) में बसे भारतीयों का एक समूह मुझसे मिला और मुझे अपने देश में एक कार्यक्रम के लिए निमंत्रित किया। मैंने सरसरी तौर पर उनसे पूछा कि क्या आप लोग कभी तिरुपति गए हैं? उनमें से एक ने मुझे यह कहकर आश्चर्य में डाल दिया कि मैं कम-से-कम 27 बार तिरुपति गया हूँ।

अच्छा होगा कि केंद्र और राज्यों की सरकारें धार्मिक पर्यटन की असीम संभावनाओं को ध्यान में लें और जैसा वैष्णो देवी में जगमोहनजी ने किया है वैसा ही सभी पवित्र स्थलों—हिंदू, मुसलिम या सिख, जैन या ईसाइयों के हों—में भी करें। बिहार में बोधगया या मध्य प्रदेश में साँची जैसे स्थान जापान व चीन से बड़ी संख्या में बौद्धों को आकर्षित करते हैं।

***

पूर्व में कुंभ के मौके पर गंगा-स्नान में भागीदार बननेवालों की संख्या सदैव अनुमानों पर आधारित रही है। इस वर्ष उत्तराखंड सरकार ने भारतीय उपग्रह अनुसंधान संगठन (इसरो) से अनुरोध किया था कि वे 14 अप्रैल, 2010 बैसाखी, जो कि कुंभ का अंतिम बड़ा स्नान था, का सर्वे कर बताएँ कि कितने तीर्थयात्रियों ने हरिद्वार में डुबकी लगाई। इसरो ने उत्तराखंड सरकार को सूचित किया है कि उनके सर्वेक्षण के मुताबिक, यह संख्या अनुमानतः 1 करोड़ 66 लाख रही है।

23 मई, 2010

□

सच्चर कमेटी—गुजरात के मुसलिमों के आँखें खोलनेवाले तथ्य

3 मई के अपने ब्लॉग में मैंने गुजरात के स्वर्ण जयंती समारोह के बारे में लिखा था। उसमें मैंने बताया था कि कैसे नरेंद्रभाई मोदी ने एक प्रशासनिक कार्यक्रम को लोगों के कार्यक्रम में परिवर्तित कर और प्रत्येक नागरिक को, प्रत्येक क्षेत्र में गुजरात को एक आदर्श राज्य बनाने के संकल्प में सहभागी बनाने का सर्वोत्तम अवसर देकर अपने आप को एक अद्वितीय मुख्यमंत्री सिद्ध किया है।

सामान्य तौर पर कहा जाए तो अब लोग यह स्वीकारने लगे हैं कि गुजरात में ईमानदार शासन के कारण विकास हुआ है और नरेंद्रभाई की उपलब्धियाँ विवादों से ऊपर हैं। पर प्रश्न यह उठता है कि राज्य में समुदायों के आपसी रिश्ते कितने सौहार्दपूर्ण हैं, विशेष रूप से राज्य में मुसलमान कितने खुश और संतुष्ट हैं।

सन् 2006 में प्रधानमंत्री डॉ. मनमोहन सिंह ने देश में मुसलमानों की आर्थिक, सामाजिक और शैक्षणिक स्थिति का विस्तृत अध्ययन करने के लिए एक उच्चाधिकार प्राप्त समिति पूर्व न्यायाधीश श्री राजेंद्र सच्चर के नेतृत्व में गठित की थी।

सच्चर कमेटी ने सौंपे गए विषय का अध्ययन करके 400 पृष्ठों से ज्यादा की विस्तृत रिपोर्ट सरकार को सौंपी। नीचे दिए आँकड़े सच्चर कमेटी की रिपोर्ट में से हैं, जो निस्संदेह सिद्ध करते हैं कि देश के अन्य भागों की तुलना में गुजरात में शहरी और ग्रामीण क्षेत्रों में रहनेवाले मुसलमान शिक्षा, रोजगार और आमदनी के मामले में कहीं ज्यादा अच्छी स्थिति में हैं। इस बारे में प्रकाश डालते हुए कुछ निष्कर्ष प्रस्तुत किए जा रहे हैं।

साक्षरता के स्तर पर गुजरात में मुसलिम राष्ट्रीय औसत 59.1 के मुकाबले 73.5 प्रतिशत पर है। शहरी क्षेत्रों में रहनेवाले साक्षर पुरुषों का राष्ट्रीय औसत 70 और ग्रामीण क्षेत्रों का 62 है, जबकि गुजरात में यह क्रमशः 76 और 81 है। (सच्चर कमेटी रिपोर्ट—

परिशिष्ट टेबल 4.1, पृष्ठ 287)

यहाँ तक कि गुजरात के शहरी क्षेत्रों में रहनेवाली मुसलिम महिलाओं की साक्षरता औसत दर राष्ट्रीय औसत की तुलना में 5 अंक अधिक है, जबकि गुजरात के ग्रामीण क्षेत्रों में रहनेवाली महिलाओं की साक्षरता दर राष्ट्रीय औसत 43 की तुलना में 57 प्रतिशत है। (सच्चर कमेटी रिपोर्ट—परिशिष्ट टेबल 4.1 बी, पृष्ठ 289)

इसी प्रकार गुजरात में प्राथमिक, माध्यमिक और उच्च शिक्षा स्तर के मामले में मुसलिमों का प्रतिशत राष्ट्रीय औसत और अन्य राज्यों की तुलना में ज्यादा ऊँचा है। राष्ट्रीय औसत 60.9 प्रतिशत (उत्तर प्रदेश में 42.2 प्रतिशत) की तुलना में प्राथमिक शिक्षा में मुसलिमों का प्रतिशत 74.9 है, जबकि माध्यमिक स्तर पर राष्ट्रीय औसत 40.5 प्रतिशत और उत्तर प्रदेश के 29.2 प्रतिशत की तुलना में गुजरात में 45.3 प्रतिशत है। (सच्चर कमेटी रिपोर्ट—परिशिष्ट टेबल 4.6 एवं 4.7 पृष्ठ 295–298)

गुजरात में माध्यमिक स्कूलों में 7 से 16 वर्ष के मुसलिम बच्चों का औसत वर्ष 4.29 है, जबकि राष्ट्रीय औसत 3.26 वर्ष है। पश्चिम बंगाल, उत्तर प्रदेश और बिहार में यह क्रमश: 2.89, 2.60 और 2.07 वर्ष है। सच्चाई यह है कि गुजरात में मुसलिम बच्चे भी अन्य बच्चों की तरह माध्यमिक स्कूलों तक पहुँचने में समान अवसरों से लाभान्वित हो रहे हैं। (सच्चर कमेटी रिपोर्ट—परिशिष्ट टेबल 4.2, पृष्ठ 290–291)

गुजरात में मुसलिमों से जुड़ा दूसरा पहलू है उनकी अच्छी आर्थिक स्थिति। यहाँ पर भी सच्चर कमेटी बनी हुई धारणा को झुठलाती है।

प्रतिमाह प्रति व्यक्ति आय के संदर्भ में, शहरी क्षेत्रों में मुसलिम औसतन 875 रुपए कमाते हैं जो कि राष्ट्रीय स्तर के औसत 804 रुपए से ज्यादा है। यह उत्तर प्रदेश में 662 रुपए, पश्चिम बंगाल में 811 रुपए, पंजाब में 803 रुपए, आंध्र प्रदेश और कर्नाटक में 837 रुपए है। (सच्चर कमेटी रिपोर्ट—परिशिष्ट टेबल 4.2, पृष्ठ 364)

ग्रामीण गुजरात में भी यही स्थिति है कि वहाँ रहनेवाले मुसलिमों की प्रति व्यक्ति मासिक आय 20–25 प्रतिशत है जो कि अन्य राज्यों के ग्रामीण क्षेत्रों में रहने वाले मुसलिमों से कहीं ज्यादा है। 553 रुपए के राष्ट्रीय औसत की तुलना में यह औसत 668 रुपए है। (सच्चर कमेटी रिपोर्ट—परिशिष्ट टेबल 8.3, पृष्ठ 365)

गरीबी रेखा से नीचे रहनेवालों के संदर्भ में, गुजरात में 1987–88 में मुसलिमों का प्रतिशत 54 था जबकि 2004–05 में यह आँकड़ा 34 प्रतिशत पर पहुँच गया जो कि सुधार की दिशा में स्वस्थ कदम दर्शाता है। (सच्चर कमेटी रिपोर्ट—परिशिष्ट टेबल 8.5, पृष्ठ 367)

यहाँ तक कि, राज्य के रोजगार में मुसलिमों का हिस्सा यानि गुजरात में सरकारी नौकरियों में 5.4 प्रतिशत हिस्सा है जबकि यह पश्चिम बंगाल में 2.1 प्रतिशत, दिल्ली में 3.2 प्रतिशत और महाराष्ट्र में 4.4 प्रतिशत है। (सच्चर कमेटी रिपोर्ट—परिशिष्ट टेबल 9.4, पृष्ठ 370)

कुल मिलाकर, यह संपूर्ण स्थिति इस दुष्प्रचार की कि गुजरात में मुसलिमों के साथ अन्याय हो रहा है, को झूठा सिद्ध करती है। सच्चर कमेटी द्वारा शैक्षणिक स्थिति का अध्ययन यह पूर्णतया दर्शाता है कि शिक्षा के क्षेत्र में गुजरात के मुसलिम अच्छे ढंग से प्रगति कर रहे हैं। उनके लिए अनेक अवसर उपलब्ध कराए गए हैं और उनकी देखभाल ठीक से की जा रही है। उनकी आर्थिक स्थिति संबंधी तथा इसी प्रकार की बनाई गई धारणा कि उनके साथ भेदभाव किया जाता है तथा उन्हें समान अवसरों से वंचित किया जाता है, की पोल भी खोलते हैं।

इस तथ्य की पुष्टि किसी और ने नहीं अपितु अहमदाबाद की जामा मसजिद के इमाम मुफ्ती शब्बीर अहमद सिद्‍दीकी ने कुछ समय पहले यह कहकर की है कि—'मोदी सरकार द्वारा सृजित शांतिपूर्ण वातावरण में मुसलिमों को फलने-फूलने का अवसर मिला है। मोदी ने एक ऐसा माहौल उपलब्ध कराया है जो गुजरात में शांतिपूर्वक रहनेवालों के लिए अनुकूल है।'

सच्चर कमेटी को गठित करने के पीछे सरकार की अपनी मंशाएँ थीं, लेकिन कमेटी द्वारा एकत्रित किए गए तुलनात्मक आँकड़ों पर दृष्टि डालने के बाद मुझे लगता है कि गुजरात को न्यायाधीश सच्चर का कृतज्ञ होना चाहिए कि उन्होंने देशभर में यह सिद्ध किया है कि नरेंद्र भाई मोदी के शासन में मुसलिम अन्य राज्यों की तुलना में गुजरात में कहीं ज्यादा अच्छी स्थिति में हैं।

17 मई, 2010

□

फोन टेपिंग, सी.बी.आई. का दुरुपयोग और आपातकाल

पिछले पखवाड़े, नई दिल्ली से प्रकाशित 'आउटलुक' पत्रिका ने एक सनसनीखेज रिपोर्ट प्रकाशित की थी कि कैसे एक केंद्रीय मंत्री, एक मुख्यमंत्री, एक कांग्रेसी महासचिव और सी.पी.एम. पार्टी के एक प्रमुख नेता के फोन टेप किए जा रहे हैं और उनकी बातचीत को टेप किया गया है।

रिपोर्ट से संसद् में हंगामा हुआ। सरकार ने रिपोर्ट का खंडन नहीं किया। उसने यह कहा कि—निगरानी के लिए किसी को अधिकृत नहीं किया गया था। सरकार ने इतना भी नहीं कहा कि वे पता लगाएँगे कि बगैर अधिकृत किए किसने यह काम किया और अपराधियों को पकड़ा जाएगा। स्पष्ट है कि सरकार के सिवाय किसी और का यह काम नहीं है!

यह महत्त्वपूर्ण है कि सरकार ने आउटलुक की केंद्रीय मंत्री शरद पवार से संबंधित रिपोर्ट का खंडन नहीं किया है, जिसमें कहा गया था कि पवार की ललित मोदी से बातचीत का पवार पर मोदी से इस्तीफा देने के दबाव में उपयोग किया गया!

'आउटलुक' की रिपोर्ट पर मेरे ब्लॉग का शीर्षक था 'क्या आपातकाल वापस लौट आया है?' (Is the Emergency back?)। कुछ मित्रों को लगा कि यह मेरी अतिरंजित प्रतिक्रिया है। मेरा मानना है कि लोकतंत्र के प्रति सत्तारूढ़ पार्टी की कटिबद्धता की असली परीक्षा सिर्फ तभी होती है, जब लोकतांत्रिक नियमों में निष्ठा सत्ता में बने रहने को खतरा उत्पन्न करती है।

***

वाटरगेट कांड पर अपनी सर्वोत्तम पुस्तक 'द फाल ऑफ रिचर्ड निक्सन' में थ्योडोर एच. व्हाईट ने यह अनुबोधक टिप्पणी की है कि—

''रिचर्ड निक्सन का असली अपराध था कि उन्होंने उस विश्वास को तोड़ा जो अमेरिका

को बाँधे रखता है और इसके लिए उन्हें सत्ता से बाहर होना पड़ा। जो विश्वास उन्होंने तोड़ा वह नाजुक था कि अमेरिकी जीवन में कहीं-न-कहीं, कम-से-कम एक व्यक्ति है जो कानून के लिए खड़ा होता है। यह विश्वास मानता है कि सभी मनुष्य कानून के सम्मुख समान हैं और उसके द्वारा संरक्षित भी, और इससे फर्क नहीं पड़ता कि इस विश्वास का और कहीं रोज किसी बिंदु पर जीने के लिए भद्दे ढंग से सौदा किया जाता है, लेकिन राष्ट्रपति पद, न्यायिक जोड़-तोड़ की संभावनाओं से कहीं आगे तक है।''

निस्संदेह, वाटरगेट अमेरिकी लोकतंत्र के इतिहास का एक कभी न मिटनेवाला कलंक है।

भारतीय लोकतंत्र के संदर्भ में, 1975-77 का आपातकाल इसी तरह का काला धब्बा है। शाह आयोग ने अपनी अकाट्य तर्कपूर्ण और अत्यधिक प्रमाण प्रस्तुत करनेवाली रिपोर्ट में कहा है :

''देश के किसी भी भाग में कानून और व्यवस्था के असफल होने का कोई साक्ष्य नहीं था। न ही ऐसी कोई आशंका और आर्थिक स्थिति भी अच्छे ढंग से नियंत्रण में थी और किसी भी रूप में उसके बिगड़ने का खतरा नहीं था। कानून और व्यवस्था की स्थिति के गंभीर रूप से असफल होने या आर्थिक स्थिति के बिगड़ने की आशंकाओं की कोई रिपोर्ट किसी सार्वजनिक अधिकारी के पास भी नहीं थी। उस समय के सार्वजनिक रिकार्ड गुप्त, विश्वसनीय या सार्वजनिक और समाचार-पत्रों में प्रकाशित एक स्वर से बोलते हैं कि कोई ऐसी अनोखी घटना या उस प्रवृत्ति को दर्शानेवाली चीज नहीं हुई थी, जिससे आपातकाल की घोषणा का औचित्य सिद्ध किया जा सके। राष्ट्र की सुरक्षा को बाह्य या आंतरिक स्रोतों से कोई खतरा नहीं था।

श्रीमती इंदिरा गांधी या किसी अन्य द्वारा कोई साक्ष्य न दिए जाने की स्थिति में यह निष्कर्ष निकलता है कि राष्ट्रपति को आंतरिक आपातकाल घोषित करने की अप्रत्याशित सलाह देने के पीछे एकमात्र उद्देश्य था सत्तारूढ़ पार्टी और विपक्ष में सघन राजनीतिक गतिविधियाँ, जो उस समय की प्रधानमंत्री के चुनाव को इलाहाबाद उच्च न्यायालय द्वारा भ्रष्ट चुनावी तरीकों के आधार पर रद्द किए जाने से जन्मी थीं।

यह सोचने का कोई कारण नहीं है कि यदि लोकतांत्रिक परंपराओं का पालन किया गया होता, तो समूची राजनीतिक उथल-पुथल सामान्य रूप से शांत हो गई होती, लेकिन श्रीमती गांधी ने सत्ता में बने रहने की चिंता में ऐसी स्थिति पैदा कर दी जिससे प्रत्यक्ष रूप में वह सत्ता में जमी रहीं पर इससे ऐसी शक्तियाँ भी पैदा हुईं जिन्होंने कुछ लोगों की

महत्त्वाकांक्षाओं के लिए अनेकों के हितों की बलि चढ़ा दी। हजारों को बंदी बना लिया गया और नितांत गैर-कानूनी तथा अवांछित काररवाईयों के चलते मानव कष्टों और कठिनाइयों की शृंखला बनती गई। किसी भी स्पष्टीकरण के अभाव में यह निष्कर्ष अनिवार्यत: निकलता है कि एक निहित स्वार्थवाले प्रधानमंत्री ने अपने विरुद्ध न्यायिक निर्णय की वैधानिक बाध्यता से अपने को बचाने के लिए हताशा के प्रयासों में एक राजनीतिक निर्णय लिया।''

1977 के लोकसभाई चुनावों ने देखा कि कैसे भारतीय मतदाताओं ने इतिहास बनाया। विपक्ष के हम लोग एक ऐसी लड़ाई में कूद रहे थे जहाँ पूरे उन्नीस महीनों तक हम लोगों से कटे हुए और मीडिया द्वारा उपेक्षित किए हुए थे। हम देख रहे थे कि जनता कांग्रेस से नाराज थी, लेकिन हम में से किसी को आशा नहीं थी कि जनता का गुस्सा इतनी प्रचंडता से विस्फोटित होगा।

प्रधानमंत्री श्रीमती गांधी स्वयं रायबरेली से पराजित हो गईं। लोकसभा की 267 सीटों में से उत्तर प्रदेश (85), बिहार (54), पश्चिम बंगाल (42), मध्य प्रदेश (40), राजस्थान (25), हरियाणा (10), दिल्ली (7) और हिमाचल प्रदेश (4) में से कांग्रेस पार्टी केवल 5 सीटें पा सकी। इन पाँच में से तीन पश्चिम बंगाल और एक-एक राजस्थान तथा मध्य प्रदेश से थीं।

आपातकाल ने भयानक तरीके से यह जाहिर किया कि लोकतंत्र के प्रति कांग्रेस की निष्ठा कैसे खोखली है। इन दिनों फोन टेपिंग, सी.बी.आई. और गुप्तचर एजेंसियों का सांसदों और दलों के विरुद्ध दुरुपयोग करके कटौती प्रस्तावों पर सरकार गिरने से बचाने संबंधी रहस्योद्घाटन किसी को आश्चर्य में नहीं डालते।

जो पार्टी श्री जयप्रकाश नारायण, श्री मोरारजी देसाई, श्री चंद्रशेखर और श्री अटल बिहारी वाजपेयी को राष्ट्रीय सुरक्षा के लिए खतरा मानकर बगैर मुकदमा चलाए महीनों तक जेल में रख सकती है और जिसके शासन में शाह आयोग द्वारा इकट्ठे किए गए आँकड़ों के मुताबिक कम-से-कम 1,10,806 राजनीतिक कार्यकर्ताओं को आपातस्थिति में मीसा या भारत सुरक्षा कानून (डिफेंस ऑफ इंडिया रूल्स) के तहत यातनाएँ सहनी पड़ी हों, निश्चित ही फिर से उसे उन लोकतांत्रिक कानूनों और परंपराओं की धज्जियाँ उड़ाने से कोई गुरेज नहीं होगा जैसा कि वह पहले करती रही है।

10 मई, 2010

□

गांधीनगर में महात्मा मंदिर

अहमदाबाद का सरदार पटेल स्टेडियम एक विशाल स्टेडियम है। वास्तव में 54000 सीटों की क्षमतावाला यह गुजरात का सर्वाधिक बड़ा स्टेडियम है। यहाँ मैं पिछली बार दिसंबर, 2007 में विधानसभा चुनावों में भाजपा की शानदार विजय के बाद श्री नरेंद्र मोदी और उनके मंत्रिमंडल के शपथ समारोह कार्यक्रम में आया था।

इसलिए, 1 मई को गुजरात राज्य के स्वर्ण जयंती समारोह के अवसर पर जब मैं स्टेडियम स्थित समारोह स्थल पहुँचा तो यह जानकर आश्चर्यचकित रह गया कि न केवल स्टेडियम खचाखच भरा है, अपितु स्टेडियम के बाहर काफी लोग हैं जो अंदर आना चाहते हैं।

अहमदाबाद के 'द टाइम्स ऑफ इंडिया' ने मुख पृष्ठ पर प्रकाशित रिपोर्ट में लिखा है—

''उस पीढ़ी के लिए जो यह जानते हुए जवान हुई कि उनका गृह-प्रदेश गुजरात, देश के पश्चिम तट पर स्थित व्यापार प्रमुख राज्य है, के लिए शनिवार का स्वर्णिम शो आँख खोल देनेवाला है। एक शानदार भव्य मल्टीमीडिया शो जो आतिशबाजी से शुरू हुआ, प्रागैतिहासिक काल से गुजरात की कहानी-सिद्धराज जयसिंह युग, सुल्तान अहमद शाह, संकट में पारसियों का आगमन और 1960 में बांबे स्टेट से पृथक् होकर एक नए राज्य के रूप में उदय को यहाँ खचाखच भरे सरदार पटेल स्टेडियम में दर्शाया गया, उधर बाहर एक विशाल भीड़ जिसमें नौकरशाह, राजनीतिज्ञ और अन्य अति विशिष्ट व्यक्ति थे, समारोह में सहभागी होने के लिए संघर्ष कर रहे थे, जिन्हें सुरक्षाकर्मियों ने वापस भेज दिया, क्योंकि स्टेडियम अपनी क्षमता से ज्यादा भरा हुआ था।

तत्पश्चात् जो घटा वह इससे पूर्व कहीं भी नहीं घटा होगा। उपस्थित जन सैलाब से माफी माँगते हुए मुख्यमंत्री नरेंद्र मोदी ने घोषणा की कि डेढ़ घंटे का संगीत नृत्य कम लेजर

शो 2 मई को जो आज कार्यक्रम में भाग नहीं ले सकें हैं! उनके लिए पुन: दिखाया जाएगा।''

पिछले साठ वर्षों में मैंने बहुत से सरकारी नेताओं को विभिन्न घटनाओं अथवा संस्थाओं की रजत जयंतियाँ या स्वर्ण जयंतियाँ मनाते देखा है, लेकिन नरेंद्र भाई ने गुजरात में जो किया, वह अद्वितीय है। स्वर्णिम गुजरात समारोह केवल सरकारी कार्यक्रम मात्र नहीं था। अपनी कल्पनाशीलता और अभिनव पहलों और अपनी करिश्माई अपील तथा कड़ी मेहनत से उन्होंने इसे व्यापक लोक-समारोह बना दिया।

उदाहरण के लिए जयनाद, जिसमें राज्यपाल, मुख्यमंत्री और मैंने 30 अप्रैल को सायं 7:30 बजे प्रवासी भारतीयों और एन.आर.जी. (भारत के अन्य राज्यों से) के यूनिवर्सिटी कार्यक्रम में भाग लिया, ठीक उसी समय गुजरात के सभी शहरों, कस्बों के लगभग 50,000 स्थानों और 18,000 गाँवों में ऐसे कार्यक्रम संपन्न हुए।

***

पिछला सप्ताहांत (30 अप्रैल, 1 और 2 मई) मैंने अपने निर्वाचन क्षेत्र गांधीनगर में बिताया। इन दिनों पूरा प्रदेश उत्सव मनाने में लगा था, क्योंकि यह राज्य स्थापना का स्वर्ण जयंती वर्ष है।

इस क्षेत्र का प्रतिनिधि होने के नाते मुझे प्रसन्नता हुई कि राज्य सरकार ने इस अवसर पर गांधीनगर को नगर निगम घोषित किया। मुख्यमंत्री नरेंद्र भाई ने इसे स्वर्णिम उपहार की संज्ञा दी। इस उपहार से क्षेत्र को स्वत: ही केंद्र सरकार की जवाहरलाल नेहरू अर्बन रिन्यूबल मिशन फंड से राशि प्राप्त हो सकेगी। यद्यपि इस बार की यात्रा में मुझे ज्यादा खुशी गांधीनगर में एक नए प्रोजेक्ट-महात्मा मंदिर की शुरुआत से हुई।

135 करोड़ रुपए की अनुमानित लागत से बननेवाला महात्मा मंदिर 34 एकड़ से ज्यादा भूमि में फैला होगा। एक विश्वस्तरीय कन्वेंशन सेंटर के अलावा मंदिर को महात्मा के जीवन और दर्शन के स्मारक या कीर्ति स्तंभ के रूप में विकसित किया जाएगा। वायब्रेंट गुजरात का आगामी वैश्विक सम्मेलन इसी नवनिर्मित कन्वेंशन सेंटर में होना प्रस्तावित है।

दर्शकों को गांधीजी के दांडी मार्च का स्मरण कराने के लिए एक गुंबद को नमक के ढेर के रूप में एक संग्रहालय और मीडिएशन सेंटर बनाया जाएगा, इस परियोजना की पूरी योजना ग्रीष्म कंस्ट्रेक्शन तकनीक के अनुसार होगी।

मंदिर के उद्घाटन समारोह में मुख्य मंच के समीप विशेष रूप से सजाए गए अनेक कलश रखे गए थे। जिनमें दुनिया के पचास देशों से ज्यादा जहाँ प्रवासी भारतीय रहते हैं,

एवं भारत के सभी राज्यों से यहाँ भाग लेने आए गुजरातियों द्वारा लाई गई मिट्टी और जल था। इस मंदिर के निर्माण में दुनिया के विभिन्न हिस्सों की मिट्टी और जल के उपयोग ने मुझे डॉ. कन्हैयालाल माणिकलाल मुंशी का स्मरण करा दिया, जिन्होंने 1951 में सोमनाथ मंदिर के निर्माण में इसी तरह की दृष्टि अपनाई थी, जिसके लिए प्रधानमंत्री नेहरू ने उनकी कटु आलोचना भी की थी।

डॉ. मुंशी ने एक मंत्रिमंडल बैठक में अपनी इस निंदा पर कड़ी प्रतिक्रिया दी। उन्होंने प्रधानमंत्री को एक लंबा पत्र लिखा, जिसमें उन्होंने इस पर जोर दिया कि सोमनाथ मंदिर का पुनर्निर्माण मंत्रिमंडल का फैसला था। सरदार पटेल ने तब महत्त्वपूर्ण भूमिका निभाई थी और गांधीजी ने इस निर्णय को आशीर्वाद दिया।

डॉ. मुंशी ने लिखा : कल आपने हिंदू नवजागरणवाद का उल्लेख किया था। मंत्रिमंडल में आपने मेरे सोमनाथ से जुड़ाव पर उँगली उठाई। मुझे खुशी है कि आपने ऐसा किया, क्योंकि मैं अपने किसी भी विचार या कार्य को अप्रकट नहीं रखना चाहता हूँ। मैं आपको विश्वास दिला सकता हूँ कि भारत का समस्त जनमानस आज भारत सरकार द्वारा प्रायोजित सोमनाथ के पुनरुद्धार की योजना से बहुत प्रसन्न है। इतनी प्रसन्नता उसे अब तक हमारे द्वारा किए या किए जा रहे किसी भी कार्य से नहीं मिली है।''

उन्होंने आगे जोड़ा कि—''भविष्य को ध्यान में रखकर वर्तमान में कार्य करने की शक्ति मुझे अतीत के प्रति अपने विश्वास से ही मिली है। भारत की स्वतंत्रता अगर हमें भगवद्गीता से दूर करती है या हमारे करोड़ों लोगों के इस विश्वास या श्रद्धा को तोड़ती है, जो हमारे मंदिरों के प्रति उनके मन में है और हमारे समाज के ताने-बाने को तोड़ती है तो ऐसी स्वतंत्रता का मेरे लिए कोई मूल्य नहीं है। सोमनाथ मंदिर के पुनरुद्धार से हमारे देशवासियों की धार्मिक अवधारणा अपेक्षाकृत और शुद्ध होगी तथा इससे अपनी शक्ति के प्रति उनकी सजगता और भी बढ़ेगी, जो स्वतंत्रता के इन कठिनाई भरे दिनों में बहुत आवश्यक है।''

यह पत्र पढ़कर जाने-माने प्रशासनिक अधिकारी वी.पी. मेनन, जिन्होंने देशी रियासतों के एकीकरण में सरदार पटेल की भरपूर मदद की थी, ने मुंशी को एक लघु संदेश भेजा— मैंने आपके अद्भुत पत्र को देखा है। जो बातें आपने पत्र में लिखी हैं, उनके लिए तो मैं जीने और आवश्यकता पड़ने पर मरने के लिए भी तैयार हूँ।

2 मई, 2010

□

क्या आपातकाल वापस लौट आया है?

'आउटलुक' (3 मई, 2010) पत्रिका के ताजा अंक में एक चौंकानेवाली रिपोर्ट प्रकाशित हुई कि कैसे भारत सरकार नवीनतम फोन टेप तकनीक का प्रयोग करते हुए प्रमुख राजनीतिक नेताओं के टेलीफोन वार्त्तालाप का रिकॉर्ड तैयार कर रही है। इन नेताओं में बिहार के नीतीश कुमार जैसे मुख्यमंत्रियों, शरद पवार जैसे केंद्रीय मंत्रियों, प्रकाश करात जैसे कम्युनिस्ट नेताओं और कांग्रेस पार्टी के महासचिव दिग्विजय सिंह जैसे पदाधिकारी उल्लेखनीय हैं।

इसने मुझे 25 वर्ष पूर्व हुई एक दिलचस्प मुलाकात का स्मरण करा दिया। वर्ष 1985 में एक सुबह एक अजनबी कागजों से भरा ब्रीफकेस लेकर मेरे घर आया। उसने मुझे बताया कि इस ब्रीफकेस में बारूद भरा है, जो इस सरकार को उड़ा सकता है। उसने अपना ब्रीफकेस खोला और उसमें से लगभग 200 पृष्ठ निकाले, जिन पर अनेक महत्त्वपूर्ण व्यक्तियों के टेलीफोन वार्त्तालाप का रिकॉर्ड टाइप किया हुआ था।

मैंने उन दस्तावेजों को जाँचा। मैंने पाया कि यह ऐसा विस्फोटक नहीं था जैसा कि वह सज्जन बता रहे थे। उनमें से कुछ दस्तावेजों में मेरे और श्री अटल बिहारी वाजपेयी के बीच हुई टेलीफोन वार्त्ता के रिकॉर्ड थे। मुझे सबसे ज्यादा आश्चर्य इस पर हुआ कि उन रिकॉर्डों में न केवल विपक्षी नेताओं के टेलीफोन वार्त्तालाप लिपिबद्ध थे अपितु कुछ प्रमुख पत्रकारों और ज्ञानी जैल सिंह जैसे अति सम्मानित महत्त्वपूर्ण व्यक्ति के वार्त्तालाप भी शामिल थे।

25 जून, 1985 को संयोगवश आपातकाल की दसवीं वर्षगाँठ थी। उस दिन एक संवाददाता सम्मेलन को संबोधित करते हुए श्री वाजपेयी ने न केवल आपातकाल की अन्य ज्यादतियों का स्मरण कराया अपितु उन 19 महीनों में व्यापक पैमाने पर हुई फोन टेपिंग का उल्लेख करते हुए प्रेस को बताया—

मुझे काफी पहले से पता है कि मेरा और मेरे पार्टी सहयोगी आडवाणी के फोन निगरानी

सूची में हैं।" लेकिन बाद में मुझे जानकारी मिली कि अनेक वरिष्ठ नेताओं, जैसे—चौधरी चरण सिंह, जगजीवन राम एवं चंद्रशेखर तथा जी.के. रेड्डी, अरुण शौरी, कुलदीप नैयर और जी.एस. चावला जैसे पत्रकारों के फोन भी नियमित रूप से टेप किए जा रहे हैं। लेकिन जिससे मैं भौचक्का रह गया, वह है इंटेलिजेंस ब्यूरो द्वारा राष्ट्रपति और मुख्य न्यायाधीश के फोन टेप करने का दुःसाहस। यह सब न केवल राजनीतिक दृष्टि से अनैतिक है अपितु असंवैधानिक और गैर-कानूनी भी है।

वर्ष 1996 में जब श्री देवेगौड़ा प्रधानमंत्री थे तब कांग्रेस का एक उच्चस्तरीय प्रतिनिधिमंडल पूर्व गृहमंत्री शंकरराव चह्वाण के नेतृत्व में उनसे मिला और शिकायत की कि श्री पी.वी. नरसिम्हा राव और अनेक वरिष्ठ कांग्रेसी नेताओं के फोन उत्तर प्रदेश सरकार टेप करवा रही है। प्रधानमंत्री ने इन कांग्रेसजनों को बताया कि उनकी शिकायत आधारहीन है। इसके साथ-साथ श्री देवेगौड़ा ने स्वयं बाद में घोषित किया कि सी.बी.आई. को इस मामले की जाँच करने को कहा गया है।

वर्ष 1988 में एक प्रमुख फोन टेप कांड ने कर्नाटक में तूफान ला दिया। 'द टाइम्स ऑफ इंडिया' ने डी.आई.जी. (इंटेलीजेंस) के उस आदेश की प्रति प्रकाशित कर दी, जिसमें उन राजनीतिक हस्तियों और कुछ संस्थाओं के नामों का उल्लेख था, जिनके टेलीफोन टेप किए जानेवाली सूची में शामिल थे।

उस समय मैं राज्यसभा का सदस्य था और मुझे याद है कि केंद्रीय गृह मंत्री बूटासिंह ने कर्नाटक सरकार की तीखी निंदा की और दोहराया था कि केंद्र हेगड़े सरकार की भाँति किसी राजनीतिज्ञ या पत्रकार का फोन टेप नहीं करा रहा। उनके इस वक्तव्य ने मुझे बोलने को बाध्य किया—"मैं नहीं कह सकता कि आज क्या हुआ है। लेकिन मुझे व्यक्तिगत जानकारी है कि कम-से-कम वर्ष 1985 तक आपकी सरकार मेरा टेलीफोन और अनेक अन्य राजनीतिज्ञों व पत्रकारों के फोन टेप करा रही थी।"

दुनिया के अनेक लोकतंत्रों में फोन टेपिंग की वैधानिकता और सीमाएँ सतत बहस का विषय रही हैं। संयुक्त राज्य अमेरिका में यह विषय वाटरगेट कांड के दिनों तीखे विवाद का बिंदु बना था। क्रुद्ध जनमत और महाभियोग के डर ने रिचर्ड निक्सन को राष्ट्रपति पद से बाहर कर दिया। उनके उत्तराधिकारी गेराल्ड फोर्ड ने उन्हें पूर्ण माफी दे दी। लेकिन 3 वर्ष बाद डेविड फ्रॉस्ट से टेलीविजन साक्षात्कार में निक्सन (19 मई, 1977) ने सनसनीखेज वक्तव्य दे दिया। उन्होंने माना कि सेंधमारी और अन्य अपराध गैर-कानूनी नहीं हैं, बशर्ते कि राष्ट्रपति द्वारा आदेशित हों।

वर्ष 1977 में राष्ट्रपति जिमी कार्टर ने कांग्रेस को एक ऐसी योजना को स्वीकृति देने को कहा, जिसमें बगैर न्यायपालिका के अनुमोदन के कार्यपालिका द्वारा नागरिकों की निजता (प्राइवेसी) में किसी भी तरह की घुसपैठ असंभव बना दी जाए। कार्टर ने माना कि यह योजना राष्ट्रीय सुरक्षा और एक नागरिक के निजता के मूलभूत अधिकार के बीच के अंतर्निहित संघर्ष का सफलतापूर्वक समाधान कर देगी। तदनंतर कानून बनाया गया, जिसके तहत एफ.बी.आई. सहित सभी सुरक्षा प्राधिकरणों को किसी का भी फोन टेप करने से पहले न्यायिक सहमति लेना अनिवार्य होगा।

ब्रिटेन में टेलीफोन टेपिंग को नियमित करने हेतु कोई कानून नहीं है। परंतु अनेक संसदीय समितियाँ इस प्रश्न की गहराई तक गई हैं। वर्ष 1957 में नॉरमन ब्रिकेट (Norman Briket) के नेतृत्व में प्रिवी काउंसिलरों की तीन सदस्यीय समिति गठित की गई, जिसे इंटरसेप्शन ऑफ कम्युनिकेशंस की जाँच करनी थी।

ब्रिकेट समिति ने फोन टेपिंग या निजी संवादों में किसी भी प्रकार या रूप में बाधा को अंतर्निहित आपत्तिजनक निरूपित किया, लेकिन महसूस किया कि इसे निश्चित तौर पर परिभाषित क्षेत्रों में अनुमति दी जा सकती है, मगर वह भी पर्याप्त सुरक्षा उपायों के साथ। इसने सिफारिश की कि फोन टेपिंग की अनुमति पुलिस और सुरक्षा एजेंसियों को सिर्फ अपराधों की जाँच या षड्यंत्रों या गुप्तचर गतिविधियों के लिए दी जा सकती है। लेकिन इस क्षेत्र के लिए भी समिति ने कठोर मार्गदर्शी सिद्धांत तय किए। तब से लेकर आज तक ब्रिटेन में किसी ने अपनी सरकार पर यह आरोप नहीं लगाया कि वह इन शक्तियों का दुरुपयोग कर रही है।

इस संदर्भ में, वास्तव में आवश्यकता है ब्रिकेट समिति की तरह एक संसदीय समिति गठित करने की, जो समस्या के सभी पहलुओं की जाँच करे, पुराने पड़ गए इंडियन टेलीग्राफ एक्ट–1885 को समाप्त कर उसके स्थान पर एक नए कानून लाने की, जो एक साधारण नागरिक की निजता में अतिक्रमण को समाप्त करे, लेकिन जो औपचारिक रूप से राज्य के अधिकार को मान्यता दे कि वह टेप करने के नवीनतम आई.टी. उपकरणों का उपयोग सिर्फ अपराध, षड्यंत्र और जासूसी से निपटने में कर सके। कानून अवश्य ही ऐसे संवैधानिक सुरक्षात्मक उपबंध उपलब्ध कराए, जो राजनीतिक कार्यकर्ताओं और पत्रकारों के विरुद्ध इन शक्तियों के दुरुपयोग को असंभव बना दें।

25 अप्रैल, 2010

□

दलाई लामा—एक अद्वितीय व्यक्तित्व

पिछले दिनों हरिद्वार और ऋषिकेश की यात्रा में एक व्यक्ति ने मुझे सर्वाधिक प्रभावित किया और वह हैं पूजनीय दलाई लामा।

यह दलाई लामा से मेरी पहली मुलाकात नहीं थी। पहले भी अनेक बार हमारा मिलना हुआ है। जबसे उन्हें अपने हजारों अनुयायियों के साथ तिब्बत छोड़ने को बाध्य होना पड़ा और उन्होंने भारत को अपने देश के रूप में अपनाया तब से अनेक कार्यक्रमों में हम दोनों मिले हैं। हम दोनों के बीच सदैव स्नेह और परस्पर आदर-भाव के तार जुड़े रहे हैं।

लेकिन कुंभ में दो दिनों तक उनके साथ जो निकटता हुई उससे मेरे मन में उनके प्रति सम्मान और बढ़ा है। उनकी विनम्रता, उनकी श्रेष्ठता, उनकी रचनात्मकता ये सभी स्पष्ट विशेषताएँ हैं।

'एनसायक्लोपीडिया ऑफ हिंदुइज्म' के लोकार्पण कार्यक्रम में हम दोनों मंच पर बैठे थे कि अचानक श्रोताओं की व्यापक भीड़ में एक हलचल सी मची, जिससे पता लगता था कि किसी विशेष अतिथि का आगमन हुआ है।

और दिखा कि स्वामी रामदेवजी वहाँ आए और मंच पर विराजे, श्रोताओं ने उत्साहपूर्वक उनका अभिनंदन किया। परमार्थ निकेतन के स्वामी चिदानंदजी ने जिन्होंने एनसायक्लोपीडिया को तैयार करने के महनीय कार्य की पहल की, स्वामी रामदेव को आदरपूर्वक मंच पर लाकर दलाई लामा के साथ बिठाया। और मैं यह देखकर हैरान हो गया कि दलाई लामा ने पहले तो उस तरह से अभिनंदन किया जैसा सामान्य तौर पर किया जाता है और फिर बगैर किसी औपचारिकता के उन्होंने उनकी दाढ़ी खींचनी शुरू की।

स्वामी रामदेवजी जोर से हँसे और मुझे कहा—जब भी वह मुझसे मिलते हैं तो सदैव इसी तरह से अभिनंदन करते हैं। वह बच्चे की भाँति हैं। वस्तुतः दलाई लामा की यह बालसुलभ सादगी ही उनको सबका प्रिय बनाती है।

ऋषिकेश आश्रम में जहाँ मैं रुका था, वहाँ तिब्बती धर्मगुरु के अनेक अनुयायी और प्रशंसक भी रुके थे। उनमें से एक चीनी सज्जन विक्टर चेन ने दलाई लामा पर उनके द्वारा लिखी गई एक उत्कृष्ट पुस्तक—'द विस्डम ऑफ फॉरगिवनेस : इंटिमेट कनवरसेशंस एंड जर्नीस' (The Wisdom of Forgiveness Intimante Conversations and Journis) मुझे भेंट की।

दलाई लामा द्वारा रामदेवजी के इस तरह के अभिनंदन ने मुझे इस पुस्तक के एक रोचक पैराग्राफ का स्मरण करा दिया। यह पैराग्राफ आयरलैंड के बेलफास्ट की उनकी यात्रा से संबंधित अध्याय में है। बेलफास्ट की सभा में प्रोटेस्टेंट और कैथोलिक दोनों मौजूद थे, दलाई लामा के एक ओर प्रोटेस्टेंट मिनिस्टर और दूसरी ओर कैथोलिक पादरी थे। जिस पैराग्राफ का मुझे स्मरण हुआ, वह इस प्रकार है—

"उन्होंने दोनों व्यक्तियों को अपने निकट खींचा और दोनों को गले लगाया। तभी उनकी आँखों में एक शरारती चमक झिलमिलाई, वह आगे बड़े और उनकी दाढ़ियों को जोर से खींचने लगे। उपस्थित भीड़ आनंदित हुई। दलाई लामा दाढ़ियों को देखते ही सदैव ऐसा ही करते हैं। वह उनके साथ खेलने से अपने को रोक नहीं पाते।"

***

मूलत: हांगकांग के विक्टर चेन अब बेंकूवर में रहते हैं और ब्रिटिश कोलंबिया यूनिवर्सिटी के इंस्टीट्यूट ऑफ एशियन रिसर्च में कार्यरत हैं। अपनी पुस्तक की प्रस्तावना में उन्होंने दलाई लामा की लोकप्रियता के मूल्यांकन को इन शब्दों में समाहित किया है—

"मैं यह जानने को उत्सुक था कि क्या दलाई लामा को पता है कि वह लोगों के लिए इतने चुंबकीय क्यों हैं? उनके साथ एक साक्षात्कार में, मैंने उनसे कहा—मैं आपसे एक मूर्खतापूर्ण प्रश्न पूछना चाहूँगा। तिब्बती नेता, भारत के धर्मशाला स्थित अपने आवासीय परिसर के मुलाकात कक्ष के कोने में रखी आरामकुरसी पर सदैव की भाँति पालथी मारे बैठे हुए थे। आप इतने लोकप्रिय क्यों हैं? आपमें ऐसा क्या है कि अनेक लोग आपसे मिलने के लिए अपने आप को रोक नहीं पाते?

दलाई लामा तब भी ऐसे ही बैठे थे, प्रश्न को विचारते हुए। उन्होंने मेरे प्रश्न को यूँ ही नहीं टाल दिया जैसा कि मैं सोचता था कि वह ऐसा करेंगे।

वह विचारमग्न थे और उन्होंने उत्तर दिया—'मैं नहीं समझता कि मेरे अंदर विशेष रूप से अच्छी विशेषताएँ हैं। हाँ, हो सकता है कुछ छोटी चीजें हों। मेरे पास सकारात्मक (पोजिटिव) दिमाग है। निश्चित ही कभी-कभी मुझे भी गुस्सा आता है, लेकिन मेरे दिल में, मैं कभी किसी को दोष नहीं देता, और न ही उनके बारे में बुरा सोचता हूँ। मैं औरों के बारे में ज्यादा सोचने

का प्रयास करता हूँ। मैं मानता हूँ कि मेरी तुलना में अन्य ज्यादा महत्त्वपूर्ण हैं। हो सकता है कि अनेक लोग मुझे मेरे अच्छे हृदय के लिए पसंद करते हों।'

'अब मैं सोचता हूँ कि शुरुआत में उनको उत्सुकता रहती होगी। तब शायद जब मैं किसी से पहली बार मिलता हूँ तो वह मेरे लिए अपरिचित नहीं होता। मुझे सदैव ऐसा लगता है—वह अन्य मनुष्य ही है। कोई विशेष नहीं, मैं भी उनकी तरह।'

उन्होंने अपने गालों को अपनी अंगुलियों से दबाया और बोलते रहे, 'इस त्वचा के भीतर समान प्रकृति, समान तरह की इच्छाएँ और भावनाएँ हैं। मैं सामान्यतया दूसरे व्यक्ति को खुशी की भावनाएँ देने की कोशिश करता हूँ। बदले में अनेक लोग मेरे बारे में कुछ पॉजिटिव बोलने लगते हैं। तब और लोग आते हैं, इसी का पालन करते हैं—यह भी संभव है।'

जीवन से बड़े उनके व्यक्तित्व की बनी छवि संबंधी मेरे प्रश्न पर विचार करते हुए दलाई लामा ने जवाब देना जारी रखा 'अनेक लोग मेरी हँसी भी पसंद करते हैं। लेकिन किस तरह की हँसी, किस तरह की प्रसन्नता, मैं नहीं जानता।'

मैंने कहा—'जिस तरह की हँसी आप हँसते हैं, अनेक लोग आपकी हँसी पर टिप्पणी करते हैं। आप सत्तर के आस-पास हैं, लेकिन अभी भी आप प्रसन्नचित्त शोरगुल को पसंद करते हैं और आप कभी अपने को गंभीरता से नहीं लेते हैं।'

'मेरे मामले में, मेरी मानसिक अवस्था तुलनात्मक रूप से ज्यादा शांतिपूर्ण है। कठिन परिस्थितियों या कभी काफी दुःखद समाचार मिलने के बावजूद, मेरा दिमाग चिंतित नहीं होता। कुछ क्षणों के लिए कुछ दुःखद अनुभूतियाँ होती हैं, लेकिन लंबे समय तक शेष नहीं रहतीं। कुछ मिनटों या कुछ घंटों के भीतर ही वे चली जाती हैं। इसलिए मैं सामान्यतया समुद्र की तरह इसकी व्याख्या करता हूँ। किनारे पर लहरें आती हैं और चली जाती हैं, परंतु तल सदैव शांत रहता है।'

मुझे तनिक भी संदेह नहीं कि दलाई लामा की सशक्त उपस्थिति का उनकी गहरी गंभीर आध्यात्मिकता से कुछ संबंध है। उनका विख्यात स्नेह उनकी आध्यात्मिक सिद्धि की सामान्य अभिव्यक्ति है।

***

विक्टर चेन की पुस्तक के उपरोक्त पैराग्राफ से दलाई लामा द्वारा लेखक को दिए गए उत्तर से निष्कपटता से परिपूर्ण मानवता और गंभीर आत्मनिरीक्षण बहुत साफ-साफ उभर कर आता है।

18 अप्रैल, 2010

□

लोकतंत्र और सेक्यूलरिज्म की जड़ें

राजधानी नई दिल्ली से एक नया साप्ताहिक शुरू हुआ है। इसके संपादक एम.जे. अकबर और चेयरमैन राम जेठमलानी हैं। साप्ताहिक का नाम है 'द संडे गार्जियन' (The Sunday Gauardian).

इस पत्रिका के पिछले संस्करण (4 अप्रैल, 2010) में जेठमलानी का एक दिलचस्प लेख प्रकाशित हुआ है। लेख का शीर्षक उकसानेवाला लगता है— 'हिंदुत्व भाजपा की संपत्ति नहीं है' (Hindutva is not property of BJP)। मेरी पार्टी के कुछ सहयोगी इस पर आपत्ति करते हुए मान सकते हैं कि यह आलोचनात्मक है, जबकि ऐसा नहीं है, यह प्रशंसात्मक है।

वस्तुत: इसमें जोर दिया गया है कि भारतीय सेक्युलरिज्म की जड़ें हिंदुत्व में हैं। जेठमलानी ने सर्वोच्च न्यायालय में शिवसेना के नेता मनोहर जोशी का केस बहुत अच्छे ढंग से प्रस्तुत किया और न्यायमूर्ति वर्मा का हिंदुत्व पर उल्लेखनीय निर्णय पाने में सफलता हासिल की, जिसमें न्यायालय ने घोषित किया—हिंदुत्व एक जीवन-पद्धति है या मनोवृत्ति है और इसे मजहबी हिंदू कट्टरपंथ के रूप में नहीं समझा जा सकता। अपने लेख में विद्वान् वकील ने लिखा है—'यह दुर्भाग्यपूर्ण है कि भाजपा लोगों को यह समझाने में असफल रही है कि हिंदुत्व और भारतीय सेक्युलरिज्म वास्तव में समानार्थी हैं।'

***

अस्सी के दशक में जब मैं भाजपा का अध्यक्ष था तो मुझे कनाडा के टेलीविजन की एक टीम का फोन आया। नई दिल्ली आई हुई इस टीम के बारे में मुझे बताया गया कि वह एक टेलीविजन धारावाहिक बना रहे हैं, जिसका शीर्षक है—'विश्व भर में लोकतंत्रों का उदय और पतन' (The Rise and Fall of Democracies around the Hobe).

कार्यक्रम के प्रस्तोता ने मुझसे कहा, भारत में पिछले चार दशकों से जिस तरह से

लोकतंत्र चल रहा है और केंद्र तथा राज्यों में मतदान बक्सों के माध्यम से सरकारों का परिवर्तन सहज और शांतिपूर्ण ढंग से होता रहा है, उससे हम अत्यंत प्रभावित हैं। हम मानते हैं कि आप उन कुछ राजनीतिक नेताओं में से हैं, जिन्होंने स्वतंत्र भारत के पहले आम चुनाव (1952) से लेकर अभी तक सक्रिय भाग लिया है। इसलिए हम आपका साक्षात्कार लेना चाहते हैं।

यह टीम अशोक रोड स्थित हमारे पार्टी कार्यालय में आई और मुझसे मेरा विश्लेषण पूछना चाहती थी कि इस देश में लोकतंत्र इतना सफलतापूर्वक कैसे चल रहा है। मेरा उत्तर था—'मैं मानता हूँ कि सफल लोकतंत्र के लिए सर्वाधिक महत्त्वपूर्ण तत्त्व यह है कि देश के लोगों को यह स्वीकारने के लिए तैयार रहना होता है कि किसी भी मुद्दे पर विभिन्न विचार होना स्वाभाविक है और नागरिकों में सामान्यतया अपने से विपरीत विचारोंवाले के प्रति भी सहिष्णुता का भाव होना चाहिए और भारत में यह सर्वदा रहा है।'

मानव इतिहास में, विभिन्न विचारों के प्रति असहिष्णुता अधिकांशतया धार्मिक क्षेत्र में प्रकट होती रही है। पश्चिम में, गैलेलियो जैसे विख्यात वैज्ञानिक को प्रताड़ना सहनी पड़ी और उन सभी वैज्ञानिक खोजों को वापस लेना पड़ा जो मजहबी ग्रंथों के विरुद्ध थीं, भले ही वैज्ञानिक आधार पर इन खोजों की विश्वसनीयता संदेहों से ऊपर थी।

इसके एकदम विपरीत, भारत में विशुद्ध धार्मिक मामलों में भी खुला दिमाग और उदार दृष्टि रही है। ईश्वर में विश्वास रखनेवालों के बीच हमारे यहाँ घोर भौतिकवादी और ईश्वर को न माननेवाले चार्वाक जैसे नास्तिक भी हुए जो ईश्वर के अस्तित्व, पुनर्जन्म के सिद्धांत पर प्रश्नचिह्न लगाने तथा खाने, पीने, और आनंद उठाने को ही जीवन प्रतिपादित करते हैं। उन्हें भी न केवल सहन किया गया, अपितु वास्तव में उन्हें ऋषि चार्वाक के रूप में सम्मान दिया गया।

'न्यूजवीक इंटरनेशनल' के संपादक फरीद जकरिया ने हाल ही में लिखित पुस्तक 'द पोस्ट-अमेरिकन वर्ल्ड' में बारंबार इस पर जोर दिया है कि हिंदुइज्म सही माने में सिर्फ मजहब नहीं है। जकरिया लिखते हैं—

"हिंदुइज्म का प्रत्येक वर्ग और उपवर्ग अपने भगवान्, देवी या पवित्र व्यक्तियों की पूजा करता है। प्रत्येक परिवार हिंदुइज्म की अपनी विशिष्ट पहचान धारण करता है। आप कुछ विश्वासों के प्रति अपना सम्मान प्रकट कर सकते हैं और अन्यों के लिए नहीं। आप शाकाहारी भी हो सकते हैं या मांस खा सकते हैं। आप प्रार्थना कर सकते हैं या नहीं भी। इसमें से कोई भी यह निर्धारित नहीं कर सकता कि क्या आप हिंदू हैं। कोई विधर्मी नहीं

है, क्योंकि धारणाओं का कोई बँधा-बँधाया नियम नहीं है, कोई मत और न ही कोई आदेश (कमांडेंट्स) हैं।'

जकरिया तर्क देते हैं कि ''यह किसी बँधे-बँधाए सिद्धांतों में सीमित न रहनेवाला चरित्र ही हिंदुइज्म को अन्यों को अपने में आत्मसात् और सम्मिलित करने की शक्ति प्रदान करता है।'' मैं मानता हूँ कि यही हिंदू लोकाचार भारत में लोकतंत्र और सेक्युलरिज्म की सफलता की कुंजी है।

11 अप्रैल, 2010

□

स्थापना दिवस पर कुछ विचार

आज भारतीय जनता पार्टी का स्थापना दिवस है। आज पार्टी पूरे 30 वर्ष की हो गई।

सन् 1980 में 6 अप्रैल को जब श्री वाजपेयी ने पार्टी की स्थापना की तो वह ईस्टर संडे था। दो दिन पूर्व गुड फ्रायडे मनाया गया था। 4 अप्रैल को जनता पार्टी ने एक प्रस्ताव पारित कर उन सभी को निष्कासित करने का निर्णय लिया था जो राष्ट्रीय स्वयंसेवक संघ से जुड़े हुए थे। इसका आशय था कि जनता पार्टी की सदस्यता राष्ट्रीय स्वयंसेवक संघ की सदस्यता के साथ नहीं चल पाएगी। इसे दोहरी सदस्यता कहा गया। व्यावहारिक रूप से इसका अर्थ था पार्टी से जनसंघ के उन सभी सदस्यों का निष्कासन, जो कांग्रेस (ओ), समाजवादी पार्टी, लोकदल और जनसंघ के विलय से बनी थी।

इस वर्ष ईस्टर संडे 4 अप्रैल को था। संयोग से इस दिन और इससे पूर्व के दिन मैं हरिद्वार के कुंभ में था। 3 और 4 अप्रैल - दोनों दिन परमार्थ निकेतन के पूजनीय प्रमुख स्वामी चिदानंदजी ने ऐसे शानदार कार्यक्रम आयोजित किए थे, जो इस वर्ष के कुंभ यानी 2010 के कुंभ को अद्वितीय और अविस्मरणीय बना देंगे।

इंडियन हैरिटेज रिसर्च फाउंडेशन द्वारा तैयार एवं रूपा एंड कंपनी द्वारा प्रकाशित 11 खंडोंवाले एनसाइक्लोपीडिया ऑफ हिंदुइज्म का लोकार्पण हरिद्वार में दलाई लामा ने किया।

4 अप्रैल को ऋषिकेश में गंगा के किनारे श्री दलाई लामा के नेतृत्व में हजारों साधुओं, संतों, विद्वानों ने अपने अनुयायियों के साथ गंगा को प्रदूषण मुक्त करने की प्रतिज्ञा ली।

हरिद्वार में एनसाइक्लोपीडिया ऑफ हिंदुइज्म के लोकार्पण समारोह में फादर डोमिनिक इमेएनुएल भी एक वक्ता थे। उन्होंने यूँ ही उल्लेख किया कि यह कार्यक्रम ईस्टर की पूर्व संध्या पर आयोजित किया गया है। इस उल्लेख ने मुझे स्मरण कराया कि इस सप्ताह के ईसाई पर्वों-गुड फ्रायडे और ईस्टर का भाजपा के इतिहास में कितना महत्त्व है।

गुड फ्रायडे वह दिन है, जब यीशु मसीह को सलीब पर चढ़ाया गया। ईस्टर संडे यीशु मसीह के पुनर्जीवित होने का दिन है।

दोहरी सदस्यता को लेकर जनता पार्टी का प्रस्ताव जिसने जनसंघ के सदस्यों को जनता पार्टी से निष्कासित किया था, वह हमें सलीब पर चढ़ाए जाने जैसा था।

ईस्टर संडे को भारतीय जनता पार्टी की स्थापना निश्चित रूप से हमारा पुनर्जीवन थी, जिसने श्री वाजपेयी को देश को 6 वर्षों तक सुशासन देने में समर्थ बनाने के साथ ही देश का राजनीतिक इतिहास बदल दिया और भारत की एकध्रुवीय प्रभुत्ववाली दलगत राजनीति को द्विध्रुवीय राजनीति में बदल दिया।

मैंने कहा कि मुझे इसमें संदेह नहीं कि एनसाइक्लोपीडिया ऑफ हिंदुइज्म का प्रकाशन भारत की आध्यात्मिक और सांस्कृतिक विद्वत्ता के लिए एक प्रकार का पुनर्जागरण सिद्ध होगा और भारत के स्वाभिमान को पुनर्जीवित करने की ओर अग्रसर करेगा।

* * *

'मेरा देश : मेरा जीवन' शीर्षकवाली मेरे संस्मरणों की पुस्तक मार्च 2008 में प्रकाशित हुई थी। इसका नौ पृष्ठीय उपसंहार मैंने जनवरी, 2008 में परमार्थ निकेतन में लिखा था। 2007 के नव वर्ष पर, मैं पहली बार इस आदर्श आश्रम में आया था और इसकी गंगा-आरती में शामिल हुआ था।

अपने उपसंहार में, मैंने लिखा—स्वामीजी ने मेरे साथ अपने आश्रम में चल रही और कई भावी परियोजनाओं पर चर्चा की। इसमें गंगा को साफ करना, उत्तराखंड-जिसे देवभूमि माना जाता है, को प्लास्टिक और अन्य कूड़ा-करकट से मुक्त करना तथा राज्य के तीर्थस्थलों का सौंदर्यीकरण एवं पुनर्सज्जा करना शामिल है। इस विचार ने मुझे बहुत प्रभावित किया क्योंकि हरिद्वार, ऋषिकेश, मथुरा, वाराणसी और भारत के कई अन्य पवित्र स्थलों की स्थिति काफी बुरी है, जहाँ प्रतिवर्ष पूरे भारत से लाखों श्रद्धालु आते हैं। ये मुझे हमेशा निराशा से भर देते हैं।

मैंने आगे जोड़ा—यह मेरा सपना है कि गंगा को प्रदूषण से मुक्त देख सकूँ-गंगोत्री से गंगासागर तक, पश्चिम बंगाल का वह स्थान, जहाँ वह सागर में मिलती है। इस उद्‍देश्य से पूर्व प्रधानमंत्री राजीव गांधी ने 1980 के दशक में गंगा एक्शन प्लान के नाम से एक सराहनीय परियोजना आरंभ की थी। दुर्भाग्य से उसके वांछित परिणाम नहीं निकल सके, क्योंकि उसे नौकरशाही के तरीके से लागू किया गया था और उसमें उन लोगों का उत्साह सम्मिलित नहीं था, जिसे मैं गंगा परिवार—गंगा के दोनों ओर रहनेवाले लोग एवं देश के

विभिन्न भागों से आनेवाले तीर्थ यात्री और सबसे महत्त्वपूर्ण गंगा के साथ-साथ स्थापित सैकड़ों धार्मिक प्रतिष्ठान कहता हूँ। मुझे कोई संदेह नहीं है कि यदि समाज और राज्य द्वारा संयुक्त रूप से दृढ़ व सतत प्रयास किया जाए तो पवित्र गंगा को उसकी प्राचीन शुद्धता प्रदान की जा सकती है। हालाँकि इस लक्ष्य को पूरी तरह से प्राप्त करने में वर्षों लग सकते हैं, लेकिन यह महायज्ञ करना उपयोगी होगा।

मैं खुशी महसूस करता हूँ कि इस स्पर्श गंगा अभियान ने इस वर्ष के कुंभ को अविस्मरणीय बना दिया है। वहाँ मैंने कुछ पत्रकारों को बताया कि कैसे अहमदाबाद में नरेंद्रभाई ने साबरमती (गांधीजी को साबरमती का संत इसलिए कहा जाता है क्योंकि उनका आश्रम यहाँ स्थित है) को गंदे नाले से एक साफ, सुंदर नदी और दोनों तरफ के किनारों को स्वच्छ बना दिया है। मैं आशा करता हूँ कि यह प्रयास देश के अन्य भागों में लोगों को, उनको अन्य नदियों के लिए भी ऐसे अभियान शुरू करने को प्रेरित करेगा और समय के साथ-साथ नदियों को जोड़ने का अभियान जो कि राष्ट्रीय जनतांत्रिक गठबंधन का सपना था, को भी फिर से जीवित करेगा।

इसी उपसंहार में मैंने उस भाषण का स्मरण किया है जो मैंने परमार्थ निकेतन में एक शाम गंगा-आरती के तुरंत बाद दिया था। मैंने कहा था—

जब मैं सार्वजनिक जीवन में गुजारे छह दशकों को पीछे मुड़कर देखता हूँ—और यह अवधि भारत की स्वतंत्रता के साठ वर्षों के एकदम साथ-साथ चली है तो इसमें मैं तीन मुख्य उपलब्धियों को देख सकता हूँ, जिन्होंने हमारे राष्ट्र की शक्ति व सामर्थ्य को बढ़ाकर अंतरराष्ट्रीय मंच पर इसके कद को ऊँचा किया है।

पहला, भारत ने न केवल शासन की लोकतांत्रिक व्यवस्था को अपनाया, बल्कि उत्साह के साथ इसे संरक्षित भी रखा। उसने कुछ विदेशियों की उस निराशावादी भविष्यवाणी को झुठला दिया है कि एक ऐसा देश, जिसकी काफी बड़ी जनसंख्या निरक्षर है और जिसे अनेक विभाजनकारी विविधताओं ने जकड़ा हुआ है, वह न तो लोकतांत्रिक रह सकता है और न ही एकजुट। भारत मुख्य रूप से अपने हिंदू लोकाचारों के कारण ही लोकतांत्रिक रह सका, जिस तरह से यह हिंदू लोकाचारों के कारण ही पंथनिरपेक्ष बना हुआ है।

हमारी दूसरी सबसे बड़ी उपलब्धि है कि भारत अब एक परमाणु शक्ति संपन्न राष्ट्र है। मई 1998 में तत्कालीन प्रधानमंत्री अटल बिहारी वाजपेयी द्वारा लिए गए साहसिक निर्णय के कारण ही यह संभव हो पाया। विडंबना है कि कुछ देशों, जिनके पास हमसे अधिक घातक परमाणु हथियार हैं, ने इस निर्णय के लिए हमारी सरकार की आलोचना

की। फिर भी, इसने हर भारतीय को गौरवान्वित किया और उसे आश्वस्त किया कि भविष्य में कोई भी बुरी ताकत हम पर हमला करने की और सैन्य दृष्टि से भारत को अपना गुलाम बनाने की हिम्मत नहीं कर सकेगी, जैसा कि पिछले एक हजार वर्षों में होता रहा है।

हमारी तीसरी सबसे बड़ी उपलब्धि है—हाल में आर्थिक विकास के क्षेत्र में हुई असाधारण प्रगति। आज सारी दुनिया भारत को कल की आर्थिक महाशक्ति के रूप में देख रही है। इसके परिणामस्वरूप, भारत और भारतीयों को अंतरराष्ट्रीय समुदाय में वह सम्मान और महत्त्व प्राप्त हो रहा है, जो दो या तीन दशक पहले नहीं था।

06 अप्रैल, 2010

□

हिंदुइज्म का एनसायक्लोपीडिया (विश्वकोश) और महाकुंभ

गत सप्ताह इंडिया हैरिटेज रिसर्च फाउंडेशन के साथ मिलकर रूपा एंड कंपनी द्वारा प्रकाशित किए जा रहे ग्यारह खंडोंवाले एनसायक्लोपीडिया ऑफ हिंदुइज्म की विशेष पूर्वसमीक्षा आयोजित की गई थी। नई दिल्ली के चाणक्यपुरी स्थित विवेकानंद फाउंडेशन सभागार में पहले तीन खंड प्रदर्शित किए गए थे। इस विचार-विमर्श के कार्यक्रम का विषय 'आधुनिक विश्व में हिंदुइज्म' (Hinduism in the Contemporary World) था।

दो घंटे से अधिक चले इस प्रबुद्ध और उच्चस्तरीय विचार-विमर्श को ध्यानपूर्वक सुननेवाले लगभग 400 श्रोताओं में मैं भी एक था। इसमें भाग लेनेवाले प्रतिष्ठित वक्ताओं में स्वामी आत्माप्रियनंदा, उपकुलपति, श्री रामकृष्ण विवेकानंद विश्वविद्यालय; डॉ. कपिल कपूर, मुख्य संपादक, एनसायक्लोपीडिया ऑफ हिंदुइज्म; डॉ. कविता शर्मा, निदेशक, इंडिया इंटरनेशनल सेंटर; डॉ. लोकेशचंद्र, विख्यात विद्वान् और लेखक और साध्वी भगवती, सचिव, इंडिया हैरिटेज रिसर्च फाउंडेशन प्रमुख थे।

उस शाम के विचार-विमर्श की दिशा और विषय-वस्तु ने मुझे उन अनेक बहसों का स्मरण करा दिया जो मैंने अपनी किशोरावस्था में, कराची में विद्यार्थी जीवन में सुनी थीं।

मैंने अपने जन्म 1927 से लेकर जीवन के प्रथम बीस वर्ष ब्रिटिश शासन के तहत गुजारे। पुस्तकों के प्रति मेरा मोह तभी से शुरू हो गया था जब मैं स्कूल में था। उन दिनों एक पुस्तक-केथरीन मायो द्वारा लिखित 'मदर इंडिया' (Mother India) काफी चर्चित हुई थी। यदि कोई भी भारतीय उस पुस्तक को पढ़ लेता तो वह या तो अपने देश, संस्कृति और धर्म के प्रति धिक्कार भाव रखने लगता या ब्रिटिश उपनिवेशवादियों से घृणा शुरू करने लगता, जिन्होंने देश में ऐसा माहौल बनाया था, जिसमें ऐसी झूठी

निंदात्मक पुस्तकों की बाढ़ आने लगी थी। गांधीजी ने इस पुस्तक को एक ड्रेन इंस्पेक्टर की रिपोर्ट कहकर आलोचना की थी। मेयो की पुस्तक के उत्तरस्वरूप अनेक पुस्तकें लिखी गईं। उनमें से एक थी लाला लाजपत राय की 'अनहैप्पी इंडिया' (Unncppy India)।

विवेकानंद फाउंडेशन के कार्यक्रम में एनसायक्लोपीडिया के मुख्य संपादक डॉ. कपूर ने जोरदार ढंग से अपनी बात रखी कि हमारे देश के भद्रलोक द्वारा पश्चिमी संस्कृति को अपनाने का कारण वह शिक्षा-पद्धति है जो ब्रिटिश शासन के दौरान हम पर थोपी गई और जिसने हमें अपनी परंपरा, उत्सवों और रीति-रिवाजों तथा विशेष रूप से हमारी भाषा संस्कृत के प्रति शर्म महसूस करनेवाला और क्षमायाचक बना दिया।

थामस मैकाले के जीवन की एक घटना का उल्लेख करते हुए उन्होंने बताया कि मैकाले ने 1836 में अपने पिता को अत्यंत गर्व से लिखा—इस (अंग्रेजी) शिक्षा का प्रभाव हिंदुओं पर आश्चर्यजनक रूप से अति विशाल है। जो हिंदू इस शिक्षा को पा लेगा वह कभी भी अपने धर्म के प्रति सच्चा नहीं रह सकेगा। यह मेरा पक्का विश्वास है कि यदि हमारी शिक्षा योजना लागू होती है तो आनेवाले तीस वर्षों में बंगाल के सम्मानित वर्गों में से एक भी मूर्तिपूजक शेष नहीं बचेगा।

राजधानी में संपन्न ऐसा ही सम्मेलन अप्रैल के शुरू में जब कुंभ उत्सव चल रहा है, ऋषिकेश में आयोजित किया जा रहा है। इंडिया हैरिटेज रिसर्च फाउंडेशन के अध्यक्ष, पूजनीय स्वामी चिदानंदजी, जिन्होंने दो दशक पूर्व एनसायक्लोपीडिया ऑफ हिंदुइज्म की कल्पना की थी, ने इस कार्यक्रम के लिए परम पूजनीय दलाई लामा को निमंत्रित किया है।

❋ ❋ ❋

हरिद्वार का महाकुंभ 14 जनवरी मकर-संक्रांति से शुरू हुआ और अप्रैल के मध्य यानी बैसाखी तक चलेगा।

लगभग बीस वर्षों तक बी.बी.सी. के दक्षिण एशिया के संवाददाता के रूप में सक्रिय रहे मार्क टुली जिन्हें आपातकाल के दौरान कांग्रेस सरकार ने भारत से (तब वह दिल्ली में बी.बी.सी. के ब्यूरो प्रमुख थे) निष्कासित कर दिया था, ने 1999 में एक पुस्तक लिखी 'नो फुल स्टाप्स इन इंडिया' (No Full Stops in India)। इस पुस्तक में कुंभ उत्सव की सराहना करते हुए प्रशंसा की है, और लिखा—कुंभ मेला दुनिया का सर्वाधिक विशाल धार्मिक उत्सव माना जाता है, लेकिन कोई नहीं जानता कि यह कितना विशाल

है। शायद भगवान् ही अपने भक्तों का हिसाब रखते होंगे जो गंगा और इलाहाबाद में यमुना नदी में अपने पापों को धोने के लिए इस उत्सव में आते हैं। जहाँ तक मनुष्यों का संबंध है, उपग्रह से खींचे गए फोटो, कंप्यूटर और आधुनिक प्रौद्योगिकी के अन्य उपकरण संभवतया सही-सही अंदाजा लगा सकते हैं, मगर इस उद्देश्य से अभी तक उनका उपयोग नहीं किया गया है। अत: यही कहा जा सकता है कि आधिकारिक अनुमान के अनुसार 1977 के कुंभ मेले के सर्वाधिक पवित्र दिन लगभग 1 करोड़ लोगों ने स्नान किया होगा।'

दुनिया में कोई अन्य देश कुंभ मेले जैसा दृश्य नहीं प्रस्तुत कर सकता। यह सर्वाधिक बदनाम भारतीय प्रशासकों की विजय है, लेकिन उससे ज्यादा यह भारत के लोगों की विजय है। और अंग्रेजी प्रेस इस विजय पर कैसे प्रतिक्रिया व्यक्त करता है? अपरिहार्य रूप से, तिरस्कार के साथ। देश के सर्वाधिक प्रभावशाली दैनिक 'द टाइम्स ऑफ इंडिया' ने एक संबद्ध लेख प्रकाशित किया, जिसमें ये वाक्य कई बार दोहराए गए थे—अबस्क्युअरिज्म रूल्ड दि रूट्स इन कुंभ, कुंभ में धार्मिक कर्मकांड ने तर्क को पीछे धकेला और कुंभ में लाखों की भीड़ उमड़ी मगर ठोस कुछ नहीं निकला। 'द टाइम्स ऑफ इंडिया' ने विश्व हिंदू परिषद् की राजनीति की आलोचना की, लेकिन संगम पर स्नान करनेवाले लाखों श्रद्धालुओं की श्रद्धा को विश्लेषित तथा वर्णित करने का कोई प्रयास नहीं किया।

* * *

मार्क टुली कलकत्ता (कोलकाता) में जन्मे, परंतु बी.बी.सी. से सेवानिवृत्त हो जाने के बाद भी उन्होंने भारत को अपना घर मानकर अपनाया और नई दिल्ली में बस गए हैं। टुली उन चिंतकों में अग्रणी हैं जो भारत की सेक्युलर अवधारणा को सही रूप में समझते हैं। उन्होंने बार-बार इस पर जोर दिया है कि सेक्युलर स्टेट का अर्थ अधार्मिक स्टेट होना नहीं है। वे मानते हैं कि भारत में सेक्युलरिज्म हिंदु सहिष्णुता में से उपजा है। एक अन्य स्थान पर उन्होंने उल्लेख किया—

"एक सुबह दिल्ली में मेरी आंख बी.बी.सी. की वर्ल्ड रेडियो सर्विस पर चल रही बहस से खुली जिसमें सुझाया जा रहा था कि क्रिसमस कार्ड नहीं भेजा जाना चाहिए, क्योंकि वह सेक्युलर नहीं है। सेक्युलरवादी, ब्रिटिश नागरिकों को क्रिसमस का आनंद, रंग, लंदन की ऑक्सफोर्ड स्ट्रीट में लाइटिंग, रेलवे स्टेशनों पर यात्रियों से ऊँचे क्रिसमस ट्री, घर-घर में गाए जानेवाले कैरोल से वंचित रखना चाहते थे, क्योंकि ये ईसाइयत को प्रदर्शित करते हैं। यह सुझाया गया कि कार्डों पर यह रूखा सा निर्जीव संदेश लिखा जाना

चाहिए—हैप्पी मिड-विंटर फेस्टिवेल। यह विचार सुनने के बाद मैंने एक राष्ट्रीय दैनिक 'द हिंदू' की प्रति उठाई जिसमें मुखपृष्ठ पर पश्चिम बंगाल के राज्यपाल की फोटो छपी थी, जिन्होंने कोलकाता के बीचों-बीच स्थित अपने राजनिवास के प्रांगण में बच्चों के लिए क्रिसमस पार्टी का आयोजन किया था। राज्यपाल थे गोपाल गांधी और वह अपने दादा के पदचिह्नों पर चल रहे थे, जिन्होंने एक बार कहा था—मेरा हिंदुइज्म मुझे सभी मजहबों का आदर करने की सीख देता है।''

28 मार्च, 2010

□

विदेश में जमा गुप्त भारतीय धन पर श्वेत पत्र की जरूरत

जब वर्ष 2008 में भारतीय जनता पार्टी ने सबसे पहले स्विस बैंकों और अन्य टैक्स हेवंस में भारतीय धन के गुप्त रूप से जमा होने के मुद्दे को उठाया तो कांग्रेस पार्टी के प्रवक्ताओं ने इसका मजाक उड़ाया। वे सवाल करते थे कि जब एन.डी.ए. 6 वर्ष के लिए सत्ता में थी, तब इस मामले में क्यों काररवाई नहीं की गई, प्रधानमंत्री डॉ. मनमोहन सिंह ने इसे चुनावी स्टंट कहा।

इसलिए, जब भारत के संसदीय इतिहास में पहली बार राष्ट्रपति के अभिभाषण में इस मुद्दे का उल्लेख किया गया तो मुझे प्रसन्नता हुई। संसद् की संयुक्त बैठक को संबोधित अभिभाषण में कहा गया कि—भारत कर संबंधी सूचना के आदान-प्रदान को सुगम बनाने तथा कर चोरी की सुविधा देनेवाले क्षेत्रों के खिलाफ काररवाई करने से संबंधित वैश्विक प्रयासों में सक्रिय भागीदारी निभा रहा है।

संसद् में प्रधानमंत्री और वित्तमंत्री ने न केवल इस मुद्दे के महत्त्व को स्वीकारा अपितु बताया भी कि सरकार इस मुद्दे पर सक्रिय है और बीस देशों से उन भारतीय नागरिकों के बारे में सूचनाएँ आदान-प्रदान करने हेतु बातचीत कर रही है, जिन्होंने अपना धन कर बचाकर या गलत तरीके से कमाकर विदेश में रखा है।

अब देश केवल स्वीकारोक्तियों और घोषणाओं से शांत होकर बैठनेवाला नहीं है। दो वर्ष पूर्व जब भाजपा ने इस मुद्दे को उठाया था तब से कांग्रेसी नेता, भाजपा टास्क फोर्स द्वारा विदेशों में रखे गए ऐसे धन के अनुमानों को रफा-दफा करने की कोशिशों में लगे रहे। एक वरिष्ठ कांग्रेसी मंत्री ने कहा था कि ये अनुमान अपुष्ट स्रोतों और इंटरनेट पर आधारित हैं।

भाजपा द्वारा गठित टास्क फोर्स के सदस्य थे श्री एस. गुरुमूर्ति (चाटर्ड एकाउंटेंट और

खोजपरक लेखक, चेन्नई), श्री अजित डोभाल (सुरक्षा विशेषज्ञ, नई दिल्ली), डॉ. आर. वैद्यनाथन (वित्त प्रोफेसर, भारतीय प्रबंध संस्थान, बंगलौर) और श्री महेश जेठमलानी (वरिष्ठ अधिवक्ता, मुंबई)। इस टास्क फोर्स ने विभिन्न स्रोतों का अध्ययन करके यह अनुमान बताया कि 25 लाख करोड़ से 70 लाख करोड़ रुपए के बीच का भारतीय धन विदेशों के टैक्स हेवंस में जमा है।

यह महत्त्वपूर्ण है कि गत सप्ताह संसद् में प्रधानमंत्री द्वारा दिए गए भाषण को मुंबई के एक अंग्रेजी दैनिक ने प्रमुखता से प्रथम पृष्ठ पर प्रकाशित किया, जिसमें उन्होंने बताया कि भारत ने स्विटजरलैंड सहित बीस देशों से इस संबंध में बातचीत पूरी कर ली है, और साथ ही दैनिक ने विदेशों में जमा ऐसे भारतीय धन की अनुमानित राशि उतनी ही बताई है, जो भाजपा के टास्क फोर्स ने बताई थी। मुंबई का दैनिक 'डी.एन.ए.' (6 मार्च, 2010) लिखता है—'हालाँकि स्विटजरलैंड सहित ऐसे टैक्स हेवंस में जमा राशि के बारे में कोई आधिकारिक आँकड़ा उपलब्ध नहीं है, फिर भी अनुमान है कि भारतीय नागरिकों का ऐसा काला धन 140 बिलियन अमेरिकी डॉलर है।'

जब तक पश्चिम प्रभुत्ववाली अर्थव्यवस्था अमेरिका और भारत सहित अन्य पश्चिमी देशों के लिए अच्छी चल रही थी, तब तक इन टैक्स हेवंस के बैंकों के गोपनीय नियमों से कोई दिक्कत नहीं थी, लेकिन हाल ही के वैश्विक आर्थिक संकट ने न केवल अमेरिकी राष्ट्रपति ओबामा अपितु ब्रिटेन, फ्रांस और जर्मनी जैसे अनेक यूरोपीय देशों ने भी अपने रुख में बदलाव कर, इन देशों में बैंकिग के गोपनीय नियमों को बदलने के लिए एकजुट होकर प्रयास शुरू किए हैं।

गत वर्ष वाशिंगटन ने बड़े स्विस बैंक यू.बी.एस. को उन 4450 अमेरिकी ग्राहकों के नाम बताने पर बाध्य किया, जिन पर स्विटजरलैंड में धन छुपाने का संदेह था।

संयोगवश, मैं उल्लेख करना चाहूँगा कि स्विस बैंकों इत्यादि में गुप्त ढंग से जमा भारतीय धन के बारे में एक याचिका सर्वोच्च न्यायालय में लंबित है और इसमें पुणे के एक स्टड-फार्म स्वामी, हसन अली खान का विशेष रूप से उल्लेख है, जिसने स्विटजरलैंड के यू.बी.एस. बैंक में भारी राशि जमा की हुई है। यह भी ज्ञात हुआ है कि संबंधित बैंक ने इसकी पुष्टि की है, लेकिन भारतीय अधिकारी स्विस सरकार द्वारा माँगे गए उपयुक्त दस्तावेजों को अभी तक दे पाने में सफल नहीं हो पाए हैं!

मैंने डॉ. मनमोहन सिंह के समक्ष सबसे पहले यह मुद्दा तब उठाया था, जब जर्मनी ने सार्वजनिक रूप से घोषणा की कि उसे लीसटेनस्टीन (Liechenstein) से टैक्स हेवंस

में खाता रखनेवाले जर्मन नागरिकों की सूची मिली है और संयोग से इसमें कुछ भारतीय नाम भी सम्मिलित थे। यदि उनसे आधिकारिक तौर पर पूछा जाता तो वह भारत को सूचना देने को इच्छुक थे। ऐसा माना जाता है कि तब से अब तक हमारी सरकार को पचास नामों की सूची प्राप्त हुई है। भारत सरकार ने इन नामों को सार्वजनिक करने से इस आधार पर मना कर दिया है कि जर्मनी ने ऐसे रहस्योद्घाटनों पर कुछ कानूनी शर्तें लगा दी हैं। यह बड़ा अटपटा है कि जर्मनी ने अपनी सूची तो जारी कर दी है और वह चाहता है कि भारतीय नाम परदे में ही छिपे रहें या यह हमारी अपनी झिझक है?

अब सरकार ने संसद् को औपचारिक रूप से बताया है कि स्विटजरलैंड सहित बीस देशों से उसकी बातचीत पूरी हो गई है।

मैं मानता हूँ कि आज यह जो स्थिति बनी है वह मुख्य रूप से इसलिए बनी है कि भारतीय जनता पार्टी ने इसे चुनावी मुद्दा बनाया। मुझे प्रसन्नता है कि चुनाव अभियान के दौरान यह मुद्दा लोगों में चर्चा का गरमागरम मुद्दा बना। बाबा रामदेवजी जैसे संन्यासियों ने इसका अपने प्रवचनों में उल्लेख किया। 'फाइनेंसियल टाइम्स' में 'इंडियास कर्स ऑफ ब्लैकमनी' शीर्षक से प्रकाशित लेख के लेखक रेमंड बेकर (निदेशक, ग्लोबल फाइनेंशियल इंटेग्रिटी) ने लिखा है कि—'भारत ने दिखा दिया है कि यह मुद्दा मतदाताओं को छूता है। अन्य विकासशील लोकतंत्र के राजनीतिज्ञों को इसे ध्यान में रखना समझदारी होगी।'

मैं इस पर जोर देना चाहता हूँ कि यह सरकार का कर्तव्य है कि वह लोगों को बताए कि बीस देशों से हुई बातचीत का क्या नतीजा निकला है। मैं आग्रह करना चाहूँगा कि इस मुद्दे पर एक श्वेतपत्र प्रकाशित किया जाए और पूरे देश को विश्वास में लिया जाए।

अंत में सभी देश-वासियों को मेरी ओर से नव-संवत्सर, उगादी, गुड़ी पड़वा, चेटी चंड एवं चैत्र नवरात्रों की हार्दिक शुभ-कामनाएँ।

15 मार्च, 2010

□

अनिवार्य मतदान—प्रासंगिक एवं अपरिहार्य

नई दिल्ली में पहली गैर-कांग्रेसी सरकार 1975 के आपातकाल के विरुद्ध लोगों के गुस्से का परिणाम थी। श्री मोरारजी देसाई के नेतृत्ववाली सरकार में मुझे सरकार में जाने का पहला अनुभव हुआ। प्रधानमंत्रीजी ने मुझसे पूछा था कि क्या मंत्रालय के विषय में मेरी कोई निजी प्राथमिकता है ? निस्संकोच मेरा जवाब था—सूचना एवं प्रसारण मंत्रालय।

मेरी इस पसंद के तीन कारण थे। एक, पत्रकार के नाते मैं मीडिया से परिचित था। दो, मेरा मानना था कि आपातकाल के दौरान लोकतंत्र को सर्वाधिक नुकसान मीडिया और पत्रकारों पर लगे प्रतिबंधों के कारण पहुँचा। तीन, काफी समय से मैं सरकार से अनुरोध कर रहा था कि वह आकाशवाणी से अपना नियंत्रण हटाए और इसे स्वायत्तता प्रदान करे।

सूचना एवं प्रसारण मंत्री के रूप में मुझे बी.बी.सी. द्वारा प्रसारित एक फीचर की पांडुलिपि देखने का अवसर मिला जो चुनाव सुधारों के मेरे अभियान के संदर्भ में मुझे काफी रोचक लगी। यह कार्यक्रम सदियों के ब्रिटिश संसद् के कामकाज पर आधारित था। इस पांडुलिपि में अठारहवीं शताब्दी में ब्रिटेन में घटित एक उल्लेखनीय घटना के बारे में पढ़ने को मिला।

हाउस ऑफ कॉमन्स के एक सदस्य को उसके एक मतदाता का पत्र मिला जिसमें उसने बजट में कुछ एक्साइड प्रावधानों के विरुद्ध वोट डालने को कहा था। बी.बी.सी. कार्यक्रम के अनुसार, सांसद ने अपने मतदाता को जो तीखा जवाब भेजा, वह कुछ यूँ था—

"श्रीमान एक्साइड के संबंध में आपका पत्र मुझे प्राप्त हुआ और आपके द्वारा यह पत्र लिखने के दुःसाहस को देखकर मुझे आश्चर्य हुआ।

आप जानते हैं और मैं जानता हूँ कि मैंने इस निर्वाचन क्षेत्र को खरीदा है।

आप जानते हैं और मैं जानता हूँ कि अब मैंने इसे बेचने का दृढ़ निश्चय कर लिया है।

और तुम्हें क्या लगता है कि मुझे पता नहीं कि आप किसी दूसरे खरीदार को तलाश रहे हो।

और मुझे पता है कि निश्चित रूप से तुम्हें यह मालूम नहीं कि मैंने दूसरा निर्वाचन क्षेत्र खरीदने हेतु खोज लिया है।"

ब्रिटेन में संसदीय निर्वाचन क्षेत्रों को खरीदा और बेचा जाना तब कोई अपवाद नहीं था।

यह नियम था, अकसर निर्वाचन क्षेत्रों की सार्वजनिक रूप से नीलामी होती थी और कभी पूरी तरह बेचा जाता या वार्षिक आधार पर लीज पर दिया जाता था। स्टर्थन गोरडॉन द्वारा लिखित एक संसदीय प्रकाशन, अवर पार्लियामेंट में बताया गया है—

''1812 और 1832 के बीच संसदीय सीट को खरीदने की कीमत 5000 से 6000 पौंड पर एक वर्ष के लिए किराए पर उपलब्ध थी।''

लेकिन आज, ब्रिटेन में चुनाव कुल मिलाकर साफ-सुथरे हैं। ब्रिटेन में चुनाव सुधारों का इतिहास—भारत में फैली इस सामान्य मानसिकता कि चुनावों में बढ़ती धनशक्ति के प्रभाव का कोई सही इलाज नहीं है या जिस प्रकार हमारे कम्युनिस्ट मित्र कहते हैं कि एक बुर्जुआ लोकतंत्र में यह तो अपरिहार्य है, से निपटने में सहायक हो सकता है।

***

यदि समाज के विभिन्न वर्गों, जैसे शिक्षानुसार वर्गीकरण के आधार पर वोटिंग के तुलनात्मक प्रतिशत का सर्वेक्षण कराया जाए तो मुझे कोई संदेह नहीं कि स्नातक, स्नातकोत्तर और इससे उच्च शिक्षावाले वर्गों का वोटिंग प्रतिशत, समाज के निम्न वर्गों की तुलना में काफी कम होगा।

क्या यह स्थिति भारतीय लोकतंत्र की गुणवत्ता को प्रतिकूल रूप से प्रभावित नहीं करेगी? क्या इसे बदला जा सकता है?

मैं मानता हूँ कि बदला जा सकता है। एक सीधा रास्ता-अनिवार्य मतदान- जिसे नरेंद्रभाई मोदी ने खोज निकाला है। गुजरात ने इस कदम को अपने सभी स्थानीय निकायों हेतु लागू किया है। यह कानून राज्य विधानसभा ने पारित किया है और अभी क्रियान्वित होना है। नियम इत्यादि बनाए जा रहे हैं।

अनेकों को शायद यह पता नहीं होगा कि 700 मिलियन से ज्यादा जनसंख्या वाले कम-से-कम 25 देशों ने अपने संसदीय चुनावों तक के लिए मतदान अनिवार्य कर रखा है। इन देशों में ऑस्ट्रेलिया, अर्जेंटीना, इटली, ब्राजील, मैक्सिको, तुर्की, थाइलैंड और सिंगापुर शामिल हैं। मेरा सुझाव है कि भारत में राजनीतिक विचारकों को इस पर विचार करना चाहिए।

लोकतंत्र के कामकाज के बारे में इन दिनों मुझे काफी साहित्य देखने को मिला। इसमें दुनिया के कुछ महत्त्वपूर्ण लोकतंत्रों—कनाडा, ब्रिटेन और फ्रांस जैसों में शनैः-शनैः मतदान कम होने पर चिंता व्यक्त की गई है और इससे निपटने हेतु अनिवार्य मतदान को समाधान माननेवालों की संख्या बढ़ रही है।

07 मार्च, 2010

□

यू.पी.ए. सरकार की ढुलमुल पाकिस्तान नीति और देश का अपमान

जुलाई, 2001 में जब जनरल मुशर्रफ आगरा शिखर वार्त्ता से खाली हाथ लौटे तो वह भारत सरकार से काफी खफा थे कि एक तो उन्हें निमंत्रित किया गया और उस पर भी उन्हें खाली हाथ लौटा दिया, यहाँ तक कि कोई संयुक्त वक्तव्य भी जारी नहीं किया गया, जिसमें भारत-पाक शांति के बारे में कुछ अच्छी-अच्छी बातें उल्लिखित होतीं।

उनकी शुरुआती प्रतिक्रिया में ऐसा लगा कि उनका सारा गुस्सा मुझ पर केंद्रित है। यद्यपि, बाद में अपनी संस्मरणात्मक पुस्तक 'इन द लाइन ऑफ फॉयर' में उन्होंने श्री वाजपेयी को भी नहीं बख्शा। उनकी कटुतापूर्ण टिप्पणी थी—

''एक ओर आदमी होता है और एक ओर समय होता है। जब दोनों मिलते हैं तो इतिहास बनता है। वाजपेयी समय को नहीं पकड़ सके और इस प्रकार उन्होंने इतिहास में अपना अवसर खो दिया।''

उनकी टिप्पणियों को ध्यान में रखकर प्रधानमंत्री श्री वाजपेयी ने प्रतिक्रिया व्यक्त करते हुए इस सारे परिप्रेक्ष्य को यूँ स्पष्ट किया—

''आगरा शिखर वार्त्ता की विफलता पर जनरल मुशर्रफ की कथित टिप्पणियों से मैं हैरान हूँ। हमारी सरकार में हर कोई इस तथ्य से अवगत था कि जब तक सीमा पार से आतंकवाद, जो अब तक हजारों निर्दोषों की जान ले चुका है, नहीं रोका जाता तब तक भारत-पाक संबंध सामान्य नहीं हो सकते। परंतु बातचीत के दौरान जनरल मुशर्रफ अपनी इस बात पर अड़े रहे कि जम्मू व कश्मीर में जो हिंसा जारी है, उसे आतंकवाद नहीं कहा जा सकता। वह लगातार यही कहते रहे कि राज्य में जो खून-खराबा चल रहा है, वह जनता द्वारा लड़ी जा रही आजादी की लड़ाई के सिवाय और कुछ नहीं है। जनरल मुशर्रफ का यह रवैया भारत के लिए स्वीकार्य नहीं था। और आगरा शिखर वार्त्ता की विफलता का कारण भी यही था।

वस्तुतः मेरा मानना है कि सीमापार के आतंकवाद के मुद्दे पर श्री वाजपेयी के रुख ने उन्हें बाद में ऐतिहासिक जीत दिलवाई जब जनवरी 2004 में सार्क सम्मेलन के बाद इस्लामाबाद में जनरल मुशर्रफ ने श्री वाजपेयी के साथ जारी संयुक्त वक्तव्य में, आतंकवाद पर आगरा में अपनाए गए अपने रुख से एकदम उलटी लाइन ली और वाजपेयी को आश्वस्त किया कि वह पाकिस्तान के नियंत्रणवाली किसी भूमि का उपयोग किसी भी रूप में आतंकवाद के समर्थन में नहीं होने देंगे।

आगरा में दिखनेवाली असफलता इस्लामाबाद में उल्लेखनीय सफलता के रूप में परिवर्तित होकर सामने आई। इसका श्रेय मुख्यतया दृढ़ता को जाता है।

दृढ़ता सम्मान अर्जित करती है, जबकि इस समय भारत के ढीले रुख ने सिर्फ अपमान दिलाया है।

हमारी विदेश सचिव ने वार्त्ता को रचनात्मक कहा, लेकिन पाकिस्तानी विदेश सचिव ने वार्त्ता का मजाक उड़ाते हुए कहा कि उनका देश बनावटी बातों में विश्वास नहीं करता और न ही यह चाहता है कि भारत पाकिस्तान को यह उपदेश दे कि ये करो या न करो।

गत सप्ताह, इंदौर में संपन्न भारतीय जनता पार्टी की राष्ट्रीय परिषद् में राष्ट्रीय सुरक्षा और जम्मू-कश्मीर प्रस्ताव में करा गया है—

''एन.डी.ए. की नीति थी वार्त्ता और आतंकवाद साथ-साथ नहीं चल सकते। जबकि यू.पी.ए. के लिए वार्त्ता और आतंक दोनों साथ-साथ चल सकते हैं। हम मानते हैं कि जब आतंक भारत पर मँडरा रहा हो तब वार्त्ता न करना एक वैधानिक कूटनीतिक विकल्प है।

विदेश सचिव स्तर की वार्त्ता के बाद संसद् में अपने वक्तव्य में विदेश मंत्री श्री एस.एम. कृष्णा ने बैठक को रचनात्मक और उपयोगी निरूपित किया, लेकिन 500 शब्दोंवाले इस वक्तव्य से सिर्फ एकमात्र नतीजा यह निकलता प्रतीत होता है कि विदेश सचिवों में संपर्क बनाए रखने पर सहमति है।

वस्तुतः मंत्री महोदय के वक्तव्य के अंतिम अनुच्छेद के अर्थ को साफ समझा जा सकता है—

पाकिस्तान के साथ भारत के संबंध निर्णायक होंगे, क्योंकि मुंबई हमले के बाद ये आतंकवाद पर हमारी मुख्य चिंताओं के संबंध में पाकिस्तान के जवाब पर निर्भर करते हैं। जैसा कि प्रधानमंत्री ने कहा है हम किसी भी देश से बातचीत करके आतंकवाद को हटाने के लिए अपने संकल्प अथवा स्थिति से पीछे नहीं हटेंगे। आदान-प्रदान व संपर्क ही आगे

बढ़ने का श्रेष्ठ रास्ता है।

क्या वार्त्ता पाकिस्तान द्वारा आतंकवाद छोडने से जुड़ी हो या दोनों का कोई संबंध नहीं हो जैसा कि हमारे प्रधानमंत्री ने शरम-अल-शेख में कहा? उस वक्तव्य में कम-से-कम स्पष्टता थी—लेकिन नवीनतम में सिवाय अंतर्विरोधों और अस्पष्टता के कुछ नहीं है।

जैसा कि मैंने पहले कहा था कि पाकिस्तान से वार्त्ता के मुद्दे पर भारत सरकार का शीर्षासन वाशिंगटन के दबाव का नतीजा दिखता है।

हाल ही में ओबामा प्रशासन ने हमारी इस धारणा को आधिकारिक रूप से पुष्ट किया है। असिस्टेंट सेक्रेटरी ऑफ स्टेट फॉर पब्लिक अफेयर पी.जे. क्राउले ने कहा—ओबामा प्रशासन काफी समय से दोनों देशों के बीच वार्त्ता पुनः शुरू कराने को प्रोत्साहित करता रहा है। यह पाकिस्तान व भारत के लिए महत्त्वपूर्ण कदम है और हम दोनों देशों के राजनीतिक नेतृत्व की सराहना करते हैं।

***

यू.एस. डायरेक्टर ऑफ नेशनल इंटेलीजेंस डेनिस सी. ब्लेयर ने 2 फरवरी, 2010 को इंटेलीजेंस संबंधी सलेक्ट कमेटी के सम्मुख 46 पृष्ठीय इंटेलीजेंस रिपोर्ट प्रस्तुत की, जिसमें उन्होंने माना है कि अमेरिका के आतंकवाद विरोधी अभियानों में पाकिस्तान का सहयोग सिर्फ उन संगठनों के विरुद्ध काररवाई तक सीमित है, जिन्हें इस्लामाबाद पाकिस्तान के विरुद्ध मानता है।

डेनिस ब्लेयर कहते हैं-

इस्लामाबाद ने उन आतंकवादियों से निपटने में दृढ़ता और हिम्मत दिखाई है, जिनको वह पाकिस्तान के हितों के विरुद्ध मानता है। हालाँकि वह अभी तक यह मानता है कि जिन समूहों से उसे खतरा नहीं है, उनसे उलझने की जरूरत नहीं और तालिबान को ऐतिहासिक समर्थन देना जारी रखे हुए है।

डेनिस ब्लेयर आगे जोड़ते हैं-

इस्लामाबाद का यह मानना कि भारत की सैन्य और आर्थिक बढ़त का मुकाबला करने हेतु आतंकवादी गुट उसके रणनीतिक हथियारों का एक महत्त्वपूर्ण हिस्सा हैं, आतंकवाद के विरुद्ध पाकिस्तान के प्रयासों को सीमित करते रहेंगे।

यह रिपोर्ट साफ करती है कि यदि अंतरराष्ट्रीय समुदाय आतंकवाद को परास्त करने हेतु तत्पर है तो उसे न केवल पाकिस्तान को उसके आतंकवादी ढाँचे को समाप्त करने को बाध्य करना पड़ेगा, अपितु भारत के विरुद्ध आतंकवादी संगठनों के प्रयोग को भी रुकवाना पड़ेगा और इन संगठनों पर औपचारिक प्रतिबंध लगाने पड़ेंगे, जैसा कि जनरल मुशर्रफ के सन् 2004 के सार्वजनिक वक्तव्य में कहा गया था।

01 मार्च, 2010

□

नेहरू की विदेश नीति की भयंकर भूल—चीन और पाकिस्तान

कांग्रेस पार्टी सदैव पंडित नेहरू को भारत की विदेश नीति के अनुकरणीय कर्णधार के रूप में प्रस्तुत करती रही है।

दूसरी ओर, हमारे राजनीतिक आंदोलन के संस्थापक डॉ. श्यामाप्रसाद मुखर्जी, पाकिस्तान और चीन के संबंध में पंडितजी की नीति को भयंकर भूल मानते रहे हैं।

दु:ख की बात है कि 1962 में चीन के विश्वासघात से लगे सदमे ने नेहरू की जान ले ली। पाकिस्तान से निपटने में उनकी गलत नीति ने आतंकवाद और कश्मीर जैसे दो घाव बना दिए जो आज तक दु:खदाई बने हुए हैं।

'न्यूजवीक' इंटरनेशनल के संपादक फरीद जकरिया (जिनके स्वर्गीय पिता निष्ठावान कांग्रेसी थे) ने भारत की विदेश नीति के नेहरू द्वारा संचालन के बारे में कुछ महत्त्वपूर्ण टिप्पणियाँ की हैं। पेइंगुन द्वारा प्रकाशित 'दि पोस्ट अमेरिकन वर्ल्ड' में जकरिया कहते हैं कि आज भारत की मुख्य दुविधा यह है कि इसका समाज दुनिया का सामना करने के लिए खुला, उत्साह और आत्मविश्वास से भरा है, लेकिन इसकी सरकार-सत्ता अधिष्ठान—इसके इर्द-गिर्द बदल रही परिस्थितियों के लिए झिझक, भीरुता और संदेहों से भरे हैं। 'न्यूजवीक' के संपादक आगे कहते हैं—और यह तनाव सबसे ज्यादा स्पष्ट विदेश नीति के मामले में देखने को मिलता है, जिसकी बढ़ी हुई भूमिका और महत्त्वपूर्ण काम है—नए विश्व में भारत को उपयुक्त भूमिका में रखना।

जकरिया की पुस्तक में स्मरण कराया गया है कि जब माउंटबेटन ने सुझाया कि एक शक्तिशाली सेनाध्यक्ष (चीफ ऑफ डिफेंस स्टाफ) होना चाहिए तो नेहरू ने इसे ठुकरा दिया।

जकरिया लिखते हैं नई सरकार बनने के एक सप्ताह के भीतर ही वे (नेहरू) रक्षा

मंत्रालय गए और वहाँ काम कर रहे सैन्य अधिकारियों को देखकर क्रोधित हो गए (ऐसे अधिकारी दुनिया भर में प्रत्येक रक्षा मंत्रालय में देखे जा सकते हैं)। तब से नई दिल्ली के साउथ ब्लाक (रक्षा मंत्रालय का कार्यालय) में सभी सैन्य अधिकारी नागरिक वेश में कार्य करते हैं।

पंडित नेहरू 1947 से 1964 तक भारत के प्रधानमंत्री रहे। इस समूची अवधि में वे अपने विदेश मंत्री भी खुद ही थे। भारत के पहले विदेश सचिव के.पी.एस. मेनन ने अपनी आत्मकथा में लिखा है—ऐसा कोई उदाहरण नहीं है कि हम पीछे मुड़कर देखें, क्योंकि जब तक भारत स्वतंत्र नहीं हुआ तब तक उसकी अपनी कोई विशेष नीति नहीं थी। इसलिए हमारी नीति जबरन एक व्यक्ति की इच्छा पर निर्भर रही जो कि विदेश मंत्री जवाहर लाल नेहरू थे।

नेहरू के विदेश नीति प्रबंधन को जकरिया ने इन शब्दों में सारांश रूप में प्रस्तुत किया है—'नेहरू ने भारत की विदेश नीति की जड़ें राष्ट्रीय हितों के सामरिक सिद्धांतों के बजाय अव्यावहारिक विचारों में रखीं। उन्होंने गठबंधनों, समझौतों और संधियों को पुराने विचार मानकर उनको उपेक्षित किया और सैन्य मामलों में अरुचि बरती।'

फरीद जकरिया लिखते हैं, 'विडंबना यह रही है कि भारत की नीतियाँ विशेष रूप से नेहरू की बेटी इंदिरा गांधी के शासन के दौरान कठोर और युक्तिसंगत हुईं।' जैसा हम सभी जानते हैं कि उनके शासन में ही बँगलादेश का निर्माण हुआ और परमाणु हथियारों के क्षेत्र में भारत ने प्रारंभिक कदम रखे। जो प्रेक्षक भारत को एक पूर्ण परमाणु हथियारों से संपन्न देश के रूप में विकसित होते देखते रहे हैं, वे जानते हैं कि पोखरण-1, 1974 में श्रीमती गांधी के शासन में हुआ। तब से शुरू हुई प्रक्रिया को प्रधानमंत्री वाजपेयी ने 11 मई, 1998 में पोखरण-2 के माध्यम से तीन भूमिगत सफल परमाणु परीक्षणों से पूरा किया।

भारत के सामरिक हितों के प्रति नेहरूजी का उपेक्षा का इससे बड़ा उदाहरण और क्या होगा कि 1952 में अमेरिका द्वारा संयुक्त राष्ट्र संघ की सुरक्षा परिषद् में भारत को स्थायी सदस्यता देने के प्रस्ताव को उन्होंने ठुकरा दिया। उन्होंने आग्रह किया कि यह सीट चीन को देनी चाहिए। दिलचस्प यह है कि डॉ. मनमोहन सिंह सरकार में विदेश राज्यमंत्री शशि थरूर ने इस तथ्य का अपनी पुस्तक में उल्लेख किया है।

जब नेहरू ने अमेरिकी प्रस्ताव को अस्वीकार किया तो उनका तर्क था कि वे नहीं चाहते कि अमेरिका चीन को कमजोर करे। इसी प्रकार हमने केवल अपने ही हितों को चोट पहुँचाई है।

सन् 2008 में 'ब्रिक' देशों (ब्राजील, रूस, भारत और चीन) के विदेश मंत्रियों का सम्मेलन येकटरिनबुर्ग (रूस) में हुआ। रूस ने आग्रह किया कि इस सम्मेलन को, संयुक्त राष्ट्र की सुरक्षा परिषद् में भारत को स्थायी सदस्यता दिलाने संबंधी भारत के प्रस्ताव का समर्थन करना चाहिए, लेकिन रूस का यह प्रयास चीन के मुखर विरोध के कारण असफल रहा!

15 फरवरी, 2010

□

क्या यह वाशिंगटन का दबाव है?

सन् 2008 में राष्ट्रपति पद के चुनाव अभियान के दौरान बराक ओबामा ने टिप्पणी की थी कि यदि वे राष्ट्रपति चुन लिये जाते हैं तो कश्मीर संकट के समाधान के लिए पाकिस्तान और भारत के साथ मिलकर गंभीरता से कार्य करना उनके प्रशासन के महत्त्वपूर्ण कार्यों में से होगा। 'टाइम' पत्रिका के जे.के. लिन से बातचीत में ओबामा ने विस्तार से कहा—

"कश्मीर में इन दिनों जैसी दिलचस्प स्थिति है, उसमें इस मसले को कब्र से निकालकर हल करने की एक बड़ी कूटनीतिक चुनौती है। इसके लिए एक विशेष दूत नियुक्त करना, आँकड़ेबाजी के बजाय सही मायने में प्रयास और खास तौर पर भारतीयों को यह समझाना और इसके लिए तैयार करना होगा कि आज जब आप एक आर्थिक महाशक्ति बनने की ओर अग्रसर हैं, तब इस मसले को हल कर इससे क्यों नहीं मुक्त हो जाते? इसी तरह पाकिस्तानियों को यह समझाना होगा कि भारत आज कहाँ है और आप कहाँ हैं। आपके लिए कश्मीर मसले पर फँसे रहने से ज्यादा जरूरी है अफगान सीमा की बड़ी चुनौतियों से जूझना। मैं जानता हूँ कि यह सब करना और इसमें कामयाब होना इतना आसान नहीं होगा, मगर मुझे उम्मीद है कि यह हो जाएगा।"

गत सप्ताह नई दिल्ली की इस अचानक घोषणा से कि भारत पाकिस्तान से विदेश सचिव स्तर की वार्त्ता के लिए तैयार है, देश के अनेक राजनीतिक विश्लेषकों की ओर से स्वाभाविक रूप से यह पूछा जा रहा है कि क्या यह ओबामा के उपर्युक्त दावे को अमल में लाने का नतीजा है?

लोग सीधे और साफ तौर पर यह पूछ रहे हैं कि मुंबई पर 26/11 हमले के बाद भारत पाकिस्तान से तब तक वार्त्ता शुरू करने से इनकार करता रहा है जब तक इस्लामाबाद मुंबई हमले के अपराधियों को पकड़कर उन्हें दंडित नहीं करता तथा उसकी भूमि से संचालित

हो रहे आतंकवादी समूहों पर कड़ी काररवाई नहीं करता, तो वार्त्ता के मुद्दे पर उलटबाजी करना क्या वाशिंगटन का शक्तिशाली दबाव नहीं है?

इसमें कोई आश्चर्य नहीं कि पिछले शुक्रवार को ही पाकिस्तानी प्रधानमंत्री यूसुफ रजा गिलानी ने पाक अधिकृत कश्मीर में शेखी बघारी कि अंतरराष्ट्रीय दबाव ने भारत को वार्त्ता की मेज पर आने को बाध्य किया है।

नई दिल्ली में बैठी कोई भी सरकार 22 फरवरी, 1994 को लोकसभा द्वारा जम्मू व कश्मीर पर पारित सर्वसम्मत प्रस्ताव को अनदेखा नहीं कर सकती।

जिस समय पाकिस्तान भारत-पाक वार्त्ता के मुद्दे पर यू.पी.ए. सरकार के एकदम बदले हुए रुख पर प्रसन्न होता दिख रहा है, तब यह स्मरण करना महत्त्वपूर्ण होगा कि यह संसदीय संकल्प कितना स्पष्ट और साफ है।

''यह सभा (लोकसभा) भारत में अशांति, वैमनस्य और विध्वंस पैदा करने के स्पष्ट उद्देश्य से पाकिस्तान तथा पाकिस्तान अधिकृत कश्मीर में स्थित शिविरों में आतंकवादियों को प्रशिक्षण देने, हथियार और धन उपलब्ध कराने, जम्मू व कश्मीर में भाड़े के विदेशी सैनिकों सहित प्रशिक्षित जंगजुओं की घुसपैठ में सहायता देने में पाकिस्तान की भूमिका पर गहरी चिंता व्यक्त करती है।

इस बात को दोहराती है कि पाकिस्तान में प्रशिक्षित जंगजू लोगों की हत्या, लूटपाट तथा अन्य घृणित अपराध कर रहे हैं। पाकिस्तान द्वारा भारत के राज्य जम्मू व कश्मीर में विध्वंसक और आतंकवादी गतिविधियों के निरंतर समर्थन और प्रोत्साहन की कड़ी निंदा करती है।

पाकिस्तान से आतंकवाद को अपना समर्थन देना तत्काल बंद करने की माँग करती है, क्योंकि यह शिमला समझौते तथा अंतरराष्ट्रीय स्तर पर स्वीकृत अंतरराज्यीय आचरण के प्रतिमानों का उल्लंघन है और दोनों देशों के बीच तनाव की जड़ है।

इस बात को दोहराती है कि भारतीय राजनीतिक और लोकतांत्रिक व्यवस्था तथा संविधान-सम्मत नागरिकों के मानवाधिकारों के संवर्धन एवं संरक्षण की पक्की गारंटी देते हैं।

पाकिस्तान के भारत-विरोधी मिथ्या और झूठे प्रचार अभियान को अस्वीकार्य एवं निंदनीय मानती है; पाकिस्तान से उद्भूत होनेवाले अत्यंत भड़कानेवाले बयानों पर चिंता व्यक्त करती है व पाकिस्तान से अनुरोध करती है कि वह ऐसे बयानों से बाज आए, जिनसे वातावरण दूषित होता हो एवं जनता उत्तेजित हो।

भारत के राज्य जम्मू व कश्मीर के पाकिस्तान के अवैध कब्जे के अधीन की जनता की दयनीय परिस्थितियों और मानवाधिकार हनन एवं उनके लोकतांत्रिक अधिकारों से उन्हें वंचित रखने पर खेद और चिंता व्यक्त करती है।

यह सभा भारत की जनता की ओर से यह दृढ़ घोषणा करती है—

जम्मू व कश्मीर राज्य भारत का अविभाज्य अंग रहा है और रहेगा तथा उसे शेष भारत से अलग करने के किसी भी प्रयास का सभी आवश्यक साधनों से विरोध किया जाएगा।

भारत की एकता, प्रभुसत्ता और क्षेत्रीय अखंडता के विरुद्ध हर तरह के षड्यंत्रों के प्रतिरोध की इच्छा-शक्ति और क्षमता भारत में है और माँग करती है कि—

पाकिस्तान को भारत के राज्य जम्मू व कश्मीर के सभी क्षेत्र खाली कर देने चाहिए, जिन्हें उसने अतिक्रमण कर हथिया लिया है।

भारत के आंतरिक मामलों में हस्तक्षेप करने के किसी भी प्रयास का डटकर मुकाबला किया जाएगा।''

यह सर्वाधिक उचित होगा कि सरकार, देश एवं दुनिया इस प्रस्ताव को ध्यान में रखें।

8 फरवरी, 2010

□

मेरी हंपी यात्रा और सम्राट् कृष्णदेव राय के राज्याभिषेक के 500 वर्ष

विगत सप्ताह कर्नाटक के हंपी में विजयनगर साम्राज्य के महान् सम्राट् कृष्णदेव राय के राज्याभिषेक की 500वीं वर्षगाँठ के शुभ अवसर पर एक भव्य समारोह आयोजित हुआ। इसके अत्यंत सफल आयोजन के लिए राज्य सरकार और मुख्यमंत्री श्री येदियुरप्पा को मेरी हार्दिक बधाई।

प्रति वर्ष, इस अवसर पर, एक त्रि-दिवसीय उत्सव मनाया जाता है, जिसमें हंपी नगर के मध्य से एक भव्य शोभा-यात्रा निकाली जाती है। पर, दुर्भाग्यवश, इस महान् साम्राज्य के गौरवशाली इतिहास के बारे में इस क्षेत्र से बाहर देश में बहुत कम लोग ही जानते हैं। गत वर्ष, पहली बार मुझे हंपी जाने और इस शोभा-यात्रा में सम्मिलित होने का अवसर मिला।

यह शोभा-यात्रा नगर के मुख्य मंदिर—विरूपाक्ष मंदिर से प्रारंभ होती है। गत वर्ष, जब मैं वहाँ अपने परिवार के साथ गया और यात्रा में सम्मिलित हुआ, तब वहाँ के मुख्य पुजारी ने हमारा स्वागत किया और मुझे बताया कि आनेवाला वर्ष हंपी के लिए अत्यंत महत्त्वपूर्ण होगा, क्योंकि तब विजयनगर साम्राज्य के महानतम शासक श्री कृष्णदेव राय के राज्याभिषेक का 500वाँ वर्ष होगा। मैंने उनसे वादा किया था कि मैं 2010 में दुबारा अवश्य आऊँगा। वहाँ पुनः जाकर मैंने अपना यही वादा पूरा किया।

इस वर्ष लाखों की संख्या में कर्नाटक के कोने-कोने से लोग हंपी आकर बड़ी प्रसन्नता और उत्साह के साथ समारोह में सम्मिलित हुए। आर्ट ऑफ लिविंग संस्था के प्रमुख श्री श्री रवि शंकरजी भी समारोह में भाग लेने हेतु आए। उन्होंने समापन समारोह में आए लगभग एक लाख लोगों को संबोधित किया। इस समापन समारोह का प्रमुख आकर्षण था—सम्राट् कृष्णदेव राय के राज्याभिषेक को दर्शाने वाली एक अत्यंत भव्य

संगीत नृत्य नाटिका। संगीत के इस विशेष कार्यक्रम का सृजन और मंचन कन्नड़ फिल्म जगत् की मानी-जानी हस्तियों और प्रसिद्ध संगीत विशारदों द्वारा किया गया। उनके अलावा छह सौ से अधिक लड़के और लड़कियों ने इस कार्यक्रम में भाग लिया। इस कार्यक्रम के पूर्व, दिन में, एक ऐसे परिकल्पना संस्थानक (थीम पार्क) की आधार शिला रखी गई, जहाँ आकर पर्यटक सम्राट् कृष्णदेव राय के महान् साम्राज्य के गौरव का अवलोकन कर सकेंगे।

सायंकाल के एक कार्यक्रम में मुझसे एक अत्यंत सुंदर और गहन शोध के साथ तैयार की गई पुस्तक को विमोचित करने का आग्रह किया गया। दो अमेरिकी विद्वानों जॉन एम. फ्रिट्ज एवं जॉर्ज मिशेल द्वारा लिखित एवं संपादित इस पुस्तक का शीर्षक है—हंपी ए स्टोरी इन स्टोन : इन दोनों विद्वज्जनों ने बीस वर्ष के शोध एवं परिश्रम के बाद इस उत्कृष्ट पुस्तक को तैयार किया तथा इसको अत्यंत सुंदर चित्रों से सुसज्जित किया मुंबई के विलक्षण फोटोग्राफर श्री नौशीर गोभाई ने।

14वीं शताब्दी में विजयनगर साम्राज्य की स्थापना हमारे देश के इतिहास की एक कालजयी घटना है। श्री कृष्णदेव राय एक अजेय योद्धा एवं उत्कृष्ट युद्धविद्या विशारद थे। इस महान् सम्राट् का साम्राज्य अरब सागर से लेकर बंगाल की खाड़ी तक भारत के बड़े भूभाग में फैला हुआ था—जिस में आज के कर्नाटक, तमिलनाडु, आंध्र प्रदेश, केरल, गोवा और ओडिशा प्रदेश आते हैं। कृष्णदेव राय के शासन के पूर्व देश के इस हिस्से में आपस में लड़ते रहनेवाले क्षत्रपों का राज्य था। इन क्षत्रपों में चार प्रमुख राजघराने थे—वारंगल के ककातिया, मध्य दक्षिण पठारी क्षेत्र के होयसला, देवगिरी के यादव और धुर दक्षिण के पंड्या। श्री कृष्णदेव राय की उपलब्धि उन्हें महान् सम्राटों यथा—अशोक, स्कंदगुप्त एवं हर्षवर्धन के समकक्ष खड़ा करती है। अपने 21 वर्ष के शासन (1509-1530) में उन्होंने 14 युद्धों का सामना किया और सभी में विजय प्राप्त की। उनका सबसे उल्लेखनीय युद्ध था बीजापुर, अहमदनगर और गोलकुंडा के सुल्तानों की संयुक्त सेना के साथ।

जिन इतिहासकारों ने उस समय की घटनाओं का विश्लेषण किया है, उनका मानना है कि राजा कृष्णदेव राय की युद्धक्षेत्र में विलक्षण उपलब्धियों का कारण सिर्फ उनकी वीरता और युद्ध-कौशल ही नहीं था, बल्कि उनके द्वारा किए गए प्रशासनिक सुधार भी थे।

आज जब हम अपने चारों ओर भाषाई संकीर्णता और क्षुद्रता बढ़ती देख रहे हैं, तब श्री कृष्णदेव राय हमारे लिए और भी प्रासंगिक हो जाते हैं, क्योंकि वे कन्नड़ भाषी क्षेत्र में जन्मे ऐसे महान् नेता थे, जिनकी मुख्य साहित्यिक रचना अमुक्तामाल्यादा तेलुगु भाषा

में रचित थी। अपने प्रशासनिक सुधारों में उन्होंने बड़े पैमाने पर राजसत्ता के पारंपरिक हिंदू सिद्धांतों और नियमों का समावेश किया जिन्हें शुक्र, भीष्म, विदुर और चाणक्य जैसे मनीषियों ने प्रतिपादित किया था। इसीलिए, हालाँकि एक सम्राट् के तौर पर वे राज्य के मुखिया थे, लेकिन उनके शासन में नीति-निर्देशन के लिए एक मंत्री-परिषद् भी थी जिसका नेतृत्व एक प्रधानमंत्री करते थे, जिनका नाम था सलवा तिम्मा।

इस महान् शासक की बुद्धिमत्ता के साक्ष्य के रूप में, मैं अमेरिकी विद्वज्जनों द्वारा लिखित उस सुंदर पुस्तक, जिसका मैंने हंपी में विमोचन किया था, से एक अद्भुत अनुच्छेद का उल्लेख करता हूँ—

हंपी में आज आनेवाले पर्यटक प्राय: यह प्रश्न पूछते हैं कि यह शहर जो कि इतने महान् साम्राज्य की राजधानी था, क्यों इतने बियाबान और सुदूरवर्ती स्थान पर स्थित है? इसके कई कारण और व्याख्याएँ हो सकती हैं। प्रथम तो यह कि इस जगह कि प्राकृतिक मजबूती और नैसर्गिक अभेद्यता विजयनगर के मूल शासकों को जरूरी सुरक्षा प्रदान करती होगी। आज भी, उत्तर दिशा से हंपी जानेवाला रास्ता अत्यंत दुर्गम है। यह वही दिशा है, जहाँ विजयनगर साम्राज्य के हठी शत्रुओं, दक्षिण राज्यों की सल्तनतें स्थित थीं। सच में यह जगह एक अभेद्य प्राकृतिक दुर्ग की तरह थी, जिसको और दुर्गम बनाने के लिए बस कुछ और अतिरिक्त परकोटों की आवश्यकता थी, जो कि दक्षिण-पूर्व के भूदृश्य को एकसार कर देते। इस जगह की एक और विशेषता थी और वह थी प्रचुर मात्रा में पानी की उपलब्धता। कर्नाटक की सबसे बड़ी नदी तुंगभद्रा इसी भूभाग से बहती है। और इस भूभाग की संरचना ऐसी है कि बहती हुई नदी अचानक अपनी ऊँचाई खोकर नीचे की ओर आती है, परिणामत: यह अत्यधिक गति पकड़ लेती है और बाढ़ इत्यादि के समय में प्रचंड वेग से बहती है। इस भौगोलिक स्थिति का संपूर्ण सदुपयोग करते हुए विजयनगर के शासकों ने एक जटिल जल-चालित प्रणाली [कॉम्प्लेक्स हाईड्रॉलिक सिस्टम] का निर्माण किया, जिसके द्वारा धान (चावल) और अन्य आवश्यक अनाजों और फसलों का उत्पादन सुगम हो सका। केवल यही एक रास्ता था, जिसके द्वारा नगर खाद्य के लिए आत्मनिर्भर बन सकता था और अपने हजारों नागरिकों के लिए भरण-पोषण की व्यवस्था कर सकता था। इसके साथ ही ऐसी नहरों का निर्माण किया गया, जो नदी के ऊपरी मुहाने से निकलकर पूरे भूभाग से होते हुए छोटी पूरक नहरों को आगे बढ़ाते हुए निचले क्षेत्रों में फैले हुए खेतों तक पहुँचाती थीं। इस अद्भुत जल-चालित प्रणाली के अवशेष आज भी उपयोग में आते देखे जा सकते हैं, जो कि गन्ने और केले के बड़े बागानों को संभव बनाते

हैं। यह कोई संयोग नहीं है कि आज की तुंगभद्रा जल-विद्युत् परियोजना हंपी के नजदीक स्थित है, जहाँ से नदी दो पहाड़ियों के बीच एक संकरे मार्ग से बहती है। पूरी घाटी और पूरे भू-पटल में स्थित बंध (मिट्टी-पत्थर से बनी दीवारों के अवशेष) इस बात के द्योतक हैं कि पूर्व में इस तरह के बाँधों का निर्माण किया जाता था। कुछ पूर्ववर्ती जलघर और जलाशय आज भी उपयोग में लाए जा रहे हैं, जैसे कि कमालपुरा के बाहरी क्षेत्रों में जहाँ कि मानसून के दिनों में जल को एकत्रित किया जाता है।

1 फरवरी, 2010

□

गणतंत्र और निर्वाचन आयोग के 60 वर्ष

इस बेबसाइट और मंच के माध्यम से भारतीय जनता पार्टी से संपर्क बनाए रखनेवाले सभी मित्रों और शुभचिंतकों को नव वर्ष की हार्दिक शुभकामनाएँ। आप द्वारा हमको भेजे गए बहुमूल्य सुझावों को देखने का अवसर मिला। इस गणतंत्र दिवस के अवसर पर मैं फिर से अपने ब्लॉग को सक्रिय करने की शुरुआत कर रहा हूँ जैसा कि वर्ष 2009 के पूर्वार्द्ध में करता था।

भारत का संविधान 26 जनवरी, 1950 से लागू हुआ। गणतंत्र दिवस की पूर्व संध्या यानी 25 जनवरी से निर्वाचन आयोग अपने हीरक जयंती समारोहों की शुरुआत कर रहा है। स्वतंत्रता के पश्चात् जब भारत ने संसदीय लोकतंत्र को अपनाया था तो अनेक पश्चिमी पर्यवेक्षकों ने इसकी खिल्ली उड़ाई थी। आखिर इतनी बड़ी संख्या में अनपढ़ नागरिकों की बहुल जनसंख्यावाला देश लोकतंत्र को सफलतापूर्वक चला सकेगा? यही आलोचना का मुख्य भाव रहता था।

अधिकांश अन्य विकासशील देश जो भारत के साथ-साथ ही औपनिवेशिक शासन से स्वतंत्र हुए थे और जिन्होंने हमारी तरह लोकतंत्र को अपनाया, उनके यहाँ लोकतंत्र ज्यादा नहीं चल पाया। वे या तो सैनिक शासन अथवा अधिनायकवाद के किसी-न-किसी रूप के शिकार हो गए। भारत इस पर गर्व कर सकता है कि हमने जो पद्धति अपनाई उसमें अनेक कठिनाइयों के बावजूद पिछले इन 6 दशकों में हम एक जीवंत और सशक्त लोकतंत्र के रूप में उभरे हैं, 19 महीने के आपातकाल (जून 1975 से मार्च 1977) के एक काले धब्बे को छोड़कर।

स्वर्गीय बेनजीर भुट्टो के साथ इस विषय पर हुई बातचीत मुझे स्मरण हो आती है, जब मैंने उनसे पूछा था कि ब्रिटिश शासन के बाद हमारे दोनों देशों ने एक जैसे लोकतंत्र को अपनाया था, परंतु लोकतंत्र के मामले में दोनों देशों के अनुभव सर्वथा भिन्न क्यों हैं?

बेनजीर ने इसके दो कारण गिनाए थे; पहला भारत की सेना का सदैव अराजनीतिक रहना और दूसरा, भारत के संविधान निर्माताओं द्वारा निर्वाचन आयोग को कार्यपालिका से अलग सचमुच में स्वतंत्र बनाना।

मुझे पता चला है कि अगले माह में किसी समय निर्वाचन आयोग चुनाव सुधारों से जुड़े मुद्दों पर विचार करने के लिए राजनीतिक दलों की बैठक बुलाने जा रहा है। आयोग पेड न्यूज (पैसे लेकर खबर छापने) के सवाल पर भी चर्चा करने को तैयार दिखता है जिसने चुनावों को बदनुमा बना दिया है। मेरा सुझाव है कि इस बैठक के विचारार्थ मुद्दों में इलेक्ट्रॉनिक वोटिंग मशीन (ई.वी.एम.) की निष्पक्षता और उस पर निर्भरता के मुद्दे को शामिल करना चाहिए, जिसे लेकर विश्व के विभिन्न भागों और हाल ही में भारत में भी सवाल उठाए गए हैं।

यह महत्त्वपूर्ण है कि जर्मनी जैसा देश जो प्रोद्यौगिकी के मामले में दुनिया के अग्रणी देशों में है, वोटिंग मशीनों (ई.वी.एम.) को निष्पक्ष चुनावों के लिए इतना जोखिम भरा मानता है कि उसने इनके उपयोग को प्रतिबंधित कर रखा है। संयुक्त राज्य अमेरिका अभी इस हद तक नहीं गया है। यद्यपि उसके 50 में से 32 राज्यों ने कानून पारित कर व्यवस्था की है कि ई.वी.एम. का उपयोग तभी किया जा सकता है, जब प्रत्येक डाले गए वोट का पेपर बैकअप हो। अमेरिका में, यह तकनीक 'वोटर वेरिफाइड पेपर ऑडिट ट्रेलर' (Voter Verified Paper Audit Trailar) के नाम से जानी जाती है। वी.वी.पी.ए.टी. वोटिंग मशीन प्रत्येक मतदाता द्वारा डाले गए प्रत्येक वोट का पेपर रिकॉर्ड उपलब्ध कराती है। ई.वी.एम. में वोट डालने के बाद मतदाता उसके पेपर रिकॉर्ड का परीक्षण करता है और यदि वह संतुष्ट है कि इसमें कोई खामी नहीं है, तब मतदाता वोट बक्से में डालता है।

अमेरिकी कांग्रेस में ऐसे राज्यों के इस कानून को संघीय कानून बनाने का प्रस्ताव लंबित है। मैं आशा करता हूँ कि राजनीतिक दलों के प्रतिनिधियों के साथ निर्वाचन आयोग की प्रस्तावित बैठक में इस तरह के कानून को भारतीय संसद् द्वारा बनाए जाने पर सहमति बनेगी। दुनिया भर के आई.टी. विशेषज्ञ इसकी पुष्टि कर रहे हैं कि ऐसी कोई इलेक्ट्रॉनिक मशीन नहीं है, जिससे छेड़छाड़ न की जा सकती हो। इसलिए पेपर बैकअप न केवल मशीन से छेड़छाड़ रोकने का उपाय है, अपितु गलत ढंग से काम करनेवाली मशीनों की समस्या का समाधान भी है। मैं अपने सभी देशवासियों को गणतंत्र दिवस की बधाई देता हूँ।

25 जनवरी, 2010

□

सूचना प्रौद्योगिकी और आविष्कारक

मौजूदा चुनाव अभियान के दौरान मैंने अपने अधिकतर भाषणों में भारतीय जनता पार्टी की सूचना प्रौद्योगिकी संबंधी विचारदृष्टि का हवाला दिया और लोगों को यह समझाने की कोशिश कि किस तरह से इनसान की चतुराई के इस नवीनतम उपहार ने विज्ञान के क्षेत्र में हमारे देश को यह अद्वितीय अवसर दिया है कि वह सामाजिक-आर्थिक विकास की कठिन चुनौतियों पर विजय पाए।

हमने लोगों से वादा किया है कि भाजपा का आईटी विजन भारत को (क) वर्तमान आर्थिक संकट से निपटने में, (ख) बड़े पैमाने पर उत्पादक रोजगार पैदा करने में, (ग) व्यापक परिष्कृत और विस्तारित शिक्षा और स्वास्थ्य सेवाओं के जरिए मानव विकास को तेज करने में, (घ) भ्रष्टाचार पर रोक लगाने में और (ङ) राष्ट्रीय सुरक्षा को और मजबूत बनाने में सहायता करेगा।

इस सप्ताह जब मैंने भारत के प्रमुख आईटी केंद्र बंगलौर में एक बड़ी सभा को संबोधित किया तो मुझे याद आया कि युगों से विज्ञान के इतिहास का सबसे बड़ा आविष्कार पहिया माना जाता रहा है। मैंने महसूस किया कि पिछले दो दशकों से हम जो भी देख रहे हैं, अनुभव कर रहे हैं, उससे ऐसा लगता है कि कंप्यूटर चिप ने अब पहिए का स्थान ले लिया है।

हाल ही में मेरी नजर एकबेहद दिलचस्प पुस्तकपर पड़ी—'1000 ईयर्स 1000 पीपुल' यह पुस्तक पिछली सहस्राब्दी के एक हजार अग्रणी लोगों के नामों का संकलन भर नहीं है, बल्कि इसमें सहस्राब्दी का निर्माण करनेवाले लोगों का सावधानीपूर्वक क्रम-निर्धारण भी किया गया है।

इन एक हजार लोगों का क्रम-निर्धारण करने में पाँच प्रमुख मापदंड रखे गए—1. दूरगामी प्रभाव, 2. बुद्धि अथवा सौंदर्य में योगदान, 3. समकालीनों पर प्रभाव, 4. निजी योगदान और 5. करिश्मा।

इस सूची में सबसे पहले स्थान पर जोहांस गुटेनबर्ग रखे गए हैं, जिन्होंने 1430 में प्रिंटिंग प्रेस का आविष्कार किया था। इन एक हजार लोगों में 13 भारतीयों के नाम शामिल हैं। भारतीयों में पहला नाम महात्मा गांधी का है, जिन्हें 12वें स्थान पर रखा गया है।

इस ब्लॉग के संदर्भ में जिस बात का उल्लेख करना मैं जरूरी मानता हूँ, वह यह है कि लेखकों ने शुरुआती टिप्पणियों में कंप्यूटर के उद्‌भव पर एकअध्याय लिखा है। इसकी प्रस्तावना में लिखा गया है—

पिछली पीढ़ियाँ टेलीफोन, ऑटोमोबाइल, प्लास्टिक परमाणु ऊर्जा, टेलीविजन, अंतरिक्ष यात्रा को लेकर उत्साहित रहीं। ये सभी बहुत बड़ी सफलताएँ थीं, जिन्होंने हमारे जीवन को बदलकर रख दिया, लेकिन इनमें से कोई भी हमें नई सहस्राब्दी में नहीं ले गया। कंप्यूटर बिलकुल अलग हैं। वे इन सभी से अधिकमहत्त्वपूर्ण हैं, ऑटोमोबाइल से भी बड़े। सभ्य लोगों पर इसका असर अधिक दूरगामी रहा है, प्रिंटिंग प्रेस से भी अधिक। अगर हम इंटरनेट युग के महान् संचालक की, कंप्यूटर के सृजक की आत्मा की घोषणा करें तो हमें गुटेनबर्ग को पहले स्थान से हटाना पड़ सकता है।

इस सूची में कंप्यूटर के प्रिंटिंग प्रेस की जगह न ले पाने का कारण यह है कि ऐसा करने पर हमें शीर्ष स्थान पर कम-से-कम पाँच लोगों को रखना पड़ता। लेखक आगे कहता है, इसलिए ट्रांजिस्टर निर्माता जॉन बरडीन, चिप के आविष्कारक रॉबर्ट नॉयस, पीसी के निर्माता स्टीफन वोज़नियाक, कंप्यूटर सुपरमैन सीमॉर क्रे और कंप्यूटर सुपरसेल्समैन डेविड पैकर्ड का हमारे साथ अभिवादन कीजिए।

जब भारत को स्वतंत्रता हासिल हुई, उस समय कई युवा मार्क्सवाद की ओर आकर्षित हुए थे। यही वह बहुमूल्य समय था, जब मेरे पढ़ने के शौक ने मुझे दो शानदार किताबें पढ़ने पर मजबूर किया। इनमें से एक थी जॉर्ज ऑरवेल की 'एनीमल फॉर्म' और '1984'। दोनों किताबों में मार्क्सवादी राज्य की अवधारणा की जोरदार आलोचना की गई है। 'एनीमल फॉर्म' में बोल्शेविक शैली के सुअर एक फॉर्म पर कब्जा कर लेते हैं। इसके आगे की कहानी बेहद व्यथित करनेवाली है। ऑरवेल की इस कहानी में इस प्रसिद्ध कहावत का इस्तेमाल किया गया है—सभी जानवर समान हैं, लेकिन कुछ जानवर दूसरों से ज्यादा ही सम
दूसरी किताब, '1984' बिग ब्रदर नाम से जाने जानेवाले व्यक्ति द्वारा नियंत्रित अ
राज्य के बारे में है। इस निरंकुश राज्य की सफलता का मुख्य कारण वही
हम सूचना प्रौद्योगिकी के रूप में जानते हैं। ऑरवेल ने एक ऐसे उपकरण
की थी, जिसे टेलीस्क्रीन कहा जाता था। यह एक दीवार के आकार का पर

ब्रदर के राज्य के हर मकान की तसवीर एक साथ भेज सकता था और पा सकता था।

इस अवधारणा को वैज्ञानिक रूप से महसूस किया जा सकता है। पर्सनल कंप्यूटर ने टेलीस्क्रीन की अवधारणा को सच साबित कर दिया है; लेकिन इसके परिणाम ऑरवेल की आशंका से बिलकुल उलट निकले। उस राज्य में तो बिग ब्रदर हर नागरिक की निगरानी करता था, लेकिन आज नागरिक पर्सनल कंप्यूटर और इंटरनेट के जरिए अपने शासकों को इतने करीब से देख रहे हैं, जितने करीब से पहले कभी नहीं देखा था।

मुझे इसमें कोई संदेह नहीं है कि आई.टी. निरंतर लोकतंत्र का अधिक शक्तिशाली औजार बनता जा रहा है, जैसा कि चुनाव अभियान के लिए यह बना ही है।

22 अप्रैल, 2009

□

जेल से लेकर फ्रीडम पार्क तक—मेरे जीवन के एक यंत्रणापूर्ण और रोचक अनुभववाले स्थान की पुनः यात्रा

मैं तीन दिनों से लगातार यात्रा कर रहा हूँ। ये स्थान क्रमशः गोरखपुर (उत्तर प्रदेश; 15 फरवरी), मदनपल्ली (आंध्र प्रदेश; 27 फरवरी) और बीदर (कर्नाटक; 28 फरवरी) हैं जहाँ मैंने 31वीं, 32वीं और 33वीं विजय संकल्प रैलियों को संबोधित किया। मेरी पार्टी ने मुझसे औपचारिक चुनाव अभियान से पहले एक बड़े संपर्क कार्यक्रम के रूप में पूरे देश की यात्रा करने के लिए कहा और फरवरी 2008 में जबलपुर में मेरी पहली विजय संकल्प रैली का आयोजन हुआ। मैंने व्यावहारिक तौर पर देश के प्रत्येक हिस्से—अरुणाचल प्रदेश में पासीघाट से लेकर केरल में कालीकट (कोझीकोड़) और झारखंड में दुमका से लेकर महाराष्ट्र के विदर्भ क्षेत्र के वाशिम तक में इन रैलियों में हिस्सा लिया।

पिछले सप्ताह ही मैं कई जगहों पर गया—गुजरात में गांधीनगर जो मेरा लोकसभा चुनाव क्षेत्र है; मुंबई, जहाँ मेरे पार्टी कार्यकर्ताओं ने लगभग 50,000 लोगों से एकत्र हुई 11.11 करोड़ रुपए की धनराशि पार्टी के चुनाव कोश में अंशदान के रूप में दी। बंगलौर, जहाँ मैंने एक लाख से ज्यादा विद्यार्थियों की आतंकवाद-विरोधी रैली को संबोधित किया और मध्य प्रदेश में ग्वालियर, जहाँ मैंने भाजपा के अनुसूचित जाति मोर्चा द्वारा आयोजित एक बड़ी रैली में हिस्सा लिया।

यद्यपि मुझे प्रत्येक कार्यक्रम से अत्यंत संतुष्टि हुई, लेकिन मुझे एक ऐसा अवसर मिला जिसने न केवल मेरे व्यक्तिगत जीवन, बल्कि देश के जीवन में भी एक निश्चित अवधि से जुड़ी अनेक बहुमूल्य और गहरी सँजोई हुई स्मृतियों को ताजा कर दिया। यह अवसर था जब मुझे कर्नाटक सरकार ने 27 फरवरी, 2009 को बंगलौर में फ्रीडम पार्क

का उद्घाटन करने हेतु आमंत्रित किया। यह वही जगह है, जहाँ अभी तक बंगलौर जेल स्थित थी; यह जेल अब शहर के बाहर दूसरी जगह पर स्थानांतरित कर दी गई है। यह वही जेल है जहाँ मैंने आपातकाल के दौरान जून 1975 से लेकर जनवरी, 1977 तक लगभग पूरे 19 महीने बिताए (हरियाणा में रोहतक दूसरी जगह है, जहाँ आपातकाल के दौरान मुझे कुछ सप्ताह तक कैद रखा गया था)।

28 फरवरी, 2009 को फ्रीडम पार्क के उद्घाटन के अवसर पर कर्नाटक के मुख्यमंत्री श्री बी.एस. येदियुरप्पा, सांसद एवं भाजपा के महासचिव श्री अनंत कुमार तथा अन्य लोगों के साथ मिले।

सौभाग्यशाली एवं धन्य

एक ही जीवन में दो अलग-अलग बिंदुओं पर दो भिन्न भूमिकाओं में एक ही जगह पर उपस्थित होना वास्तव में हर किसी के लिए सौभाग्य की बात और सर्वशक्तिमान ईश्वर की कृपा होती है—पहली बार जेल में एक राजनीतिक कैदी के रूप में और दूसरी बार फ्रीडम पार्क में परिवर्तित हुई उसी जेल के उद्घाटनकर्ता के रूप में। यही एक क्षण था, जिसने मेरे हृदय को झकझोर दिया। मैं उन 19 महीनों के अत्यंत यंत्रणापूर्ण समय को भूल नहीं सकता जिस तरह मैं श्रद्धेय श्री जयप्रकाश नारायण के नेतृत्व में लोकतंत्र की अत्यंत आनंददाई विजय, जिसके बाद आपातकाल का अंत हुआ, को नहीं भुला सकता।

यह वही जेल हैं जहाँ मुझे श्री अटल बिहारी वाजपेयी, श्री मधु दंडवते, श्री एच.डी. देवेगौड़ा, श्री जे.एच. पटेल, श्री रामकृष्ण हेगड़े और कई दूसरे नेताओं के साथ बंदी बनाकर रखा गया था। श्री जयप्रकाश नारायण और श्री मोरारजी देसाई एवं श्री चंद्रशेखर जैसे प्रतिपक्ष के अन्य नेताओं तथा आपातकाल का विरोध करनेवाले 10 हजार लोगों को देशभर की जेलों में बंद कर दिया गया था। जैसा कि मैंने अपनी आत्मकथा 'मेरा देश मेरा जीवन' में उल्लेख किया है, श्रीमती इंदिरा गांधी जिन्होंने यह घोषणा की थी कि राष्ट्र लोकतंत्र से ज्यादा महत्त्वपूर्ण है, की अध्यक्षता में कांग्रेस पार्टी ने लोकतंत्र को ही कैद में बंद कर दिया था। सर्वव्यापक आकाशवाणी सहित मास मीडिया के संपूर्ण नेटवर्क का जनता में यह विश्वास पैदा करने हेतु, लोगों के मस्तिष्क को बदलने के उद्देश्य से इस्तेमाल किया गया कि स्वतंत्रता, नागरिक अधिकार, प्रेस की आजादी और न्यायिक स्वतंत्रता सभी विशिष्ट वर्ग की अवधारणाएँ हैं, उन्हें आम आदमी की भलाई से कुछ लेना-देना नहीं है और राष्ट्र को कांग्रेस पार्टी का आभारी होना चाहिए कि उसने तात्कालिक

परिवर्तन लाने के लिए देश में आपातकाल लगाया है।

मेरी आत्मकथा 'मेरा देश मेरा जीवन' से चित्र

फ्रीडम पार्क का औपचारिक उद्घाटन करने के बाद सबसे पहले मैं जेल की इमारत की ओर गया जहाँ मुझे पिछली बातें स्मरण हो आईं। मुझे वास्तव में उस कानूनी लड़ाई की याद हो आई जो भारतीय संविधान, जिसे इंदिरा गांधी की सरकार द्वारा बुरी तरह क्षत-विक्षत कर दिया गया था, की मर्यादा की रक्षा के लिए लड़ी गई थी। कांग्रेस सरकार ने न केवल संविधान के मूल ढाँचे को ही बिगाड़ा, बल्कि एक साल तक लोकसभा चुनावों को भी स्थगित कर दिया था। मेरे मन में कानूनी और न्यायिक विद्वानों—श्री नानी पालकीवाला, मोहम्मद करीम छागला, श्री एच.आर. खन्ना, श्री के.एस. हेगड़े, श्री वी.आर. कृष्णा अय्यर और दूसरे विधि विशेषज्ञों जिन्होंने कानून तोड़नेवाले घमंडी लोगों के सामने झुकने से इनकार कर दिया, के लिए गहरी कृतज्ञता और प्रशंसा के भाव भरे हुए हैं। मेरे मन में उन साहसी पत्रकारों—श्री कुलदीप नैय्यर, श्री निखिल चतुर्वेदी, श्री राज थापर और शंकर्स वीकली के शंकर और भारत के महान् राजनीतिक कार्टूनिस्ट श्री अबू अब्राहिम—और श्री रामनाथ गोयनका जैसे समाचार-पत्र मालिकों के प्रति भी प्रशंसा भाव है, जिन्होंने प्रेस की स्वतंत्रता की जलती हुई मशाल को ऊँचा करके अपने व्यवसाय को गौरवशाली बनाया।

आपातकाल के दौरान बंगलौर सेंट्रल जेल के भीतर लिखी गई मेरी पुस्तक का कवर

मैं राष्ट्रीय स्वयंसेवक संघ और जयप्रकाश नारायण द्वारा बनाई गई लोकसंघर्ष समिति के असंख्य भूमिगत कार्यकर्ताओं की भूमिका को नमन करता हूँ, जिन्होंने छिपे तौर पर पूरे देश में आपातकाल-विरोधी साहित्य प्रकाशित करवाकर बँटवाया था। मैं उन पुस्तकों को भी स्मरण करता हूँ, जो मैंने जेल के पुस्तकालय से लेकर पढ़ी थीं—उन पुस्तकों में एक विलिएम शिरेर की पुस्तक The Rise and Fall of The Third Reich भी थी; जिसमें अडोल्फ हिटलर के अधीन जर्मनी का एक स्पष्ट और व्यापक वर्णन किया गया है। मैंने इस पुस्तक का Tale of Two Emergencies नामक पुस्तिका के लिए संदर्भ-बिंदु के रूप में इस्तेमाल किया था जिसे मैंने लोकतंत्र के पक्षधर साहित्य में अपना विनम्र योगदान देने के लिए लिखा था। बाद में, मैंने बंगलौर जेल में लोकतंत्र की रक्षा हेतु यह और चार अन्य निबंध भी लिखे जो मेरी पुस्तक A Prisoner's Scrapbook जिसे आपातकाल हटाए जाने

के बाद प्रकाशित किया गया था, का हिस्सा बन गए।

मुझे जेल के दौरान जीवन के कुछ रोचक क्षणों की भी याद आई। हमें आमने-सामने के दो बड़े कमरों में कैद करके रखा गया था। श्री श्याम नंदन मिश्रा और श्री दंडवते एक कमरे में थे और मैं तथा अटलजी दूसरे कमरे में रहते थे। जेल अधिकारियों ने जेल मैन्युअल में निर्धारित मानकों के अनुसार हमें बरतन, क्रॉकरी, कुछ खाद्य-पदार्थ व अनाज और सब्जियाँ दे रखी थीं। अटलजी ने स्वेच्छा से खाना बनाने की जिम्मेदारी सँभाली हुई थी। आप देखेंगे कि लोकसभा की हू-इज-हू में कुकिंग को अटलजी के शौक के रूप में लिखा गया है। वे जो खाना बनाते थे वह साधारण, लेकिन पौष्टिक होता था।

जेल में लंबे समय तक रहते हुए मुझे सबसे ज्यादा अपने परिवार की याद आती थी। मेरे बच्चे—जयंत और प्रतिभा छोटे थे और दिल्ली में थोड़े से संसाधनों से परिवार चलाने का बोझ पूरी तरह से मेरी पत्नी कमला पर था।

'वे आपकी स्वतंत्रता छीन सकते हैं, लेकिन आपकी आशाओं को नहीं छीन सकते'

मैंने 26 जून, 1975 की सुबह जेल में प्रवेश किया था और 18 जनवरी 1977 को रिहा किया गया। उस दिन मैंने अपनी डायरी में जो कुछ लिखा, वह अभी भी मेरे दिमाग में ताजा है। जेलर द्वारा सूचित किए जाने के बाद कि आज मुझे जेल से रिहा किया जा रहा है, जैसे ही मैं आखिरी बार अपने कमरे में लौटा, मैंने देखा कि मेरी मेज पर पत्रों का एक बंडल पड़ा हुआ है। वे 600 से ज्यादा पत्र थे, जो सभी विदेशों, एमनेस्टी इंटरनेशनल के सदस्यों या सहयोगियों द्वारा मुझे भेजे गए थे। उनमें से अधिकांश क्रिसमस या नए साल के ग्रीटिंग कार्ड थे, लेकिन प्रत्येक पत्र पर एक या दो पंक्तियाँ लिखी हुई थीं, जिनसे मुझे संघर्ष के लिए शक्ति और विश्वास मिला तथा मेरे मन में आशा की किरण जगी। मैं यहाँ एक उदाहरण दे रहा हूँ। मुझे एमस्टर्डम से लॉरी हैन्ड्रिक्स का क्रिसमस का एक ग्रीटिंग कार्ड मिला। उन्होंने लिखा—

स्वतंत्रता और आशा साथ-साथ नहीं चल सकते।

ये आपकी स्वतंत्रता छीन सकते हैं, लेकिन आशा को नहीं।

हाँ, उन्होंने करोड़ों लोगों की आजादी छीन ली थी, लेकिन वे उनकी आशाओं को नहीं तोड़ सके!

आपातकाल की दु:खद कहानी लोकतंत्र की जबरदस्त जीत के साथ समाप्त हुई, जब

जनता ने सरकार के खिलाफ मतदान किया। कांग्रेस पार्टी की चुनाव में हार हुई और नई दिल्ली में श्री मोरारजी देसाई के नेतृत्व में जनता पार्टी की सरकार बनी। मुझे गर्व है कि मेरी भी इस बदलाव में एक भूमिका थी। उस सरकार में सूचना एवं प्रसारण मंत्री के रूप में मेरा मुख्य कार्य प्रेस की स्वतंत्रता पर लगी रोक को समाप्त करना था, जो आपातकाल का एक सबसे घिनौना पहलू था।

बंगलौर में फ्रीडम पार्क के सामने का दृश्य–

मैं कर्नाटक के मुख्यमंत्री श्री बी.एस. येदियुरप्पा और बंगलौर नगर निगम को बधाई देता हूँ कि उन्होंने 21 एकड़ में फैले सेंट्रल जेल परिसर को भारत के स्वतंत्रता सेनानियों और लोकतंत्र के रक्षकों को सम्मान देने के लिए एक स्मारक में बदलने का निर्णय लिया। मैं चाहूँगा कि यह स्थल बंगलौर में पर्यटकों के लिए एक आकर्षण का प्रमुख केंद्र बने और स्वतंत्रता, लोकतंत्र, न्यायपालिका और मीडिया की आजादी तथा नागरिकों की स्वतंत्रता के लिए एक तीर्थस्थान के रूप में उभरे। यह एक ऐसा स्थान बने, जो उन लोगों को निरंतर चेतावनी देता रहे कि वे कभी भी भारत को फिर से सत्तावादी शासन के शिकंजे में जकड़ने का विचार मन में न लाएँ।

18 मार्च, 2009

□

गुजरात कैसे जीवंत (वायब्रेंट) बना

मकर संक्रांति (14 जनवरी) हमारे देश के विभिन्न भागों में अलग-अलग नामों से जानी जाती है। तमिलनाडु में यह त्योहार 'पोंगल' के नाम से मनाया जाता है। असम में यह 'बीहू' के नाम से गीत, नृत्य और हर्षोल्लास के साथ मनाया जाता है। पंजाब और उत्तर भारत के कई भागों में यह त्योहार एक या दो दिन पहले मनाया जाता है, जिसे लोग 'लोहड़ी' कहते हैं। ठंडी रात के समय लोग इकट्ठे होकर लकड़ियों के ढेर बनाकर उसे जलाते हैं, लोहड़ी के गीत गाते हैं, रेवड़ी, मूँगफली, मक्का के भुने लावे और तिल की बनी मिठाइयाँ आपस में बाँटते हैं। प्रतिवर्ष मेरा परिवार लोहड़ी का त्योहार अपने आवास पर दोस्तों, कार्यालय के सहयोगियों और सुरक्षाकर्मियों के साथ बड़े आनंद के साथ मनाता है।

मकर संक्रांति मुझे गुजरात, जहाँ से मैं संसद् में प्रतिनिधित्व करता हूँ, के पतंग उत्सव की याद दिलाती है। इस दिन अहमदाबाद और राज्य के दूसरे शहरों तथा कस्बों के ऊपर गहरे नीले आकाश में एक कैनवास-सा बन जाता है; क्योंकि लाखों लोग अपने घरों की छतों पर चढ़कर भिन्न-भिन्न रंगों की पतंगें उड़ाते हुए पतंग उत्सव का आनंद उठाते हैं और गुजरात में अंतरराष्ट्रीय पतंग उत्सव वास्तव में सैलानियों के आकर्षण का प्रमुख केंद्र बन गया है।

वर्ष 2003 से वॉयब्रेंट (जीवंत) शब्द गुजरात से जुड़ गया है। दूसरे मायने में इसने राष्ट्रीय व अंतरराष्ट्रीय स्तर पर राज्य की प्रतिष्ठा भी बढ़ाई है। इस तथ्य को ध्यान में रखते हुए कि चालू वर्ष की आर्थिक मंदी में भी दो-दिवसीय वॉयब्रेंट गुजरात वैश्विक निवेशक सम्मेलन (Two-day Vibrant Gujarat Global Investors' Summit), जो 13 जनवरी को अहमदाबाद में समाप्त हुआ, ने 12 लाख करोड़ रुपए से अधिक के निवेश आकर्षित किए। राज्य सरकार और भावी निवेशकों के बीच 8,500 से अधिक समझौता ज्ञापनों पर हस्ताक्षर किए गए। इनसे 25 लाख से ज्यादा अतिरिक्त रोजगार का सृजन होने की संभावना

है। यद्यपि वर्ष 2003, 2005 और 2007 में हुए वॉयब्रेंट गुजरात सम्मेलन के पिछले तीन आयोजनों में कुल मिलाकर 6.34 लाख करोड़ रुपए से अधिक के निवेश के वादे प्राप्त हुए जबकि वर्ष 2009 के अकेले सम्मेलन में 12 लाख करोड़ रुपए के निवेश हेतु समझौता ज्ञापनों पर हस्ताक्षर किए गए।

जैसी कि 'द हिंदू' समाचार-पत्र में रिपोर्ट प्रकाशित हुई है—

'देश और विदेश के प्रमुख उद्योगपतियों तथा विदेशी प्रतिनिधिमंडलों ने भी श्री नरेंद्र मोदी को ऐसे समय पर, जब विश्व अर्थव्यवस्था मंदी के दौर से गुजर रही है, औद्योगिक निवेश आकृष्ट करने में राज्य की उपलब्धि के लिए साधुवाद देते हुए करतल-ध्वनि से मुख्यमंत्री की घोषणा का स्वागत किया।'

नरेंद्र भाई की सफलता का राज क्या है ? सीधा सा उत्तर है—उन्होंने भारतीय जनता पार्टी की प्रतिबद्धता सुशासन, विकास और सुरक्षा का अनुकरण किया है।

गुजरात ने देश में न केवल सबसे तीव्र आर्थिक विकास किया है, बल्कि इसने सामाजिक विकास में भी जबरदस्त सफलताएँ हासिल की हैं। राज्य के कई हिस्सों में पेयजल की भारी और चिरस्थायी समस्या को बड़े पैमाने पर हल कर लिया गया है। ज्योतिग्राम योजना, जिसको व्यापक सराहना मिली है, ने राज्य के सभी गाँवों व बस्तियों में 24 घंटे और सातों दिन बिजली मुहैया करने में सफलता प्राप्त की है। आदिवासी क्षेत्रों सहित बीच में स्कूल छोड़नेवाले बच्चों की दर में कमी आई है। गुजरात स्लम सुधार और शहरी नवीकरण में आगे है।

जिस बात से मुझे विशेष संतुष्टि होती है, वह यह है कि गुजरात ने जिस ढंग से राजनीतिक और अफसरशाही में व्याप्त भ्रष्टाचार को कम करने में सफलता हासिल की है, वह अन्य सरकारों के लिए वास्तव में एक आदर्श है। दिसंबर 2007 में गुजरात विधानसभा चुनावों में नया जनादेश हासिल करने में भारतीय जनता पार्टी की सफलता के बाद मैंने निम्नलिखित टिप्पणी की थी—

''कांग्रेस और इसके छद्म धर्मनिरपेक्षता के समर्थक इन चुनावों को एक तरह से सांप्रदायिकता बनाम धर्मनिरपेक्षता के आधार पर राष्ट्रीय जनमत संग्रह में परिवर्तित करना चाहते थे। कहने की जरूरत नहीं है कि वे अपने इरादों में बुरी तरह से विफल रहे।

''मैं एक अन्य कारण से गुजरात चुनावों के परिणाम को महत्त्वपूर्ण मानता हूँ। इससे पता चलता है कि किस तरह से एक निष्ठावान्, साहसी एवं समर्थ नेता जनता के समर्थन से दुष्प्रचार के अभियान को पराभूत कर सकता है। मैंने पिछले 60 वर्षों के दौरान भारतीय

राजनीति में ऐसा कोई नेता नहीं देखा, जिसे राष्ट्रीय व अंतरराष्ट्रीय दोनों स्तरों पर निरंतर इतने घृणित तथा अनैतिक रूप से बदनाम किया गया हो, जितना श्री मोदी को सन् 2002 से। श्रीमती सोनिया गांधी ने तो सारी मर्यादा तोड़कर उन्हें 'मौत का सौदागर' तक कह दिया। मुझे प्रसन्नता है कि गुजरात के लोगों ने ऐसी विषैली राजनीति करनेवालों को सटीक उत्तर दिया।''

मुझे यह देखकर हँसी आती है कि इन दिनों भारतीय जनता पार्टी का विरोध करनेवाले मीडिया के कुछ वर्ग वॉयब्रेंट गुजरात सम्मेलन में भी भारतीय जनता पार्टी में कथित मतभेदों के प्रमाण ढूँढ़ने में कड़ी मेहनत कर रहे हैं।

मैं केवल उस बात की याद दिला सकता हूँ, जो मैंने गुजरात विधानसभा चुनावों में भारतीय जनता पार्टी को मिली जबरदस्त विजय के कुछ समय बाद नई दिल्ली में प्रेस सम्मेलन को संबोधित करते हुए कही थी।

एक महिला पत्रकार ने मुझसे प्रश्न किया, ''क्या आप नहीं सोचते कि अब नरेंद्र भाई का कद पार्टी से भी ऊँचा हो गया है?'' उनके प्रश्न का मैंने यह उत्तर दिया था, ''यह अकसर परिवार में होता है कि घर का एक युवा सदस्य ऐसी कोई उपलब्धि हासिल करता है, जो पहले किसी ने हासिल नहीं की हो, तो उस पर पूरे परिवार को गर्व होता है। परिवार कभी भी उस बारे में अपने आपको कम महत्त्ववाला नहीं समझता।''

17 जनवरी, 2009

□

सही सेक्यूलरिज्म को समझना

इस सप्ताह मेरे पुस्तकालय में एक और महत्त्वपूर्ण पुस्तक अमित मेहरा द्वारा लिखित एक सुंदर कॉफी टेबल बुक जुड़ गई है। मैं इस महत्त्वपूर्ण पुस्तक को प्रकाशित करने के लिए विदेश मंत्रालय के पब्लिक डिप्लोमेसी डिवीजन को बधाई देता हूँ।

अमित मेहरा एक उत्कृष्ट फोटोग्राफर हैं। वे कई विख्यात पत्र-पत्रिकाओं, जैसे—टाइम, इंडिया टुडे, डेर स्पेजेल, फॉरच्यून, वॉग आदि में योगदान देते रहे हैं। अमित दासगुप्ता की प्रस्तावना और जया रामनाथन द्वारा मेहरा के फोटोग्राफ्स के संदर्भ में लिखित टिप्पणियाँ पढ़ने योग्य हैं।

समकालीन इंग्लिश की लॉन्गमैन डिक्शनरी के अनुसार 'कॉफी टेबल बुक' एक महँगी और बड़ी पुस्तक होती है, जिसमें आमतौर पर ढेर सारी तसवीरें होती हैं और ऐसा माना जाता है कि यह पढ़ने के लिए नहीं बल्कि देखने के लिए होती है।

इसमें कोई शक नहीं है कि अमित मेहरा ने इस पुस्तक में जो तसवीरें शामिल की हैं, वे सँजोने लायक हैं। लेकिन मार्क टुली द्वारा लिखी गई प्रस्तावना में मेरी ज्यादा दिलचस्पी बनी। वे 25 वर्ष तक भारत और दक्षिण एशिया में बी.बी.सी. में विख्यात पत्रकार रहे हैं। मैं उनको लंबे समय से जानता हूँ और उनका प्रशंसक हूँ। वे अब भारत में बस गए हैं और उन्होंने भारत तथा भारतीय संस्कृति पर कई प्रबुद्ध पुस्तकें लिखी हैं।

भारत और दक्षिण एशिया में बी.बी.सी. के विख्यात पत्रकार मार्क टुली प्रस्तावना के शुरू में लिखते हैं—

मैंने '80 के दशक में एक पुस्तक 'नो फुल स्टॉप्स इन इंडिया' लिखी थी, जिसमें भारत की अनोखी सहनशील संस्कृति का गुणगान किया था। अमित मेहरा ने अपनी इस पुस्तक में इसकी प्रशंसा करते हुए इस बात का भी जिक्र किया है कि इस संस्कृति को उन भारतीयों से खतरा है, जो आधुनिक पश्चिमी भौतिकवादी संस्कृति की नकल कर रहे हैं।

जब टेलीविजन पर साक्षात्कार लेनेवाले एक पत्रकार ने कहा कि मैं भारतीयों को फिर से एक काल्पनिक स्वर्ण युग में ले जाना चाहता हूँ, जो कभी नहीं था तो मैंने जवाब दिया इसके विपरीत, मैं सहनशील संस्कृति के बारे में बात कर रहा हूँ, जिसे भारत ने अपने पूर्वजों से पाया है। ऐसी संस्कृति, जिसमें आज के भारत का सेक्यूलरवाद समाहित है। उसके बाद मैंने पूछा—क्या आप भारत को भारत ही रहने देना चाहते हैं या पश्चिम की नकल? तब से भारत बहुत बदल चुका है और हमें बदलाव को उल्लास के साथ देखना चाहिए। लेकिन मुझे लगता है कि यह प्रश्न आज भी काफी प्रासंगिक है।

अब भारत की पहचान अपनी ही शक्ति के कारण बनी है। एक ऐसा देश, जो भौतिक और मानव संसाधन के बल पर वैश्विक बाजार में अत्यधिक महत्त्वपूर्ण भूमिका निभाने की क्षमता रखता है। लेकिन बाजार पर आधारित अर्थव्यवस्था, जिससे यह बदलाव आया है, की सफलता से भारत में बहुत से लोग यह विश्वास करने लगे हैं कि देश का भविष्य इस अर्थव्यवस्था में ही निहित है। मेरी धारणा है कि यह भारतीय संस्कृति के मूलभूत सिद्धांत के विपरीत है—वह सिद्धांत, जिसने भारत को सहनशील बनाया है। वह सिद्धांत निश्चित की अनिश्चितता को स्वीकार करता है। इसे स्वीकार करने के लिए कोई अंतिम अथवा पूर्ण उत्तर नहीं है, जिसे ध्यान में रखा जा सके। मैंने 'नो फुल स्टॉप्स इन इंडिया' में लिखा है—''पश्चिमी दुनिया और उसकी नकल करनेवाला भारतीय अभिजात वर्ग भारतीय प्रतिभा की महत्ता को नकारता है। वे पूर्णविराम लगाना चाहते हैं, लेकिन भारतभूमि पर पूर्णविराम की कोई जगह नहीं है।'' यद्यपि उस पुस्तक के प्रकाशित होने के बाद बहुत से बदलाव हुए हैं, इसके बावजूद मैं मानता हूँ कि मैंने जो लिखा था वह सही था।

टुली आगे कहते हैं—''भारतीय सेक्यूलरवाद, जैसा कि अमित मेहरा की तसवीरें दरशाती हैं, सभी धर्मों का आदर करता है और भारतीय लोगों द्वारा माने जानेवाले विविध धर्मों एवं पंथों में पनपता है। मैंने दिल्ली में एक दिन सुबह बी.बी.सी. वर्ल्ड रेडियो सेवा की एक चर्चा में यह सुना कि किसी को भी क्रिसमस कार्ड नहीं भेजा जाना चाहिए, क्योंकि वे सेक्यूलर नहीं हैं। सेक्यूलरिस्ट ब्रिटिशों को क्रिसमस के सभी रंगों, हर्षोल्लास, लंदन की ऑक्सफोर्ड स्ट्रीट की जगमगाती रोशनी, रेलवे स्टेशनों पर यात्रियों से ऊँचे बनाए गए क्रिसमस वृक्षों, घर-घर आनंद के गीत गाते गायकों से दूर रखना चाहते थे; क्योंकि ये चीजें ईसाइयत का प्रचार करती हैं। उनका यह विचार था कि कार्डों में केवल नीरस और निरुत्साही संदेश ही होता है—हैप्पी, मिड विंटर फेस्टीवल।'' इस विचार को सुनने के बाद मैंने 'हिंदू' दैनिक समाचार-पत्र पढ़ने के लिए लिया और देखा कि पश्चिम बंगाल के राज्यपाल कोलकाता

स्थित अपने घर के लॉन में बच्चों के लिए क्रिसमस पार्टी दे रहे हैं। ये राज्यपाल गोपाल गांधी थे और वे अपने दादा महात्मा गांधी के कदमों का अनुकरण कर रहे थे। गांधीजी ने एक बार कहा था—'मेरे हिंदू धर्म ने मुझे सभी धर्मों का आदर करने की शिक्षा दी है।'

''मैंने भारत के एक शीर्ष इसलामिक विद्वान् मौलाना वहीदुद्दीन खान से बात की थी। उन्होंने मुझसे कहा—'मैं एक मुसलिम हूँ। इसलाम मेरा धर्म है, लेकिन मैं अन्य धर्मों का भी उतना ही आदर करता हूँ। मैं यह भी मानता हूँ कि भारत में मुसलमान अन्य इसलामिक देशों की अपेक्षा अच्छी स्थिति में हैं। इसलामिक देशों में उन्हें या तो शांति मिलती है या स्वतंत्रता। लेकिन भारत में उन्हें ये दोनों ही मिलती हैं।' एक क्रिश्चियन के तौर पर मुझे यहाँ जो स्वतंत्रता प्राप्त है, उसका मैं आनंद उठाता हूँ। एक हिंदू गुरु अविमुक्तेश्वरानंद सरस्वती ने मुझसे कहा—बहुत सी नदियाँ समुद्र में जाकर मिलती हैं। वे सभी भिन्न हैं। कुछ ऊबड़-खाबड़ और तिरछी हैं तो कुछ सीधी बहती हैं; लेकिन वे सभी समुद्र में मिलना चाहती हैं। इसलिए भगवान् के आशीर्वाद से ईश्वर तक पहुँचने के कई तरीके हैं। जब मैं पहली बार भारत आया था तो मुझे विश्वास नहीं होता था कि ऐसा भी है। मैं सोचता था कि ईश्वर तक पहुँचने का एक ही माध्यम है—ईसाइयत। भारत की सहनशीलता और इसके सेक्यूलरिज्म ने मेरी धारणा को बदल दिया।''

मार्क टुली ने अपनी प्रस्तावना की समाप्ति कुछ टिप्पणियों से की है—

''मैंने शुरुआत लगभग एक वर्ष पहले लिखी अपनी पुस्तक से उद्धरण देकर की थी और अंत अभी हाल में लिखी गई पुस्तक से उद्धरण के साथ करता हूँ। पुस्तक में भारत की सहनशीलता, अनेकतावाद, तार्किक व अतार्किक परंपरा, निश्चितता के संबंध में अनिश्चितता की स्वीकार्यता का वर्णन है। इन सबको मैंने समझा है कि ये वे संदेश हैं, जो भारत दुनिया को दे सकता है। मैंने लिखा है, भारत में मेरे अनुभव ने मुझे अपने विश्वास व धारणा पर फिर से विचार करने के लिए मजबूर कर दिया; क्योंकि मैं उस सत्य को नकार नहीं सकता था, जो मेरी आँखों के सामने था—भगवान् तक पहुँचने के कई रास्ते हैं। जब मैं इस बात को समझ सका तो मुझे पता चला कि विभिन्न देशों की विविध संस्कृतियों और वातावरण में हजारों वर्षों से बदलती हुई ऐतिहासिक परिस्थितियों में लोगों ने इसी प्रकार के यथार्थ का अनुभव किया था, यद्यपि उन्होंने इस यथार्थ का अलग तरह से वर्णिन किया है। मैंने देखा कि सार्वभौमिक ईश्वर की महत्ता अधिक व्यापक है। जबकि ईसाइयत का कार्यक्षेत्र एक सीमा तक सीमित है। इसकी शिक्षा मुझे भारत में मिली। संशय के बारे में प्रश्न उठाने का कोई कारण तो होता है। इसका अर्थ है कि हमें विनम्र होना चाहिए। हमें ऐसा

कभी नहीं मानना चाहिए कि हमारे पास सभी प्रश्नों का उत्तर मौजूद है। यही भारतीय संस्कृति है, जिसे अमित मेहरा की तसवीरों में अच्छी तरह से रेखांकित किया गया है।''

भारतीय जनता पार्टी यह मानती है कि जिन परिस्थितियों में भारत ने सन् 1947 में स्वतंत्रता प्राप्त की थी, उससे दुनिया को आश्चर्य नहीं होता, यदि भारत भी स्वयं को मजहबी राष्ट्र घोषित कर देता; क्योंकि पाकिस्तान ने अपने आपको इसलामिक राष्ट्र घोषित कर दिया था। जैसा कि मैंने अपनी आत्मकथा 'मेरा देश मेरा जीवन' में लिखा है—''राष्ट्रीय स्वयंसेवक संघ के प्रमुख (सरसंघचालक) रहे श्री गुरुजी गोलवलकर ने सशक्त रूप से सन् 1948 में कहा था कि मजहबी राष्ट्र भारत की संस्कृति और मान्यताओं से मेल नहीं खाता।'' पश्चिम में 'सेक्यूलर' शब्द का अलग अर्थ होता है, इसका धर्म से कोई लेना-देना नहीं है। लेकिन भारत ने इस शब्द को बिलकुल भिन्न अर्थ दिया है। इसकी व्याख्या सर्वपंथ समादर अर्थात् सभी धर्मों के प्रति बराबर का आदर के रूप में की गई है। यह पुस्तक और मार्क टुली की प्रस्तावना इस व्याख्या को अच्छे ढंग से निरूपित करती हैं।

12 जनवरी, 2009

□

स्वामी रंगनाथानंद के श्रीचरणों में

मैं सोच रहा था कि आज मैं आप लोगों के समक्ष कौन से विचार रखूँ, क्योंकि आपके साथ बाँटने के लिए मेरे पास बहुत से विचार हैं। 15वीं लोकसभा के लिए चुनाव काफी नजदीक आ गए हैं। स्वाभाविक है कि मेरा अधिकांश संवाद राजनीतिक और चुनावी होगा। फिर भी, मैं यह मानता हूँ कि राजनीति हमारे राष्ट्रीय जीवन का अंतिम परिणाम नहीं है, बल्कि राजनीति सार्वजनिक जीवन में हर कहीं तभी सार्थक व परिपूर्ण होती है जब वह भारत की आध्यात्मिक परंपरा में निहित मूल आदर्शों तथा उच्च मूल्यों द्वारा निर्देशित हो। ऐसा बहुत कुछ है, जिसे राजनीतिज्ञ तथा अन्य व्यवसायों से जुड़े लोगों को भारत के आध्यात्मिक गुरुओं—प्राचीन तथा आधुनिक—से सीखना होगा।

कुछ दिन पहले एक नई पुस्तक मेरी मेज पर रखी हुई थी—'द मॉन्क विदाउट फ्रंटियर्स—रेमिनीसेंसिज ऑफ स्वामी रंगनाथानंद'। यह रामकृष्ण मिशन का नवीनतम प्रकाशन है और स्वामीजी की जन्मशती (2008) पर उनको श्रद्धांजलि देने के लिए प्रकाशित की गई है। स्वामी रंगनाथानंद, जैसा कि मैंने अपनी आत्मकथा ('मेरा देश मेरा जीवन', जिसे पिछले वर्ष प्रभात प्रकाशन द्वारा प्रकाशित किया गया है।) में लिखा है, हमारे समय के भारतीय समाज में सर्वाधिक चमकते हुए आध्यात्मिक पुंज थे। मुझे यह देखकर बहुत खुशी हुई थी कि इस पुस्तक में मेरी आत्मकथा से एक अंश उद्धृत किया गया है, 'जो मैंने कराची, जहाँ मैंने अपने जीवन के पहले 20 साल (1927-47) बिताए थे, में इस पवित्र आत्मा के साथ अपने घनिष्ठ साहचर्य के विषय में लिखे हैं। इस पुस्तक में मेरे एक भाषण से एक संक्षिप्त उद्धरण भी दिया गया है, जो मैंने 15 मई, 2005 को रामकृष्ण मिशन, नई दिल्ली में एक स्मृति-सभा में दिया था। प्रधानमंत्री डॉ. मनमोहन सिंह तथा पूर्व प्रधानमंत्री श्री इंद्रकुमार गुजराल भी स्वामीजी, जिनका 26 अप्रैल, 2005 को देहावसान हो गया था—को श्रद्धांजलि देने के लिए इस अवसर पर उपस्थित थे।

इन उद्धरणों को देखकर मैंने सोचा कि मुझे अपने अनुभव और विचार अपने ब्लॉग पर

आपके साथ बाँटने चाहिए। कृपया आप अपनी टिप्पणी/प्रतिक्रिया से मुझे अवगत कराएँ।

कराची में अपने जीवन के अंतिम तीन वर्षों में एक और परिवर्तनकारी प्रभाव मेरे जीवन में आया। भगवद्गीता पर स्वामी रंगनाथानंद के प्रवचन सुनने के लिए मैं हर रविवार की शाम को रामकृष्ण मिशन जाने लगा। मैं स्वामीजी के व्यक्तित्व से जितना प्रभावित था, महाभारत के युद्ध के मैदान में, स्पष्ट और आधिकारिक भाषा में, योद्धा अर्जुन से भगवान् श्रीकृष्ण के सम्मोहक दार्शनिक संवाद की, उनके द्वारा की गई व्याख्या से भी उतना ही मंत्रमुग्ध हो जाता था।

स्वामीजी उस समय कराची, जहाँ पर उन्होंने 6 वर्ष तक रामकृष्ण परमहंस और उनके शिष्य स्वामी विवेकानंद की शिक्षाओं का प्रचार किया, में रामकृष्ण मिशन के प्रमुख थे। वे कई वर्ष तक सुदूर बर्मा (अब म्याँमार) स्थित रामकृष्ण मिशन की सेवा करने के बाद कराची आए थे। वे केरल के रहनेवाले थे। स्वामीजी, जिन्होंने बहुत छोटी आयु से ही सत्य की खोज और मानव-सेवा का मार्ग अपना लिया था, बड़े सादगीपूर्ण और मिलनसार व्यक्ति थे। कुछ ही दिनों में उन्हें मुझसे गहरा स्नेह हो गया। देखते-ही-देखते उनके समर्पित, लक्ष्योन्मुख और बौद्धिक रूप से विशाल व्यक्तित्व से मैं आकर्षित हो गया।

मैंने स्वयं से कहा, मुझे भी इन जैसे ही गुण विकसित करने चाहिए।

कराची में रामकृष्ण मिशन

आरंभ में गीता प्रवचन के श्रोताओं की संख्या कम, लगभग 50 से 100 के बीच थी। लेकिन यह संख्या सप्ताह-दर-सप्ताह बढ़ते हुए जल्दी ही 1,000 हो गई। चूँकि आश्रम मुसलिम बस्ती में स्थित था, कुछ मुसलमानों, ईसाई और पारसियों—जिनमें जमशेद नसरवानजी मेहता, जो कराची के पूर्व मेयर थे—ने भी भाग लेना शुरू कर दिया। आश्रम स्वैच्छिक सामाजिक सेवा का एक स्थल बन गया, जिसमें मैंने भी अपना योगदान दिया। मुझे वर्ष 1943 में बंगाल में पड़े अकाल की याद आती है, जिसमें लाखों लोगों की जानें अंग्रेजों की युद्धकाल की नीति के कारण चली गईं। स्वामीजी ने एक अपील जारी कर अकालग्रस्त लोगों के लिए भोजन तथा अन्य राहत सामग्री की व्यवस्था की। इसकी उदार प्रतिक्रिया रही और जल्दी ही लगभग 5 लाख रुपए इकट्ठे हो गए। स्वामीजी ने उन रुपयों से चावल खरीदे और सिंध सरकार से अनुरोध किया कि उन्हें स्टीमर के द्वारा श्रीलंका से होते हुए बंगाल भेजने की अनुमति दी जाए। एक अधिकारी ने उन्हें बताया, ''आपको अपनी बारी की प्रतीक्षा करनी होगी। मुसलिम लीग भी

इसी उद्देश्य से एक्सपोर्ट परमिट चाहती है। हम उनका कोटा खत्म होने के बाद आपको कोटा देंगे।'' कुछ सप्ताह बाद अधिकारी ने स्वामीजी को बताया, ''मुसलिम लीग ने केवल 6 टन चावल भेजा है, शेष कोटा आपका है।'' आश्रम ने 1,240 टन चावल भेजा।

स्वामीजी कई विशिष्ट हस्तियों को आश्रम का दौरा करने के लिए आमंत्रित करते थे। मुझे डॉ. एस. राधाकृष्णन की एक यादगार यात्रा का स्मरण आता है, जो एक महान् दार्शनिक थे। वे अक्तूबर 1945 में बनारस हिंदू यूनिवर्सिटी (बी.एच.यू.) के कुलपति थे। उन्होंने दो व्याख्यान दिए—एक आश्रम में और दूसरा डी.जे. सिंध कॉलेज में; दोनों में ही बड़ी संख्या में भीड़ जुटी। डॉ. राधाकृष्णन ने स्वामीजी से अनुरोध किया कि वे बी.एच.यू. के लिए कुछ चंदा एकत्रित करें। कराची के निवासियों ने उन्हें 50 हजार रुपए दिए, जो उन दिनों बहुत बड़ी धनराशि थी।

मैंने सितंबर 1947 में कराची छोड़ दिया था, जबकि स्वामीजी कुछ महीने और उस समय तक वहाँ और रहे, जब तक उस शहर में रामकृष्ण मिशन की गतिविधियाँ चलाना असंभव नहीं हो गया। भरे मन से उन्होंने मिशन बंद कर दिया और सन् 1948 के आरंभ में कराची शहर छोड़ दिया। उनसे मेरी संबद्धता 98 वर्ष की आयु में फरवरी 2005 में लगभग उनके निधन तक जारी रही। जब वे दिल्ली में रामकृष्ण मिशन के प्रमुख थे और उस अवधि में भी, जब उसके बाद लंबे समय तक वे हैदराबाद में मिशन के प्रमुख रहे, मैं उनसे नियमित रूप से मिलता रहा। उनसे मेरी आखिरी मुलाकात वर्ष 2003 में हुई थी, जब मैं किसी समारोह में भाग लेने के लिए कोलकाता गया था और स्वामीजी रामकृष्ण मिशन के अखिल भारतीय अध्यक्ष बनने के बाद शहर में मिशन के मुख्यालय बेलूर मठ में रह रहे थे।

उस आखिरी मुलाकात में हमारी बातचीत कराची में बिताए समय, विभाजन से उत्पन्न हुए दुःखद घटनाक्रम और मोहम्मद अली जिन्ना की भूमिका पर केंद्रित रही। स्वामीजी ने विशेष रूप से मेरा ध्यान 11 अगस्त, 1947 को पाकिस्तान की कांस्टिटुएंट असेंबली में जिन्ना के ऐतिहासिक भाषण की ओर दिलाया और कहा, 'पंथनिरपेक्षता के अर्थ की सही व्याख्या इस भाषण में पाई जा सकती है।' मई-जून 2005 में जब मैं पाकिस्तान गया था, तब जिन्ना पर की गई मेरी अपनी टिप्पणी के पीछे मेरे अवचेतन मन में स्वामीजी के साथ हुई अंतिम बातचीत की एक निर्णायक भूमिका रही।

स्वामी रंगनाथानंद हमारे समय में भारतीय समाज को आलोकित करनेवाले सर्वाधिक तेजस्वी नक्षत्रों में से एक थे। वे एक विराट् आत्मा थे और एक ऐसे व्यक्ति, जिसने अपने जीवन

स्वामी रंगानाथानंदजी

की शुरुआत रामकृष्ण मठ में रसोई और बरतन धोनेवाले व्यक्ति के रूप में की—उन्नति कर रामकृष्ण और विवेकानंद की शिक्षाओं का भारत व विदेशों में प्रचार करनेवाले सर्वाधिक श्रद्धेय व्यक्तियों में से एक बने। वे एक परंपरागत आध्यात्मिक उपदेशक नहीं थे। वे व्यक्ति के आत्मज्ञान की खोज में झुकाव नहीं रखते थे। उनका आदर्श वाक्य था—ईश्वरीय उत्साह को मानवीय प्रेम में बदलना। उनका आजीवन मिशन था दुनिया को यह बताना कि उनके सामने आनेवाली बाधाओं के पहाड़ और चुनौतियों का सामना केवल मानवीय मामलों में मूल आध्यात्मिक पुनरुन्मुखता से किया जा सकता है।

स्वामीजी बोलने और लिखने दोनों में प्रवीण थे। इस भ्रमणशील साधु ने भारत और विश्व भर के शहरों में हजारों व्याख्यान दिए। एक आध्यात्मिक नेता, जो कि पूरी तरह से भौतिक विश्व से अलग था, उनके व्याख्यानों और लेखन में विभिन्न विषय, जिनमें शिक्षकों, प्रशासकों, वैज्ञानिकों और व्यवसायियों की राष्ट्र-निर्माण में क्या भूमिका होनी चाहिए, यह सब समाहित था। उन्होंने विविध पृष्ठभूमियोंवाले राजनीतिक व सामाजिक नेताओं से भी परिचर्चाएँ कीं और उन सभी पर सकारात्मक प्रभाव छोड़ा। उनके द्वारा चार अंकों में लिखी गई पुस्तक 'इटरनल वैल्यूज फॉर ए चेंजिंग सोसाइटी' में उन्होंने सभी धर्मों की शिक्षाओं का वर्णन किया है।

मैंने हाल ही में स्वामीजी का भगवद्गीता पर लिखा चार अंकों का एक संक्षिप्त संस्करण पढ़ा। 'द चार्म एंड पावर ऑफ द गीता' नामक पुस्तक में उन्होंने स्वामी विवेकानंद द्वारा वर्णित मानव-निर्माण तथा राष्ट्र-निर्माण के लिए 'गीता' के प्रति नवीन दृष्टि और पारंपरिक दृष्टि के बीच अंतर बताने के लिए एक उदाहरण दिया है। स्वामीजी ने लिखा है—"अतीत में ज्यादातर लोग 'गीता' को एक पवित्र कार्य के रूप में और मन की थोड़ी शांति के लिए पढ़ते थे। लेकिन हमने इस पुस्तक की गहन व्यावहारिकता को कभी महसूस नहीं किया। हमने 'गीता' की शिक्षाओं

की व्यावहारिक उपयोगिता को कभी नहीं समझा। यदि हमने ऐसा किया होता तो हमें हजार वर्षों तक विदेशी हमले, आंतरिक जातीय संघर्ष, सामंती अत्याचार और व्यापक निर्धनता का सामना नहीं करना पड़ता। हमने 'गीता' को कभी गंभीरता से नहीं लिया। पर अब हमें ऐसा करना पड़ेगा। हमें ऐसे दर्शन की जरूरत है, जो हमें एक नए कल्याणकारी समुदाय के निर्माण में मदद दे सके; जो मानवीय सम्मान, स्वतंत्रता और समानता पर आधारित हो। 'गीता' का यह महत्त्व, यह व्यावहारिक महत्त्व, पहली बार आधुनिक युग को स्वामी विवेकानंद ने प्रदान किया।''

सितंबर 2007 में मुझे केरल के त्रिचूर जिले के परनाट्टुकारा स्थित रामकृष्ण मठ, जो कि उनके जन्म-स्थल से अधिक दूर नहीं था, में स्वामी रंगनाथानंद की जीवनी का विमोचन करने के लिए आमंत्रित किया गया। इस जीवनी में मैंने डॉ. टी.आई. राधाकृष्णन द्वारा लिखित एक निबंध पढ़ा। वे स्वामीजी के पुराने सहयोगी थे। इसमें उनसे संबंधित एक रोचक घटना का उल्लेख था। एक बार स्वामीजी जब कराची में इसलाम और पैगंबर मुहम्मद पर व्याख्यान दे रहे थे, तब एक व्यक्ति हॉल में आया और अंतिम पंक्ति में बैठ गया। वह मोहम्मद अली जिन्ना थे। इस व्याख्यान के बाद जिन्ना तेजी से मंच की ओर गए और कहा—'स्वामीजी, अब तक मेरा मानना था कि मैं एक सच्चा मुसलमान हूँ। आपका भाषण सुनने के बाद मैंने समझा कि मैं ऐसा नहीं हूँ। लेकिन आपके आशीर्वाद से मैं एक सच्चा मुसलमान बनने का प्रयास करूँगा।' इस निबंध के लेखक ने कहा कि स्वामीजी को ऐसा ही अनुभव उस समय भी हुआ, जब वे 'द क्राइस्ट वी एडोर' पर भाषण दे रहे थे।

वर्तमान युग के आदि शंकराचार्य

जब मैंने पढ़ा कि स्वामी रंगनाथानंदजी का जन्म सन् 1908 में त्रिचूर (केरल) में हुआ था, मेरे मस्तिष्क में एक विचार आया कि उनका जन्म-स्थान आदि शंकराचार्य के जन्म-स्थान कलाड़ी से अधिक दूर नहीं है। मैं सोचता हूँ कि स्वामी रंगनाथानंदजी वर्तमान युग के आदि शंकराचार्य हैं। आदि शंकराचार्य एक महान् संत होने के साथ-साथ एक महान् विद्वान् भी थे, जो कि भगवद्गीता, उपनिषद्, पुराण और अन्य धर्मग्रंथों के तात्त्विक दर्शन की सुंदर और स्पष्ट व्याख्या कर सकते थे। स्वामी रंगनाथानंदजी आदि शंकराचार्य से कई सदियों के बाद आए, जिनमें उनके उत्तराधिकारीवाले सभी गुण एवं असाधारण विशिष्टताएँ मौजूद थीं। प्रत्येक दृष्टि से स्वामीजी में आदि शंकराचार्य से काफी समानताएँ मिलती थीं।

जब स्वामीजी कराची से दिल्ली स्थित रामकृष्ण मिशन मठ में एक प्रमुख के रूप में आए तो मैं उनके प्रवचन सुनने के लिए जाया करता था। बाद में उनकी नियुक्ति हैदराबाद में कर दी गई; लेकिन जब कभी वे दिल्ली आते तो मुझे उनसे बातचीत करने का सौभाग्य प्राप्त होता था। यह एक अद्वितीय बात है कि सभी प्रमुख हस्तियाँ—पंडित जवाहरलाल नेहरू, श्रीमती इंदिरा गांधी, श्री राजीव गांधी, श्री अटल बिहारी वाजपेयी और अन्य गण्यमान्य व्यक्ति उनसे प्रेरणा व उचित परामर्श लेने के लिए उनके पास जाया करते थे। इससे स्वामीजी की महानता तथा उत्कृष्ट व्यक्तित्व का आभास होता है।

9 जनवरी, 2009

□□□